안눈 감고도 이해되는

민법총칙

머리말

“훌륭한 의사는 병을 치료하지만 위대한 의사는 환자를 치료한다.”는 말이 있다. 이는 기술만을 가진 의사가 아니라 환자의 마음과 아픔을 배려하는 의사여야 한다는 의미인 것 같다. 가르치는 일도 마찬가지이다. 설법이 능숙하여 가르침의 의미를 제자에게 바르고 신속하게 전달하는 훌륭한 선생보다는 늦고 더디지만 제자를 이끌고 배려하는 선생이야 말로 존경받을 가치가 있다고 생각된다.

조선대학교에서 10여년 근무하다 개척자의 정신으로 전남도립대학교로 옮긴지가 어언 17년이 지났다. 그 세월 동안 대학에서 무엇을 했을까? 하고 자문해 본다. 정말 숨 가쁜 시간들이었다. 학자로서의 발자취보다는 행정가로서의 역할이 컸지 않았나 싶기도 하다. 그러나 자신 있게 말할 수 있는 것은 ‘제자들을 아끼고 사랑했다.’는 것이다. ‘왜 이런 말을 저서의 머리말에 꺼낼까?’의구심을 갖는 분들도 계실 것이다. 나름대로 부족하지만 가르치고 있는 제사들의 눈높이에 맞고, 이들이 흥미를 잃지 않으면서 꾸준히 소화해 낼 수 있는 교재를 편찬했다는 자부심의 표현이라고 이해해 주길 바란다.

2008년도 개정판에 이어 작년 7월 1일부터 시행된 개정 민법을 중심으로 재개정판을 내기로 했다. 차일피일 미루다가 새 학기 개학 며칠을 앞두고 부랴부랴 서둘러 마무리 했다. 완전하지는 않지만 시나브로 더욱 충실하게 보충해 가는 과정이라고 생각하니 위안이 된다. 성년후견제 개정법은 개정 이전의 무능력자 제도와 후견제도를 큰 폭으로 바꾼 것이다. 따라서 이 부분을 중점적으로 새롭게 집필했으며 무능력자와 관련되어 개정된 내용과 용어에 대해서도 충분히 반영하였다.

이 책이 완성된 것은 전적으로 김후영 교수님의 의지와 배려 덕분이며, 새롭고 귀한 자료를 모아 편철해 주신 권태웅 박사님의 도움도 컸다. 두 분께 깊이 감사를 드린다.

항상 바쁘다는 핑계로 남편 노릇 제대로 해 준적이 없음에도 늘 미소로 대해주는 아내 위순금(魏順金), 임용고시 합격은 포기만 하지 않으면 된다는 느긋한 마음으로 준비하고 있는 장녀 난이(蘭彛), 훈련 중 무릎 연골 파열로 수술을 받고도 의가사 제대는 사나이의 자존심이 허락하지 않는다며 꿋꿋이 군복무에 전념하고 있는 아들 진화(塵和), 유독 먼 거리에 있는 고등학교로 배정받고도 짜증 한번 내지 않고 마냥 설렘에 젖어있는 늦둥이 민아(旻娥)에게 이 자리를 빌려 미안함과 고마움을 전한다. 그리고 이 책이 빨리 나올 수 있도록 최선을 다해주신 최혜숙 실장님과 임순재 사장님께 감사드린다.

2014

관방제림이 바라보이는 추성골 연구실에서

대표 저자 이재진 씀

차 례 CONTENTS

민법총칙

CIVIL LAW

제 1 장

민법통칙

제 1 절 민법의 의의

I 총 설

1. 민법은 법질서의 일부

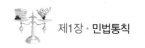

(1) 아리스토텔레스(Aristoteles, BC 384~322)는 "인간은 사회적 동물이다"라고 하였다. 그러므로 인간은 적게는 가정과 학교에서 크게는 국가와 세계 속에서 나름대로의 사회생활을 한다. 문제가 되는 것은 인간은 욕구를 가진 동물이어서 정도에 따라 다소 차이가 있기는 하지만 이익사회(Gesellschaft)인 일반사회 뿐만 아니라 공동사회(Gemeinschaft)인 가족사회에서도 많은 문제를 발생시킨다는 것이다. 따라서 인간은 서로가 공존하기 위하여 사회 구성원이라면 누구나 지켜야 할 한계와 준칙으로서 여러 가지의 사회규범체계를 만들었는데 이것이 도덕·관습·종교·법 등이다.

재미로 읽어보세요!!!

◆ 법은 인간이 일정한 행위를 위반한 경우에 강력한 제재를 가하기도 하지만 이를 위반하지 않으면 철저히 보호해 주는 양면의 기능을 가지고 있다.

(2) 상기의 사회규범체계 가운데 가장 통일성이 뚜렷한 법(ius, Recht, droit)은 공동생활을 함에 있어서 반드시 지켜야 할 '당위의 법칙(當爲의 法則)'으로서 국가권력에 의하여 강제되는 특성을 가지고 있는데 우리는 이를 질서 또는 법질서라고 부른다. 따라서 민법은 '법질서의 일부'이다.

잠깐!! 민총, 깊이보기

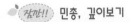

서구(西歐)에서 시민법(droit civil, Zivilrecht)이라고 불려지는 "민법"이란 용어는 로마법의 ius civile를 번역한 것에 불과하다. 이러한 민법은 사회의 구성원인 개인, 즉 시민간의 이해를 조정하고 의견을 일치시키는데 반드시 필요한 법이며 개인의 일상적인 재산관계와 가족관계를 규율하는 우리에게 가장 친숙한 생활관계법이다. 우리가 사용하는 민법이란 용어는 언제부터 사용되었는지 쉽게 속단할 수는 없지만 일본인이 화란어인 Burgerlyk Regt을 번역하여 처음 사용한 것으로 우리나라에서는 고종때 갑오경장에서 처음으로 이를 제정하려는 움직임이 있었고 1885년 발표된 홍범(洪範) 제14조에서 민법이란 용어를 처음 사용하였다고 한다.

2. 민법은 사법

(1) 서 언

사회규범체계 가운데 하나인 법을 로마법 이래의 전통적 분류방법인 공법과 사법으로 구별하면, 민법은 '사법(私法)'에 속한다. 그러므로 민법의 의의를 자세히 이해하려면 사법이란 어떠한 것이며 그 규율대상은 무엇인가를 밝히는 것이 대단히 중요하다.

알아두면 편리해요!!!

「공법(公法)」의 대부분은 강제성을 띤 강제규범이다. 예링(Rudolf von Jhering)은 "강제가 없는 법은 타지 않는 불꽃과 같다"라고 하였으며 법학자 켈젠(Hans Kelsen)은 "강제는 법의 본질적 속성이다"라고 하였다. 따라서 법의 본질을 강제성에서 찾고 법을 성문화하는 것도 법의 강제성의 담보에 있다 할 것이다. 하지만 「사법(私法)」의 대부분은 임의법규로서 이는 개인상호간의 관계를 규율하는 규범이다. 즉, 사법(私法)은 사인(私人)이 재산권을 사용·수익·처분하는 재산관계와 혼인·상속 등 가족관계를 규율하는 법이다.

(2) 공법과 사법의 구별

해당법규를 공법(公法)과 사법(私法)으로 구별하는 실익은 각각 지배하는 대상을 구별하기 위함에 있다.

1) 공법과 사법에 관한 학설

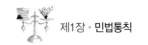

공법과 사법에 대한 구별의 견해는 대립하고 있다. 이에 대한 뚜렷한 정설은 없지만, 이를 구별하는 일반적인 이론을 설명하면 다음과 같다.

알아두면 편리해요!!!

「통설」은 가장 보편적인 학설을 말하며 「다수설」은 소수설에 대응하는 견해이다. 유의할 것은 법학을 공부하다 보면 통설이나 다수설이 판례와 일치하는 경우가 많기는 하지만 오히려 판례가 소수설을 따르는 경우도 많음을 알아야 한다.

① 주체설

「주체설」은 '법이 규율하는 생활관계의 주체가 누구인가'를 표준으로 하여 구별하는 이론이다. 국가 또는 공법인·공공단체 상호간의 관계 또는 이들과 개인과의 관계를 규율하는 것에 관한 법은 공법이고 사인(私人)간에 관한 법은 사법이라는 견해이다. 이설은 현재 독일의 다수설이다.

② 이익설

「이익설」은 '이익을 향수하는 대상이 누구인가'를 표준으로 하여 구별하는 이론이다. 공익(公益)에 관한 법은 공법이고 사익(私益)에 관한 법은 사법이라는 견해이다. 이설은 로마법 당시에 제시된 학설로서 '목적설'이라고도 한다. 이설은 공익과 사익을 모두 보호하는 법체계를 설명하지 못한다는 단점이 있다. 이설은 로마법 당시에 제시된 학설이다.

③ 성질설

「성질설」은 '법의 성질이 명령·복종의 관계인가 아니면 평등한 관계인가, 대등한 관계인가'를 표준으로 하여 구별하는 이론이다. 권력복종관계 혹은 불평등관계에 관한 법은 공법이고 평등관계에 관한 법은 사법이라는 견해이다. 이설은 '법률관계설' 또는 '효력설'이라고도 한다. 이설은 국제법이나 가족법과 같은 법체계를 설명하지 못한다는 단점이 있다.

④ 생활관계설

「생활관계설」은 '법이 규율하는 생활관계가 누구인가'를 표준으로 하여 구별하는 이론이다. 국민으로서의 생활관계를 규율하는 법은 공법이고 개인으로서의 관계를 규율하는 법은 사법이라는 견해이다. 이설은 현재 일본의 통설이다.

⑤ 절충설

「절충설」은 공법은 국가 기타 공공단체와 개인과의 관계 및 공공단체상호간의 관계를 규율하며 그 원칙은 수직관계 내지 상하관계에 있고 사법은 사인상호간의 관계를 규율하며 그 원칙은 수평관계에 있다고 하면서, 위의 기준에 의하여도 의심스러운 경우에는 보호하려고 하는 이익에 따라 전체사회의 이익을 보호하려는 것이면 공법적 규정이고 제1차적으로 개인의 이익을 보호하려고 하는 것이면 사법적 규정이라고 한다. 이설은 '복수기준설'이라고도 하는데 우리나라의 다수설이다.

⑥ 사적자치설

「사적자치설」은 사적 자치의 원칙이 적용되지 않으면 공법이고 이것이 적용되면 사법이라는 견해이다(이영준). 이 견해도 유력한 설이다.

잠깐!! 민총, 깊이보기

민법은 사법적(私法的) 규정이 핵심을 이루는 법이다. 그러나 모든 규정이 사법적인 것은 아니다. 예컨대 법인의 벌칙(제97조)에 대한 규정은 사법적 규정 속에 공법적 규정을 포함한다.

2) 사회법의 출현

「사회법(社會法)」이라 함은? 공법인지 아니면 사법인지를 구별하기 어려운 중간적 영역의 법을 말한다. 과거사회에서는 개인의 사법적 관계(私法的 關係)가 국가의 간섭을 받지 않고 나름대로 당사자간 합의에 의하여 법률상 권리·의무를 설정할 수 있었으며 이는 자본주의 경제 발전의 커다란 원동력이 되었다. 하지만 이는 경제적 강자와 약자 사이의 대립을 가져왔다. 즉, 고용자와 근로자간의 자유로운 합의는 양자간의 힘의 관계로 볼 때 고용자의 입장보다는 근로자의 입장이 훨씬 더 불리하였으므로 노동자는 고용자의 횡포에 따른 불이익을 감수하여야만 했다. 따라서 이러한 관계는 결과적으로 노사간의 대립을 초래하는 등의 많은 폐단을 가져왔고 따라서 국가는 과거의 '소유권절대의 원칙'과 '계약자유의 원칙'에 제한을 가하여 이에 조정과 간섭을 하는 법, 즉 공법과 사법이 혼합된 형태의 혼합법을 만들게 되었는데 이것이 바로 「사회법」이다. 즉, 공법과 사법의 중간적 영역의 법인 사회법이 출현한 것이다. 예컨대 노동에 관한 법[1] · 경제에 관한 법[2] · 사회보장 및 사회복지에 관한 법[3] 등이 그것이다. 이러한 사회법은 사법적 법률관계에 공법적 요소가 파고 들어오는데 그 특징이 있으므로 학자들은 이러한 현상을 '사법의 공법화' · '공법과 사법의 혼합' · '공법에 의한 사법의 지배' 등으로 표현한다. 이러한 사회법은 '특별사법(特別私法)'에 속한다.

(3) 민법이 규율하는 생활관계

민법의 규율대상으로 담고 있는 私人의 일반적 생활관계는 「다른 사람과 결혼해서 자식을 낳고, 이로써 형성된 가족을 부양시키기 위해 제3자와 경제적 활동」을 하는 것이다. 그런데 우리의 행동양식은 '일정한 법률관계를 놓고 대립하게 되는 상대방이 누구인가'에 따라 완전히 다르다. ex) 상대방이 가족이면 「자기의 희생 속에 타인(부모, 형제, 자매, 자식 등)」의 이익 내지는 행복의 부여를 내용으로 삼는다.

---

1) 법률용어 살펴보기 ☞「노동법」이라 함은? 자본주의사회의 확립후 등장한 이른바 노사문제가 종래의 사법문제(私法問題)로는 규율이 불가능하므로 필요에 의하여 만들어진 근로자의 생활질서에 관한 법, 예컨대 근로자의 근로조건의 최저기준을 정하는 '근로기준법' 근로자의 단결 · 단체행동을 규율하고 권리를 인정하는 단결입법이자 노동쟁의의 조정방법을 정하는 '노동조합 및 노동관계조정법' 그리고 '근로자참여 및 협력증진에 관한 법률' 등을 통틀어 말하는 법이다.

2) 법률용어 살펴보기 ☞「경제법」이라 함은? 국가가 경제의 규제를 통하여 국민경제의 균형있는 발전을 꾀하기 위하여 제정한 법이다. 이는 자본주의 발달과정에서 자유방임 · 자유경제의 폐단과 대자본에 의한 소자본의 병합 그리고 소수재벌의 수중(手中)으로의 부(富)의 집중화에 따라 자칫 국민경제가 파멸될 우려가 있으므로 이를 막기 위하여 만든 법이다. 이러한 경제법의 주요한 내용은 주로 독점금지, 경제통제, 소비자보호에 관한 것이다.

3) 법률용어 살펴보기 ☞「사회보장법」·「사회복지법」이라 함은? 국가가 국민의 생존권을 확인하고 그 생활을 보장하기 위한 사회정책을 수행하는 것을 목적으로 하는 법(예: 의료보험법, 국민복지 연금법, 사립학교교원연금법 등)이다. 이는 국가는 소극적으로 빈곤한 자를 보호하는 것이 아닌 더 적극적으로 국민이 빈곤에 서지 않도록 사회복지 증진에 노력하여야 한다는 취지에서 만든 법이다.

인적요소가 없는 임의의 제3자인 경우「타인의 희생 속에 자신의 이익을 확보하려는 이윤 극대화가 그 생활관계의 중심내용」이다.

「재산관계」와「가족관계」 두 영역으로 구성되고 이를 총괄하는 민법의 일반칙으로서 민법총칙을 민법의 상위에 편재시키는 입법의 방식을 취하고 있다.

사법인 민법이 규율하는 것은 개인 상호간의 생활관계이며 이는 재산관계와 가족관계로 나눌 수 있다. 여기서「재산관계」는 이익사회의 합리성을 가진 자기보존관계로서 예를 들어 물건을 소유하거나 사고·파는 것 등이 그것이다. 이는 민법전의 물권편과 채권편에서 다루어진다. 반면에「가족관계」는 공동사회인 습속성과 보수성을 가진 종족보존관계로서 예를 들어 혼인·입양 또는 상속·유언 등이 그것이다. 이는 민법전의 친족편과 상속편에서 다루어진다.

3. 민법은 일반사법

(1) 일반법으로서의 민법

사법(私法)을 효력이 미치는 범위를 표준으로 하여 분류하면 일반법과 특별법으로 나눌 수 있다. 여기서「일반법」은 전국민·전국토·일반사항에 어떠한 특징도 고려하지 않은 채 특별한 제한 없이 적용되는 법이고「특별법」은 특정직업을 가진 자·특정지역·특정사항에 적용되는 법이다. 민법은 전국민·전국토·일반사항에 특별한 제한 없이 적용되므로「일반법」에 속한다.

(2) 일반사법으로서의 민법

사법의 대표적인 법으로는 민법과 상법을 들 수 있는데 상법(商法)은 일반사인이 아닌 상인 또는 상인의 상행위를 규율하는 특별법이므로「특별사법(特別私法)」이고 민법(民法)은 일반사인의 일상적인 생활관계를 규율하는 일반법이므로「일반사법(一般私法)」이다. 즉, 민법은 사람·장소·사항 등에 특별한 제한 없이 모든 사인(私人)의 일상적인 생활관계에 적용되는 일반사법이다.

잠깐!! 민총, 깊이보기

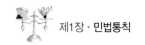

상기의 특별사법은 거의 대부분이 재산관계에 관한 것이고 민법에 관한 특별사법으로 가장 중요한 것은 상법이다. 또한 어음·수표법은 강학상(講學上)으로 상법의 일부로 다루어지고 있으나, 상법과 더불어 민법의 중요한 특별사법이 된다.

보충정리 특별법우선의 원칙

특별법이 일반법보다 당해 사건에 보다 구체적이고, 전문직으로 규율내용을 포함하고 있기 때문에 당사자들의 분쟁을 보다 전문적이고 효율적으로 해결할 수 있다는 구체적 타당성 때문에 법적용의 기본원리로 받아들여진다.

일반법과 특별법이 서로 부딪히면(☞이를 경합이라 한다) 어느 것이 우선하는가에 대한 문제가 제기된다. 이 경우에는 특별법이 우선적으로 적용되는데 이를 「특별법우선의 원칙」이라고 한다. 예컨대 일반법인 민법의 임대차에 관한 규정과 특별법인 주택임대차보호법의 규정이 서로 부딪힐 때에는 특별법인 주택임대차보호법이 민법에 우선한다. 그리고 일반법 상호간에 또는 특별법 상호간에 경합시에는 과거의 법인 구법보다 현행법인 신법이 우선하게 된다.

4. 민법은 실체법

(1) 실체법으로서의 민법

1) 「실정법」은 현재 시행되고 있는 법(☞이를 現行法이라 한다)과 과거에 시행되었던 법(☞이를 舊法이라 한다) 모두를 가리키며 이는 자연법[4]에 대항하는 용어이다. 이러한 실정법은 규정의 내용을 표준으로 하여 구별하면 실체법과 절차법으로 나눌 수 있는데 예컨대 직접적으로 권리와 의무의 주체·성질·종류·변동·소멸 등

4) 법률용어 살펴보기 ☞ 「자연법(自然法)」이라 함은? 법도 국가도 없는 상태를 상정(想定)한 인간 본래의 성질인 자연상태하에서 모든 시대·모든 장소에 적용되는 영구불변의 원초적인 법을 말한다. 따라서 이는 실정법보다 상위(上位)에 있는 법이다. 즉, 자연법은 실정법을 제정함에 있어 지침이 되고 실정법이 미비할 경우에 보충의 전제가 되는 법이다. 민법 제1조는 「민사에 관하여 법률에 규정이 없으면 관습법에 의하고 관습법이 없으면 조리에 의한다」라고 규정함으로써 자연법을 조리(條理)라는 개념으로 인정하고 있다.

을 규정하는 법규범의 총체는 '실체법'이 되고 실체법상의 권리나 의무를 실현시키기 위한 법적 절차를 규정하는 법규범의 총체는 '절차법'이 된다. 민법은 직접적으로 권리·의무에 관한 주체·성질·종류·변동·소멸 등을 규율함으로서 「실체법(實體法)」에 속한다. 그러나 이러한 실체법도 궁극적으로는 절차법을 통하여 그 실효를 거두게 되므로 실체법인 '민법'은 절차법인 '민사절차법'과 밀접한 관계를 가지게 된다.

잠깐!! 민총, 깊이보기

상기의 「실체법」으로는 기본적으로 헌법·민법·상법·형법 등이 있고 「절차법」으로는 민사소송법·형사소송법·중재법·법원조직법·파산법·부동산등기법·소송촉진등에관한특례법·소액사건심판법·가사소송법·회사정리법·공탁법·화의법·비송사건절차법 등이 있다. 앞서 설명한 사회법의 대부분은 실체법에 속한다.

잠깐!! 민총, 깊이보기

특히 유의할 것은 동일한 법전이지만 실체법적 규정과 절차법적 규정이 함께 규정한 경우가 있다는 것이다. 예컨대 민법은 실체법이지만 해당규정내에 절차법적 규정을 두고 있으며(예: 법인설립절차, 강제이행에 관한 규정), 부동산등기법은 절차법이지만 해당규정내에 실체법적 규정을 두고 있다(예: 가등기의 효력).

(2) 행위규범 · 재판규범으로서의 민법

국가가 사인(私人)이 각종 행위를 함에 있어서 반드시 지켜야 하는 원칙을 정한 것이 행위규범인데 민법은 이러한 「행위규범」이다. 그러나 이러한 행위규범이 지켜지지 않아서 사인(私人)간에 분쟁이 발생하면 이에 따라 '법원에 소(法院에 訴)'를 제기하여 판결을 청구하게 되고, 법원은 민법을 기초로 하여 판결을 하므로 민법은 또한 「재판규범」이기도 하다.

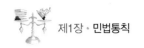

Ⅱ 형식적 민법과 실질적 민법

민법은 형식적 민법과 실질적 민법으로 나누어진다. 그러나 이는 서로 독립한 별개의 개념은 아니며 실질적 민법은 형식적 민법을 포함하는 넓은 의미로써 사용한다. 이를 살펴보면 다음과 같다.

1. 형식적 민법

「형식적 민법」이라 함은? 성문화(成文化)된 민법전을 말한다. 1958년 2월 22일 법률 제471호로 제정·공포되어 1960년 1월 1일부터 현재까지 시행되고 있는 총칙·물권·채권·친족·상속 총5편과 부칙으로 구성되어 있는 '현행 민법전'이 그것이다.

2. 실질적 민법

「실질적 민법」이라 함은? 이후에서 설명할 '민법의 존재형식'에 해당하는 것으로, 국민의 일반적 사법생활의 실질적 법률관계를 규율하고 있는 민법전·관습민법·조리 등을 포함한 모든 법령을 말한다. 이는 수많은 사법 가운데서 상법 그 밖의 특별사법을 제외한 일반사법이다. 이러한 실질적 민법은 민법전뿐만 아니라 민법부속법령·민사특별법령·공법의 규정 중에도 많이 산재되어 있다. 예컨대 부동산등기법·집합건물의소유및관리에관한법률·가등기담보등에 관한법률·주택임대차보호법·상가건물임대차보호법 등이 그것이다.

잠깐!! 민총, 깊이보기

민법전은 두 가지 방식에 의하여 편별한다. 하나는 로마법적 편별법인 인스티투치온식(Institutionen system)으로서 이는 체계의 순서를 인(人)·물건(物件)·소송(訴訟)의 3편으로 나누는 것이다. 프랑스 민법이 이 방식을 택한다. 다른 하나는 독일식 편별법인 판덱텐식(Pandekten system)으로서 이는 체계의 순서를 대체로 총칙(總則)·물권(物權)·채권(債權)·친족(親族)·상속(相續)의 배열에 의하는 것이다. 일본 민법과 우리 민법이 이 방식을 택하고 있다. 유념하여야 할 것은 대부분의 국가와 달리 스위스와 이탈리아는 민·상법 통일체계의 민법전을 가지고 있다는 점이다.

잠깐!! 민총, 깊이보기

구미각국의 민법의 특징

1) 불란서(Code Civil)
   ① 자연법론의 구현 ② 근대시민법원리의 정립
   ③ 자본제원칙의 확립 ④ 인스티투치온식의 편성 등
2) 독일(BGB)
   ① 채권 후편에 상법 포함을 규정 ② 후버의 민법초안에 의함
   ③ 조리의 법규범적 일반조항의 인정 ④ 판덴텍식의 편성

☞ 상기의 프랑스(Code Civil), 독일(BGB), 스위스(ZGB) 외에 프로이센 보통 국법은 ALR, 오스트리아는 ZGB의 민법전의 약자를 사용한다.

알아두면 편리해요!!!

법, 법률, 법전, 법규, 법령의 구별에 대한 설명

1) 「법률(法律)」은 일상적으로 「법(法)」과 동일한 의미로 사용되고 국회의 의결을 거쳐 대통령이 서명·공포하는 법을 가리킨다. 그러나 '법(法)'은 더욱 추상적·포괄적인 개념이다.
2) '전(典)'은 서적으로서 만인교화의 기본이 되는 성현의 말씀을 담은 것은 「경전(經典)」, 그리고 법칙을 담은 것은 「법전(法典)」이다. 이러한 법전은 헌법·법률·명령·규칙과 같은 실정법을 체계적으로 편법한 조직적 성문법 전체를 가리킨다.
3) 「법규(法規)」는 넓게는 법규범 전체를 좁게는 성문 법령을 의미한다.
4) 「법령(法令)」은 법률과 명령을 함께 부르는 말로 넓게는 법률이나 법 전체를 가리킨다.

제2절 우리나라 민법전

I 민법전의 제정과 개정

1. 일본민법전의 의용

우리나라가 일본에 합병되던 해인 1910년 8월 29일 일본 정부는 「조선에 시행할 법령에 관한 건」 이라는 긴급칙령(☞이는 1911년 3월 25일에 법률 제30호로 대체되었다)을 발포하였는데 그 선포내용은 "일정하(日政下)의 법률은 조선총독부령(이른바 制令)으로 제정할 수 있다"는 것과 "일본 법률 중 아국(我國)에 시행할 것은 칙령(勅令)으로 지정한다"는 것이었다. 그리고 이후 1912년 3월부터는 민사에 관한 기본 법령으로, 소위 「조선민사령(制令 第7號)」을 제정하고 동년 4월 1일부터 시행하였다. 이와 같이 일제치하에서는 우리 민족의 각종 민사에 관하여 일본 민법이 의용(依用)되었고 이것이 우리나라가 처음으로 근대 민법전을 접하게 된 계기이다. 그러나 모든 민사에 있어서 일본민법이 의용된 것은 아니다. 예컨대 동령 제11조는 「친족·상속에 관한 부분은 그 당시 조선의 관습법에 의한다」 라고 규정함으로써 약간의 성문법을 제외하고는 원칙적으로 친족·상속에 관하여는 조선 전래의 관습법에 의하여 규율되었다. 그 뒤 조선민사령은 3차에 걸쳐서 개정이 되었고, 일제 말기에 와서는 일본의 친족·상속에 관한 규정까지도 한층 범위가 확대되어 갔다. 이것이 해방 이후로 이어져 현행 민법이 시행되기 전까지 적용되었다. 이렇게 일본 민법전을 우리나라에서 의용했다는 뜻으로 「의용민법(依用民法)」 또는 「구민법(舊民法)」이라고 한다.

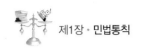

2. 현행민법전의 제정과 개정

1945년에 해방을 맞이한 후 1948년에 대한민국이 수립되자 정부는 법전편찬위원회를 구성하고 민법전 기초의 착수와 함께 법전편찬사업을 활발하게 진행하였다. 그러나 한국전쟁이 발발하자 부득이 이 사업은 중단되어 1952년에 기초를 완성하고 전쟁이 끝난 한참 후인 1957년 12월에 이르러서야 국회 본회의는 민법안을 통과시키게 되었다. 마침내 1958년 2월 22일에 법률471호로 공포되고, 1960년 1월 1일부터 민법전이 시행되어 이후 여러 차례 개정을 거듭하여 오늘에 이르게 되었다.

보충정리 민법전 주요 개정 내용

▶ 1962. 12. 29 개정
가족이 혼인하면 당연히 분가하는 법정분가(法定分家)규정 신설(제789조 제1항)

▶ 1962. 12. 31 개정 ▶ 1964. 12. 31 개정 ▶ 1970. 6. 18 개정
- 부칙개정

▶ 1977. 12. 31 개정
㉠ 성년자의 혼인시에 부모의 동의 불필요(제808조)
㉡ 혼인에 성년의제제도 신설(제826조의 2)
㉢ 소속 불분명한 재산을 부부공유로 추정(제830조 제2항)
㉣ 협의이혼을 할 경우에 가정법원의 확인을 얻도록 함(제836조 제1항)
㉤ 친권의 부모공동행사(제909조 제1항)
㉥ 특별수익자의 상속분에 관한 단서규정의 삭제(제1008조)
㉦ 상속분에 유처(有妻)의 상속분을 늘리고 호적내에 있는 여자상속인의 상속분을 남자상속인과 균등하게 하는 법정상속분 조절(제1009조 제1항 · 제2항)
㉧ 상속편에 유류분(遺留分)제도 신설(제1112조 - 1118조)

▶ 1984. 4. 10 개정
㉠ 실종선고 규정 개정
◆ 항공기실종을 특별실종의 한 종류로 추가(제27조 제2항)
◆ 특별실종기간을 1년으로 단축(제27조 제2항)
㉡ 토지의 상 · 하를 구분하여 지상권의 목적으로 할 수 있는 구분지상권 신설(제289의 2 · 제290조 제2항)
㉢ 전세권에 관한 규정
◆ 전세권의 우선변제적 효력 인정(제303조 제1항)

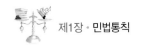

◆ 건물전세권의 최단기간을 1년으로 하는 규정 신설(제312조 제2항)
◆ 건물전세권 존속기간의 법정갱신(제312조 제4항)
◆ 전세금증감청구권에 관한 규정 신설(제312조의 2)

▶ 1990. 1. 31 개정

㉠ 부계혈족·모계혈족은 각각 8촌 이내로 하고 인척(姻戚)은 4촌 이내로 하는 친족의 범위 조정(제769조·제759조 제2항·제777조)

㉡ 호주승계라는 틀 속에서 호주제를 존속시키고 호주권과 남녀불평등조항을 삭제(제980조·제784조 제1항)

㉢ 적모서자(嫡母庶子)관계와 계모자(繼母子)관계를 삭제(제773조·제774조 삭제)

㉣ 약혼해제사유 중 폐병을 삭제하고 대신 불치의 정신병을 삽입하고(제804조 3호), 약혼해제사유 중 2년 이상의 생사불명을 1년 이상의 생사불명으로(제804조 6호) 일부개정

㉤ 부부동거장소는 부부의 협의를 거치도록 하고 협의의 불성립시 가정법원이 정하도록 개정(제826조 제2항)

㉥ 부부 공동 생활비용의 공동부담(제833조)

㉦ 이혼시 子의 양육책임규정(제827조 제1항) 개정, 면접교섭권 신설(제837조의 2의 제2항)

㉧ 이혼배우자의 재산분할청구권 신설(제839조의 2)

㉨ 입양제도 개정(제871조 단서, 제872조·제874조)

㉩ 家를 위한 양자제도를 폐지(제867조·제875조·제876조·제880조 삭제)

㉪ 부모의 친권제도의 개정(제909조)

㉫ 기혼자에 대한 후견인순위의 개정(제934조)

㉬ 상속제도 개정(제1000조 제1항, 1003조 제1항, 1009조 1·제2항 개정, 제1009조 제1항 단서 삭제)

▶ 1997. 12. 13 개정

㉠ 국적법이 개정되면서 (1997.12.13) 그 부칙(제8조)에 의하여 제781조 제1항에 단서 (다만, 부가 외국인인 때에는 모의 성과 본을 따를 수 있고, 모가 입적한다)가 신설.

㉡ 다른 법률개정에 맞추어 민법상의 용어를 정리한 것으로, 제163조 제2호의 「조산원, 간호원」을 「조산사, 간호사」로, 동조 제4호 제5호에서 「계리사 및 사법서사」를 「공인회계사 및 법무사」로, 제318조 및 제1037조의 「경매법」을 「민사소송법」으로 각각 개정.

▶ 2001. 12. 29 개정

㉠ 제52조의 2를 신설하여 이사의 직무집행을 정지하거나 직무 대행자를 선임하는 가처분을 하거나 그 가처분을 변경·취소하는 경우에는 주사무소와 분사무소가 있는 곳의 등기소에서 이를 등기하도록 함.

㉡ 제60조의 2를 신설하여 직무대행자는 가처분 명령에 다른 정함이 있는 경우와 법원의 허가를 얻은 경우를 제외하고는 법인의 통상 사무에 속하지 아니한 행위를 하지 못하도록 함.

ⓒ 제318조 · 제354조 · 제1037조의 「민사소송법」을 「민사집행법」으로 각각 개정

▶ 2002. 1. 14 개정

㉠ 상속회복청구권에 관한 조항의 개정(제999조)

㉡ 상속에 있어서 단순승인 의제조항의 개정(제1019조 제2항 · 제1026조)

▶ 2005. 3. 31 주요 개정 내용

㉠ 호주에 관한 규정과 호주제도를 전제로 한 입적 · 복적 · 일가창립 · 분가 등에 관한 규정을 삭제하고, 호주와 가(家)의 구성원과의 관계로 정의되어 있는 가족에 관한 규정을 새롭게 규정함(제778조 · 제780조 및 제782조 내지 제796조 삭제, 제779조).

㉡ 자녀의 성(姓)과 본(本)은 부(父)의 성과 본을 따르는 것을 원칙으로 하되, 혼인신고시 부모의 협의에 의하여 모(母)의 성과 본도 따를 수 있도록 함(제781조제1항).

㉢ 자녀의 복리를 위하여 자녀의 성과 본을 변경할 필요가 있는 때에는 부(父) 또는 모(母) 등의 청구에 의하여 법원의 허가를 받아 이를 변경할 수 있도록 함(제781조제6항).

㉣ 동성동본금혼제도를 폐지하고 근친혼금지제도로 전환하되, 8촌 이내의 부(父)계혈족 또는 모(母)계혈족 사이에서는 혼인을 금지하는 근친혼제한의 범위를 조정함(제809조).

㉤ 부성추정의 충돌을 피할 목적으로 여성에 대하여 6월의 재혼금지기간을 두고 있는 규정을 이를 삭제함(제811조 삭제).

㉥ 친생부인의 소는 제소권자를 부(夫)뿐만 아니라 처(妻)까지 확대하고, 제소기간도 친생부인사유를 안 날부터 2년 내로 연장하는 등 친생부인제도를 합리적으로 개선함(제846조 및 제847조).

㉦ 양친과 양자를 친생자관계로 보아 종전의 친족관계를 종료시키고 양친과의 친족관계만을 인정하며 양친의 성과 본을 따르도록 하는 친양자제도를 신설함(제908조의2 내지 제908조의8 신설).

㉧ 부모 등 친권자가 친권을 행사함에 있어서는 자의 복리를 우선적으로 고려하여야 한다는 의무규정을 신설함(제912조 신설).

㉨ 상당한 기간동안 동거하면서 피상속인을 부양한 상속인에게도 공동상속인의 협의 또는 법원에 의하여 기여분이 인정될 수 있도록 함(제1008조의2).

㉩「채무자회생 및 파산에 관한 법률」의 개정에 따라 민법 두 규정(제937조 제3호 · 제1098조)에서 「파산자」를 「파산선고를 받은 자」로 고쳤다.

※ 공포한 날부터 시행. 다만, 제4편 제2장(제778조 내지 제789조 및 제791조 내지 제796조), 제826조제3항 및 제4항, 제908조의2 내지 제908조의8, 제963조, 제966조, 제968조, 제4편제8장(제980조 내지 제982조, 제984조 내지 제987조, 제989조 및 제991조 내지 제995조)의 개정규정과 부칙 제7조(제2항 및 제30항을 제외한다)의 규정은 2008년 1월 1일부터 시행

▶ 2007. 5 .17 개정

「가족관계의 등록 등에 관한 법률」이 제정되고 호적법이 폐지됨에 따라 「호적법」을 「가족관계의 등록 등에 관한 법률」로 하고(제 812조 제1항 · 제836조 제1항 · 제 859조 제1항 · 제878조 제1항), 「본적지를 관할하는 호적관서」를 「등록기준지를 관할하는 가족관

계 관서」로 자구 수정을 하였음(제814조 제2항)

▶ 2007. 12. 21 개정

㉠ 법인 이사 등의 일정한 행위에 대한 과태료를「5만환 이하」에서「500만원 이하」로 현실화 함(제97조).

㉡ 기간의 말일이 토요일 또는 공휴일에 해당하는 경우에는 기간은 그 익일(다음날)로 만료하도록 하였음(제161조).

㉢ 종래에는 약혼연령과 혼인적령이 남자는 만18세, 여자는 만 16세로 달리 규정되어 있던 것을 남녀 모두 만 18세로 함(제801조 · 제807조).

㉣ 이혼 숙려기간 제도를 도입함(제836조의 제2항. · 제3항). 그리고 협의 이혼 시 자녀의 일정한 양육사항 (개정된 제837조 참조) 및 친권자 결정에 관한 협의서 또는 가정법원의 심판정본을 제출하도록 함.(제836조의 2 제4항).

㉤ 부모에게만 면접교섭권이 인정되던 규정을 자녀에게도 면접교섭권을 인정하였음.(제837조의 2 제1항)

㉥ 재산분할청구권 보전을 위한 사해행위취소권 규정을 신설함.(제839조의 3).

▶ 2009. 5 .8 개정

이혼시 양육비를 효율적으로 확보하기 위해 양육비의 부담에 대하여 당사자가 협의하여 그 부담내용이 확정된 경우, 가정법원이 그 내용을 확인하는 양육비 부담조서를 작성하도록 함. (제836조의 2 제5항 신설).

▶ 2011. 3. 7 개정

기존의 금치산 · 한정치산 제도를 성년후견제로 확대 · 개편하고, 성년 연령을 만 20세에서 만 19세로 낮추었음. 그 주요내용은

㉠ 성년 연령을 만 20세에서 만 19세로 낮추었음.(제4조).

㉡ 기존의 금치산 · 한정치산제도 대신 성년후견 · 한정후견 · 특정후견제도를 도입하고, 성년후견개시 및 종료 · 한정후견개시 및 종료 · 특정후견 심판의 청구권자에「후견감독인」과「지방자치단체의 장」을 추가하였으며, 성년후견 등을 필요로 하는 노인 · 장애인 등에 대한 보호를 강화하였음.(제9조 및 제12조 개정, 제14조의 2 신설).

㉢ 제한능력자 능력을 확대하였음. (제10조 · 제13조).

㉣ 후견을 받는 사람의 복리 · 치료행위 · 주거의 자유 등에 관한 신상보호 규정을 신설하였음.(제947조 개정, 제947조의 2신설).

㉤ 후견인의 법정순위를 폐지하고, 가정법원이 피후견인의 의사 등을 고려하여 후견인과 그 대리권 · 동의권의 범위 등을 개별적으로 결정하도록 하였으며, 복수(複數) · 법인(法人) 후견인도 선임할 수 있도록 하였음.(제930조 · 제938조 개정, 제959조의4 · 제959조의 11신설).

㉥ 친족회를 폐지하고, 그 대신 가정법원이 사안에 따라 후견 감독인을 개별적으로 선임할 수 있도록 함.(제940조의 2-제940조의 7, 제959조의5 · 제959조의 10 신설).

㉦ 후견계약제도를 도입하였음(제959조의 14-제959조의 20신설).

ⓞ 제3자 보호를 위하여 성년후견을 등기를 통하여 공시하도록 함(제959조의 15 · 제959조의 19 · 제959조의 20 신설).

다음은 친권자 내지 미성년후견인의 지정에 관한 것임.

㉠ 이혼 등으로 단독 친권자가 된 자가 사망한 경우, 입양 취소, 파양 또는 양모부가 사망한 경우에 가정법원이 미성년자의 법정대리인(친권자 또는 후견인)을 선임하도록 함.(제909조의 2신설).

㉡ 친권자 지정의 기준을 명시함.(제912조 제2항 신설).

㉢ 단독 친권자에게 친권상실, 소재불명 등 친권을 행사할 수 없는 중대한 사유가 있는 경우에 가정법원이 미성년자 법정대리인을 선임하도록 함.(제927조의 2신설).

㉣ 단독 친권자가 유언으로 미성년자의 후견인을 지정한 경우에도 가정법원이 미성년자의 복리를 위하여 필요하다고 인정하면 친권자를 지정할 수 있도록 하였음(제931조 제2항 신설).

▶ 2012. 2. 10 개정

양자제도의 개선을 중심으로 개정한 것임. 주요내용은 ㉠ 미성년자를 입양할 때에는 가정법원의 허가를 받도록 하고, 가정법원이 입양을 허가할 때에는 양부모가 될 사람의 양육능력, 입양의 동기 등을 심사하여 허가 여부를 결정하도록 하는 한편, 미성년자는 재판으로만 파양할 수 있도록 입양절차를 개정함.(제867조 신설, 제898조 개정). ㉡ 부모의 동의 없이 양자가 될 수 있는 방안을 마련함.(제870조 · 제871조 · 제908조의 2 제2항). ㉢ 친양자 입양의 연령 제한을 완화하여 친양자가 될 사람이 미성년자이면 친양자 입양을 할 수 있도록 함.(제908조의 2 제1항 제2호).

잠깐!! 민총, 깊이보기

민법 개정에 있어서 부칙 중 경과규정의 개정은 1962. 12. 31. 2차 개정과 1964. 12. 31. 3차 개정의 두 경우는 모두 제10조 제1항의 '소유권이전에 관한 경과규정'의 개정이고 제4차 개정(1970년)에서는 부칙 제3조 제2항의 '확정일자(確定日字)[5]가 붙은 서면의 작성부담에 관한 규정'을 바꾸었다. 2002년 1월 14일 신설된 제1019조 제3항의 이른바 특별 한정승인제도는 구 부칙 제3항에서 소급적용의 범위를 「1998년 5월 27일부터 이 법 시행(2002.1.14) 전까지 상속개시가 있음을 안자」로 제한하고 있었다. 그런데 이러한 부칙 제3항은 1998년 5월 27일 전에 상속개시가 있음을 알았으나 그 이후에 상속채무가 상속재산을 초과하는 사실을 안 자를 포함하는 소급적용에 관한 경과규정을 두지 않는 한 헌법에 위반된다는 헌법재판소의 결정 (2004.1.29 2002헌가22등)이 있어 2005년 12월 29일에 이에 해당하는 자에게도 특별 한정승인의 기회를 부여하려는 내용으로 부칙을 개정하였다(부칙 제4항 신설).

5) 법률용어 살펴보기 ☞ 「확정일자(確定日字)」는? '증서에 대하여 그 작성된 일자에 관한 완전한 증거력을 부여하는 것으로 법률상 인정되는 일자'이다. 이것은 일자(日字)를 소급(遡及)시켜 증서를 작성하는 것을 방지하기 위하여 인정된 제도로서 확정일자가 붙어있는 증서를 특히 '확정일자있는 증서'라고 한다.

Ⅱ 우리 민법전의 구성

1. 민법전의 주요내용

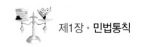

「민법전(民法典)」은 민법이라는 명칭의 법전을 말한다. 이러한 민법전은 총칙·물권·채권·친족·상속 총 5편으로 구성되어 있고 각 편은 장·절 등에 의하여 체계적으로 되어 있으며 총 1118개조와 부칙 95개조로 구성되어 있다.

2. 민법총칙의 주요내용

총칙편은 통칙·인·법인·물건·법률행위·기간·소멸시효의 7개 장 184개 조문으로 나누어진다. 그 주요한 부분으로는 권리의 주체로서의 자연인과 법인, 권리의 객체로서의 물건, 권리의 변동 중에서 법률행위와 법률의 규정에 의한 경우, 소멸시효에 관한 것 등을 들 수 있다.

(1) 통칙

총칙편은 통칙(通則)에서 민법의 법원(法源)으로서 그 종류와 순위를 규정하고(제1조) 이어서 사법(私法)전체에 걸쳐 통하는 대명제인 신의성실의 원칙을 규정하였다(제2조).

이러한 확정일자에는 내용증명우편의 일자처럼 공무소(公務所)에서 사문서(私文書)에 어느 사항을 증명하고 기입한 일자, 법무부령 또는 대법원규칙이 정하는 소정의 수수료를 납부하고 공증인 또는 법원서기가 사문서에 일자있는 인장을 찍은 경우의 일자, 공정증서의 일자 등이 있다. 상기와 같은 맥락에서 우리가 일반적으로 이해하고 있는 주택임대차보호법상 ① 확정일자란 '법원'이나 '공증인'사무소 또는 해당 구청에 임대차 계약서(원본)를 가지고 가면 수수료를 받고 확정일자 도장(접수인)을 찍어 주는 것으로, ② 확정일자를 받기 위해서 법원이나 '공증인'사무소 또는 해당 구청에 가는 것은 당사자가 아니라도 중개업자 또는 어느 누구나 관계없으며 수수료만 받고 그 임대차 계약서에 접수인을 찍어 주면 그 자체가 확정일자가 된다. ③ 확정일자를 받기 위한 집주인(임대인)의 동의는 전혀 필요없고 임차인 마음대로 확정일자를 받을 수 있다. 이러한 확정일자를 받은 경우의 법률적 효과는 ① 확정일자를 받게 되면 주택임대차 보호법에 의하여 최우선변제를 받고 난 그 이상의 보증금에 대하여 다른 채권자들에게 대항력을 갖게 된다. 즉, 확정일자를 받은 일자는 '전세권등기' 설정을 한날과 마찬가지의 효력이 있다. ② 하지만 주민등록증을 옮기지 않고 확정일자만 받은 경우에는 우선변제권을 행사할 수 없게 되는 것이며, 실제로 입주하지 않았을 경우에도 확정일자를 받았다 하더라도 우선변제권은 없다.

(2) 권리의 주체

권리의 주체로는 자연인과 법인이 있으며, 자연인(제3조~제30조)에 관하여 권리능력의 존속기간·행위제한능력자제도·주소와 부재와 실종 그리고 법인(제31조~제97조)에 관하여 사단법인과 재단법인의 설립 및 기관·해산 등을 규정하고 있다. 상기의 규정 중 주소 또는 부재와 실종은 민법 전체에 걸치는 통칙(☞원칙적 규정)으로서의 성질을 가진다.

(3) 권리의 객체

권리의 객체로는 물건이 있으며 물건(제98조~제102조)에 관하여 부동산과 동산·주물과 종물·천연과실과 법정과실을 규정하고 있다. 이 규정들도 민법 전체에 걸치는 통칙으로서의 성질을 가진다.

(4) 권리의 변동

1) 권리의 변동은 권리의 발생·변경·소멸을 총칭하며 이러한 권리의 변동이 생기게 하는 요인으로 크게 두 가지로 나눌 수 있다. 그 하나는 "의사표시를 요소로 하는 법률행위에 의한 권리의 변동"이고 다른 하나는 "의사표시에 의하지 않는 법률의 규정'에 의한 권리의 변동"이다. 예컨대 준법률행위[6]·사무관리[7]·부당이득[8]·불법행위[9]·소멸시효[10]·취득시효[11]·상속 등이다. 총칙편에는 상기 권리의 변동의 요인 중 의사표시를 요소로 하는 법률행위 가운데 의사표시·대리·무효와 취소·조건과 기한에 관한 규정(제103조~제154조)과 의사표시에 의하지 않는 법률의 규정 가운데 소멸시효에 관하여 규정하고 있다(제162조~제184조). 그 외에 권리

6) 법률용어 살펴보기 ☞「준법률행위(準法律行爲)」라 함은? 법률행위의 경우처럼 당사자의 의사표시에 기하여 법률효과가 인정되는 것이 아니고, 당사자의 의사와는 무관하게 '법률의 규정'에 의하여 법률효과를 발생케 하는 행위를 말한다. 예컨대 채무이행의 최고·채무의 승인·채권양도의 통지·변제 등이 그것이다.

7) 법률용어 살펴보기 ☞「사무관리(事務管理)」라 함은? 의무없이 타인을 위하여 사무를 관리하는 행위를 말한다. 예컨대 부탁을 받지 않았는데도 여행중의 친구의 재산을 관리하는 행위가 그것이다.

8) 법률용어 살펴보기 ☞「부당이득(不當利得)」이라 함은? 법률상 원인 없이 이득을 얻고 그로 인하여 타인에게 손해를 가하는 것을 말한다.

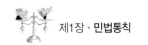

의 변동 가운데 취득시효는 물권편(제245조 이하)에서 규정하고 사무관리·부당이득·불법행위 등은 채권편(제734조 이하·제741조 이하·제750조 이하)에서 규정하고 있다. 상속은 상속편(제997조 이하)에서 각각 개별적으로 규정하고 있다.

2) 한편 총칙편에서는 법률의 규정에 의한 권리의 변동으로 소멸시효에 관하여 규정하면서, 그 부수적 전제로서 '기간(期間)의 계산방법'에 관하여 규정하고 있다(제155조~제161조). 이러한 기간의 계산방법은 민법 전체에 걸치는 통칙으로서의 성질을 가진다.

잠깐!! 민총, 깊이보기

특히 유의할 것은 민법총칙편의 성격은 민법 전반에 관하여 적용되는 원칙적인 규정을 다루고 있기보다는 대부분의 규정이 재산법만을 위하여 만들어졌다는 점이다. 즉, 민법총칙편의 대부분의 규정은 실질적으로 재산법에 관한 총칙에 지나지 않고 가족법[12]에 관한 총칙으로서의 성격은 희박하며, 특히 법률행위의 일반원칙은 대부분 신분행위에는 적용되지 않는다.

---

9) 법률용어 살펴보기 ☞「불법행위(不法行爲)」라 함은? 고의 또는 과실로 인한 위법행위로 타인에게 손해를 주는 행위를 말한다. 즉, 민법 제750조는 「고의 또는 과실로 인한 위법행위로 타인에게 손해를 가한 자는 그 손해를 배상할 책임이 있다」라고 하여, 손해배상의 책임원인인 불법행위를 규정하고 있는데 이는 위법행위로서, 손해배상청구권을 발생시키는 채무불이행(債務不履行)과 같은 성질의 것이다. 이러한 불법행위에 의한 손해배상청구권은 당사자의 의사에 의하는 것이 아니라 법률의 규정에 의하여 발생하며 불법행위의 성립요건인 고의·과실이 있었음은 그 성립을 주장하는 피해자가 가해자에게 증명할 책임이 있다.

10) 법률용어 살펴보기 ☞「소멸시효(消滅時效)」라 함은? 권리자가 그의 권리를 행사할 수 있는데도 불구하고 일정한 기간(시효기간) 동안 그 권리를 행사하지 않는 상태(권리불행사의 상태)가 계속된 경우에 그 자의 권리를 소멸시켜 버리는 제도이다. 보통의 「채권(債權)」은 10년(제162조 제1항), 「채권 및 소유권이외의 재산권(예: 지상권·지역권·전세권)」은 20년간 행사하지 아니하면 소멸시효가 완성하여(제162조 제2항). 시효에 의하여 소멸한다. 자세한 것은 후술한다. 이에 대한 설명은 후술하는 제7장 「소멸시효」를 참조할 것.

11) 법률용어 살펴보기 ☞「취득시효(取得時效)」라 함은? 타인의 물건을 일정한 기간(時效期間) 동안 계속하여 점유하는 자에게, 그와 같은 사실상태를 근거로 하여 그 사람이 진실한 권리자이냐의 여부를 묻지 않고 그 자에게 권리를 취득하게 하는 제도를 말한다. 이러한 취득시효는 소멸시효와 같이 법률질서의 안정과 사회질서의 유지를 위하고 증거보전의 곤란으로부터 벗어나기 위하여 인정된 것이다. 우리 민법에서 인정하는 시효로 인하여 취득되는 권리는 소유권(제245조)과 그 밖의 재산권(제248조)이다.

12) 법률용어 살펴보기 ☞「가족법(家族法)」이라 함은? 민법의 규정 가운데 친족·상속편을 의미한다. 이러한 가족법이란 용어 외에 일본의 中川善之助교수가 재산법(財産法)에 대립하는 의미로 신분법(身分法)이란 용어를 쓰기도 하는데 친족·상속편의 규율대상인 가사상(家事上)의 분쟁을 다루고 있는 법원(法院)을 가정법원(Family court)이라고 부르는 것을 볼 때, 가족법이란 용어 사용이 가장 적절하다고 볼 것이다(김주수· 친족상속법 43면).

상기의 이유로 인해 가족법은 독자적인 특별규정을 두는 경우가 많은데 이는 다음과 같다. i) 총칙편의 행위능력에 관한 규정은 가족법의 혼인·이혼·양자·유언 등에 대해서는 적용되지 않으므로 가족법은 이에 관한 별도의 특별규정을 두고 있다(예: 제801조 · 제802조 · 제807조 · 제835조 · 제866조 · 제869조 · 제870조 · 제871조 · 제873조 · 제902조 · 제1061조 · 제1062조 · 제1063조 등). ii) 또한 비진의의사표시·통정허위표시·사기·강박·착오·대리 등의 법률행위에 관한 여러 규정도 가족법상의 행위에는 그 성질상으로 적용할 수 없는 경우가 많으므로 이에 대한 별도의 특칙이 있는 경우가 많다(예: 제815조 · 제816조 · 제838조 · 제854조 · 제861조 · 제883조 · 제884조 · 제904조 등). iii) 특히 시효(時效)에 관한 규정은 재산권에만 적용이 될 뿐 가족법상의 권리에는 적용되지 않는다. iv) 그러나 통칙(제1조 · 제2조)·주소(제18조 · 제21조)·부재와 실종(제22조 · 제29조)·물건(제98조 · 제102조)·기간(제155조 · 제161조) 등은 민법 전반에 대한 원칙적 규정으로의 실질을 가져 신분행위에도 적용된다.

민법의 구성

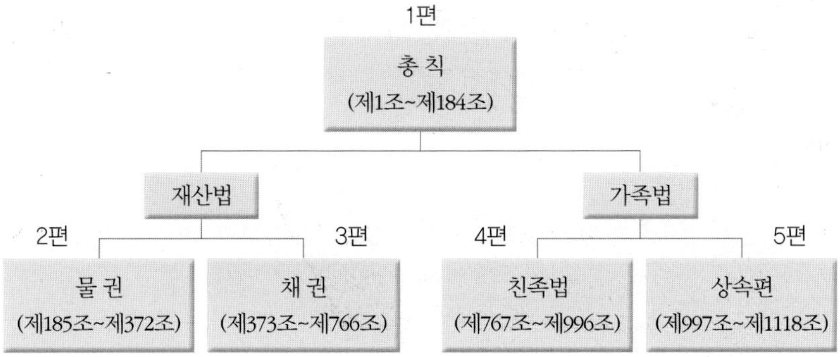

제3절 민법의 법원(法源)

I 총 설

1. 법원의 의의

「법원(法源)」은 법이 어떠한 모습으로 존재하고 그 범위가 어디까지인가에 관한 것이다. 이는 "법관은 헌법과 법률에 의하여 양심에 따라 독립하여 심판한다"라고 규정한 헌법 제103조에서 말하는 '재판의 기준'이 되며 보통은 '법의 존재형식'이라고 불리어진다. 따라서 「민법의 법원」은 사법(私法)의 일반법인 "민법의 존재형식"을 의미한다. 그러므로 실질적 의미의 민법이 어떠한 형태로 존재하고 그 범위가 어디까지인가를 연구하는 것이 민법의 법원론이다.

알아두면 편리해요!!!

법학을 제대로 공부하려면 한문의 학습이 대단히 중요하다. 법원(法源)은 법의 생성연원과 인식연원의 두 가지 의미가 있는 "법의 연원(法의 淵源)"의 줄임말이지만, 법원(法院)은 법관으로 구성된 사법관청(司法官廳)으로 헌법상 사법권(司法權)을 행사하는 기관을 가리킨다.

2. 성문법주의와 불문법주의

법원(法源)은 성문법[13]과 불문법[14]으로 구분된다. 대부분의 근대국가는 국민의 권리

---

13) 법률용어 살펴보기 ☞ 「성문법(成文法)」은? 규범적 의사(規範的 意思)를 문자(文字)에 의하여 표현하고 이를 문서(文書)의 형식으로 제정한 법령으로 이는 불문법에 대응하는 법이다. 그리고 이는 입법기관(立法機關)에 의하여 제정되므로 「제정법(制定法)」이라고도 한다.
「실정법(實定法)」은? 자연법(시간과 장소를 초월하여 영원히 존재한다고 생각되는 이상적인 법)과 대비되는 것으로서, 사회에서 실증적으로 파악되는 법이다. 따라서 실정법은 현재 법으로서 존재하는 것 모두를 가리키

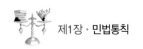

를 보장할 목적으로 법치주의를 채택하고 있으므로 명시적 법규에 의하여 국민의 행위를 규율함을 원칙으로 한다. 따라서 현대국가의 대부분은 성문법주의를 취하고 있다. 그리고 이와 같이 성문법을 1차적 법원으로 하여 운영되는 국가를 '성문법주의 국가'라고 하는데 대륙법계 국가인 우리나라와 독일·스위스·이태리 등이 이에 속한다. 그러나 유의할 것은 현대 국가의 대부분이 성문법주의를 택하고 있지만 오늘날과 같이 복잡하게 유동·변천하는 사회 속에서 성문법만으로 규율하기는 불가능하므로 불문법도 법원으로서 중요성을 가진다는 점이다. 이 같이 관습법이나 판례법과 같은 불문법을 1차적 법원으로 하여 운영되는 국가를 '불문법주의 국가'라고 하는데 영미법계 국가인 영국과 미국 등이 이에 속한다.

참고정리 성문법과 불문법의 차이

내 용	성문법주의	불문법주의
법의 통일정비	용이하다	곤란하다
법적 질서의 안정	확정성이 있다	유동적이다
법의 명확화	용이하다	유동적이다
법의 경화	쉽다	어렵다
사회사정변환에 대한 적응성	어렵다	쉽다
법적 질서의 유동성	저해하는 수가 있다	적다

Ⅱ 민법 제1조의 규정

1. 개 관

민법 제1조는 「민사에 관하여 법률에 규정이 없으면 관습법에 의하고 관습법이 없으면 조리에 의한다」 라고 규정하고 있다. 이에 대한 설명은 다음과 같다.

는 것이며, 우리가 말하는 넓은 범위의 법이 모두 실정법이다. 그 결과 성문법뿐만 아니라 관습법과 같은 불문법도 실정법에 해당한다. 실정법은 성문법을 포함하는 넓은 개념인 것이다.

14) 법률용어 살펴보기 ☞ 「불문법(不文法)」은? 성문법 이외의 법으로서 문자에 의하여 표시되지 않으며 입법기관의 절차를 거치지 않고서 생겨난 법이다. 이러한 불문법의 主된 것으로는 관습법(慣習法)과 판례법(判例法) 그리고 조리(條理)를 들 수 있다.

(1) 본조는 규율대상이 '민사'임을 명확히 정하고 있다. 여기서 「민사(民事)」란? 시민의 사법(私法)적 생활관계 가운데서 사법(司法)적 심판의 대상이 되는 민사사건, 즉 '민사에 관한 소송사건'을 의미한다.

(2) 본조는 민법의 법원(法源)으로는 성문법과 불문법이 있음을 정하고 있다.

i) 민법의 법원이 되는 불문법은 관습법과 조리 2가지에 한하여 인정되는데 이 경우에 관습법과 조리는 성문법의 규정이 없는 경우에 한하여 적용된다. 따라서 그 적용의 순서는 성문법 → 관습법 → 조리가 된다. 하지만 민법은 불문법인 판례(判例)에 관하여는 그 법원(法源)이 되는지에 대하여 명문으로 규정하고 있지 않다. 따라서 판례가 법원이 되는가에 관하여 학설상 다툼이 있다.

ii) 민법의 법원이 되는 성문법에는 특별법과 일반법이 있는데 이 경우에 특별법은 일반법에 우선하게 된다. 그러므로 민사에 관한 법의 규정을 불문법과 성문법상의 일반법과 특별법을 합하여 그 적용순서를 정한다면, 민사특별법 → 민법 → 관습법 → 조리의 순서가 된다. 따라서 이와 같은 서열을 잘못 적용한 경우의 재판은 위법이며 무효가 된다.

잠깐!! 민총, 깊이보기

앞서 밝힌바와 같이 민사의 적용에는 특별법(예: 상법)과 일반법(예: 민법)간의 우선순위가 있다고 하였다. 그러나 실체법(예: 민법)과 절차법(예: 부동산등기법)간에는 우선순위가 문제되지 않는다.
*우리나라 성문법: 헌법, 법률, 명령(대통령령, 총리령, 부령), 규칙, 자치법률(조례, 규칙), 조약 등

2. 성문민법

「성문민법의 법원(成文民法의 法源)」에는 법률로서 형식적 의의를 갖는 민법인 '민법전'과 실질적 의의를 갖는 민법인 '민법전 이외의 민사에 관한 법률' 그리고 각종의 명령(예: 대통령령·국무총리령·부령)[15] · 규칙(예: 국회규칙·대법원규칙·중앙선거관리위원회규칙)[16] · 조약[17] · 자치법규(예: 조례)[18] 등이 있다.

15) 법률용어 살펴보기 ☞ ① 명령(命令)이라 함은? 국회의 의결을 거치지 않고 행정기관이 발하는 성문법규이다. 따라서 법률의 하위에 선다.

보충정리 민법전이외의 민사에 관한 법률

i) 민사특별법

신원보증법 · 국가배상법 · 입목에관한법률 · 자동차손해배상보장법 · 자동차저당법 · 원자력손해배상법 · 제조물책임법 · 집합건물의소유및관례에관한법률 · 신탁법 · 외국인토지법 · 가등기담보등에관한법률 · 실화책임에관한법률 · 주택임대차보호법 · 상가건물임대차보호법 등

ii) 민법부속법률

부동산등기법 · 가족관계의 등록 등에 관한 법률(이하 '가족관계등록법') · 공탁법 · 주민등록법 · 유실물법 · 비송사건절차법 · 가사소송법 · 민사조정법 · 선박등기법 · 축사의 부동산 등기에 관한 특례법 등

iii) 공법 속에 포함되어 있는 민법법규

특허법 · 저작권법 · 광업법 · 근로기준법 · 선박법 · 항공법 · 수산법 · 하천법 · 국유재산법 · 양곡관리법 · 농지법 · 산림보호법 · 소비자기본법 · 환경정책기본법 · 아동복지법 등을 들 수 있다.

☞ 유의할 것은 파산법은 민법부속법률이 아니라 민사소송법의 부속법이라는 점이다.

잠깐!! 민총, 깊이보기

헌법재판소의 결정은 법률과 동일한 효력을 가지므로(헌법재판소법 제47조 및 제75조), 그 결정내용이 실질적으로 민사에 관한 것인 때에는 민법의 법원이 된다.

3. 불문민법

(1) 관습법

1) 서

민사에 관한 모든 내용을 민법전에 명문화할 수는 없다. 따라서 민법 제1조는 「민사에 관하여 법률에 규정이 없으면 관습법에 의하고…,」 라고 규정함으로써 민법의 법

16) 법률용어 살펴보기 ☞ ① 규칙(規則)이라 함은? 헌법에서 특별한 기관에 의하여 제정케 한 명령의 일종이다.

17) 법률용어 살펴보기 ☞ ① 조약(條約)이라 함은? 문서(文書)에 의한 국가와 국가와의 합의를 말한다.

18) 법률용어 살펴보기 ☞ ① 자치법규(自治法規)이라 함은? 자치단체가 법령(法令)의 범위 안에서 제정하는 자치에 관한 법규를 말한다.

원(法源)으로 불문법인 관습법(慣習法)을 인정하고 성문법의 불비를 보완하고 있다. 하지만 모든 관습이 민법의 법원으로 효력을 가지는 것은 아니다. 관습이 법률로서 인정받으려면 우리의 생활과정 중에서 어떠한 사항에 관하여 상당기간 동일행위가 반복되는 '관행이 존재(慣行이 存在)'하여야 하고 그 사회의 구성원들간에 해당 관습이 법적으로 구속력이 있다고 인식되고 이를 지지하는 '법적 확신(法的 確信)'이 필요하다. 물론 이 경우가 당연히 '선량한 풍속 기타 그 밖의 사회질서'를 위반해서는 안 된다.

살아있는 Legal Mind!!!

'관습법이론'은 법의 민족적·역사적 성격을 강조하고 법전편찬에 반대한 '역사학파'에 의하여 19세기 초부터 전개되었다. 때와 장소를 초월한 영원한 법으로서 자연법의 존재를 주장하는 자연법론자들이 관습법의 법원성을 부정함에 회의를 느낀 역사학파는 관습법을 1차적 법원으로 격상시킴으로서 성문법 만능을 거부하였다. 즉, 관습법이론은 관습법의 우위를 인정하여 관습법을 제1차적 법원으로 격상한 이론이다.

2) 민법상 관습법으로 인정되는 것

민법상 관습법으로 인정되는 것으로는 물권편에 규정하고 있는 관습법상 법정지상권·분묘기지권·동산의 양도담보[19]·미분리과실과 수목집단의 명인방법[20] 그리고 친족편에 규정하고 있는 사실혼[21] 등을 들 수 있다. 이에 관하여는 이후 제2장 민법상의

19) 법률용어 살펴보기 ☞「관습법상 법정지상권(慣習法上 法定地上權)」,「분묘기지권(墳墓基地權)」,「양도담보(讓渡擔保)」에 대해서는 後述하는 사권(私權)의 종류에 있어서 '내용에 의한 분류'를 참조할 것.

20) 법률용어 살펴보기 ☞「미분리과실과 수목 집단의 명인방법(未分離果實과 樹木 集團의 明認方法)」이라 함은? 분리되지 않은 과실과 수목집단을 그 지반(地盤)이나 원물(元物)로부터 독립한 물권거래의 객체로 삼는 관행의 관습법상의 공시방법을 말한다. 즉, 이는 수목의 집단 또는 미분리의 과실의 소유권이 토지로부터 분리되지 않은 채로 제3자에게 거래되었음을 타인에게 명백히 인식시키는데 적합한 방법으로, 예컨대 나무껍질을 벗기고 소유자가 누구인가를 묵서(墨書)하거나 또는 수목 집단의 주위에 새끼줄을 치고 소유자가 누구인가를 인식할 수 있도록 표지(標識)하는 방법을 말한다(대판 1976.4.27. 76다72).

21) 법률용어 살펴보기 ☞「사실혼(事實婚)」이라 함은? 실제로는 혼인생활을 하고 있으면서도 고의적 또는 그 밖의 이유로 법률상 혼인신고를 하지 않아, 법률상의 혼인으로 인정받지 못하는 부부관계를 말한다. 이 경우는 사실혼의 관계에 있는 자도 법률상 혼인관계에 있는 자 처럼 부부간의 동거, 부양. 협조의 의무(제826조), 부부재산계약의 약정과 변경(제829조) 등의 일반적 효력과 재산적 효력으로서의 별산제(別産制) 및 귀속불명재산의 공유추정(제830조), 부부의 일상가사대리권(제827조), 일상가사채무의 연대책임(제832조), 공동생활비용의 공동부담원칙(제833조) 등이 여기에 준용되지만, 신고를 전제로 하는 효과는 인정되지 않는다. 즉, 사실혼관계에 있는 자에게는 아무런 가족관계의 변동도 일어나지 않으며 따라서 친족관계도 발생하지 않는다(제777

권리에서 자세히 설명한다.

3) 성립시기

관습법이 성립하는 때는 '법원의 판결(法院의 判決)'에 의하여 관습법의 존재가 인정되는 때이다.

살아있는 Legal Mind!!!

- 관습법의 성립시기에 대한 학설
  ① 승인설: 국가나 지방공공단체 또는 법원이 관행을 법규범으로 승인하는 시기
  ② 법적 확신설: 사회의식이 법의 적용으로 확신되고 '법원의 판결'에 의하여 관습법의 존재가 인정되는 시기(우리나라의 통설)
  ③ 효력의사설: 일시적인 것이 아닌 관행 자체가 장래의 행위규범으로서 타당성을 가지는 시기, 즉 효력의사로서의 타당성을 가지는 시기

4) 효 력

관습법의 효력에 관하여는 보충적 효력설·변경적 효력설·대등적 효력설이 대립한다. 우리나라의 다수설과 판례는 원칙적으로 관습법의 효력에 관하여 성문법에 대한 보충적 효력만을 인정하므로 관습법을 성문법규인 법률보다 우선하여 적용할 수는 없다. 그리고 상기의 성문법규에는 강행법규는 물론 임의법규까지도 포함한다.

① 보충적 효력설

㉮ 「보충적 효력설」은 과거사회로부터 효력이 인정되어 온 관습법은 단지 제2차적 법원으로 '보충적 효력'만을 가지고 있을 뿐이라는 견해이다. 다수설과 판례는 이러한 보충적 효력설을 지지하고 있는데 그 근거로는 '제1조의 규정'을 들고 있다. 즉, 이 설에 의하면 민법 제1조는 성문법규에 대하여 관습법이 보충적·

조), 사실혼관계에 있는 자가 혼인하더라도 중혼(重婚)이 되지 않는다. 또한 사실혼의 부부는 서로 배우자로서의 상속권이 없다(민 제1000조). 다만 근로기준법시행령 제44조 제1항 유족의 범위를 제1순위로 되어 있는 배우자에 대하여 「사실상 혼인관계에 있는 자」를 포함하고 있으며 공무원 연금법 제3조 제1항 제2호, 군인연금법 제3조 제1항 제4호, 사립학교교원 연금법 제2조 제1항 제2호에서는 각각 「사실상 혼인관계에 있던 자」를 배우자에 포함시키고 있다.

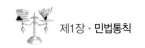

열후적 효력만이 있음을 인정한 것이라고 한다. 이에 대한 판례로는 지금은 폐지된 가정의례준칙의 제13조와 배치되는 관습법의 효력을 부인한 것이 있다(大判 1983.6.14 80다3231).

㉯ 그러나 보충적 효력설에 의하면 "상관습법"은 상법에 대해서는 보충적 효력을 가지나 민법에 대해서는 변경적 효력을 가진다고 한다. 즉, 상법 제1조가 「상사에 관하여 본법에 규정이 없으면 상관습법에 의하고 상관습법이 없으면 민법의 규정에 의한다」 라고 규정함으로써 '특별법우선의 원칙'에 따른 법원(法源)의 적용을 살펴보면, 그 관계는 성문상법 → 상사관습법 → 민법 → 민사관습법 순으로 되고 따라서 상사관습법은 상법에 대해서는 보충적 효력을 가질 뿐이지만 민법에 대해서는 변경적 효력을 가지게 되는 것이다. 또한 성문법을 강행법규와 임의법규로 나눈 후의 법원의 적용을 살펴보면, 그 관계는 강행법규 → 임의법규 → 관습민법 → 조리 순으로 적용된다. 또한 제106조를 적용하면 사적 자치의 범위내에서 사실인 관습(事實인 慣習)은 민법의 임의법규에 우선하게 된다(뒤에서 설명할 법률행위 해석의 표준 중 '사실인 관습'을 참조할 것).

살아있는 Legal Mind!!!

「관습법의 보충적 효력」을 인정하는 판례 ☞ 가정의례에 관한 법률에 따라 제정된 가정의례준칙 제13조의 규정과 배치되는 관습법의 효력을 인정하는 것은 관습법의 제정법에 대한 열후적·보충적 성격에 비추어 민법 제1조의 취지에 어긋난다(대판1983.6.14 80다3231).

② 변경적 효력설

「변경적 효력설」은 관습법은 성문법규인 법률과 동일한 효력을 가지고 있을 뿐만 아니라 더 나아가 실제에 있어서는 성문법규인 법률까지도 개폐(改廢)할 수 있는 변경적 효력까지도 인정하자는 견해이다. 이는 오늘날 강력히 대두되고 있는 소수설이다(김용한·장경학). 이 설은 그 근거로서 '관습법상 법정지상권'·'분묘기지권'·'동산의 양도담보'·'미분리과실과 수목의 집단의 명인방법'·'사실혼' 등에서와 같이, 현실적으로 성문법이 관습법에 의해 개폐되고 있음을 들고 있다. 특히 제185조 「물권은 법률 또는 관습법에 의하는 외에는 임의로 창설하지 못한다」 라는 규정은 관습법이 성문법을 변경하는 효력이 있음을 인정한 것이라고 주장한다.

③ 대등적 효력설

「대등적 효력설」은 제185조는 제1조에 대한 예외로서 물권에 대하여 관습법이 성문법과 대등한 효력을 가지는 것이라고 인정하는 견해이다(김증한 · 이광신). 이 견해에 따르면 민법과 기타 법률의 규정에 없는 종류나 내용의 물권도 관습법상으로 성립할 수 있다고 한다.

잠깐!! 민총, 깊이보기

민습(民習)은 관습보다 훨씬 약한 사회규범이다. 이는 보통 에티켓이라고 부르는 개념으로, 예를 들어 식사예절 · 술 마시는 법 · 데이트할 때의 에티켓으로 남 · 녀 간에 누가 팔짱을 끼고 누가 어깨에 손을 얹을 것인가?등으로 이는 위반하여도 법적으로 처벌받지는 않는다. 다만 주위 사람들이 눈을 찌푸리거나, 동네 우물가에서 빨래하는 아주머니들의 입방아에 오르는 대상이 되며 주위의 일부 사람들에게 따돌림을 받을 수도 있다.

(2) 조 리

1) 개 관

「조리(條理)」라 함은? 건전한 의식을 가진 대다수의 사람이 인정하는 공동생활의 원리이며 '사물의 본질적 법칙' 또는 '사물의 도리'를 말한다. 따라서 조리는 성문법이나 관습 또는 판례법의 저변에 흐르고 있는 공통의 규범을 정한 자연법적 존재라고 할 수 있다. 이러한 조리는 정의 · 형평 · 사회통념 · 선량한 풍속 · 사회적 타당성 · 신의성실 · 경험법칙 그리고 이성 등으로 다양하게 표현하고 있다.

알아두면 편리해요!!!

「조리」에 관하여 스위스민법 §1 II은 「법관(法官)이 자기가 입법자(立法者)라면 정립하였을 법규」라고 규정하고 있다.

2) 조리의 법원성 인정여부

「조리의 법원성(條理의 法源性)」을 인정할 것인가에 관하여 이를 인정하는 긍정설과 이를 인정하지 않는 부정설로 학설의 견해가 나누어진다. 우리나라의 다수설과 판례는 조리도 역시 재판의 근거가 되므로 법원성을 인정하여야 한다는 긍정설을 따르며 이렇게 인정하는 것이 법치주의에 반하는 것이 아니라고 한다. 즉, 이 견해는 "형사재판"의 경우에는 "법률 없으면 범죄 없고 법률 없으면 형벌 없다"는 죄형법정주의(罪刑法定主義)에 따라 적용할 법이 없으면 당연히 무죄로 선고되므로서 조리가 법원이 될 여지가 없지만, 민사재판의 경우에는 헌법 제103조가 「법관은 헌법과 법률에 의하여 양심에 따라 독립하여 심판한다」 라고 하여 법관의 독립을 규정하고 있고 또한 민법 제1조가 「민사에 관하여 법률에 규정이 없으면 관습법에 의하고 관습법이 없으면 조리에 의한다」 라고 규정함으로써 법률과 관습법이 존재하지 않는 경우에 조리의 3차적 법원성을 인정하고 있다(이영섭 · 김기선 · 방순원 · 김증한 · 김현태 · 김용한 · 김상용 · 권용우). 반면 소수설인 부정설은 조리는 법이 아니어서 법원은 아니지만 성문법 하에서는 법의 흠결이 불가피하고 또한 적용할 법이 없다고 해서 법관이 재판을 거부할 수는 없으므로 단지 법원(法院)에 의해서 적용되는 것일 뿐, 조리는 법원이 아니라고 주장한다(곽윤직 · 이영준).

법관은 법과 관습법의 흠결시에 재판을 거부할 수 없고 사회성 · 신의칙 · 공평성에 의하여 여러 가지의 자치법규를 보충하게 되므로 조리는 결국 판례로써 표현된다. 따라서 조리는 법원으로 인정함이 타당하다. 그러나 법률이나 관습법이 있는 경우에는 조리에 의한 재판으로서 이들과 저촉할 수는 없다.

Ⅲ 판례법

1. 판례법의 의의

「판례법(判例法)」이라 함은? 구체적 사건에 관하여 법원(法院)이 재판을 통하여 확정한 예를 이후 비슷한 사건에 대한 구체적인 법칙으로 정립해 감으로서 확고한 판례[22]의 형태로 존재하는 법을 말한다. 이러한 판례법이 성립하는 이유는 재판에는 합리성

22) 법률용어 살펴보기 ☞ 「판례(判例)」는? 최상급심인 대법원 판결에 한하여 쓰이는 경우가 일반이지만, 하급심인 고등법원과 지방법원의 판결을 포함한다.

이 포함되어 있고 유사한 사건이 있는 경우에는 재판의 내용이 반복될 수 있기 때문이다. 판례에는 최상급심인 대법원판결에 한하여 쓰이는 경우가 일반이지만, 하급심인 고등법원과 지방법원의 판결까지도 포함한다.

2. 판례법의 법원성 인정여부

(1) 영 · 미법계 국가에서는 판례가 제1차적 법원이므로 '선례구속의 원칙(先例拘束의 原則)'을 따른다. 그러나 유럽대륙식 법전주의를 수용하는 우리나라에서는 i) 헌법 제103조에서 「법관은 헌법과 법률에 의하여 양심에 따라 독립하여 심판한다」 라고 규정하고 있기 때문에 법관이 법률이 아닌 판례를 따라야 할 의무가 없고 ii) 민법상 판례법에 대한 규정이 없으므로 제도적으로 구속력이 보장되어 있지 않으며 iii) 또한 대법원의 심판에서 판시한 법령은 오로지 '당해 사건'에 관해서만 하급심(下級審)을 기속(羈束)할 뿐이다.[23] 따라서 다수설(☞적극설)은 판례(判例)의 법원성(法源性)을 부정하며 집적(集積)되어 규범성을 가지게 된 판례는 '법원의 판결'에 의해 성립된 관습법의 일종으로 보아서 보충적 효력을 가질 수 있을 뿐이라고 한다(곽윤직 · 김용한 · 이영준).

(2) 이에 대하여 소수설(☞소극설)은 상기의 적극설의 견해는 이론상의 얘기일 뿐이라고 한다. 그 이유로, 우리의 법체계는 해방 후부터 영미법적 요소도 가미하고 있으므로 판례의 중요성이 크게 인정되어 왔으며 실무에 있어서도 판례는 '살아있는 법'으로서 당해사건 외에도 사실상의 구속력이 있음을 들고 있다. 즉, 법원조직법 제8조가 「상급법원의 재판에 있어서의 판단은 당해사건에 관하여 하급심을 기속한다」 라고 규정함으로써 당해사건에 관하여 상급법원의 재판의 판단이 하급심을 기속(羈束)한다고 하지만 실제적으로 최고법원인 대법원의 판결은 법적 안정을 위해 '사실상의 구속력'을 가지며 또한 하급법원에서 최고법원의 판결과 다른 판결을 내리는 경우에는 상급심에서 파기 · 환송될 확률이 높고 어떤 사건에 관한 법원의 판결이 반복되어 확고한 판례가 형성되면 그 판례는

23) 법원조직법 제8조는 '상급법원의 재판에 있어서의 판단은 당해사건에 관하여 하급심을 기속한다'고 규정한다.

사실상 일종의 규범성을 지니게 되어 비슷한 다른 사건에도 그 법칙을 적용할 개연성이 발생함을 들고 있다. 따라서 이러한 이유를 근거로 하여 판례의 법원성을 인정하여야 한다고 주장한다. 이러한 소수설은 유력한 주장이다(김기선·김증한·고상용·김상용·김준호).

생각건대 판례는 구체적타당성을 중시하는 구체적 법적분쟁에 대한 법적판단이다. 그러나 실정법은 법적안정성이 강하게 요청된다. 兩者는 항상 조화를 이루어 나가야 한다. 판례를 너무 중시하게 되면 법적안정성 보다는 구체적타당성이 강조되어 법률이 갖고 있는 예측가능성과 법적안정성을 害할 염려가 없지 아니하다(명의신탁·중간 생략 등기의 유효성 판례 참고). 그러므로 판례는 실정법을 구체화 하고 실정법의 흠결 보충의 수준에서 받아 드려져야 함이 바람직할 것으로 사료된다.

알아두면 편리해요!!!

기속(羈束): 罒(그물 망) + 革(가죽 혁) + 馬(말 마)

가죽끈으로 씌워서 말을 잡아 멘다는 뜻의 회의문자임. 따라서 사실상 구속력을 갖게 되어 실제적으로는 법원과 다름 없는 기능을 하고 있다는 의미이다.

살아있는 Legal Mind!!!

- 「판례의 법원성」에 관하여, 헌법재판소의 결정은 민법의 법원이 된다고 보는 견해가 있다. 그 이유로는 위헌(違憲)으로 결정된 법률 또는 법률의 조항은 그 결정이 있는 날로부터 효력을 상실하게 되고(헌법재판소법 제47조 제2항), 이에 따라 해당법의 존재가 없어지게 됨을 들고 있다(곽윤직 민법주해 I 41면, 김상용 17면).
- 간혹 '채무인수(債務引受)[24]'가 오늘날 판례에 의하여 인정되는 것인가에 관한 문제가 제기된다. 채무인수는 판례에 의해 과거에 인정되었던 것이지만, 오늘날은 민법이 이를 성문화함으로서 더 이상 판례에 의한 것이 아님을 유의하라.
- 「학설의 법원성」은 인정되는가? 이에 대한 해답은 한마디로 'NO'이다. 학설의 경우는 관습을 형성하거나 혹은 조리로서 이용되는 길이 있을 뿐이다. 따라서 학설은 다수설·통설 그 어느 것도 법원성을 인정하지 아니한다.

24) 법률용어 살펴보기 ☞ 「채무인수(債務引受)」라 함은? 채무를 그 동일성을 잃지 않은 채 인수인(引受人)에게 이전하는 계약을 말한다. 이러한 채무인수의 방법으로는 첫째, 채권자인 A, 채무자인 B, 인수인인 C의 3인 계약으로 하는 방법이 있고 둘째, A와 C와의 2인의 하는 방법이 있는데 이 때에는 B의 의사에 반하여 채무를 인수하지 못하고(제453조), 셋째, B와 C와의 계약으로 하는 방법이 있는데 이 때에는 A의 승낙이 있어야 효력이 생긴다.

제 4 절 민법의 기본원리

I 근대민법의 3대 기본원리(19C)

1. 개 관

근대민법은 자유와 평등이라는 이념아래서 신분관계를 기반으로 하는 봉건사회를 타파하고 개인의 인격을 존중하는 것을 이상으로 하였는데 이는 1789년의 프랑스 인권선언에서 연유한 것이다. 즉, 프랑스인권선언 제1조는 「사람은 출생 및 생존에 있어서 자유와 평등의 권리를 가진다」 라고 규정함으로써 개인주의·자유주의·합리주의적 이념은 1804년 프랑스 민법전을 비롯하여 이후의 각국 민법전의 기조(基調)가 된 것이다. 따라서 근대 민법의 기본원리는 이와 같은 이념 하에 다음과 같은 3대 기본원칙을 인정한다.

잠깐!! 민총, 깊이보기

> 근대민법전의 시행은 프랑스(1804년) 일본(1898년) 독일(1900년) 스위스(1912년) 순으로 행하여졌다. 일본(1897년)은 독일(1896년)보다 공포는 늦었지만 시행은 먼저 하였다.

2. 3대 기본원칙

(1) 소유권절대의 원칙

「소유권절대의 원칙」 이라 함은? 각자의 재산에 대한 소유권은 법 이전에 존립하는 신성불가침한 것이므로 절대적으로 존중해야 한다는 원칙을 말한다. 이는 프랑스인

권선언에서 유래한 것으로서 '소유권자유의 원칙' 또는 '사유재산권존중의 원칙'이라고도 하는데. 근대사회에 있어서 자본주의 문명을 발전시키는데 커다란 공헌을 하였고 그 주된 지배영역은 우리 민법상 '물권법'이다.

(2) 계약자유의 원칙

「계약자유의 원칙」이라 함은? 개인은 자유로운 의사에 의하여 권리를 취득하고 상실할 수 있다는 원칙을 말한다. 이는 프랑스혁명으로 인하여 신분적 제약으로부터 해방된 개인은 자유로운 인격자라는 데에서 유래된 것이다. '개인의사자치의 원칙' 또는 '사적자치의 원칙'이라고도 한다. 이는 '신분에서 계약으로'라는 원리와 밀접한 관계가 있으며 개인주의·자유주의를 근간으로 하는 원칙이다. 법률행위 가운데서 가장 대표적인 것이 계약이므로 이 원칙을 「계약자유의 원칙」이라고 한다. 그 주된 지배영역은 우리 민법상 '채권법'이다.

잠깐!! 민총, 깊이보기

- 「계약자유의 원칙」은 경제적으로는 자유경쟁주의 내지 자유방임주의로서 나타나며, 그 내용은 계약체결의 당사자에게 ① 계약을 체결할 것이냐 아니면 하지 않을 것이냐, 더 나아가 어떠한 계약을 체결할 것인가를 결정하는데 자유가 있음을 말하는 '계약체결의 자유' ② 누구를 선택하여 체결할 것인가를 결정하는데 자유가 있음을 말하는 '상대방선택의 자유' ③ 계약의 내용을 결정할 수 있는데 자유가 있음을 말하는 '내용결정의 자유' ④ 어떠한 방식으로도 계약을 체결할 수 있다는 자유가 있음을 말하는 '방식결정의 자유'를 부여한다는 네 가지를 들 수 있다.
- 상기 「계약자유의 원칙」에 대한 제한의 예로는 '부합계약(附合契約)[25]'을 들 수 있다.

(3) 과실책임의 원칙

「과실책임의 원칙」이라 함은? 개인은 사법상(私法上)으로 자기의 고의(故意)나 과실(過失)에 의하는 경우에만 책임을 진다고 하는 원칙을 말한다. 이 원칙에 의하면 개인

25) 법률용어 살펴보기 ☞ 「부합계약(附合契約)」이라 함은? 부종계약(附從契約)이라 하는데, 이는 계약내용의 결정을 계약당사자 일방이 정하고 상대방은 포괄적으로 이를 승인하고 따라야 하는 계약을 말한다. 이 경우의 상대방은 계약내용의 절충은 물론 계약체결여부의 자유를 충분히 누릴 수 없으므로 법률행위자유의 원칙에 대한 중대한 제한이 된다. 예컨대 전기·수도·가스공급, 보험 등의 계약이 그것이다.

은 자기의 과실로 인한 행위에 대해서만 책임을 지고 타인의 행위에 의하여서는 책임을 지지 않음으로 이를 '자기책임의 원칙'이라고도 한다. 사적 자치의 원칙이 불법행위[26]와 채무불이행[27]에 나타나는 현상이므로 이 원칙에 의하여 개인의 자유활동은 크게 보장되었고 근대사회에서의 기업이 발전하는데 크게 공헌하였다. 그 민법상 주된 지배영역은 '손해배상'이다.

잠깐!! 민총, 깊이보기

상기의 3대 원칙은 별개의 독립적인 것이 아니라 상호 연결된 대등·상호보완적 관계에 있다. 이러한 3대 원칙의 특징으로는 실질적·기본적 인격성의 부여가 아닌 형식적 인격성의 부여를 들 수 있다.

Ⅱ 근대민법 기본원리의 수정(20C)

1. 수정 이유

근대민법의 3대 기본원리는 자본주의 발달에 의하여 나타난 각종 병폐에 기인한 것이다. 예컨대 가진 자와 못 가진 자 사이의 불공정한 계약 불평등 문제 또는 각종 기업이 발달함에 따라 발생되는 위험에 의한 손해발생의 증가와 보상의 필요성 등 각종 문제점을 해소하기 위하여 수정되었다.

26) 법률용어 살펴보기 ☞ 「불법행위(不法行爲)」는? 고의 또는 과실로 인한 위법행위로 타인에게 손해를 주는 행위이다. 즉, 민법 제750조는 「고의 또는 과실로 인한 위법행위로 타인에게 손해를 가한 자는 그 손해를 배상할 책임이 있다」 라고 하여 손해배상의 책임원인인 불법행위를 규정하고 있다. 위법행위로서 손해배상청구권을 발생시키는 채무불이행(債務不履行)과 같은 성질의 것이다. 이러한 불법행위에 의한 손해배상청구권은 당사자의 의사에 의하는 것이 아니라 법률의 규정에 의하여 발생하며 불법행위의 성립요건인 고의 ·과실이 있었음은 그 성립을 주장하는 피해자가 가해자에게 증명할 책임이 있다.

27) 법률용어 살펴보기 ☞ 「채무불이행(債務不履行)」이라 함은? 채무자가 정당한 이유없이 채무의 내용에 좇은 이행을 하지 않는 것을 말한다. 이는 법률의 규정, 계약의 취지, 거래의 관행, 신의 성실의 원칙 등에 비추어 볼 때 적당하다고 생각되는 이행을 하지 않는 것이다. 이에 대한 구제수단으로는 강제이행과 손해배상(☞궁극적으로 금전배상으로 한다)이 있다.

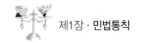

2. 수정 후의 기본원리(현대 민법의 기본원리)

(1) 근대민법의 전통적 원칙은 19세기 말엽 이래의 자본주의 발달로 인하여 점차 새로운 국면을 맞게 되었다. 결국 '소유권절대의 원칙'에서 소유권의 공공성과 사회성을 인정하는 「소유권상대의 원칙」으로, '계약자유의 원칙'에서 계약자유의 원칙에 따른 경제적 약자의 희생을 막는 「계약공정의 원칙」으로, '과실책임의 원칙'에서 기업의 발달로 인한 사용자책임성을 강조하는 「무과실책임의 원칙」으로 수정되었다. 이 수정이라는 표현은 본질이 변했다는 뜻은 아니다. 소유권 절대의 원칙을 비롯한 근대 민법의 기본원리에 대하여 여러 제약이 증가했다는 의미로 보아야 할 것이다. 학자에 따라 견해가 다르겠지만, 근대민법의 기본원칙 중 오늘날 가장 많이 수정된 것은 소유권절대의 원칙이라 할 것이다. 재산권 행사는 공공복리성에서부터 출발하여 공공복리라는 최고 원리를 위하여 많은 제한의 가능성을 유보(留保)하고 있음이 각국의 법제상에 나타나고 있기 때문이다.

(2) 상기의 무과실책임의 원칙은 전체주의사상을 기조로 한 것이므로 이를 지나치게 강조할 경우에는 사권(私權)의 부인을 가져오고 자칫 기업활동의 위축을 가져올 가능성이 있다. 그러므로 각국의 현행 민법은 '과실책임'을 원칙으로 하고 예외적으로 '무과실책임'을 인정하고 있다. 따라서 이러한 무과실책임의 원칙은 원칙상으로는 민법의 원칙은 아니지만, 다만 필요에 따라 예외적인 특수한 경우에만 인정되도록 민법은 간접적으로 규정하고 있다. 예컨대 무권대리인(無權代理人)의 상대방에 대한 이행 또는 손해배상이 그것이다(후술하는 제5장 법률행위의 제4절 법률행위의 대리 중 무권대리를 참조할 것).

알아두면 편리해요!!!

남녀평등의 원칙이 근대민법의 수정원리와 관계가 있는가? 이는 현대적 원리의 하나이므로 근대민법의 수정원리와는 관련이 없다.

Ⅲ 우리 민법의 기본원리

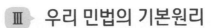

우리 헌법은 정치적 민주주의와 경제적·사회적 민주주의를 선언하고 다시 이 양자를 합리적으로 조정하고 조화함을 근본이념으로 하고 있다. 따라서 민법도 이러한 헌법정신을 이어받아 자유와 평등을 그 이념으로 강조하는 한편 "공공복리의 원칙"을 최고원리로 하고 이를 조절·조화시키기 위한 실천·행동 원칙으로서 신의성실의 원칙(제2조 제1항)·권리남용금지(동조 제2항)·선량한 풍속 기타 사회질서(제103조·제105조)·거래안전 등을 앞세우고 있다. 그리고 그 근간으로서 소유권절대·계약자유·과실책임의 근대민법의 3대 원칙이 수정되어 존재한다.

Ⅳ 민법상 진정한 권리자와 거래안전의 보호

민법은 법의 '정적 안전(靜的 安全)'을 도모하기 위하여, 무엇보다도 당사자간의 합의에 의한 권리관계를 1차적으로 보호하고 있는데, 이렇게 당사자간의 합의를 존중하는 것은 법률관계의 구체적 타당성을 꾀하기 위함이다. 예컨대 계약당사자가 착오에 의하여 의사표시를 한 경우에는 당사자의 진정한 의사를 존중하여 그 계약을 취소할 수 있도록 한 '착오로 인한 의사표시(제109조)'가 그것이다.

또한 민법은 거래에 임하는 제3자의 이익을 보호하기 위하여, 계약당사자의 이익을 희생시키는 예외를 인정하기도 한다. 예컨대 비진의의사표시(제107조)·선의취득(제249조) 등이 그것인데 이는 진정한 권리자를 희생시켜서라도 거래안전 및 제3자의 신뢰를 보호하려는 의도이다.

잠깐!! 민총, 깊이보기

- 민법의 사명은 자유주의이다. 즉, 민법은 자유를 전제로 하여 생겨났다. 따라서 민법의 근본사명은 개인이 자기의 의사에 따라 자유롭게 자기의 법률관계를 형성할 수 있을 때 비로소 실현될 수 있는 것이며 자기결정·자기책임·자기지배의 원리 등이 자기의사의 원리에 입각할 때, 대량사회에서 개인의 인격을 부각하고 질서사회에서 사권(私權)을 신장하며 획일화된 규격사회에서 개별적·구체적 정의를 실현할 수 있다고 확신한다.

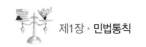

제5절 민법의 해석

I 법해석의 기준

1. 개관

사인(私人)간에 민사(民事)에 관하여 분쟁이 발생한 경우에 당사자간에 원만한 해결을 유도하지 못하면 결국 법원(法院)에 판결(判決)을 의뢰할 수밖에 없다. 이 경우에 법원은 발생한 민사사건에 관하여 여러 민사법규(☞주로 민법)를 재판규범으로 적용하여 그 분쟁의 해결을 꾀하게 된다. 이 때의 재판규범으로서 민법이 가지고 있는 의미나 내용을 명확히 조명하는 작업이 "민법의 해석"이다. 추상적 법규를 구체적 사건에 적용하기 위해서는 먼저 그에 적용될 법규의 해석이 필요하다. 법규해석은 성문법 뿐만 아니라 불문법에 있어서도 필요하지만 성문법 주의를 취하고 있는 우리나라의 경우에는 성문법의 해석이 더욱 중요하다.

잠깐!! 민총, 깊이보기

> 법을 적용하려면 그 전제가 되는 법규의 의미와 내용을 확정하는 것이 필요하다. 즉, 법규의 제정된 목적을 탐구하고 나아가서 법규가 어떠한 사회적 기반에서 발생하였는가 등을 고려하여, 법규의 의미와 내용을 명확하게 파악하여야 한다. 이것이 「법의 해석론」이다.

2. 법의 해석방법

민법을 해석하는 우선적 방법으로 유권해석과 학리해석을 들 수 있고 이외에 목적론적 해석이 있다.

(1) 유권해석

「유권해석(有權解釋)」은 국가기관에 의하여 법규의 의미나 내용을 확정하는 해석방법이다. 이는 '공권해석'이라고도 하며 다시 입법해석·사법해석·행정해석으로 나누어진다.

1) 입법해석

「입법해석(立法解釋)」은 법으로써 용어의 정의를 해석하는 것이다. 예컨대 민법 제98조는 「본법에서 물건이란 유체물 및 전기, 기타 관리 가능한 자연력을 말한다」는 규정함으로써 법으로써 물건에 대한 정의를 해석하였다. 이러한 입법해석은 강제력이 있으며 절대적인 구속력을 가진다.

2) 사법해석

「사법해석(司法解釋)」은 법관이 법을 적용함에 있어서 행하는 법해석의 방법으로 이는 판결의 형식으로 나타난다. 이러한 사법해석은 판례(判例)의 구속력을 제도적으로 보장하는 영·미 법계와는 달리, 대륙법계에 속하는 국가(독일·프랑스·일본·한국 등)에서는 절대적인 구속력을 가지는 것은 아니다. 그러나 대륙법계의 국가이더라도 우리나라의 경우는 법원조직법 제8조가 「대법원의 심판에서 판정한 법령의 해석은 당해사건에 관하여 하급심을 기속(羈束)한다」라고 규정함으로써 이 한도 내에서는 사법해석도 역시 그 권위가 인정되고 있다.

3) 행정해석

「행정해석(行政解釋)」은 법을 집행함에 있어서 행정관청이 내린 해석으로 법집행의 형식 또는 상급관청의 하급관청에 대한 회답(回答)·훈령(訓令)·지령(指令)의 형식으로 나타난다.

(2) 학리해석

「학리해석(學理解釋)」은 학리적 사고에 의한 해석으로 재판을 예측해서 또는 재판을 지도하려는 의도 하에서 학문적으로 행하여지는 해석이다. 우리가 중점적으로 연구하는 것이 바로 이와 같은 학리해석이다. 유권해석 주체가 국가기관인데 비하여 학리해석은 학자들이 법문(法文)의 내용과 의미, 입법취지, 입법배경, 상하위법과의 관계 등을 종합적으로 고려하여 내리는 해석이다. 이는 다시 '문리해석'과 '논리해석'으로 나누어진다.

알아두면 편리해요!!!

유스티아누스는 학리해석(學理解釋)을 하는 자를 위조죄(僞造罪)로 처벌하였다.

1) 문리해석

「문리해석(文理解釋)」은 법을 해석함에 있어서 법규범의 문자(文字)가 가지는 의미에 충실하여 해석하는 방법이다. 예컨대 소유(所有)와 점유(占有) 또는 질권(質權)과 저당권(抵當權) 등 많은 법률용어가 일반사회에서는 혼동하여 사용되지만, 이를 문자가 가지는 의미에서 명확히 해석하여 구별하는 경우가 그것이다. 하지만 이러한 문리해석이 반드시 법 해석에 있어서 절대적인 것은 아니다. 즉, '신의성실'이라든가 '선량한 풍속 기타 사회질서'와 같이 고도의 추상적인 문언은 그 해석에 있어 범위를 정하기가 대단히 어려우므로 문리해석의 방법이 거의 쓸모없게 된다. 따라서 법 해석의 첫 단계인 이러한 문리해석만으로 타당한 결론에 도달하지 못한 때에는 다른 해석방법을 써야 하는데 이 경우에는 이어서 설명하는 논리해석을 보아야 한다.

2) 논리해석

「논리해석(論理解釋)」은 법규정은 그 세분화된 내용이 각각 논리적인 체계를 이루고 있으므로 이를 전제로 하여 통일된 체계를 이루도록 해석하는 방법이다. 논리해석은 다음과 같이 세분화된다.

① 축소해석

「축소해석(縮小解釋)」은 논리성 추구를 위해 법규의 문자가 갖는 보통의 의미보다 축소해서 해석하는 방법이다. 예컨대 「차마통행금지」의 경우에는 차마(車馬)속에는 유모차가 포함되지 않는다고 해석하는 경우가 그것이다.

형법 제329조에 규정된 절도죄의 대상인 "타인의 재물"에는 동산만 해당되고 부동산은 해당되지 않는다는 해석도 마찬가지이다.

② 확장해석

「확장해석(擴張解釋)」은 문자가 가지는 의미보다 확장해서 해석하는 방법이다. 예컨대 "화단에 있는 나뭇가지를 꺾지 마시요"라고 한 경우에는 나뭇가지의 범주에는 당연히 화초까지도 포함한다고 해석하는 경우가 그것이다.

형법 제319조: 주거침입죄의 경우 주거의 범위에 연구소나 대학 강의실을 포함시키는 해석방법도 같다.

③ 반대해석

「반대해석(反對解釋)」은 비슷한 두 가지 사실 중에서 어느 하나에 관하여만 규정하고 다른 하나에 관하여는 규정이 없는 때에, 다른 하나에 대하여는 같은 효과를 인정하지 않는, 즉 반대로 해석하는 방법이다. 예컨대 민법 제800조 「성년에 달한 자는 자유로 약혼할 수 있다」 라는 규정을 반대해석 하게 되면 「성년에 달하지 않은 자는 자유롭게 약혼할 수 없다」 라고 해석하게 된다.

형법 제297조: 강간죄는 '부녀자를 강간한 자'만 그 객체로 하고 있으므로 남성에 대한 강간죄는 성립되지 않는다고 해석하는 방법이다.

④ 유추해석

「유추해석(類推解釋)」은 유사한 두 개의 사실 중 하나의 사실에 관하여만 규정하고 있는 경우에 다른 사실에 관하여도 같은 효과를 인정하는 해석방법이다. 예컨대 권리능력없는 사단에 관하여 민법의 규정이 없으므로 민법상 법인의 규정을 유추하여 적용하는 경우 또는 마차(馬車)의 통행금지 규정만 있고 우차(牛車)의 통행에 관하여 규정이 없더라도 이는 우차의 통행까지도 금한다는 것으로 유추 해석하는 경우가 그것이다.

* 죄형 법정주의를 원칙으로 하고 있는 형법의 경우에는 엄격한 해석이 요구되므로 유추해석은 인정되지 않음.

⑤ 물론해석

입법취지나 그 목적으로 볼 때 법문에 그 용어가 명문으로 규정되어 있지는 않으나 다른 사항도 당연히 포함된다고 해석하는 방법이다.

제과점이나 식품점 수퍼마켓에 개를 데리고 들어올 수 없다고 표시되어 있는 경우 그 성질상 고양이도 당연히 데리고 들어올 수 없다고 해석하는 방법이다.

(3) 목적론적 해석

「목적론적 해석(目的論的 解釋)」은 법의 목적(☞정신 · 취지)을 이해하고 그 목적에 따라 적합하게 해석하는 방법이다. 이러한 목적론적 해석은 상기에서 설명한 해석방법들에 의해서는 타당한 결론을 얻을 수 없는 경우에 주로 행하여지며 소위 '입법자의 의사탐구(立法者의 意思探究)'라고 불리기도 한다. 그러나 현실적으로 입법자의 의사를 탐구할 자료가 없다거나, 입법당시보다 사회정세나 사람들의 의식수준이 크게 변화해서 이 목적론적 해석방법으로도 타당한 결론을 가져올 수 없는 경우가 발생하게 된다. 이 때에는 입법자의 의사에 구애됨이 없이 현 단계에서 어떤 이익을 어떻게 보호해야 하느냐를 고려하여 해석하여야 한다.

Ⅱ 법해석의 이상(지도원리)

법을 해석하는 데는 객관성이 있어야 한다. 따라서 자의적(恣意的)[28]으로 법을 해석해서는 안 된다. 따라서 법의 자의적인 해석을 방지하여 해석의 객관성을 잃지 않게 하기 위한 기준 내지 표준이 필요하게 되는데 이러한 법 해석상 기준 내지 표준이 되는 것이 「구체적 타당성(具體的 妥當性)」이고 「법적 안정성(法的 安定性)」이다.

본래 법은 그 가치가 다른 사회현상을 일률적으로 포괄하므로 대부분의 규정은 추상적이고 획일적으로 되어 있다. 따라서 법을 해석하려면 반드시 구체적 타당성을 고려

28) 법률용어 살펴보기 ☞「자의(恣意)」라 함은? 방자한 마음을 의미하며 일정한 원칙이나 법칙이 없이 제멋대로란 뜻임. 결국 이러한 방자한 마음으로 법해석을 하여서는 안 된다는 것이다.

해야 한다. 그러나 이것이 지나치면 법의 일반적 확실성을 해치는 결과가 되므로 '구체적 타당성'도 살리고 '법적 안정성'도 기할 수 있는 해석이 필요하다.

살아있는 Legal Mind!!!

- 법해석상 기준 내지 표준이 되는 '구체적 타당성'과 '법적 안정성'은 상호 조화하기가 어렵다. 따라서 이들이 서로 상치될 경우에는 '법적 안정성'에 더욱 기초를 두어야 한다. 그 이유는 법은 사회를 규율하기 위한 것이며 이를 위하여 형식적 획일성을 가져야 하기 때문이다. 앞에서 설명한 해석방법 중 문리해석·논리해석 및 반대해석은 주로 일반적 확실성(법적 안정성)에 충실한 것인데 반하여, 목적론적 해석·유추해석은 구체적 타당성에 충실한 것이다.

Ⅲ 법해석이 불일치 할 경우(다툼이 있을 경우)

민법의 해석은 민법의 기본원리를 지침으로 하여 행하여져야 한다. 그러나 그 해석의 결과에 의하여 해석이 어려운 경우가 발생한 경우에는 「법원의 판결(法院의 判決)로서 선고된 것」이 구속력을 가진다. 즉, 법원의 판결은 법적 안정성을 생기게 하고 사실상의 구속력을 가진다.

재미로 읽어보세요!!!

- 「법의 이념」은 법 속에 숨어 있으면서, 눈에 띠지 않게 어떠한 방향을 이끌고 있다. 이러한 법의 이념이 무엇인가에 관하여 학자간에 주장을 달리하지만 '라드브르흐(Radbruch, G)'는 정의의 실현·질서유지·합목적성 세 가지를 들고 있다.

제6절 민법의 적용

Ⅰ 민법 적용의 의의

'법의 적용'은 개별적이고 구체적인 사람의 법률관계를 확정하고 이에 대한 법규의 내용과 의미를 확정한 후에, 그 확정된 법규에 의하여 구체적 사실에 대한 가치판단을 내리는 것이다. 따라서 「민법의 적용」이라 함은? 사인간(私人間)의 법률관계를 민법(民法)에 의하여 평가하고 판단하는 것을 말한다.

Ⅱ 민법의 적용 단계

1. 법의 적용 단계

「법의 적용」의 단계를 살펴보면 다음과 같다.

① 먼저 구체적 사건에 대한 내용을 확정한다(☞사실문제).

② 당해사건에 관한 법규의 의미나 내용을 명확히 한다(☞법률문제).

③ '일반적·추상적인 법규'를 대전제로 하고 '구체적인 사실'을 소전제로 하여, 법적 판단을 내린다(☞법의 적용).

2. 실제 민법의 적용 단계

실제 재판과정에 의한 민법의 적용단계는 먼저 민법규범을 대전제로 하고 구체적

사건을 소전제로 하여 법적 판단을 하는 3단계에 의하여 결론을 이끌어 가는 것이다. 예를 들어 짝사랑하는 황진이가 자신의 마음을 안 받아 주자 김선달이 "황진이는 남자관계가 복잡한 여자"라고 헛소문을 퍼뜨려 황진이의 명예를 훼손하는 손해를 가한 경우에 황진이가 명예훼손을 이유로 하여 손해배상을 청구하면 ① 민법 제750조「고의 또는 과실로 인한 위법행위로 타인에게 손해를 가한 자는 그 손해를 배상할 책임이 있다」라고 한 일반적이고 추상적인 규정을 '대전제'로 하고 ② "김선달이 고의로 황진이의 명예를 훼손하여 손해를 가한 경우"를 '소전제'로 하여 ③ "김선달은 황진이에게 손해를 배상할 책임이 있다"라는 결론을 얻는 '법적 판단'을 하는 것이다. 이것이「민법의 적용」이다.

Ⅲ 사실의 확정과 재판

1. 사실의 확정

법규를 적용하려면 우선 소전제인「사실을 확정」하여야 한다. 만약 사실을 확정하지 못하면 어떠한 법규를 적용할 것인가를 결정할 수 없다. 상기의 예에서 황진이가 명예훼손을 이유로 손해배상을 청구한 경우는 김선달이 황진이의 명예를 훼손하여 손해를 가한 것이 사실인가, 그 훼손으로 인하여 황진이에게 주는 피해는 어느 정도인가, 그리고 그 피해에 대한 배상액은 얼마나 되는가 등의 사실을 정확히 확정하지 않으면 안 된다. 이렇게 법적으로 문제되는 사실의 내용을 확정하는 것은 '증거(證據)'에 의하여 이루어진다. 이와 같이 증거에 의하여 사실의 내용을 확정짓는 것을「증명(立證)」이라고 하며 이러한 증명의 책임은 어떤 사실을 주장하는 쪽에서 지게 되는데 이 경우의 책임을「거증책임(擧證責任)」이라고 한다.

2. 재판

「재판(裁判)」은 사실관계를 명확하게 확정한 후에 법규를 해석·적용하여 판단을

내리는 것이다. 다시 말해서, 법관이 지나간 사실에 대한 증명자료(☞증거)를 검토하여 사실관계를 명확하게 확정하고 대전제인 법규를 해석·적용하여, 결론으로서 판결을 도출해 내는 것이 재판인 것이다. 이러한 과정은 민사사건이나 형사사건의 경우, 모두가 마찬가지이다. 상기의 사실관계를 확정하기 위한 증거로는 증인(證人)·서증(書證)·검증(檢證)·감정(鑑定)·당사자의 신문(當事者의 訊問) 등이 있다. 쟁송(爭訟)의 목적이 되는 사실의 성질에 따라 민사·형사·행정재판의 3가지가 있으며, 그 형식에 따라 판결·결정·명령 등이 있다.

제 7 절 민법의 효력

I 때(時)에 관한 효력

1. 효력발생시기

법을 적용하려면 법령(法令)이 자치단체나 국회 또는 대통령 등의 제정권자에 의하여 제정되고 이를 시행하여야 하는데 그 「시행의 일시」는 원칙적으로 그 법령의 부칙에 표시한다. 예컨대 현행민법 부칙 제28조는 「본법은 1960년 1월 1일부터 시행한다」라고 규정함으로써 현행민법은 1960년 1월 1일부터 효력이 발생한다.

알아두면 편리해요!!!

헌법 제53조는 「법률에 특별한 규정이 없으면 그 법률은 공포한 날로부터 20일이 경과함으로써 효력을 발생한다」라고 규정함으로써 '시행기일을 정하지 않은 법률'은 공포한 날로부터 20일이 경과하면 효력이 생긴다. 다만 국민의 권리제한 또는 의무부과와 직접 관련되는 법률·대통령령·총리령 및 부령은 긴급히 시행하여야 할 특별한 사유가 있는 경우를 제외하고는 공포일로부터 적어도 30日이 경과한 날로부터 시행하는 것으로 하였다(법령등공포에관한법률 제13조의 2).

2. 소급입법의 금지

대다수의 법은 '시행한 때로부터 폐지될 때'까지 효력을 가지므로 법의 효력발생은 소급(遡及)하여, 즉 과거로 거슬러 올라가서 적용시키지 못하는데 이를 「법률불소급의 원칙(法律不遡及의 原則)」이라고 한다. 이와 같이 법을 소급하여 적용할 수 없게 한 이유는 법률을 소급하여 적용하게 되면 법적 안정성을 해치고 기득권(旣得

權)[29]을 침해하는 결과를 가져오기 때문이다. 그러나 이러한 '법률불소급의 원칙'은 법의 적용에 있어서의 원칙일 뿐, '법을 제정하는 것' 자체를 구속하는 것은 아니다. 다만 형벌법규의 제정에 있어서는 '소급입법(遡及立法)'을 금지하고 있다(헌법 제13조 제1항).

유의할 점은 민법 부칙 제2조 본문은 「본법은 특별한 규정이 있는 경우 외에는 본법 시행일 전의 사항에 대하여도 이를 적용한다」 라고 규정함으로써 규정상으로 "소급효(遡及效)"를 인정하고 있다는 것이다. 다만 동조 단서는 「이미 구법에 의하여 생긴 효력에 영향을 미치지 않는다」 라고 규정함으로써 민법은 실질적으로 법률불소급의 원칙을 인정하고 있다고 보아야 한다.

잠깐!! 민총, 깊이보기

▶ 법률 중에 미리 일정한 효력기간을 규정해 놓은 「한시법(限時法)」이 있다. 예컨대 동성동본불혼(개정된 제809조) 때 동성동본간의 혼인을 인정해 주었던 경우의 한시적인 특별법이 그것이다. 1996년 1월 1일부터 1996년 12월 31일까지 단 1년간만 동성동본금혼(同姓同本禁婚)의 원칙에 반하여 동성동본간의 혼인을 인정해 주었던 경우의 한시적인 특별법이 그것이다. 즉, 이러한 한시법은 그 유효기간 동안에 효력이 있으며 이는 '일시법'이라고도 한다. 한시법은 그 유효기간의 만료에 의하여 법의 효력을 잃은 후에도, 그 유효기간 중에 행하여진 법의 위반에 대하여는 그대로 적용된다. 일시적인 특정 사정을 위하여 제정된 법률이라 할지라도 일정기간을 한정한 것이 아닐 때에는 한시법이 아니고 임시법이며 보통의 법률과 같이 취급된다.

Ⅱ 인(人)에 관한 효력

민법상의 해당 법규를 누구에게 적용할 것인가에 관한 두 가지 주의가 있다. 하나는 당사자가 국내에 있든 국외에 있든 이를 묻지 않고 우리나라 국민이라면 누구에게나 적용된다는 「속인주의(屬人主義 – 對人高權)」 이고 다른 하나는 외국인이라도 우리의 영토내에 있는 자라면 우리 민법의 적용을 받는 다는 「속지주의(屬地主義 – 領土高權)」 이다.

29) 법률용어 살펴보기 ☞ 「기득권(旣得權)」이라 함은? 사람이 이미 획득한 권리로서, 오늘날에 있어서는 기득권의 불가침은 인정하지 않지만 입법정책상 기득권은 가능한 존중해야 할 것으로 되어 있다.

그러나 경우에 따라서는 우리 민법과 외국의 민법이 충돌될 때가 있다. 예를 들어 우리나라에 거주하는 외국인과 한국인이 결혼한 경우 또는 해외입양의 경우가 그것이다. 문제는 이와 같은 경우에 어느 나라 법률을 적용할 것인가 이다. 이를 조정하기 위한 준거법(準據法)을 정한 법률이 그것이다. 우리나라에서는 1962년 1월 '섭외사법'이란 이름으로 제정되었다가 2000년 개정하면서 '국제사법'으로 명칭을 변경하였다.

잠깐!! 민총, 깊이보기

- 국제사법에 대한 예를 들어보자. 동법 제43조는 「입양 및 파양은 입양 당시 양친(養親)의 본국법에 의한다.」라고 규정함으로써 입양(入養)하는 자와 양자(養子)로 될 자 간에는 본국법(本國法)이 그 준거법이 된다. 그리고 이는 입양당시의 본국법을 의미한다.

Ⅲ 장소(場所)에 관한 효력

우리나라 헌법 제3조는 「대한민국의 영토는 한반도와 그 부속도서로 한다」 라고 규정함으로써 우리 민법의 효력은 우리나라 모든 영토에 미치는 것이 된다. 다만 휴전선이북지역도 효력이 미치는 규범력과 타당성은 있지만, 현실적으로는 실효성이 없으므로 그 적용이 정지되고 있는 것이다.

CIVIL LAW

제 2 장

민법상의 권리(사권)

- ❖ 제1절 법률관계와 권리
- ❖ 제2절 권리의 분류
- ❖ 제3절 권리의 경합과 충돌
- ❖ 제4절 권리의 행사와 의무의 이행
- ❖ 제5절 사권의 보호

제 1 절 법률관계와 권리

I 법률관계

법(法)은 '권리와 의무의 관계'라고 규정지을 수 있다. 따라서 사람의 사회생활관계 가운데서 법에 의하여 규율받는 관계인 법률관계도 '권리와 의무의 관계'가 된다. 예를 들어 임꺽정이 자신의 집을 김선달에게 팔기로 매매계약을 체결한 경우에는 법에 의하여 매도인 임꺽정에게는 대금지급청구권과 집에 대한 소유권이전의무가 주어지고 매수인 김선달에게는 집의 매매대금 지급의무와 소유권이전청구권이 주어지게 된다. 이 경우에 법에 의하여 규율되는 두 사람간의 '권리와 의무의 관계'를 「법률관계(法律關係)」라고 한다. 하지만 친구와 식당에서 만나기로 한 약속 또는 애인 사이의 데이트 약속과 같은 관계는 법률에 의하여 규율 받지 않고 법 대신 도덕·관습·종교 등의 다른 사회규범에 의하여 규율되며, 국가권력의 강제력도 따르지 않는다. 이러한 관계를 「생활관계(生活關係)」라고 한다. 오늘날 대부분의 인간관계는 법에 의하여 규율받는 법률관계로 되어 있다.

잠깐!! 민총, 깊이보기

- '권리와 의무의 관계'인 「법률관계」는 i) 사람과 사람의 관계로서 '친족관계와 채권관계', ii) 사람과 물건 기타 재화와의 관계로서 '물권관계와 무체재산관계', iii) 사람과 장소와의 관계로서 '주소·사무소·영업소' 등으로 나눌 수 있다.
- 호의 관계는 법적인 의무가 없음에도 호의로 어떤 행위를 해주기로 하는 생활관계이다. 옆집 부부가 외출하면서 아이를 맡겨서 대가없이 돌보아 주는 경우, 같은 방향으로 가는 동네 주민을 자기 차에 태워주는 경우(호의동승) 등이다. 이때는 법의규율을 받지 않기 때문에 약속에 대하여 지키지 않아도 법적 제재를 받지 않는다. 다만, 도덕이나 관습에 의한 비난은 받을 수 있다. 그러나 이와 같은 호의 관계가 가끔은 법률관계로 바뀌는 경우도 있다. 예를 들면, 돌봐주고 있는 아이가 잠깐 화장실에 다녀온 사이 문틈이나 위험한 물건에 다친 경우, 호의동승시 운전자의 부주의로 사고가 나서 동승자가 다치거나 사망한 경우에는 그에 따른 책임을 면할 수 없다.

Ⅱ 권리와 의무

1. 권 리

(1) 의 의

「권리(權利)」는 법에 의하여 인정되는 "일정한 법익(法益)의 향수를 내용으로 하는 의사 또는 힘"으로 정의된다. 그 대표적 예로는 법률의 범위내에서 소유물을 사용·수익·처분할 수 있는 권리인 소유권(所有權)을 들 수 있다.

잠깐!! 민총, 깊이보기

> 과거사회에서 명령·금지 등의 '의무본위'였던 법률관계는 근대에 들어와서는 개인의 자유와 인격을 강조하는 '권리본위'로 발전하였다. 그러나 20세기에 들어와서 공공본위(公共本位)를 강조하면서 다시 의무본위로 전환하려고 한다.

(2) 권리의 본질에 대한 학설

권리의 본질에 관하여 구체적으로 연구하는 것이 법학의 근본적인 과제이다. 그러나 이에 대하여 지금까지 많은 학자들의 논의의 대상으로 삼아왔지만 학자들 간의 통일된 견해는 도출되지 않았다. 이러한「권리의 본질」에 관한 대표적인 학설로서 다음의 세 가지를 들 수 있다.

1) 의사설

「의사설」은 권리는 '법에 의하여 주어진 의사의 힘 또는 의사의 지배'라고 보는 견해로서, 주창자는 사비니(Savigny), 빈드샤이트(Windscheid) 등이다. 이 견해는 의사능력이 없는 자인 의사무능력자(예: 유아 또는 정신병자 등)도 권리를 가지는 이유를 설명하지 못한다는 비판이 있다.

2) 이익설

「이익설」은 권리를 '법에 의하여 보호되는 이익'이라고 보는 견해로서, 주창자는 예링(Jhering)이다. 이 견해는 친권(親權)과 같이 권리자에게 아무런 이익도 없는 권리도 있다는 비판을 받는다.

3) 권리법력설

「권리법력설」은 권리를 '일정한 이익을 향수할 수 있도록 법이 인정하는 힘'이라고 보는 견해로서, 주창자는 에넥케루스(Enneccerus), 메르켈(Merkel) 등이다. 이 설은 상기 두 설의 결함을 극복한 설이며 모든 학설 가운데 가장 유력한 견해이다. 이는 의사능력이 없는 자나 권리의 존재를 알지 못하는 자도 권리의 주체가 될 수 있으며 권리는 생활이익 그 자체가 아니고 '생활이익을 향수 또는 보호하는 수단으로서 법에 의하여 주어진 힘'이라고 한다. 이 설은 권리의 목적을 강조하므로 목적에 반하는 권리행사는 권리남용에 해당된다는 권리남용이론의 구성이 용이하다.

참고정리 권한 · 권능 · 권원 · 권력

① 「권한(權限)」이라 함은? 타인을 위하여 일정한 법률효과를 발생하게 할 수 있는 '법률상의 자격 또는 지위'이다. 예컨대 대리인의 대리권·이사의 대표권·사단법인 사원의 결의권·선택채권의 선택권·대통령의 권한 등이 이에 속한다.

② 「권능(權能)」이라 함은? '권리의 내용을 이루는 개개의 법률상의 힘'을 말한다. 예컨대 소유권을 내용상으로 분석하면 사용권·수익권·처분권 등의 권능으로 나눌 수 있다.

③ 「권원(權原)」이라 함은? 어떠한 법률적 행위 또는 사실적 행위를 정당하게 행사할 수 있게 하는 '법률상의 근거'를 말한다. 예컨대 타인의 토지 위에 정당하게 물건을 부속시킬 수 있는 것은 지상권 또는 임차권 등이라는 권원이 있기 때문이다. 다만 점유의 경우는 점유를 정당하게 할 권원이 있는가의 여부는 묻지 않는다. 이 경우는 점유를 할 수 있게 한 모든 원인이 권원이 되기 때문이다.

④ 「권력(權力)」이라 함은? 일정한 개인 또는 집단이 '다른 개인 또는 집단을 강제하거나 지배할 수 있는 힘'을 말한다. 권력은 일종의 사회력이다.

2. 의 무

(1) 의 의

「의무(義務)」는 어떠한 규범에 의하여 부과된 구속으로 정의된다. 이는 법적 의무와

도덕적 의무 등 여러 가지로 분류할 수 있는데 이 가운데 법률상의 구속을 받는 의무는 '법적 의무' 뿐이다. 이러한 법적 의무(法的 義務)는 법에 의하여 부과된 구속으로서 의무자가 이에 따를 의사가 있던 아니면 없던 상관없이 강제력을 가지고 있는 의무이다. 이는 내용적으로 분류하면 「작위의무(作爲義務)」와 「부작위의무(不作爲義務)」로 나눌 수 있다[30].

(2) 의무의 특성

일반적으로 의무와 권리는 '동전의 양면'처럼 서로 동반하며 대응한다. 예컨대 물권(物權)과 무체재산권(無體財產權) 등에는 누구라도 침해할 수 없다는 불가침의 의무가 발생하고 친권(親權)에도 이러한 친권에 복종할 의무가 子에게 발생하는 것이다.

하지만 모든 법적 관계가 그러한 것이 아니고 경우에 따라서는 '권리만 있고 의무가 대응하지 않는 경우'가 있게 된다. 예컨대 취소권(取消權)[31] · 해제권(解除權)[32] · 추인권(追認權)[33] 등은 형성권이므로 '권리자의 일방적 의사표시'만으로써 일정한 효과가 발생한다. 즉, 이와 같은 경우에는 의무는 없고 권리만 있게 되는 것이다. 반면 '의무만

---

30) 법률용어 살펴보기 ☞「작위의무(作爲義務)」라 함은? 상대방을 위해 적극적으로 일을 해 주어야 할, 의무자가 가지고 있는 채무(債務)를 말한다. 이는「적극적 의무(積極的 義務)」라고도 한다. 반면「부작위의무(不作爲義務)」라 함은? 어떤 일을 하지 않을 것을 내용으로 하는 의무를 말한다. 이는「소극적 의무(消極的 義務)」라고도 한다. 이러한 부작위의무를 세분하면, 단순히 어떤 행위를 하지 않아야 하는 부작위와, 일정한 행위를 참고 견디어야 하는 인용(忍容)의 의무가 있다. 원칙적으로, 작위의무는 명령규정에 의하여 생기고 부작위의무는 금지규정에 의하여 생긴다.

31) 법률용어 살펴보기 ☞「취소(取消)」는? 일단 완전 유효하게 행한 행위를 취소한다는 일방적 의사표시로서, 이는 단독행위이다. 이는 민법 기타 법률의 규정에 있는 경우에 한하여 허용되며 일방적 의사표시에 의하여 그 표의자(表意者)가 의욕한 대로 처음부터 효력이 없다. 즉, 사법상 무효(私法上 無效)가 되게 하는 법률효과를 발생시킨다. 따라서 취소권이란, 실로 강력한 권리이기 때문에 거래의 상대방에게는 대단히 심각한 문제가 된다.

32) 법률용어 살펴보기 ☞「해제(解除)」는? 일단 유효하게 성립한 계약을 소급적으로 소멸시키는 것이다. 이 해제는 일방적인 의사표시에 의하여 행사할 수 있는데 이러한 해제의 의사표시에 의하여 계약을 해소시키는 권리를「해제권(解除權)」이라고 한다. 채무자가 채무를 이행하지 않을 때와 그 밖의 특정한 경우에는 계약을 해제할 수 있다. 이러한 해제의 의사표시는 이 표시를 한 이상 이를 철회할 수 없고 수인(數人)의 契約當事者가 있을 때에는 그 전원(全員)이 해제의 의사표시를 하여야 하고 그 상대방이 수인(數人)인 경우에는 그 전원에 대하여 하여야 한다. 반면「해지(解止)」는? 계속적인 계약을 장래에 향하여 실효(失效)시키는 것이다. 이것은 장래를 향하여 계약을 소멸시킨다는 점에서 해제의 소급적 효력과 구별하여야 한다.

33) 법률용어 살펴보기 ☞「추인(追認)」이라 함은? 일반적으로 어떤 행위가 있은 뒤에 그 행위에 동의(同意)하는 것을 말한다.

있고 권리가 대응하지 않는 경우'도 있다. 예컨대 제51조 법인의 사무소이전등기의무·제52조 법인의 등기의무·제85조 청산인의 법인해산등기의무·제88조의 청산인의 청산신고와 공고의무·제755조 제한능력자에 대한 감독자의 감독의무 등이 그것이다.

(3) 의무와 구별해야 할 책임

「의무」는 '일정한 행위를 해야 할' 또는 '해서는 안 될' 법률상의 구속인데 반하여, 「책임」은 의무의 위반 시에 형벌·강제집행[34]·손해배상[35] 등 이른바, 제재(制裁)를 받는 기초가 된다.

알아두면 편리해요!!!

손해배상과 헷갈리는 손실보상이 있다. 「손실보상(損失補償)」이라 함은? 적법한 공권력의 행사로서, 특정인이 결코 그의 책임으로 귀속될 수 없는 사유에 의하여 경제상 특별한 희생을 감수하였을 때에, 그 부담을 전체의 부담으로 전보(塡補)[36]하여 주는 것을 말한다. 헌법 제23조 제3항은 공공목적을 위하여 재산권을 수용·사용·제한할 경우에도 그 기준과 보상방법 등은 반드시 법률로써 하되, 정당한 보상을 지급하도록 규정하고 있다.

34) 법률용어 살펴보기 ☞「강제집행(强制執行)」이라 함은? 판결절차(국가 공권력에 의한 강제실현에 앞서 권리의 유·무를 확정하는 절차)와 함께 민사소송(民事訴訟)의 2대부분을 이루는 것으로, 국가권력에 의해 확정된 권리를 실제로 실현시키는 강제적 절차를 말한다. 강제집행의 대상은 채무자의 개개의 재산이고 제3자의 재산을 압류하는 것은 위법이다. 강제집행의 방법은 실현되어야 할 청구권의 종류에 따라 금전집행·부동산 집행으로, 대상인 재산의 종류에 따라 동산집행·부동산집행·선박집행 등으로 나누어진다. 금전채권을 실현할 강제집행절차는 대체로 압류·환가(換價)·배당의 3단계를 거친다.

35) 법률용어 살펴보기 ☞「손해배상(損害賠償)」이라 함은? 채무불이행이나 불법행위(不法行爲)로 인하여 손해를 가한 자가 손해를 받은 자에게 배상하는 제도를 말한다. 예를 들면 i) 채무불이행의 경우로서, 공장을 운영하는 박수동이 원료공급 계약을 김선달과 하였지만 김선달이 이를 이행하지 않아 결국 작업을 못하게 되었다든지 또는 계약불이행으로 인하여 다른 거래처에서 더 비싼 원료를 사서 써야 한 경우는 이에 대한 손해를 김선달이 배상하여야 하며 ii) 불법행위의 경우로서, 연흥부의 트럭이 황진이의 집에 뛰어들어 가옥을 파괴한 경우는 손해를 받은 황진이에게 손해를 가한 연흥부가 배상하여야 하는 제도가 그것이다.

36) 법률용어 살펴보기 ☞「전보배상(塡補賠償)」이라 함은? 채무자의 과실로 채무의 이행이 불능이 되었다가 지체 후에 급부를 받아도 채권자에게 이익이 없는 경우에 채권자는 수령을 거부하고 이행에 갈음한 손해배상을 청구하는 것을 말한다(제395조).

제2절 권리의 분류

I 총 설

법을 공법과 사법으로 구별하듯이, 권리도 공법상의 권리인 '공권'과 사법상의 권리인 '사권'으로 나눌 수 있다. 이 경우에 민법의 권리는 사권(私權)에 속한다. 이에 관하여 자세히 설명하면 다음과 같다.

알아두면 편리해요!!!

권리에는 이미 앞서 설명한 바와 같이 공·사법의 중간영역인 사회법에 의하여 인정되는 「사회권(社會權)」도 있다. 국민이 '인간다운 생활'을 하기 위하여 국가에 대하여 적극적인 배려를 요구할 수 있는 권리를 말하며, 사회적 기본권이라고도 한다. 1919년 바이마르헌법에서 최초로 도입되었다. 생존권적 기본권, 생활권적 기본권이라고도 하는 사회권은 국가의 적극적 급부와 배려를 통해 비로소 보장될 수 있기 때문에 국가와 개입과 간섭을 필요로 하며, 그 내용이 매우 불분명하므로 급부의 실현대상이나 방법, 수준 등에 관하여 입법자나 정부에 의한 구체화가 필요하다.

II 공 권

1. 의 의

「공권(公權)」이라 함은? 공법(公法)에 의하여 인정되는 권리를 말한다. 이는 공법상(公法上)의 생활관계 가운데 특히 통치관계에 있어서 당사자의 어느 한쪽이 가지는 권리를 말한다.

2. 종 류

공권은 국내법에 의하여 인정된 것이냐 국제법에 의하여 인정된 것이냐에 따라서

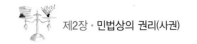

「국내법상의 공권」과 「국제법상의 공권」으로 나눌 수 있다.

(1) 국내법상의 공권

국내법상의 공권 중 국가가 가지는 것을 「국가공권」이라 하고 국민이 국가와 공공단체에 대하여 가지는 권리를 「국민공권」이라 한다.

1) 국가공권

「국가공권(國家公權)」은 국가나 공공단체가 그 자체의 존립을 위하여 가지는 공권인 입법권·행정권·사법권과 국가가 국민에게 직접 발동하는 공권인 징세권(徵稅權)·징병권·형벌권 등으로 나눌 수 있다.

2) 국민공권

「국민공권(國民公權)」은 기본적 인권을 기초로 하여 성립하는 것으로, 평등권·자유권·수익권·참정권 등이 이에 속한다.

(2) 국제법상의 공권

국가는 국제법상 독립의 법 주체이다. 이러한 법주체인 국가에게 인정되는 권리가 「국제법상의 공권」이다. 예컨대 독립권·평등권·자위권·외교상 교통권 등이 이에 속한다.

Ⅲ 사 권

1. 개 관

「사권(私權)」이라 함은? 사생활관계(私生活關係)에 있어서 특정의 생활이익을 향수할 수 있도록 특정한 사인(私人)에게 주어진 법률상의 힘을 말한다. 예를 들어 사인(私

人)인 임꺽정이 자신의 TV를 김선달에게 매도함으로써 임꺽정에게 발생한 '대금지급청구권'과 김선달에게 발생한 '소유권이전청구권'이 그것이다. 이는 그 기준에 따라서 '내용에 의한 분류'와 '작용에 의한 분류' 그리고 '기타의 분류'로 나누어 설명할 수 있다.

2. 사권의 종류

「사권(私權)」은 '내용에 의한 분류'로서 인격권·재산권·가족권·사원권으로 나눌 수 있고, '작용(☞효력)에 의한 분류'로서 지배권·청구권·형성권·항변권으로 나눌 수 있으며, '기타의 분류'로서 절대권과 상대권·일신전속권과 비전속권·주된 권리와 종된 권리 그리고 기성의 권리와 기대권으로 나눌 수 있다.

잠깐!! 민총, 깊이보기

권리는 그 기준에 따라 여러 종류로 분류할 수 있다. 그러나 이러한 권리는 분류방법에 따라서 설명이 중복되는 경우가 있다. 예컨대 저작권·특허권·실용신안권 등과 같은 무체재산권은 내용상 분류에 의해서는 재산권에 속하기도 하지만 작용상 분류에 의해서는 지배권에 속하기도 한다.

(1) 내용에 의한 분류

1) 인격권

「인격권(人格權)」은 권리의 주체와 분리할 수 없는 '인격적 이익의 향수'를 내용으로 하는 권리이다. 예컨대 생명·신체·정신적 자유·명예·정조·성명 등의 보호를 목적으로 하는 권리가 이에 속한다. 유의할 것은 이러한 인격권은 일신전속권(一身專屬權)으로서 거래의 대상이 되지 않는 다는 점이다. 따라서 양도와 상속 그리고 압류가 금지된다. 이러한 인격권에 관하여 민법은 소극적인 보호를 규정하고 다만, 타인에 의하여 권리가 침해되었을 경우에 한하여 그 침해의 배제를 청구하거나 그 침해로 인하여 발생한 손해배상을 청구할 수 있을 뿐이다(제751조·제752조 참조).

2) 재산권

「재산권(財産權)」은 '경제적 이익을 향수'하는 것을 주된 내용으로 하는 권리로서,

물권·채권·무체재산권 등이 이에 속한다. 이러한 재산권은 원칙적으로 양도 또는 상속할 수 있다.

가) 물권

「물권(物權)」이라 함은? 그의 객체인 특정한 물건에 대하여 직접적·배타적으로 이익을 취득할 수 있는 권리를 말한다.

ㄱ) 민법상의 물권의 종류와 내용

민법은 8가지 종류의 물권을 규정하고 관습법상의 물권으로서 분묘기지권과 관습법상 법정지상권 등을 인정하고 있다. 결국 이들을 다루는 일이 물권법 각론의 과제이다.

㉠ 민법이 규정하는 8가지 종류의 내용

① 점유권

「점유권(占有權)」은 물건을 사실상 지배할 경우라면 진정한 권리자인가 아닌가에 상관없이 '지배하고 있다는 그 자체를 보호'하는 권리이다. 예를 들어 물건을 훔친 도적 임꺽정의 경우라도 최소한의 점유권은 인정됨이 그것이다. 즉, 점유권은 물건의 지배를 정당화시켜 주는 권원(權原)이 있는가 아니면 없는가를 묻지 않고 점유한다는 사실만으로써 성립하는 권리이다(제192조 이하). 동산과 부동산에 해당하는 권리이다.

알아두면 편리해요!!!

「준점유권(準占有權)」이 있다. 점유권이 물건을 사실상 지배할 경우에 행사하는 권리인데 반하여 준점유권은 '물건의 점유를 수반하지 않는 물권(예: 지역권·저당권)', '채권', '무체재산권' 등의 재산권을 지배할 경우에 행사하는 권리이다. 따라서 이는 '물건이외의 재산권'을 객체로 하는 권리이다. 여기서 주의할 점은 준점유가 성립할 수 있는 목적물은 물건의 점유를 수반하지 않아야 하므로 물건에 대한 사실상의 지배, 즉 점유를 수반하는 소유권·지상권·전세권·질권·임차권에 대해서는 준점유가 성립하지 않는다는 점이다. 이러한 준점유는 점유의 개념을 확장한 것으로 점유에 관한 규정을 준용하고 있다(제210조).

② 소유권

「소유권(所有權)」은 '물건을 전면적이고 독점적으로 지배'할 수 있는 권리이다. 즉, 소유권은 소유권자가 소유물을 임의로 사용·수익·처분할 수 있는 권리(제211조 이하)로서, 이는 완전물권(完全物權)이다. 점유권은 점유자의 현재 사실상의 지배가 있어야 하지만 소유권은 현재 지배하고 있지 않더라도 소유자가 원하면 장차 언제라도 지배할 수 있다는데 그 차이가 있다. 예를 들어 김선달 소유의 가옥을 황진이가 임차하여 점유권을 행사하고 있는 경우는, 비록 김선달은 소유권자라도 임대해 준 가옥을 지배하지 못한다. 하지만 김선달은 소유권자이므로 원할 경우에는 언제라도 자신의 소유권에 의하여 가옥을 지배할 수 있다. 동산과 부동산에 둘 다 해당하는 권리이다.

③ 지상권

「지상권(地上權)」은 건물 기타 공작물[37] 또는 수목[38]을 소유하기 위하여 타인의 토지를 사용하는 권리이다. 예를 들어 임꺽정 소유의 토지를 김선달이 빌려서 집을 짓는 경우가 이에 속한다(제279조 이하). 부동산중 토지에만 해당하는 권리이다.

잠깐!! 민총, 깊이보기

'물권'인 지상권과 '채권'인 토지임차권의 차이는 다음과 같다.

① 지상권은 토지 소유자의 변경에 따라 운명을 달리하지 않으며 양도성과 상속성이 있다. 이것이 양도성과 상속성이 없는 채권인 임차권과의 차이점이다.

② 지상권에 있어서 지료(地料)의 지급은 필수적 요소가 아니므로(제279조), 무상(無償)의 지상권도 가능하다. 이것이 지료를 반드시 지급하는 유상(有償)의 임차권과의 차이점이다.

④ 지역권

「지역권(地役權)」은 일정한 목적을 위하여 타인의 토지를 자기 토지의 편익에 이용하는 권리이다. 예를 들어 임꺽정이 자신 소유의 토지를 사용하기 위하여 황진이 소유의 땅을 통행하거나 황진이 소유의 땅을 통하여 자신의 땅까지 물을 끌어들이는(引水) 등의 권리가 그것이다(제291조 이하). 부동산중 토지에만 해당하는 권리이다.

⑤ 전세권

「전세권(傳貰權)」은 전세금을 지급하고 타인의 부동산을 점유하여 사용·수익하고 후에 전세금을 우선변제(優先辨濟) 받을 것을 내용으로 하는 권리이다. 이는 널리 관행이 되

37) 법률용어 살펴보기 ☞「공작물(工作物)」이라 함은? 가옥·교량·제방·담·터널·연못·우물·동상·기념비·각종 탑(광고탑, TV중계탑, 통신탑 등)·전주·철관·지하철 등과 기타 지상 및 지하에 人工的으로 설치된 모든 시설물을 말한다.

38) 법률용어 살펴보기 ☞「수목(樹木)」이라 함은? 식림(植林)의 대상이 되는 식물을 말한다. 따라서 수목의 경우라도 벼(稻)·보리(麥)·과수(果樹)·뽕나무 등 경작(耕作)의 대상이 되는 것은 제외된다(다수설).

어 온 '채권'인 임차권을 '물권'으로서 규정한 것이다. 부동산에만 해당하는 권리이다. 다만 부동산이라도 농경지(農耕地)의 경우는 전세권의 대상이 될 수 없다(제303조 제2항 참조).

잠깐!! 민총, 깊이보기

전세권은 물권이므로 설정행위시에 금지한 경우가 아니면 이를 양도(讓渡) 또는 전대(轉貸)할 수 있다. 그러나 임차권은 차임(借賃)을 지급하고 타인의 물건을 사용·수익하는 채권이므로 임대인의 동의없이는 양도·전대하지 못한다. 여기서 유의할 것은 '임차권'은 채권이지만, 부동산임차권의 경우에는 '등기(登記: 제621조 참조)[39]'하면 그 때부터 물권과 같은 효력을 가지게 되어 제3자[40]에 대하여 그 효력을 주장할 수 있다는 점이다. 이것을 '부동산임차권의 물권화(不動産賃借權의 物權化)'라고 한다. 특히 주거용 건물에 대한 임대차에 있어서는 등기가 없는 경우에도 임차인이 '주택의 인도'와 '주민등록'을 마친 때에는 '물권적 효력이 인정'되며(주택임대차보호법 제3조 제1항) 또한 상가건물에 대한 임대차에 있어서는 등기가 없더라도 임차인이 건물에 대한 경매신청의 등기 전에 건물의 인도와 부가가치세법 제8조, 소득세법 제168조 또는 법인세법 제111조의 규정에 의한 사업자등록을 신청한 때에는 '물권적 효력'을 인정한다(상가건물임대차보호법 제14조·제3조 제1항 참조).

⑥ 유치권

「유치권(留置權)」은 타인의 물건이나 유가증권을 점유하고 있는 자가 그 물건이나 유가증권에 관하여 발생한 채권의 변제[41]를 받을 때까지 그 물건을 유치할 수 있는 권리이다. 예를 들어 시계수리상인 임꺽정이 수리를 의뢰한 김선달로부터 수리대금을 받을 때까지 그 시계를 유치하고 반환을 거절할 수 있는 권리가 이에 속한다. 이는 법률의 규정에 의하여 일정한 요건이 갖추어지면 당연히 성립하는 법정담보물권이다. 즉, 당사자간의 합의에 의하여 설정하지 못하는 권리이다. 동산과 부동산에 둘 다 해당하는 권리이다.

⑦ 질 권

「질권(質權)」은 채권자가 채권의 담보로서, 채무자 또는 제3자(☞物上保證人)[42]로 부터 받은 물건을 채권의 변제가 있을 때까지 점유하고 있다가 채무자가 변제하지 않을

39) 법률용어 살펴보기 ☞ 「등기(登記)」라 함은? 국가기관(예 등기관)이 등기부(登記簿)라는 공적 장부(公的 帳簿)에 부동산에 관한 일정한 권리관계를 기재하는 행위이다. 그 절차와 방법은 원칙적으로 부동산등기법에 규정되어 있는데 이러한 등기 원칙은 등기권리자(등기에 의하여 직접이익을 받을 자 - 예: 토지의 매수인)와 등기의무자(역으로 불이익을 얻을 자 - 예: 토지의 매도인)의 공동신청에 의하여 행하여진다(부동산등기법 제23조제1항; 공동신청주의). 그러나 판결을 받은 자나 상속인은 등기권리자 단독으로 할 수 있다(동법 제 23조 제3항 · 제4항).

40) 법률용어 살펴보기 ☞ 「제3자(第3者)」라 함은? 당사자이외의 모든 사람을 가리키는 말이다.

41) 법률용어 살펴보기 ☞ 「변제(辨濟)」라 함은? 채무의 내용인 급부를 실현시켜 채권을 소멸시키는 채무자 또는 제3자의 행위이다.

경우에는 그 물건을 팔아서 변제 받을 수 있는 권리이다(제329조 이하). 예를 들어 전당포에서 돈을 차용해 주고 물건을 담보하는 권리가 이에 속한다. 이는 당사자의 설정행위에 의하여 성립하는 약정담보물권이다. 동산에만 해당하는 권리이다.

⑧ 저당권

「저당권(抵當權)」은 채권의 담보로 채무자 또는 제3자(☞物上保證人)가 제공한 부동산을 담보제공자의 사용·수익에 맡겨 두면서, 채무의 변제가 없는 경우에 그 부동산을 통하여 채권자가 그 가액(價額)을 우선변제 받는 권리이다(제356조 이하). 이는 당사자의 설정행위에 의하여 성립하는 약정담보물권이다. 부동산에만 해당하는 권리이다.

정말, 공연한 이야기!!!

민법을 제대로 공부하려면 부분적인 내용을 자세히 이해하는 것이 중요하다. 하지만 더욱 중요한 것은 전체적인 흐름을 이해하여야 한다는 것이다. 간혹 목차의 중요성을 간과하는 학습자가 있다. 상기에서 민법에서 인정하는 저당권은 부동산(지상권·전세권)에만 해당하는 권리라고 하였다. 그러나 입목저당권·공장저당권·공장재단저당권·광업재단저당권·자동차저당권·항공기저당권 등도 있음을 알아야 한다. 즉, "민법 이외의 특별법이 인정하는 물권"으로서의 저당권은 등기·등록된 동산의 경우에도 설정된다.

보충정리 민법에 규정하는 8가지 종류

- 물권
  - 점유권 : 동산·부동산 모두 인정
  - 본 권
    - 소유권 : 동산·부동산 모두 인정
    - 제한물권
      - 용익물권
        - 지상권, 지역권 : 토지에만 인정
        - 전세권 : 토지·건물 모두 인정
      - 담보물권
        - 유치권 : 동산·부동산 모두 인정
        - 질 권 : 동산에 인정
        - 저당권 : 부동산에 인정

42) 법률용어 살펴보기 ☞「물상보증(物上保證)」이라 함은? '타인의 채무를 위하여 자기 소유의 재산을 담보로 제공하는 것'을 말하고 그 재산을 제공한 사람을 물상보증인(物上保證人)이라고 한다. 이러한 물상보증인은 타인의 채무를 담보하기 위하여 자기의 재산에 질권이나 저당권을 설정하였기에 담보를 제공한 재산에 의해서만 책임을 질뿐이고 그 이상의 채무에 책임을 질 이유는 없다. 이 점이 물상보증인과 보증인과의 가장 큰 차이이다.
그러나 양쪽 모두가 타인의 채무 때문에 책임을 지게 되는 입장에 있다는 점에서는 동일하며 물상보증인도 채무자 측에서 채무를 이행하지 않으면 담보권이 실행되어서 제공한 물건의 소유권을 잃게 된다. 따라서 이것을 잃지 않게 하기 위해서는 자기가 대신 채무를 변제하는 방법뿐이다. 하지만 담보권이 실행된 경우에 물상보증인은 대신 변제한 채무 내용에 좇아 채무자에게 이를 청구할 수 있는 권리가 있는데 이를「구상권(求償權)」이라 한다.

㉡ 관습법상 인정하는 물권

① 서

민법 제185조는 「물권은 법률 또는 관습법에 의하는 외에는 임의로 창설하지 못한다」 라고 규정함으로써 물권의 종류와 내용은 법률로 정한 것 외에 관습법에 의해서도 그 성립을 인정하고 있다. 이른바 '관습법상의 지상권'이 그것이다. 이는 일정한 요건 하에서는 관습법상으로 당연히 법정지상권이 성립하는 것으로 판례에 의하여 인정된 것이다. 이에는 '관습법상 법정지상권'과 '분묘기지권'이 있다.

② 관습법상 법정지상권

동일인에게 속하였던 토지와 건물이 매매 또는 기타의 사정(예: 증여[43]·강제경매·국세징수법에 의한 공매)에 의하여 그 소유자가 달라진 경우에 그 "건물을 철거한다는 특약"이 없다면, 그 건물의 소유자는 건물의 소유를 위하여 관습법상으로 그 대지 위에 법정지상권을 당연히 가지게 된다. 이를 「관습법상 법정지상권(慣習法上 法定地上權)」이라 한다. 예를 들어 김선달 1인에게 속하였던 토지와 건물이, 토지는 임꺽정에게 그리고 그 위의 건물은 황진이에게 매도되어 토지와 건물의 소유자가 각각 달라진 경우에 그 "건물을 철거한다는 특약"이 없으면, 건물의 매수인인 황진이는 당연히 토지의 매수인인 임꺽정의 토지 위에 관습법상 법정지상권을 획득하게 된다. 이러한 관습법상 법정지상권과 법정지상권은 그 성립요건에 있어서 차이가 있을 뿐, 그 성질에 있어서는 다를 바 없다. 그러나 유의할 것은 이는 일반 지상권은 아니라는 점이다.

③ 분묘기지권

어떤 사람이 타인의 토지 위에 분묘를 설치한 경우에 일정한 조건하에서는 철거하지 않아도 되는 관습법상 권리를 「분묘기지권(墳墓基地權)」이라 한다. 이는 조상숭배라는 우리나라의 전통적 윤리관과 미풍양속에 의하여 구법시대로부터 인정되어 온 것이다. 예를 들어 임꺽정의 조상묘를 토지 소유자인 김선달의 승낙과 상관없이 설치한지 20년간 평온·공연하게 분묘를 점유하면, 관습법상 지상권을 설정한 것과 같이 보는 것으로 이는 지상권 유사의 물권이다. 하지만 이는 제한된 범위에서 사용할 수 있는 제한

43) 법률용어 살펴보기 ☞「증여(贈與)」라 함은? 당사자 일방이 무상으로 재산을 상대방에게 수여(授與)하는 의사를 표시하고 상대방이 이를 승낙함으로써 성립하는 계약을 말한다(제554조).

물권이므로 분묘를 수호하고 제사하는데 필요한 범위내에서만 사용할 수 있을 뿐이다. 유의할 것은 분묘기지권의 사용대가인 지료(地料)는 지상권의 요소가 아니라는 점이다. 따라서 이는 당사자의 약정에 의하여 지급할 수 있겠으나 그러한 약정이 없는 경우에는 무상(無償)이라고 새긴다(곽윤직 물권법). 특히 유의할 것은 분묘기지권의 시효취득이라는 것은 시효로써 그 토지 위에 지상권유사의 물권인 분묘기지권을 취득하는 것이지 그 토지소유권을 취득하는 것은 아니라는 점이다(대판 1969.1.28. 68다1927 · 1928).

보충정리 분묘기지권 취득에 관한 3가지의 경우

① 소유자의 승낙을 얻어 그의 소재지 안에 분묘를 설치한 경우는 분묘기지권을 취득한다(대판 1967.10.12. 67다1920). 이 경우는 지상권이나 전세권의 설정 또는 임대차나 사용대차 등의 구체적인 계약내용에 관한 약정을 요하지 않는다.
② 타인소유의 토지에 승낙없이 분묘를 설치하고 20년간 평온·공연하게 그 분묘를 점유함으로써 분묘기지권을 시효로 취득한다(대판 1969.1.28. 68다1297·1298). 이 경우는 조상의 분묘에 대한 소유권은 종손(宗孫)에 속한 것이지 방계자손(傍系子孫)에 속하는 것은 아니다.
③ 자기소유의 토지에 분묘를 설치한 자가 후에 그 분묘기지에 대한 소유권을 유보하거나 또는 분묘도 함께 이전한다는 특약을 함이 없이 매매 등으로 처분한 때에는 그 분묘를 수호하기 위하여 분묘기지권을 취득하게 된다(대판 1969.1.29. 4288민상1920).

잠깐!! 민총, 깊이보기

▶ 관습법이 인정하는 물권에 있어서, 다음의 경우가 문제가 된다.
① 양도담보의 경우가 문제된다. 「양도담보(讓渡擔保)」라 함은? 채무자가 일단 담보로 제공한 물건의 소유권을 채권자에게 이전하고 일정한 기간 내에 채무를 변제하게 되면 그 소유권을 다시 회복하기로 하는 담보제도'를 말한다. 예를 들어 임꺽정의 부동산을 김선달에게 담보로 제공할 때에 일단 부동산의 소유권 그 자체까지도 김선달에게 이전하지만 일정기간 안에 채무를 변제할 경우에는 임꺽정이 다시 그 소유권을 회복하는 담보제도이다. 이러한 양도담보는 원래 관습으로 행하여져 오던 것을 판례에 의하여 인정한 것이었다. 그러나 1983년 「가등기담보등에관한법률(假登記擔保등에관한法律)」이 제정·실시됨으로써 양도담보는 이제는 더 이상 관습법상의 물권이 아니라 실정법상의 담보물권(實定法上의 擔保物權)으로 인정되었다.
② 지하수의 일종인 「온천(溫泉)」에 관하여 관습법상 물권인가에 대한 논의가 있으나, 판례는 '온천에 관한 권리(광천권·온천권·온천수이용권)를 관습상의 물권이라 볼 수 없고, 온천수는 민법 제235조 제236조에서 규정하고 있는 소정의 공용수 또는 생활상 필요한 용수에 해당하지 아니한다(대판 1970.5.26. 69다1239)'라고 하여 이를 부인하였다. 이 점에서 온천권은 독립한 물권이 될 수 없고 토지이용권이 성립하는 것이다. 일본과 달리 온천에 대한 물권성(物權性)을 부인함에 따라 그 경제적 가치를 제대로 인정받지 못하고 있는 실정이다.
③ 종래 판례가 관습법상의 물권으로 취급하였던 '공유하천용수권'과 '원천·수도의 용수권'(제231조~제236조 참조)은 상린관계(相隣關係)[44]의 일종으로 성문화되었다.

참고정리 법정지상권

우리 법제는 토지와 건물을 독립한 부동산으로 다룬다. 문제는 그 이용관계 있어서 토지와 건물의 소유자가 다른 경우이다. 이 경우에는 토지에 대한 이용관계로서 토지와 건물의 소유자간에 채권관계인 '토지임차권'이나 물권관계인 '지상권'을 설정하여야만 한다. 그 이유는 이와 같은 토지이용관계가 설정되지 않으면, 건물소유자는 아무 권한없이 타인의 토지를 사용하는 결과가 되기 때문이다. 하지만 경우에 따라서는 부득이하게 토지이용관계를 정당화 할 수 있는 토지임차권이나 지상권을 미리 설정(☞계약)할 수 없게 되는 경우가 발생한다. 원칙적으로 지상권 취득의 가장 중요한 원인은 지상권 설정계약이지만, 부득이한 경우에 현행민법과 특별법상으로 당연히 지상권이 성립하는 것으로 간주(看做)해주는 제도가 바로 '법정지상권'인 것이다. 이러한 법정지상권은 특별히 건물 및 입목의 이용을 보호하기 위하여 정책적으로 인정한 지상권이므로 등기없이도 효력이 생긴다. 또한 이는 공익상 이유에서 설정을 강제하는 강행규정이므로 당사자간의 특약으로써 그 성립을 배제할 수 없다.

(1) 민법의 규정에 의한 2가지 법정지상권

① 제305조「전세건물의 보호」를 위한 경우

민법 제305조 제1항은「대지와 건물이 동일한 소유자에 속한 경우에 건물에만 전세권을 설정한 후 그 대지소유권만이 양도되었을 때에 그 대지소유권의 특별승계인은 전세권설정자에 대하여 지상권을 설정한 것으로 본다」라고 규정하고 있다. 예를 들어 대지와 그 지상건물의 소유권이 동일소유자인 김선달에 속하였고 그 중 건물에 대해서만 임꺽정이 전세권을 설정한 후(☞전세권자 임꺽정)에 토지소유자가 황진이로 변경되면, 그 대지소유권의 특별승계자인 황진이는 건물의 전세권설정자인 김선달을 위하여 법정지상권을 설정한 것으로 본다. 민법이 이를 인정한 이유는 건물사용자의 토지이용을 법적으로 현실화하기 위함이다. 그러나 地料는 당사자의 청구에 의하여 법원이 이를 정한다(동조 단서).

44) 법률용어 살펴보기 ☞「상린관계(相隣關係)」라 함은? 자신의 토지를 사용하기 위하여 부득이 상대방의 토지의 권리를 어느 정도 제한하지 않으면 안될 경우에 인접한 토지의 소유자 서로간에 어느 정도 자기 토지의 이용에 관한 내용을 제한하고 忍容함으로써 각자의 토지이용을 원활하게 하려는 관계를 말한다. 예컨대 황진이가 자신의 땅으로 가기 위하여 김선달의 땅을 반드시 지나가야 하는 경우에 필요한 관계이다. 이러한 상린관계와 지역권은 유사하다. 그러나 그 차이는 登記의 여부인데, 지역권의 경우에는 등기를 요하며, 계약에 의해서 이루어지는 상린관계라고 해서 약정상린관계라고도 한다.

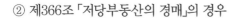

② 제366조「저당부동산의 경매」의 경우

민법 제366조는「저당물의 경매로 인하여 토지와 그 지상건물이 다른 소유자에게 속한 경우에는 토지소유자는 건물소유자에 대하여 지상권을 설정한 것으로 본다」라고 규정함으로써 대지와 그 지상의 건물이 동일소유자에게 속하고 있는 경우에 대지와 건물이 동시에 또는 어느 한쪽만이 저당권의 목적이 되었다가, 저당물의 경매로 인하여 토지와 그 지상건물이 각각 다른 소유자에게 속한 경우에는 토지소유자는 건물소유자에 대하여 지상권을 설정한 것으로 보는 것이다. 예를 들어 김선달의 소유였던 대지와 건물에 임꺽정이 저당권을 설정하였다가 그 저당권의 실행으로 경매되어 토지는 연흥부에게 건물은 황진이에게 각각 소유권이 변경된 경우에는 토지소유자인 연흥부는 건물소유주인 황진이에 대하여 지상권을 설정한 것으로 보는 것이다. 따라서 황진이는 지상권자이다. 그러나 지료(地料)는 당사자의 청구에 의하여 법원(法院)이 이를 정한다(동조항 단서).

(2) 특별법 규정에 의한 설정

① 입목저당권의 실행의 경우

입목의 경매 기타 사유로 인하여 토지와 입목이 각각 다른 소유자에게 속하게 되는 경우에는 토지소유자는 입목소유자에 대하여 지상권을 설정한 것으로 본다(입목법 제6조 제1항). 그리고 그 地料에 관하여는 당사자의 약정에 따른다(동조 제2항). 이는 1973년 입목법이 새로이 제정됨으로써 인정된 것으로 토지소유자와 입목소유자 사이의 토지이용관계의 현실화 필요성에 의한 규정이다.

② 가등기담보권의 실행의 경우

동일소유자에게 속하는 대지와 그 지상의 건물에 채권담보를 위해 그 토지 또는 건물 어느 한쪽에만 가등기담보권·양도담보권 또는 매도담보권[45]이 설정되었고 후에 이들에 대한 담보권의 실행으로 대지와 건물의 소유권자가 다르게 된 때에는 건물소유자를 위하여 그 토지 위에 지상권이 설정된 것으로 본다(가등기담보 등에 관한 법률 제

45) 법률용어 살펴보기 ☞「매도담보(賣渡擔保)」라 함은? 매매의 형식을 취하여 受信者(☞융자를 받는 자)는 與信者(☞융자를 하는 자)에게 담보의 목적물을 매각하되 還買의 特約 또는 再賣買의 豫約에 의하여 담보의 목적을 달성하는 경우를 말한다.

10조). 예를 들어 동일소유자인 김선달에게 속한 대지와 건물에 있어서, 대지와 주택이 동시에 또는 어느 한쪽만이 저당권의 목적이 되었다가 저당권의 실행으로 경매되어 소유권자가 토지는 연흥부 그리고 건물은 황진이로 변경되면, 토지소유주인 연흥부는 건물소유주인 황진이에 대하여 지상권을 설정한 것으로 보는 것이다. 이 경우에 그 존속기간 및 지료는 당사자의 청구에 의하여 법원이 정한다(동조 단서).

ㄴ) 그 밖의 물권

종래 판례가 관습법상 물권으로 취급하였던 공유하천용수권(公有河川用水權)과 원천·수도의 용수권(源泉·水道의 用水權)(제231조~제236조 참조)은 상린관계(相隣關係)[46]의 일종으로 성문화되었다.

잠깐!! 민총, 깊이보기

광업권·어업권 등은 물건을 직접 지배하지 않으나 이는 물건을 전속적으로 취득할 수 있는 권리이다. 이는 각자의 특별법, 즉 광업권은 광업법 제12조에, 어업권은 수산업법 제15조에 물권이라고 규정되어 있다. 따라서 이를 준물권(準物權)이라 하며 이는 물권에 준한다.

나) 채권

「채권(債權)」이라 함은? 채권자가 채무자에 대하여 일정한 행위(이를 給付 또는 給與라고 한다)를 청구할 수 있는 권리를 말한다. 예컨대 대여금반환청구권·이자채권·임차권·매매대금청구권 등이 그것이다.

잠깐!! 민총, 깊이보기

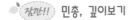

「물권」은 당사자는 물론 그 누구에 대하여도 주장할 수 있는 권리이므로 당사자의 합의에 의하여 마음대로 해당 규정의 적용을 배제할 수 없는 강행규정이 대부분이다. 그러나 「채권」은 당사자 사이의 합의에 의하여 권리의무를 결정할 수 있으므로 당사자의 합의에 의하여 그 적용을 배제할 수 있는 임의규정이 대부분이다.

46) 법률용어 살펴보기 ☞ 「상린관계(相隣關係)」라 함은? 인접하고 있는 부동산 소유자 또는 이해자 상호간에 있어서 각 부동산의 이해관계를 조절하기 위하여 서로 그 권능을 일정한 한도까지 양보·협력하도록 규정한 법률관계를 말한다(민법 제215조~제244조). 또한 그러한 상린관계로부터 발생하는 권리를 상린권(相隣權)이라고 한다. 인접한 부동산의 소유자가 각자의 소유권을 무제한으로 주장한다면 그들의 부동산의 완전한 이용을 바랄 수 없으므로 각 소유권 또는 이용권의 내용을 일정범위 안에서 제한하고 각 소유자로 하여금 협력시키는 제도이다.

다) 무체재산권

「무체재산권(無體財産權)」이라 함은? 인간의 지적 활동의 성과로써 얻어진, 저작(著作) 또는 발명(發明) 등의 정신적·지능적 창작물을 독점적·배타적으로 지배하여 이익을 얻는 권리를 말한다. 예컨대 저작권과 공업소유권의 4가지 형태인 특허권·실용신안권·의장권·상표권 등이 그것이다. 이는 고도의 산업기술이 요구되는 오늘날 특히 중요한 권리이다.

3) 가족권

「가족권(家族權)」이라 함은? 가족관계에 있는 사람들 사이에 있어서 해당 지위에 따르는 이익을 향수할 것을 내용으로 하는 권리를 말한다. 이는 '신분권(身分權)'이라고도 한다. 예컨대 친권·후견권·배우자권·부양청구권·면접교섭권·재산분할청구권 등의 친족권과 상속권 등이 이에 속한다. 이러한 '가족권'은 일정한 신분과 분리할 수 없고 또한 신분과 항상 같이 하는 의무적 색채가 강한 권리이다.

잠깐!! 민총, 깊이보기

> 자칫「인격권(人格權)」과「신분권(身分權)」의 내용을 혼동할 수가 있다. 그 차이는 다음과 같다. 예컨대 사람을 대상으로 하고 있는 권리라도 '생활이익'을 표준으로 하여 분류한 생명권·신체권·명예권 등은 인격권이지만, 가족관계에 있는 사람들 사이의 '해당지위에 따른 이익을 향수 할 것'을 내용으로 하는 후견권·부양청구권 등은 신분권이다.

4) 사원권

「사원권(社員權)」이라 함은? 단체의 구성원이 단체에 대하여 가지는 권리를 말한다. 예컨대 A 사단법인의 사원이 그 자격에 기인하여 A 사단법인에 대하여 가지는 권리·의무의 전체가 그것이다. 이에는 사단 자신의 목적을 위하여 인정되는 '공익권(共益權)'으로서 의결권·소수사원권(少數社員權)·사무집행권·감독권 등이 있고 사원 자신의 이익을 위하여 인정되는 '자익권(自益權)'으로, 이익배당청구권·잔여재산분배청구권·사단설비이용권(社團設備利用權) 등이 있다.

잠깐!! 민총, 깊이보기

「공익권」은 양도가 불가하고 재산적 가치가 없는 비영리법인의 사원이 가지는 중심적 권리이지만, 「자익권」은 주식회사와 같은 영리법인의 사원이 가지는 중심적 권리이다.

(2) 작용(법률상의 힘의 차이)에 의한 분류

1) 지배권

「지배권(支配權)」이라 함은? 일정한 객체를 타인행위의 개입없이 직접·배타적으로 지배하여 그 이익을 향수 할 수 있는 권리를 말한다. 그 예로서 물권이 대표적이지만, 인격권·무체재산권·친권·후견권 등이 이에 속한다. 이는 권리의 실현을 위하여 타인의 조력이 필요 없다는 점에서 청구권과 다르며 그 누구의 침해도 배제할 수 있다는 권리라는 의미에서 '절대권(絶對權)' 또는 '대세권(對世權)'이라고도 한다.

잠깐!! 민총, 깊이보기

친권(親權)이나 후견권(後見權)과 같은 가족권은 상대방의 의사를 억누르고 권리내용을 직접 실현하므로 지배권에 속하며 상속권(相續權)도 상속재산에 대한 배타적 지배를 그 본체로 하므로 역시 지배권에 속한다.

2) 청구권

「청구권(請求權)」이라 함은? 특정인이 특정의 타인에게 일정한 행위(☞作爲 또는 不作爲)를 요구할 수 있는 권리를 말한다. 그 예로서 채권이 대표적이지만, 이러한 청구권은 물권 또는 인격권 그리고 친족권 등에 의해서도 발생한다. 그 예로 물권적 청구권[47]·임차권에 기인한 방해배제청구권·부양청구권·부부의 동거청구권·재산분할청

47) 법률용어 살펴보기 ☞「물권적 청구권(物權的 請求權)」이라 함은? 물권의 내용의 실현이 어떤 사정으로 방해 당하고 있거나 방해 당할 염려가 있는 경우에 물권의 방해자에 대하여 그 방해의 제거 또는 예방에 필요한 행위를 청구할 수 있는 권리를 말한다. 이 물권적 청구권의 종류에는 예를 들어 ① 황진이의 빨래가 김선달의 집에 떨어진 경우에 황진이가 김선달에게 이를 돌려달라고 요구하는 '물권적 반환청구권(제213조)' ② 김선달의 담이 임꺽정의 집안에 무너져 임꺽정이 불편을 겪고 있을 경우에 임꺽정이 김선달에게 이를 제거해 달라고 요구하는 '물권적 방해제거청구권(제214조)' ③ 김선달이 살고 있는 집의 축대가 자칫 무너져 내릴 위험이 있어,

구권·유아인도청구권·상속회복청구권 등을 들 수 있다. 이는 특정인에 대한 권리이므로 '상대권(相對權)' 또는 '대인권(對人權)'이라고도 하며 이러한 청구권은 그 기초가 되는 권리와 불가분적으로 결합하고 있으므로 그 기초가 되는 권리와 분리하여 단독으로 양도할 수 없다.

3) 형성권

「형성권(形成權)」이라 함은? '권리자의 일방적 의사표시'에 의하여 새로운 법률관계가 형성되어, 권리의 발생·변경·소멸의 법률관계를 발생시키는 권리를 말한다. 이러한 형성권은 권리만 있고 의무가 없는 것이어서 「가능권」이라고도 한다. 이러한 형성권으로는 권리자의 일방적 의사표시만으로 법률효과가 발생하는 것과 법원의 판결에 의하여 법률효과가 발생하는 것이 있는데 이에 관한 설명은 다음과 같다.

①「권리자의 일방적 의사표시」만으로 법률효과가 발생하는 것

법률행위의 동의권·취소권·해제권·추인권·채권자대위권·상계권·매매의 일방예약완결권·상속포기권·제한능력자상대방의 최고권·철회권·거절권·공유물분할청구권[48] 등이 있다.

②「법원의 판결」에 의하여 법률효과가 발생하는 것

채권자취소권[49], 친생부인권[50]·재판상 이혼권·입양취소권·재판상 파양권[51] 등이 있다.

그 아랫집에 사는 연흥부가 이에 두려움을 느끼고 이를 보수하여 위험을 예방해 줄 것을 요구할 수 있는 '물권적 방해예방청구권(제214조)'의 3가지가 있다.

48) 법률용어 살펴보기 ☞「공유물분할청구권(共有物分割請求權)」이라 함은? 분할청구라는 일방적 의사표시에 의하여 공유자 사이에 구체적으로 분할을 실현 할 법률관계가 생기는 것으로 이는 일종의 형성권이다.

49) 법률용어 살펴보기 ☞「채권자취소권(債權者取消權)」이라 함은? 채권자를 해함을 알면서 행한 채무자의 법률행위(詐害行爲)를 취소하고 채무자의 재산을 회복하는 것을 목적으로 하는 채권자의 권리이다(제406조 제1항). 즉 채무자인 김선달이 자기의 일반재산이 자신의 전체채무액보다 부족함에도 불구하고 제3자에게 부동산을 매우 싼값으로 매도하거나 또는 증여를 하거나, 채무를 면제해 주는 경우에 채권자인 임꺽정이 이러한 행위의 취소를 법원에 청구하여, 부동산을 되찾거나 채무를 면제하지 않도록 하는 행위이다.

50) 법률용어 살펴보기 ☞「친생부인권(親生否認權)」이라 함은? 夫나 婦가 子 등을 상대로 혼인 중의 출생자로 추정받은 子가 자신의 자식이 아니라고 주장하는 권리이다. 그리고 이러한 권리에 의한 주장을 하기 위하여 제기하는 소(訴)를 친생부인의 소(親生否認의 訴)라고 한다.

51) 법률용어 살펴보기 ☞「파양(罷養)」이라 함은? 입양(入養)을 해소하는 것을 말한다. 이에는 「협의파양(協議罷

잠깐!! 민총, 깊이보기

유의할 것은 형식적으로는 "○○ 청구권" 이라고 되어 있지만, 실질적으로는 형성권인 경우가 많다는 점이다. 예를 들면 ①공유물분할청구권(제268조) ②지상권자의 지상물매수청구권(제283조)·지료증감청구권(제286조) ③지상권설정자의 지상권소멸청구권(제287조) ④전세권설정자의 부속물매수청구권(제316조)·전세권소멸청구권(제317조) ⑤매수인의 대금감액청구권(제572조) ⑥임차인·전차인(轉借人)의 매수청구권(제643조·제647조) ⑦유류분(遺留分)반환청구권(제1115조 제1항) 등은 상대방에 대하여 어떤 행위를 해달라고 청구하는 것이 아니고(즉 상대방의 승낙을 요하지 않고) 곧바로 일방적 의사표시를 함으로써 일정한 법률관계가 발생하는 형성권이다.

4) 항변권

「항변권(抗辯權)」이라 함은? 상대방의 청구권의 행사에 대하여 그 작용을 저지할 수 있는 권리를 말한다. 예를 들어 김선달(☞매도인)이 임꺽정(☞매수인)과 물건에 대한 매매계약을 하였는데 임꺽정이 대금지급을 하지 않고 물건의 인도만을 요구하면, 김선달이 대금지급을 요구하면서 물건의 인도를 거절할 수 있는 경우가 그것이다. 이러한 항변권은 상대방에 의하여 주장되는 권리의 존재를 전제로 하여 성립되는 것이므로 특수한 형성권이라고도 하며 또한 반대권(反對權)이라고도 한다. 항변권은 주장되고 원용(援用)[52]된 경우에만 법관(法官)이 이를 고려할 수 있다. 이러한 항변권에는 연기적 항변권과 영구적 항변권 두 가지가 있다.

養)」과 「재판파양(裁判罷養)」이 있다. 여기서 「재판상 파양(裁判上 罷養)」이라 함은? 양친자관계(養親子關係)에 있어, 이를 해소하기 위한 파양의 합의가 이루어지지 않은 경우에 파양을 원하는 측에서 법률에 정해진 파양원인을 근거로 하여 재판상 양친자관계의 해소를 가정법원에 청구하는 것을 말한다. 이 경우는 먼저 조정절차가 있어야 하고(제905조, 가사소송법 제2조 제1항 나류類事件 12호. 제50조), 조정이 성립되면 파양의 효력이 생긴다(가사소송법 제59조 제2항 본문). 만약 조정이 성립하지 않는 경우에는 제소를 하여 재판을 받은 후에 그 판결에 의해서 파양의 효력이 발생한다(가사소송법 제12조). 이러한 파양원인은 다음과 같다. ① 가족의 명예를 오독(汚瀆)하거나 재산을 경도(傾倒)하게 한 중대한 과실이 있을 때(제905조 1호), ② 다른 일방 또는 그 직계존속으로부터 심히 부당한 대우를 받았을 때(제905조 2호), ③ 자기의 직계존속이 다른 일방으로부터 심히 부당한 대우를 받았을 때(제905 3호), ④ 양자의 생사가 3년 이상 분명하지 않을 때(제905조 4호), ⑤ 기타 양친자관계를 계속하기 어려운 중대한 사유가 있을 때(제905조 5호)이다. 그러나 어떠한 사유가 여기에서 말하는 '중대한 사유'에 해당이 될 것이냐 하는 것은 결국 법원이 결정하게 된다. 예컨대 파렴치한 범죄와 악의의 유기 또는 1년 이상의 복역, 양자의 3년 이상의 불복귀 등은 하나의 참고자료로 될 수 있을 것이다. 위의 파양사유 중(제905조 1호 내지 3호, 5호)에 다른 일방이 이를 안 날로 부터 6월, 그 사유가 있는 날로부터 3년을 경과하면 파양청구권이 소멸한다(제907조).

52) 법률용어 살펴보기 ☞「원용(援用)」이라 함은? 법률에서 어떤 사실을 들어 주장하는 것을 말한다.

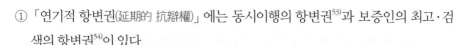

① 「연기적 항변권(延期的 抗辯權)」에는 동시이행의 항변권[53]과 보증인의 최고·검색의 항변권[54]이 있다.

② 「영구적 항변권(永久的 抗辯權)」에는 상속인의 한정승인항변권[55]이 있다.

잠깐!! 민총, 깊이보기

형성권은 적극적으로 새로운 권리관계를 형성하는 작용을 하는데 반하여, 항변권은 자기의 권리에 대한 타인의 공격을 수동적인 입장에서 방어함에 그친다는 점이 차이가 있다.

(3) 기타의 분류

1) 절대권·상대권

이러한 구별은 의무 상대자의 범위를 표준으로 한 분류이다.

① 「절대권(絶對權)」이라 함은? 누구에 대해서나 주장할 수 있는 권리로서, 모든 사람의 침해를 배제할 수 있는 권리를 말한다. 예컨대 물권·인격권·무체재산권이 이에 속하며 이는 「대세권(對世權)」이라고도 한다.

---

53) 법률용어 살펴보기 ☞ 「동시이행의 항변권(同時履行의 抗辯權)」이라 함은? 쌍방이 책임을 지는 쌍무계약(雙務契約)에 있어서 당사자의 일방이 상대방이 채무의 이행을 제공할 때까지 자기의 채무의 이행을 거절할 수 있는 권리인 연기적 항변권을 말한다(제536조). 이러한 동시이행의 항변권이 성립하려면 첫째 대가적 의미의 채무가 존재하여야 하고 둘째 상대방의 채무가 변제기에 있어야 한다. ① 민법에서 인정하는 동시이행의 항변권으로는 ⅰ) 매도인의 담보책임 ⅱ) 계약해제에 따른 원상회복의무 ⅲ) 전세권의 소멸에 따른 목적부동산반환과 보증금반환 ⅳ) 도급계약에 있어서 도급인의 손해배상청구권과 수급인의 하자보수청구권 ⅴ) 종신정기금계약의 원본반환청구 ⅵ) 가등기담보법상의 청산금채무와 소유권이전등기 및 목적물 인도가 있고, ② 판례 및 학설에서 인정하는 것으로는 ⅰ) 영수증교부와 변제(단, 채권증서의 교부와 변제는 동시이행관계가 아님) ⅱ) 임대차 종료시 보증금반환과 목적물의 반환 ⅲ) 계약이 무효·취소된 경우 당사자 간 반환의무가 있다.

54) 법률용어 살펴보기 ☞ 「최고·검색의 항변권(催告·檢索의 抗辯權)」이라 함은? 채권자가 보증인에 대하여 채무이행을 청구하였을 때에는 보증인은 먼저 주채무자의 변제재력이 있음과 그 집행이 용이할 것을 증명하여 먼저 주채무자 재산에 대하여 청구할 것과 그 재산에 대하여 집행할 것을 항변할 수 있는 권리를 말한다(제437조 본문). 이러한 항변에도 불구하고 채권자가 주채무자에게 집행을 해태하여 전부나 일부의 변제를 받지 못하는 경우는 해태하지 아니하였으면 변제받았을 한도에서 보증인은 그 의무를 면한다(제438조). 다만 연대보증인은 이러한 항변권이 없다(제437조 단서).

55) 법률용어 살펴보기 ☞ 「한정승인(限定承認)」이라 함은? 상속으로 인하여 취득할 재산의 한도에서 피상속인(被相續人)의 채무(債務)와 유증(遺贈)을 변제할 것을 조건으로 상속을 승인하는 것을 말한다(제1028조).

② 「상대권(相對權)」이라 함은? 어느 특정한 사람에게만 주장할 수 있는 권리를 말한다. 채권이 이에 속하며 이는 「대인권(對人權)」이라고도 한다.

2) 일신전속권 · 비전속권

이러한 구별은 권리와 주체가 얼마나 밀접한가의 정도와 이전성을 표준으로 한 분류이다.

① 「일신전속권(一身專屬權)」이라 함은? 권리자로부터 분리하여 타인에게 양도하거나 상속할 수 없는 권리를 말한다. 인격권과 가족권이 이에 속하며 이러한 일신전속권은 다시 그 주체만이 향유할 수 있는 것과 그 주체만이 행사할 수 있는 것으로 나눌 수 있다. 그리고 「그 주체만이 향유할 수 있는 것」은 양도와 상속이 불가능한 권리와 양도만 불가능하고 상속이 가능한 권리로 나눌 수 있는데 여기서 '양도와 상속이 불가능한 권리'로는 친권 · 부양청구권 · 부부사이의 권리 등을 들 수 있고 '양도만 불가능하고 상속이 가능한 권리'로는 양도금지의 특약이 있는 채권(제449조 제2항) 등을 들 수 있다. 또한 「그 주체만이 행사할 수 있는 것」으로는 위자료청구권 등을 들 수 있다.

② 「비전속권(非專屬權)」이라 함은? 타인에게 양도하거나 상속할 수 있는 권리를 말한다. 재산권이 이에 속한다.

3) 주된 권리 · 종된 권리

이러한 구별은 권리의 독립성을 표준으로 한 분류이다.

① 「주된 권리(主된 權利)」라 함은? 다른 권리에 종속되지 아니하고 독립하여 존재하는 권리를 말한다.

② 「종된 권리(從된 權利)」라 함은? 다른 권리에 종속하여 존재하는 권리를 말한다. 예컨대 원본채권(元本債權)은 주된 권리이고 이자채권(利子債權)은 종된 권리이며 또한 피담보채권(被擔保債權)은 주된 권리이고 저당권(抵當權)은 종된 권리이다.

4) 기성의 권리 · 기대권

이러한 구별은 권리의 성립을 표준으로 한 분류이다.

① 「기성의 권리(既成의 權利)」라 함은? 권리의 성립요건이 모두 실현되어 성립한 권리를 말한다. 완전권이라고도 한다.

② 「기대권(期待權)」이라 함은? 아직 실현되지는 않았지만, 요건이 이루어지면 장차 취득할 수 있는 이익을 법이 보호하여 주는 권리를 말한다. 이는 「희망권」이라고도 한다. 예컨대 고시에 합격하면 이 차를 주겠다고 하는 조건부권리(제148조·제149조)가 그것이며 기한부권리(제154조)·상속개시전의 추정상속인(推定相續人)의 지위 등도 이에 속한다. 그 밖에 물권적 기대권의 인정여부는 논란이 있다.

제3절 권리의 경합과 충돌

I 권리의 경합

1. 의 의

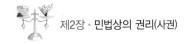

「권리의 경합(權利의 競合)」이라 함은? 하나의 사실이 수 개의 법규가 정하는 요건을 충족하여, 동일한 목적을 가진 수 개의 권리가 동시에 존재하는 상태를 말한다. 예를 들어 임대차계약에 의하여 임꺽정 소유의 주택에 세를 들어 살던 임차인 김선달이 임대차계약이 종료하였는데도 집을 비우지 않을 경우에 집주인 임꺽정이 '임대차에 기한 반환청구권(제618조 이하 참조)'과 '소유권에 기한 반환청구권(제231조 참조)'의 2가지 권리를 모두 주장할 수 있는 경우를 말한다. 이 경우에 동시에 존재하는 수 개의 권리는 동일한 목적을 가지므로 하나의 권리행사에 의하여 목적이 달성되면 다른 권리는 자동적으로 소멸하게 된다.

2. 권리경합의 모습

권리경합은 수 개의 권리의 행사하는 모습에 따라 단순한 권리경합과 법규경합으로 나누어 설명할 수 있다.

(1) 단순한 권리경합

1) 지배권의 경합

「지배권의 경합(支配權의 競合)」이 되는 예로, 하나의 부동산에 동일 채권을 담보하는 수 개의 담보물권이 경합하는 경우가 있다. 예를 들어 동일한 부동산 위에 여러 개의 저당권이 존재하는 경우가 그것이다.

2) 청구권의 경합

「청구권의 경합(請求權의 競合)」이 되는 예로, 하나의 급부(給付)[56]에 관하여 수개의 청구권이 병존하는 경우 또는 채무불이행에 기한 손해배상청구권과 불법행위에 기한 손해배상청구권이 경합하는 경우를 들 수 있다. 예를 들어 택시기사인 임꺽정이 운전 부주의로 전신주를 들이받아 승객인 황진이가 다친 경우에는 승객을 태우고 목적지까지 못 갔으니 '채무불이행에 의한 손해배상청구권'이 발생하고 또한 과실로 사고를 일으켜 승객이 다쳤으니 '불법행위에 의한 손해배상청구권'이 함께 발생하는 경우가 그것이다. 따라서 이 경우는 발생한 두 가지의 손해배상청구권이 경합한다. 이 때, 각각의 권리는 서로 독립적으로 존재하므로 서로 무관하게 각자 행사할 수 있으나, 어느 한 권리가 행사되어 목적이 달성되면 다른 권리는 목적을 잃고 자동적으로 소멸하게 된다. 또한 이 경우에는 시효(時效)로 인한 소멸 등은 별도로 진행된다.

3) 형성권의 경합

「형성권의 경합(形成權의 競合)」이 되는 예로, 해제권(解除權)과 취소권(取消權)이 병존하는 경우를 들 수 있다.

잠깐!! 민총, 깊이보기

형성권(形成權)

권리자의 일방적인 의사표시에 의하여 법률관계의 발생·변경·소멸을 일어나게 하는 권리를 말한다. 권리자가 일방적으로 법률관계를 변동시킬 수 있는 가능성을 가진다는 의미에서 '가능권'이라고도 한다. 이러한 형성권에는 권리자의 의사표시만으로 효과를 발생시키는 것과, 법원의 판결에 의해서 비로소 효과를 발생시키는 것이 있다(형성의 소). 전자의 예로는 동의권(제5조, 제10조), 취소권(제140조 이하), 추인권(제143조) 등이 있고, 후자의 예로는 채권자취소권(제406조), 입양취소권(제884조) 등이 있다.

56) 법률용어 살펴보기 ☞ 「급부(給付)」라 함은? 채권의 목적인 채무자의 행위를 말하는 것으로 보통은 재물을 지급·교부하는 것을 말한다.

(2) 법규의 경합

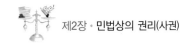

「법규의 경합(法規의 競合)」이라 함은? 단순한 권리의 경합과 구별되는 것으로, 하나의 생활사실이 수 개의 법규가 정하는 요건을 충족하지만 하나의 권리규정이 다른 권리규정을 배제하여 처음부터 하나의 권리만이 성립하는 경우를 말한다. 예를 들면 피용자(被用者)의 불법행위로 인한 사용자배상책임에 있어서 민법 제756조의 '사용자의 배상책임'과 국가배상법 제2조의 '배상책임'이 경합하는 경우를 말한다. 이러한 법규의 경합은 보통 일반법과 특별법과의 관계에서 주로 나타난다. 이미 앞에서 밝힌 바와 같이 원칙적으로 '일반법보다 특별법이 우선'하므로 이 경우에는 전자인 민법상의 사용자 배상책임을 배척하고 후자인 국가배상법상의 손해배상청구권만이 발생한다(국가배상법 제8조 참조). 이를 「법조경합(法條競合)」이라고도 한다.

Ⅱ 권리의 충돌

1. 권리충돌의 의의

「권리의 충돌(權利의 衝突)」이라 함은? 하나의 객체에 대하여 수 개의 권리가 존재하는 경우를 말한다. 앞에서 설명한 권리의 경합과는 다르게 때에 따라서 그 객체가 모든 권리를 만족시킬 수 없게 된다. 이런 경우 누가 우선하여(또는 동등하게) 권리를 행사할 수 있을지, 즉 권리의 순위 문제가 생긴다.

2. 권리충돌의 모습

(1) 물권과 채권의 충돌

1) 물권의 채권에 우선하는 효력

① 동일한 객체에 대하여 물권과 채권이 동시에 성립하고 있는 경우에는 채권이 물권보다 먼저 성립하였는가 아니면 뒤에 성립하였는가를 불문하고 물권이 우선한다. 즉, 물권은 채권에 우선하는 효력이 있다. '매매(☞物權)는 임대차(☞債權)를

깨뜨린다'는 법격언은 물권이 채권에 우선함을 나타낸 것이다. 예를 들어 김선달이 자신 소유의 집에 대하여 임꺽정과 매매계약을 체결하고 계약금과 잔금까지 받은 상태에서 다시 황진이에게 그 집을 증여하거나 이중매매[57]하여 황진이가 등기를 마치고 소유권을 취득하면, 목적물인 집 위에는 임꺽정의 가옥소유권이전청구권과 황진이의 소유권이 동시에 성립하게 된다. 이 경우에는 물권인 황진이의 소유권이 채권인 임꺽정의 가옥소유권이전청구권에 우선한다. 따라서 임꺽정은 집에 대한 소유권을 취득할 수 없고 다만 김선달에 대하여 채무불이행에 의한 손해배상책임을 물을 수 있을 뿐이다. 즉, 이 경우에는 김선달과 임꺽정의 법률관계가 무효로 되는 것이 아니라, 김선달이 임꺽정에 대하여 채무불이행에 대한 손해배상책임을 지는 것이다.

② 이렇게 물권이 채권에 우선하는 효력을 가지는 이유는 물권은 특정물에 관하여 직접적 지배를 내용으로 하는데 반하여, 채권은 채무자의 행위를 매개하여 간접적으로 지배하기 때문이다.

2) 4가지의 예외

다음의 경우에는 비록 채권이더라도 공시방법을 갖추거나 일정한 경우에 그 시점을 기준으로 하여 물권과의 우열이 정해진다.

① 부동산임차권(不動産賃借權)은 비록 채권이지만 이것이 '등기(登記)된 때'에는 그 때부터 물권과 같은 효력을 가지게 되어 제3자에게 그 효력을 주장할 수 있다(제621조 참조). 이를 「부동산임차권의 물권화」라고 한다.

② 주거용 건물에 대한 임대차(賃貸借)에 있어서는 등기가 없는 경우라도 임차인이 확정일자를 받고 '주택의 인도(引渡)와 주민등록(住民登錄)을 마친 때'에는 물권적 효력이 인정한다(주택임대차보호법 제3조 제1항 참조). 그리고 상가건물에 대한 임대차(賃貸借)에 있어서는 등기가 없는 경우라도 임차인이 건물에 대한 경매신청의 등기 전에 임차인이 건물의 인도와 부가가치세법 제5조, 소득세법 제168조 또는 법인세법 제111조의 규정에 의한 사업자등록을 신청한 때에는 물권적 효력을 인정한다(상가건물임대차보호법 제14조·제3조 제1항 참조).

57) 법률용어 살펴보기 ☞ 「이중매매(二重賣買)」라 함은? 매도인이 동일한 부동산에 관하여 2인의 매수인과 각각 별개의 매매계약을 체결하는 것을 말한다. 예를 들어 김선달이 자신의 집 A를 박수동에게 매도한 후 이에 대한 소유권이전등기가 완료하기 전에, 다시 집 A를 황진이에게 매도한 경우를 말한다.

③ 부동산물권의 변동을 청구하는 채권을 '가등기(假登記)[58] 한 때'에는 그 시점(時點)을 기준으로 하여 물권과의 우열이 정해진다(부동산등기법 제6조). 물론 이 경우는 가등기 후에 반드시 본등기(本登記)를 하여야 효력이 생긴다.

④ 건물의 소유를 목적으로 한 토지임대차는 이를 등기하지 않은 경우에도 '임차인이 그 지상건물을 등기한 때'에는 제3자에 대하여 임대차의 효력이 생긴다(제622조 제1항).

(2) 물권 상호간의 충돌

1) 일물일권주의

물권은 배타성이 있기 때문에 같은 종류, 즉 성질·범위·순위가 같은 물권은 동시에 동일물 위에 성립하지 못한다. 이를 「일물일권주의(一物一權主義)」라고 한다. 예를 들어 김선달 소유의 부동산에는 소유권은 2개가 성립할 수 없는 경우가 그것이다. 그러나 이는 결국 종류를 달리하는 물권은 동일물위에 동시에 성립할 수 있음을 의미한다. 예를 들어 김선달 소유의 부동산에 대하여 소유권이외에 종류를 달리하는 임꺽정의 지상권이나 황진이의 지역권 등은 설정될 수 있는 것이다.

잠깐!! 민총, 깊이보기

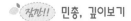

한 개의 물권의 목적물은 반드시 한 개의 물건이어야 한다는 원칙인「일물일권주의(一物一權主義)」를 설명하면 다음과 같다. i) 물건의 일부 또는 구성 부분에 물권의 성립을 인정할 수 없다. ii) 다수의 물권위에는 1개의 물권이 성립할 수 없다. iii) 동일물에는 서로 상용(相容)될 수 없는 내용의 물권이 동시에 성립할 수 없다.

---

58) 법률용어 살펴보기 ☞ 가등기(假登記)라 함은? 부동산물권변동(☞소유권·지상권·지역권·전세권·저당권·권리질권) 또는 부동산임차권의 변동(☞권리의 설정·이전·변경·소멸)을 목적으로 하는 청구권을 보전하려고 할 때, 그 청구권이 시기부(始期附) 또는 정지조건부(停止條件附)인 때, 그밖에 장래에 있어서 확정될 것인 때에 행하는 등기를 말한다(부동산등기법 3조). 즉 장래의 본등기에 대비하여 미리 등기부상의 순위를 보전하기 위하여 행하는 등기이다. 예를 들어 임꺽정이 김선달의 주택에 대하여 매매계약을 체결하고 중도금을 지급한 상태에서, 매수인인 임꺽정은 장래의 소유권이전청구권을 보전하기 위한 등기가 가등기인 것이다. 이러한 가등기를 한 후에 본등기를 하게되면 본등기의 순위는 가등기의 순위에 의한다(부동산등기법 제6조 제2항). 이것을 가등기의 "순위보전의 효력"이라고 한다. 즉, 앞의 예에서 임꺽정이 가등기를 하였음에도 그 후에 김선달이 동일주택을 매도함으로서 황진이가 소유권이전의 본등기를 한 경우에는 임꺽정이 가등기에 기하여 본등기를 행하게 되면 황진이의 본등기보다 임꺽정의 본등기가 우선하는 효력이 있는 것이다.

2) 선순위 저당권과 후순위 저당권과의 관계

일물일권주의에 따른다 하더라도 물권의 종류 가운데 저당권(抵當權)의 경우는 목적물을 현실적으로 지배·이용하는 것이 아니므로 이 원칙에 반하여 동일부동산 위에 두 개 이상 성립할 수 있다. 예를 들어 김선달 소유의 부동산 위에 저당권이 몇 개라도 설정할 수 있는 것이다. 즉, 김선달 소유의 부동산 위에 연흥부에 의한 제1저당권 외에 변강쇠에 의한 제2저당권 그리고 이외의 자에 의한 제3·제4 저당권 등이 동시에 존재할 수 있다. 그리고 이 경우에는 선순위저당권이 후순위저당권보다 권리에 있어서 앞서게 된다. 상기의 예에서 1번저당권과 2번저당권 그리고 그 외의 저당권은 동일물 위에 성립하는 내용이 같은 물권이므로 겉으로는 이들 간에 배타성이 없는 것처럼 보이지만, 저당권인 담보물권의 본질은 목적물의 물리적 이용에 있는 것이 아니라 그 교환가치를 통해 우선적으로 피담보채권의 만족을 얻는데 있으므로 다수의 저당권이 동일물위에 있는 경우이더라도 후순위저당권은 선순위저당권이 만족을 얻고 난 후의 나머지 가치에 대한 만족을 얻게 된다.

3) 물권이 동일물위에 두 개 이상 성립할 경우상호간의 효력

이종(異種) 또는 동종(同種)의 물권이 동일물 위에 두 개 이상 성립하는 경우에 그들 상호간의 효력은 다음과 같다.

① 소유권과 제한물권(예: 지상권·지역권·전세권·유치권·질권·저당권)이 동시에 존재하는 경우에는 성질상 제한물권이 소유권보다 우선한다. 예를 들어 김선달의 소유로 되어 있는 주택에 황진이가 제한물권인 전세권을 설정한 경우에는 성질상 김선달의 소유권이 황진이의 전세권에 의하여 제한받게 된다. 그 이유는 제한물권의 목적이 타인의 소유권을 일시적으로 제한하고자 하는데 있기 때문이다.

② 그 외에는 'prior tempore, potier iure(시간에 있어서 빠르면 권리에 있어서 강하다)'의 법원칙을 따른다. 즉, 권리의 행사에 있어서 먼저 성립한 물권이 나중에 성립한 물권보다 빠르다. 예를 들어 김선달의 집에 임꺽정의 저당권이 설정되고 이어서 황진이의 지상권(또는 전세권)이 성립한 경우, 후에 채무변제가 이루어지지 않아서 저당권자인 임꺽정이 권리를 실행(☞이 경우는 競賣節次에 의함)하여 변강쇠가 집을 경락(競落)받게 되면 황진이의 지상권은 집(☞소유자–변강쇠)위에서 소멸한다. 그

러나 상기의 예가 황진이의 지상권이 선순위로 성립하고 후순위로 임꺽정의 저당권이 설정된 경우라면, 후순위권리자인 임꺽정의 저당권의 실행으로 집이 변강쇠에게 경락되더라도 먼저 성립한 황진이의 지상권(또는 전세권)은 후에 성립한 임꺽정의 저당권보다 권리에 있어서 앞서므로 집(☞소유자-변강쇠)위에서 소멸되지 않는다. 따라서 이 경우에는 경락인인 변강쇠는 황진이의 지상권(또는 전세권)이 있는 제한된 토지를 취득하게 된다.

③ 저당권의 객체는 부동산이고 질권의 객체는 동산이므로 서로 경합하지 않으며 또한 배타성이 없는 점유권에는 우선적 효력이 없다.

참고정리 민사집행법에 의한 경매절차

민사집행법의 제3편 제264내지 제275조에서는 '담보권의 실행을 위한 경매'에 대하여만 규정할 뿐이고 경매절차에 관하여는 제2편 부동산 강제집행의 제79조 내지 제162조의 규정을 준용하고 있다(동법 제268조). 이에 관하여 민법이 깊게 다룰 것은 아니므로 그 절차를 간단하게 설명한다.

① 경매신청

저당권자는 채권의 변제를 받기 위하여 저당권의 경매를 신청할 수 있는 경매신청권이 있다(민법 제363조 제1항, 민사집행법 제264조). 이러한 저당권의 실행은 그 부동산이 있는 곳의 지방법원이 관할한다(민사집행법 제79조). 그 신청은 저당권자가 서면으로써 목적부동산소재지의 지방법원에 하여야 하며(동법 제80조) 경매신청은 취하할 수 있으나, 매수신고가 있은 뒤에 경매신청을 취하하려면 최고가매수신고인 또는 매수인과 민사집행법 제114조의 차순위매수신고인의 동의를 받아야 그 효력이 생긴다(민사집행법 제93조). 이러한 경매신청은 순위에 의하지 않는다. 즉, 2번저당권자도 먼저 경매신청을 할 수 있다.

② 경매개시결정 등

경매절차를 개시하는 결정에는 동시에 그 부동산 의 압류를 명하여야 하는데, 이러한 압류는 부동산에 대한 채무자의 관리·이용에 영향을 미치지 아니한다. 경매절차를 개시하는 결정을 한 뒤에는 법원은 직권으로 또는 이해관계인의 신청에 의하여 부동산에 대한 침해행위를 방지하기 위해 필요한 조치를 할 수 있다(민사진행법 제83조). 그리고 법원이 경매개시결정을 하면 법원사무관등은 즉시 그 사유를 등기부에 기입하도록 등기관에게 촉탁하여야 한다(동법 제94조).

③ 배당요구의 종기결정 및 공고

경매개시결정에 따른 압류의 효력이 생긴 때(☞ 그 경매개시결정전에 다른 경매개시결정이 있은 경우를 제외한다)에는 집행법원은 절차에 필요한 기간을 감안하여 배당요구할 수 있는 終期를 첫 매각기일 이전으로 정한다. 배당요구의 종기가 정하여진 때에는 법원은 경매개시결정을 한 취지 및 배당요구의 종기를 공고하고, 배당요구를 하는 전세권자 및 법원에 알려진 집행력있는 정본을 가진 채권자, 경매개시결정이 등기된 뒤에 가압류를 한 채권자, 민법·상법, 그 밖의 법률에 의하여 우선변제청구권이 있는 채권자에게 이를 고지하여야 한다.

④ 현황조사

법원은 경매개시결정을 한 뒤에 곧 바로 집행관에게 부동산의 현상·점유관계·차임(借賃) 또는 보증금의 액수 그리고 그 밖의 현황에 관하여 조사하도록 명하여야 한다(인사진행법 제85조).

⑤ 매각기일과 매각결정기일 등의 지정

법원은 최저매각가격으로 압류채권자의 채권에 우선하는 부동산의 모든 부담과 절차비용을 변제하고도 남을 것이 있다고 인정될 때에 매각결정기일을 정하여 대법원규칙이 정하는 방법으로 공고한다(동법 제104조).

⑥ 매각방법

부동산의 매각은 집행법원이 정한 매각방법에 따르며, 집행관이 실시한다(동법 제112조). 부동산의 매각은 매각기일에 하는 호가경매(呼價競賣), 매각기일에 입찰 및 개찰하게 하는 기일입찰 또는 입찰기간 이내에 입찰하게 하여 매각기일에 개찰하는 기간입찰의 세 가지 방법으로 한다. 그리고 부동산의 매각절차에 관하여 필요한 사항은 대법원규칙으로 정한다.

⑦ 매각기일의 종결

집행관은 최고가매수신고인의 성명과 그 가격을 부르고 차순위매수신고를 최고한 뒤, 적법한 차순위매수신고가 있으면 차순위매수신고인을 정하여 그 성명과 가격을 부른 다음 매각기일을 종결한다고 고지하여야 한다(동법 제115조).

⑧ 매각허가여부의 결정선고

매각을 허가하거나 허가하지 아니하는 결정은 선고하여야 한다(동법 제126조).

⑨ 매각대금의 배당

매각대금이 지급되면 법원은 배당절차를 밟아야 한다. 매각대금으로 배당에 참가한 모든 채권자를 만족하게 할 수 없는 때에는 법원은 민법·상법, 그 밖의 법률에 의한 우선순위에 따라 배당하여야 한다(동법 제145조).

4) 매각의 효과

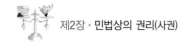

경락에 의하여 경락인은 경매의 목적이었던 권리를 취득한다. 소유권의 취득시기는 매수인이 매각대금을 모두 낸 때이다(민사집행법 제135조). 그리고 이 때의 물권변동은 제187조에 의하여 등기없이 효력이 발생한다. 그리고 이 부동산의 취득은 담보권의 소멸로 영향받지 않는다(동법 제267조). 즉, 피담보채권이나 저당권의 소멸·무효·부존재 등에 의한 매각의 기초가 되는 실체법상의 하자(흠)가 있더라고 채무자는 매수인의 소유권취득을 다투지 못한다.

5) 법률이 물권 상호간의 특수한 순위를 정한 경우

민법상으로는 정하지 않았지만 법률이 예외적으로 물권 상호간의 특수한 순위를 정한 경우가 있다. 이 경우에 물권의 효력은 성립의 시간적 순위를 따르지 않고 그 규정상의 순위에 따르게 된다. 예컨대 근로기준법의 임금우선특권(근로기준법 제37조)·주택임차인의 보증금 중 일정액의 최우선특권(주택임대차보호법 제8조) 및 소액의 보증금 또는 전세금의 우선특권(동법 제8조·제12조 참조)·상가건물임대차보호법상의 보증금 또는 전세금의 우선특권(상가건물 임대차 보호법 제14조·제17조 참조)·상법의 우선특권(상법 제468조·제866조·제872조 참조) 등이 그것이다.

(3) 채권 상호간의 충돌

동일채무자에 대한 수 개의 채권은 발생원인·발생시기의 선후 또는 채권액의 다소를 묻지 않고「채권자평등주의 원칙」에 의하여 모두가 평등하게 적용된다. 예를 들어 건물을 소유하고 있는 김선달이 사업자금을 위하여 황진이로부터 금년 1월1일에 1천만을 차용하고 임꺽정으로부터는 1월 10일에 5천만원 그리고 2월 1일에 변강쇠로부터는 1억원을 차용한 채권관계에 있어서 만약 김선달의 사업실패로 인하여 김선달 소유의 건물을 팔아야 하는 경우가 발생하였다면, 채권의 발생원인·발생시기의 선후 또는 액수의 다소와 상관없이 황진이·임꺽정·변강쇠는 평등한 채권자로서 각자의 채권에 해당하는 권리를 가지게 된다.

알아두면 편리해요!!!

유의할 것은 실제로 채권자평등의 원칙이 적용되는 것은 파산(破産)의 경우에 불과할 뿐이라는 점이다. 즉, 파산법이 적용되는 파산의 경우에는 그 절차에 따라서 채권자평등주의 원칙을 실현한다. 따라서 파산 외에는 실제적으로 채권자 상호간에 우선 순위가 없기 때문에 선행주의(先行主義)[59]가 지배된다. 즉, 먼저 권리를 행사하는 채권자가 자신의 채권액을 보호받는 것이다. 그렇더라도 유념할 것은 이러한 선행주의는 실제상의 문제일 뿐, 우리 민법상에는 「채권자평등의 원칙」을 적용한다는 점이다.

59) 법률용어 살펴보기 ☞ 「선행주의(先行主義)」라 함은? 예를 들어 채무자 김선달의 채권자로서 임꺽정과 황진이 그리고 연흥부가 있는 경우에 실제에 있어서는 이들은 채권액의 다소를 불문하고 누구든지 먼저 권리를 행사하는 자가 전부의 만족을 얻고 다른 채권자는 나머지에 대해서만 만족을 얻을 수 있다고 하는 주의를 말한다.

제4절 권리의 행사와 의무의 이행

I 권리의 행사

1. 권리행사의 의의

「권리의 행사(權利의 行使)」라 함은? 권리의 내용인 '생활이익의 향수'를 실현하는 행위를 말한다. 예컨대 국가가 세금을 징수하는 징세권의 행사, 토지소유자가 토지를 사용하는 소유권의 행사, 부모가 자녀를 교양·감호하는 친권의 행사 등이 그것이다. 이미 앞에서 살펴본 바와 같이 권리의 종류는 다양하게 분류된다. 따라서 권리의 행사도 다양한 권리의 내용에 따라 형태를 달리한다. 이에는 i) 의사표시를 하여 권리를 행사하는 경우(예: 형성권의 행사인 취소의 의사표시) ii) 아무런 의사표시를 필요로 하지 않는 사실상의 행위에 의하여 권리를 행사하는 경우(예: 소유물의 사용) iii) 그리고 재판상으로 권리를 행사하는 경우(예: 혼인의 취소)와 그렇지 않은 경우가 있다.

잠깐!! 민총, 깊이보기

'권리의 행사'와 '권리의 주장'은 그 뜻하는 바가 서로 다르다. 즉, 「권리의 주장(權利의 主張)」은 권리의 행사와 같이 권리의 내용을 현실화하는 것이 아니라, 자신이 권리가 있음을 상대방에게 승인하게 하는 것으로, 이는 「권리의 행사(權利의 行使)」와 본질적으로 구별된다. 청구권의 행사와 같이 권리의 행사가 특정인에 대하여 행하여지는 경우에는 필연적으로 권리의 주장을 수반하게 된다.

2. 권리행사의 자유

"자기의 권리를 행사하는 사람은 누구에게도 불법(不法)이 되지 않는다" 또는 "자기의 권리를 행사하는 사람은 누구도 해하지 않는다"라는 법언(法諺)은 권리행사는 권리자의 절대 자유이며 권리행사에 있어서 제한을 받지 않는다는 의미를 가지고 있다. 이를 바꾸어 말하면 권리행사의 자유를 인정할 때에 권리자는 아무런 제한을 받지 않고 자유로이 권리를 행사하여 이익을 향수 할 수 있으며 이에 따라 사회질서가 유지됨을 의미한다. 하지만 이러한 권리행사의 자유는 봉건적 구속에서 해방된 근대 전기의 권리본위·개인주의의 사상과 결부된 사상이다.

3. 권리행사의 제한

권리자가 권리를 행사하면 의무자와 이에 관련된 그 밖의 사람들에게 직·간접적으로 영향이 미치고 더 나아가 사회전체에 영향을 미치게 된다. 그러므로 권리를 행사하는 것은 당사자의 이익보호와 사회의 안녕·질서를 위한 것이 되어야 한다. 20세기에 들어와 자본주의 폐단이 나타나자 기본원리가 수정되면서 권리의 행사에 있어서 개인과 사회의 조화를 요구하게 되었고, 이에 따라 권리행사의 자유에 제한을 가하게 되었다. 현행 민법에서의 이러한 제한은 제2조의 '신의성실의 원칙'과 '권리남용금지의 원칙'으로 나타난다.

(1) 신의성실의 원칙

임꺽정이 김선달의 땅(土地)을
5,000만원에 사기로 매매계약을 체결하였지만,
잔금을 주는 날 부득이한 사정으로 50만원이 부족하므로
한달 후에 이를 이자까지 합하여 주기로 약속하고 등기를 마쳤다.
그런데 3주가 지난 후에 김선달은
잔금 50만원을 지급하지 않았다는 이유로
이 땅의 매매계약을 해제하겠다고 통고하였다.
이 경우, 법률관계는?

1) 의 의

① 「신의성실의 원칙(信義誠實의 原則)」이라 함은? 권리를 행사할 때에 서로 상대방의 신뢰에 어긋나지 않도록 성실히 행하여야 한다는 원칙을 말한다. 민법 제2조 제1항은 「권리의 행사와 의무의 이행은 신의에 좇아 성실히 하여야 한다」라고 규정함으로써 권리의 행사와 의무의 이행은 신의성실에 좇아서 하여야 하는 제한과 구속을 받게 된다. 즉, 이 원칙은 권리행사에 대한 사회적 제약을 의미하는 것이다. 설문의 예에서 임꺽정이 김선달의 토지를 5,000만원에 매수하기로 한 매매계약을 체결하였지만 잔금에서 50만원이 부족하여 한달 후에 이를 이자까지 더하여 주기로 약속하고 소유권이전등기를 마쳤는데 3주가 지난 후에 김선달이 잔금 50만원을 받지 못했다는 이유로 매매계약을 해제하겠다고 통고한 경우에는 원칙적으로는 임꺽정이 매매대금을 지급하지 않음을 이유로 하여 채무불이행에 의한 계약해제의 권리가 김선달에게 발생한 것이지만, 이미 임꺽정과 김선달 사이에 부족분을 한달후 이자까지 지급하기로 합의가 있었고 특히 50만원은 매매대금 중 극히 일부에 해당하므로 김선달의 계약해제 통고는 신의칙(信義則)을 좇은 성실한 행위가 아니고 오히려 신뢰를 배반한 것이다. 따라서 이 경우는 계약해제의 효력이 생기지 않고 오히려 해제권의 권리남용(權利濫用)의 문제가 발생한다고 보아야 한다.

② 신의성실의 원칙은 연혁적으로 로마법상 「악의의 항변(惡意의 抗辯)」[60]에서 발단이 되어 이후에 인정되어 온 것이다. 이러한 원칙은 사권(私權)의 사회성·공공성이 점차로 중시됨에 따라 프랑스민법이 최초로 규정하였고 이어서 독일민법에서 규정하였다. 그리고 이 원칙은 스위스민법 때부터 민법 전반에 걸친 최고지도원리로 적용되어 지금은 법 일반에 걸친 대원칙이 되었다. 이 원칙이 특히 관점이 되는 분야는 채권법 분야이다. 하지만 이러한 신의성실의 원칙에 대한 내용은 너무나 일반적이고 추상적이므로 시대와 장소 또는 사회적·경제적 여건에 따라서 그 내용이 다르게 결정될 수도 있다.

---

60) 법률용어 살펴보기 ☞ 「악의의 항변(惡意의 抗辯)」이라 함은? 원고의 청구가 신의·형평의 원칙에 반하는 때에는 피고가 이를 주장하여 청구를 면할 수 있는 것을 말한다. 우리 민법상에는 이에 관하여 일반적 규정을 두고 있지는 않다. 그러나 어음·수표법은 이 악의의 항변을 명문으로 규정하고 있다(어음법 제17조 단서·77조 제1항, 수표법 제22조 단서). 즉 어음·수표의 소지인이 채무자를 해함을 알고 어음·수표를 취득한 경우에는 채무자가 어음·수표의 소지인에 대하여 소지인의 전자(前者)에 대한 인적항변(人的抗辯)으로 어음·수표법상의 채무불이행을 거절할 수 있는데 이 때 그 소지인에 대하여 갖는 항변을 악의의 항변이라고 한다.

살아있는 Legal Mind!!!

> "신의성실의 원칙은 법률관계 내지 권리의 속성으로부터 당연히 도출되는 것이다"라는 견해(이영준)에 의하면 「고려의 명제(考慮의 命題)」라고도 불리어진다.

2) 기 능

신의성실의 원칙은 법률행위의 해석의 기준이 된다. 이 원칙은 i) 당사자 사이의 규범관계를 구체화하여 어떤 행위가 의무의 이행으로서의 의미를 가지는가? ii) 채무자는 계약 목적달성을 위하여 어떤 부수적인 의무를 부담하는가? iii) 어떤 행사를 권리의 행사라고 할 수 있는가? 등을 결정하는데 중요한 역할을 하며 제정법을 보충하여 제정법의 형식적 적용에 의한 불합리를 극복하는 기능을 가진다.

3) 효 과

① 권리 창설적 효과

신의성실의 원칙은 급부의무(給付義務)를 확장하거나, 특별한 결속관계에 의하여 '부수의무(附隨義務) 내지 행위의무(行爲義務)'를 성립시키는 효과가 있다. 민법 제535조 제1항 전단의 「목적이 불능한 계약을 체결할 때에 그 불능을 알았거나 알 수 있었을 자는 상대방이 그 계약의 유효를 믿었음으로 인하여 받은 손해를 배상하여야 한다」라고 한 계약 체결상의 과실책임에 대한 규정 등이 그 예이다.

② 권리소멸적 효과

권리행사의 효과면에서 신의성실의 원칙에서 어긋나면 '권리남용(權利濫用)'이 되어 무효가 되고 의무위반의 효과면에서 신의성실의 원칙에 어긋나면 '채무불이행(債務不履行)'이 된다.

③ 권리변경적 효과

신의성실의 원칙의 파생원칙인 '사정변경의 원칙(事情變更의 原則)'은 이미 발생한 권리를 사정변경을 이유로 하여 수정하는 부수적인 효과를 가진 원칙이다. 민법 제286조 「지료가 토지에 관한 조세 기타 부담의 증감이나 지가의 변동으로 인하여 상당하지 아니하게 된 때에는 당사자는 그 증감을 청구할 수 있다」라고 규정한 지료증감청구권(地料增減請求權)과 제312조의 2「전세금이 목적 부동산에 관한 조세·공과금 기타 부담의 증감이나 경제사정의 변동으로 인하여 상당하지 아니하게 된 때에는 당사자는 장래에 대하여 그 증감을 청구할 수 있다. 그러나 증액의 경우에는 대통령령이 정하는 기준에 따른 비율을 초과하지 못한다」라고 규정한 전세금증감청구권(傳貰金增減請求權), 그리고 제628조「임대물에 대한 공과부담의 증감 기타 경제사정의 변동으로 인하여 약정한 차임이 상당하지 아니하게 된 때에는 당사자는 장래에 대한 차임의 증감을 청구할 수 있다」라고 규정한 차임증감청구권(借賃增減請求權) 등이 그 예이다.

4) 적용과 한계

① 적 용

신의성실의 원칙은 채권·채무관계를 중심으로 하는 계약법 분야에서 생긴 것이지만, 오늘날 이 원칙은 권리·의무 전반에 걸쳐서 타당한 최고 원리가 되었다. 따라서 권리행사와 의무이행은 이 원칙의 사명에 적합하도록 하여야 한다.

② 한 계

「신의성실의 원칙」은 민법에서 뿐만 아니라 상법 등 사법(私法) 전반에 걸쳐서 적용되며 더 나아가 노동법·경제법 등의 사회법의 영역에도 적용된다. 판례는 헌법·행정법·민사소송법·세법에 관하여도 적용하고 있다. 하지만 신의성실의 원칙을 모든 문제에 적용하여 해결하려는 것은 통상의 예측 가능성과 법적 안정성을 해칠 위험이 있다. 그러므로 신의성실의 원칙과 사정변경의 원칙을 개별적으로 구체화한 부수적인 파생원칙(예: 제312조 전세금증감청구권)이 같이 존재하는 경우에는 파생적 원칙을 우선적으로 적용하여야 하며, 신의칙보다 상위에 있는 민법의 기초 이념에 배치되는 경우에는 원칙적으로 적용이 허용되지 않는다. 예컨대 제한능력자 제도는 민법의 기초이념으로부터 인정되는 소수자보호제도(少數者保護制度)이다. 신의칙에 우선하고 기판력(旣判力)[61]이 신의칙에 반하는 방법으로 편취되었다 하더라도 기판력의 주장은 권리남용에

61) 법률용어 살펴보기 ☞ 「기판력(旣判力)」이라 함은? 확정된 재판의 판단 내용이 소송당사자와 후소법원(後訴法

해당하지 않는다. 또한 신의칙보다 상위에 존재하는 강행법규위반의 결과나 어떤 법의 입법 취지의 몰각(沒却)을 가져오는 신의칙의 적용은 원칙적으로 허용되지 않는다.

5) 우리 민법의 규정

「신의성실의 원칙」이 반영된 우리 민법의 규정은 다음과 같다.

① 조건의 성취·불성취에 대한 반신의행위(反信義行爲)의 계약(제150조)
② 상린관계(相隣關係)의 규정(제215조 이하)
③ 사정변경의 원칙(제286조 · 제312조의 2 · 제628조 · 제661조 · 제698조 · 제716조 제2항 · 제720조)
④ 채권자지체(債權者遲滯)의 규정(제400조 이하 · 제538조)
⑤ 이행보조자(履行補助者)의 고의·과실에 대한 채무자의 책임(제391조)
⑥ 계약체결상의 과실(제535조)
⑦ 불공정한 법률행위에 관한 규정(제104조)
⑧ 동시이행의 항변권(제536조)
⑨ 차임연체와 해지권(借賃延滞와 解止權)(제640조 · 제641조) 등이다.

잠깐!! 민총, 깊이보기

> 상기 신의성실의 원칙과 관련되는 민법규정의 대부분은 강행법규에 해당하지만 모두가 그런 것은 아니다. 예컨대 상기 중에서 상린관계의 규정은 임의규정이라고 본다. 이로부터 파생한 원칙은 다음과 같다.
> ① 사정변경의 원칙
> ② 실효의 원칙
> ③ 금반언의 원칙(모순행위 금지의 원칙)

6) 파생적 원칙

신의성실의 원칙으로부터 다음과 같은 파생적 원칙이 나온다.

院)을 구속하고 이와 모순되는 주장이나 판단을 부적법한 것으로 하는 소송법상의 효력을 말한다. 즉, 재판의 내용인 구체적 판단 이후의 소송에 있어서 법원 및 당사자를 구속하고 이에 어긋나는 판단이나 주장을 할 수 없는 효력이다.

① 사정변경의 원칙

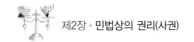

「사정변경의 원칙(事情變更의 原則)」이라 함은? 법률행위(☞契約)의 기초가 된 사정이 계약 후에 중대한 변경사유(☞당사자가 예견하지 못한)가 발생하여, 계약효과를 그대로 유지 또는 강제하면 지나치게 부당한 결과가 예상 될 경우에는 당사자가 그 계약을 신의성실에 좇아 적당히 변경하거나 해제할 수 있는 원칙을 말한다. 예컨대 제218조 제2항 "수도 등 시설의 변경청구권", 제286조 "지상권에 있어서 지료증감청구권", 제312조의 2 "전세금증감청구권", 제628조 "차임증감청구권" 등이 그것이다. 그러나 판례는 "계약체결시와 이행시에 가격이 현저하게 균형을 잃을지라도 매도인(賣渡人)은 사정변경의 원칙을 내세워 매매계약을 해제할 수 없다고 한다(대판 1963.9.12. 63다452)" 라고 하여, 상기 원칙에 대하여 소극적인 태도를 취한다. 하지만 계속적 계약인 근보증(根保證)의 법률관계에서는 예외적으로 이 원칙을 적용하여 해지권(解止權)을 인정한 판례도 있다(대판 2002.5.31. 2002다1673; 대판 1990.2.27. 89다카1381). 최근에는 사정변경의 원칙의 인정을 전제로 하여 설시한 판례도 있다(대판 2007.3.29. 2004다31302).

「사정변경의 원칙」에 관한 판례 ☞ 매매계약을 맺은 때와 그 잔대금을 지급할 때와의 사이에 장구한 시일이 지나서 그 동안에 화폐가치의 변동이 극심하였던 탓으로 매수인이 애초에 계약할 당시의 금액표시대로 잔대금을 제공한다면 그 동안에 앙등한 매매목적물의 가격에 비하여 그것이 현저하게 균형을 잃은 이행이 되는 경우라 할지라도 민법상 매도인으로 하여금 사정변경의 원리를 내세워서 그 매매계약을 해제할 수 있는 권리는 생기지 않는다(대판 1963.9.12. 63다45).

☞ 회사의 임원이나 직원의 지위에 있기 때문에 회사의 요구로 부득이 회사와 제3자 사이의 계속적 거래로 인한 회사의 채무에 대하여 보증인이 된 자가 그 후 회사로부터 퇴사하여 임원이나 직원의 지위를 떠난 때에는 보증계약성립 당시의 사정에 현저한 변경이 생긴 경우에 해당하므로 사정변경을 이유로 보증계약을 해지할 수 있다고 보아야 하며 위 계속적 보증계약에서 보증기간을 정하였다고 하더라도 그것이 특히 퇴사 후에도 보증채무를 부담키로 특약한 취지라고 인정되지 않는 한 위와 같은 해지권의 발생에 영향이 없다(대판 1990.2.27. 89다카1381).

---

② 실효의 원칙

「실효의 원칙(失效의 原則)」이라 함은? 권리자가 그의 권리를 오랫동안 행사하지 않음으로서 그 권리를 행사하지 않을 것이라는 상대방의 믿음이 정당화 된 경우에 권리자가 그 권리를 새로이 행사하는 것은 신의성실에 반하는 행위라고 인정하여 그 행사를 허용하지 않는 원칙을 말한다. 예컨대 제162조 소멸시효규정이 그것이다. 판례는 종래에는 이 원칙을 정면으로 인정하지 않고 권리남용의 한 사례로 다루고 있었으나, 최근의 判例에서는 이 원칙을 적용하고 있다(대판 1996.11.26. 95다49004).

이러한 실효의 원칙은 청구권·형성권·항변권·물권·친권·상속법에도 적용되지만, 소유권이나 친권과 같이 배타적 항구적 권리에는 그 권리의 본질과 배치되지 않는 범위내에서만 인정된다. 또한 권리남용의 일종이므로 요건이 충족되면 권리행사는 권리남용이 되어 허용되지 않으며 그 효과는 권리남용의 일반적인 효과에 따른다.

- 「실효의 원칙(失效의 原則)」에 대한 최근 판례 ☞ "자신에 대한 징계면직처분에 대하여 재심청구를 하였으나 기각되자 그 후 아무런 이의 없이 회사로부터 퇴직금을 수령하고 그 후에 아무런 다툼이 없이 다른 생업에 종사하여 오다가 징계면직일로부터 2년 10개월가량이 경과한 후 제기한 해고무효확인의 소는 노동분쟁의 신속한 해결이라는 요청과 신의성실의 원칙 및 실효의 원칙에 비추어 허용될 수 없다(대판 1996.11.26. 95다49004; 대판 2005.11.25. 2005다38270)". 그에 비하여 소유권 내지 소유자의 실효인정에는 신중한 태도를 보이고 있다(대판 2001.1.8. 2001다60019 등).

③ 금반언의 원칙(모순행위금지의 원칙)

「금반언의 원칙(禁反言의 原則)」이라 함은? 자신의 '선행행위(先行行爲)'와 모순되는 '후행행위(後行行爲)'는 허용하지 않는다는 원칙을 말한다. 예컨대 갑이 을의 표시를 믿고 이에 기인하여 자기의 지위를 변경하였는데 을이 훗날에 자신에게 불리하다고 하여 의사를 철회하거나 인정한 사실과 다른 주장을 하는 등의 자기의 표시를 뒤집을 수 없다는 원칙이 그것이다(제125조 表見代理[62] 참조). 이 경우에 선행행위와 모순되는 후행행위의 법적 효과는 발생하지 않는다. 그러므로 후행행위가 모순되는 법률행위인 때에는 그 법률행위는 무효가 되고 권리행사인 때에는 그 효력이 발생하지 않는다.

62) 법률용어 살펴보기 ☞「표현대리(表見代理)」라 함은? 본인이 제3자에게 어떤 사람을 대리인으로 삼는다는 표시를 함으로서 제3자가 타인(☞어떤 사람)에게 대리권이 존재하는 것으로 오신(誤信)한 경우에 본인이 그로 인한 일체의 책임을 져야 하는 대리를 말한다. 이러한 표현대리의 목적은 대리권이 있는 것으로 외관(外觀)을 신뢰한 선의·무과실의 제3자를 보호하고 거래의 안전을 보장하며 나아가서 대리제도의 신용을 유지하려는데 있다(학설, 판례).

(2) 권리남용금지의 원칙

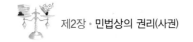

김선달은 건물과 토지의 소유주가 각각 다른 토지를 매수한 후,
건물의 소유주인 임꺽정에게
토지의 시가보다 7배나 되는 건물을 철거하든지
아니면 그 토지를 시가보다 5배 이상의 가격으로 사라고 하였다.
이 경우에 김선달의 주장은 타당한가?

1) 의 의

「권리남용금지의 원칙(權利濫用禁止의 原則)」이라 함은? 외형상으로는 정당한 권리 행사인 것처럼 보이나 실질적으로는 사회성·공공성에 반하여 권리의 행사를 남용하는 경우에 이를 정당한 권리행사로 보지 않고 금지하는 원칙을 말한다. 특히 자신에게는 이득이 없으면서 오직 타인에게 손해만을 주기 위하여 소송에 이르게 된 사정이 인정되는 경우는 권리남용으로 보아서, 이를 권리행사로 인정하지 않는다. 이 원칙은 연혁적으로 로마법상의 「악의의 항변(惡意의 抗辯)」에서 기원하였는데 당시에는 가해의사를 가진 권리행사가 금지되어 주관적 요건이 중시된(시카아네 금지)[63] 개별적인 경우에만 인정되었다. 하지만 이 원칙은 '자기의 권리를 행사하는 자는 누구에 대하여도 불법을 행하는 것이 아니다'라는 법언(法諺)이 지배하던 근대 초기에는 생각할 수조차 없었으나, 후에 권리행사자유에 대한 조정으로서 프랑스 판례에 의하여 인정되다가, 권리의 사회성·공공성이 확립된 뒤부터 일반적으로 인정되기 시작한 원칙이다. 우리 민법 제2조 제2항은 「권리는 남용하지 못한다」라고 규정함으로써 권리남용금지의 원칙에 대하여 규정하고 있다.

2) 권리남용의 기준과 요건

① 권리남용의 성립의 일반적인 기준

㉮ 권리남용(權利濫用)의 성립의 일반적인 기준에는 주관적 기준과 객관적 기준이 있

63) 법률용어 살펴보기 ☞ 로마법상의 「시카네의 금지(Schikaneverbot)」라 함은? 외견적으로는 권리의 행사처럼 보이지만, 본래의 사명을 이탈하여 타인에게 손해를 가하는 것만을 「목적」으로 하는, 즉 「가해목적」만 가지고는 권리를 행사할 수 없다는 법리를 말한다.

다. 여기서 「주관적 기준」은 권리자 자신이 정당한 이익이 없는데도 다른 사람을 해치거나 부당이득을 취할 목적으로 권리를 행사하는 것은 권리남용으로 보는 기준이고. 「객관적 기준」은 권리자의 권리행사의 필요성의 정도와 그 이익의 크고 작음, 즉 그 권리행사를 인정함으로서 상대방에게 발생하는 손실과 사회에 미치는 영향을 비교·형량하여 판단하는 기준이다.

㈏ 권리남용의 성립기준으로 권리의 절대성이 강조되던 시대인 근대 초기에는 '주관적 기준'이 중요한 역할을 하였으나, 오늘날에는 '객관적 기준'이 더 큰 기준이 되고 있다. 통설은 권리남용의 성립여부에 관하여, 단순히 '권리자의 주관'에만 집착하여 권리남용의 성립여부를 판단하여서는 안 되고 그것을 포함하는 '모든 구체적 사정'을 종합적으로 고찰하여야 한다는 의미에서 「객관적 기준」이 타당하다고 하였다. 즉, 우리 민법이 인정하는 권리남용의 성립기준에 있어서, '주관적 기준'은 임의적인 것이고 '객관적 기준'이 절대적인 것이 되는 것이다.

㈐ 그러나 판례는 경우에 따라서 판단하고 있다. 즉, 주관적 요건을 要하는 경우도 있고, 要하지 않는 경우도 있다. 판례는 권리남용이 되기 위해서는 "권리자가 오로지 타인을 해할 목적을 가지고 권리를 행사하거나 최소한 타인에게 고통이나 손해를 입히려는데 있을 뿐, 행사하는 사람에게 아무런 이익이 없을 경우이어야 하며 객관적으로 그 권리행사가 사회질서에 위반된다고 볼 수 있어야 한다'(대판 1986.7.22. 85다카2307; 대판 1987.3.10. 86다카2472; 대판 2005.3.25. 2003다5498; 대판 2010.2.25. 2009다58173 등)라고 하여 시카아네 금지인 주관적 기준과 사회질서 위반이라는 객관적 기준을 동시에 요구하고 있다.

● 「권리남용의 성립기준」에 대한 판례 ☞ "권리행사가 권리의 남용에 해당한다고 할 수 있으려면, 주관적으로 그 권리행사의 목적이 오직 상대방에게 고통을 주고 손해를 입히려는 데 있을 뿐, 행사하는 사람에게 아무런 이익이 없을 경우이어야 하고 객관적으로는 그 권리행사가 사회질서에 위반된다고 볼 수 있어야 하는 것이며 이와같은 경우에 해당하지 않는 한 비록 그 권리의 행사에 의하여 권리행사자가 얻는 이익보다 상대방이 입을 손해가 현저히 크다 하여도 그러한 사정만으로는 권리남용이라 할 수 없는 것이다(대판 2003.2.14. 2002다62319·62326)". 결국 권리행사가 권리남용이 되는가의 여부는 개별적이고 구체적인 사안에 따라 판단되어야 한다는 것이다.

살아있는 Legal Mind!!!

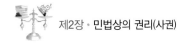

상기에서 밝힌 바와 같이 권리남용에 있어서 우리 민법의 경우는 시카아네 금지의 법리와 같은 권리자의 '주관적 의사'는 그 요건이 아니다. 그렇지만 권리의 행사에 있어 가해의 의사나 목적이 있는 경우에는 당연히 권리남용이 된다. 바로 이러한 점에서 권리남용의 경우는 주관적 요건 내지 표시가 전적으로 배척되는 것이 아니라 주관적 요건을 완화하여 권리남용이 되는 경우를 확대한 것이라 할 수 있다. (대판 2005.3.24, 2004다71522·71539). 한편, 권리남용 요건을 명시하지 않는 경우에는 주관적 요건을 의식하지 않고 거의 객관적 요건만으로 남용여부를 판단하고 있다.(대판 2010.2.11, 2008다16899; 대판 2010.2.25, 2008다73809; 대판 2010.4.15, 2009다96953)

② 권리남용의 일반적 요건(객관적 요건)

권리남용이 성립되기 위해서는 다음과 같은 일반적 요건이 필요하다.

㉮ 권리행사라고 볼 수 있는 행위가 있어야 한다.

권리행사라고 볼 수 있는 행위가 있어야 한다. 그런데 이 때에는 '권리의 불행사'의 경우까지도 포함한다. 즉, 불성실한 권리의 불행사에도 권리남용이 성립되며 이러한 권리의 불성실한 불행사가 장기간 지속되면 그 권리는 실효된다(失效의 原則).

㉯ 사회적 목적에 반하여 행사하는 행위이어야 한다.

권리행사가 사회적 목적에 반하여 행사하는 행위이어야 한다. 이는 권리의 사회성이 인정된 결과로서, 이러한 구체적인 표준으로 사회윤리에 위배됨으로써 사회적 타당성을 결(缺)하거나, 권리의 경제적·사회적 목적에 위배되거나, 사회생활상 도저히 용인될 수 없거나, 신의칙에 반(反)하는 경우 등을 들 수 있다.

잠깐!! 민총, 깊이보기

권리남용에 있어서 객관적 요건의 구체적 사례를 들어보면 ① 수인(受忍)의 정도를 넘는 손해를 발생시키는 권리의 행사의 경우 ② 이익(利益)의 흠결(欠缺)로서 ⅰ) 권리를 행사할 만한 이익 내지 필요가 없는데도 불구하고 한 경우 ⅱ) 행위자가 얻은 이익과 상대방이 입은 손해가 불균형이 생긴 경우 ⅲ) 부당한 이익의 취득을 목적으로 한 경우 ③ 권리의 사회성(社會性)·공공성(公共性) 위반으로 ⅰ) 권리의 사회성 타당성이 없는 경우 ⅱ) 경제적·사회적 목적에 반하는 경우 ④양속(良俗) 또는 신의칙(信義則) 위반으로 ⅰ) 양속(良俗)에 반하는 경우 ⅱ) 폭리행위의 경우ⅲ) 신의칙에 반하는 경우 ⑤타인을 해(害)할 목적으로 권리를 행사한 경우 등이 있다.

3) 권리남용의 기능

일반적인 「권리남용의 기능」에는 '강제조정적 기능'·'권리명확화 기능'·'권리축소화 기능'·'불법행위적 기능'이 있다. 이 가운데 가장 중요한 기능은 강제조정적 기능으로, 이는 법률행위를 하는 양 당사자 사이의 이익을 형량하고 조정하여 주는 역할을 한다.

4) 권리남용의 효과

민법 제2조 제2항은 「권리는 남용하지 못한다」라고 하여 '권리남용금지의 원칙'에 관하여 규정하였을 뿐, 그 효과에 관하여는 규정한 바가 없다. 그러나 권리행사가 남용으로 인정되면, 일반적으로는 정당한 권리의 행사로서의 법률효과는 생기지 않으며 다만 구체적으로 권리의 종류와 내용에 따라 각각 다른 효과가 발생하는데 이를 설명하면 다음과 같다.

① 남용한 권리에 대하여는 법이 조력하지 않는다. 따라서 형성권의 행사가 권리남용에 해당되면, 취소·해제 등의 경우에서 본래 발생하여야 할 효과가 인정되지 않는다.

② 권리행사의 결과가 상대방에게 사회통념상 수인한도(受忍限度)를 넘을 정도의 손실을 입힌 경우라면 불법행위에 의한 손해배상의 책임을 지게 되며 더욱이 그것이 지나친 권리남용의 경우라면 그 권리자체가 상실될 수도 있다(예: 제924조 親權喪失의 宣告 참조). 설문의 예에서 김선달이 건물과 토지의 소유주가 각각 다른 토지를 매수한 후에 건물소유주인 임꺽정에게 토지의 시가보다 7배나 되는 건물을 철거하든지 아니면 그 토지를 시가보다 2배 이상의 가격으로 사라고 주장한 경우는 권리남용이 되어 기각된다(대판 1964.11.10. 64다720). 그러나 상기의 김선달의 요구는 권리남용이므로 그의 권리행사 자체를 법이 보호하지 않는다는 것일 뿐 정당한 권리 자체를 보호하지 않겠다는 것은 아니므로 김선달이 임꺽정에게 정당한 가격으로 매수하라고 요구할 경우의 청구는 인용(認容)되어야 한다.

알아두면 편리해요!!!

제924조는 「부 또는 모가 친권을 남용하거나 현저한 비행 기타 친권을 행사시킬 수 없는 중대한 사유가 있는 때에는 법원은 제777조의 규정에 의한 자의 친족 또는 검사(檢事)의 청구에 의하여 그 친권의 상실을 선고할 수 있다.」라고 규정하고 있다.

정말, 공연한 이야기!!!

다시 한번 한자의 중요성!!! 일반적으로 사용되는 인용이란 단어가 「認容」인지 아니면 물권법의 상린관계(相隣關係)에서 적용되는 참을 인(忍)자를 사용하는 「忍容」인지를 구별할 줄 알아야 한다. 상기의 수인한도(受忍限度)의 경우도 마찬가지이다.

5) 권리남용법리의 적용범위

권리남용금지의 원칙은 물권·형성권·무체재산권 등의 사권전반(私權全般)에 걸쳐서 인정되는 일반조항이다.

잠깐!! 민총, 깊이보기

- 「권리남용의 적용범위」는 신의성실의 원칙과 관련하여 약간의 논란이 있다. 즉, 신의칙(信義則)은 특수한 법률관계(☞사회적 접촉관계)에 있는 개인간의 이해조절(☞私權 대 私權)을 목적으로 하는 반면 권리남용의 법리는 특수한 법률관계를 전제로 하지 않고 이른바 對사회관계에서 사권과 사회일반의 이익(☞私權 대 公共福利)사이의 이해조절을 목적으로 한다는 점이 차이가 있다. 따라서 양자의 차이는 그 '내용'에 있어서가 아니라 '적용범위'에 있다 할 것이다. 그러나 판례의 경우는 "신의칙에 위반되므로 권리남용이 된다(대판 1966.3.15. 65다2329 同1978.2.14 77다2324)"라고 판시함으로써 위와 같은 구별을 하지 않는다. 또한 학설의 경우도 민법 제2조 제1항과 제2항은 서로 표리관계(表裏關係)에 있다고 하거나(곽윤직 112면), 권리의 행사라는 이름 아래 신의칙(信義則)에 반하여 타인에게 손해를 가하는 것 또는 고의·과실이 있다고 하는 것은 이미 권리의 행사가 아니라고 보는 견해도 있다(이영준 73면).

6) 권리남용의 종합적 판단

외형상 권리의 행사처럼 보이는 행위가 본래의 권리목적이나 권리의 사회성·공공성에 반하여 권리의 남용이 되는가의 판단여부는 주관적 요건과 객관적 요건을 종합적으로 고찰하여 하여야 한다. 즉, 경우에 따라서는 객관적 요건 또는 주관적 요건만으로도 판단하기도 하고(대판 1993.8.24. 92므907) 또한 경우에 따라서는 양자를 모두 갖춤으로서 비로소 권리남용이 성립한다(대판 2010.2.25. 2009다58173 등). 따라서 권리남용금지의 원칙은 그 적용에 있어서 매우 신중을 기해야 할 것이다. 이를 너무 쉽고 넓게 적용한다면 권리자체를 부인하는 결과가 초래되기 때문이다.

Ⅱ 의무의 이행

1. 의 의

「의무의 이행(義務의 履行)」이라 함은? 의무자가 '의무의 내용을 실현하는 행위'를 말한다. 예컨대 부부가 동거하고 협조하며 부양하는 행위 또는 일을 해 주기로 한 사람이 노무를 제공하는 행위 등이 그것이다. 이러한 의무의 이행은 그 종류나 내용에 따라 다르다. 즉, 작위의무(作爲義務)는 어떤 행위를 적극적으로 하여야 하지만 부작위의무(不作爲義務)는 일정한 행위를 하지 않아야만, 의무의 이행이 된다.

2. 의무의 이행과 신의성실

민법 제2조 제1항은 「…, 의무의 이행은 신의에 좇아 성실히 하여야 한다」라고 규정함으로써 권리의 행사가 신의성실에 반하면 권리남용이 되고 불법행위가 되는 것과 마찬가지로, 의무의 이행이 신의성실에 반하는 경우에는 이행의 효과가 생기지 않고 채무불이행 또는 위법행위를 구성한다. 어떠한 의무이행이 신의성실의 원칙에 반하는가는 권리행사에 있어서와 마찬가지로 구체적인 경우에 개별적으로 판단되어야 한다.

제5절 사권의 보호

I 사권의 보호의 의의

권리자는 정당한 권리행사를 함으로써 권리의 내용을 실현할 수 있다. 그러나 때로는 그 권리가 침해당함으로서 권리행사가 불가능하게 되는 경우가 있게 되는데 이 경우에는 그 구제책이 필요하게 된다. 이러한 권리침해에 대한 구제를 「사권의 보호(私權의 保護)」라고 한다. 근대법치국가에 있어서는 국가구제(또는 공력구제(公力救濟)라 함)만 인정되고 자력구제는 인정되지 않는 것이 원칙이다.

Ⅱ 사권의 구제방법

사권(私權)의 구제방법은 크게 두 가지로 나눌 수 있다. 그 하나는 국가구제(國家救濟), 즉 공권력에 의한 구제이고 다른 하나는 사력구제(私力救濟)이다.

1. 국가구제

(1) 재판제도

「재판제도(裁判制度)」라 함은? 법원(法院)에 의한 권리의 구제 제도를 말한다. 사권(私權)이 침해되어 불법행위가 되면 피해자는 침해자에게 손해배상책임을 물을 수 있음은 당연하다. 문제는 이러한 경우에 권리자 스스로가 손해배상책임의 문제를 해결할 수도 있겠지만, 그렇지 못한 경우라면 침해당한 권리자가 국가기관인 법원에 대하여 권리를 구제해 줄 것을 청구하는 소(訴)를 제기하여야 하고 이에 따라 법원이 권리 구제에 대한 적합한 결정을 내려야 한다. 이것이 재판제도이고 이때의 결정을 '판결(判決)'이라고 하며 이러한 판결을 따르지 않는 경우에 강제적으로 실현하는 방법을 '강제집행(强制執行)'이라고 한다.

(2) 조정제도

「조정제도(調停制度)」라 함은? 법관이나 특별한 지식·경험이 있는 자로 구성된 조정위원회가 분쟁관계에 개입하여, 양 당사자간의 화해를 유도하는 절차의 제도를 말한다. 이 제도는 분쟁을 간이·신속하게 해결함으로써 시간과 비용을 절약하고 당사자간의 감정의 대립을 막을 수 있다는 장점이 있다. 그러나 이 제도에 의하여 당사자간에 합의가 이루어지지 않을 경우에는 결과적으로 재판에 의존하여야 한다는 단점도 있다. 이에 관한 법률로는 민사조정법·가사소송법·노동조합 및 노동관계조정법 등이 있다. 최근에는 급증하는 사건에 비하여 국가예산이 수반되는 판사 증원은 제한적이어서 조정제도를 활성화하는 경향이 있다. 일석이조의 바람직한 정책이라고 생각한다.

알아두면 편리해요!!!

조정(調停)과 비슷한 제도로서 '중재(仲裁)'가 있다. 중재는 당사자가 스스로 사인(私人)인 제3자에게 분쟁에 대한 판단을 맡기고 그 판단에 복종할 것을 약속함으로서 분쟁을 해결하는 방법이다. 이는 당사자간에 중재에 따른다는 합의가 있을 때의 자치적인 분쟁해결방법이라는 점에서 조정과 구별되며 국가구제에 해당하지 않는다.

2. 사력구제

권리의 침해에 대한 구제는 국가구제가 원칙이다. 그러나 예외적으로 사력구제(私力救濟)를 인정하는 경우가 있다. 즉, 긴급한 사정으로 국가의 보호를 요구하는 것이 불가능할 경우에 민법은 예외적으로 개인의 사력(私力)에 의한 구제를 허용하고 있는데 이러한 구제방법으로는 정당방위와 긴급피난 그리고 자력구제(☞점유침탈의 경우에만 인정) 3가지가 있다.

(1) 정당방위

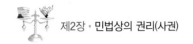

「정당방위(正當防衛)」라 함은? 타인의 불법행위에 대하여 자기 또는 제3자의 이익을 방위하기 위하여 부득이 타인에게 손해를 가한 경우를 말한다(제761조 제1항 전단). 예를 들어 공원에 앉아 있는 황진이가 자신을 강간하려고 협박하는 강간범인 변강쇠의 칼을 빼앗아 그를 찌른 경우가 그것이다. 이 경우는 타인의 행위가 객관적으로 위법하기만 하면 된다. 책임제한능력자의 위법한 불법행위에 대해서도 정당방위가 성립하며 이로 인하여 발생한 타인(☞불법행위자)의 손해에 대하여는 배상할 필요가 없다(동조 본문 후단). 그러나 정당방위행위로 인하여 손해를 받은 피해자(☞정당방위자 또는 제3자)는 타인(☞불법행위자)의 불법행위에 대하여 손해배상을 청구할 수 있다(동조 제1항 단서). 여기서 타인의 불법행위는 인간에 의한 침해를 말하므로 동물이나 법익에 의한 침해는 해당하지 않는다.

알아두면 편리해요!!!

제761조 제1항은 「타인의 불법행위에 대하여 자기 또는 제3자의 이익을 방위하기 위하여 부득이 타인에게 손해를 가한 자는 배상할 책임이 없다. 그러나 피해자는 불법행위에 대하여 손해의 배상을 청구할 수 있다.」라고 규정하고 있다.

재미로 읽어보세요!!!

◆ 「오상방위(誤想防衛)」가 있다. 이는 정당방위의 요건인 사실이 없음에도 불구하고 이것이 있다고 믿고 오신(誤信)하여 방위행위를 하는 것을 말한다. 예를 들어 어두운 골목길에서 어떤 사람이 머리를 쓰다듬으려 했지만 기(氣)가 약한 보행자가 이를 폭행으로 알고 우산대로 찌른 경우가 그것이다. 이는 착각방위라고도 한다.

(2) 긴급피난

「긴급피난(緊急避難)」이라 함은? 현재의 급박한 위난(危難)을 피하기 위한 상당의 이유있는 행위로써 부득이하게 타인에게 손해를 가한 경우를 말한다(제761조 제2항). '현재의 급박한 위난'이란, 법익침해의 급박한 위험에 처한 상태를 말하며 사람의 행위에 의한 것이든 타인의 물건에 의한 것이든 천재(天災) 그 밖의 불가항력에 의한 것이든 이를 묻지 않는다. 또한 그 위난이 자기에 대한 것이건 제3자에 대한 것이건 불문하며, 그 발생원인이 인간의 행위이건, 자연현상이건 또는 동물이건, 사물이건 불문한다. 하지만 자력구제는 보전(保全)이 가능한 권리를 대상으로 하므로 원상회복이 불가능한 생명·신체·자유·정조·명예 등의 행위는 대상이 되지 않는다. '피하기 위한'이란, 어쩔 수 없이 피난한 행위를 의미한다. 예를 들어 김선달의 개가 임꺽정을 물려고 마구 달려들자 부득이 임꺽정이 김선달의 개를 죽이는 행위가 그것이다. 이때에는 위법성조각(違法性阻却)이 되어 불법행위는 성립하지 않으며 타인(☞긴급피난의 원인제공자)의 손해에 대하여도 손해배상의 책임을 지지 않는다. 형법상으로도 죄가 성립되지 않는다. 그러나 긴급피난의 원인제공자가 아닌 경우의 손해발생에 대하여는 민법상으로는 배상책임이 인정된다는 점에 주의하여야 한다. 즉, 상기의 예에서 개와 격투를 벌이다 임꺽정이 제3자의 화단을 짓밟은 경우에는 제3자의 피해에 대하여 손해배상책임을 져야 한다.

알아두면 편리해요!!!

제761조 제2항은 「전항의 규정은 급박한 위난을 피하기 위하여 부득이 타인에게 손해를 가한 경우에 준용한다.」라고 규정하고 있다.

(3) 자력구제

「자력구제(自力救濟)」라 함은? 점유자가 자기의 점유를 방해 또는 침탈당했지만 국가기관의 구제를 기다릴 여유가 없는 경우에 피해자가 자기의 사력(私力)으로 구제하는 것을 말한다. 예를 들어 소매치기인 김선달이 임꺽정의 지갑을 훔쳐 달아날 때, 임꺽정이 쫓아가 김선달과 격투를 벌여 이를 찾은 경우가 그것이다. 우리 민법상 자력구제는 원칙적으로 인정되지 않는다. 그러나 정당한 점유자가 자력으로 구제하지 않으면 후일 공권력(公權力)에 의하여 보호를 받는 것이 불능 또는 심히 곤란하게 될 경우에 예외적으로 이를 인정한다. 민법은 '점유의 침탈(제209조)'에 관해서만 이를 인정한다. 따라서 위의 예에서 김선달이 임꺽정의 지갑을 훔쳐 도망치는 경우에 임꺽정은 쫓아가서 지갑을 빼앗을 수 있다. 그러나 점유 이탈이 확립되어 있는 경우, 위의 예에서 임꺽정이 지갑을 잃어버린 후 며칠이 지나 김선달의 점유 이탈이 확립된 경우, 자력구제권은 행사할 수 없고 국가구제의 수단을 통하여 구제받아야 한다. 이러한 자력구제는 반드시 재산권일 필요가 없고 친족권이나 상속권도 포함한다고 보는 것이 통설이다. 뿐만 아니라, 점유이탈 이외의 경우에도 자력구제는 인정되어야 한다는데에 이론(異論)이 없다. 다만, 청구권을 즉시 실현하지 않으면 안되는 사정이 있어야 하고, 그 수단도 선량한 풍속 기타 사회질서에 반하지 않아야 하며, 과잉이 되지 않는 경우에만 허용되어야 할 것이다. 독일민법(독민§229~231·859·860)과 스위스민법(스민§962)은 점유의 자력구제에 관한 자세한 규정을 두고 있으나, 프랑스 민법에서는 명문규정이 없고 다만 학설·판례에 의하여 인정되고 있다.

알아두면 편리해요!!!

제209조 제1항은 「점유자는 그 점유를 부정히 침탈 또는 방해하는 행위에 대하여 자력으로써 이를 방위할 수 있다.」라고 규정하고, 제2항은 「점유물이 침탈되었을 경우에 부동산일 때에는 점유자는 침탈 후 직시 가해자를 배제하여 이를 탈환할 수 있고 동산일 때에는 점유자는 현장에서 또는 추적하여 가해자로부터 이를 탈환할 수 있다.」라고 규정하고 있다.

잠깐!! 민총, 깊이보기

- 정당방위가 '위법한 침해에 대한 반격'이라면 긴급피난은 '위법하지 않은 침해에 대한 피난', 즉 침해행위가 부당할 필요가 없다는 점에서 차이가 있다. 그리고 정당방위(제761조)와 긴급피난(제761조 제2항)은 현재의 급박한 침해에 대한 사적(私的)인' 긴급행위인데 반하여, 자력구제(제209조)는 주로 과거의 침해에 대한 회복(☞사후적 긴급행위)이라는데 그 차이가 있다(권용우 123면). 그러나 현재까지 침탈이나 방해상태가 계속되는 때에는 자력방위권(제209조 제1항)이나 자력탈환권(제209조 제2항)을 행사할 수 있다(곽윤직 281면, 장경학 350면).

LAW

CIVIL LAW

제 3 장

권리주체

제 1 절 서 설

I 권리주체의 의의

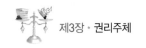

「권리의 주체」라 함은? 소유권이나 지상권 등의 권리를 가지고 있는 주체로서, 한마디로 권리자(權利者)를 말한다. 예를 들어 임꺽정이 자신의 집을 김선달에게 팔고자 하는 매매행위를 한 경우에는 소유권이전청구권과 대금지급청구권이 발생하게 되는데 이 경우에 매수인 김선달은 소유권이전청구권의 주체가 되고 매도인 임꺽정은 대금지급청구권의 주체가 된다.

하지만 권리의 주체라고 해서 모두가 권리만을 가지는 것은 아니다. 즉, 과거의 고대사회에서는 지주(地主)는 권리만을 가진 존재였고 노비(奴婢)는 의무만을 부담하는 존재였지만, 오늘날 권리 있는 자는 의무까지도 부담하고 있는 자임을 의미한다. 앞의 예에서 매수인 김선달에게는 소유권이전청구권이 발생하지만 이와 함께 대금지급의무도 발생하며 매도인 임꺽정에게는 소유권이전의무가 발생하지만 이와 함께 대금지급청구권도 발생하는 것이다. 따라서 매수인 김선달과 매도인 임꺽정은 법률행위에 있어서 각각 권리와 의무의 주체가 된다. 다만 근대민법은 권리본위로 구성되어 있으므로 이러한 권리·의무의 주체를 줄여서 일반적으로 '권리주체(權利主體)'라고 하며 다른 표현으로는 '법적 인격(法的 人格)' 또는 '법인격(法人格)'이라고 한다.

II 권리주체의 종류

지금 방금 태어난 임꺽정의 아들은
아직 출생신고를 하지 않았다.
이렇게 갓 태어난 아들은 법적으로 어떤 지위가 있는가?

민법상 권리주체인 인(人)은 육체를 가진 「자연인(自然人)」과 일정한 단체로서의 「법인(法人)」으로 나누어진다. 이러한 인(人)은 사법관계(私法關係)의 중심이 되는 권리능력자이다. 따라서 방금 태어난 어린아이는 비록 현실적으로는 건물을 소유하거나 금전을 소유하는 등의 권리를 가지지 않았지만, 그는 자연인이므로 권리능력자가 된다.

알아두면 편리해요!!!

- 자연인과 법인의 양자를 포괄적으로 표현하는 말로써 우리 민법은 '人' 또는 '者'라는 말을 사용한다.
- 자연인(自然人): 「능력」과 「주소」를 중심으로 규정하고 있다.
- 법인(法人): 설립에서 해산에 이르기까지 법인 일대기를 기능 중심으로 규정하고 있다.

제2절 자연인

I 권리능력

1. 서 설

모든 권리와 의무에는 주체가 있다. 그러므로 주체없는 권리 또는 의무는 생각할 수 없다. 이렇게 권리 또는 의무의 주체가 될 수 있는 법률상의 지위 또는 자격을 「권리능력(權利能力)」 또는 「의무능력(義務能力)」이라 한다. 다만 우리 민법은 권리본위의 체계로 구성되어 있기 때문에 이를 포괄하여 「권리능력(Lechtsfähigkeit)」이라고 부르는 것이다. 이러한 권리능력에 관하여 구민법(舊民法)에서는 프랑스민법을 본받아 「사권의 향유(私權의 享有)」라는 용어를 사용하였으나(구민법 제1조 참조), 현행민법은 독일 민법을 본받아 「권리능력」이라는 용어를 사용하고 있다. 민법상 「권리능력」에 관한 규정은 당사자간의 합의가 있다 하더라도 그 적용을 배제할 수 없는 강행규정이다. 오늘날 지구상의 거의 모든 문명국가에서는 모든 사람은 성별·연령·계급에 관계없이 권리능력을 갖지만, 고대나 중세 봉건사회에서는 권리능력이 전혀 없거나 제한된 범위에서만 권리능력을 가지는 자가 적지 않았다.

잠깐!! 민총, 깊이보기

- 「권리능력」과 「권리」는 동일한 것은 아니다. 그 이유는 권리능력을 갖고 있는 자만이 권리를 가질 수 있지만, 권리능력자라고 해서 모두가 권리를 가지는 것은 아니기 때문이다. 즉, 권리능력자라 하더라도 당연히 권리자로 될 수 있는 것은 아니며 권리자가 되기 위해서는 일정한 요건이 필요하다.
- ① 일단 권리를 보유할 수 있어야 하고(권리능력)
  ② 보유한 권리에 관하여 판단할 수 있어야 하고(의사능력), 의사무능력자(유아, 만취자, 백치) 법률행위는 무효
  ③ 이에 따라 독자적으로 권리를 행사할 수 있는 자격(행위능력)을 갖추어야 함.
  * 생물학적으로는 사람이나 법률상 사람이 아닌 노예, 여자. 즉 권리능력이 없었던 고대법도 있었음.

2. 자연인의 시기와 종기

(1) 민법의 규정

사람의 생존, 즉 언제부터 사람이 태어난 것으로 보고 언제부터 사망한 것으로 보아야 하는가에 관한 것이 「권리능력의 존속기간」이다. 민법 제3조는 「사람은 생존한 동안에 권리와 의무의 주체가 된다」라고 규정함으로써 사람이 권리능력을 갖는 기간은 출생 시기(出生 始期)부터 사망 종기(死亡 終期)까지이다. 즉 태아는 출생하기 전 단계에 있으므로 권리능력이 없다(예외적으로만 인정됨).

알아두면 편리해요!!!

유기적인 육체와 정신을 가지고 자연적인 생활을 하는 모든 사람은 존엄과 가치를 가지며 성별·종교 또는 사회적 신분이나 연령 등에 관계없이 법 앞에 평등하게 권리능력을 인정받는데 이를「권리능력평등의 원칙」이라고 한다(헌법 제11조 참조).

(2) 언제부터 출생한 것으로 보는가

방금 전에 황진이가 낳은 아이는
살아 있지 못한 채로 모체 밖으로 나온 사산아(死產兒)였다.
이 경우에 민법상으로 태어난 것으로 볼 수 있는가?

민법 제3조에 의하면 사람은 생존한 동안에 권리와 의무의 주체가 되므로 사람의 「권리능력의 시기(權利能力의 始期)」는 출생한 때가 된다. 이 경우에 언제부터 사람이 출생한 것으로 볼 것인가가 문제가 된다. 이에 관한 학설은 다양하며 다음과 같다.

1) 진통설

「진통설」은 분만에 앞서서 오는 진통이 있을 때를 출생한 것으로 보는 견해로서, 이설은 형법의 통설이다(형법 제251조 참조).

2) 일부노출설

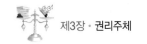

「일부노출설」은 모체로부터 태아(胎兒)의 일부분이 노출된 때(출생 도중)를 출생으로 보는 견해이다.

3) 전부노출설

「전부노출설」은 태아가 살아서 모체로부터 전부 노출한 때(☞출생의 완료)를 출생으로 보는 견해로서, 이설이 민법의 통설이다.

4) 독립호흡설

「독립호흡설」은 모체로부터 분리된 후에 타인 또는 기계의 힘을 빌리지 않고 자기의 호흡기관으로 독립하여 호흡한 때를 출생으로 보는 견해이다.

살아있는 Legal Mind!!!

- 민법은 출생의 학설에 관하여 「전부노출설」을 취하고 있기 때문에, 태아는 전부노출이 된 후에 극히 짧은 시간이라도 살아 있기만 하면 탯줄을 끊고 안 끊고의 여부 · 성별 여부 · 기형 여부 · 발육 상태 등의 사정 등에 전혀 개의치 않고 권리능력을 가지게 되며 이는 상속인과 상속분을 결정하는데 중요한 요인이 된다. 예를 들어 태아가 전부노출된 후에 극히 일순간이라도 살아 있다가 사망(死亡)한 경우라면 상속원인의 발생시에 태아도 공동상속인으로서 일단 권리를 취득하지만 사산(死産)한 경우라면 이러한 권리의 대상에서 제외되기 때문이다. 이에 대하여 상세한 설명은 '태아의 권리능력'편에서 한다.
- 민법 제3조는 '권리능력평등의 원칙(헌법 제10조 · 제11조 참조)'까지도 포함하고 있다.
- 쌍생아(雙生兒)의 경우는 전부노출설에 의하여 모체로부터 먼저 노출된 자가 먼저 권리능력을 취득한다.

알아두면 편리해요!!!

사람은 출생하면 출생일로부터 1개월 이내에 출생신고를 하여야 한다(가족관계의등록등에관한법률: 이하 가족관계등록법 제44조 제1항). 이 때, 혼인 중의 출생자의 경우는 父 또는 母가, 혼인외 출생자의 경우는 母가 이를 신고하여야 한다(동법 제46조). 이를 게을리 하면 과태료를 물게 된다(동법 제122조). 출생신고는 반증으로 뒤집을 수 있고 잘못이 있을 때에는 이를 정정할 수 있다. 이때 가족관계등록부의 기록은 추정력이 있는 것에 불과하는 것이지 실체적인 관계가 좌우되지는 않는다.

(3) 언제부터를 사망한 것으로 보는가

> 몇달전에 교통사고를 당한 임꺽정은
> 상당히 오랫동안 뇌파가 정지한 식물인간의 상태이다.
> 이 경우에 법적으로 사망한 것으로 보아야 하는가?

민법 제3조에 따르면 사람은 생존한 동안에 권리와 의무의 주체가 되므로 사람의 「권리능력의 종기(權利能力의 終期)」는 사망한 때가 된다. 이 경우에 언제부터 사람이 사망한 것으로 볼 것인가가 문제가 된다. 이러한 사망에 관한 대표적 학설은 다음과 같다.

1) 심장정지설

「심장정지설」은 일반적으로, 호흡과 심장의 고동이 영구적으로 정지하는 때를 사망으로 보는 설이다. 본래 사망은 생활기능이 절대적·영구적으로 그치는 것이므로 호흡과 심장이 정지하면 생활기능이 없어진다는 견해로서, 이는 법학계에서 주장하는 통설이다.

2) 뇌사설

「뇌사설」은 사람의 뇌파(腦波)가 일정기간 계속하여 정지하면 비록 심장이 살아 있다고 하더라도 사망으로 인정하는 설이다. 이는 최근에 들어서 사망의 정의를 달리 보는 견해로서, 오늘날은 심장 또는 장기를 타인에게 이식할 경우에 성공률이 매우 높아짐에 따라 주로 의학계에서 주장되었던 학설이다. 특히 1999년에 「장기이식 등 이식에 관한 법률」이 제정된 이후부터 새로운 국면을 맞게된 학설이기도 하다.

잠깐!! 민총, 깊이보기

사망의 경우는 오히려 출생의 신고보다도 더 법적으로 중요한 의미를 갖는다. 즉, 사람은 사망하면 권리능력이 상실되고 상속·유언의 효력이 발생하며 잔존 배우자(殘存 配偶者)는 재혼할 수 있게 되고 보험금·연금 등의 청구권이 발생하는 등 복잡한 법률관계가 생긴다. 그렇기 때문에 어느 때부터 사망으로 보느냐 하는 것은 매우 중요하다.

알아두면 편리해요!!!

사람은 사망하면 사망의 사실을 안 날로부터 1개월 이내에 사망신고를 하여야 하는데 이 때에는 의사의 진단서 또는 검안서를 첨부하여야 한다(가족관계등록법 제84조 제1항). 그리고 이를 게을리 하면 5만원이하의 과태료를 물게 된다(동법 제122조). 사망신고도 출생신고와 마찬가지로 반증으로 뒤집을 수 있고 잘못이 있을 때에는 이를 정정할 수 있다.

(4) 사망의 추정 · 간주

민법은 사망의 증명이 곤란할 경우에 이를 해결하기 위한 제도로서 「동시사망의 추정」과 「실종선고」 그리고 「인정사망」의 특별규정을 두고 있다.

1) 동시사망의 추정

임꺽정과 그의 외아들은
동일한 교통사고로 인하여 함께 목숨을 잃었다.
정작 문제는 누가 먼저 사망하였는지 증명이 곤란하다.
이 경우에 법률관계는 어떻게 되는가?

① 동시사망주의

민법 제30조는 「2인 이상이 동일한 위난으로 사망한 경우에는 동시에 사망한 것으로 추정한다」라고 규정함으로써 2인 이상이 항공기추락 · 선박침몰 · 교통사고 등의 동일한 위난(危難)에 의하여 사망하여 누가 먼저 사망하였는가를 증명하기 어려운 경우에는 일단 사망자들을 동시에 사망한 것으로 추정(推定)[64]하여 동시에 사망한 자들 사이에는 상속의 효과가 발생하지 않게 하였다. 이를 「동시사망의 추정(同時死亡의 推定)」이라 한다. 설문의 예에서 부모와 처 황진이가 있는 임꺽정이 그의 외아들과 여행

64) 법률용어 살펴보기 ☞ 「추정(推定)」이라 함은? 증거에 의하여 확정하지 못한 사실을 일단 그런 것으로 확정하여 법률효과를 발생시키는 것을 말한다. 이는 '사실의 추정'이라고 한다. 예를 들어 「妻가 혼인 중에 포태한 子는 夫의 子로 추정한다」(민법 제844조 제1항)고 하여, 처가 혼인 중에 포태한 子는 일단 夫의 子로 추정하여 부자관계의 법률효과를 발생시키는 것이다. 하지만 추정은 가설(假說)이다. 따라서 반대의 증거(反證)가 제출되면 법적용은 배제되고 법률효과는 뒤집어진다.

도중에 동일한 교통사고로 사망한 경우에는 누가 먼저 사망하였는가를 증명하기 어려우므로 이 경우에는 일단 동시사망한 것으로 추정하는 것이다. 이와 같은 제도를 두는 이유는 누가 먼저 사망하였는가에 따라 상속에 있어서 많은 차이를 가져오기 때문이다.

살아있는 Legal Mind!!!

동일한 위난의 경우에는 그에 대한 증명이 어렵고 또한 어디까지 증명할 것인가가 문제된다. 그 이유는 이러한 추정을 번복하는 것은 대부분의 경우에 불가능하기 때문이다. 그러므로 최종적으로 판사가 여러 요소를 종합적으로 판단하여 동시사망의 추정을 번복시킬 정도의 증명이 있는가의 여부를 결정하게 된다(고상용 65면).

참고정리 동일한 위난으로 사망한 자에 대한 다른 입법제도

동일한 위난으로 사망한 자에 관하여 세 가지의 서로 다른 입법제도가 존재한다.

i) 하나는 동일한 위난으로 사망한 자는 동시에 사망한 것으로 추정하는 동사추정주의(同死推定主義)이다(독일실종법 §11, 우리 민법 제30조, 스위스민법 §32 Ⅱ).

ii) 다른 하나는 연령·성별에 의하여 일정한 자가 다른 자보다 더 생존한 것으로 추정하는 구체적 생존추정주의(具體的 生存推定主義)이다. 이러한 구체적 생존추정주의는 프랑스 민법에 규정되어 있는데 제720조 내지 제722조에 당사자가 모두 15세 미만인 경우와 그렇지 않은 경우, 동성(同性)인 경우와 아닌 경우를 단계적으로 나누어 생존추정을 한다.

iii) 그리고 마지막으로 추정적 생존주의(推定的 生存主義)가 있는데 이는 누가 뒤에까지 생존했는지 불명한 경우에 연장순(年長順)으로 사망한 것으로 추정하는 제도이다(영국 Law of Property 제184조).

☞ 상기에서 밝힌 바와 같이, 우리 민법은 독일민법을 본받아 동사추정주의(同死推定主義)를 취하고 있다.

② 추정의 범위

동시사망의 추정에 관하여, 민법 제30조는 「동일한 위난(同一한 危難)」을 요건으로 한다고 규정하였다. 이러한 규정은 2인 이상이 '다른 위난'으로 동시에 사망하여 그들의 사망시기를 확정할 수 없는 경우에도 적용되는가에 대한 문제가 제기된다. 예를

들어 아버지는 서울에서 교통사고로 사망하였는데 그 사망시기가 명확치가 않고 그와 비슷한 시기에 그의 아들도 지방에서 등반 도중 사망하였지만 그 사망시기가 명확하지 않은 경우가 그것이다. 외국의 입법례는 동일한 위난에 의한 사망의 경우뿐만 아니라, 일반적으로 사망의 선후를 알 수 없는 경우에도 동시사망으로 추정하고 있다. 하지만 우리 민법에는 이에 대한 규정은 없다. 학설에는 다수인이 '다른 위난'으로 사망하여 그들의 사망시기를 확정할 수 없는 경우에는 제30조가 유추적용된다는 유추적용설(곽윤직 · 장경학 · 김주수 · 고상용)과 이는 유추적용할 수 없고 보통의 증명방법에 따라야 한다는 유추부정설(이은영 · 이영준)이 있다. 이에 대한 입법의 보완이 필요할 것 같다.

③ 추정의 효과

2인 이상이 동일한 위난으로 사망한 경우에는 누가 먼저 사망하였는지를 알 수 없고 그 증명도 불가능하므로 동시에 사망한 것으로 추정한다. 그러므로 동시에 사망한 자들 사이에는 상속(相續)의 효과가 발생하지 않는다. 이는 대습상속(代襲相續)[65] 뿐만 아니라 유증(遺贈)[66]에도 적용된다(이은영). 피상속자와 대습상속자가 동시에 사망한 경우 또는 유증자와 수증자가 동시에 사망한 경우에 이들 사이에서는 상속의 효과가 발생하지 않는다.

임꺽정과 그의 외아들은 동일한 교통사고로 인하여 동시에 목숨을 잃었는데 정작 문제는 누가 먼저 사망하였는지 증명이 곤란한 경우인 설문의 예로서 이를 설명하면 다음과 같다.

㉮ 동시사망으로 추정된 경우

임꺽정과 외아들은 동시에 사망한 것으로 추정되므로 동시사망자 상호간에는 상

---

65) 법률용어 살펴보기 ☞「대습상속(代襲相續)」이라 함은? 상속인이 될 직계비속 또는 형제자매가 상속개시전에 사망하거나 결격자가 된 경우에 해당 상속인의 직계비속이 이에 갈음하여 상속인이 되는 것(제1001조)을 말한다. 또한 민법은 상속자의 배우자에게도 대습상속권을 인정하여(민법 제1003조 제2항) 그 상속인의 지위를 강력하게 보호하고 있다. 요컨대, 민법은 직계비속 · 형제자매 · 상속인의 배우자에 대하여 대습상속권을 인정하고 있다.

66) 법률용어 살펴보기 ☞「유증(遺贈)」이라 함은? 유언(遺言)에 의하여 재산의 전부 또는 일부를 타인에게 무상(無償)으로 증여(贈與)하는 상대방없는 단독행위를 말한다.

속의 효과가 발생하지 않는다. 그러므로 임꺽정의 유산은 상속순위[67]에 의하여 임꺽정의 부모와 유처(遺妻)인 황진이가 공동상속하게 된다. 그러나 만약 동시사망으로 추정된 임꺽정에게 외아들의 아들인 A가 있었다고 한다면, A는 임꺽정의 손자이므로 임꺽정이 남긴 유산은 그의 외아들(☞A의 아버지)을 대신하여 대습상속(代襲相續)하게 된다. 그러므로 이 경우에는 유처인 황진이는 상속을 하게 되지만 외아들을 대신하여 A가 대습상속을 하므로 임꺽정의 부모는 상속을 하지 못하게 된다.

㈏ 동시사망이 아닌 것으로 증명된 경우

동시사망의 추정은 어디까지나 추정(推定)에 관한 문제이므로 반대사실의 증명이 있으면 그러한 추정은 번복되고 효과는 뒤집어진다. 이러한 증명은 반드시 사망시기를 증명할 필요는 없고 동시사망 하였다고 추정되었던 자 사이에 일방이 타방의 사망 후에도 잠시 생존하고 있었다는 것을 증명하면 충분하다. 설문의 예에서 임꺽정이 먼저 사망하였다든지 아니면 그의 외아들이 먼저 사망한 것이 증명된 경우, 즉 동시사망이 아닌 것으로 증명된 경우에는 상속에 있어서 상황은 완전히 달라진다.

i) 임꺽정이 먼저 사망하고 불과 몇초 후에라도 그의 외아들이 사망한 것으로 증명된 경우에는(외아들의 자인 A가 없는 경우) 임꺽정의 유산은 일단 외아들과 유처(遺妻)인 황진이가 상속하고, 그 후에 외아들이 사망하였으므로 외아들이 상속받은 유산은 외아들의 母인 황진이가 상속하므로 결국 황진이가 임꺽정의 유산 전부를 단독으로 상속하게 된다.

ii) 그러나 외아들이 먼저 사망하고 불과 몇 초 후에라도 임꺽정이 사망한 것으로 증명되면, 임꺽정의 유산은 임꺽정의 부모와 유처(遺妻)인 황진이가 공동으로 상속하게 된다. 그 이유는 상속에 있어서 제1순위 권리자인 임꺽정의 외아들이 이미 사망하였기 때문이다.

---

67) 상속인의 상속순위에 관하여 민법 제1000조는 다음과 같이 상속의 순위를 정하고 있다. 제 1순위 - 피상속인의 직계비속, 제 2순위 - 직계존속, 제 3순위 - 피상속인의 형제자매, 제 4순위 - 피상속인의 4촌 이내의 傍系血族이다. 그리고 배우자(혼인신고를 한 법률상의 배우자)는 직계비속·직계존속과 동순위이며 직계비속과 직계존속이 없을 때에는 단독 상속한다. 여기서 주의할 것은 직계비속 또는 배우자가 없는 미망인(未亡人)의 유산은 미망인의 친생부모(妻家)가 상속한다는 것이다. 이는 자기의 직계존속이기 때문이다. 그리고 상속인이 없을 경우 피상속인의 특별연고자의 분여청구가 없는 한 그 유산은 국고에 귀속한다.

살아있는 Legal Mind!!!

- 동시사망에 있어서 피상속인과 상속인이 될 직계비속이 동시사망한 경우, 상속인이 될 직계비속의 배우자만 있는 경우의 상속이 문제된다. 예를 들어 피상속인 A와 피상속인의 처 B 그리고 피상속인의 자녀 C가 동시에 사망한 경우에 피상속인 A의 유산을 C를 대신하여 C의 배우자 D가 대습상속(代襲相續) 할 수 있는가에 관한 문제가 그것이다. 이에 관하여 제1003조 제2항의 대습상속규정은 피대습자(被代襲者)가 상속개시 전에 사망한 경우에 한하고 동시사망에 있어서는 동시사망자간에 상속의 효과가 발생하지 않으므로 결국 대습상속 할 수 없다는 견해도 있겠으나, 대습상속제도를 인정한 이유가 본래 선순위의 상속권을 가진 자가 사망·결격의 사유로 인하여 상속권을 잃는 경우에 그 선순위상속인의 직계비속이나 배우자가 이를 상속하는 것이 더욱 공평하다고 함에 있으므로 상기의 경우에는 동시사망한 피상속인 A의 자녀 C(☞상속인)의 배우자인 D에게 대습상속을 인정하는 것이 타당하다고 본다. 판례도 "피상속인의 사위가 피상속인의 형제자매보다 우선하여 단독으로 대습상속하는가?의 가능 여부에 대하여, 원래 대습상속제도는 대습자의 상속에 대한 기대를 보호함으로써 공평을 꾀하고 생존 배우자의 생계를 보장하여 주려는 것이고 또한 동시사망 추정규정도 사망의 선후를 증명할 수 없는 경우에 동시에 사망한 것으로 다루는 것이 결과에 있어 가장 공평하고 합리적이라는 데에 그 입법 취지가 있는 것인바, 민법 제1001조의 '상속인이 될 직계비속이 상속개시 전에 사망한 경우'에는 '상속인이 될 직계비속이 상속개시와 동시에 사망한 것으로 추정되는 경우'도 포함하는 것으로 합목적적으로 해석함이 상당하다(대판2001.3.9 99다13157)'라고 하였다.
- 동시사망의 추정에 의하여 사망이 이루어졌지만, 후에 사망의 선후가 밝혀진 경우에는 진정상속인(眞正相續人) 또는 법정대리인(法定代理人)은 사망의 선후가 밝혀진 것(상속회복청구권의 침해)을 안 날로부터 3년 이내에 상속권익 침해행위가 있은 날로부터 10년 이내에 상속회복의 소를 제기할 수 있다(제999조).
- 요건: ① 부재자의 생사불명 ② 실종기간 경과 ③ 이해관계인이나 검사청구 ④ 공시최고(6月 이상) ⑤ 가정법원 신고

2) 실종선고

「실종선고(失踪宣告)」라 함은? 부재자(不在者)가 일정기간 생사불명(生死不明)인 경우에 부재자를 일정한 자의 청구에 의하여 가정법원이 선고함으로써 사망한 것으로 간주(看做)[68]해 주는 제도(제27조~제29조 참조)를 말한다. 그러므로 실종선고가 있으면 실종자는 실종기간이 만료한 때에 사망한 것으로 보아서 그 배우자는 재혼할 수 있고 상속은 개시된다. 이러한 실종선고에는 '보통실종(제27조 제1항)'과 '특별실종(제27

68) 법률용어 살펴보기 ☞「간주(看做)」라 함은? 사실의 확정이 없더라도 법률이 정한대로의 효력이 당연히 발생하는 것이다. 이를 '사실의 간주(事實의 看做)' 또는 '의제(擬制)'라고도 한다. 간주는 법조문에서 대개 「~ 으로 본다」 라고 표현하고 있다. 특히 유의하여야 할 점은 추정(推定)이 반증(反證)에 의하여 효력이 바뀌는 경우와 달리, 간주는 반증만 가지고는 효력이 바뀌지 않고 법원의 판결을 필요로 한다는 점이다.

조 제2항)'이 있다. 그러나 이러한 실종선고에 의하여 사망으로 보는 것은 실종자 종래의 주소를 중심으로 하는 법률관계를 확정하기 위한 것일 뿐이며 실종자의 권리능력 자체를 소멸시키려는 것은 아니다. 따라서 실종자가 돌아온 후의 법률관계나 다른 곳에서의 현재지를 중심으로 하는 법률관계에는 사망의 효과가 미치지 않는다. 이에 관하여 자세한 것은 후술하는 부재와 실종편에서 설명한다.

3) 인정사망

> 얼마전 장마 때 물살에 휩쓸려 간 김선달은
> 시체조차 찾을 수 없어, 분명히 사망한 것으로 보인다.
> 이 경우에 법적으로 행하여야 할 조치는?

가족관계등록부에 사망을 기재하려면 의사의 진단서 또는 검안서를 첨부하여 신청하여야 한다. 그러나 시신(屍身)이 발견되지 않은 경우에는 이를 첨부할 수가 없으므로 이에 관하여 인정사망제도를 두고 있다. 따라서 「인정사망(認定死亡)」이라 함은? 수재·화재·폭발 그 밖의 위난(항공기 추락, 선박 침몰, 전쟁, 지진 등)으로 인하여 사망의 개연성은 매우 높지만 확증이 없고 특히 시체가 없어 사망진단이 불가능하여 이에 따른 사망신고가 곤란한 경우에는 그 조사를 담당한 관공서(☞해당 지역의 파출소 등)가 사망자를 해당의 시·읍·면장에게 사망한 것으로 보고하고 이에 기초하여 가족관계등록부에 사망으로 기재하는 제도를 말한다. 우리 민법은 이에 대한 규정이 없고 다만 「가족관계의 등록 등에 관한 법률」에 이에 관한 규정을 두고 있을 뿐이다. 「가족관계의 등록 등에 관한 법률」 제87조(재난 등으로 인한 사망)는 「수해, 화재나 그 밖의 재난으로 인하여 사망한 사람이 있는 경우에는 이를 조사한 관공서는 지체 없이 사망지의 시·읍·면의 장에게 통보하여야 한다. 다만, 외국에서 사망한 때에는 사망자의 등록기준지의 시·읍·면의 장에게 통보하여야 한다」 라고 하여, 사변(事變)으로 인한 사망에 대하여 규정하고 있다. 이러한 인정사망은 대상자를 사망으로 추정하는 제도이다. 따라서 인정사망이 사실과 다른 경우에는 반증(反證)에 의하여 번복할 수 있다.

잠깐!! 민총, 깊이보기

「인정사망」의 경우에는 실종선고와 같이 기간의 경과나 6개월간의 공시최고 절차를 요하지 않는다. 따라서 인정사망의 경우는 반증이 없는 한 가족관계등록부 기재의 사망일에 사망한 것으로 인정된다.

참고정리 실종선고와 인정사망의 비교

i) 실종선고는 사망의 개연성(☞不明性)을 요하는 반면에 인정사망은 사망사실의 확신성을 요한다.
ii) 실종선고는 간주효(看做效)가 있어 법원에 의한 사망선고를 요하는 반면 인정사람은 추정효(推定效)가 있어 사실의 확인으로서 사망의 확증(시신의 발견·확인 등)은 없지만, 사망한 것이 거의 확실하다고 인정되는 경우(수난, 화재 등) 그것을 조사한 관공서의 사망보고에 기하여 사망한 것으로 취급하여 가족관계등록부에 기재할 수 있도록 한 것 인데 그 기재된 사망일에 사망한 것으로 추정하는 효력이 있을 뿐이다.
iii) 실종선고는 실종기간만료시에 실종자의 종래주소 또는 거소를 중심으로 하는 사법적 생활관계에서만 사망의 효력이 있는 반면에 인정사망은 사망보고서에 사망의 효력이 있다.

3. 태아의 권리능력

황진이의 남편인 임꺽정은 사망하였지만
황진이의 몸속에는 임꺽정의 아이가 자라고 있다.
이 경우에 황진이의 몸속에 있는 태아가 법적으로 가지는 권리는?

(1) 태아의 보호규정의 의의

민법 제3조는 「사람은 생존한 동안 권리와 의무의 주체가 된다」 라고 규정하고 있다. 그런데 민법상 「태아(胎兒)」라 함은? 임신 후에 출생에 의하여 모체로부터 전부노출(출생의 완료)하지 않은 존재를 말한다(☞전부노출설). 그러므로 상기 규정(제3조)을 충실하게 해석하면, 태아는 모체의 일부에 불과할 뿐이고 권리 주체로서 법률상의 지위는 인정되지 않는다. 그러나 전부노출설을 끝가지 관철하게 되면, 출생전의 태아의 입장에서는 아무런 권리도 가질 수 없게 되므로 이는 너무나 불리한 것이 된다. 그러므로 태아는 장차 자연인으로 출생될 가능성이 높은 존재이므로 그 지위에 있어서 차이를 두어야 한다. 예컨대 태아로 있는 동안에 자신의 父가 사망한 경우에는 태아라는 이유로 권리 주체로서 법률상 지위가 인정되지 않아 상속권이 없다면, 후에 자연인으로 태어날 태아에게 너무나 불리한 것이므로 이러한 불합리한 점을 극복하기 위하여 세계 각국의 민법은 태아의 보호를 위한 규정을 두고 있다.

(2) 태아보호의 입법내용

태아보호를 위한 입법내용은 다음의 두 가지로 나누어 설명할 수 있다. 그 하나는 일반적 보호주의이고 다른 하나는 개별적 보호주의이다.

1) 일반적 보호주의

「일반적 보호주의(一般的 保護主義)」는? 태아의 이익이 문제되는 경우에는 모든 법률관계에 있어서 이미 출생한 것으로 보는 주의이다. 이는 로마법의 원칙으로, 스위스 민법(§31 II)이 따르고 있다. 그러나 이 경우는 태아의 모든 이익을 망라하여 보호한다는 장점도 있으나, 구체적으로 어떤 경우에 출생한 것으로 볼 것인가에 대한 정립이 어렵다는 단점이 있다.

2) 개별적 보호주의

「개별적 보호주의(個別的 保護主義)」는? 태아의 이익이 문제되는 경우, 특히 중요한 법률관계에 대해서만 이미 출생한 것으로 보는 주의이다. 그러나 이 경우는 보호의 적용범위가 명확하다는 장점이 있으나, 태아보호에 망라적이지 못하다는 단점이 있다.

3) 우리 민법의 태도

민법은 태아의 권리능력을 인정함에 있어 다음의 경우에 한해서만 이미 출생한 것으로 보는 개별적 보호주의를 취하고 있다.

① 불법행위로 인한 손해배상청구권

민법 제762조는 「태아는 손해배상의 청구에 관하여 이미 출생한 것으로 본다」라고 규정함으로써 태아에게도 '손해배상의 청구'에 관하여 권리능력이 있음을 인정하고 있다. 예컨대 태아로 있는 동안에 직계존속인 父가 교통사고로 인하여 사망한 경우에는 태아도 그 가해자에게 자신이 입은 재산적 손해(예: 아버지의 사망으로 인한 부양상실 등)와 이로 인한 정신적 손해에 대한 위자료청구권을 행사할 수 있고(제752조; 대판 1993.4.27. 93다4663), 母인 임산부에 대한 타인의 물리적 공격 또는 병원 등에서의 잘못된 약품 투여 등으로 태아 본인이 기형아로 태어난 경우에는 태아 자신이 불법행위로 인한 손해배상을 청구할 수 있는 권리능력을 가진다(제750조).

잠깐!! 민총, 깊이보기

- 상기의 예에서 父의 생명침해로 인하여 발생하는 '위자료청구권'은 태아에게 직접 인정된다고 하였다. 그러나 父의 생명침해로 인하여 발생되는 父에 대한 재산적·정신적 손해에 대한 배상청구권은 일단 피해자인 父에게 먼저 발생되고 이것이 상속인인 태아에게 상속된다. 따라서 이 경우의 손해배상청구권은 제762조에 의하여 처리되는 것이 아니라 제1000조 제3항의 '상속의 순위'에 의하여 처리된다.

- 「태아의 권리능력에」에 관한 판례 ☞ 태아도 손해배상청구권에 관하여는 이미 출생한 것으로 보는 바, 부가 교통사고로 상해를 입을 당시 태아가 출생하지 아니하였다고 하더라도 그 뒤에 출생한 이상 부의 부상으로 인하여 입게 될 정신적 고통에 대한 위자료를 청구할 수 있다(대판 1993.4.27. 93다4663).

② 상속·대습상속

민법 제1000조 제3항은 「태아는 상속순위에 있어서 이미 출생한 것으로 본다」라고 규정함으로써 태아에게도 '대습상속권(代襲相續權, 제1001조)'과 '유류분권(遺留分權, 제1112조)'[69]의 권리능력이 있음을 인정하고 있다. 즉, 원칙적으로 상속인은 상속개시시(相續開始時)에 생존하고 있어야 한다는 '동시존재의 원칙'을 엄격하게 적용하면, 상속이 개시된 때에 태아인 경우라면 당연히 상속권이 없어야 한다. 그러나 이를 그대로 적

69) 법률용어 살펴보기 ☞ 「유류분(遺留分)」이라 함은? 피상속인의 재산 중 상속인으로서 법률상 취득이 보장되어 있는 일정액을 말한다. 예를 들어 박수동의 부친이 사망하면서 다른 상속인에게는 상속을 내린다는 유언을 하였지만 박수동에게 만은 아무런 재산을 남겨 주지 않은 경우, 박수동도 현행법상 피상속인의 직계비속이므로 법정상속분의 1/2을 유류분으로 인정받을 수 있다. 이러한 유류분의 권리는 상속개시와 유증·증여 사실을 안 날로부터 1년 이내에 행사하지 않으면 소멸한다.

용하면 후에 태아가 자연인으로 태어날 경우에 태아에게 너무나 불리하므로 민법은 제1000조 제3항에 특칙을 두어 상속에 있어서 태아를 이미 출생한 것으로 본 것이다.

잠깐!! 민총, 깊이보기

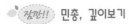

종래에는 호주상속(戶主相續)에 있어서도 태아의 권리능력이 인정되었으나, 2003년 개정에 의하여 호주제도를 폐지하였고(제980조~제996조) 따라서 태아에게 규정이 없는 호주상속제도를 논할 필요가 없게 되었다.

③ 유 증

민법 제1064조는 「제1000조 제3항(상속의 순위) ….의 규정은 수증자에 준용한다」라고 규정함으로써 제1000조 제3항의 준용(準用)[70]에 의하여 유언자(遺言者)가 사망할 때에 태아였던 子도 '유증(遺贈)'을 받을 수 있도록 하였다. 원칙적으로는 민법 제1073조 제1항이 「유언은 유언자가 사망한 때로부터 그 효력이 생긴다」 라고 규정함으로써 유증은 유언자가 사망한 때에 그 효력이 생기고 유증의 효력이 발생할 때에 자연인이 아닌 태아의 경우에는 수증능력(受贈能力)이 없어야 하지만 이 경우도 상기 상속의 경우와 같이 태아에게 너무나 불리하게 되므로 유언자가 사망할 때에 태아였던 子도 유증을 받을 수 있도록 한 것이다.

④ 사인증여

태아에게 '사인증여(死因贈與)'[71]를 받을 권리능력이 인정되는가에 대한 문제가 제기된다. 사인증여는 유증과 달리 계약이다. 다만 증여자의 사망에 의해서 그 효력이 발생하고 따라서 실제로는 상속재산에서 출연된다는 점에서 유증과 공통되고 이에 따라 민법 제562조는 「증여자의 사망으로 인하여 효력이 생길 증여에는 유증에 관한 규정을 준용한다」 라고 규정하여 사인증여에 대하여는 유증에 관한 규정을 준용하고 있다. 그런데 이에 관하여는 학설에 따라 견해가 다르다.

70) 법률용어 살펴보기 ☞ 「준용(準用)」이라 함은? 입법기술상의 한 방법으로서 법규를 제정할 때에 법률을 간결하게 하기 위하여, 비슷한 사항에 관하여 다른 유사한 법률규정을 유추적용할 것을 규정하는 경우에 쓰는 말이다. 예컨대 미성년자에 관한 규정을 피한정후견인에 유추적용하는 것이 그것이다(제10조).

71) 법률용어 살펴보기 ☞ 「사인증여(死因贈與)」라 함은? 증여자(贈與者)의 사망으로 인하여 효력이 발생하는 것으로, 생전에 미리 계약을 맺으나 그 효력발생은 증여자의 사망을 법적 요건으로 하는 증여를 말한다(제562조).

㉮ 인정설인 다수설에 의하면 태아인 동안에도 유증에 있어서 태아에게 권리능력이 인정되고(제100조 제3항), 사인증여에 관하여 유증에 관한 규정을 준용하므로, 이 설에 의하면 태아에게 법정대리인이 인정되며 결국 법정대리인이 태아를 대리하여 사인증여계약을 체결할 수 있다(곽윤직 · 김용한 · 김증한 · 장경학 · 고상용).

㉯ 부정설인 소수설에 의하면 태아를 이미 출생한 것으로 보는 민법의 개별규정들이 태아 측의 적극적인 관여가 없는 경우임을 비추어 볼 때 태아는 태아인 동안에는 권리능력이 없으므로 사인증여를 받을 수 없다고 한다. 그 이유는 사인증여는 일종의 계약이므로 이를 위해서는 수증자(受贈者)의 의사표시가 필요한데 태아는 아직 자연인으로 태어나지 않은 존재이고 스스로 그러한 의사표시를 할 수 없기 때문이다. 따라서 이설에 의하면 당연히 태아에게는 법정대리인도 인정될 여지가 없고 결국 태아는 사인증여계약을 체결할 수 없게 된다(대판 1982.2.29. 81다534)(김주수 · 이영준 · 김상용 · 김준호). 생각건대, 사인증여는 계약이기 때문에 단독행위인 유증과 다르기는 하지만 유사하기도 하고 민법 제562조의 규정에 따라 태아에 관한 규정도 준용된다고 보아야 한다. 따라서 인정설에 따라야 할 것 같다.

잠깐!! 민총, 깊이보기

입법상 불비로 인하여 태아에게는 父를 인지(認知)[72]하는 인지청구권(認知請求權)과 채무불이행(債務不履行)에 기한 손해배상청구권(損害賠償請求權) 그리고 증여의 수증능력(贈與의 受贈能力) 등이 인정되지 않음을 유의하라.

4) 태아의 법적 지위

상기에서 밝힌 바와 같이, 우리 민법은 태아에게 '개별적 사항'에 대해서만 권리능력을 인정하고 있다. 하지만 민법의 규정이 개별적·구체적 규정에 대해서만 「…이미 출생한 것으로 본다」 라고 규정하고 있을 뿐이므로 정작 언제부터가 권리능력을 갖는 시기가 될 것인가의 문제가 발생한다. 따라서 이러한 법률적 성질에 관하여 정지조건설과 해제조건설의 견해가 대립하고 있다.

72) 법률용어 살펴보기 ☞ 「인지(認知)」라 함은? 혼인 외에서 출생한 子를 자기의 子로 인정하는 의사표시를 말한다. 이에는 생리학적 父 또는 母가 자기의 子임을 임의로 승인하는 임의인지(任意認知)와 子쪽에서 가정법원에 인지청구의 소(認知請求의 訴 ;제863조)를 제기하여 법률상의 친자관계(親子關係)를 확인 받는 강제인지(强制認知)가 있다.

① 학 설

㉮ 정지조건설

「정지조건설(停止條件說)」은 태아인 동안에는 권리능력을 취득하지 못하나 다만 후에 살아서 출생한 경우에 비로소 권리능력을 취득하며 그 권리능력취득의 효과가 문제의 사건(예: 父의 사망)이 발생한 시점까지 소급(遡及)하여 생긴다는 설이다. 이 설에 의하면 태아인 동안에는 법정대리인이 있을 수 없으므로 태아가 취득 또는 상속할 재산을 출생 전에는 보존·관리할 수 없고(대판 1976.9.14. 74다1365), 태아로 있는 동안에 이미 상속이 개시되었다면 후에 살아서 출생한 경우에 한해서 상속회복을 청구할 수 있을 뿐이다. 이는 상대방이나 제3자의 보호 즉 거래의 안전에 치중한 소수설과 판례의 견해이다(김주수 · 이영준 · 권용우 등).

㉯ 해제조건설

「해제조건설(解除條件說)」은 태아인 동안에도 이미 출생한 것으로 보고 권리능력을 취득하나 그 개별사항의 범위내에서 제한된 권리능력을 가지며 후에 살아서 출생하지 못한 경우(☞死産의 경우)에는 권리능력의 취득에 따른 효과가 문제시(예: 父의 사망)까지 소급하여 소멸한다는 설이다. 이 설에 의하면 태아로 있는 동안에 법정대리인이 있게 되고 다른 생존하고 있는 자와 공동상속인이 된다. 이는 다수설로서 태아보호에 중점을 두고 있는 견해이다(곽윤직 · 김용한 · 김증한 · 장경학 · 김현태).

살아있는 Legal Mind!!!

➡ 정지조건설과 해제조건설의 구체적인 차이는 다음과 같다. 예를 들어 할아버지 A, 아버지 B, 엄마 C, 그리고 태아가 있는 상황에서 아버지 B가 사망한 경우에는 ① 정지조건설에 의하면 태아는 아직 출생하지 않았으므로 아버지 B의 유산은 일단 할아버지 A와 엄마 C가 공동상속하고 후에 태아가 살아서 출생하게 되면 할아버지 A가 상속받은 상속분에 대하여 반환청구를 하게 된다. 따라서 이 설에 의하면 자칫 할아버지 A가 이미 상속분을 소비한 경우에는 태아가 손실을 볼 염려가 있다. ② 해제조건설에 의하면 비록 태어나지 않은 상태의 태아이지만 아버지 B의 유산은 태아와 엄마 C가 공동상속을 하고 태아가 사산(死産)인 경우에는 할아버지인 A가 상속회복을 받게 된다.

② 판 례

종래의 판례는 다수설인 해제조건설을 따르고 있었으나(대판 1967.9.26. 67다1684), 70년대 이후에는 소수설인 정지조건설로 태도를 바꾸었다(대판 1982.2.9. 81다534). 그러나, 민법은 태아의 이익을 보호하기위하여 예외적으로 태아를 출생한 것으로 의제하고 있다. 출생자 취급을 하겠다는 뜻이다. 그 취지는 태아를 좀 더 두텁게 보호 할 필요가 있기 때문이다. 따라서 이 취지에 따라 태아인 동안에도 그의 법정대리인에 의하여 재산이 관리·보전 될 수 있는 해제조건설에 따라야 할 것이다.

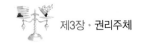

「태아의 권리능력」에 관한 판례 ☞ "의용민법이나 구관습하에서는 태아에게 일반적으로 권리능력이 인정되지 아니하고 손해배상청구권 또는 상속 등 특별한 경우에 한하여 제한된 권리능력을 인정하였을 따름이다. 증여에 관하여는 태아의 수증능력이 인정되지 아니하였고 또 태아인 동안에는 법정대리인이 있을 수 없으므로 법정대리인에 의한 수증행위도 할 수 없다(대판 1982.2.9. 81다534)".

4. 외국인의 권리능력

(1) 평등주의

「외국인(外國人)」이라 함은? 대한민국의 국적을 갖지 않는 자연인으로 외국국적을 가진 자와 무국적자를 포함한다. 이러한 외국인의 권리능력에 관하여 민법은 아무런 규정을 두고 있지 않다. 그러나 헌법 제6조 제2항은 「외국인은 국제법과 조약이 정하는 바에 의하여 그 지위가 보장된다」라고 규정함으로써 "내외국인평등주의원칙"을 선언하고 있다.

(2) 권리능력제한

민법상 외국인의 권리능력에 대하여 제한하는 규정이 없다. 그러나 국가정책상 필요에 의하여 외국인의 권리능력을 제한하는 경우가 있다. 이 경우는 모두가 특별법에 의하여 제한된다(선박법제2조·항공법제6조·도선법제6조:외국인의 권리능력 부정;특허법제25조·디자인보호법제4조의24·실용신안법제3조·상표법제5조의24·광업법제10조의2·저작권법제3조·외국인토지법제4조이하:상호주의에 의한 외국인 권리능력 제한). 외국인의 권리능력 제한에 관한 법규는 강행법규이므로 이를 위반하여 외국인에게 제한되어 있는 권리를 취득케 하는 계약은 무효이다.

알아두면 편리해요!!!

건설산업기본법 제5조는 「국토교통부장관은 외국인 또는 외국법인의 건설업 등록을 위하여 필요한 경우에는 건설업에 관하여 외국에서 받은 자격·학력·경력 등의 인정에 관한 기준을 정할 수 있다」라고 규정하고 있다.

Ⅱ 행위능력

법률행위 당사자의 행위능력은 모든 법률행위가 효력을 발생하기 위하여 갖추어야 하는 요건(일반적효력요건)이며 법률행위 자체이다. 행위능력 문제는 법인에 관하여도 생각할 수 있는데, 법인에서는 권리능력이 있는 범위에서 행위능력이 인정되고, 구체적인 행위를 실제로는 이사와 같은 법인의 대표기관이 행하기 때문에 행위능력이 크게 문제되지 않는다.

1. 의사능력과 책임능력

(1) 의사능력

① 「의사능력(意思能力)」이라 함은? 자기 행위에 대한 의미와 결과를 판별할 수 있는 정신능력 또는 지능을 말한다. 이는 통상인이 가지는 정상적인 판단능력이므로, 유아·정신병자·만취한 자 등은 의사능력이 없는 의사무능력자이다. 대체로 7세 미만의 자는 의사능력이 없다고 본다.

② 그런데 우리 민법에는 의사능력의 기준에 관한 명문규정이 없다. 그 이유는 이러한 의사능력유무는 구체적·개별적인 판단에 의하는 것이므로 명문으로 규정할 사항은 아니기 때문이다. 그러나 "각 개인은 원칙적으로 자기의 의사에 의해서만 권리를 취득하거나 의무를 부담한다"고 하는 근대사법의 기본원리인 사적자치의 원칙(私的自治의 原則)에 의하여, 민법은 의사능력없는 자의 법률행위의 법적 효과는 인정되지 않고 무효라고 해석한다. 즉 의사능력이 없는 상태 예컨대 심신상실의 상태(心神喪失의 狀態)에서 행한 사람의 행위는 무효가 된다(대판 2002.10.11. 2001다10113).

(2) 책임능력

① 「책임능력(責任能力)」이라 함은? 불법행위능력(不法行爲能力)으로서 자기의 행위가 법률상으로 어떤 책임을 지는가를 인식할 수 있는 정신능력을 말한다. 민법은 책임능력의 유무의 기준을 획일적으로 정하지 않고, 제753조에 「미성년자가 타인에게 손해를 가한 경우에 그 행위의 책임을 변식할 지능이 없는 때에는 배상의 책임이 없다」라고 규정하고, 제754조에는 「심신상실 중에 타인에게 손해를 가한 자는 배상의 책임이 없다. 그러나 고의 또는 과실로 인하여 심신상실을 초래한 때에는 그러하지 아니하다」라고 규정하여, 미성년자 가운데 책임을 변식(辨識)할 지능이 없는 자와 심신상실자만을 책임제한능력자로 하는 규정을 두고 있을 뿐이다.

② 이러한 책임능력은 의사능력을 전제로 하여 인정되고, 의사능력은 책임이라는 면에서 파악된 것이므로 양자는 같은 의미로 보는 것이 지배적 견해이다. 그러므로 의사능력이 없는 미성년자는 책임능력이 없다. 따라서 민법 해석상으로 의사무능력자의 법률행위는 무효이며, 책임제한능력자는 불법행위에 의한 손해배상 책임을 부담하지 않는다. 다만 감독의무를 게을리 한 법정 감독의무자가 손해배상책임을 부담할 뿐이다.

잠깐!! 민총, 깊이보기

다시 한번 확인하자! 책임능력과 의사능력의 차이는? 책임능력은 의사능력을 책임이라는 측면에서 본 것이다. 즉, 의사능력은 법률행위에 대한 개념인데 반하여, 책임능력은 불법행위에 관한 개념으로, 그 작용의 측면이 다른데 불과한 것이다. 이러한 책임능력 내지 의사능력의 유무는 구체적 행위에 관하여 개별적으로 판정되는 것이고 이에 대한 민법상 규정은 없다. 대체로 12세 전후하여 책임능력이 갖추어지는 것으로 본다.

2. 행위능력

(1) 「행위능력(行爲能力)」이라 함은? 단독으로 완전하고 유효한 법률행위를 할 수 있는 지위 또는 자격을 말한다. 따라서 사실행위·불법행위와는 관계가 없으며, 일반적으로 단순히 "능력(能力)"이라고 표현한다.

(2) 행위능력은 실질적·정신적 능력의 여하에 불구하고 객관적인 기준에 따라 획일

적으로 정하여지는 법정능력(法定能力)이다. 따라서 행위능력자는 반드시 권리능력자이며 동시에 의사능력자이다. 자연인의 행위능력은 의사능력이 있음을 전제로 하기 때문이다. 위 둘은 언제나 일치하지 않다. 미성년자처럼 의사능력은 있지만 행위능력이 제한되기도 하고, 의사능력은 없지만 행위능력은 있는 자도 있다. 성년후견개시의 심판을 받지 않은 정신병자의 례가 그렇다.

(3) 민법에는 행위능력에 관한 적극적인 규정을 두고 있지 않고 소극적 규정을 두고 있을 뿐이다(제5조 이하). 민법은 정신적 능력이 뒤떨어지는 자와 거래안전의 보호를 위하여 행위능력제도(☞제한능력자제도)를 규정함으로써 일정한 범위 내의 법률행위에 대하여는 행위제한능력자가 무조건적으로 취소할 수 있게 하고 상대방 또는 제3자로 하여금 이에 주의하여 예방할 수 있도록 하였다. 이러한 민법총칙상의 행위능력에 관한 규정은 원칙적으로 신분행위(身分行爲)에는 적용이 없으며 권리능력에 관한 규정과 마찬가지로 강행규정이다.

보충정리 능력의 종류에 따른 차이

내용 / 종류	의 미	구체적인 표준	능력이 있는 경우	능력이 없는 경우
의사능력	자기행위에 대한 의미와 결과를 판별할 수 있는 정신능력	7세 정도 이상이면 개별적으로 판단하여야 함	7세 이상이면 증여능력을 인정함	의사무능력자의 법률행위는 성립불가 따라서 무효임
행위능력	단독으로 완전·유효한 법률행위를 할 수 있는 지위 또는 자격	미성년자를 제한능력자로 법정함. 법인은 정해진 목적의 범위 내로 한정함.	만19세 이상이면 단독으로 일체의 유효한 법률행위 가능함. 법인은 정해진 목적 내에서 법률행위 가능함.	취소할 수 있는 행위가 취소되면 처음부터 무효
불법행위(책임)능력	자기의 행위가 법률상 어떤 책임을 지는가를 인식할 수 있는 정신적 능력	이러한 책임능력은 의사능력을 전제로 하여 인정된다. 보통 12세 전후의 능력이지만 개별적으로 판단 함	본인이 손해배상 등의 책임을 부담 함	책임능력이 없는 자는 불법행위에 의한 손해배상책임을 부담하지 않음, 다만 감독의무를 게을리한 법정 감독의무자가 손해배상책임을 부담함
권리능력	권리 또는 의무의 주체가 될 수 있는 법률상의 지위 또는 자격	원칙적으로는 자연인이 가짐. 그러나 경우에 따라서 태아와 법인도 이를 가짐	권리를 가지며 의무를 부담함	권리를 가지지 못하며 의무 또한 부담하지 않음

행위능력과 구별할 개념에 소송능력이 있다. 「소송능력(訴訟能力)」이라 함은? 소송당사자로서 자신이 소송을 수행하는데 필요한 능력을 말한다. 이른바, '소송법상의 행위능력'을 말한다. 민사소송법은 소송능력의 유무를 민법상의 행위능력의 유무에 준거하고 있고(민사소송법 제51조 참조), 제한능력자의 소송능력에 관하여는 별도의 규정을 두고 있다(민사소송법 제55조). 따라서 소송능력이 없는 자가 한 소송행위는 무효이다. 다만 추인(追認)하면 소급하여 그 효력이 있고 혼인(婚姻)·입양(入養)·친자(親子) 등에 관한 사건에 관하여는 제한능력자라도 의사능력이 있으면 소송능력이 인정된다.

Ⅲ 제한능력자제도

1. 개 관

(1) 제한능력자제도의 의의

1) 「제한능력자」라 함은? 단독으로 권리를 취득하거나 의무를 부담할 수 있는 행위능력을 가지지 못한 자를 말한다. 민법은 제한능력자로 미성년자(제4조)·피성년후견인(제9조)·피한정후견인(제12조)·피특정후견인(제14조의 2) 등을 규정하고 있는데, 피특정후견인은 행위능력상 전혀 제약을 받지 않는다. 이 같이 성년연령(成年年齡)·법원의 선고(法院의 宣告) 등에 의해서 의사능력을 객관적으로 판단할 수 있도록 하는 제도를 「제한능력자제도」라고 한다.
2) 제한능력자는 단독으로 법률행위를 할 수 없다(민법 제5조·제10조·제13조, 특허법 제3조 제1항, 실용신안법 제3조, 의장법 제4조, 민사소송법 제51조 참조). 따라서 제한능력자는 법정대리인의 동의를 얻거나 법정대리인이 대리하여 행위를 하여야 하며 그렇지 않은 경우는 후에 행위가 취소되어 무효로 될 위험이 있다.

(2) 제한능력자제도의 목적

제한능력자제도는 의사무능력의 증명을 면제하여 제한능력자의 재산손실을 막게 하고, 제한능력자를 보호하는 한편 상대방 또는 제3자로 하여금 어떤 자가 제한능력자에 속하는가를 인식하게 하여 거래에 있어서 상대방의 손해를 미연에 방지하려는데 그 목적이 있다. 따라서 제한능력자에 해당하는 자가 법률행위를 하면, 그 자가 한 행위의 효력을 부정하고 이를 취소할 수 있다(제5조·제10조·제13조 참조).

잠깐!! 민총, 깊이보기

자세히 살펴보면 제한능력자제도는 거래의 안전을 보호하기 보다도 오히려 이를 어느 정도 희생시키더라도 사회일반인보다 제한능력자 본인을 보호하기 위한 제도라는데 그 특성이 있다. 즉, 이 제도는 개인본위에서 출발한 것이므로 사회본위사상에 의하여 비판을 받는다. 이에 반하여 표현대리(表見代理)·등기(登記)·선의취득(善意取得)[73]·시효제도(時效制度) 등은 주로 거래안전의 보호를 위한 제도이다.

(3) 제한능력자제도의 성격과 적용범위

행위능력 존재의 여부, 즉 제한능력자의 여부는 사회의 거래관계에 직접적인 영향을 미치게 된다. 그러므로 제한능력자제도는 민법의 기타 권리능력에 관한 규정과 마찬가지로 강행규정이다. 따라서 행위능력을 제한하는 특약과 같은 것은 그 효력이 없다. 그리고 이러한 제한능력자제도의 적용범위는 의사표시를 요소로 하는 '재산법상의 법률행위'에만 적용되고 가족법상의 행위에는 적용되지 않는다.

잠깐!! 민총, 깊이보기

민법총칙상 제한능력자제도에 관한 규정이 가족법상 행위에 그 적용이 없는 이유: 가족법상 법률행위에 있어서는 진실성을 존중하기 때문에 비록 제한능력자라 하더라도 구체적인 경우에 있어서 의사능력만 있으면 유효한 가족법상 행위를 단독으로 할 수 있기 때문이다. 따라서 우리 민법은 친족·상속편에서 각종 가족법상의 법률행위의 능력에 대해 특별규정을 두고 있다(제801조·제808조·제869조 등). 사실행위나 불법행위는 의사표시를 요소로 하는 법률행위가 아니므로 제한능력자제도의 적용이 없다.

73) 법률용어 살펴보기 ☞「선의취득(善意取得)」이라 함은?「평온(平穩)·공연(公然)하게 동산(動産)을 양수(讓受)한 자가 선의(善意)이며 과실(過失)없이 그 동산을 점유한 경우에는 양도인(讓渡人)이 정당한 소유자가 아닌 경우라도 즉시 그 동산의 소유권을 취득(제249조)」하는 제도를 말한다. 예를 들어 임꺽정의 시계를 빌린 김선달이 자기를 소유자로 알고 있는 황진이에게 그 시계를 거래행위에 의하여 판 경우에 본래 그 시계는 임꺽정의 것이며 김선달은 소유권이 없으므로 황진이는 김선달로부터 소유권을 양수할 수 없다.
그러나 반드시 이렇게 된다면, 황진이는 안심하고 거래를 할 수 없기 때문에 황진이가 김선달을 소유자로 믿는데 잘못이 없다면 황진이에게 소유권을 원시적으로 취득하게 하는 제도를 말한다. 이 경우는 반드시 거래행위에 의하여 점유를 취득하여야 한다. 다만 이 경우의 동산은 도품(盜品)·유실물(遺失物)이 아니어야 한다(제250조).

2. 미성년자

이몽룡은 18세의 미성년자이지만
정신능력과 판단능력이 뛰어난 대학생이다.
이 경우에 이몽룡은 법적으로 어떤 위치에 있는가?

(1) 서 언

1) 미성년자의 의의

민법 제4조는「사람은 19세로 성년에 이르게 된다.」라고 규정함으로써 본 조를 반대로 해석하면 만 19세에 달하지 않은 자는 '미성년자(未成年者)'가 된다. 본조의 개정으로 일본이나 서구처럼 앞으로는 '만 0세'라는 표현이 사라질 전망이다. 민법상의 연령은 가족관계등록부상의 기재를 따름이 보통이지만, 이는 단지 추정력이 있을 뿐이다.

잠깐!! 민총, 깊이보기

- 일반적으로 기간을 계산할 때에는 초일불산입의 원칙(初日不算入의 原則, 제157조 참조)에 따라 첫날을 계산에 넣지 않지만, 연령계산에 있어서는 초일(☞출생일)을 산입한다(제158조). 따라서 1973년 7월 27일 오후 7시에 태어난 사람은 만 19세가 되는 생일 전날인 1992년 7월 26일 24시에 성년이 된다.
- 민법상 성년자의 연령을 19세로 하는 개정안이 국회의 본회를 통과하여 2013.7.1.부터 시행되고 있다. 현행 공직선거법상 투표연령은 2005년에 20세 이상에서 19세 이상으로 하향조정되었고, 국민투표법상 투표연령도 2007.4.27일 국회 본회의에서 20세에서 19세로 낮추는 내용의 개정안이 통과되었다. 따라서 그동안 성년자의 연령이 공법상, 사법상 각각 달라서 혼동의 여지가 있었으나 통일이 되어서 편리하게 되었다.

2) 성년기의 완화

성년이냐 미성년이냐를 연령에 의하여 무조건 획일적으로 정하게 되면 여러 가지 모순이 따르게 된다. 그러므로 이러한 폐단을 줄이기 위하여 외국에는 일정한 조건하에서 성년선고제(成年宣告制)[74] · 자치산제도(自治産制度 – 佛民 제477조 이하)[75] · 혼인성년제(婚姻成年制 – 日民 제753조, 佛民 제476조, 瑞民 제14조 제2항)를 채택하고 있다. 우리 민법도 1977년의 일부개정에 의하여 혼인에 의한 성년의제제도(成年擬制制度; 제826조의 2)[76]를 신설하였다. 따라서 미성년자가 혼인을 하면 성년자로 의제(간주)된다.

(2) 미성년자의 행위능력

> 만 18세의 대학생인 이몽룡은
> 단독으로 자신이 소유주로 되어 있는 집을 팔고자 한다.
> 이 경우에 법적으로 이몽룡의 행위가 가능할까?

1) 원 칙

민법 제5조 제1항은 「미성년자가 단독으로 법률행위를 하려면, 법정대리인의 동의를 얻어야 한다」 라고 규정함으로써 행위제한능력자인 미성년자가 스스로 완전한 법

---

74) 법률용어 살펴보기 ☞ 「성년선고(成年宣告)」라 함은? 일정한 연령 이상의 미성년자를 일정한 조건하에 성년자로 선고하여 완전한 행위능력을 부여하는 제도이다. 독일민법은 성년선고제를 채용하고 있었으나, 1974년 7월 31일 민법의 개정에 의하여 성년기를 18세로 인하하고 이 제도를 폐지하였다.

75) 법률용어 살펴보기 ☞ 「자치산제도(自治産制度)」라 함은? 15세 이상의 미성년자에게 일정한 조건하에 일정한 범위의 능력을 인정하는 제도이다(佛民 제477조).

76) 법률용어 살펴보기 ☞ 「성년의제제도(成年擬制制度)」라 함은? 우리 민법이 1977년 12월 31일 친족법과 상속법의 일부를 개정하여 제826조의 2를 신설한 규정으로서 남자 · 여자 18세 이상의 미성년자가 혼인하게 되면 사법(私法)상으로 성년이 된 것으로 보는 것이다. 만일 혼인한 경우에도 부부의 일방 또는 쌍방이 미성년자이어서 친권 또는 후견에 복종하여야 한다면 이는 결국 부부의 생활이 제3자의 간섭을 받게 되는 것이므로 혼인의 자주독립성은 해를 입게 된다. 특히 상기에서 부부의 일방만이 미성년자인 경우에는 성년자인 다른 일방이 후견인이 되는 경우도 있으므로 이는 부부평등의 원칙에서 크게 어긋나는 것이다. 따라서 미성년자가 혼인하면 친권 또는 후견을 벗어나 행위능력을 가지는 것으로 한 제도가 성년의제제도(成年擬制制度)이다. 특히 유의할 것은 일단 성년의제가 된 경우라면 혼인이 소멸(☞離婚)된 시기가 미성년자이라 하더라도 계속해서 행위능력자로 남아 있게 되며 다시 제한능력자로 환원되지 않는다는 점이다. 예컨대 만17세에 결혼했다가 만18세에 이혼한 여자도 사법상(私法上)으로는 능력자가 된다. 그러나 이는 사법상(私法上)의 행위능력자로 인정할 뿐이고 공법상(公法上)의 능력을 인정하는 것은 아니다. 예컨대 만 18세의 미성년자인 성춘향이 혼인하면 법정대리인의 동의를 얻지 않고 집을 팔고 사는 등의 사법(私法)상의 활동은 할 수 있지만, 공법(公法)상으로 금지하는 「미성년자의 행위」 가 있더라도 이를 허용하는 것은 아니라는 점이다. 또한 성년의제는 법률혼에 한하고 사실혼에는 적용되지 않는다.

률행위를 하기 위해서는 친권자나 후견인 등 법정대리인의 동의를 얻어야 한다. 따라서 미성년자가 법정대리인의 동의를 얻지 않고 법률행위를 한 경우에는 제한능력자인 미성년자 본인이나 법정대리인이 이를 취소할 수 있다(제5조 제2항 · 제140조 참조). 한편 미성년자가 단독으로 법률행위를 한 경우에 법정대리인의 동의가 있었음을 증명하는 책임은 그 동의를 얻어 유효한 법률행위를 하였음을 주장하는 자에게 있다(대판 1970.2.24. 69다1568).

잠깐!! 민총, 깊이보기

- 민법 제5조 규정에서의 「법률행위」는 매매 · 증여 · 임대차 등과 같은 재산상의 행위만을 말한다. 하지만 다음과 같은 신분행위능력의 경우에도 법정대리인의 동의를 얻어서 할 수 있다. 예컨대 남 · 여 18세에 달한 경우의 약혼(제801조), 혼인(제807조 · 제808조), 성년자 입양(제871조) 등이 그것이다.

- 「법정대리인의 동의 증명」에 관한 판례 ☞ "미성년자 명의의 매매계약서 등 기타 소요문서에 의하여 타인에게 등기가 경료된 경우에는 법정대리인의 동의를 얻어 그 등기가 적법하게 경료된 것으로 추정한다(대판 1969.2.4. 68다2147)".

2) 예 외

미성년자가 행하려는 모든 법률행위가 법정대리인의 동의를 얻어야 하는 것은 아니다. 즉, 법정대리인의 동의없이도 단독으로 법률행위를 할 수 있는 예외가 있는데 이 경우에는 법정대리인이 취소할 수 없다. 그러나 이러한 예외의 경우에도 그 미성년자에게 의사능력은 있어야 한다. 만약 이러한 의사능력이 없는 경우(예: 유아의 경우)의 행위라면 의사무능력을 이유로 하여 무효를 주장할 수 있다. 내용은 다음과 같다.

① 단순히 권리만을 얻거나 의무만을 면하는 행위(제5조 제1항 단서)

민법 제5조 제1항 단서는 「…. 그러나 권리만을 얻거나 의무만을 면하는 행위는 그러하지 아니하다」라고 규정하고 있다. 동규정에서 「권리만을 얻거나 의무만을 면하는 행위」는 미성년자에게 오로지 이익만을 주는 행위를 의미한다. 예컨대 미성년자인 子가 친권자에게 부양료를 청구하는 경우, 부담없는 증여를 받는다든가 서면(書面)에 의하지 않은 증여(제555조)의 해제의 경우, 채무면제만을 청약하는 경우의 승낙, 의무만을 부담하는 계약 등으로서 무상임치(無償任置)·무상위임(無償委任)을 해약하는 경우 등이 그것이다. 그러나 부담부증여계약(負擔附贈與契約)을 체결하는 행위, 유리한 매매계약을 체결하는 행위, 상속을 승인하는 행위, 채무변제를 수령하는 행위 등은 미성년자에게 이익을 주기도 하지만 의무도 발생하므로 상기 제5조 제1항 단서에 해당하지 않고 따라서 단독으로 법률행위를 하지 못한다.

잠깐!! 민총, 깊이보기

상기의 미성년자가 단독으로 '상속'을 승인할 수 없는 이유: 상속은 피상속인의 적극재산뿐만 아니라 소극재산까지도 상속인에게 승계되는 행위이다. 그러므로 재산보다 더 많은 피상속인의 빚이 상속되게 되면 오히려 상속인에게 불리한 경우가 발생한다. 따라서 상속의 경우는 단순히 권리만을 얻는 행위에 해당하지 않기 때문에(제5조 제1항 단서 참조) 미성년자가 단독으로 할 수 없다. 미성년자가 '채무변제(債務辨濟)'를 수령(受領)할 수 없는 이유: 채무변제는 한편으로 미성년자 자신의 이익을 얻게 하는 것이기도 하지만 다른 한편으로는 채권도 상실되는 것이기 때문에 본조 제1항 단서에 해당하지 않는다(이영준 804면).

② 일정한 범위를 정하여 처분이 허락된 재산의 처분행위(제6조)

민법 제6조는「법정대리인이 범위를 정하여 처분을 허락한 재산은 미성년자가 임의로 처분할 수 있다」라고 규정하고 있다. 동규정에서「범위를 정하여」라고 하였는데 이에 관하여 그 범위는 어디까지로 할 것인가에 대한 문제가 제기된다. 이러한 '범위'는 사용목적을 정한 경우와 사용목적을 정하지 않고 처분할 재산의 범위만을 정한 경우의 두 가지로 나눌 수 있는데, 특히 사용목적을 정한 경우는 그 사용목적이 아닌 용도로 재산을 처분하였을 경우에 제3자와의 이해관계의 충돌이 생기므로 이에 관하여 학자들 간에 해석이 달라지는 것이다. 통설은 거래의 안전을 해할 염려가 있으므로 사용목적(예: 학용품구입 또는 학원비 지출 등)을 정하였더라도, 그 목적에 구애받지 않고 미성년자가 임의로 처분할 수 있다고 본다. 즉, 처분이 허락된 재산에 대하여는 비록 사용목적을 정하였다 하더라도 해당 재산의 범위내에서는 미성년자 자신이 자유로이 처분할 수 있다고 해석하는 것이다. 그러나 법정대리인이 처분을 허락한 재산의 범위는 제한능력자제도의 목적에 반할 정도의 포괄적인 처분(예: 미성년자의 전재산의 처분)의 허락이어서는 안 된다(異說없음). 그 이유는 이를 허락한다면 미성년자를 제한능력자로 규정한 목적에 반하기 때문이다. 그리고 동조에서는 재산의 '처분'이라고 하였으나, 이는 당연히 사용·수익까지도 포함하는 넓은 의미이다.

잠깐!! 민총, 깊이보기

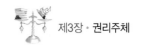

- 미성년자인 대학생의 경우에는 부모로부터 일정한 범위를 정하여 처분을 허락받은 재산(예: 생활비)은 법정대리인의 동의없이 임의로 처분할 수 있다. 그러나 그 중의 일부를 저축하여 자동차할부매매계약을 체결한 경우의 법률관계는 상황이 다르게 된다. 이 경우에는 계약금을 제외한 차후의 나머지 할부금은 채무부담행위가 되기 때문에 법정대리인(부모)의 동의가 필요하다(고상용 112면).
- 미성년자인 대학생이 법정대리인의 동의 없이 카드회사로부터 신용카드를 발급받은 후에 신용카드 이용계약과 개별신용구매계약을 취소할 수 있는지에 대한 판례의 태도는 신용카드 이용계약은 취소할 수 있으나 신용구매계약은 법정대리인의 묵시적 동의 또는 처분허락을 받은 재산범위내의 처분행위에 해당한다고 보았다(대판 2007.11.16. 2005다71659·71666·71673)

③ 영업이 허락된 미성년자의 그 영업에 관한 행위

㉮ 민법 제8조 제1항은 「미성년자가 법정대리인으로부터 허락을 얻은 특정한 영업에 관하여는 성년자와 동일한 행위능력이 있다」라고 규정하고 있다. 동규정에서 「영업(營業)」은 널리 영리를 목적으로 하는 독립적이고 계속적인 모든 사업(☞상업·농업·공업 등)을 말하며 사업주에게 고용되어 노동을 제공하는 종속적인 근로는 이에 포함하지 않는다(통설). 그리고 법정대리인이 영업을 허락할 경우에는 「영업의 종류를 특정」하여야 한다. 예컨대 'PC방의 영업을 허락한다'는 등의 그 종류를 특정하여야 한다. 그러므로 모든 종류의 영업을 허락한다거나 또는 어떠한 영업 가운데 일부만을 허락하는 경우는 인정되지 않는다. 예를 들어 임꺽정이 미성년자인 자신의 아들에게 "너는 어떠한 사업을 해도 좋다"라고 허락을 한다든지, "서점을 하되 반드시 5,000원 이하의 서적만을 판매할 수 있다"는 등의 허락은 미성년자의 보호 및 거래안전의 보호를 위하여 인정되지 않는다. 다만 수종(數種)의 영업을 허락하는 것은 상관없다.

살아있는 Legal Mind!!!

- 상기의 사업주에게 고용되어 노동을 제공하는 종속적인 근로자는 이에 포함하지 않는다는 통설에 대하여 법정대리인의 허락을 받아서 노동하는 미성년자의 생활관계를 고려하면, 사업주에게 고용되어 노동을 제공하는 종속적인 근로자를 본 조에서 제외하는 것은 부당하다고 하여, 영업은 직업과 같은 뜻으로 보거나 적어도 제8조를 유추적용함을 인정하여야 한다는 소수의 견해가 있다(김용한·장경학·고상용·이영준).

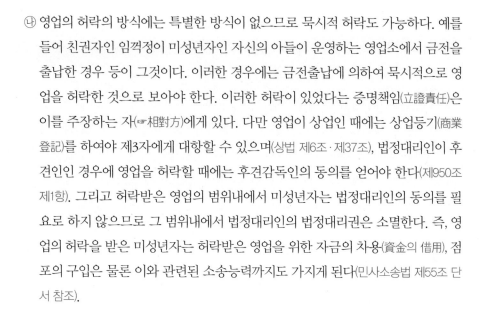

㉯ 영업의 허락의 방식에는 특별한 방식이 없으므로 묵시적 허락도 가능하다. 예를 들어 친권자인 임꺽정이 미성년자인 자신의 아들이 운영하는 영업소에서 금전을 출납한 경우 등이 그것이다. 이러한 경우에는 금전출납에 의하여 묵시적으로 영업을 허락한 것으로 보아야 한다. 이러한 허락이 있었다는 증명책임(立證責任)은 이를 주장하는 자(☞相對方)에게 있다. 다만 영업이 상업인 때에는 상업등기(商業登記)를 하여야 제3자에게 대항할 수 있으며(상법 제6조 · 제37조), 법정대리인이 후견인인 경우에 영업을 허락할 때에는 후견감독인의 동의를 얻어야 한다(제950조 제1항). 그리고 허락받은 영업의 범위내에서 미성년자는 법정대리인의 동의를 필요로 하지 않으므로 그 범위내에서 법정대리인의 법정대리권은 소멸한다. 즉, 영업의 허락을 받은 미성년자는 허락받은 영업을 위한 자금의 차용(資金의 借用), 점포의 구입은 물론 이와 관련된 소송능력까지지도 가지게 된다(민사소송법 제55조 단서 참조).

④ 기타의 예외

㉮ 타인의 대리인으로서 하는 대리행위

민법 제117조는 「대리인은 행위능력자임을 요하지 아니한다」 라고 규정함으로써 미성년자는 언제나 타인의 대리인으로서 하는 대리행위를 단독으로 유효하게 할 수 있다. 그 이유는 미성년자의 행위능력 제한이 원칙적으로 제한능력자를 보호하기 위한 규정이기 때문이다. 대리행위의 효과는 모두 본인에게 귀속할 뿐이고 대리인인 미성년자에게는 대리행위의 유리 또는 불리가 아무 상관이 없기 때문이다.

㉯ 유언행위(제1061조)

민법 제1061조는 「만 17세에 달하지 못한 자는 유언을 하지 못한다」 라고 규정함으로써 비록 미성년자라도 만 17세에 달한 자이면 법정대리인의 동의 없이 단독으로 유효한 유언행위를 할 수 있다.

㉰ 법정대리인의 허락을 얻어 회사의 무한책임사원이 된 미성년자가 그 사원의 자격에서 하는 행위

상법 제7조는 「미성년자 또는 피한정후견인이 법정대리인의 허락을 얻어 회사의 무한책임사원이 된 때에는 그 사원자격으로 인한 행위에는 능력자로 본다」 라고 규정함

으로써 법정대리인의 허락을 얻어 회사의 무한책임사원이 된 미성년자는 단독으로 유효한 법률행위를 할 수 있다. 따라서 출자의무의 이행이라든지 지분양도 등을 함에 전혀 법정대리인의 동의가 필요하지 않다.

㉣ 미성년자의 근로계약 체결과 임금을 청구하는 행위

근로기준법 제65조 제1항에서 「친권자 또는 후견인은 미성년자의 근로계약을 대리할 수 없다」 라고 규정하고, 동법 제66조에서 「미성년자는 독자적으로 임금을 청구할 수 있다」 라고 규정함으로써 친권자인 부모나 후견인이라도 미성년자의 근로계약을 대리할 수 없고 부당한 근로를 강요하지 못한다. 만일 미성년자가 근로계약을 단독으로 한 경우에 임금청구에 있어서는 법정대리인의 동의없이 단독으로 할 수 있다. 이러한 임금청구소송에서 미성년자는 소송능력을 갖는다(대판 1981.8.25. 80다3149).

살아있는 Legal Mind!!!

- 근로기준법 제65조 제1항은 「친권자 또는 후견인은 미성년자의 근로계약을 대리할 수 없다」라고 규정함으로써 "미성년자는 스스로 근로계약을 체결할 수 있는가"에 대한 문제가 제기된다. 이에 관하여, 본 조항은 법정대리인이 근로계약을 대리할 수 없다는 취지이므로 법정대리인의 동의를 얻어서 미성년자가 근로계약을 체결하여야 한다는 것으로 새겨야 한다는 견해인 소수설(곽윤직·김주수·김상용)과 미성년자는 법정대리인의 동의 없이도 스스로 근로계약을 체결할 수 있다고 새겨야 한다는 견해인 다수설(김증한·김용한·권용우·이영준)로 나누어진다. 미성년자 보호를 생각한다면 법정대리인의 동의를 얻어야 한다는 소수설이 적절하다고 생각한다.

3) 동의와 허락의 취소 또는 제한

① 민법 제7조는 「법정대리인은 미성년자가 아직 법률행위를 하기 전에는 전2조(☞ 미성년자의 능력·처분을 허락한 재산)의 동의와 허락을 취소할 수 있다」 라고 규정함으로써 미성년자가 법률행위를 하기 전에는 법정대리인은 그가 행한 동의나 일정 범위의 재산처분에 대한 허락을 취소할 필요가 있으면 이를 취소할 수 있다. 그 이유는 원래 동의나 허락은 미성년자를 보호하기 위한 것이기 때문이다. 이러한 취소는 미성년자나 그 상대방에게 하여야 하고, 친권을 행사하는 미성년 후견인은 법정대리인으로서 영업의 허락을 취소 또는 제한하는 경우 미성년 후견 감독인이 있으면 그의 동의를 얻어야 한다(제945조 제3호).

하지만 본조의 내용상 "취소"에 관하여 유의할 점이 있다. 이는 원래의 '취소'는 이미 행하여진 법률행위의 효력을 소급하여 소멸시키는 것이므로 취소를 하면 소멸효과가 있게 되지만, 본조에 의한 취소의 효과는 취소한 때를 기준으로 하여 이후부터 동의가 없었던 것으로 되므로 소급효과가 없다는 것이다. 그러므로 본조에서의 취소는 본래 의미의 취소와 다르며 소급효가 없는 '철회(撤回)'라고 함이 옳다.

잠깐!! 민총, 깊이보기

> 상기의 취소의 경우는 법률행위를 하기 전에 하여야 하나, 동의나 허락을 받은 법률행위에 관하여 일부는 행하여지고 나머지는 남아 있을 때 하여도 좋다. 예를 들어 어떠한 법률행위에 대하여 100만원의 처분을 허락 또는 동의하였고 40만원 어치만 처분한 경우에는 아직 처분하지 못한 나머지 60만원 어치의 처분에 대하여 동의와 허락을 철회할 수 있다.

② 민법 제8조 제1항은「미성년자가 법정대리인으로부터 허락을 얻은 특정한 영업에 관하여는 성년자와 동일한 행위능력이 있다」라고 규정함으로써 법정대리인으로부터 특정한 영업에 관하여 허락을 얻은 미성년자는 성년자와 동일한 행위능력이 인정된다. 그러나 동조 제2항 본문은「법정대리인은 전항의 허락을 취소 또는 제한할 수 있다」라고 규정함으로써 미성년자에게 특정한 영업을 허락한 법정대리인은 그가 이미 한 허락을 취소 또는 제한할 수 있다. 다만 동조항 단서가「그러나 선의의 제3자에게 대항하지 못한다」라고 규정함으로써 상기 허락의 취소 또는 제한은 선의의 제3자에게 대항하지 못한다.

유의할 점은 상기의 '취소'의 경우에도 이미 행하여진 미성년자의 영업행위에 대하여는 유효하지만 장래에 향하여 허락이 없었던 것으로 되는, 즉 소급효과가 없는 "철회"의 의미라는 것이다. 그리고 '제한'의 경우에도 이미 행하여진 영업행위는 유효하고 장래에 향하여 일부의 영업범위를 제한한다는 의미이다. 또한 "선의의 제3자"는 취소 또는 제한이 되었음을 알지 못하는 선의의 제3자를 의미한다. 즉, 영업이 상업인 때에는 상업등기를 하여야 하고 상업허락을 취소 또는 제한하는 경우에는 지체없이 말소등기 또는 변경등기[77]를 하여야 하므로 말소등기

77) 법률용어 살펴보기 ☞「변경등기(變更登記)」라 함은? 이미 등기가 행하여진 후에 등기된 사항을 변경하는 등기

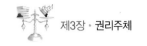

나 변경등기가 있기 전까지의 미성년자와 거래한 선의의 제3자는 보호된다(상법 제40조 · 제37조 참조). 그러므로 말소등기나 변경등기 후의 선의의 제3자에게는 본조가 적용되지 않는다.

(3) 미성년자의 법정대리인

1) 미성년자인 자의 법정대리인

미성년자의 법정대리인이 되는 자로는 친권자(親權者)가 우선하고 친권자가 없거나 친권자가 더 이상 친권을 행사할 수 없을 때 2차로 미성년후견인이 된다(제928조). 미성년후견인에는 지정후견인(931조) · 선임후견인(932조)이 있다.

① 친권자

친권(親權)을 행사하는 부 또는 모는 미성년자인 자의 법정대리인이 된다(제911조).이러한 친권자에 관하여는 민법 제909조가 규정하는데 내용은 다음과 같다.

㉮ 양자(養子)의 경우는 친생부모(親生父母)가 친권을 행사하는 것이 아니라 양부모(養父母)가 친권자가 된다(제909조 제1항).

㉯ 친권은 부모가 혼인 중인 경우에는 공동으로 행사하는 것이 원칙이지만, 부모의 의견이 일치하지 아니하는 경우에는 당사자의 청구에 의하여 가정법원이 정한다(제909조 제2항).

㉰ 혼인외의 자가 인지(認知)된 경우와 부모가 이혼한 경우에는 부모의 협의로 친권을 행사할 자를 정하고, 협의할 수 없거나 협의가 이루어지지 않은 경우에는 직권으로 또는 당사자의 청구에 의하여 가정법원이 이를 정하여야 하며, 부모의 협의가 子의 복리에 반하는 경우에는 가정법원은 보정을 명하거나 직권으로 친권자를 정해야 한다(제909조 제4항).

이고 「말소등기(抹消登記)」라 함은? 기존의 등기를 전부 말소하는 등기이다. 변제나 저당권 말소 등과 같이 유효하게 등기된 권리가 후에 소멸한 경우처럼 기 등기에 대응하는 실체관계가 없기 때문에 그 등기를 법률적으로 소멸시킬 목적으로 행하여 지는 등기이다. 어떤 내용을 존속시키면서 일부만을 보정하는 변경등기와 이 점에서 다르다.

② 미성년후견인

미성년자에 대하여 친권자가 없거나 친권자가 법률행위의 대리권 및 재산관리권을 행사할 수 없는 때에 미성년후견인을 두어야 한다(제928조). 이러한 후견인은 2차로 미성년자의 법정대리인이 되는데(제938조 제1항) 이는 다음과 같다.

㉮ 미성년후견인의 수는 한명으로 한다(제930조 제1항).

㉯ 미성년자에 대하여 친권을 행사하는 부모는 유언으로 미성년자의 후견인을 지정할 수 있다. 그러나 법률행위의 대리권과 재산관리권이 없는 친권자는 이를 지정하지 못한다(제931조 제1항).

㉰ 부모의 유언에 의해 미성년후견인이 없으면 직권으로 또는 미성년자, 친족, 이해관계인, 검사, 지방자치단체의 장의 청구에 의하여 미성년후견인을 선임한다(제932조 제1항). 그리고 가정법원은 친권상실의 선고나 대리권 및 재산관리권 상실의 선고에 따라 미성년후견인을 선임할 필요가 있는 경우에는 직권으로 선임해야 하며(동조 제2항), 친권자가 대리권 및 재산관리권을 사퇴한 경우에는 지체 없이 가정법원에 미성년후견인의 선임을 청구해야 한다(동조 제3항).

㉱ 제929조에 따른 성년후견인은 가정법원이 직권으로 선임한다. 그리고 가정법원은 성년후견인이 사망, 결격, 그 밖의 사유로 없게 된 경우에도 직권으로 또는 피성년후견인, 친족, 이해관계인, 검사, 지방자치단체의 장의 청구에 의하여 성년후견인을 선임해야 하며(제936조 제1항, 제2항) 가정법원은 성년후견인이 선임된 경우에도 필요하다고 인정하면 직권으로 또는 제2항의 청구권자나 성년후견인의 청구에 의하여 추가로 성년후견인을 선임할 수 있다.

가정법원이 성년후견인을 선임할 때에는 피성년후견인의 의사를 존중하여야 하며, 그 밖에 피성년후견인의 건강, 생활관계, 재산상황, 성년후견인이 될 사람의 직업과 경험, 피성년후견인과의 이해관계의 유무(법인이 성년후견인이 될 때에는 사업의 종류와 내용, 법인이나 그 대표자와 피성년후견인 사이의 이해관계의 유무를 말한다) 등의 사정도 고려하여야 한다(동조 제4항).

㉲ 결격사유에 의하여 후견인이 될 수 없는 자로는 i) 미성년자 ii) 미성년후견인, 피한정후견인, 피특정후견인, 피임의 후견인 iii) 회생절차 개시결정 또는 파산선고를 받은 자 iv) 자격정지 이상의 형을 선고받고 그 형기 중에 있는 자 v) 법원에서 해임된 법정대리인 vi) 법원에서 해임된 성년후견인, 한정후견인, 특정후견

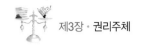

인, 임의후견인과 그 감독인 vii) 행방이 불명한 자 viii) 피후견인을 상대로 소송을 하였거나 하고 있는 자 또는 그 배우자와 직계혈족이 있다(제937조).

㉥ 후견인은 정당한 사유있는 때에는 가정법원의 허가를 얻어 이를 사임할 수 있으며(제939조), 가정법원은 피후견인의 복리를 위하여 후견인을 변경할 필요가 있다고 인정하면 직권으로 또는 피후견인, 친족, 후견감독인, 검사, 지방자치단체의 장의 청구에 의하여 후견인을 변경할 수 있다.

2) 법정대리인의 권리와 의무

① 보호 · 교양의 권리의무, 거소지정권, 징계권

친권자와 미성년후견인은 미성년인 자를 보호하고 교양 할 권리의무가 있으며(제913조 · 제945조), 미성년자를 지정한 장소에 거주하도록 할 수 있다(제914조 · 제945조). 또한 미성년자를 보호 또는 교양하기 위하여 필요한 징계를 할 수 있으며 법원의 허가를 얻어 감화 또는 교정기관에 위탁할 수 있다(제915조 · 제945조). 다만 친권자가 정한 교양방법 또는 거소를 변경하거나 피후견인을 감화 또는 교정기관에 위탁하거나 친권자가 허락한 영업을 취소 또는 제한함에는 미성년후견 감독인이 있으면 그의 동의를 얻어야 한다(제945조).

② 법정대리인의 권한

법정대리인인 친권자 또는 후견인은 법률행위에 있어서 미성년자 능력의 불완전을 보충할 지위에 있다. 따라서 동의권 · 대리권 · 취소권을 갖는다.

㉮ 동의권

㉠ 미성년자가 법률행위를 함에는 법정대리인의 동의를 얻어야 한다(제5조 제1항 전단). 그러므로 미성년자가 법정대리인의 동의를 얻으면 단독으로 유효한 법률행위를 할 수 있다. 여기서 「동의권(同意權)」이라 함은? 미성년자가 법률행위를 하기 전에 이를 할 수 있도록 법정대리인이 동의하는 권한을 말한다. 이러한 동의의 방법에는 아무런 제한이 없는데, 그 동의가 명시적이건 친권자가 자의 행위를 묵인하는 것과 같이 묵시적이건 상관없이 유효하다. 그리고 일반적으로 동의는 미성년자에게 해 주는 것이 원칙이지만, 미성년자와 행위를 하

는 상대방에게 해 주어도 유효하다(통설). 그리고 법정대리인은 미성년자에게 법률행위를 할 수 있도록 동의하여 주었거나 미성년자에게 범위를 정하여 일정한 재산의 처분을 허락하였더라도 아직 미성년자가 법률행위를 하기 전에는 그 동의와 허락을 취소할 수 있다(제7조). 이때의 허락과 동의는 그 성질이 같다(통설).

㉡ 법정대리인이 친권자의 경우에는 동의를 행사하는 데 아무런 제한을 받지 않는다. 그러나 미성년후견인의 경우에는 미성년자의 일정한 행위에 대하여 동의를 하려면 후견감독인이 있으면 그의 동의를 받아야 한다(제950조). 동의는 미성년자에게 하거나 미성년자의 상대방에게 하여도 무방하다. 이에 대하여는 아래의 ㉯ 대리권에서 설명한다.

잠깐!! 민총, 깊이보기

과거에는 미성년자는 부모 또는 후견인의 동의를 얻어야만 이혼할 수 있었으나, 1990년 민법의 일부 개정에 의하여 이 규정이 삭제되었으므로 미성년자는 부모 또는 후견인의 동의없이 이혼할 수 있다.

㉯ 대리권

㉠ 미성년자는 법정대리인의 동의·허락을 얻은 경우에는 단독으로 유효한 법률행위를 할 수 있다. 하지만 미성년자가 의사능력이 없는 유아(幼兒)인 경우라면, 아무리 법정대리인이 동의를 하여 주었다 하더라도 단독으로 유효한 법률행위를 할 수 없다. 이러한 경우에는 전적으로 법정대리인에 의지할 수밖에 없으며 이에 따라 민법은 미성년자의 재산에 관한 법률행위에 관하여 법정대리인인 친권자나 후견인이 그 미성년자를 대리할 수 있게 하였다(제920조 본문, 제949조 제1항). 여기서 「대리권(代理權)」이라 함은? 법정대리인이 미성년자를 대리하여 법률행위를 하는 권한을 말한다. 유의할 것은 이러한 대리권과 동의권은 양립할 수 있다는 것이다. 즉, 미성년자에게 동의를 해 준 행위를 법정대리인이 대리하여도 된다. 그러나 미성년자에게 영업허락을 동의한 경우(제8조 제1항 참조)라면, 그 범위내에서 법정대리인의 대리권은 소멸한다.

㉡ 위의 대리권에는 다음과 같은 제한이 있다.

ⓐ 법정대리인이라고 하더라도 미성년자의 행위를 목적으로 하는 채무를 부담할 경우에는 미성년자 본인의 동의를 얻지 않으면 대리할 수 없다(제920조 단서, 제949조 제2항). 예컨대 미성년자가 고용계약을 맺는 경우가 그것이다. 이 경우에 법정대리인은 미성년자를 대리하여 고용계약을 할 수 없다. 근로기준법도 미성년자의 보호를 위해서 제65조 제1항에 「친권자 또는 후견인은 미성년자의 근로계약을 대리할 수 없다」 라고 규정하고 있다.

ⓑ 법정대리인과 미성년자 사이의 이익상반행위(利益相反行爲)[78]에 관하여는 대리권이 제한된다. 즉 법정대리인인 친권자와 그 子사이에 이익이 상반되는 행위를 함에는 친권자는 법원에 그 자의 특별대리인의 선임을 청구하여야 한다(제921조 제1항). 법정대리인인 친권자가 그 친권에 따르는 여러 명의 子간에 이익이 상반되는 행위를 함에는 법원에 그 子 일방의 특별대리인의 선임을 청구하여야 한다(제921조 제2항).

ⓒ 친권자가 그 子에 대한 법률행위의 대리권을 행사함에는 자기의 재산에 관한 행위와 동일한 주의를 하여야 한다(제922조).

ⓓ 그러나 후견인이 피후견인을 대리하여 다음 사항의 어느 하나에 해당하는 행위를 하거나 미성년자의 다음 사항의 어느 하나에 해당하는 행위에 동의를 할 때는 후견감독인이 있으면 그의 동의를 받아야 한다. i) 영업에 관한 행위 ii) 금전을 빌리는 행위 iii) 의무만을 부담하는 행위 iv) 부동산 또는 중요한 재산에 관한 권리의 득실변경을 목적으로 하는 행위 v) 소송행위 vi) 상속의 승인, 한정승인 또는 포기 및 상속재산의 분할에 관한 협의(제950조 제1항), 그리고 후견감독인의 동의가 필요한 행위에 대하여 후견감독인이 피후견인의 이익이 침해될 우려가 있음에도 동의를 하지 아니하는 경우에는 가정법원은 후견인의 청구에 의하여 후견감독인의 동의를 갈음하는 허가를 할 수 있고(동조 제2항), 후견감독인의 동의가 필요한

---

78) 법률용어 살펴보기 ☞ 「이익상반행위(利益相反行爲)」라 함은? 친권(親權)에 복종하는 子와 친권자(親權者) 자신 사이에 이익이 충돌되는 경우를 말한다. 예컨대 친권자가 돈을 빌리기 위하여 미성년자인 子의 부동산을 담보에 제공하는 행위 또는 친권자의 채무에 관하여 미성년자인 子를 연대채무자로 하는 행위 등이다. 하지만 법정대리인인 친권자가 부동산을 매수하여 이를 子에게 증여하는 행위는 미성년자인 子에게 이익을 주는 행위이므로 친권자와 子 사이의 이해상반행위에 속하지 않는다.

법률행위를 후견인이 후견감독인의 동의 없이 하였을 때에는 피후견인 또는 후견감독인이 그 행위를 취소할 수 있다(동조 제3항).

ⓔ 후견인이 피후견인에 대한 제3자의 권리를 양수(讓受)하는 경우에는 피후견인은 이를 취소할 수 있다. 그리고 위에 따른 권리의 양수의 경우 후견감독인이 있으면 후견인은 후견감독인의 동의를 받아야 하고, 후견감독인의 동의가 없는 경우에는 피후견인 또는 후견감독인이 이를 취소할 수 있다(제951조 제1항, 동조 제2항).

③ 취소권

㉮ 미성년자가 법률행위를 함에는 법정대리인의 동의를 얻어야 한다(제5조 제1항). 만일 미성년자가 이에 위반하여 법률행위를 하는 경우에는 법정대리인은 이를 취소할 수 있다(동조 제2항). 여기서 「취소권(取消權)」이라 함은? 동의를 얻지 않고 미성년자가 이에 위반하여 법률행위를 하는 경우에는 법정대리인이 취소할 수 있는 권한을 말한다. 이러한 취소권은 제한능력자, 착오로 인하거나 사기·강박에 의하여 의사표시를 한 자, 그의 대리인 또는 승계인만이 행사할 수 있다(제140조).

㉯ 법정대리인이 취소한 법률행위는 처음부터 무효인 것으로 본다(제141조 본문). 취소의 소급적 효과는 선의의 제3자에 대하여도 주장할 수 있으며 취소권이 행사되면 이행된 급부(給付)에 대한 반환의무가 발생하는데 이것은 부당이득의 반환의무이다. 그리고 취소에 의하여 미성년자는 이익이 현존(現存)하는 범위내에서만 상환할 책임이 있다(제141조 단서).

㉰ 법정대리인은 미성년자가 동의 없이 한 계약을 추인할 수 있는 추인권(追認權)을 가진다.

잠깐!! 민총, 깊이보기

> ▣ 상기의 취소권은 추인·법정추인·취소권의 단기소멸·취소권의 배제 등의 소멸사유에 의해 소멸한다.

3. 피성년후견인

(1) 의 의

피성년후견인은 질병, 장애, 노령, 그 밖의 사유로 인한 정신적 제약으로 사무를 처리할 능력이 지속적으로 결여된 사람에 대하여 본인, 배우자 등 일정한 자의 청구에 의하여 가정법원으로부터 성년후견개시 심판을 받은 자이다(제9조 제1항).

(2) 심판의 요건

1) 질병, 장애, 노령, 그 밖의 사유로 인한 정신적 제약으로 사무를 처리할 능력이 지속적으로 결여된 사람이어야 한다. 정신적 제약에 대해서는 현행대로 의사의 감정이 필요하지만, 그에 기속되는 것은 아니다. 또한 정신적 제약을 요구한다는 점에서는 종래의 한정치산·금치산제도와 크게 다르지 않다. 그러나 신체적 장애에 대해서는 명문규정을 두고 있지 않으므로 논란의 대상이 될 수 있지만, 명문규정이 없는 이상 포함되지 않는다고 보아야 할 것이다. 또한 사무처리 능력이 지속적으로 결여되어야 한다는 점에서 사무처리능력이 부족한 자에 대한 한정후견과 다르다(제12조 제1항 참조).

2) 본인, 배우자, 4촌 이내의 친족, 미성년후견인, 미성년후견감독인, 한정후견인, 한정후견감독인, 특정후견인, 특정후견감독인, 검사 또는 지방자치단체의 장의 청구가 있어야 한다(제9조 제1항 후단). 청구권자로서 본인은 의사능력을 회복한 때 단독으로 청구할 수 있으며, 검사 또는 지방자치단체의 장은 공익의 대표자로써 그리고 사회복지의 전문성 등을 고려하여 청구권자로 인정하고 있다.

3) 피성년후견인의 재활과 자기결정권의 존중을 위해서 가정법원이 성년후견개시의 심판을 할 때 본인의 의사를 고려하여야 한다(제9조 제2항).

4) 성년후견개시 심판의 절차

심판절차는 가사소송법과 가사소송규칙에 의하며, 이상의 모든 요건이 구비되면 가정법원은 필수적으로 성년후견개시의 심판을 하여야 한다.

(3) 피성년후견인의 행위능력

피성년후견인은 원칙적으로 단독으로 행한 법률행위의 경우에는 취소할 수 있다. 즉, 법정대리인의 동의를 얻지 않았거나, 동의를 얻은 법률행위라도 취소할 수 있다. 종래의 금치산의 법률행위의 효력과 유사하다. 그러나 가정법원이 취소할 수 없는 법률행위를 정한 경우와 생활용품의 구입 등 일상생활에 필요하고 그 대가가 과도하지 아니한 법률행위는 성년후견인이 취소할 수 없다(제10조 제2항, 제4항).

가정법원은 취소할 수 없는 피성년후견인의 법률행위의 범위를 정할 수 있으며, 본인, 배우자, 4촌 이내의 친족, 성년후견인, 성년후견감독인, 검사 또는 지방자치단체의장의 청구에 의하여 그 범위를 변경할 수 있다(제10조 제3항). 피성년후견인은 약혼(제802조) · 혼인(제808조2항) · 협의이혼(제835조) · 인지(제856조) · 입양(제873조 제1항) · 협의파양(제902조) 등의 친족법상의 행위는 성년후견인의 동의를 얻어서 스스로 할 수 있다.

(4) 법정대리인

가정법원의 성년후견개시심판이 있는 경우에는 그 심판을 받은 사람의 성년후견인을 두어야 한다(제929조). 가정법원이 성년개시심판을 하면서 직권으로 성년후견인을 선임한다(제936조 제1항). 성년후견인은 피성년후견인의 신상과 재산에 관한 모든 사정을 고려하여 여러 명을 둘 수 있으며, 법인도 성년후견인이 될 수 있다(제930조).

이러한 성년후견인이 피성년후견인의 법정대리인이 되며, 그 권한은 원칙적으로 동의권은 없고, 대리권만 인정된다.

(5) 성년후견종료의 심판

성년후견개시의 원인이 소멸된 경우에는 가정법원은 본인, 배우자, 4촌 이내의 친족, 성년후견인, 성년후견감독인, 검사 또는 지방자치단체의 장의 청구에 의하여 성년후견종료의 심판을 한다(제11조). 성년후견종료의 심판이 행해지면 피성년후견인은 행위능력을 회복한다. 회복의 효력은 장래에 향해서만 인정된다. 그리고 가정법원이 피성년후견인 또는 피특정후견인에 대하여 한정후견개시의 심판을 할 때에는 종전의 성년후견 또는 특정후견의 종료심판을 한다(제14조의3 제2항). 성년후견종료 심판의 절차도 가사소송법과 가사소송규칙에 의한다. 그리고 성년후견종료의 심판도 그 요건이 갖추어지면 반드시 행하여져야 한다.

4. 피한정후견인

(1) 의 의

피한정후견인이란 질병, 장애, 노령, 그 밖의 사유로 인한 정신적 제약으로 사무를 처리할 능력이 부족한 사람에 대하여 본인, 배우자 등의 일정한 자의 청구에 의하여 가정법원으로부터 심판을 받은 자를 말한다(제12조).

(2) 요 건

1) 질병, 장애, 노령, 그 밖의 사유로 인한 정신적 제약으로 사무를 처리할 능력이 부족한 사람이어야 한다(제12조 제1항 전단). 이 요건은 성년후견의 경우와 비슷하다. 다만, 정신적 제약으로 사무를 처리할 능력이 부족한 자이어야 하므로 피성년후견이 사무처리능력의 지속적 결여를 요건으로 하는 점에서 차이가 있다.
2) 본인, 배우자, 4촌 이내의 친족, 미성년후견인, 미성년후견감독인, 성년후견인, 성년후견감독인, 특정후견인, 특정후견감독인, 검사 또는 지방자치단체의 장의 청구가 있어야 한다(제12조 제1항).
3) 가정법원은 성년후견개시의 심판을 할 때 본인의 의사를 고려하여야 한다(제12조 제2항).

(3) 심판의 절차

한정후견개시 심판절차도 성년후견개시심판절차와 같다. 즉, 심판절차는 가사소송법과 가사소송규칙에 의하며, 이상의 모든 요건이 구비되면 가정법원은 필수적으로 성년후견개시의 심판을 하여야 한다.

(4) 행위능력

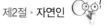

피한정후견인은 원칙적으로 행위능력을 가지므로 단독으로 유효한 법률행위를 할 수 있다. 그러나 가정법원이 피한정후견인의 정신적 제약 상태에 따라 한정후견인의 동의를 받아야 하는 행위의 범위를 정한 경우에는 한정후견인이 취소할 수 있다(제13조 제1항). 종래의 한정치산자 제도는 구체적인 정신적 능력을 고려하지 않고 획일적으로 한정치산자의 행위능력을 취소할 수 있는 것으로 하였으나, 개정 민법은 피한정후견인의 잔존능력을 최대한 활용할 수 있도록 그의 보호를 위하여 필요한 범위 내에서 한정후견인의 동의를 받도록 한 것이다.

또한 행위능력의 범위에 있어서도 정신적 제약 상태에 따라 본인, 배우자, 4촌 이내의 친족, 한정후견인, 한정후견감독인, 검사 또는 지방자치단체의 장의 청구에 의하여 그 행위의 범위를 변경할 수 있다(동조 제2항). 한정후견인의 동의를 필요로 하는 행위에 대하여 한정후견인이 피한정후견인의 이익이 침해될 염려가 있음에도 그 동의를 하지 않은 때에는 가정법원은 피한정후견인의 청구에 의하여 한정후견인의 동의를 갈음하는 허가를 할 수 있다(동조 제3항).

한정후견인의 동의가 필요한 법률행위를 피한정후견인이 동의 없이 하였을 때에는 이를 취소할 수 있지만, 일용품의 구입 등 일상생활에 필요하고 그 대가가 과도하지 아니한 법률행위에 대하여는 취소할 수 없다(동조 제4항).

(5) 법정대리인

피한정후견인의 보호자로 한정후견인을 두어야 한다(제959조의 2). 한정후견인은 성년후견과 마찬가지로 여러 명을 둘 수 있고(제959조의 3 제2항 · 제930조의 제2항), 법인도 후견인이 될 수 있다. 그러나 한정후견인이 당연히 피한정후견인의 법정대리인이 되는 것은 아니다.

한정후견인은 원칙적으로 법률행위의 동의권 · 취소권이 없지만, 동의가 유보된 경우에는 동의권과 취소권을 가진다. 대리권도 없는 것이 원칙이지만 대리권을 수여하는 심판이 있는 경우에만 대리권을 가진다(제959조의4 제1항 · 제2항 · 제3항).

(6) 종료의 심판

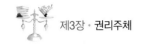

한정후견개시의 원인이 소멸된 경우에는 가정법원은 본인, 배우자, 4촌 이내의 친족, 한정후견인, 한정후견감독인, 검사 또는 지방자치단체의 장의 청구에 의하여 한정후견종료의 심판을 한다(제14조).

가정법원이 피한정후견인 또는 피특정후견인에 대하여 성년후견개시의 심판을 할 때에는 종전의 한정후견 또는 특정후견의 종료 심판을 한다(제14조의3 제1항).이 심판이 있으면 제한받고 있던 피한정후견인의 행위능력은 그때부터 회복하게 된다.

5. 피특정후견인

(1) 의 의

피특정후견인은 질병, 장애, 노령, 그 밖의 사유로 인한 정신적 제약으로 일시적 후원 또는 특정한 사무에 관한 후원이 필요한 사람에 대하여 가정법원으로부터 일정한 자의 청구에 의하여 특정후견의 심판을 받은 자를 말한다(제14조2 제1항). 피특정후견은 일시적 사무 또는 특정한 사무에 대하여 보호하는 제도로써 사무처리 능력이 지속적이지 않다는 특징이 있다. 따라서 피성년후견인이나 피한정후견인과 같이 지속적·포괄적으로 보호를 받는 것이 아니라 일시적·특정적으로 보호를 받는다는 점에서 차이가 있으며, 과거에는 없던 새로운 제도이다.

(2) 요 건

1) 질병, 장애, 노령, 그 밖의 사유로 인한 정신적 제약으로 일시적 후원 또는 특정한 사무에 관한 후원이 필요한 사람이어야 한다. 정신적 제약을 요구한다는 점에서는 피성년후견인이나 피한정후견인과 같지만, 사무처리능력의 유무와는 상관없이 후원이 필요하여야 한다.

2) 본인, 배우자, 4촌 이내의 친족, 미성년후견인, 미성년후견감독인, 검사 또는 지방자치단체의 장의 청구가 있어야 한다(제14조의2 제2항).

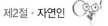

3) 특정후견인제도는 본인의 의사에 따른 특정적 보호제도이므로 가정법원은 본인의 의사에 반하여 할 수 없다(제14조의2 제2항).

(3) 피특정후견인의 행위능력 및 보호조치

가정법원에서 특정후견의 심판이 있더라도 피특정후견인의 행위능력에는 영향을 미치지 않는다. 또한 특정한 법률행위를 위하여 특정후견인이 선임되어 법정대리권이 부여되더라도 마찬가지이다. 즉, 피특정후견인은 행위능력이 그대로 인정되므로 특정후견인의 동의를 받을 필요없이 직접 법률행위를 할 수 있다. 따라서 피특정후견인은 엄격한 의미에서 제한능력자라고 할 수 없다.

특정후견의 개시와 종료는 당해 사무의 성질에 따라 정해지므로 가정법원은 특정후견의 심판을 하면서 특정후견의 기간 또는 사무의 범위를 정하여야 한다(동조 제3항). 특정후견은 일시적·특정적 보호제도이므로 개시와 종료의 심판은 없다. 다만, 피특정후견인에 대하여 성년후견개시의 심판이나 한정후견개시의 심판을 할 때에는 종전의 특정후견의 종료 심판을 한다(제14조의3).

가정법원은 피특정후견인의 후원을 위하여 필요한 처분을 명할 수 있으며(제959조의8), 그 보호처분으로 피특정후견인을 후원하거나 대리하기 위한 특정후견인을 선임할 수 있다(제959조의9 제1항). 피특정후견인의 후원을 위하여 필요하다고 인정하면 가정법원은 기간이나 범위를 정하여 특정후견인에게 대리권을 수여하는 심판을 할 수 있다(제959조의11 제1항). 그리고 가정법원은 필요하다고 인정하면 직권으로 또는 피특정후견인, 친족, 특정후견인, 검사, 지방자치단체의 장의 청구에 의하여 특정후견감독인을 선임할 수 있다(제959조의10 제1항).

6. 제한능력자의 상대방 보호

(1) 보호의 필요성

앞서 설명한 바와 같이, 제한능력자의 행위는 제한능력자 자신과 그 법정대리인에 한하여 취소할 수 있다(제140조). 그러므로 제한능력자 측에서 법률행위를 취소하면 처음부터(☞遡及效) 무효인 것이 되므로(제141조), 제한능력자와 거래한 상대방은 제한능력자 측으로부터 강력한 구속을 받게 된다. 즉, 제한능력자와 거래한 상대방은 제한능력자 측에서 취소할 것인지 여부에 따라 매우 불안정한 상태에 놓이게 되는 것이다. 따라서 민법은 제한능력자와 거래한 상대방을 보호하기 위한 제도로서, 일반적 보호제도와 특유한 보호제도 두 가지를 두고 있다.

1) 일반적 보호제도

민법은 제한능력자와 거래한 상대방을 보호하기 위하여 취소할 수 있는 법률행위 일반에 관한 규정(제145조~제146조)를 두고 있다. 이는 제한능력자 측의 취소권은 추인(追認)할 수 있는 날로부터 3년 이내에 법률행위를 한 날로부터 10년 이내에 행사하여야 하는 '취소권의 단기소멸의 제도(제146조)'와. 일정한 사유가 있는 때에는 추인이 있는 것으로 보는 '법정추인제도(제145조)'이다.

이와 같이 제한능력자와 거래한 상대방을 보호하기 위한 일반적 보호제도로써 취소권의 단기소멸과 법정추인제도를 두고 있는 이유는 제한능력자 측에게 무한정 취소권을 행사할 수 있는 기회를 부여하는 것은 제한능력자와 거래한 상대방은 물론 그 상대방과 법률행위를 한 제3자까지도 불안한 지위에 놓이게 하고 이에 따라 일반 사회의 거래안전도 문제가 되기 때문이다.

잠깐!! 민총, 깊이보기

- 위 취소권의 단기소멸기간은 제척기간(除斥期間)[79]으로 본다. 그리고 법정대리인의 취소권이 소멸하면 제한능력자 본인의 취소권도 소멸하게 되고 취소원인이 2개 이상인 경우(예: 제한능력자가 사기를 당한 경우)에는 취소권의 소멸기간은 각각의 취소권에 관하여 별개로 진행한다.

2) 상대방 보호를 위한 특유한 3가지 제도

민법은 제한능력자와 거래한 상대방과 제3자의 보호를 위한 특유한 3가지 제도로서, i) 상대방의 최고권 ii) 상대방의 철회권·거절권 iii) 상대방의 취소권의 배제(☞제

79) 법률용어 살펴보기 ☞「제척기간(除斥期間)」이라 함은? 일정한 권리에 관하여 법률이 정한 존속기간을 말한다. 더욱 자세한 설명은 후술하는 제7장 「소멸시효」를 참조할 것.

한능력자의 사술(詐術))를 인정하고 있다. 이러한 3가지는 제한능력자와 거래한 상대방의 보호제도 중에서 각종시험의 출재 비중이 높은 특유한 제도이다.

(2) 상대방의 확답촉구권(구 최고권)

> 김선달은 자신의 부동산을 성춘향에게 팔았다.
> 그런데 후에 알고 보니 성춘향은 제한능력자인 미성년자였다.
> 이 경우에 김선달이 보호받을 수 있는 방법은 무엇인가?

1) 확답촉구 의의

「확답촉구」란? 개정 전의 '최고(催告)'와 같은 뜻으로, 누구나 쉽게 이해할 수 있도록 개정한 것이다. 제한능력자의 상대방이 최고[80]의 권리를 행사하여 제한능력자측에 취소여부의 확답을 촉구하는 것을 말한다. 즉, 제한능력자와 법률행위를 한 상대방은 제한능력자측에게 문제의 행위를 취소할 것인지의 여부를 물을 수 있는 최고권을 행사할 수 있다(제15조).

2) 확답촉구 요건

민법 제15조 제1항 전단은 「제한능력자의 상대방은 제한능력자가 능력자가 된 후에 이에 대하여 1월이상의 기간을 정하여 그 취소할 수 있는 행위의 추인여부의 확답을 최고할 수 있다」라고 규정함으로써 제한능력자의 상대방이 확답촉구권을 행사하려면 i) 취소할 수 있는 행위를 적시(摘示)[81]하고 ii) 1개월 이상의 유예기간을 정하여 iii) 추인여부의 확답을 요구하여야 한다. 만약 유예기간이 1개월 미만이거나 기간을 정하지 않은 확답촉구는 무효로 보아야 한 것이다.

---

80) 「최고(催告)」라 함은? 어떤 자에 대하여 일정한 행위를 청구하는 것을 말하며 이는 법률의 규정이 없어도 얼마든지 할 수 있는 것이다. 그러나 최고가 법률에 규정이 되어 있는 경우에는 법률규정에 의해 직접 일정한 법률효과가 부여된다는 점에서 하나의 권리라 할 수 있으며 이는 준법률행위의 일종인 의사의 통지이다.

81) 법률용어 살펴보기 ☞ 「적시(摘示)」라 함은? 지적하여 제시하는 것으로, 예를 들어 사람에게 확실하게 알리는, 즉 세상이 다 알도록 '김선달은 전과자다'라고 하는 것을 의미한다.

3) 확답촉구의 상대방

「확답촉구권의 상대방(催告權의 相對方)」은 확답촉구를 할 때에 이를 수령할 능력이 있는 자이어야 한다. 제한능력자가 능력자가 된 후에는 제한능력자 본인이 그 상대방이 되고(제15조 제1항), 제한능력자가 아직 능력자가 되지 못한 때에는 법정대리인이 그 상대방이 된다(동조 제2항). 따라서 제한능력자가 능력자가 되지 못한 경우에는 법정대리인이 아닌 제한능력자에게 하는 상대방의 확답촉구는 무효가 된다.

정말, 공연한 이야기!!!

제한능력자 「상대방의 확답촉구권」은 제한능력자와 거래한 상대방을 보호하기 위하여 그 '상대방'에게 주는 권리이다. 따라서 제한능력자측이 제한능력자와 거래한 상대방에 대하여 확답촉구권을 가질 수는 없다.

4) 확답촉구권의 효과

제한능력자와 거래한 상대방은 확답촉구권을 행사함으로서 제한능력자와 거래한 상대방으로서의 불안한 지위에서 벗어날 수 있다. 이에 대한 설명은 다음과 같다.

㉮ 제한능력자가 능력자로 된 후에는 제한능력자에게, 제한능력자가 아직 능력자가 되지 못한 때에는 법정대리인에게 제한능력자와 거래한 상대방은 확답촉구권을 행사할 수 있다. 이렇게 추인여부의 확답을 촉구하였는데 추인여부를 유예한 기간내에, 제한능력자가 능력자로 된 후에는 제한능력자가, 제한능력자가 아직 능력자가 되지 못한 때에는 법정대리인이 확답을 발(發)하지 않으면 그 행위는 추인한 것으로 본다(제15조 제1항 · 제2항). 예를 들어 김선달이 자신의 부동산을 성춘향에게 매도하였는데 알고 보니 성춘향이 제한능력자인 미성년자인 경우, 김선달은 성춘향이 성년자가 되었으면 성춘향 본인에게 그리고 아직 미성년자로 남아 있다면 그 법정대리인에게 확답촉구를 할 수 있는데 추인여부의 유예기간내에 그 확답촉구에 대한 확답을 발하면 그에 따라 효과가 발생하지만 성춘향측에서 추인여부를 요구한 유예기간내에 확답을 발하지 않으면 민법 제15조 제1항과 제2항에 의하여 추인의 효과가 발생하는 것이다.

㉯ 다만 법정대리인이 단독으로 추인하지 못하고 후견감독인이 있는 경우 후견감

독인의 동의를 얻는 등의 특별한 절차를 요하는 행위(제950조 제1항 참조)에 관하여는 그 특별한 절차를 밟는 기간 내에 확답을 발하지 않으면 그 행위를 취소한 것으로 본다(제15조 제3항).

㉰ 제한능력자의 상대방이 제한능력자측에 대하여 하는 확답촉구의 경우는 도달주의(到達主義)의 원칙을 적용한다(제111조 제1항). 그러나 유의할 점은 민법 제15조에서 「…확답을 발송하지 아니한 때에는 그 행위를 추인한 것으로 본다」라고 규정함으로써 제한능력자측에서 하는 추인여부의 확답은 의사표시의 효력발생시기에 관한 도달주의(제111조 제1항)의 예외규정으로 「발신주의(發信主義)」를 적용한다는 것이다.

잠깐!! 민총, 깊이보기

상기 조항에서 '발송'한다는 것은 '도달'한다는 것과 대립되는 개념으로 기간내에 발신하면 즉시 법률효과가 있다는 것이다. 이것이 발신주의이다.

(3) 상대방의 철회권과 거절권(제16조)

미성년자인 이도령은 주민등록등본을 위조하여
성년자로 가장하고서 임꺽정에게 자신의 부동산을 매도하였다.
이 경우에 임꺽정은 어떤 주장을 하고 보호받을 수 있는가?

1) 의 의

「철회권(撤回權)」이라 함은? 제한능력자와 거래하였지만 상대방이 해당 법률행위의 효력발생을 원치 않을 경우, 제한능력자 측이 추인(追認)하기 전에 그 의사표시를 상대방이 철회하여 제한능력자와 한 계약의 효력을 부인하는 권리를 말한다(제16조 제1항·제3항). 그리고 「거절권(拒絶權)」이라 함은? 상대방이 제한능력자의 단독행위에 대하여 제한능력자 측에서 추인하기 전에 거절하여 그 단독행위의 효력을 부인하는 권리를 말한다(제16조 제2항·제3항). 이러한 상대방의 철회권과 거절권은 상대방측에서 적극적으로 그 행위를 무효로 하는 제도로서(제16조), 철회권은 '계약'에 관한 것이고 거절권은 '단독행위'에 관한 것이다. 이들을 인정하는 이유는 추인여부의 확답에 대한 확답촉구권은 1월 이상의 유예기간을 두어야 하고(제15조 제1항) 또한 법률행위의 효과가 어느 쪽으로 확정되느냐가 제한능력자 쪽의 결정에 달려 있으므로 상대방 스스로가 효력 발생을 부인하고 구속으로부터 벗어날 수 있게 하여 상대방 자신의 지위를 더욱 보호하기 위한 제도이다.

2) 행사의 방법

㉮ 민법 제16조 제1항 전단은 「제한능력자의 계약은 추인있을 때까지 상대방이 그 의사표시를 철회할 수 있다」 라고 규정하고, 동조 제2항은 「제한능력자의 단독행위는 추인있을 때까지 상대방이 거절할 수 있다」 라고 규정함으로써 제한능력자와 법률행위를 한 상대방은 반드시 제한능력자 측에서 계약 또는 단독행위를 추인하기 전에 철회권 또는 거절권을 행사하여야 한다. 그리고 동조 제3항은 「전2항의 철회나 거절의 의사표시는 제한능력자에 대하여도 할 수 있다」 라고 규정함으로써 상대방의 철회 또는 거절의 의사표시는 앞에서 설명한 확답촉구의 경우와 달리, 법정대리인은 물론 제한능력자에게 직접 하여도 무방하다.

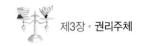

㉯ 다만 동조 제1항 단서는 「그러나 상대방이 계약당시에 제한능력자임을 알았을 때에는 그러하지 아니하다」 라고 규정함으로써 철회권은 상대방이 계약 당시에 제한능력자임을 알았을 때에는 인정되지 않는다. 이런 경우까지 상대방을 보호할 필요가 없기 때문이다. 여기에서 의사표시를 수령할 당시에 그 표의자가 제한능력자임을 상대방이 안 경우에도 거절권을 행사할 수 있느냐에 관한 문제가 제기된다. 즉, 상기의 제16조 제2항에 의하여, 제한능력자의 행위가 단독행위의 경우(여기서의 단독행위는 '상대방있는 단독행위'를 말한다)에, 상대방은 추인있을 때까지 이를 거절하여 그 행위를 무효로 할 수 있으며 이 거절의 의사표시는 제한능력자에 대하여도 할 수 있는데(동조 제3항), 상대방이 의사표시를 수령할 당시에 그 표의자가 제한능력자임을 안 경우에도 거절권을 행사할 수 있느냐 하는 것이 그것이다. 민법은 철회권(제16조 제1항 단서)과 달리 이에 대한 규정을 두고 있지 않다. 그러나 다수설은 제한능력자임을 알았더라도 추인있을 때까지 거절권을 행사하여 그 행위를 무효로 할 수 있다고 한다(곽윤직 · 김증한 · 이광신 · 권용우). 그 이유는 상대방있는 단독행위는 계약과 달리 그 성질상 제한능력자에 의한 의

사표시만 있고 단지 그 상대방은 그 의사표시를 수령하는 것에 지나지 않을 뿐, 제한능력자의 의사결정에 참여하지 않았기 때문이다. 따라서 이 경우에는 비록 제한능력자의 상대방이 악의(☞제한능력자임을 알고 있음)의 경우라 하더라도 이는 제한능력자의 상대방에게 책임이 있다고 볼 수 없다. 상기의 단독행위는 그 성질상 채무면제·상계 등과 같은 상대방있는 단독행위만을 의미하고 유언·재단법인의 설립행위 등과 같은 상대방없는 단독행위는 포함되지 않는다. 그러나 상대방이 이를 거절 또는 철회하지 않는 한 그 행위는 확정적으로 유효하게 된다.

살아있는 Legal Mind!!!

- 상기의 다수설에 대하여 소수설의 경우는 철회권과 같이 해석하여 단독행위의 경우에도 계약에 있어서와 같이 거절권을 행사할 수 없다고 한다(이영섭).

3) 상대방의 철회권과 거절권의 효과

철회나 거절의 의사표시가 있으면, 그 계약이나 단독행위는 확정적으로 무효인 것으로 된다. 따라서 이미 행하여진 급부가 있으면 이는 부당이득(제741조)으로서 반환하여야 한다.

(4) 상대방에 의한 제한능력자 측의 취소권의 배제(제17조)

1) 의 의

「상대방에 의한 제한능력자 측의 취소권의 배제」라 함은? 제한능력자가 속임수로써 자신을 능력자로 믿게 하거나 또는 미성년자나 피한정후견인이 속임수로써 법정대리인의 동의있는 것으로 믿게 한 때에는, 당연히 제한능력자 측을 보호할 필요가 없으므로 제한능력자의 취소권을 봉쇄하고 상대방의 이익을 보호하는 것을 말한다. 민법 제17조 제1항은 「제한능력자가 속임수로써 능력자로 믿게한 때에는 그 행위를 취소하지 못한다」라고 하고, 동조 제2항은 미성년자나 피한정후견인이 속임수로써 법정대리인의 동의있는 것으로 믿게한 때에도 전항과 같다라고 하여 제한능력자의 취소권을 배제하는 규정을 두고 있다.

2) 요 건

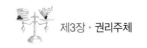

① 제한능력자가 능력자로 믿게 한 행위 또는 법정대리인의 동의가 있는 것으로 믿게 한 행위가 있어야 한다.

제한능력자인 미성년자 · 피한정후견인 · 피성년후견인이 상대방으로 하여금 자신을 능력자로 믿게 하였거나(제17조 제1항) 제한능력자 가운데 미성년자나 피한정후견인이 속임수를 사용하여 법정대리인의 동의가 있는 것으로 믿게 하였어야 한다(동조 제2항). 유의할 점은 설명한 바와 같이 속임수로써 법정대리인의 동의가 있는 것으로 믿게 한 경우에 취소권이 상실되는 제한능력자는 미성년자와 피한정후견인일 뿐, 피성년후견인은 포함되지 않는다는 것이다(동조 제2항). 그 이유는 피성년후견인의 경우에는 법정대리인의 동의를 얻었더라도 단독으로 유효한 행위를 할 수 없고 또한 동의가 있는 것으로 믿게한 때에도 그 행위는 언제나 취소할 수 있기 때문이다.

② 속임수를 사용하였어야 한다.

「속임수」라 함은? 다른 사람을 잘못 판단하게 하고 이를 믿게 하기 위한 적극적인 사기수단을 쓰는 것을 말하는 것이다(대판 1971.12.14. 71다2045). 그러므로 제한능력자가 자신을 능력자로 믿게 하기 위하여 또는 법정대리인의 동의가 있는 것으로 믿게 하기 위하여 속임수를 사용하였어야 한다. 제한능력자가 속임수를 사용하였다는 사실의 증명책임은 그러한 사실을 주장하는 상대방에게 있다(대판 1971.12.14. 71다2045).

▶ 「속임수와 증명책임(立證責任)」에 대한 판례 ☞ 적극적으로 사기수단을 쓴 경우를 말하는 것이고 단순히 자기가 능력자라고 허언(虛言)하는 것은 속임수를 쓴 것이라고 할 수 없다.

☞ 민법 제17조 소정의 미성년자가 속임수를 썼다고 주장하는 때에는 그 '주장자에게 그에 대한 증명책임이 있다' 할 것이다(대판 1971.12.14. 71다2045).

---

③ 위의 두 가지 요건을 갖추었다 하더라도, 제한능력자 사술에 의하여 상대방이 능력자로 믿었거나 법정대리인의 동의있는 것으로 오신(誤信)하였어야 하고 그로

인하여 제한능력자와 법률행위를 하였어야 한다. 이 경우에 손해발생여부는 묻지 않는다. 다만 상대방에게 중과실이 있는 경우는 취소권이 배제되지 않는다는 견해(고상용 140면)가 있으나, 보통의 경우에는 이와 같이 믿는데 상대방의 과실 유무는 취소권의 배제요건이 안 되는 것으로 본다.

살아있는 Legal Mind!!!

- 어떠한 것이 속임수이냐에 관하여 판례와 학설의 견해가 나누어진다. 판례(대판1971.12.14 71다2045)와 소수설(방순원)은 속임수를 '적극적인 기망수단'으로 해석하는 견해이다. 그러나 다수설은 '적극적인 기망수단'은 필요치 않다고 하여 속임수의 범위를 넓게 해석한다. 즉, 자기가 능력자라고 진술하거나, 제한능력자임을 부정하는 경우는 물론 더 나아가서 침묵(沈黙)이나 묵비(黙秘)도 경우에 따라서는 속임수가 될 수 있다고 본다(곽윤직 · 김용한 · 김기선 · 김증한 · 이영섭 · 장경학 · 권용우). 예컨대 상대방이 이미 오신(誤信)하고 있는 경우에 침묵함으로써 그 오신을 더욱 강하게 한 경우에는 속임수라고 인정할 수 있는 것이다. 거래의 안전과 선의자의 보호를 위해서 다수설이 옳다. 다만 침묵이나 묵비는 언제나 속임수가 되는 것은 아니며 그때의 구체적 상황에 따라서 속임수가 될 수도 있지만 안될 수도 있다는 점을 유의하여야 한다.

3) 효 과

상대방에 의한 제한능력자 측의 취소권이 배제되면, 제한능력자 본인과 그의 법정대리인은 제한능력을 이유로 그 행위를 취소하지 못한다(제17조 제1항 · 제2항). 즉 제한능력자측의 취소권이 배제된다. 이는 보호할 가치가 없는 제한능력자측을 보호하지 않기 위함이다. 상기의 예에서 미성년자인 이몽룡이 주민등록등본을 위조하여 성년자로 가장하고 임꺽정에게 자신의 부동산을 매도한 경우에는 임꺽정은 민법 제17조에 의하여 이몽룡측의 취소권을 봉쇄할 수 있다. 그러나 상대방인 임꺽정이 이를 거절 또는 철회하는 것은 상관없다. 따라서 상대방(☞임꺽정)이 이를 거절 또는 철회하지 않으면 그 행위는 확정적으로 유효하게 된다.

살아있는 Legal Mind!!!

- 제한능력자가 법률행위를 스스로 취소한 후에 법정대리인의 동의가 없었다는 이유로 그 취소를 다시 취소할 수 있는가에 관하여 통설의 입장은 다시 취소할 수 없다고 본다.

Ⅳ 주 소

1. 사람과 장소와의 관계

특정의 장소인 '주소(住所)'는 우리의 생활을 규율하는 법률관계에 있어서 중요한 의의를 갖는다. 즉, 사람은 주소에 의하여 권리주체의 장소적 개별성이 정하여진다. 민법은 주소와 거소에 관하여 일반적인 규정을 두었고, 그 밖의 본적지·주민등록지·법률행위지·사무소·영업소 등의 경우에는 개별적으로 규정하고 있다.

2. 주 소

(1) 주소의 의의

「주소(住所)」라 함은? '사람의 생활관계의 중심이 되는 장소'를 말한다. 이러한 주소를 어떻게 결정할 것인가는 판단기준에 따라 다르다. 민법 제18조 제1항은 「생활의 근거가 되는 곳을 주소로 한다」라고 규정하고 있다.

(2) 주소판단의 기준

주소를 정하는 표준으로는 다음의 3가지 주의가 있다.

1) 형식주의와 실질주의

「형식주의」는 그 사람의 생활의 근거지가 아니더라도 형식적 표준(예: 家神의 祭壇이 있는 곳이나 등록기준지 등)에 의해서 획일적으로 주소를 결정하는 주의이며 「실질주의」는 생활의 실질적 관계에 따라 주소를 결정하는 주의를 말하며 이에는 가족관계나 재산관계에 비추어 정주(定住)의 사실이 있어야 한다. 오늘날은 많은 사람이 등록기준 이외 등의 장소에서 자신의 생활관계를 맺고 있다. 이에 따라 우리 민법은 「실질주의」를 취하고 있다(제18조 제1항).

「주소의 실질주의」에 관한 판례 ☞ "생활의 실질적 관계에 의하여 결정하는 입법주의(우리 민법의 태도), 즉 민법 제18조 제1항의 '생활의 근거'가 되는 곳이란, 생활관계의 중심적 장소를 말하고 이는 국내에서 생계를 같이 하는 가족 및 국내에 보유하고 있는 자산(資産)의 유무 등 생활관계의 객관적 사실에 따라 판정해야 한다(대판 1990.8.14. 89누8064)."

2) 객관주의와 의사주의

「객관주의」는 정주의 의사(定住의 意思)의 필요없이 정주의 사실(定住의 事實)만 있으면 족하다는 주의이고, 「의사주의」는 정주의 사실과 그 밖의 정주의 의사를 필요로 하는 주의이다. 따라서 이러한 의사주의에 따르면 의사무능력자는 주소를 가질 수 없다. 객관주의는 우리 민법이 따르는 주의이고 의사주의는 독일·프랑스·스위스 민법이 따르는 주의이다. 주소의 설정에는 정주의 의사가 필요치 않으며 의사무능력자라도 단독으로 주소를 가질 수 있으므로 우리 민법은 「객관주의」를 취하고 있다(제18조 제1항).

알아두면 편리해요!!!

- 독일민법상에는 의사무능력자를 위한 법정주소의 규정이 있다.
  ☞ 법정주소의 내용(§11)
  · 군인(軍人)·군속(軍屬)의 주소는 소속위수지(所屬衛戍地)이다.
  · 양자(養子)의 주소는 양친(養親)의 주소와 같다.
  · 미성년자(未成年者)의 주소는 양친(兩親)의 주소와 같다.
  · 제한능력자(無能力者)인 처(妻)의 주소는 부(夫)의 주소로 본다.

3) 단일주의와 복수주의

「단일주의」는 주소는 하나만 있을 수 있다는 주의이고 「복수주의는 주소는 복수(複數)가 있을 수 있다는 주의이다. 우리 민법 제18조 제2항은 「주소는 동시에 두 곳 이상 있을 수 있다」라고 규정함으로써 주소에 관하여는 「복수주의」를 취하고 있다.

잠깐!! 민총, 깊이보기

민법 제18조의'생활이 근거가 되는 곳'이란, 생활관계의 중심이 되는 장소를 말한다. 그러므로 주소는 기존 호적제도에서 본적의 의미가 있는 등록기준지와 다르며 현재지나 주민등록지[82]와도 반드시 일치하지 않는다. 따라서 이는 등록기준지일 수도 있고 주민등록지일 수도 있다. 주민등록법상에서는 단일주의를 취하여 개인별로 한곳의 주민등록지만 갖도록 한다(동법 6조 참조).

(3) 주소의 법률적 효과

「주소의 법률적 효과」에 관하여는 민법총칙편에 일괄하여 규정되어 있지 않고 개개의 법률관계에 관하여 민법 중의 관계부분이나 각각의 법령에 규정되어 있다. 그 주요한 것은 다음과 같다.

① 부재 및 실종의 표준(민법 제22조 · 제27조)
② 변제의 장소(민법 제467조 제2항)
③ 상속의 개시지(민법 제998조)
④ 어음 행위의 장소(어음법 제2조 · 제4조 · 제21조, 수표법 제8조)
⑤ 재판관할의 표준(민사소송법 제3조, 가사소송법 제13조 · 제22조 · 제26조 · 제30조 · 제32조 · 제35조 · 제44조 · 제46조, 비송사건절차법 제33조 · 제39조, 파산법 제96조, 가사소송규칙 제2조 · 제14조 · 제70조 · 제117조 · 제121조 · 제124조)
⑥ 민사소송법상의 부가기간(민사소송법 제172조 제2항)
⑦ 섭외사법상 준거법을 결정하는 표준(섭외사법 제3조 제2항 · 제7조 제2항)
⑧ 귀화 및 국적회복의 요건(국적법 제5조 1호 · 제7조 제1항 · 제14조) 등이다.
⑨ 주민등록 대상자의 요건(주민등록법 제6조 제1항)

82) 법률용어 살펴보기 ☞「주민등록지(住民登錄地)」라 함은? 본적지이외의 장소에서 30일 이상 거주할 목적으로, 일정한 장소에 주소 또는 거소를 가지는 자가 주민등록법(1962년 법 제1067호)에 의거하여 등록한 장소(제6조 · 제10조)이다. 이 주민등록지는 공법상의 개념이고 민법상의 개념은 아니나 반증이 없는 한 보통은 주소로 추정한다.

3. 주소와 구별하여야 할 개념

(1) 거 소

「거소(居所)」라 함은? 사람이 다소의 기간 계속하여 거주하는 장소를 말한다. 즉, 생활의 근거지라고는 할 수 없어 주소에 비해서는 약하나, 현재지에 비해서는 강한 장소를 말한다. 예컨대 지방출신학생이 서울에서 하숙하는 경우의 하숙지, 병의 치료를 위하여 일시적으로 요양하는 요양지·별장 등이 이에 속한다. 민법 제19조는 「주소를 알 수 없으면 거소를 주소로 본다」라고 규정하고, 제20조는 「국내에 주소없는 자에 대하여는 국내에 있는 거소를 주소로 본다」라고 규정하고 있다. 그러므로 주소에 관하여 발생하는 법률효과는 거소에 대하여 동일하게 일어난다.

잠깐!! 민총, 깊이보기

- 거소는 주소를 알 수 없는 경우에 주소로 보는 장소이며 이는 현재에 살고 있는 곳이므로 이론상 두 곳 이상 있을 수 없다. 그리고 주소를 가지지 않는 자도 거소는 가질 수 있다.
- 주소는 자연인 뿐 만 아니라 법인의 법률관계에도 영향이 있다.(제36조)

(2) 가주소

「가주소(假住所)」라 함은? 어떤 특정한 법률행위에 관하여 주소를 대신하는 곳을 말한다. 즉, 이는 당사자가 어떤 거래상의 편의를 기하고자 당사자 사이의 의사에 기인하여 선정한 장소로서 주소지이외의 장소를 말한다. 민법 제21조는 「어느 행위에 있어서 가주소를 정한 때에는 그 행위에 관하여는 이를 주소로 본다」라고 규정함으로써 가주소는 주소의 유무와 상관없이 원래의 주소를 배척하지 않으며 특별한 거래관계에 있어서 주소와 동일한 효과를 가진다(제21조). 예컨대 서울에 주소를 가진 사람이 부산에서 상거래를 하면서 부산시내 소재의 어떤 곳을 가주소로 정한 때에는 그 사람의 부산에서의 상거래에 관하여는 그 장소가 주소로서의 효과를 가진다. 이러한 가주소 설정행위는 당사자의 의사에 기하여 법률효과가 부여되는 것이므로 법률행위의 일종이다. 따라서 미성년자 등 제한능력자의 경우에는 독자적으로 완전하고 유효한 가주소를 설정할 수 없다.

(3) 현재지

「현재지(現在地)」라 함은? 토지와의 관계가 거소보다 희박한 곳을 말한다. 예컨대 여행자가 일시 체류하는 호텔과 같은 곳이 그것이다. 이러한 현재지에 관하여는 법률상 어떤 효과를 인정하는바는 없으나, 다만 제19조 및 제20조의 거소는 현재지를 포함하는 것으로 해석한다. 그러나 이는 단지 거소 등을 판단하는 하나의 요소에 불과하므로 주소와는 관계가 없는 개념이다.

V 부재와 실종

1. 개 관

사람이 그의 주소를 떠나서 단시일내에 돌아올 가망이 없는 때에는 해당자의 잔류재산관리와 잔존배우자 또는 상속인 등의 이익보호를 위하여 적당한 조치를 강구할 필요가 있다. 그러므로 로마법이래 각국의 법률은 이에 관한 규정을 두고 있으며, 우리 민법도 해당하는 적절한 규정을 두고 있는데 그 하나는 첫단계로 부재자가 아직 생존하고 있는 것으로 추측하여 그의 재산을 관리해 주면서 돌아오기를 기다리는 「부재자재산관리제도(不在者財産管理制度)」이고(제22조 이하), 다른 하나는 두 번째 단계로 부재자의 생사불명 상태가 일정기간 계속되고 사망의 가능성이 높을 때에는 일단 그 자를 사망한 것으로 보고 그 자를 중심으로 하는 법률관계를 확정·종결시키는 「실종선고제도(失踪宣告制度)」이다(제27조 이하).

2. 부재자

임꺽정에게서 1,000만원을 빌려서 집을 나간 김선달은
상당히 오래 전에 연락이 끊겼고 돌아올 가망도 없다.
문제는 김선달이 배우자나 친족도 없고
단지 주택 하나만을 가지고 있을 뿐이라는 것이다.
이 경우에 임꺽정이 김선달에게서 돈을 받을 수 있는 방법은?

(1) 부재자제도의 의의

「부재(不在)」라 함은? 종래 주소나 거소를 떠나 '용이하게 돌아올 가망이 없는 상태를 말한다(제22조 참조). 예컨대 외국여행 중 수년에 걸쳐 행방불명이 된 경우 또는 한국전쟁때 북으로 납치되어 행방불명이 된 경우가 그것이다. 그리고 이러한 상태에 있는 자를 「부재자(不在者)」라 한다. 민법은 거래의 안전을 보호하기 보다는 부재자 본인이나 이해관계인의 이익보호를 위해 부재자가 돌아올 것을 기대하면서 부재자의 재산을 관리하는 제도를 규정하고 있는데(제22조 내지 제26조), 이를 「부재자제도(不在者制度)」라고 한다. 이러한 부재자제도는 그 성질상 자연인(自然人)에 한하며 법인(法人)에는 적용되지 않는다(대판 1965.2.9. 64스9). 그리고 이러한 부재자 잔류재산의 관리는 가사사건(家事事件)으로 다루어 가정법원이 관장한다(가사소송법 제2조~제44조).

살아있는 Legal Mind!!!

- 상기에서 말하는 '용이하게 돌아올 가망이 없는 상태'의 여부에 관하여는 여러 사정을 종합하여 판단할 것이며(대판1960.4.21 4292민상252), 생사불명(生死不明)을 의미하는 것은 아니다.
- 유의할 것은 생사불명의 자도 실종선고나 인정사망을 받을 때까지는 역시 부재자라는 점이다.

(2) 부재자의 재산관리

민법은 부재자에게 재산관리인이 없는 경우와 있는 경우의 두 가지로 나누어 규정한다.

1) 부재자 자신이 재산관리인을 두지 않은 경우

부재자 자신이 재산관리인을 두지 않은 경우에는 주로 가정법원이 선임한 부재자의 재산관리에 의하여 부재자의 재산이 관리된다. 이에 대한 설명은 다음과 같다.

① 필요한 처분의 명령

㉮ 민법 제22조 제1항 전단은 「종래의 주소나 거소를 떠난 자가 재산관리인을 정하지 아니한 때에는 법원은 이해관계인이나 검사의 청구에 의하여 재산관리

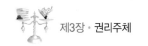

에 관하여 필요한 처분을 명하여야 한다」라고 규정함으로써 부재자가 관리인을 두지 않았고 법정대리인도 없음으로 인하여 부재자의 재산을 관리할 필요가 있는 때에는 가정법원은 이해관계인이나 검사의 청구에 의하여 재산관리인을 선임하는 등의 필요한 처분을 명하여야 한다. 이 때, 가정법원이 명령할 수 있는 재산관리에 필요한 처분의 예로는 재산관리인의 선임(財産管理人의 選任)·잔류재산의 봉인(殘留財産의 封印)·경매(競賣) 등을 들 수 있다.

㉯ 동조 제2항은 「본인이 그 후에 재산관리인을 정한 때에는 법원은 본인, 재산관리인, 이해관계인 또는 검사의 청구에 의하여 전항의 명령을 취소하여야 한다」라고 규정함으로써 가정법원은 일정한 자의 청구에 의하여 부재자의 재산관리에 필요한 처분을 명령한 후에 i) 부재자 본인이 스스로 재산관리인을 정한 때 ii) 본인 스스로 재산관리를 할 수 있게 된 때 iii) 본인의 사망이 분명하게 되거나 실종선고가 있는 때에는 본인·재산관리인·이해관계인 또는 검사의 청구에 의하여 제22조 제1항의 명령을 취소하여야 한다.

잠깐!! 민총, 깊이보기

상기에서 말하는 「이해관계인(利害關係人)」이라 함은? 부재자의 재산보존에 대해 법률상 이해관계가 있는 자를 말한다. 다시 말해, 재산을 관리하는 재산관리인(소유자 포함)이 없기 때문에 해당재산상 자신의 권리가 직·간접적으로 손해를 입는 자를 말한다. 예컨대 상속인·배우자·채권자·보증인·부재자와 함께 연대채무자가 된 자 등이 이에 속한다. 그러므로 비록 부재자와 친한 친구사이라 하더라도 상기의 관계가 아니면 이해관계인이 아니다.

「실종선고 만료 후의 권한초과행위의 효력」에 대한 판례 ☞ 부재자의 재산관리인에 의하여 소송절차가 진행되던 중에 부재자 본인에 대한 실종선고가 확정되면, 그 재산관리인으로서의 지위는 종료되는 것이므로 상속인 등에 의한 소송수계(訴訟受繼)가 있을 때까지 소송절차가 중단된다(대판 1987.3.24. 85다카1151)."

② 선임된 재산관리인의 지위

㉮ 성질과 권한

i) 선임된 재산관리인은 부재자 본인의 의사와는 관계없이 선임되는 일종의

법정대리인이며 법원은 언제든지 그 선임한 재산관리인을 개임(改任)할 수 있다(가사소송규칙 제42조 제1항). 또한 가정법원이 선임한 재산관리인이 사임하고자 할 때에는 가정법원에 그 사유를 신고하여야 한다. 이 경우에 가정법원은 다시 재산관리인을 선임하여야 한다(동조 제2항).

ii) 선임된 재산관리인은 부재자의 재산에 대하여 민법 제118조의 관리행위(☞ 보존·이용·개량행위)만을 할 수 있다. 그러나 법원이 선임한 재산관리인이 제118조의 관리행위 이상의 행위(예: 처분행위)를 하려면, 민법 제25조 전단이「법원이 선임한 재산관리인이 제118조에 규정한 권한을 넘는 행위를 함에는 법원의 허가를 얻어야 한다」라고 규정함으로써 가정법원의 허가를 要하게 되며 만일 이를 위반하면 무효가 된다(대판 1970.1.27. 69다1820). 따라서 재산관리인이 법원의 허가범위를 넘은 처분행위를 한 경우, 예컨대 재산의 형상 또는 성질을 변하게 하는 물건의 파괴행위 또는 재산권의 변동을 일으키는 제한물권의 설정 또는 매매행위 등을 한 때에는 무권대리(無權代理)[83]가 되며 아주 특별한 사정이 없는 한 이 경우는 상대방이 선의·무과실이라고 볼 수 없으므로 권한을 넘은 표현대리(權限을 넘은 表見代理)도 성립하지 않는다(대판 1976.12.21. 75마551).(이에 대하여 자세한 것은 이후에 설명하는 제5장 법률행위 중에서 제4절 법률행위의 대리 Ⅵ.무권대리를 참조 할 것)

제3장

- 「부재자 재산관리인」에 대한 판례 ☞ 법원의 처분허가를 얻었다 하더라도 부재자와 아무런 관계가 없는 남의 채무의 담보만을 위하여 부재자 재산에 근저당권을 설정하는 행위는 통상의 경우 객관적으로 부재자를 위한 처분행위로서 당연하다고는 경험칙상 볼 수 없다(대판 1976.12.21. 75마551)
- 「법원의 재산관리인의 초과행위 허가의 결정은 그 허가받은 재산에 대한 장래의 처분행위를 위한 경우뿐만 아니라 기왕의 처분행위를 추인하는 행위로도 할 수 있다.」(대판 1982.9.14. 80다3063; 대판 2000.12.26. 99다19278)

83) 법률용어 살펴보기 ☞「무권대리(無權代理)」라 함은? 대리권이 없는 자가 대리행위를 한 경우를 말한다. 이러한 무권대리에는 협의의 무권대리(狹義의 無權代理)와 표현대리(表見代理)가 있다. 이에 대한 자세한 설명은 뒤의 법률행위의 대리를 참조할 것.

㈏ 권리와 의무

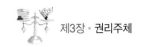

i) 선임된 재산관리인은 부재자와 재산관리에 관하여 위임계약을 맺은 것은 아니지만, 위임계약(委任契約)에서의 수임인(受任人)과 동일한 지위를 가진다. 이 경우에는 위임에 관한 규정(제681조 · 제684조 · 제685조 · 제688조 · 제691조 등)이 준용된다. 따라서 선량한 관리자의 주의의무(이는 자기재산과 동일한 주의가 아님)를 지고(제681조), 재산목록 작성과 재산보존에 필요한 처분 등에 대한 비용청구권을 가지며 재산관리를 위하여 지출한 필요비와 그 이자 그리고 과실없이 받은 손해의 배상을 청구할 수 있다(제688조). 그리고 부재자가 사망한 경우에도 일정시기까지 그 직무를 수행하여야 한다(제691조).

ii) 선임된 재산관리인은 관리할 재산의 목록을 작성하여야 하고(제24조 제1항), 재산보존을 위하여 가정법원이 명하는 처분을 수행하여야 하며(동조 제2항), 재산의 관리 및 반환에 관하여 담보를 제공할 의무를 부담한다(제26조 제1항).

iii) 선임된 재산관리인은 재산목록을 작성하고 관리행위를 자유로이 할 수 있으나(제24조 제1항 · 제2항), 제118조의 보존 · 이용 · 개량행위 이상의 행위를 함에는 법원의 허가를 얻어야 하며(제25조 전단). 부재자의 생사가 분명하지 아니한 경우에 부재자가 정한 재산관리인이 권한을 넘는 행위를 할 때에도 이와 같다(제25조 후단). 또한 법원은 재산관리인에게 보수를 줄 수 있고(제26조 제2항), 그 밖에 재산의 관리에 소요된 비용의 상환을 청구할 수 있다(제24조 제4항).

「부재자가 재산관리인을 정한 후, 그를 개임(改任)한 경우권한초과행위의 허가필요여부」에 대한 판례 ☞ "부재자가 6.25사변 전부터 가사 일체와 재산의 관리 및 처분의 권한을 그 母인 '甲'"에 위임하였다 가정하더라도 '甲'이 부재자의 실종 후 법원에 신청하여 동 부재자의 재산관리인으로 선임된 경우에는 부재자의 생사가 분명하지 아니하여 민법 제23조의 규정에 의한 개임이라고 보지 못할 바 아니므로 이때부터 부재자의 위임에 의한 '甲'의 재산관리 처분권한은 종료되었다고 봄이 상당하다. 따라서 그 후 '甲'의 부재자재산 처분에 있어서는 민법 제25조에 따른 권한초과행위허가를 받아야 하며 그 허가를 받지 아니한 부재자의 재산매각은 무효이다(대판 1977.3.22. 76다1437)."

③ 재산관리의 종료

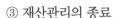

선임된 재산관리인의 재산관리의 종료사유로는 i) 부재자가 후에 재산관리인을 정한 때, ii) 부재자 본인이 스스로 그 재산을 관리할 수 있게 된 때, iii) 본인의 사망이 분명하게 된 때, iv) 본인이 실종선고를 받은 때 등을 들 수 있다. 이 경우에는 법원이 간섭할 필요가 없거나 부재자 재산으로 관리할 필요가 없기 때문에 법원은 본인 또는 재산관리인·이해관계인·검사의 청구에 의하여 종전의 처분명령을 취소하여야 한다(제22조 제2항, 가사소송규칙 제50조). 이로써 부재자의 종료관계는 소멸한다.

2) 부재자 자신이 재산관리인을 둔 경우

① 원 칙

부재자 자신이 재산관리인을 둔 경우에 대리권 범위의 약정은 부재자와 부재자가 선임한 재산관리인 두 사람 사이의 문제이므로 원칙적으로 법원에서 간섭할 필요가 없다(제680조 이하).

② 예 외

민법은 부재자 자신이 재산관리인을 둔 경우에는 예외적으로 다음의 두 경우에는 법원이 간섭할 수 있도록 하였다.

㉮ 본인의 부재중 선임된 재산관리인의 권한이 소멸한 경우

민법 제22조 제1항 후단은 「…, 본인의 부재중 재산관리인의 권한이 소멸한 때에도 같다」 라고 규정함으로써 본인의 부재중 선임된 재산관리인의 권한이 소멸한 경우에는 처음부터 부재자가 관리인을 두지 않은 때와 같이 다루어, 가정법원에서 관리인을 두지 않은 경우와 마찬가지의 조치를 취하게 된다.

㉯ 부재자의 생사가 불명하게 된 경우

민법 제23조는 「부재자가 재산관리인을 정한 경우에 부재자의 생사가 분명하지 아니한 때에는 법원은 재산관리인, 이해관계인 또는 검사의 청구에 의하여 재산관리인을 개임할 수 있다」 라고 규정함으로써 부재자가 재산관리인을 정한 경우에 부재자의 생사가 불명하게 된 때에는 가정법원은 재산관리인·이해관계

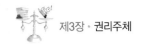

인(☞상속인·배우자·채권자·보증인 등) 또는 검사의 청구에 의하여 재산관리인을 개임(改任)하거나, 적당하다고 인정되면 종래의 재산관리인을 재임(再任)하여 감독할 수 있다.

3) 부재자에게 법정대리인이 있는 경우

부재자가 제한능력자인데 그 부재자에게 법정대리인으로서 친권자 또는 후견인이 있는 경우라면, 그 법정대리인은 법률상 당연히 그 재산을 관리할 권한과 의무가 있으므로 법원은 부재자의 재산에 관하여 특별한 조치를 강구할 필요가 없다. 다만 미성년자 본인이 부재중에 성년이 된 경우에는 부재자가 재산관리인을 두고 있지 않은 경우와 동일하게 된다.

3. 실종선고

황진이의 남편인 임꺽정은
가출한지 10년이 다 되도록 연락조차 없다.
이 경우에 법적으로 어떻게 하여야 하는가?

(1) 의 의

「실종선고(失踪宣告)」라 함은? 주소를 떠나 용이하게 돌아올 가망이 없는 자, 즉 부재자(不在者)의 생사불명의 상태가 상당기간이어서 비록 사망했을 가능성은 크지만 사망의 확증이 없는 경우에는 이를 방치하면 해당자의 가족이나 이해관계인에게 여러 측면에서 고통이나 불이익을 주게 되므로 부재자를 일정한 자의 청구에 의하여 가정법원이 실종선고를 함으로써 사망한 것으로 간주(看做)하여 그 자를 중심으로 한 법률관계를 확정해 주는 제도(제27조)를 말한다. 따라서 실종선고가 있으면 실종자는 실종기간이 만료한 때에 사망한 것으로 보므로 이는 사망에 대한 일종의 법적 증거제도이다.

(2) 요건과 절차

민법 제27조 제1항은 「부재자의 생사가 5년간 분명하지 아니한 때에는 법원은 이해관계인이나 검사의 청구에 의하여 실종선고를 하여야 한다」 라고 규정하고, 동조 제2항은 「전지에 임한 자, 침몰한 선박중에 있던 자, 추락한 항공기중에 있던 자 기타 사망의 원인이 될 위난을 당한 자의 생사가 전쟁종지후 또는 선박의 침몰, 항공기의 추락 기타 위난이 종료한 후 1년간 분명하지 아니한 때에도 제1항과 같다」 라고 규정하고 있다.

1) 요 건

① 실질적 요건

㉮ 부재자의 생사가 분명하지 않을 것

부재자의 생사가 분명하지 않아야 한다. 여기서 「생사(生死)가 분명하지 않다」 것은 실종자의 생존의 증명도 사망의 증명도 할 수 없음을 말한다. 그러나 이러한 생사불명은 절대적일 필요는 없고 다만 실종선고 청구자와 가정법원에 불명(不明)이면 된다. 즉, 그 이외의 자에게는 생사가 분명하더라도 무방하다. 예를 들어 김선달이 실종한 경우에 실종선고를 하려면 실종선고 청구자와 가정법원에 대하여만 생사불명의 상태이면 되는 것이고 비록 김선달이 지구촌 어딘가에 살아있어도 상관없다는 것이다.

㉯ 생사의 분명하지 아니한 상태가 일정기간 계속할 것

생사가 분명하지 아니한 상태가 일정기간 계속되어야 한다. 여기서 「일정기간(一定期間)」 은 실종기간(失踪期間)을 의미한다. 우리 민법은 이를 보통실종과 특별실종으로 나누어 그 기간을 다르게 정하고 있다.

ⓐ 보통실종

민법 제27조 제1항은 「부재자의 생사가 5년간 분명하지 아니한 때에는 …, 실종선고를 하여야 한다」 라고 규정함으로써 부재자의 생사가 분명하지 않은 「보통실종(普通失踪)」 의 경우는 그 실종기간이 5년이다. 그 기산점(起算點)은 부재자의 생존을 증명할 수 있는 최후의 시기, 예컨대 본인 또는 제3자로부터 최후의 소식이 있는 날이다.

ⓑ 특별실종

민법 제27조 제2항은 「전지에 임한 자, 침몰한 선박중에 있던 자, 추락한 항공기중에 있던 자 기타 사망의 원인이 될 위난을 당한 자의 생사가 전쟁종지후 또는 선박의 침몰, 항공기의 추락 기타 위난이 종료한 후 1년간 분명하지 아니한 때에도 제1항과 같다」 라고 규정함으로써 「특별실종(特別失踪)」에는 전쟁실종·선박실종·항공기실종·위난실종이 있으며 그 실종기간은 일률적으로 1년이다. 그 기산점(起算點)은 전쟁실종은 전쟁이 종료한 때(예: 항복의 선언한 때), 선박실종은 선박이 침몰한 때, 항공기실종은 항공기가 추락한 때 그리고 그 밖의 사망의 원인이 될 위난(危難)을 당한 자의 실종의 경우인 위난실종은 위난이 종료한 때이다. 상기에서의 '항공기실종'은 1984년 민법개정으로 추가된 것이다. 그 밖의 열거되지 않은 위난실종의 예로는 화재·홍수·지진·화산폭발·눈사태·산사태 등을 들 수 있다.(대결 2011.1.31. 2010스165)

살아있는 Legal Mind!!!

독일 실종법은 그 실종기간을 전쟁실종은 1년, 해상실종은 6개월, 항공기실종은 3개월, 위난실종은 3개월로 규정하여 해당 실종의 종류가 무엇이냐에 따라 각각 사망률과 그 개연성이 다르므로 그 실종기간을 다르게 규정함으로써 우리 민법도 그 기간에 있어 차이를 두어 규정하는 것이 타당할 것이라는 견해도 있다(권용우 민법개정론 373면 이하).

보충정리 보통실종과 특별실종

민법의 규정	실종기간	기산점
보통실종 (제27조 제1항)	5년	▸ 생사불명 → 부재자의 생존을 증명 할 수 있는 최후의 시기
특별실종 (제27조 제2항)	1년	▸ 전쟁실종 → 전쟁이 종료한 때 ▸ 선박실종 → 선박이 침몰한 때 ▸ 항공기실종→ 항공기가 추락한 때 ▸ 위난실종 → 위난이 종료한 때

② 형식적 요건

민법 제27조 제1항은 「…, 법원은 이해관계인이나 검사의 청구에 의하여 실종선고를 하여야 한다」 라고 규정하고, 동조 제2항은 「…, 제1항과 같다」 라고 규정함으로써 '이해관계인이나 검사의 청구'를 실종선고의 형식적 요건으로 규정하고 있다. 여기서 「이해관계인」은 법률상 이해관계를 가지는 자로, 예컨대 배우자·가족·재산관리인·부재자나 상속인이 될 자의 채권자·보험금수취인 등을 말한다. 그리고 수증자(受贈者)의 경우도 원칙적으로 이해관계인에 해당하나, 비밀증서유언에 의한 수증자는 사망 후에 비로소 그 사실을 알 수 있으므로 이해관계인이 될 수 없다. 또한 검사도 공익의 보호자로서 청구권자가 된다.

➡ 민법 제27조의 실종선고를 청구할 수 있는 「이해관계인」에 대한 판례 ☞ '이해관계인 이라 함은 부재자의 법률상 사망으로 인하여 직접적으로 신분상 또는 경제상의 권리를 취득하거나 의무를 면하게 되는 사람만을 뜻한다. 부재자의 자매로서 제2순위 상속인에 불과한 자는 부재자의 실종선고의 여부에 따라 상속지분에 차이가 생긴다고 하더라도 이는 위 부재자의 사망 간주에 따른 직접적인 영향에 불과하고 부재자의 실종선고 자체를 원인으로 한 직접적인 결과는 아니므로 부재자에 대한 실종선고를 청구할 이해관계인이 될 수 없다(대결 1986.10.10. 86스20; 대결 1992.4.14. 92스4·5·6)'.

※ 그러나 제1순위의 상속인은 이해관계인이 된다.

제3장

③ 공시최고를 할 것

실질적 요건과 형식적 요건이 구비되면, 가정법원은 6개월 이상의 기간을 정하여 부재자 또는 부재자의 생사를 아는 자가 그 기간 안에 부재자의 생사를 신고하도록 「공시최고(公示催告)」를[84] 하여야 한다(가사소송법 제2조 제1항 나호 (1)의 3, 가사소송규칙 제53조 이하 참조). 이 때의 공시최고는 실종선고가 잘못 선고되는 것을 방지하기 위한 실종선고의 절차적 요건이다. 그리고 이 기간에 살아있다는 신고가 없어야만 실종선고를 할 수 있다.

---

84) 법률용어 살펴보기 ☞ 「공시최고(公示催告)」라 함은? 어떤 자에 대하여 일정한 행위를 할 것을 요구하는 것을 말한다. 예컨대 도난·분실 또는 멸실된 증권이나 기타 상법상 무효로 할 수 있는 증서가 있는 경우에는 그 증서없이도 권리를 행사할 수 있도록 분실한 증서의 무효를 선고하기 위하여 하거나, 실종선고를 받기 위한 경우 등에 법원이 당사자 또는 이해관계인의 신청에 의하여 행하는 공고의 방법을 말한다. 이 경우에 법원은 관보(官報) 또는 신문지상에 이를 공고하게 된다(가사소송규칙 제26조).

2) 실종선고의 절차

민법 제27조 제1항은 「…, 법원은 이해관계인이나 검사의 청구에 의하여 실종선고를 하여야 한다」 라고 규정하고, 동조 제2항은 「…, 제1항과 같다」 라고 규정함으로써 실질적 요건과 형식적 요건이 갖추어지면 부재자주소지의 가정법원은 반드시 '실종선고'를 하여야 한다. 즉, 상기의 요건이 갖추어지면 가정법원은 이를 선고할 것인가 아닌가를 결정할 수 있는 재량권이 없고 필연적으로 선고를 하여야 한다. 만약, 선고가 없는 경우라면 부재자는 실종기간과 무관하게 생존한 것으로 추정한다(대판 1960.9.8. 4292민상855).

(3) 효 과

1) 사망한 것으로 본다

민법 제28조는 「실종선고를 받은 자는 실종기간이 만료한 때에 사망한 것으로 본다」 라고 규정함으로써 가정법원이 실종선고를 하게 되면 실종기간이 만료된 때에 부재자에게는 사망한 것과 동일한 효과가 발생하여 부재자재산은 상속되고 잔존배우자(殘存配偶者)는 재혼할 수 있다.

2) 사망의 효과가 생기는 시기

민법 제28조는 「…, 실종기간이 만료한 때에 사망한 것으로 본다」 라고 규정함으로써 이를 토대로 하여 보통실종(생사불명의 기간 5년)을 설명하면 사망의 효과가 생기는 시기는 다음과 같다. 예를 들어 황진이를 배우자로 두고 있는 임꺽정이 2006년 5월 7일 최후의 소식을 전한 후에 행방불명되었고 이해관계인인 김선달이 행방불명 된 날로부터 5년이 훨씬 지난 2013년 2월 10일에 실종선고의 청구를 하여 6개월간의 공시최고를 거쳐 2013년 8월 10일 밤 12시에 최고기간이 만료되었고 가정법원은 2011년 8월 16일에 실종선고를 한 경우, '실종선고에 의한 사망의 효과가 발생하는 시기'는? 행방불명이 시작된 2006년 5월 7일부터 5년이 경과하여 실종기간이 만료된 때인 2001년 5월 7일 밤 12시가 된다(제157조 참조). 따라서 실종선고시와 관계없이 실종기간이 만료한 때인 2011년 5월 7일 밤 12시로 소급하여 임꺽정의 재산상속이 시작되고 잔존배우자인 황진이는 재혼할 수 있다.

잠깐!! 민총, 깊이보기

특히 유의하여야 할 것은 상기의 실종기간 산입에 있어 실종자가 행방불명이 된 당일은 기간의 계산에서 빠져 있다는 점이다. 그 이유는 기간을 계산할 경우에는 초일(初日)은 산입하지 아니하기 때문이다(제157조 본문). 이에 관하여는 뒤에 후술하는 기간 편에서 자세히 설명한다.

참고정리 실종자의 사망인정시기에 관한 입법례의 4가지 주의

① 최후의 소식 또는 위난 발생시(스위스민법 §38 Ⅱ, 위난실종의 경우의 독일실종법 §9 Ⅲ),
② 실종선고시(독일민법 제1초안),
③ 실종기간 만료시(실종법이 제정되기 전에 독일민법이 보통실종에서 채용)
④ 실종기간 중간시(보통실종의 경우의 독일실종법 §9 Ⅲ)이다.
☞ 이 가운데 우리 민법은 실종기간 만료시를 채용하고 있다.

3) 사망으로 간주되는 범위

① 실종선고(失踪宣告)의 경우에는 실종자에 대하여 종래 주소를 중심으로 한 사법상(私法上)의 법률관계에 대해서만 실종기간 만료시를 기준으로 하여 사망한 것으로 본다. 따라서 실종자의 자연인으로서의 권리능력은 박탈하지는 않는다. 즉, 실종선고는 공법상(公法上)의 법률관계 또는 만약 다른 곳에서 살아 있을 경우에 해당지에서의 공·사법상의 법률관계에는 효력이 미치지 아니하며 후에 사망으로 간주된 실종자가 살아서 돌아오더라도 새로운 법률관계를 형성함에는 영향이 없는 것이다. 예컨대 실종선고는 실종자의 선거권·피선거권의 유무 또는 범죄 행위나 이에 대한 공소시효 그리고 실종자에 대한 타인의 범죄 성립여부 등에는 영향을 미치지 않는다.

② 실종선고의 경우에는 '사법적 법률관계(私法的 法律關係)'에 있어서 그것이 재산법적인 관계이냐 또는 가족법적인 관계이냐를 묻지 않으며 이는 법원·청구자뿐만 아니라 제3자에게도 영향을 준다.

살아있는 Legal Mind!!!

실종자가 살아서 돌아 온 경우, 선고를 취소하지 않으면 취소 전에 한 법률관계는 부활되지 않는다. 그러나 돌아온 후로부터의 법률관계에 있어서는 선고를 취소하지 않더라도 권리능력자로 인정된다.

4) 실종선고와 생존추정

민법 제28조의 규정은 실종선고를 받은 자는 실종선고의 기간(5년, 1년)이 만료한 때에 사망한 것으로 간주한다는 내용이므로 실종자가 그 이전에 사실상 사망하였다고 하더라도 실종기간만료 시까지는 실종자가 생존한 것으로 추정된다(통설). 따라서 죄상속인의 사망으로 상속인이 될 수 있다.(대판 1977.3.22. 77다81·82; 대판 1982.9.14. 82다144 참조)

잠깐!! 민총, 깊이보기

실종선고는 종래의 주소를 중심으로 하고 또 실종기간이 만료해야 하므로 실종선고의 효과는 실종기간 만료전의 생존추정(生存推定)이라 할 것이다.

(4) 실종선고의 취소

1) 의 의

「실종선고의 취소(失踪宣告의 取消)」라 함은? 실종선고를 받은 자가 어딘가에 생존하고 있는 것이 확인되거나 아니면 선고에 의하여 사망으로 본 시기와 다른 시기에 사망한 경우에 가정법원이 본인·이해관계인 또는 검사의 청구에 의하여 실종선고의 선고를 취소하는 것을 말한다.

2) 요 건

민법 제29조 제1항 본문은 「실종자의 생존한 사실 또는 전조의 규정과 상이한 때에 사망한 사실의 증명이 있으면 법원은 본인, 이해관계인 또는 검사의 청구에 의하여 실종선고를 취소하여야 한다」라고 규정하고 있다. 따라서 실종선고를 취소하려면 반드시 실질적 요건과 형식적 요건을 갖추어야 하고 이러한 요건이 갖추어지면 실종선고와 마찬가지로 가정법원은 이를 취소하여야 한다. 즉, 이 경우의 가정법원의 취소는 취소할 것인가 아닌가를 결정할 수 있는 재량권이 없는 필연적이 된다(민법 제29조 제1항, 가사소송법 제2조 제1항 나호 (1)의 3·제44조).

① 실질적 요건

실종선고 취소의 실질적 요건은 실종자가 '생존한 사실이 있거나', '실종기간이 만료한 때와 다른 시기에 사망한 사실' 또는 '실종기간 기산점 이후 어떤 시기에 생존하였던 사실이다(제29조 제1항 본문).

② 형식적 요건

실종선고 취소의 형식적 요건은 '본인, 이해관계인 또는 검사의 청구'이다(제29조 제1항 본문).

잠깐!! 민총, 깊이보기

실종선고의 취소의 경우는 실종선고의 요건과는 달리 잘못 선고될 염려가 없으므로 공시최고(公示催告)가 필요치 않다.

3) 취소의 효과

① 원 칙

실종선고 취소의 심판이 확정되면, 실종선고에 기한 법률관계는 처음부터 실종선고가 전혀 없었던 것으로 된다. 즉, 소급효(遡及效)가 있다. 따라서 실종선고를 원인으로 하여 발생하였던 법률관계인 재산관계와 가족관계는 처음부터 무효가 된다. 이에는 다음과 같은 두 가지 원칙이 있다.

잠깐!! 민총, 깊이보기

「실종선고(失踪宣告)」는 이름 그대로 선고에 의하여 실종자를 사망으로 간주해 주는 제도이다. 따라서 사망으로 간주되면 실종선고 된 자가 비록 살아 있다는 반증이 있더라도 반드시 법원에 의하여 선고가 취소되지 않으면 사망의 효과는 그대로 존속한다.

㉮ 실종자가 생존하고 있으므로 실종선고가 취소된 경우

실종자가 생존하고 있으므로 인하여 실종선고가 취소되면, 재산관계나 가족관계 및 배우자관계가 모두 실종자에게 회복되므로 상속받은 재산은 실종자에게 돌려주어야 하며 실종선고로 인하여 해소되었던 혼인관계는 부활하게 된다. 따라서 상속인의 처분행위도 소급적으로 무권리자의 처분행위가 되어 무효가 되고 실종선고로 개시된 재산상속 등에 대한 승인·포기의 행위도 소급적으로 소멸하게 된다.

㉯ 실종선고에 의한 사망시기와 다른 시기에 실종자가 사망한 경우

실종선고에 의한 사망시기와 다른 시기에 실종자가 사망하였다면, 그 시기를 기준으로 하여 다시 그 사망시기에 의거한 법률관계가 확정된다.

㉰ 실종기간 기산점 이후에 생존하고 있음을 이유로 취소하는 경우

실종기간 기산점 이후의 생존을 이유로 한 경우에는 재산관계나 가족관계는 역시 선고전의 상태로 회복되고 만약 이해관계인이 원한다면 새로운 실종선고를 하여야 한다.

② 예 외

그러나 상기의 원상회복의 원칙을 끝까지 관철하게 되면 실종선고를 신뢰하고 법률행위를 한 자에게 자칫 큰 불이익을 줄 수 있다. 따라서 민법은 원상회복의 원칙에 대한 다음의 두 가지 예외를 인정하여 실종선고를 신뢰한 자를 보호하고 있다.

㉮ 실종선고후 그 취소 전에 선의로 한 행위의 효력에 영향이 없다

민법 제29조 제1항 단서는 「실종선고 후 그 취소 전에 선의로 한 행위의 효력에 영향을 미치지 아니한다」 라고 규정함으로써 실종선고 후 그 취소 전에 상속인이 상속재산을 처분하였거나 잔존배우자가 재혼을 하였더라도, 이를 선의로 하였다면 이는 실종선고의 취소에 의하여 영향을 받지 않고 유효하다. 여기서 유의할 점은 실종선고기간의 요건을 갖추었더라도 그 선고 전에 한 행위의 경우에는 선의라도 본 규정이 적용되지 않는다는 것이다. 상기에서 「선의(善意)」라 함은? 행위를 한 자들이 실종선고가 사실과 다르다는 사실을 알지 못한 경우를 말한다. 이 경우는 법률행위를 한 양당사자 모두가 선의임을 필요로 한다(통설). 그러나 채무변제·취소·해제 등의 단독행위는 그 단독행위자가 선의인 때에는 실종선고의 취소가 있어도 그 단독행위는 유효하다고 본다(다수설).

살아있는 Legal Mind!!!

상기의 제29조 제1항 단서에 의한 재산법상의 행위에 관한 예를 설명하면 다음과 같다. 김선달에 대한 실종선고를 원인으로 아내인 황진이가 김선달 소유의 건물을 상속하고 이후에 황진이가 그 건물을 임꺽정에게 매도하였는데 후에 그 실종선고가 취소되면 통설의 견해는 황진이와 임꺽정 모두가 선의인 경우에만 그 매매계약이 유효하여 임꺽정이 건물의 소유권을 취득하며 양 당사자 중 어느 한쪽이라도 악의인 경우라면 임꺽정은 건물의 소유권을 취득하지 못한다는 것이다.

살아있는 Legal Mind!!!

주로 문제가 되는 것은 가족법상의 행위이며 특히 잔존배우자의 재혼에 관한 것이다. 이 경우에 통설은 상기의 예에서 잔존배우자인 황진이가 연흥부와 재혼을 하였더라도, 양당사자가 선의였다면 후혼(後婚)은 실종선고의 취소에 의하여 영향을 받지 않고 유효하여 전혼(前婚)이 부활하지 않는다. 또 양당사자 모두에게 선의를 要하므로 어느 일방이라도 악의였다면 비록 전혼(前婚)은 부활하지만 후혼(後婚)이 중혼(重婚)이 됨으로서 이로 인하여 전혼에 이혼원인이 생기고(제840조 제1항) 후혼은 취소할 수 있다고 해석한다(제816조). 그러나 소수설은 후혼은 당연히 무효로 되어 효력을 잃게 되고 전혼은 실종선고취소의 소급효에 의하여 부활된다는 견해(곽윤직·김증한·권용우·이영준)와 제29조 제1항 단서는 재산상의 행위만을 의미하여 신분상의 행위는 포함하지 않으며 취소의 소급효에 의하여 전혼이 부활하고 그 결과 후혼은 선의·악의에 관계없이 중혼이 되며 이 때 어느 혼인(전혼, 후혼)을 유지시킬 것인지는 3자간의 협의에 의하여 정하도록 하여야 한다는 견해(고상용)로 나누어진다.

㈏ 부당이득의 반환에 관한 특칙

실종선고의 취소가 있을 때에, 실종선고를 직접 원인으로 하여 재산을 취득한 자가 선의인 경우에는 그 받은 이익이 현존(現存)하는 한도에서 재산을 반환할 의무가 있고 악의인 경우에는 그 받은 이익에 이자를 붙여서 반환하고 손해가 있으면 이를 배상하여야 한다(제29조 제2항). 여기서 「선의(善意)」란, 실종선고에 있어 실종자가 생존하고 있는 사실 또는 다른 시기에 사망한 사실 등(제29조 제1항)을 알지 못한 경우를 말하고 「악의(惡意)」란, 이를 알고 있었던 경우를 말한다. 그리고 「실종선고를 직접 원인으로 하여 재산을 취득한 자」는 예컨대 상속인·수유자(受遺者)·생명보험금수령자 등을 말하며 이들로부터 법률행위 또는 법률의 규정에 의하여 재산을 취득한 전득자(轉得者) '예컨대 상속인의 상속인 또는 상속인으로부터 재산을 양수한 자'는 포함하지 않는다(통설). 그 이유는 전득자에게는 그 선의·악의를 불문하고 소유권에 기한 반환청구가 가능하므로 제29조 제2항을 준용할 필요가 없기 때문이다. 그리고 이 경우의 반환의무의 성질은 '부당이득의 반환(不當利得의 返還)'이다. 그러므로 '실종자의 부당이득 반환청구권은 10년간 행사하지 않으면 소멸시효가 완성된다'. 그러나 특히 유의할 점은 재산취득자에게 취득시효(제245조 이하)와 선의취득(제249조) 매장물 발견(제254조) 등 다른 권리취득원인의 요건이 구비된 때에는 그 한도내에서 실종선고의 취소에 의하여 영향을 받지 않는다는 것이다. 수익자의 반환의무의 발생시기가 수익당시인가 아니면 선고취소 시인가의 문제가 있을 수 있으나, 그 의무는 실종선고의 취소 시에 생긴다고 보는 것이 타당하다.

제3절 법 인

I 법인 일반

1. 법인의 의의

종교·학문·정치·체육 등의 각종 분야에서 공동목적의 달성을 위하여 초인적(超人的)인 결사(結社)를 소망하고 수많은 단체를 설립하는 경우가 있게 되는데 이 경우의 단체를 법인(法人)이라 한다. 즉, 「법인(法人)」이라 함은? 자연인(自然人)이 아니면서도 권리와 의무의 주체가 되는 자를 말한다(異說없음). 이에는 일정한 목적과 조직 하에 결합한 사람의 단체에 권리능력이 주어지는 사단법인(社團法人) 그리고 일정한 목적에 바쳐진 재산에 권리능력이 주어지는 재단법인(財團法人)이 있다. 이와 같이 법인이 법률상 독립한 권리주체로서 인정을 받고 있는 이유는 단체도 개인과 마찬가지로 독자적인 사회적 작용을 하며, 권리능력을 갖는데 적합한 사회적 가치를 갖기 때문이다.

2. 법인의 본질에 대한 학설

법인의 본질을 어떻게 이해할 것이냐에 따라서 법인의 능력, 즉 권리능력·행위능력과 불법행위능력 유무에 있어서의 커다란 차이가 있게 된다. 이와 같은 법인본질에 관한 학설은 개인주의의 역사적 배경을 갖고 있는 프랑스 민법전(1804년)에는 규정이 없고, 독일에서는 많은 논의를 거쳐 독일 민법전 총칙편에 규정을 두었다.(독일 민법 제21조~제89조) 먼저 19세기의 고전적 법인론을 살펴보고나서 우리나라 학설에 관하여 요약을 하겠다.

살아있는 Legal Mind!!!

다시 한번 유의할 것은 법인의 본질에 대한 학설을 논하는 가장 근본적인 실익은? 법인의 능력(法人의 能力), 특히 불법행위책임(不法行爲責任)에 있다는 점이다.

(1) 법인의제설

「법인의제설(法人擬制說)」은 권리와 의무의 주체는 자연인인 개인에 한하며 자연인 외에 권리·의무의 주체가 있다면, 그것은 법률에 의하여 자연인에 의제된 것일 뿐이라는 견해이다. 이설은 사비니(Savingny), 푸후타(Puchta), 빈드샤이트(Windscheid)가 주장했으며 19C초 인권사상을 존중하는 대혁명 직후의 정치사상을 배경으로 한 견해이다. 이설에 의하면 법인의 권리능력(權利能力)은 인정되나 행위능력(行爲能力)은 부인되어 법인자체의 독자성을 부인하므로 대리인인 자연인의 행위만이 존재하고 법인은 대리인에 대한 본인으로서의 법률효과를 받는 존재에 지나지 않는다. 따라서 법인의 "불법행위능력(不法行爲能力)"이 부인된다.

잠깐!! 민총, 깊이보기

법인의제설은 법인설립에 관한 허가주의 또는 특허주의를 옹호하기 위한 이론적 지주였음을 유의하라.

(2) 법인부인설

「법인부인설(法人否認說)」은 법인제도의 실제적인 존재 이유를 직시하여, 그 이익이 귀속하는 곳 혹은 현실적으로 존재하는 재산이나 관리자를 법인의 주체로 보는 견해이다. 이 설은 19C 후반 교회재산의 귀속에 관한 교회법이론에서 나타난 견해로서, 이는 독일의 브린츠(Brinz)가 주창한 법인의 본체는 일정한 목적에 바쳐진 무주체(無主體)의 재산이라고 하는 「목적재산설(目的財産說)」과 독일의 예링(Jhering)이 주창한 법인의 실질상의 주체는 법인재산의 이익을 향수하는 다수의 개인이고 법인으로 생각되는 것은 단지 형식적 권리의 귀속자에 불과하다는 「수익자주체설(受益者主體說)」 그리고 독일의 휠더(Hölder)·빈더(Binder)가 주창한 법인 본체는 현실적인 법인 재산의 관리자라는 「관리자주체설(管理者主體說)」로 나누어진다. 이설에 의하면 법인의 권리능력·행위능력·불법행위능력이 부인된다. 이설은 법인의 실증적 고찰을 하였다는 점에서 법인의제설보다 앞선 학설이지만 법인이 권리주체로서, 사회적 활동과 사회적 작용을 하고 있음을 무시했다는 비판을 받는다.

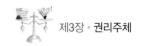

(3) 법인실재설

「법인실재설(法人實在說)」은 법인을 단순히 법에 의하여 의제된 공허물(空虛物)로 보지 않고 하나의 사회적 실재라고 하여 권리·의무의 주체가 된다고 보는 견해이다. 이설은 자연인이 자연적 유기체로서 개인 의사를 갖는 것과 마찬가지로 법인도 사회적 유기체로서 단체의사를 갖는다고 하는 독일의 기이르케(Gierke)가 주창한 「유기체설(有機體說)」과 법인의 실체는 권리주체임에 적합한 법률상의 조직체로서 실재하는 것이라는 살레이유(Saleilles)와 미슈우(Michoud) 등이 주창한 「조직체설(組織體說)」 그리고 법인이 담당하는 독특한 사회적 작용에 착안하여 법인도 자연인과 마찬가지로 구성원인 개인을 떠난 독자의 사회적 작용을 담당하고 있는 권리능력의 주체라고 보는 독일의 콜러(Kohler)와 프랑스의 듀기(Duguit)와 일본의 와가쓰마 사카에(我妻 榮) 등이 주창한 「사회적 작용설(社會的 作用說)」로 나누어진다. 이설에 의하면 법인의 이사는 법인의 대표기관이므로 이사의 행위는 곧 법인의 행위가 되고 따라서 법인의 권리능력·행위능력·불법행위능력이 인정된다. 이러한 법인실재설 중에서도 사회적 작용설이 타당하다고 생각한다. 하지만 이 견해는 법인의 본질을 법률론의 영역에서 파악하려고 한 것은 타당하나 법인의 사회적 작용이 법인에게 법인격을 부여 할 유일한 기준이 될 수는 없으며 어떤 조직이 법인이 될 수 있는 이유에 불과하고 궁극적인 법인의 본질 규명에는 미흡하다는 비판이 있다.

잠깐!! 민총, 깊이보기

- 법인실재설은 법인설립에 관한 준칙주의(準則主義)의 이론적 지주였음을 유의하라.

(4) 우리나라의 학설

우리나라 학설은 독자적인 이론이 없고 소수설로는 법인의 제설(이영준 · 이은영)이나 실재설에 해당하는 조직체설도 있으나(김기선), 다수설은 법인실재설 가운데 「사회적 작용설」을 지지하고 있다(곽윤직 · 김증한 · 김현태 · 권용우 등). 특히 의제설과 실재설의 절충적 견해인 세가지 계기설 즉 기술적 계기, 실체설 계기, 가치적 계기를 고려하면서 개개의 문제마다 타당한 해결을 꾀하여야 한다는 견해도 있다.(김주수) 이들 논의 자체가 실익이 없다는 견해(곽윤직)가 있지만, 판례는 「법인은 하나의 실재로서 기관에 의하여 독자의 행위를 할 수 있는 실재체」라고 했다.(대판 1978.2.28. 77누155)

보충정리 법인의 본질에 대한 학설과 주창자

법인의제설		사비니(Savingny) · 푸후타(Puchta) · 빈드샤이트(Windscheid)
법인부인설	목적재산설	브린츠(Brinz)
	수익자주체설	예링(Jhering)
	관리자주체설	휠더(Hőlder) · 빈더(Binder)
법인실재설	유기체설	기이르케(Gierke)
	조직체설	살레이유(Saleilles) · 미슈우(Michoud)
	사회적 작용설 (사회적 가치설)	콜러(Kohler) · 듀기(Duguit) · 와가쓰마사카에(我妻 榮)
우리나라의 학설	법인의제설	이영준 · 이은영(소수설)
	조직체설	김기선(소수설)
	사회적 작용설	곽윤직 · 김주수 · 김증한 · 김현태 · 권용우(다수설)
	세가지 계기설	김주수

3. 법인활동의 자유 및 그 제한(법인격부인의 법리)

(1) 의 의

법률이 정하는 절차를 따른다면 법인설립의 자유는 보장되고 법인이 설립되면 그 법인은 독립한 권리·의무의 주체가 되며 법질서는 이러한 실체에 대하여 법인격(法人格)을 부여한다. 그러나 법인이 설립되었지만 독립한 사회적 활동체로서 실체가 없다거나 또는 세금포탈·강제집행면탈·재산은닉 등의 목적으로 법인격을 남용할 경우에는 법질서는 그 범위내에서 법인격을 부인하여야 하는데 이것이 소위 법인격부인의 이론이다. 즉, 「법인격부인의 법리(法人格否認의 法理)」는 법인의 독립성' 그 자체는 인정하지만 문제된 사안에 관하여는 법인격을 부인함으로써 법인과 단체의 구성원 또는 설립자를 동일시하는 이론이다. 독일의 실체파악이론, 일본의 법인격형해론(法人格形骸論)도 같은 취지이다.

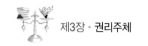

(2) 적용요건

「법인격부인의 법리(法人格否認의 法理)」에 의하여 법인격을 부인되는 경우로서 다음의 두 가지를 들 수 있다.

1) 법인격의 형해화

「법인격의 형해화(法人格의 形骸化)」는? 법인의 형식을 이용하는 자와 법인이 실질적·경제적으로 동일한 경우이다. 종래에는 판례가 법인격의 형해화의 경우에는 법인격부인의 법리를 채택하지 않았다(대판 1977.9.13. 74다954).

2) 법인격의 남용

"법인의 형식"을 법률의 적용을 회피하거나 계약상의 의무를 면할 목적으로 이용하는 경우를 말한다. 소수의 이견(異見)은 있지만 대법원판례는 '법인격의 남용(法人格의 濫用)'의 경우에 법인격부인의 법리를 최초로 긍정하고 있다(대판 1988.11.22. 87다카1671). 전형적으로 이 법리를 채용한 판결은 2001년의 「삼진사건」이다(대판 2001.1.19. 97다21604). 그 후 대판 2004.11.12. 2002다66892, 대판 2006.8.25. 2004다26119, 대판 2008.8.21. 2006다24438, 대판 2010.1.28. 2009다73400, 대판 2010.2.25. 2008다82490 등이 이어졌다.

「법인격부인의 법리(法人格否認의 法理)에 관한 판례」 ☞ 갑, 을, 병의 회사가 외형상 별개의 회사로 되어 있지만 갑회사 및 을회사는 선박의 실제상 소유자인 병회사가 자신에

소속된 국가와는 별도의 국가에 해운기업상의 편의치적(便宜置籍)[85], 즉 편의를 위하여 형식적으로 설립한 회사들로서 그 명의로 선박의 적을 두고 있고 실제로는 사무실과 경영진 등이 동일하다면, 이러한 지위에 있는 갑회사가 법률의 적용을 회피하기 위하여, 병회사가 갑회사와는 별개의 법인격을 가지는 회사라는 주장을 내세우는 것은 신의성실의 원칙에 위반하거나 법인격을 남용하는 것으로 허용될 수 없다고 하였다(대판 1988.11.22. 87다카1671)."

(4) 법인격의 남용의 효과

법인격의 형해화 또는 법인격의 남용이 있으면 문제된 사안(事案)의 범위내에서 법인격이 부인된다. 이렇게 법인격이 부인되는 경우에는 구성원 또는 설립자의 채무에 대하여 법인재산으로 책임을 지거나, 법인의 채무에 대하여 구성원 또는 설립자의 재산으로 책임을 지게 된다.

4. 법인의 종류

(1) 공법인과 사법인

1) 「공법인(公法人)」이라 함은? 국가와 지방자치단체 또는 특정의 행정목적을 위하여 설립된 공공조합 등 공공사무를 집행하는 것을 존립의 목적으로 하는 법인으로서 그 설립이나 관리에 있어서 국가의 공권력이 관여하는 법인을 말한다. 그 예로, 넓은 의미에서는 국가를 포함하며 공무를 수행하기 위한 지방자치단체(예: 서울특별시·광역시·도·시·군·자치구 등) 또한 특정의 행정목적을 위하여 설립된 일정한 자격을 갖는 조합원으로써 조직되는 단체인 공공조합(예: 농지개량조합·산림조

85) 법률용어 살펴보기 ☞ 「편의치적(便宜置籍)」이라 함은? 국제외항해운에 종사하는 선박소유자나 기업이 자신의 소속국가 혹은 실제로 선박에 관하여 기업의 중추가 되는 회사가 존재하는 국가와는 별개의 국가에 편의(便宜)를 위하여, 형식적으로 회사를 설립하여 그 명의로 선박의 적(籍)을 두고 그 나라의 국기를 게양하여 항해하며 실제소유자는 선박관리만을 담당하는 기업인 것처럼 행동함으로써 선박소유자가 자국(自國)과 선적국(船籍國) 사이에서 발생하는 재무·노무·금융 등을 회피하여 자유롭게 해운기업을 경영하는 방편으로 이용되는 것을 말한다.

합 등)을 들 수 있다. 반면 「사법인(私法人)」이라 함은? 단체의 가입·회비의 징수 등 그 내부의 법률관계에 국가 또는 공공단체의 강제적 권력작용이 미치지 못하는 법인을 말한다. 그 예로, 민법과 상법상의 법인을 들 수 있다.

2) 법인을 공법인과 사법인으로 분류하는 것은 법인의 분류방법 중 가장 오래된 방법이며 이러한 구별의 실익은 다음과 같다.

① 소송에서의 재판관할여부

공법인에 관한 쟁송(爭訟)은 행정소송이고 사법인에 관한 것은 민사소송이다.

② 구성원의 부담금을 징수하는데 있어서의 절차 차이의 여부

공법인의 경우는 그의 구성원으로부터 각종의 부담금을 징수할 때에 세법상의 특수절차에 의하나, 사법인인 경우는 민사집행법상의 강제절차에 의한다.

③ 국가배상법의 적용

불법행위의 적용법규에 있어서 공법인인 경우에는 국가배상법에 의하나, 사법인인 경우에는 민법상의 불법행위규정에 의한다.

④ 문서위조에서의 처벌 근거

공법인의 문서위조·변조는 공문서위조·변조이나, 사법인의 문서위조·변조는 사문서 위조·변조가 된다.

⑤ 독직죄의 적용여부

공법인에만 형법상의 독직죄(瀆職罪)[86]가 성립한다.

⑥ 책임여부

책임여부인 불법행위책임은 공·사법인 모두에게 해당한다.

86) 법률용어 살펴보기 ☞ 「독직죄(瀆職罪)」라 함은? 직책을 더럽히는 범죄, 즉 직무남용죄 등을 말한다.

잠깐!! 민총, 깊이보기

현대에 있어서는 산업·경제·문화 등 각 영역에 있어서 국가의 간섭이 점차로 확대되고 공공적 임무가 점점 넓어짐에 따라 공·사법인의 성격을 점유하는 중간법인(예: 한국은행, 대한주택공사, 농업협동조합 등)이 속출하고 있으므로 이제는 공·사법인을 일률적으로 구별할 것이 아니라 그 법인에 관해 문제된 법률관계를 법의 목적에 따라 개별적으로 공·사법관계를 판정하여 그 적용법규를 결정하여야 한다.

(2) 영리법인과 비영리법인

1) 「영리법인(營利法人)」이라 함은? 상법상 법인으로 이는 단체활동에서 생긴 이익분배를 목적으로 하는 법인이다. 반면 「비영리법인(非營利法人)」이라 함은? 민법상의 법인으로, 이는 학술·종교·자선·기예(技藝)·사교(社交) 기타 영리 아닌 사업을 목적으로 하는 법인을 말한다.

2) 민법 제39조 제1항은 「영리를 목적으로 하는 사단은 상사회사설립의 조건에 좇아 이를 법인으로 할 수 있다」라고 규정하고, 동조 제2항은 「전항의 사단법인에는 모두 상사회사에 관한 규정을 준용한다」라고 규정함으로써 민법상의 사단법인은 비영리(非營利)를 목적으로 하는 것에 한하지만. 영리를 목적으로 하는 사단법인인 민사회사에 대하여도 상법에 의하여 그 설립이 널리 인정된다(상법 제169조). 그러나 민법상 재단법인(財團法人)에 관하여는 영리(營利)를 목적으로 하는 재단법인은 인정되지 않고 비영리재단법인에만 인정된다. 이와 같이 법인을 영리법인과 비영리법인으로 분류하는 것은 법인의 목적에 따른 분류이다.

잠깐!! 민총, 깊이보기

비영리법인은 영리 아닌 사업을 목적으로 하는 법인이라고 하지만 비영리법인에게도 비영리사업의 목적을 달성하는데 필요하고 그 본질에 반하지 않을 정도의 영리행위는 허용된다(예: 입장료를 징수하는 전람회 개최 등). 다만 '비영리법인 가운데 재단법인 또는 사단법인으로서 사회일반의 이익에 공여(供與)하기 위하여 학자금·장학금 또는 연구비의 보조나 지급, 학술·자선에 관한 사업을 목적으로 하는 법인'에 대해서는 민법에 대한 특별법으로 '공익법인의 설립·운영에 관한 법률(일부개정 2014.1.7 법률 제12185호)이 우선 적용된다.

(3) 사단법인과 재단법인

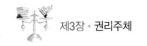

1) 「사단법인(社團法人)」이라 함은? 일정한 목적을 위하여 2인 이상의 결합을 기초로 하여 성립한 법인을 말한다. 즉, 법인이 영리활동을 하여 얻은 이익을 구성원에게 분배하여 주는 법인을 '영리법인'이라 하며 이러한 영리법인은 언제나 사단법인이다. 그러나 사단법인 중에는 영리법인 뿐만 아니라 영리아닌 사업을 목적으로 하는 비영리사단법인도 있는데 민법상의 사단법인은 이러한 비영리사단법인(非營利社團法人)을 말한다.

반면 「재단법인(財團法人)」이라 함은? 일정한 목적을 위하여 출연(出捐)한 재산을 실체로 하여 성립한 법인이다. 사단법인은 단체의사에 의하여 자율적으로 활동하는 자율적 법인으로, 사원이 있고 사원에 의하여 구성되는 사원총회가 있다. 그러나 재단법인은 설립자의 의사에 의하여 타율적으로 활동하는 타율적 법인이다. 따라서 사원이나 사원총회가 없고 출연재산이 있을 뿐이다. 이렇게 법인을 사단법인과 재단법인으로 분류하는 것은 법인의 구성요소에 따른 분류이다.

2) 양자의 본질적인 차이로는 i) 의사결정의 차이 ii) 설립행위가 단독행위인가 합동행위(또는 특수계약설)인가의 차이 iii) 정관변경에 있어 원칙적으로 변경할 수 있는가의 유무의 차이 iv) 최고결정기관(사원총회의 유무)의 차이 v) 해산사유 등을 들 수 있다.

(4) 외국법인과 내국법인

1) 외국법인과 내국법인의 구별의 표준에 관한 학설에는 주소지설·설립지설·설립자국적설·설립준거법설이 있다. 이 가운데 설립준거법설(設立準據法說)이 통설이다. 따라서 대한민국법에 준거하여 설립되어서 한국내에 主된 사무소를 둔 법인이 「내국법인(內國法人)」이고 그 외의 것이 「외국법인(外國法人)」이다.

2) 우리 민법은 외국법인의 능력에 관한 규정이 없는데 그 이유는 '내외국인평등주의(內外國人平等主義)'를 취하기 때문이다. 그러나 개별적으로 외국회사의 활동에 관해서는 상법에 규정을 두고 있으며(상법 제614조 이하), 그 밖의 법률 또는 조약에 의하여 외국법인의 능력을 제한할 수 있다.

(5) 권리능력없는 사단

임꺽정의 종중은 산을 사서 조상의 묘소를 모시고자 한다.
그러나 종원 모두가 산의 매매계약에 참여할 수도 없고
등기 또한 마찬가지이다.
그렇다고 해서 어느 한 사람의 명의로 등기를 하기에도
마음이 내키지 않는다.
이 경우에 법적으로 어떤 방법이 없을까?

1) 의 의

「권리능력없는 사단(權利能力없는 社團)」이라 함은? 사단(社團)으로서의 실체를 갖추었으면서도 '법률상 권리능력을 가지지 않은 단체'를 말한다. 예컨대 비영리사업을 하는 사단이 주무관청에 허가를 얻지 못하였거나 법인이 되는데 필요한 절차를 밟지 않고 있는 단체인 경우가 이에 속한다. 이는 사단으로서의 실체를 갖추고 있으면서도 법인격을 가지지 아니한 사단이므로「법인격없는 사단(法人格 없는 社團)」또는「법인 아닌 사단」이라고도 한다. 민법 제275조·민사소송법 제52조·부동산등기법 제30조에서는「법인 아닌 사단」으로 표기되어 있다.

제3장

2) 발생사유

현행민법은 법인의 설립에 관하여 법률이 정하는 경우에만 인정하면서(제31조) 사단법인의 설립에 관하여는 허가주의를 취하고 있기 때문에, 허가를 받지 못하거나 얻지 않고 있는 동안(☞設立 중의 法人)의 사단은 권리능력없는 사단으로서 존재하게 된다. 이러한 권리능력없는 사단의 출현은 법인설립이 강제되지 않는 이상 불가피한 것이다.

3) 적용법규

독일민법은 제54조에서 권리능력없는 사단에 관하여는 조합의 규정을 적용한다고 규정하고 있으나, 우리 민법은 제275조 제1항에서「법인 아닌 사단의 사원이 집합체로서 물건을 소유할 때에는 총유로 한다」라고 규정함으로써 권리능력없는 사단의 소유는 총유(總有)로서 조합의 합유(合有)와 구별하고 있을 뿐 민법상에 어떠한 다른 규정도 없다. 그러나 학설과 판례는 이렇게 명문 규정이 없음에도 불구하고 실질적으로는 사단법인에 대한 규정을 유추적용하고 있다. 그러므로 사단법인에 관한 규정 가운데서 법인격을 전제로 하는 규정을 제외하고는 모두 이 규정을 유추적용(類推適用)해야 할 것이다(통설). 판례도 같다(대판 2003.11.14. 2001다32687; 대판 2006.2.23. 2005다19552 · 19569).

4) 모습과 성립요건

권리능력 없는 사단으로 중요한 것으로 문중(門中) · 종중(宗中)[87] · 불교종단(佛敎宗團) · 교회(敎會) · 아파트입주자대표회의(APT入住者代表會議) · 자연부락(自然部落) · 동(洞) · 리(里) · 사찰 · 재건축조합 · 어촌계 · 지방향교 등을 들 수 있다. 권리능력 없는 사단이라고 하기 위해서는 사단이라고 할 수 있는 조직을 구비하고 그 조직에 의하여 대표의 방법 · 총회의운영 · 재산의 관리 등 기타 사단으로서 주요한 것이 규칙(정관)으로 정해져 있어야 하며, 법인설립의 허가나 등기를 하지 않아서 당연히 법인격(法人格)이 없어야 한다.

5) 법률관계

권리능력없는 사단은 자연인에 있어서의 태아(胎兒)와 같다. 따라서 원칙적으로는 권리능력이 없다. 그러나 권리능력없는 사단이 단체의 조직을 갖추고 있고 대표의 방법 · 총회의 구성 · 재산의 관리 등에 관한 종약(宗約: 一種의 定款임)을 가지고 있으면, 권리능력없는 사단은 종중(宗中)의 대표자에 의하여 매매계약을 체결할 수 있고 권리능력없는 사단명의로 등기할 수도 있다. 이 경우에 만일, 종손이나 종원의 명의로 등기를 하면 이것은 명의신탁(名義信託)[88]이 된다. 권리능력없는 사단은 예외적으로 다음과 같

87) 법률용어 살펴보기 ☞ 「종중(宗中)」이라 함은? 부계(父系)의 공동선조(共同先祖)의 후손(後孫)들을 구성원으로 하여 공동선조(共同先祖)의 제사(祭祀)와 종원간(宗員間)의 친목을 목적으로 하는 종족단체(家族團體) 또는 혈연단체(血緣團體)를 말한다(대판 1985.10.22. 84다카2396 · 2397). 종중(宗中)은 재산을 소유하고 있는데 이는 종중재산(宗中財産) 또는 문중재산(門中財産)이라 하고 재산귀속관계를 총유(總有)로 보고 있다(대판 1972.2.22. 71다2476; 대판 1974.4.9. 73다1393). 종원(宗員)의 임의탈퇴는 인정되지 않으나, 종회의 결의(이른바 破門)에 의하여 종중(宗中)에서 제명시킬 수는 있다.

88) 법률용어 살펴보기 ☞ 「명의신탁(名義信託)」이라 함은 '부동산에 관한 권리를 다른 사람의 명의(名義)로 등기하는 것'을 말한다. 즉, 부동산을 다른 사람(受託者)의 명의로 등기하지만 신탁자(信託者)와 수탁자(受託者) 사이의 관계(對內的 關係)에서는 신탁자가 소유권을 그대로 보유하면서 목적물을 관리 · 수익하고 또한 신탁

은 지위를 갖는다.

① 내부관계

개개의 구성원은 사단을 매개로 하여 간접적인 관계를 가지며 내부관계는 정관(定款)과 사원총회의 결의(社員總會의 決議)에 의하여 처리된다. 정관에 규정이 없는 경우에는 민법상 사단법인의 실체를 갖추었으므로 사단법인에 관한 규정을 유추적용해야 한다는 것이 일반적 견해이다.

② 외부관계

권리능력없는 사단도 대표자가 정하여져 있으면 부동산등기법에서 사단명의로 등기할 수 있다는 규정이 있다(부동산등기법 제30조). 또한 권리능력없는 사단에도 소송법상 당사자 능력을 인정하고 있다(민사소송법 제52조).

③ 재산귀속관계

민법은 재산귀속관계에 있어서, 권리능력없는 사단은 법인격이 없어 독립한 권리·의무의 주체가 되지 못하므로 사단의 재산은 구성원 전원, 즉 사원의 총유(社員의 總有)로 한다는 규정을 두었다(제275조 내지 제278조). 따라서 구성원인 사원은 지분권(持分權)이나 분할청구권(分割請求權)이 없다(대판 2000.10.27. 2000다22881; 대판 2009.2.12. 2006다23312; 대판 2010.9.9. 2007다42310·42327).

사단(社團)의 채무에 대한 책임은 그 구성원 전원에게 총유적으로 귀속하는 무한책임이다. 따라서 사단의 채무에 대하여 사단의 총유재산으로만 책임을 지며 구성원 개개인은 책임을 지지 않는다.

6) 권리능력없는 사단법인의 등기

권리능력없는 사단이 등기를 하여 법인격을 취득하면 그 권리와 의무는 당연히 법인인 사단에 귀속한다. 대표적인 사례로는 종중과 교회가 많다(대판 1991.8.27. 91다16525; 대판 2008.2.28. 2007다37394·37400).

자와 제3자간의 관계(對外的 關係)에서는 공부상(公簿上)의 소유명의대로 수탁자가 소유권을 가지고 제3취득자는 그의 선의, 악의를 묻지 않고 소유권을 취득하게 되는 것이다.

(6) 권리능력없는 재단

1) 의 의

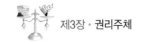

「권리능력없는 재단(權利能力없는 財團)」이라 함은? 재단법인의 실질, 즉 목적재산은 존재하되 아직 등기를 하지 않아서, 이를 법인격(法人格)이 없는 재단 또는 법인 아닌 재단이라고 말한다. 예컨대 파산재단, 각종의 재단저당의 목적이 되는 특별법에 의한 재단, 한정승인을 한 상속재단, 한정승인[89]을 한 상속재산, 상속인이 없는 상속재산 등이 그것이다.

권리능력 없는 재단이 성립하려면, 일정한 목적을 위하여 출연된 재산이 사회적으로 독립한 존재를 가지고 있어야 하며, 관리기구를 갖추어야 한다. 발생원인도 권리능력없는 사단에 있어서와 같다. 그러나 설립에 관해서는 권리능력없는 재단의 예로는 육영회(장학재단)를 들 수 있다.

2) 법률관계

민법에는 권리능력없는 재단에 대해서 아무런 규정이 없다. 그러나 설립에 관해서는 증여(贈與)·유증(遺贈)의 규정이 준용되며(제47조 참조), 내부관계에 대해서는 법인격을 전제로 하는 것을 제외하고는 재단법인의 규정이 유추적용되며 대표자 또는 관리인이 있으면 민사소송법상 당사자능력이나(민사소송법 제52조) 등기능력(부동산등기법 제30조)을 가지며 명예권(名譽權) 등의 인격권을 향유한다. 채무는 재단에 귀속되기 때문에 재단의 재산으로만 책임을 진다고 할 것이다.

3) 재산의 귀속

권리능력없는 재단에 속하는 부동산에 관하여는 그 재단의 명의로서 그 대표자 또

---

89) 법률용어 살펴보기 ☞ 상속의 승인(承認)과 포기(抛棄)에는 단순승인(單純承認)과 한정승인(限定承認)이 있다. 전자는 상속인이 피상속인의 권리와 의무를 제한 없이 승계할 것을 승인하는 것이고(제1052조), 후자는 상속으로 인하여 취득할 재산의 한도에서 피상속인(被相續人)의 채무(債務)와 유증(遺贈)을 변제할 것을 조건으로 상속을 승인하는 것이다(민법 제1028조). 반대로 포기는 상속인이 상속의 효력을 부인하는 것이다. 이러한 상속의 승인과 포기에는 숙려기간(熟慮期間)이 있는데 재산상속인은 상속개시 있음을 안 날로부터 3개월 이내에 단순승인이나 한정승인을 포기할 수 있다. 즉, 승인. 포기를 할 수 있는 기간은 상속인이 상속개시 있음을 안 날로부터 3개월 이내이다(제1019조 제1항 본문). 만약 이 기간이 지나서 한 상속의 승인이나 포기는 그 효력이 발생하지 않는다.

는 관리인이 등기 신청할 수 있고 또한 그 재단의 이름으로 등기함으로써 단독소유가 가능하다(부동산등기법 제30조). 그 이외의 재산권의 귀속관계에 대하여는 아무런 규정이 없으므로 총유(總有)는 인정될 수 없지만, 하나의 실체로서 개인의 권리능력없는 재단에 귀속된다.

(7) 사단과 조합의 차이

1) 성 립

사단(社團)의 설립에는 허가(許可)와 등기(登記)를 요하나, 조합(組合)은 민법 제703조에 「조합은 2인 이상이 상호 출자하여 공동사업을 경영할 것을 약정함으로써 그 효력이 생긴다」라고 규정함으로써 조합의 구성원간에 관계를 일종의 계약관계로서 아무런 형식을 요하지 않는다. 따라서 사단은 법인격이 있고 조합은 법인격이 없다.

살아있는 Legal Mind!!!

- 사단법인의 설립행위에 관한 성질에 대한 다수설은 합동행위설(合同行爲說)이지만 조합계약의 설립행위에 관한 성질에 대해서는 합동행위설(合同行爲說)과 쌍무계약설(雙務契約說)이 크게 대립한다. 이 가운데 쌍무계약설(雙務契約說)로 보는 것이 다수설이다.

2) 단체의 유형

단체(團體)는 그 구성원의 의사를 기초로 하여 성립하지만 일단 성립하면 그 구성원으로부터 독립된 존재가 된다. 이러한 단체는 사단(社團)과 조합(組合)으로 구별되며 그 구별은 그 명칭 만에 의해서 정하여 지는 것이 아니라 단체성·독립성의 강약에 따라 구별된다(대판 1999.4.23. 99다4504). 예컨대 노동조합·협동조합·수리조합은 조합이라는 명칭을 사용하고 있으나 실질적으로는 사단의 실체를 가지는 것이다. 사단과 조합은 단체라고 하는 점에서는 동일하므로 이론상으로는 양자 모두 법인의 실체가 될 수 있으나, 법인으로 하느냐의 여부는 입법정책의 문제이다.

3) 구별기준

① 사 단

실질적인 면에서 볼 때 사단(社團)은 통상 구성원이 다수(多數)이고 구성원의 개성이 몰각되는 반면 단체의 단일성·독자성이 강하게 나타난다는 특성을 가진다. 즉, 사단에서는 개개의 구성원은 단체 속에 파묻혀 버려서 그 개성이나 중요성을 잃게 되고 단체가 그 구성원의 개성을 초월한 독립한 단일의 존재가 된다. 따라서 사단에 있어 그 구성원인 개인은 일반적 효력을 갖는 정관(定款)에 의하여 규율된다.

② 조 합

실질적인 면에서 볼 때 조합(組合)은 통상 구성원이 소수(少數)이고 단체적 단일성보다는 구성원의 개성이 강하게 나타난다는 특성을 가진다. 즉, 조합에서는 단체의 구성원인 개인은 여전히 독립한 존재를 가지고 있고 공동의 목적을 달성하는데 필요한 한도에서 제약을 받을 뿐이어서, 단체로서의 단일성보다는 구성원의 개성이 표면상 강하게 나타난다. 따라서 조합은 제703조 이하의 계약관계에 의하여 규율된다.

4) 내부관계

① 사 단

사단(社團)은 정관과 법률의 규정에 따른 일정한 기관에 의하여 내부 관계가 유지된다. 그러므로 구성원과의 개인적 관계는 원칙적으로 생기지 않으며 구성원과 단체 간에 자치법상의 권리 의무가 생길 뿐이다. 따라서 그 구성원은 단체를 매개로 하여 간접적인 관계를 맺는다. 그리고 구성원은 총회(總會)를 통한 다수결 원리에 의하여 단체의 운영에 참여할 수 있을 뿐 기관은 아니다.

② 조 합

조합(組合)은 구성원간에 상호 직접적인 개인적 관계가 형성되는 계약관계이다. 그러므로 조합원의 권리의무는 타 조합원에 대한 권리의무로서 반영된다. 조합에서는 원칙적으로 조합원 각자가 단체의 운영에 직접 참여를 하게 된다. 다만 조합원의 위임(委任)에 의하여 업무집행자를 선임할 수 있다. 그리고 조합의 내부적 업무집행은 합수성(合數性)의 원리인 전원일치에 의하는 것이 원칙이지만, 업무집행에 있어서 의견의 일치를 보지 못할 때에는 다수결의 원칙에 의한다.

5) 외부관계

① 사 단

단체의 행위는 그 대표기관(☞理事)에 의하여 행하여지며 단체만이 권리의무의 주체이고 그 구성원은 기관을 대표할 수 없다.

② 조 합

조합은 사단과 달리 법인격이 없으므로 대표권이 없다. 그러므로 단체의 행위는 조합원 각자 또는 전원으로부터 대리권이 수여된 자에 의해서 행하여진다. 즉, 단체로서의 조합은 사단과는 달리 권리의무의 주체가 되지 못하며 구성원인 조합원이 공동하여 직접 주체가 된다.

살아있는 Legal Mind!!!

- 법인격(法人格)이 있느냐 아니면 없느냐에 따라서 조합도 법인의 실체가 될 수 있음을 유의하라. 상법상 합명회사는 실체에 있어서는 조합이지만 법인격이 부여되어 있고 노동조합 또는 농업협동조합의 경우는 조합의 명칭을 가지고 있지만 사단으로서의 실체를 가지고 있다. 결국 사단(社團)이냐 아니면 조합(組合)이냐 하는 것은 단체의 실질에 지나지 않으며 이는 입법정책상의 문제이다.

6) 재산의 귀속관계

① 사 단

단체의 자산(資産)이나 부채(負債)는 단체 자체에 귀속하므로 구성원은 정관에 따라 자산으로부터 배당을 받거나 그 설비를 이용할 수 있을 뿐이다. 따라서 구성원은 단체의 채무에 대하여 개인적으로 책임을 지지 않고 다만 출자 내지 회비를 부담함으로써 사단의 부채에 관하여 간접적으로 유한책임을 질뿐이다.

② 조 합

단체의 자산이나 부채는 조합원 전원의 합유(合有) 또는 준합유(準合有)가 되므로 조합이 지는 부채는 조합원 각자의 부채이다. 따라서 조합원으로서 소유하는 재산이외에 각자의 재산을 가지고 그 책임을 져야 하는 유한책임을 진다.

보충정리 사단과 조합의 차이

사 항	사 단	조 합
성 립	주무관청의 허가와 등기를 요함 (법인격 있음)	아무 형식을 요하지 않음 (법인격 없음)
구 성 원	① 구성원의 수는 2인 이상이면 되나, 일반적으로 다수임 ② 구성원의 가입 · 탈퇴는 비교적 자유로이 인정	① 구성원의 수는 일반적으로 소수임 ② 구성원의 가입 · 탈퇴는 일반적으로 인정되지 않음
내부관계	① 정관과 법률의 규정에 따라 일정한 기관에 의하여 내부관계가 유지. ② 구성원과의 개인적 관계는 원칙적으로 생기지 않고 단체를 매개로 하여 간접적인 관계를 맺음. ③ 구성원은 총회를 통한 다수결 원리에 의하여 단체의 운영에 참여할 수 있을 뿐 기관은 아님	① 구성원간에 상호 직접적 · 개인적 관계가 형성(계약관계). ② 원칙적으로 조합원 각자가 직접 단체의 운영에 참여, 다만 조합원의 위임에 의하여 업무집행자를 선임 가능함 ③ 업무집행의 원칙은 합수성의 원리(全院一致의 原理)임 그러나 그렇지 못할 경우다수결의 원칙에 의함
외부관계	단체의 행위는 그 대표기관(理事)에 의하여 행하여지며 단체만이 권리의무의 주체이고 그 구성원은 기관을 대표할 수 없음.	단체의 행위는 조합원 각자 또는 전원으로부터 대리권이 수여된 자에 의해서 행하여 짐, 단체로서의 조합은 사단과는 달리 권리의무의 주체가 되지 못하며 구성원인 조합원이 공동하여 직접 주체가 됨
재산의 귀속관계	① 단체의 자산이나 부채는 단체 자체에 구속하므로 구성원은 정관에 따라 자산으로부터 배당을 받거나 그 설비를 이용할 수 있을 뿐임 ② 구성원은 단체의 채무에 대하여 개인적으로 책임을 지지 않고 다만 출자 내지 회비를 부담함으로써 사단의 부채에 관하여 간접적으로 유한 책임을 짐.	단체의 자산이나 부채는 조합원 전원의 합유 또는 준합유임. 그러므로 조합이 지는 부채는 조합원 각자의 부채이다. 따라서 조합원으로서 소유하는 재산이외에 각자의 재산을 가지고 그 책임을 져야 하는 無限 책임이 있음

Ⅱ 법인의 설립

1. 법인설립 일반

민법 제31조는 「법인은 법률의 규정에 의함이 아니면 성립하지 못한다」 라고 규정

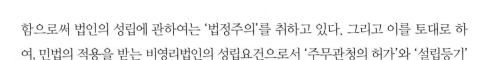

함으로써 법인의 성립에 관하여는 '법정주의'를 취하고 있다. 그리고 이를 토대로 하여, 민법의 적용을 받는 비영리법인의 성립요건으로서 '주무관청의 허가'와 '설립등기'를 요구하고 있다(제32조 · 제33조).

(2) 법인설립의 입법주의

1) 자유설립주의

「자유설립주의(自由設立主義)」라 함은? 법인성립에 아무런 제한을 두지 않고 단체 또는 재단이 거래사회에 출현하여 활동하면 곧 이것을 법인으로 승인하는 주의를 말한다. 우리나라는 이러한 자유설립주의를 취하지 않는다(제31조 참조). 스위스민법이 이 주의를 채용하고 있다.

2) 준칙주의

「준칙주의(準則主義)」라 함은? 법률이 정하는 일정한 요건을 갖추면 행정관청의 허가나 인가 없이도 당연히 법인이 성립한 것으로 보는 주의를 말한다. 이러한 주의에 의하면 그 조직이나 내용을 공시하기 위하여 등기를 성립요건으로 하는 것이 보통이다. 민법상의 영리법인(☞民事會社) · 상법상의 회사 · 노동조합 등이 이 주의에 의하고 있다.

3) 허가주의

「허가주의(許可主義)」라 함은? 법인의 설립에 관하여 주무관청(主務官廳)의 자유재량(自由裁量)에 의한 허가를 얻어야 한다는 주의를 말한다. 민법상의 비영리법인 · 학교법인 · 의료법인 · 증권거래소 등이 이 주의에 의하여 설립되고 있다.

4) 인가주의

「인가주의(認可主義)」라 함은? 법률이 정하는 일정한 요건을 갖추어 인가(認可)를 요청하면 주무관청이 반드시 인가해야 한다는 주의를 말한다. 대한변호사협회 · 상공회의소 · 농협 · 수협 · 중소기업협동조합 · 수출조합 · 한국해운조합 등 주로 공공조합이 이 주의에 의하여 설립되고 있다.

5) 특허주의

「특허주의(特許主義)」라 함은? 법인의 성립을 위해 특별한 법률을 제정(制定)해야 한다는 주의를 말한다. 한국은행 · 한국산업은행 · 한국수출입은행 · 한국토지주택공사 · 대한석탄공사 · 한국조폐공사 · 한국전력공사 · 한국마사회 · 대한적십자사(한국과학기술원 · 한국사학진흥재단 · 한국연구재단) 등이 이 주의에 의하여 설립되고 있다.

6) 강제주의

「강제주의(强制主義)」라 함은? 국가정책적 입장에서 법인설립을 국가가 강제하는 주의를 말한다. 변호사회 · 의사회 · 약사회 · 수의사회 · 변리사회 · 대한한약사회 · 상공회의소 등이 이 주의에 의하여 설립되고 있다. 이를 법인은 강제주의와 함께 허가주의나 인가주의도 채용되어 있다.(의료법 제29조 · 변호사법 제65조 · 제79조 · 약사법 제13조)

2. 비영리법인의 설립

> 임꺽정과 김선달 그리고 황진이를 비롯한 몇 사람은
> 사회활동을 위한 사단법인 또는 재단법인을 설립하기로 하였다.
> 이 경우에 법적으로 어떠한 방법에 의함이 좋은가?

(1) 서 언

민법 제32조는 「학술 · 종교 · 자선 · 기예 · 사교 기타 영리 아닌 사업을 목적으로 하는 사단 또는 재단은 주무관청의 허가를 얻어 이를 법인으로 할 수 있다」라고 규정함으로써 민법상의 법인은 비영리법인으로서 사단법인과 재단법인 두 가지만을 인정한다.

(2) 설립요건

비영리법인을 설립하기 위해서는 다음의 요건을 갖추어야 하는데 사단법인과 재단법인은 설립행위에 차이가 있으므로 나누어 고찰한다.

1) 사단법인의 설립요건

① 목적의 비영리성

민법 제32조 전단은 「학술·종교·자선·기예·사교 기타 영리 아닌 사업을 목적으로 하는 …,」 라고 규정함으로써 비영리사단법인은 목적이 '비영리성(非營利性)'을 가져야 한다. 즉, 학술·종교·자선·기예·사교 기타 영리 아닌 사업을 목적으로 하여야 한다. 하지만 반드시 공익(公益)을 목적으로 하여야 하는 것은 아니다. 구민법(舊民法)의 경우는 공익법인(公益法人)을 그 적용대상으로 하였으나, 현행민법의 경우는 비영리이기만 하면 되고 굳이 공익을 요구하지는 않는다.

② 설립행위(정관작성)

민법 제40조는 「사단법인의 설립자는 다음 각 호의 사항을 기재한 정관을 작성하여 기명날인하여야 한다. 1.목적 2.명칭 3.사무소의 소재지 4.자산에 관한 규정 5.이사의 임면(任免)에 관한 규정 6.사원자격의 득실에 관한 규정 7.존립시기나 해산사유를 정한 때에는 그 시기 또는 사유」 라고 규정함으로써 사단법인을 설립하려면 "설립행위(設立行爲)"가 있어야 한다. 이는 설립자가 일정한 사항을 기재한 정관을 작성하여 기명날인(記名捺印) 하는 행위이다. 이에 관하여 자세히 설명하면 다음과 같다.

㉮ 설립자의 수에 관하여는 민법상 규정이 없으나 사단의 성질상 2인 이상이어야 한다. 즉, 2인 이상의 설립자가 정관을 작성하고 기명·날인하여야 하는데 이를 사단법인의 설립행위라고 한다(제40조).

㉯ 여기서 「정관(定款)」은 법인의 근본규칙을 말한다. 이러한 정관에는 1.목적 2.명칭 3.사무소의 소재지 4.자산에 관한 규정 5.이사의 임면에 관한 규정 6.사원자격의 득실에 관한 규정 7.존립시기나 해산사유를 정한 때에는 그 시기 또는 사유를 기재해야 한다(제40조 1호 내지 7호). 이상의 7가지 사항을 '필요적 기재사항(必要的 記載事項)'이라 하는데 이들 중 하나라도 빠지면 그 정관은 무효이다. 그리고 정관에는 위의 7가지 사항이외에도 법인의 근본규칙을 정하여 기재할 수 있는데 이를 '임의적 기재사항(任意的 記載事項)'이라 한다. 이는 기재가 강제되지 않는 사항이다. 그러나 이것도 정관에 기재하기만 하면 필요적 기재사항과 같은 효력을 가진다. 예컨대 이사의 대표권에 대한 제한·이사의 대표권·이사의 대리인 선임·감사·총회의 권한·사단법인의 정관변경 등이 그것이다.

살아있는 Legal Mind!!!

- 사단법인의 설립행위의 성질에 관해서는 법인의 설립이라는 공동의 목적에 협력하는 평행적(平行的)·구심적(求心的) 합동행위라는 '합동행위설(다수설)'과 설립행위는 사단이라는 단체법적 효과의 발생을 목적으로 하는 특수계약이라고 하는 '특수계약설'(이영준·김증한)로 나누어진다. 이러한 학설의 차이는 법률행위에 관한 민법통칙편의 규정 특히 제108조(통정한 허위의 의사표시)와 제124조(자기계약·쌍방대리)의 규정이 적용되느냐에 있다. 다수설인 합동행위설에 따르면 합동행위의 성질상 일부의 자의 행위가 의사의 흠결 또는 하자로 인하여 무효나 취소가 되어도 설립행위에 영향을 미치지 않으며 특히 제108조와 제124조는 그 적용이 없다고 한다.
- 상기의 필요적 기재사항 중에서, '7. 존립시기나 해산사유에 관한 사항'은 그것을 정한 때에만 정관에 기재하면 되므로 학자들은 상기의 1에서 6까지의 사항은 절대적·필요적 기재사항이라 하고 상기 7의 경우는 상대적·필요적 기재사항이라고 한다.

③ 주무관청의 허가

민법 제32조 후단은「…… 사단은 주무관청의 허가를 얻어 이를 법인으로 할 수 있다」라고 규정함으로써 사단법인을 설립하려면 '주무관청의 허가'를 얻어야 한다. 즉, 허가주의(許可主義)를 취한다. 여기서「주무관청(主務官廳)」이라 함은? 법인이 목적으로 하는 사업을 관장하는 행정관청을 말한다. 예컨대 학술에 관한 주무관청은 교육부이다. 따라서 교육부의 허가를 얻어야 법인을 설립할 수 있다. 만약 허가를 얻지 못하면 법인을 설립할 수 없다. 그리고 법인의 목적사업이 수 개의 행정관청에 소관되는 것이면 해당관청 전부의 허가를 얻어야 한다. 한편 허가가 어떤 성질의 것이고, 불허가에 대하여는 행정소송을 제기 할 수 있는가가 문제될 수 있으나, 허가주의가 명문화되어 있는 이상 허가는 자유재량적 행위이고 불허가 처분은 행정소송의 대상이 되지 않는다는 견해가 우세하고 판례도 같은 취지이다(대판 1996.9.10. 95누18437).

④ 설립등기

민법 제33조는「법인은 그 주된 사무소의 소재지에서 설립등기를 함으로써 성립한다」라고 규정함으로써 사단법인은 그 주된 사무소의 소재지에서「설립등기(設立登記)」를 함으로써 비로소 권리능력을 취득한다. 설립등기는 주무관청의 허가가 있는 때로부터 3주내에 주된사무소 소재지에서 하여야 한다(제49조 제1항). 여기서 '주된 사무소 소재지(主된 事務所 所在地)'는 법인의 최고 수뇌부가 있는 곳이다. 그리고 제36조는「법인의 주소는 그 주된 사무소의 소재지에 있는 것으로 한다」라고 규정함으로써 그 주된 사무소가 법인의 주소가 된다.

2) 재단법인의 설립요건

① 목적의 비영리성 등

민법상의 재단법인의 설립에 있어 i) 목적이 비영리성일 것(제32조 참조) ii) 주무관청에 허가를 얻을 것(제32조 참조) iii) 설립등기를 할 것(제33조 참조)의 요건은 사단법인과 같고 오직 '설립행위(設立行爲)'에 있어서 차이가 있다.

② 설립행위

㉮ 서

민법 제43조는 「재단법인의 설립자는 일정한 재산을 출연하고 제40조 제1호 내지 제5호의 사항을 기재한 정관을 작성하여 기명날인하여야 한다」 라고 규정함으로써 재단법인의 설립행위는 정관의 작성하여 기명날인하여야 하고 이외에 '재산을 출연'하여야 한다. 이 점이 사단법인의 그것과 근본적으로 다르다.

㉯ 설립행위의 성질

재단법인의 설립행위는 그 설립자가 1인이라도 좋고 2인이라도 상관없으나, 이에 대한 법적 성질에 관하여 살펴보면, 1인에 의하여 설립행위가 행하여지는 경우에는 '상대방없는 단독행위'라고 보지만(異說없음), 설립자가 2인 이상인 경우에는 '단독행위의 경합'이라는 다수설(김증한 · 김용한 · 김현태 · 이영섭 · 이영준 · 권용우)과 '합동행위' 라는 소수설(김기선 · 방순원)이 대립한다(대판 1999.7.9. 98다9045 참조).

㉰ 재산의 출연

재단법인(財團法人)을 설립하려는 자는 먼저 일정한 재산(財產)을 출연(出捐)하여야 한다(제43조). 이 때, 재산의 출연은 생전처분(生前處分)으로 하던 유언(遺言)으로 하던 상관없다.

㉠ 출연재산의 종류 및 적용법규

출연재산의 종류는 어떠한 재산이라도 상관없고 재산의 출연행위는 무상(無償)이어서 증여(贈與) 및 유증(遺贈)과 비슷하므로 민법은 제47조 제1항은 「생전처분

(生前處分)으로 재단법인을 설립할 때에는 증여에 관한 규정을 준용한다」라고 규정하고, 동조 제2항은 「유언으로 재단법인을 설립하는 때에는 유증에 관한 규정을 준용한다」라고 규정하고 있다.

㉡ 출연재산의 귀속시기

ⓐ 원칙

민법 제48조 제1항은 「생전처분으로 재단법인을 설립하는 때에는 출연재산은 법인이 성립된 때로부터 법인의 재산이 된다」라고 규정하고, 동조 제2항은 「유언으로 재단법인을 설립하는 때에는 출연재산은 유언의 효력이 발생한 때로부터 법인에 귀속한 것으로 본다」라고 규정하고 있다. 예를 들어 임꺽정이 K재단을 설립하기 위하여 자신의 집을 출연한 경우에 그것이 생전처분(生前處分)으로 하였다면 법인설립등기를 한 때에, 그것을 유언으로 하였다면 출연자가 사망한 때에 출연재산이 재단법인으로 귀속된다.

ⓑ 일정한 공시의 필요성

출연행위는 상대방없는 단독행위이므로 엄연히 법률행위가 된다. 여기에서 출연재산 속에 '부동산물권'이 포함되어 있는 경우에 그 부동산물권이 재단법인에 귀속하는 시기는 언제인가에 관하여 규정간의 충돌이 생기게 된다. 즉, 제48조에 의한 부동산물권의 변동을 ⅰ) 제186조 「부동산에 관한 법률행위로 인한 물권의 득실변경은 등기하여야 그 효력이 생긴다」라고 한 규정의 "법률행위로 인한 물권변동으로 보아 등기하여야 재단법인에 귀속되는 것"으로 볼 것이냐 ⅱ) 제187조 본문 「상속, 공용징수, 판결, 경매 기타 '법률의 규정'에 의한 부동산에 관한 물권의 취득은 등기를 요하지 아니한다」라고 한 규정의 '법률의 규정'에 속하는 것으로 보아서 "등기없이도 법인이 성립한 때 또는 유언의 효력이 발생한 때(☞유언자가 사망한 때)에 재단법인에 귀속되는 것"으로 볼 것인가에 관한 문제가 그것이다. 이에 관하여는 학설간의 대립이 있으며 또한 판례도 이원적인 태도를 취하고 있다. 즉, 이와 같은 의견의 대립은 법인의 보호에 치중할 것이냐 제3자 보호에 중점을 둘 것이냐 하는 문제이다.

ⅰ) 학 설

소수설은 재단법인의 설립행위가 분명히 '법률행위'라면 출연재산 속에 있는 부동산물권은 당연히 "제186조에 따라 등기를 갖춘 때에 법인재산에 귀속된다"는 견해이다. 즉, 제48조는 민법이 채용하고 있는 독일법주의에 배치되는 규정으로 이는 출연재산의 법인으로의 귀속시기를 정한 규정이 아니고 등기를 갖춘 시기가 출연재산이 법인으로의 귀속시기임을 정한 규정이라는 견해이다. 그리고 이렇게 새겨야만 민법이 채택하고 있는 성립요건주의 원칙과 조화를 이룬다고 하였다(김증한 · 이영준). 그러나 다수설은 제48조를 '제187조의 법률의 규정'에 속하는 것으로 보아, 출연재산 속의 부동산물권은 "등기없이도 제48조가 정하는 법인이 성립한 때 또는 유언의 효력이 발생한 때에 당연히 재단법인에 귀속된다"는 견해이다. 즉, 제48조를 재단법인 설립 시에 재산을 출연하려는 설립자의 의사를 존중하려는 규정이며 또한 출연재산을 존중하기 위한 특별규정으로 보고 있다(곽윤직 · 김용한 · 장경학 · 김상용).

ⅱ) 판 례

판례는 처음에는 다수설과 같이 재단법인설립에 있어서의 출연재산은 "등기없이도 법인이 성립한 때 또는 유언의 효력이 발생한 때에 당연히 재단법인에 귀속된다"라고 보았다(대판 1976.5.11. 75다1656). 그러나 그 후 태도를 바꾸어, "민법 제48조 규정은 출연자와 법인과의 관계를 상대적으로 결정하는 기준에 불과하며 출연재산(☞부동산)은 출연자와 법인 사이에서는 등기없이도 법인설립과 동시에 법인에 귀속하나, 법인이 그가 취득한 부동산을 가지고 제3자에게 대항하기 위해서는 제186조의 원칙에 따라서 등기가 필요하다(대판 1979.12.11. 78다481 · 482; 대판 1981.12.22. 80다2762 · 2763; 대판 1993.9.14. 93다 8054 참조)"라고 하였다. 따라서 판례는 二元的인 태도를 보이고 있다.

➡ 재단법인의 설립함에 있어서 출연재산은 그 법인이 설립된 때로부터 법인에 귀속된다는 민법 제48조의 규정은 출연자와 법인과의 관계를 상대적으로 결정하는 기준에 불과하여 출연재산이 부동산인 경우에도 출연자와 법인 사이에는 법인의 성립 외에 등기를 필요로 하는 것은 아니지만, 제3자에 대한 관계에 있어서, 출연행위는 법률행위이므로 출연재산의 법인에의 귀속에는 부동산의 권리에 관한 것일 경우 등기를 필요로 한다(대판 1979.12.11. 78다481 · 482).

➡ 유언으로 재단법인을 설립하는 경우에도 제3자에 대한 관계에서는 출연재산이 부동산인 경우는 그 법인에의 귀속에는 법인의 설립 외에 등기를 필요로 하는 것이므로, 원고가 그와 같은 등기를 마치지 아니한 이 사건에서 유언자의 상속인의 한 사람으로부터 이 사건 부동산의 지분을 취득하여 이전등기를 마친 선의의 제3자인 피고에 대하여 대항할 수는 없을 것이므로, 이는 이 사건 결과에도 영향이 없는 것이라고 할 것이다.(대판 1993.9.14. 93다8054)

살아있는 Legal Mind!!!

➡ 상기의 다수설에 찬동하면서도 이를 취하는 것은 문제가 있다는 견해가 있다. 이 견해에 의하면, 다수설을 따르는 것은 거래의 안전상 문제가 발생한다고 한다. 예컨대 부동산을 출연함으로써 재단법인이 설립등기 되었지만 해당부동산의 등기명의가 계속하여 출연자 앞으로 되어 있는 경우에 이를 재단법인의 명의로 강제이전 등기하는 규정이 없으므로 만약 출연자가 신의에 위반하여 그 부동산을 제3자에게 매각·처분하고 제3자가 이전등기를 경료하게 되면 이는 문제가 된다는 것이다. 즉, 상기의 경우에 소수설을 따르면 제3자가 유효하게 소유권을 취득함으로써 거래안전에는 문제가 없지만 재단법인은 재산없는 재단법인이 될 가능성이 있고 다수설을 따르면 무권리자인 재산출연인으로부터 취득한 제3자는 아무리 선의이더라도 그 부동산을 취득하지 못하고 이 경우에 재단법인은 출연자로부터 제3자에게로 이전한 등기의 말소를 청구할 수 있으므로 거래의 안전에 문제가 생긴다는 것이다. 따라서 이러한 이유에서 판례가 이원적인 태도를 보인 것이므로 이러한 판례의 태도는 받아들일 수 없는 부당한 것이라고 하였다. 결국 이 견해는 제48조의 삭제나 개정만이 합리적인 해결방안이라고 하였다(곽윤직 물권법 81면).

ⓒ 출연재산이 채권인 경우

지명채권(指名債權)은 민법 제48조가 정하는 시기에 법인에게 귀속된다(통설). 그러나 지시채권(指示債權)과 무기명채권(無記名債權)에 관해서는 물권인 때와 유사한 문제가 생겨 학설이 대립한다. 다수설은 증서의 배서·교부는 필요치 않으며 제48조가 정하는 시기에 법인에게 귀속된다고 한다. 하지만 소수설은 지시채권의 경우에는 제508조에 규정한 배서·교부가 있어야 하며 무기명채권의 경우에는 제523조에 의한 증서의 교부가 있어야만 법인에 귀속된다고 한다. 생각건대 제48조를 삭제하지 않는 한 다수설에 따라야 할 것이다(대판 1984.9.11. 83누578).

㉣ 정관의 작성

재단법인의 설립자는 재산의 출연이 있은 후에 일정한 사항을 기재한 정관(定款)을 작성해야 한다. 이러한 정관의 작성은 사단법인의 경우와 대체로 같다. 다만 사원자격의 득실(社員資格의 得失)에 관한 규정(제40조 6호), 존립시기(存立時期)나 해산사유(解散事由)에 관한 사항은 재단법인의 정관작성에 필요하지 않다.

잠깐!! 민총, 깊이보기

재단법인의 정관의 작성에 있어서 필요적 기재사항인 ① 목적 ② 명칭 ③ 사무소의 소재지 ④ 자산에 관한 규정 ⑤ 이사의 임면에 관한 규정은 사단법인의 그것과 같다. 그러므로 '사원자격의 득실에 관한 규정'과 '존립시기나 해산사유를 정한 때 그 시기 또는 사유를 기재해야 함'은 사단법인의 정관 작성시 필요적 기재사항임을 유의하라.

보충정리 민법상 사단법인과 재단법인의 차이

사 항	사단법인	재단법인
목적의 영리여부	비영리성	동일함
설립행위	① 2인 이상의 설립자가 정관을 작성하고 기명·날인(제40조) ② 합동행위임(다수설)	① 먼저 일정한 재산을 출연하고 그 다음 정관(근본규칙) 작성(제43조) ② 1인의 설립자가 하는 설립행위는 상대방없는 단독행위이지만(異說없음) 수인의 설립자가 하는 설립행위는 단독행위의 경합임(다수설)
주무관청의 허가	주무관청의 허가를 얻어야 함	동일함
구성원	2인 이상의 사원	일정한 목적을 위하여 바쳐진 재산
의사결정	사원총회라는 최고의사결정기관에 의한 자주적 결정(자율적 법인)	설립자의 의도가 반영된 정관의 목적(타율적 법인)
기 관	이사·감사·사원총회	이사·감사
정관 또는 목적의 변경	자유(42조 참조)	원칙적으로 불가
해산사유	① 존속기간 만료(제40조 7호) ② 법인의 목적달성 또는 목적달성 불능 ③ 파산(제79조, 채무초과) ④ 설립허가가 취소된 때(제38조) ⑤ 정관에 정한 해산사유가 발생한 때(제38조) ⑥ 사원이 없게 될 때(제77조 제2항) ⑦ 사원총회의 결의에 의한 해산(임의해산, 3/4)이 있을 때(제78조)를 들 수 있다.	사단법인의 ①②③④⑤인 사유이외에 특유한 사유가 없음

㉮ 정관의 보충

민법은 제44조는 「재단법인의 설립자가 그 명칭, 사무소 소재지 또는 이사임면의 방법을 정하지 아니하고 사망한 때에는 이해관계인 또는 검사의 청구에 의하여 법원이 이를 정한다」 라고 규정함으로써 원칙적으로 정관에 필요한 기재사항중 하나라도 빠뜨리면 그 정관의 효력은 없게되지만, 재단법인의 설립자가 필요적 기재사항 중에서 중요한 '목적(目的)과 자산(資産)'은 정하였지만 비교적 경미한 사항(☞명칭 · 사무소 소재지 · 이사임면의 방법)을 정하지 아니하고 사망한 때'에는 이해관계인 또는 검사의 청구에 의하여 법원이 이를 정하도록 하였다. 즉, 정관의 보충을 통한 법인 성립의 길을 마련한 것이다.

③ 주무관청의 허가와 설립등기는 비영리 사단법인에 대한 설명과 같다(제32조 · 제33조).

Ⅲ 법인의 능력

1. 개 관

법인의 능력에 관한 문제는 법인의 본질론과 밀접한 관련이 있다. 이러한 법인의 능력으로는 3가지를 들 수 있는데 그 첫 번째는 「권리능력(權利能力)」으로서 법인이 어떠한 범위의 권리의무를 향유할 수 있느냐에 관한 것, 두 번째는 「행위능력(行爲能力)」으로서 법인이 권리의무를 향유하기 위하여 어떠한 종류의 행위를 할 수 있으며 누가 어떠한 형식으로 할 것이냐에 관한 것, 세 번째는 「불법행위능력(不法行爲能力)」으로서 어떤 자의 불법행위에 대하여 법인 자신이 배상책임을 지느냐에 관한 것이다. 이러한 법인의 능력에 관한 것은 비영리법인 뿐만 아니라 모든 법인에 적용된다.

2. 법인의 권리능력

민법 제34조는 「법인은 법률의 규정에 좇아, 정관으로 정한 목적의 범위내에서 권리와 의무의 주체가 된다」 라고 규정함으로써 법인은 권리능력에 있어서 자연인과 달리 다음과 같은 제한을 받고 있다.

(1) 성질에 의한 제한

1) 법인(法人)은 자연인(自然人)의 천연적 성질을 전제로 하는 권리를 향유할 수 없다. 예컨대 성별·연령·제한능력자·친족관계 등에 관한 권리(친권, 생명권, 육체적자유권, 정조권)는 법인이 향유할 수 없다. 그러나 재산권·명예권·성명권·신용권 등은 인정된다.

2) 법인은 재산권(財産權)을 향유할 수 있다. 그러나 재산상속권은 법인이 성질상 누릴 수 없는 것은 아니지만, 민법상에 재산상속인을 자연인에 한하고 있으므로 (제1000조 이하 참조) 법인에는 상속권이 없다고 보아야 한다. 다만 법인도 유증(遺贈)을 받거나 특별연고자로서 재산상속의 분여(分與)[90]를 받을 수 있으므로(제1057조의 2) 그 범위내에서 재산상속의 효과를 대신 할 수 있다.

재미로 읽어보세요!!!

◆ 사생활(私生活)의 비밀과 자유의 주체는 원칙적으로 자연인에 한한다. 그러나 법인에 있어서 명칭·상호 등이 타인에 의하여 영리를 목적으로 이용당하는 경우에는 논의의 대상이 될 수 있다. 그 예로서 미국의 1912년 소위 Vassar대학사건(☞봣싸 초콜릿포장에 대학의 모자와 정복을 착용한 젊은 여성이 대학의 페넌트를 들고 있는 사진을 사용한 사건)을 들 수 있다. 이에 따라 대학당국은 영업상의 선전으로 동창생 및 재학생에게 정신적 피해를 입혔다고 주장하여 제소하였는데 법원은 법인에게는 사생활의 비밀과 자유의 주체임을 인정할 수 없으므로 법적 구제가 안 된다고 하여 이를 기각하였다. 하지만 이러한 경우에도 공중(公衆)의 오해를 불러일으키는 성명(姓名)·초상(肖像) 등의 영업적 이용은 법적 구제가 마땅한 것으로 본다. 예를 들어 특정대학의 모자와 정복을 입은 사람이 음란한 광고물이나 선전에 출연한 경우 등이 그것이다.

(2) 법률에 의한 제한

법인격(法人格)은 법률에 의하여 부여된다. 그러므로 권리주체인 법인의 권리능력이

90) 법률용어 살펴보기 ☞ 「특별연고자의 분여제도(特別緣故者의 分與制度)」라 함은? 1989년 민법의 일부개정에 의하여 신설된 제도로서 상속인이 없는 경우에 피상속인과 생계를 같이 하였거나 피상속인의 요양·간호를 한 자 또는 기타 피상속인과 특별한 연고 있는 자에게 상속재산의 전부나 일부를 줄 수 있는 제도이다.

법률에 의하여 제한됨은 당연하다. 그러나 현행법상 법인의 권리능력을 제한하는 법률은 개별적인 제한규정 뿐이다. 예컨대 민법 제81조의 해산한 법인은 청산의 목적범위내에서만 권리능력(권리와 의무)이 있고, 제한되는 청산법인(淸算法人)의 규정과 상법 제173조의 '회사는 다른 회사의 무한책임사원이 될 수 없다'는 권리능력의 제한(權利能力의 制限)규정이 그것이다.

(3) 목적에 의한 제한

민법 제34조는 「법인은 법률의 규정에 좇아, 정관으로 정한 목적의 범위내에서 권리와 의무의 주체가 된다」라고 규정하고 있는데 이는 일반적으로 권리능력에 관한 제한을 정한 규정이다. 여기서 「목적의 범위(目的의 範圍)」의 판단기준에 관하여 학설이 나누어진다. 소수설의 경우는 '목적을 달성하는데 필요한 범위 내'라고 보고(이영섭·김증한), 다수설의 경우는 '목적에 위반하지 않는 범위 내'라고 본다(김기선·방순원·곽윤직). 그리고 판례의 경우는 민법 제34조의 「목적의 범위」를 광의로 해석하여 정관에 열거된 목적과 그 외에 법인의 목적을 달성함에 필요한 범위를 지칭하는 것으로 해석함이 타당하다고 한다(대판 1991.11.22. 91다8821; 대판 2007.1.26. 2004도1632; 대판 2009.12.10. 2009다63236 등). 이는 소수설과 같은 입장이다.

3. 법인의 행위능력

(1) 서 언

누가 어떠한 행위를 하였을 때 이를 법인의 행위로 볼 것이냐가 문제가 된다. 법인의제설(法人擬制說)의 입장에서는 법인 자신의 행위를 인정하지 않고 다만 법인의 외부에 존재하는 대리인에 의해 권리와 의무가 취득되는 것으로 보지만, 법인실재설(法人實在說)의 입장에서는 법인기관(法人機關)의 행위가 곧 법인 자체의 행위로 된다. 다만 우리 민법은 '법인의 대표(法人의 代表)'에 관하여는 대리(代理)에 관한 규정을 준용한다고 규정함으로써(제59조 제2항), 두 가지의 이론구성이 모두 가능하며 실제상의 차이도 존재하지 않는다.

(2) 법인행위의 실현

법인의 행위는 '대표기관(代表機關)'에 의한다. 현실적으로 법인이 행위를 하려면 자연인이 하여야 하는데 이러한 자연인을 대표기관이라고 한다. 이러한 대표기관에는 이사·임시이사·특별대리인·청산인 등이 있고 이들에게는 대리·무권대리·표현대리에 관한 규정이 준용된다. 법인을 대표하는 형식에 관해서도 마찬가지로 법인을 위한 것 임을 표시하여서 법률행위를 하여야 한다(제114조·제115조). 흔히 ○○법인이사 ○○○라고 표시한다.

(3) 행위능력의 범위

법인은 권리능력의 범위내에서 행위능력을 가질 수 있을 뿐이다. 따라서 법인의 권리능력의 범위를 벗어나거나 법인의 행위능력이 없는 범위의 대표기관 행위는 법인에 의한 행위로 인정되지 않고 대표기관 개인(代表機關個人)의 행위에 지나지 않는다.

4. 법인의 불법행위능력

> K 재단법인의 이사인 임꺽정과 김선달은 목적사업을 하던 중,
> 황진이에게 1억원의 손해를 끼쳤고
> 이에 따라 황진이는 임꺽정과 김선달에게 배상을 청구하였으나
> 그들에게는 재산이 없었다.
> 이 경우에 황진이에게는 어떠한 법적 구제책이 있을까?

(1) 서 언

민법 제35조 제1항은 「법인은 이사 기타 대표자가 그 직무에 관하여 타인에게 가한 손해를 배상할 책임이 있다」라고 규정함으로써 법인의 불법행위능력(法人의 不法行爲能力)을 인정하고 있다(통설).

살아있는 Legal Mind!!!

- 민법 제35조 제1항의 규정은 어떠한 이론에 의하여 접근하느냐에 따라서 그 해석에 차이가 있다. 즉, 법인의 본질을 어떻게 보느냐에 따라 다르게 해석되는 것이다. i) 법인의제설(法人擬制說)에 의하면, 법인은 법률에 의하여 자연인에 의제된 것에 불과하므로 법인의 권리능력(權利能力)은 인정되나 행위능력(行爲能力)은 부인되어 법인자체의 독자성을 부인한다. 그러므로 대리인인 자연인의 행위만이 존재하고 법인은 대리인에 대한 본인으로서의 법률효과를 받는데 지나지 않으므로 법인의 불법행위능력(不法行爲能力)은 부인된다는 견해이다. 이설은 제35조 제1항을 제756조에서 규정한 '사용자책임'에 대한 특별규정이라고 보고 본조를 엄격하게 해석한다. ii) 하지만 법인실재설(法人實在說)에 의하면, 법인은 행위능력을 가지며 대표기관의 행위가 법인의 행위로 인정되는 한도에서 불법행위가 인정되면 법인이 손해배상책임을 지는 것은 당연하다는 견해이다. 우리나라의 학자들은 이러한 법인실재설을 취하고 있으므로(통설), 제35조 제1항의 규정은 당연한 규정이라고 본다.
- 회사에 관하여는 유사한 취지의 특별규정이 마련되어 있다(상법 210조 · 269조 · 389조 3항 · 567조). 그리고 제35조는 권리능력 없는 사단에도 유추적용 된다. 판례도 그 규정을 유추적용하여 비법인사단인 종중(대판 1994.4.12,92다49300. 대판 2008.1.18,2005다34711). 노동조합(대판 1994.3.25,93다32828 · 32835). 주택조합(대판 2003.7.25,2002다27088)의 불법행위책임을 인정한 바 있다.

(2) 법인의 불법행위의 요건

법인의 불법행위능력을 인정한다고 하여도 다음의 요건을 갖출 때에만 법인이 책임을 지게 된다.

1) 법인의 대표기관이 행한 행위이어야 한다.

① 법인의 불법행위능력을 인정하려면 그 행위가 '법인의 대표기관'이 행한 행위이어야 한다. 여기서 「대표기관」이라 함은? 법인의 이사 · 임시이사 · 특별대리인 · 청산인을 말한다. 판례는, 「법인의 대표자」란 그 명칭이나 직위 여하 또는 대표자로 등기되었는지 여부를 불문하고 당해 법인을 실질적으로 운영하면서 법인을 사실상 대표하여 법인의 사무를 집행하는 사람이 면된다고 한다(대판 2011.4.28. 2008다15438).

② 사단법인의 사원총회(社員總會)나 감사(監事)의 경우는 법인의 기관이기는 하나, 외부에 대한 행위를 담당하지 않으므로 대표기관은 아니다. 그러므로 법인은 이들의 불법행위에 대하여는 손해배상책임을 지지 않는다. 또한 이사는 특정의 법

률행위를 대리하는 임의대리인을 선임할 수 있으나, 특정한 행위에 관하여 이사로부터 일정한 대리권이 수여된 지배인(상법 제10조)은 대표기관이 아니므로 임의대리인이 행한 불법행위에 대해서는 법인은 손해배상책임을 지지 않는다. 다만 사용자로서 제756조의 사용자책임을 적용할 뿐이다. 예를 들어 법인이사 김선달이 특정한 개개의 법률행위를 대리하는 임의대리인으로 임꺽정을 선임한 경우에 임꺽정은 법인의 대표기관이 아니므로 법인은 임의대리인 임꺽정이 행한 불법행위에 대하여 손해배상책임을 지지 않고 다만 제756조의 사용자책임에 의한 책임을 부담하게 된다. 이 경우에 임의대리인 임꺽정 자신도 자신의 불법행위에 대한 책임을 부담하여야 하는데 이러한 책임을 부진정연대채무(不眞正連帶債務[91])라고 한다(대판 1969.6.24. 69다411).

2) 대표기관이 직무에 관하여 손해를 끼쳤어야 한다.

① 법인의 불법행위능력을 인정하려면 법인의 대표기관이 그가 담당하는 직무행위에 관하여 손해를 끼쳐야 한다. 법인의 대표기관은 직무행위의 범위내에서 법인을 대표한다. 여기서 「직무행위(職務行爲)」라 함은? 법인의 대표기관이 행위능력 범위내에서 한 행위를 말한다. 즉, 법인의 대표기관이 행위능력내에서 한 행위는 그 행위의 결과가 법인의 이익이 되었는지 아닌지를 불문하고 외형상 목적범위내의 행위로 볼 수 있는 경우는 물론 그 자체로는 본래 직무행위에 속하지 않지만, 사회관념상 직무행위와 견련성(牽連性)을 가지는 일체의 행위를 직무범위에 포함한다고 해석하는 것이 통설·판례의 입장이다(대판 1987.11.10. 87다카473; 대판 1990.3.23. 89다카555 등).

② 법인의 대표기관이 월권행위(越權行爲)를 하였을 경우의 학설을 살펴보면 다음과 같다. '제126조 우선적용설'은 그 행위가 제126조 표현대리(表見代理)에 성립하는지를 먼저 따져보고 그것이 부정되는 경우에 한하여 제35조 제1항의 불법행위책임을 적용하여야 한다는 견해(곽윤직·김증한·고상용·권용우)이고 '선택적 적용설'은 제35조 제1항과 제126조의 요건 및 효과가 별 차이가 없다는 점에서 상대방은

91) 법률용어 살펴보기 ☞ 「부진정연대채무(不眞正連帶債務)」라 함은? 수인의 채무자가 동일한 내용의 급부에 관하여 각각 전부를 이행할 의무를 지며 어느 채무자가 급부를 하면 全채무자가 채무를 면하는 다수 당사자의 채무관계이다.

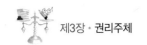

제35조 제1항의 손해배상책임이든 제126조의 표현대리책임(☞履行責任)이든 선택하여 적용하여도 관계가 없다고 하는 견해(황적인 · 이태재 · 김주수)로 나누어진다. 판례는 외형상 법인의 대표자의 직무행위라고 인정할 수 있는 것이라면 설사 그것이 법인의 대표기관인 자신의 개인적 이익을 꾀할 목적으로 권한을 남용하여 부정한 대표행위를 한 경우이던가, 혹은 법령의 규정에 위배된 것이었다 하더라도 직무에 관한 행위로 본다. 따라서 대표자의 직무에 관한 행위인 이상 법인은 불법행위책임을 지어 제35조 제1항이 적용된다고 본다(대판 1969.8.26. 68다2320). 그 외 대표권의 남용에 관한 판례(대판 2004.3.26. 2003다34045; 대판 1987.10.13. 86다351522 등)를 눈여겨 볼 필요가 있다.

3) 불법행위의 요건을 구비하여야 한다(일반적 성립요건).

제35조 제1항에는 불법행위 요건에 관한 규정이 없다. 따라서 법인의 「불법행위(不法行爲)」가 되려면 상기 1) 법인의 대표기관이 행한 행위이어야 한다. 2) 대표기관이 직무에 관하여 손해를 끼쳤어야 한다의 두 가지 요건 이외에 민법 제750조에서 요구하는 일반불법행위의 요건인 ⅰ) 고의(故意) · 과실(過失)이 있을 것 ⅱ) 행위자인 대표기관이 책임능력이 있을 것 ⅲ) 행위의 위법성이 있을 것 ⅳ) 피해자의 손해가 발생할 것 ⅴ) 가해와 손해사이에 인과관계가 있을 것 등을 구비해야 한다.

(3) 법인의 불법행위의 효과

1) 법인의 배상책임

불법행위의 세 가지 요건이 갖추게 되면 법인은 피해자에게 손해를 배상하여야 한다(제35조 제1항 전단). 예를 들어 K 재단법인의 이사인 임꺽정과 김선달이 목적사업을 하던 중에 황진이에게 1억원의 손해를 끼친 경우에는 K 재단법인은 피해자인 황진이에게 그 손해를 배상하여야 한다. 이를 자세히 설명하면 다음과 같다.

2) 기관개인의 배상책임

① 법인의 불법행위가 성립하는 경우

민법 제35조 제1항 본문은 「법인은 이사 기타 대표자가 그 직무에 관하여 타인에게 가한 손해를 배상할 책임이 있다」라고 규정하고, 동조항 후단에 「이사 기타 대표자는 이로 인하여 자기의 손해배상책임을 면하지 못한다」라고 규정함으로써 법인(法人) 자신이 불법행위책임을 지는 경우에도 현실의 행위자인 대표기관 개인(☞이사 기타 대표자)의 책임을 인정하고 있다. 따라서 피해자는 법인과 대표기관 개인에 대하여 선택적으로 손해배상을 청구할 수 있다(대판 1999.7.27. 99다19384; 대판 2009.1.30. 2006다37465). 이 경우의 책임의 성질은 '부진정연대책임(不眞正連帶責任)'으로 해석되며 다만 내부관계에서는 법인이 손해를 입힌 대표기관 개인에게 '구상권(求償權)'을 행사할 수 있다(제65조). 즉 제35조 제1항의 규정의 예를 설명하면 K 재단법인의 대표기관인 이사 임꺽정과 김선달이 목적사업을 하던 중, 황진이에게 1억원의 손해를 끼친 경우에는 황진이는 K 법인이나 이사인 임꺽정과 김선달 어느 편에 대하여도 손해배상을 청구할 수 있으며 이 경우 법인이 손해를 배상하였다면 법인은 이사 등 기관 개인에 대하여 구상권을 행사할 수 있게 된다. 이렇게 법인이 대표기관 개인에 구상권을 갖는 직접적인 근거는 이사 기타 대표자가 선관주의의무(選管注意義務)를 다하지 못하였기 때문이다(제61조 참조).

살아있는 Legal Mind!!!

- 대표기관 개인의 배상책임을 논함에 있어서, 법인의 행위능력을 인정하지 않는 법인의제설(法人擬制說)에 의하면 이는 기관 개인의 불법행위이므로 기관 개인의 책임을 묻는 것이 당연하다고 하나, 법인실재설(法人實在說)에 의하면 기관 개인의 행위는 곧 법인의 행위로 되기 때문에 기관 개인의 행위도 없고 이에 따라 기관 개인의 책임도 없는 것이 된다. 결국, 우리나라의 학자들이 주장하는 법인실재설에 의하면 기관 개인의 행위는 곧 법인의 행위로 되기 때문에 기관 개인의 책임을 묻는 것은 모순에 빠진다. 그런데도 불구하고 상기의 제35조 제1항과 같이 규정한 것은 피해자를 두텁게 보호하려는 것이고 그 이론적 근거는 기관의 행위는 법인의 행위를 이루는 한편, 개인적인 면에서는 이사 등 개인 행동의 성질도 부정할 수 없다는 것이다. 즉 법인의 책임과 동시에 기관 개인도 자기의 손해배상책임을 면하지 못한다고 봄.

② 법인의 불법행위가 성립하지 않는 경우

원칙적으로는 대표기관 개인의 행위가 법인의 목적범위 외의 행위로 인한 것인 때에는 법인의 불법행위가 성립되지 않으므로 법인은 그에 대한 책임을 지지 않고 오직 그 행위를 한 대표기관 개인만이 '불법행위의 일반원칙(제750조)'에 따라 책임을 지게 된다(대판 1964.12.29. 64다1321). 그러나 민법 제35조 제2항은 「법인의 목적범위 외의 행위로 인하여 타인에게 손해를 가한 때에는 그 사항의 의결에 찬성하거나 그 의결을 집행한 사원, 이사 및 기타 대표자가 연대하여 배상하여야 한다」라고 규정함으로써 대표기관 개인만이 '불법행위의 일반원칙(제750조)'에 따라 책임을 지는 경우라도 피해자를 더욱 두텁게 보호하기 위하여, 그 사항의 의결(議決)에 찬성하거나, 그 의결을 집행한 사원, 이사 및 기타 대표자는 공동불법행위(제760조)의 성립 여부를 묻지 않고서, 언제나 연대(連帶)하여 손해배상책임을 져야 한다.

Ⅳ 법인의 기관

1. 개 관

법인이 사회적 활동을 하는데는 외부를 대표하는 기관(機關)이 필요한데 이러한 기관은 자연인(自然人)으로 구성된다. 이 경우의 자연인으로 구성된 기관은 법인이라는 조직체의 구성부분이 되어 법인의 의사를 결정하고 실현하는 행위를 한다. 민법이 다루고 있는 비영리법인의 기관에는 사단법인과 재단법인에 공통하여 있는 상설적 필수기관으로 「이사(제57조)」가 있고 임의기관으로 「감사(제66조)」가 있다. 감사는 공식법인에서 필수기관이다. 그리고 사단법인에만 특유하게 있는 비상설기관으로는 「사원총회(제68조 이하)」가 있다. 그리고 법원이 선임하는 「임시이사」·「특별대리인」·「청산인」 등이 있다.

잠깐!! 민총, 깊이보기

▶ 「지배인」이나 「이사가 선임한 대리인」은 피용자(被傭者)일 뿐, 기관이 아니다.

2. 이 사

(1) 서

법인의 이사(理事)는 대표기관이고 업무집행기관이며 상설적 필수기관이다. 민법 제

57조는 「법인은 이사를 두어야 한다」 라고 규정함으로써 사단법인과 재단법인 모두가 반드시 이사를 두어야 한다.

(2) 임 면

1) 법인의 이사의 수는 1인 이상이면 되고 그 이상의 아무런 제한이 없다(제58조 제2항 참조). 정관에서 임의로 정할 수 있다(제40조 · 제43조 참조).

2) 이사의 선임방법(先任方法)은 정관의 필요적 기재사항이므로 이사의 선임·해임·퇴임에 관한 내용은 정관에 의하여 정하여진다(제40조 5호 · 제43조). 그러나 정관의 규정이 명백하지 않을 때에는 위임에 관한 규정(제680조~제692조)을 유추 해석하여야 한다(통설). 따라서 이사는 임기만료 또는 사임한 경우에도, 후임자가 정하여질 때까지는 그 사무의 처리를 계속하여야 하는 직무계속의 의무가 있다(제691조 참조). 유임이나 중임을 금지하는 정관의 규정이 따로 없는 경우, 임기만료 후에 개임이 없었다면 묵시적으로 다시 선임하였다고 보아야 한다(대판 1970.9.17. 70다1256).

3) 이사의 주소·성명은 등기사항이며(제49조 제2항 8호), 이러한 등기는 제3자에 대한 대항요건이다(제54조 제1항)(대판 2000.1.28. 98다26187 참조).

4) 이사의 직무집행을 정지하거나 직무대행자를 선임하는 가처분을 하거나 그 가처분을 변경·취소하는 경우에는 주사무소와 분사무소가 있는 곳의 등기소에서 이를 등기하여야 한다(제52조의 2; 본조신설 2001.12.29). 가처분으로 직무집행이 정지된 이사의 직무집행행위는 절대적으로 무효이다.

「임기가 만료된 이사」에 대한 판례 ☞ "민법상의 법인에 있어서 이사의 전원 또는 일부의 임기가 만료되었음에도 불구하고 후임 이사의 선임이 없는 경우에는 그 임기만료 된 구이사(舊理事)로 하여금 법인의 업무를 수행케 함이 부적당하다고 인정할 만한 특별한 사정이 없고 구이사가 신임이사(新任理事)가 선임될 때까지 종전의 직무를 수행하는 한, 구이사의 선임에 대하여 취임인가를 한 감독관청으로서는 여전히 그러한 자의 임무위반이 있을 경우에 그 취임인가를 취소할 수 있다(대판 1993.8.27. 93누593)

(3) 이사의 자격

이사가 될 수 있는 자는 자연인(自然人)에 한하며 형(刑)의 선고로 인하여 자격상실과 자격정지를 받은 자는 이사가 될 수 없다(형법 제43조 제1항 참조).

알아두면 편리해요!!!

◆ 형법 제43조 제1항(형의 선고와 자격상실, 자격정지)

사형, 무기징역 또는 무기금고의 판결을 받은 자는 다음에 기재한 자격을 상실한다.

1. 공무원이 되는 자격
2. 공법상의 선거권과 피선거권
3. 법률로 요건을 정한 공법상의 업무에 관한 자격
4. 법인의 이사, 감사 또는 지배인 기타 법인의 업무에 관한 검사역이나 재산관리인이 되는 자격

(4) 직무권한

1) 직무권한과 이사의 주의의무

법인에 있어서 이사의 직무권한은 크게 나누어 대표권과 업무집행권으로 구별할 수 있다. 그리고 민법 제61조는 「이사는 선량한 관리자의 주의로 그 직무를 행하여야 한다」라고 규정함으로써 이사는 선량한 관리자의 주의, 즉 선관주의의무(善管注意義務)로서 그 직무를 처리하여야 한다. 그 이유는 법인과 이사의 관계는 위임유사계약관계이기 때문이다. 만약, 이를 위반한 경우에는 채무불이행으로 인한 손해배상책임을 지며(제390조), 이 경우의 이사가 수인(數人)이면 법인에 대하여 연대(連帶)하여 손해배상책임을 부담하여야 한다(제65조). 또한, 이사가 직무를 해태한 때에는 과태료(過怠料)[92]에 처한다(제97조 참조).

잠깐!! 민총, 깊이보기

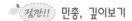

유의할 점은 상기의 '선관주의의무'는 자기의 것과 동일한 주의를 요하는 것이 아니라는 것이다. 즉, 선관주의의무는 객관적 주의의무이고 자기의 것과 동일한 주의는 주관적 주의의무이다.

92) 법률용어 살펴보기 ☞ 「과태료(過怠料)」라 함은? 행정법상의 제재를 말한다. 이와 비교하여, 과료(科料)는 형법상 경미한 범죄인에게 일정한 금액을 강제적으로 부담케 하는 형벌의 종류이다. 만약, 과료를 납부하지 아니하면 1일 이상 30일 미만의 기간동안 노역장에 유치하여 작업에 처하게 된다.

2) 법인대표권(대외적 권한)

① 원 칙

민법 제59조 제1항 본문은 「이사는 법인의 업무에 관하여 각자 법인을 대표한다」라고 규정함으로써 이사가 수인(數人)이 있어도 법인의 업무에 각자가 단독대표(單獨代表)함이 원칙이다. 이러한 이사의 업무에 관한 행위는 곧 법인의 행위가 되고 이사는 업무에 관하여 재판상·재판 외에서 법인을 대표하므로 그 범위는 법인의 모든 사무에 미치는 것을 원칙으로 한다. 그리고 동조 제2항은 「법인의 대표에 관하여는 대리에 관한 규정을 준용한다」라고 규정함으로써 이사가 법인을 대표함에는 대리에 관한 규정을 준용한다. 이 경우에는 이사가 법인을 대표할 때에 법인을 위한 것임을 표시하여야 한다(☞顯名主義, 제115조).

② 제 한

상기의 원칙에는 다음과 같은 제한이 있다.

㉮ 정관과 사원총회에 의한 제한

ⓐ 민법 제59조 제1항 단서는 「그러나 정관에 규정한 취지에 위반할 수 없고 특히 사단법인은 총회의 의결에 의하여야 한다」라고 규정함으로써 이사는 각자 법인을 대표하나 정관에 규정한 취지에 위반할 수 없고 이러한 이사의 대표권은 정관 또는 사원총회의 결의로써 제한할 수 있다. 예를 들어 김선달·임꺽정·황진이가 K법인의 이사로 되어 있는 경우에 김선달을 단독대표로 하거나 혹은 김선달과 황진이를 공동대표로 하는 경우가 그것이다. 또한 법인의 채무부담행위에 대해 이사회 내지는 사원총회의 의결을 거치도록 하는 경우도 그러하다. 일정한 행위에 총회·이사회 또는 설립자의 동의를 얻도록 하는 것도 같은 취지이다(대판 1987.11.24. 86다352484; 대판 1992.2.14. 91다24564).

ⓑ 그러나 민법 제41조는 「이사의 대표권에 대한 제한은 이를 정관에 기재하지 아니하면 그 효력이 없다」라고 규정하고 민법 제60조는 「이사의 대표권에 대한 제한은 등기하지 아니하면 제3자에게 대항하지 못한다」라고 규정함으로써 이사의 대표권의 '정관에 의한 제한'과 '총회 의결에 의한 제한'의 경우에는 이를 정관에 기재하여야 그 효력이 발생하며 그 제한은 등기하여야만 제3

자에게 대항할 수 있도록 하였다. 따라서 이 경우의 등기는 효력요건이 아니고 대항요건이다.

상기의 제3자의 범위에 관한 학설은 이사의 대표권에 관한 제한을 등기사항으로 규정하고 있는 이상(제49조 제2항 9호) 또한 제60조의 문언의 해석상 그 등기가 되어 있지 않으면 선의의 제3자는 물론 악의의 제3자에게도 대항할 수 없다는 견해(김용한 · 고상용 · 이영섭)와 악의의 제3자를 보호하여야 할 이유가 없으므로 이사의 대표권이 등기되어 있지 않더라도 악의의 제3자에게는 대항할 수 있다고 보는 견해(곽윤직 · 장경학 · 김현태 · 김주수 · 이영준)로 나누어 진다. 판례는 일관하여 앞의 견해를 따르고 있다(대판 1975.4.22. 74다410; 대판 1992.2.14. 91다24564). 즉 판례는 등기가 되어 있지 않는 한 선의의 제3자는 물론 악의의 제3자에게도 대항할 수 없다고 한다.

ⓒ 제52조의 2(직무집행정지 등 가처분의 등기)의 직무대행자는 가처분명령에 다른 정함이 있는 경우 외에는 법인의 통상사무에 속하지 아니한 행위를 하지 못한다. 다만 법원의 허가를 얻은 경우에는 그러하지 아니하다(제60조의2 제1항). 그리고 직무대행자가 제1항의 규정에 위반한 행위를 한 경우에도 법인은 선의의 제3자에 대하여 책임을 진다(동조 제2항).(본조 신설 2001.12.29)

㉯ 이사의 대리인선임(복임권)의 제한

민법 제62조는 「이사는 정관 또는 총회의 결의로 금지하지 아니한 사항에 한하여, 타인으로 하여금 특정의 행위를 대리하게 할 수 있다」 라고 규정함으로써 이사는 정관 또는 총회의 결의로 금지하지 아니한 사항에 한하여, 타인으로 하여금 특정의 행위를 대리하게 할 수 있는 복임권(復任權)을 가진다. 그러나 이사는 이 대리인의 선임 · 감독에 관하여 책임을 져야 한다(제121조 참조). 이때의 대리인은 법인의 기관이 아니다. 그러므로 그의 불법행위에 대하여는 제35조가 적용되지 않고 제756조가 적용된다. 복임권은 대표권있는 이사가 행사할 수 있고 포괄적인 복임권은 없다(대판 1989.5.9. 87다352407).

㉰ 법인과 이사의 이익이 상반되는 경우의 제한

민법 제64조는 「법인과 이사의 이익이 상반하는 사항에 관하여는 이사는 대표권이 없다. 이 경우에는 전조의 규정에 의하여 특별대리인을 선임하여야 한다」 라고 규정함으로써 법인과 이사의 이익(利益)이 상반(相反)되는 경우에 대하여 이사는 대표권이 없고 법인을 대표하는 자로서 특별대리인을 선임하여야 한다. 예를 들어 K법인의 이사인 김선달이 동 법인의 토지를 매수하려는 행위가 법인의 이익에 상반되는 행위라면 김선달에게는 대표권이 없고 이 경우에는 법인을 대표하는 자로서 특별대리인의 선임이 필요하다. 그러나 다른 이사가 있는 경우에는 선임될 필요가 없다고 본다. 이 경우에는 다른 이사가 법인을 대표하면 되기 때문이다.

3) 업무집행권(대내적 권한)

① 범위 및 집행방법

민법 제58조 제1항은 「이사는 법인의 사무를 집행한다」 라고 규정함으로써 이사는 법인의 내부적인 사무일반을 처리하여야 한다. 그리고 동조 제2항은 「이사가 수인(數人)인 경우에는 정관에 다른 규정이 없으면 법인의 사무집행은 이사의 과반수로써 결정한다」 라고 규정함으로써 이사가 수인이 있는 경우에는 '이사의 사무집행'은 정관에 특별한 규정이 없는 한 이사의 과반수결의로 처리한다. 이를 위하여 이사 전원으로써 이사회(理事會)를 두는 것이 보통이다. 이러한 이사회는 법인의 당연기관이 아니므로 이에 대한 민법의 규정이 없고 다만 사원총회의 규정을 준용한다(제71조~제76조 참조).

② 집행하여야 할 주요사무

이사가 집행하여야 할 주요사무는 다음과 같다.

㉮ 재산목록의 작성

민법 제97조는 「법인의 이사 …은 다음 각호의 경우에는 500만원 이하의 과태료에 처한다」 라고 규정하고, 동조 2호는 「제55조의 규정에 위반하거나 재산목록 또는 사원명부에 부정기재를 한 때」 라고 규정함으로써 이사는 법인이 성립한 때 및 매년 3월 내에 재산목록(財産目錄)을 작성하여 사무소에 비치하여야 하고 사업년도를 정하고 있는 법인은 그 법인이 성립한 때 및 그 연도 말에 이를 작성하여야 한다(제55조 제1항).

㉯ 사원명부의 작성

상기에서 설명한 제97조 2호의 규정에 의하여, 사단법인의 이사는 사원명부(社員名簿)를 작성하여 이를 주된 사무소에 비치하여야 하고 사원의 변경이 있는 때에는 이를 기재하여야 한다(제55조 제2항).

㉰ 사원총회의 소집

민법 제69조는 「사단법인의 이사는 매년 1회 이상 통상총회(通常總會)를 소집하여야 한다」 라고 규정하고, 제70조 제1항은 「사단법인의 이사는 필요하다고 인정하는 때에는 임시총회(臨時總會)를 소집할 수 있다」 라고 규정하고 있다(동조 제2항 · 제3항 참조). 따라서 사단법인의 이사는 사원총회(社員總會)를 소집하여야 한다.

㉱ 총회의사록의 작성

민법 제76조 제1항은 「총회의 의사(議事)에 관하여는 의사록을 작성하여야 한다」 라고 규정하고, 동조 제2항은 「의사록(議事錄)에는 의사의 경과, 요령 및 결과를 기재하고 의장 및 출석한 이사가 기명날인(記名捺印)하여야 한다」 라고 규정하고 있으며 동조 제3항은 「이사는 의사록을 주된 사무소에 비치하여야 한다」 라고 규정함으로써 이사는 사원총회의사록(社員總會議事錄)을 작성하고 이를 주된 사무소에 비치하여야 한다. 이를 위반하면 500만원 이하의 과태료에 처한다(제97조 5호 참조).

㉲ 파산신청

민법 제79조는 「법인이 채무를 완제(完濟)하지 못하게 된 때에는 이사는 지체없이 파산신청을 하여야 한다」 라고 규정함으로써 이사는 채무를 완제(完濟)하지 못하게 된 때에는 파산신청(破産申請)을 하여야 한다(97조 6호 참조).

㉳ 청산인

민법 제82조 본문은 「법인이 해산(解散)한 때에는 파산의 경우를 제외하고는 이사가 청산인(淸算人)이 된다」 라고 규정함으로써 이사는 법인이 해산(解散)한 때에는 청산인이 된다.

㉴ 등 기

이사는 법인의 설립 · 변경 · 사무소의 신설과 이전 · 해산의 등기와 같은 각종의 법인의 등기(登記)를 하여야 한다(제97조 1호 참조).

(5) 임시이사

민법 제63조는 「이사가 없거나 결원이 있는 경우에 이로 인하여 손해가 생길 염려가 있는 때에는 법원은 이해관계인이나 검사의 청구에 의하여 임시이사를 선임하여야 한다」라고 규정하고 있다. 이러한 임시이사(臨時理事)는 정식이사가 선임될 때까지 임시적 기관이라는 점을 제외하고는 이사와 동일한 권한을 가지는 법인의 대표기관이다. 이러한 임시이사는 이사의 선임 시까지 한시적인 것이므로 정식이사가 선임되면 당연히 퇴임한다(통설).

(6) 특별대리인

민법 제64조는 「법인과 이사의 이익이 상반(利益이 相反)하는 사항에 관하여는 이사는 대표권이 없다. 이 경우에는 특별대리인을 선임하여야 한다」라고 규정하고 있다. 이러한 특별대리인은 이해관계인 또는 검사의 청구에 의하여 법원이 선임하는 법인의 임시적 기관으로, 비록 특별대리인이라고 하지만 역시 법인의 대표기관이다.

(7) 직무대행자

이사의 선임행위에 흠이 있는 경우에 이해관계인의 신청에 의하여 법원이 가처분으로 선임하는 임시적 기관이다. 직무대행자는 가처분명령에 다른 정함이 없는 한 법인의 통상 사무에 속하는 행위만을 할 수 있다(60조의21항 본문). 다만, 법원의 허가를 얻은 경우에는 통상사무가 아닌 행위도 할 구 있다(60조의 21항 단서). 한편 직무대행자가 이 규정에 위반한 행위를 한 경우에도 법인은 선의의 제3자에 대하여 책임을 진다(60조의2 2항)(대판 1995.4.14. 94다12371; 2006.10.27. 2004다63408; 대판 2003.5.27. 2002다69211; 대판 2008.12.11. 2006다57131).

잠깐!! 민총, 깊이보기

법인이사는 법인대표기관으로서 대리의 규정이 적용된다(제59조 제2항). 따라서 대리권소멸사유인 제127조의 규정에 의해, 법인이사의 권한소멸사유에 해당하는 것으로 ⅰ) 본인사망 ⅱ) 금치산선고 ⅲ) 자격정지를 들 수 있다. 문제는 파산도 이러한 법인이사의 권한소멸사유에 해당하는가에 대한 것인데 파산의 경우에도 이사의 지위는 소멸된다고 하여야 한다. 그러나 해산(解散)이 이사의 권한소멸사유에 해당하는가에 관하여는 법인의 해산(法人의 解散)은 법인이 그 본래의 목적활동을 정지하고 청산절차에 들어가는 것인 법인 소멸의 첫 단계이므로 이는 법인이사의 권한소멸사유에 해당하지 않는다.

3. 감 사

(1) 의 의

「감사(監事)」라 함은? 법인의 재산, 사무집행의 상태를 감독하는 법인의 임의기관으로서 법인내에 둘 수도 있고 안 둘 수도 있는 기관이다. 민법 제66조는 「법인은 정관 또는 총회의 결의로 감사를 둘 수 있다」라고 규정하고 있다. 감사의 임면에 관한 사항은 이사의 경우와 같다. 위임종료시의 긴급처리(제691조)도 마찬가지이다(대판 2006.4.27. 2005도8875). 그러나 법인의 대표기관이 아니기 때문에 성명·주소는 등기사항이 아니다.

(2) 직무권한

감사의 직무는 ① 법인의 재산상황을 감사하는 일, ② 이사의 업무집행의 상황을 감사하는 일, ③ 재산상황 또는 업무집행에 관하여 부정·불비한 것이 있음을 발견한 때에는 이를 총회 또는 주무관청에 보고하는 일, ④ 전호(Ⓑ)의 보고를 하기 위하여 필요 있는 때에는 총회를 소집하는 일이다(제67조는 1호). 그리고 감사는 업무집행권 및 대표권이 없고 의무 위반에 대해서 연대책임을 지지 않으나, 선량한 관리자의 주의의무가 있으며(제681조) 이 의무에 위반하면 채무불이행의 손해배상 책임을 진다(제390조 참조).

4. 사원총회

(1) 의 의

「사원총회(社員總會)」라 함은? 사단법인의 사원 전원으로 구성되는 사단법인의 최고의사결정기관이고 필수기관을 말한다. 따라서 이는 정관으로도 폐지하지 못한다. 다만 재단법인에는 사원이 없으므로 사원총회가 없다. 사원총회는 집행기관이 아니고 의결기관이다.

(2) 종 류

「사원총회의 종류(社員總會의 種類)」에는 소집권자가 '이사'이며 매년 1회 이상 개최해야 하는 통상총회(제69조)와 소집권자가 '이사'·'감사'· '총사원의 5분의 1 이상'이며, 이들이 필요하다고 인정될 때 수시로 소집할 수 있는 임시총회(제70조)가 있다.

잠깐!! 민총, 깊이보기

- 사원총회의 종류 중 임시총회를 소집함에 있어서 소집권자가 '총사원의 5분의 1 이상'이라는 정족수는 정관으로 증감할 수 있으나(제70조), 이는 정관 또는 총회의 의결로서도 박탈하지 못한다는데 학설이 일치된다. 이러한 소수(少數)의 사원(社員)이 행사할 수 있는 권리를 「소수사원권(少數社員權)」이라 하며 이는 사원의 고유권이다.

(3) 소집절차

「사원총회의 소집절차(社員總會의 召集節次)」에 있어서, 총회의 소집의 경우는 기일의 1주간 전에 그 회의의 목적사항을 기재한 소집통지를 발송해야 하며(제71조 ;발신주의), 이는 개별적 통지 또는 신문광고 등의 방법으로 해도 무방하다. 이 때, '1주간 전'이란 기간은 정관으로도 단축할 수 없다(통설). 이러한 총회소집의 통지는 관념의 통지로서 준법률행위이다.

소집절차가 법률 또는 정관의 규정에 위반한 경우의 효과에 관하여 민법에는 아무런 규정이 없으나(상법376조 · 380조 참조), 치유 될 수 있는 하자가 아닌 한 그 총회의 결의는 무효로 보아야 한다(대판 1995.11.7. 94다7669; 대판 2000.2.25. 99다20155; 대판 2001.6.29. 99다32257; 대판 2007.9.6. 2007다34982 등).

잠깐!! 민총, 깊이보기

- 상기의 '사원총회의 소집통지'는 우리 민법이 원칙으로 하고 있는 도달주의와 달리 발신주의를 채택하고 있음을 유의하라.

(4) 권 한

민법 제68조는 「사단법인의 사무는 정관으로 이사 또는 기타 임원에게 위임한 사항외에는 총회의 결의에 의하여야 한다」 라고 「사원총회의 권한(社員總會의 權限)」 을 규정함으로써, 정관으로 이사 기타의 임원에게 위임한 사항을 제외하고는 법인의 직무에 관한 모든 사항에 관하여 결정권을 가진다. 특히, 정관의 변경(제42조)·임의해산(제77조 제2항)은 사단법인 총회의 법정전권사항(法定專權事項)이므로 정관에 의하여서도 박탈하거나 다른 기관의 권한으로 하지 못한다. 그러나 사원총회는 법인의 의사결정을 위하여 결의할 수 있을 뿐, 집행기관은 아니므로 대외적으로 업무집행권 및 대표권이 없다.

(5) 총회의 결의사항

사원총회(社員總會)는 정관에 다른 규정이 없으면 통지한 사항에 관하여만 결의할 수 있다. 그러나 정관에 다른 규정이 있는 때에는 그 규정에 의한다(제72조).

(6) 사원의 결의권

각 사원의 결의권(決議權)은 평등하다(제73조 제1항). 이를 결의권평등의 원칙이라 한다. 그리고 이러한 결의권은 서면(書面)이나 대리인(代理人)을 통해 행사할 수 있다(동조 제2항). 다만 이 경우에 정관에 다른 규정이 있는 때에는 적용하지 아니한다(동조 제3항). 그리고 사단법인(社團法人)과 어느 사원(社員)과의 관계사항을 의결하는 경우에는 그 사원은 결의권이 없다(제74조).

(7) 총회의 결의방법

총회의 결의는 본법 또는 정관에 다른 규정이 없으면 사원과반수의 출석과 출석사원의 과반수로써 한다(제75조 제1항). 즉 사원총회의 결의에 있어서 '통상결의(通常決意)'는 과반수출석과 출석사원 과반수결의로 하며 특별결의(特別決議)로서 '정관변경(定款變更)'은 총사원의 3분의 2이상의 결의로 하고(제42조 제1항), '임의해산(任意解散)'

은 총사원의 4분의 3이상의 결의로 한다(제78조). 그리고 사원이 서면이나 대리인으로 하여금 대리권을 행사한 경우에 당해사원은 출석한 것으로 한다(제75조 제2항). 민법상 사단법인 총회의 표결 및 집계방법에 관해서는 대판 2011.10.27. 2010다88682를 참조하면 된다.

(8) 사원권

「사원권(社員權)」이라 함은? 사단법인을 구성하는 사원이 사원으로서의 지위에 기인하여 법인에 대하여 가지는 포괄적인 권리를 말한다. 예컨대 A 사단법인의 사원이 그 자격에 기인하여 A 사단법인에 대하여 가지는 권리·의무의 전체가 그것이다. 이러한 사원권에는 비영리법인의 중심적 지위로서 사단자신의 목적을 위하여 인정되는 결의권·소수사원권·사무집행권·감독권 등의 「공익권(共益權)」과 주식회사와 같은 영리법인의 중심적 지위로서 사원자신의 이익을 위하여 인정되는 이익배당청구권·잔여재산분배청구권·사단설비이용권 등의 「자익권(自益權)」이 있는데 비영리법인에서는 공익권이, 영리법인에서는 자익권이 중심을 이룬다. 이러한 이유에서, 자익권이 중요한 내용을 이루는 영리법인에 있어서는 사원권은 원칙적으로 양도·상속이 허용된다. 예컨대 주주(株主)의 지위의 양도가 그것이다(상법 제335조 참조). 그러나 공익권이 중요한 내용을 이루는 비영리법인에서는 사원권은 양도성·상속성이 부인된다. 따라서 민법 제56조에서는 「사단법인의 사원의 지위는 양도 또는 상속할 수 없다」라고 규정함으로써 사원권은 양도·상속이 제한되는 일신전속권(一身專屬權)의 성질을 가진다. 이와 같은 경우는 영리법인이지만 합명회사(合名會社)의 경우에서도 그러하다(상법 197조 참조). 한편, 제56조는 강행규정이 아니므로 정관이나 관습에 의하여 양도나 상속이 될 수 있다는 견해도 있다. 판례도 이를 따른다(대판 1992.4.14. 91다26850; 대판 1997.9.26. 95다6205; 대판 2003.9.26. 2001다64479).

V 법인의 주소

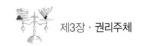

민법 제36조는 「법인의 주소는 그 주된 사무소의 소재지에 있는 것으로 한다」라고 규정하고 있는데 여기서 「주된 사무소 소재지(主된 事務所 所在地)」라 함은? 법인이 운영하는 수 개의 사무소 중에서 법인의 최고수뇌부가 있는 곳을 말한다. 그리고 이러한 주소의 효과는 자연인의 주소에 관하여 설명한 것과 같다. 다만 제49조 제1항은 「법인설립의 허가가 있는 때에는 3주간내에 주된 사무소소재지에서 설립등기를 하여야 한다」라고 규정하고, 제54조 제1항은 「설립등기이외의 본 절(민법 제1편: 총칙, 제3장: 법인, 제2절: 설립을 말함)의 등기사항은 그 등기 후가 아니면 제3자에게 대항하지 못한다」라고 규정함으로써 법인의 사무소를 이전한 경우에는 이를 등기하여야 하며 이는 제3자에게 대항할 수 있는 대항요건이 된다.

그리고 정관(定款)에 주된 사무소로 기재된 사무소와 사실상의 주된 사무소가 다를 경우에는 사무소가 이전한 것으로 보는 것이 통설이다(김기선 · 곽윤직 · 김증한 · 김용한).

VI 정관의 변경

1. 의 의

「정관의 변경(定款의 變更)」이라 함은? 법인이 동일성을 유지하면서 그 조직을 변경하는 행위를 말한다. 다만 정관의 변경에 있어서 자율적 탄력성을 가지는 사단법인의 정관변경은 원칙적으로 가능하지만(제42조), 설립자가 결정한 근본원칙인 정관에 따라 운영되는 타율적 법인인 재단법인의 정관변경에는 일정한 제한이 있다.

2. 사단법인의 정관변경

(1) 요 건

1) 사원총회의 결의

정관변경을 하려면 먼저 「사원총회의 결의」가 있어야 한다. 이러한 사원총회의 결의에 있어서는 그 정족수(定足數)에 관하여 다른 규정이 없는 한 총사원 3분의 2 이상의 동의가 있어야 한다(제42조 제1항).

2) 주무관청의 허가

정관변경은 「주무관청의 허가」를 얻어야만 변경의 효력이 있다(제42조 제2항). 허가는 주무관청의 자유재량 행위에 속한다. 그러나 그 변경사항이 등기사항인 경우(제49조 제2항 참조)에는 그 변경을 등기하여야만 제3자에게 대항할 수 있다(제54조 제1항 참조).

3) 정관변경의 한계

정관변경은 법인의 동일성을 유지하는 범위 안에서 목적변경이 가능하다. 예컨대 비영리법인을 영리법인으로 하는 정관변경의 경우는 무효가 된다.

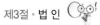

(2) 문제점

사단법인의 정관변경에 관해서 다음의 두 가지 문제가 발생된다. 그 하나는 "정관을 변경할 수 없다"는 정관규정이 있는 경우인데 사단법인의 본질상 이 경우에도 정관의 변경은 가능하나 다만 전사원의 동의가 있어야만 변경이 가능하다(통설). 그리고 다른 하나는 사단법인의 목적도 보통의 정관변경절차에 따라 정관에서 정한 것과 다른 것으로 변경할 수 있는가의 여부인데 앞에서 밝힌 바와 같이 '비영리법인을 영리법인으로는 변경할 수 없다'고 하여야 한다(대판 1978.9.26. 78다1435).

3. 재단법인의 정관변경

(1) 서

재단법인은 설립자가 정한 정관에 따라 운영되어야 하므로 정관을 변경할 수 없는 것이 원칙이다. 그러나 그렇다고 해서 전혀 정관의 변경을 인정하지 않는다면 재단법인에게 사회적 실정에 알맞은 활동을 기대할 수가 없게 된다. 따라서 민법은 제45조와

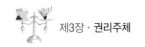

제46조에 이 원칙에 대한 예외로서, 재단법인의 정관변경을 인정하고 있다. 다만 이때에는 주무관청의 허가를 얻어야 그 효력이 생기며(제45조 제3항), 이를 등기하지 않으면 제3자에게 대항할 수 없다(제54조 제1항 · 제49조 제2항).

(2) 예외의 경우

1) 정관의 규정에 의한 변경

민법 제45조 제1항은 「재단법인의 정관은 그 변경방법을 정관에 정한 경우에 한하여 변경할 수 있다」라고 규정함으로써 재단법인의 정관은 그 변경방법을 정관에 정한 경우에 한하여 이를 변경할 수 있다. 그러나 이 경우의 정관변경은 본래 의미에 있어서의 정관변경이 아니고 단순한 정관내용의 실행에 지나지 않는 것으로 보아야 한다.

2) 정관에 변경방법을 정하지 않은 경우의 정관변경

① 명칭 또는 사무소 소재지의 변경

민법 제45조 제2항은 「재단법인의 목적 달성 또는 재산의 보전을 위하여 적당한 때에는 정관에 정한 때에 한하지 않고도 명칭 또는 사무소의 소재지를 변경할 수 있다」라고 규정하고 있다. 이렇게 한 이유는 재단법인을 해산하는 것보다는 정관을 변경해서라도 존속시키는 것이 사회적으로 유익하고 설립자의 의사와도 합치하는 경우가 많을 것이기 때문이다.

② 목적 기타 정관의 규정의 변경

민법 제46조는 「재단법인의 목적을 달성할 수 없는 때에는 설립자나 이사는 주무관청의 허가를 얻어 설립의 취지를 참작하여 그 목적 기타 정관의 규정을 변경할 수 있다」라고 규정함으로써 재단법인의 정관은 그 변경방법을 정관에 정하지 않은 경우에도, 재단법인의 목적을 달성할 수 없는 때에는 설립자나 이사는 주무관청의 허가를 얻어 설립의 취지를 참작하여 "그 목적 기타 정관의 규정"을 변경할 수 있다.

문제는 주무관청의 허가의 법적 성질에 관한 판례의 태도이다. 과거에는 자유재량에 속하는 행위라고 하였으나 그 이후 인가 라고 변경한 태도에 대하여 견해가 엇갈리고 있다. 타당한 면도 있으나 좀 더 논의가 필요한 부분이다.(대판 1979.12.26. 79누248; 대판(전원) 1996.5.16. 95수4810 참조)

살아있는 Legal Mind!!!

- 재단법인의 기존재산의 처분은 그것을 감소시키는 것은 물론이고 증가시키는 경우에도 정관의 변경을 초래하므로 이에 관하여 판례(대판1969. 7.22 67다568)와 학설은 주무관청의 허가가 있어야 효력이 발생한다고 하였다.
- 주무관청의 허가는 보통 사전행위이지만 사후에 받아도 무방하다는 것이 판례의 태도다. 타당하다고 본다(대판 1998.7.24.96다27988 참조)

Ⅶ 법인의 소멸

1. 법인소멸의 의의

「법인의 소멸(法人의 消滅)」이라 함은? 자연인의 사망과 같이 법인이 권리능력을 상실하는 것을 말한다. 그러나 법인은 자연인과 달리 상속이라는 것이 없으므로 법인의 소멸에는 일정한 단계의 절차를 거치도록 하였다. 그 첫 단계가 법인의 해산이고 두 번째 단계가 법인의 청산이다. 청산이 종결된 때에 법인은 완전히 소멸하게 된다. 그리고 이러한 해산·청산의 감독은 법원(法院)이 한다.

2. 법인의 해산

(1) 의 의

「법인의 해산(法人의 解散)」이라 함은? 법인이 그 본래의 목적활동을 정지하고 청산절차(잔무의 처리·재산의 정리)에 들어가는 것을 말한다. 이는 법인 소멸의 첫번째 단계이다.

(2) 해산사유

1) 사단법인과 재단법인의 공통의 해산사유

법인은 존립기간 만료, 법인의 목적의 달성 또는 달성의 불능, 기타 정관에 정한 해산사유의 발생, 파산 또는 설립허가가 취소로 해산한다(제77조 제1항).

정관에 정한 해산사유는 사단법인에서는 필요적 기재사항인 반면 재단법인에서는 임의적 기재사항이다. 민법은 이사만이 파산신청권자로 되어 있으나 「채무자 회생 및 파산에 관한 법률」에서는 이사 외에 채권자도 신천권자로 규정하고 있다(채무자회생법 제294조).

2) 사단법인만의 특유의 사유

사단법인은 사원이 없게 되거나 총회의 결의로써 해산한다(제77조 제2항). 사단법인이 성립하려면 복수의 사원이 존재하여야 하나 이는 성립요건일 따름이지 존속요건은 아니다. 사원이 1명이라도 있으면 법인으로서 활동이 가능하기 때문이다.

잠깐!! 민총, 깊이보기

상기의 사단법인과 재단법인의 공통의 해산사유 가운데 '파산'의 경우는 제79조의 법인이 채무를 완제하지 못하게 된 때에는 이사의 파산신청을 들 수 있고 '사단법인만의 특유한 사유' 가운데 '총회의 결의'의 경우로는 제78조의 "총사원 4분의 3이상의 동의가 있는 사원총회의 결의에 의한 해산(임의해산)을 들 수 있다. 상기의 「임의해산(任意解散)」은 사원총회의 전권사항이다. 동조 단서는 「그러나 정관에 다른 규정이 있는 때에는 그 규정에 의한다」라고 규정함으로써 사원총회의 권한을 박탈하거나 또는 이를 사원총회이외의 다른 기관에 부여하는 정관의 규정이 있다면 그러한 정관규정은 무효가 된다.

(3) 해산의 효과

민법 제81조는 「해산한 법인은 청산의 목적범위내에서만 권리가 있고 의무를 부담한다」 라고 규정함으로써 법인이 해산하면 청산절차를 밟아야 하고 적극적인 활동을 할 수 없으며 목적범위내에서 남아 있는 사무(☞이를 殘務라 한다)를 처리하고 재산관계를 정리할 수 있는 능력만을 가지게 된다.

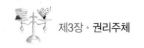

3. 청 산

(1) 의 의

「청산(淸算)」이라 함은? 해산한 법인이 완전하게 소멸할 때까지 잔무(殘務)를 처리하고 재산을 정리하는 절차를 말한다. 이는 법인 소멸의 두 번째 단계이다. 이러한 법인의 청산절차에는 두 가지가 있다. 그 하나는 파산으로 해산한 경우에 「채무자 회생 및 파산에 관한 법률」이 정한 절차에 따르는 것이고 다른 하나는 파산 외의 원인에 의한 해산의 경우 민법(民法)이 규정하는 절차에 따르는 것이다. 이러한 청산절차는 강행규정이다.

(2) 청산법인의 능력

민법 제81조는 「해산한 법인은 청산의 목적범위내에서만 권리가 있고 의무를 부담한다」라고 규정함으로써 법인은 해산하면 그 권리능력은 있되 그 범위는 청산의 목적범위 내로 축소된다. 이 경우"청산의 목적범위(淸算의 目的範圍)"는 엄격히 청산목적과 직접 관련 있는 것에 한정할 것은 아니고 본래의 법인의 능력에 관한 제34조의 규정인 목적의 범위 내를 넓게 해석하여야 한다. 그러나 해산전의 본래의 적극적인 사업을 수행하는 것이나 청산이라는 목적을 변경하는 것은 허용되지 않는다(대판 1980.4.8. 79다2036). 그 밖의 경우에는 해산전의 법인과 그 동일성이 유지된다.

(3) 청산법인의 기관

1) 청산인

법인을 청산하기 위해서는 「청산인(淸算人)」을 두어야 하며 이 때 청산인은 청산법인의 대표기관 · 집행기관으로서 법인의 이사와 같은 지위를 가진다(제96조). 이러한 청산인이 되는 자는 i) 정관에 정한 자이고 ii) 정관에 정한 바가 없으면 총회의 결의로써 선임하며 iii) 총회가 선임하지 않는 경우에는 해산 당시의 이사가 청산인이 된다(제82조). 그러나 법인이 해산 한 때에 위에 해당하는 자가 없으면 법원(法院)이 법원의 직권 또는 이해관계인이나 검사의 청구에 의하여 청산인을 선임하며(제83조), 청산인이 있더라도 후에 결원이 생겨 손해가 발생할 염려가 있는 때에는 법원은 직권 또는 이해관계인이나 검사의 청구에 의하여 청산인을 선임할 수 있다(제83조). 그리고 '중요한 사유'가 있는 때에는 법원은 직권 또는 이해관계인이나 검사의 청구에 의하여 청산인을 해임할 수 있다(제84조). 이러한 중요한 사유의 유무에 대한 판단은 법원의 자유재량에 속하며 그 예로, 청산인이 법인의 재산을 횡령하였다던가, 일부의 채권자의 이익을 꾀한 경우를 들 수 있다.

잠깐!! 민총, 깊이보기

법인이 해산하면 이사에 갈음하여 청산인이 대표기관·사무집행기관이 된다. 즉, 해산으로 이사는 당연히 그의 지위를 잃고 청산인이 본래의 법인에 있어서 이사와 같은 지위를 가진다. 구체적인 규정으로는 이사의 사무집행방법(제58조 제2항)·대표권(제59조)·대표권제한의 대항요건(제60조)·주의의무(제61조)·대리인 선임(제62조)·특별대리인의 선임(제64조)·임무해태(제65조)·임시총회의 소집(제70조)을 들 수 있다.

2) 기타의 기관

법인이 해산한 경우에는 이사는 그 지위를 상실하고 청산업무에 관하여 청산인이 이를 대신하게 되나, 청산법인(清算法人)은 해산 전의 법인과 동일성이 그대로 유지되므로 그 밖의 기관인 「감사(監事)」의 경우는 계속하여 청산인의 사무를 감독하고 사단법인의 「사원총회(社員總會)」의 경우는 여전히 최고의사결정기관(最高意思決定機關)으로 존속한다.

(4) 청산절차

1) 법인해산의 등기와 신고

청산인(清算人)은 파산(破産)의 경우를 제외하고 그 취임 후 3주간내에 해산의 사유 및 연월일, 청산인의 성명 및 주소와 청산인의 대표권을 제한 때에는 그 제한을 주된 사무소 및 분사무소소재지에서 등기(登記)하여야 하며(제85조 제1항), 같은 사항을 주무관청(主務官廳)에 신고하여야 한다(제86조 제1항). 그리고 청산 중에 해산 등기사항과 청산인의 등기상의 변경이 있는 때에도 3주간내에 변경등기를 하여야 하며(제52조), 청산 중에 취임한 청산인은 그 성명 및 주소를 신고하여야 한다(제86조 제2항).

잠깐!! 민총, 깊이보기

- 상기의 '파산에 의한 청산'의 경우는 청산인이 등기신청이나 신고를 하는 것이 아니라, 법원이 직권으로 등기소에 등기촉탁하고(채무자회생법 제23조) 또한 주무관청에 통지한다(동법 제314조).

2) 현존사무의 종결과 채권의 추심

법인해산의 등기와 신고후에 청산인은 i) 해산 전부터 착수된 사무를 완결하는 '현존사무의 종결(現存事務의 終結)(제87조 제1항 1호)'을 해야 하며 ii) 즉시 추심(推尋)[93]할 수 없는 채권(예: 변제기가 도래하지 않은 채권이나 조건부채권)은 양도(讓渡) 또는 현금화처분(換價處分)할 수 있는 '채권의 추심(債權의 推尋)'을 하여야 한다(제87조 제1항 2호).

잠깐!! 민총, 깊이보기

- 상기에서 말하는 「현존사무의 종결」이라 함은? 현재 계속중인 사무를 완결시키는 것을 말한다(제87조 제1항 1호). 따라서 신규의 사업을 하는 것은 허용되지 않는다. 다만 현존사무를 종결시키기 위하여 새로운 법률행위를 하는 것은 무방하다(권용우 272면).
- 상기에서 말하는 「채권의 추심」의 내용은 다음과 같다. ① 채권의 추심(제87조 제1항 2호)에는 법인 외부의 사람에 대한 채권 뿐만 아니라 사원의 회비의 징수와 같은 것도 포함된다. ② 변제기에 달하지 아니한 채권이나 조건부채권(條件附債權)은 즉시 추심(推尋)할 수 없기 때문에 청산에서 필요한 양도, 기타의 환가처분(換價處分)을 하지 않으면 안 된다.

3) 채무변제

청산절차에서 가장 중요한 것은 법인의 채무변제(債務辨濟)이다. 그 이유는 법인은 청산을 마치게되면 소멸하고 이 후에는 채무를 부담하지 않기 때문이다. 따라서 청산인은 모든 채무자에게 빠짐없이 또한 신속하게 변제할 필요가 있다. 이에 관한 민법의 규정은 다음과 같다.

① 채무신고의 독촉

민법 제89조는 「청산인은 알고 있는 채권자에게 대하여는 각각 그 채권신고를 최고(催告)하여야 한다. 알고 있는 채권자는 청산으로부터 제외하지 못한다」 라고 규정

93) 법률용어 살펴보기 ☞ 「추심(推尋)」이라 함은? 예컨대 채권자가 채무자를 지급인으로 하고 자기의 채권자인 제3자를 수취인으로 하여 위탁하는 것을 말한다.

함으로써 청산인은 알고 있는 채권자에게는 개별적으로 채권신고(債權申告)를 최고(催告)하여 반드시 이를 변제하여야 한다. 그러나 청산인이 알지 못하는 채권자에게는 청산인이 취임한 날로부터 2개월내에 3회 이상 공고하여 채권자에 대하여 '일정한 기간내'에 그 채권을 신고할 것을 최고하여야 한다. 이 경우에는 채권자에게 이러한 공고를 2개월 이상하였는데도 채권자가 그 채권을 신고하지 않으면 청산으로부터 제외된다는 것을 그 공고내용에 표시하여야 한다(제88조).

② 변 제

㉮ 상기의 '일정한 기간'은 제척기간(除斥期間)이며 이 기간내에는 청산인은 채무를 변제하지 못한다. 채권자들 사이에 공평성을 주기 위함이다. 그러나 법인은 채권자에 대한 지연손해배상(遲延損害賠償)의 의무를 면하지 못한다(제90조).

㉯ 그리고 청산인은 청산 중의 법인이 변제기에 이르지 아니한 채권에 대해서도 변제할 수 있는데 이 경우에는 조건있는 채권·존속기간의 불확정한 채권·기타 가액(價額)이 불확정한 채권에 관하여는 법원이 선임한 감정인의 평가에 의하여 변제하여야 한다(제91조).

㉰ 상기의 채권신고기간(2개월 이상)을 설정하여 3회 이상 공고하여, 채권자에게 채권신고를 하도록 하였음에도 불구하고 채권자가 신고를 하지 않은 채권자(예: 채권신고기간 경과 후에 신고한 채권자 등)는 채권기간내에 채권을 신고한 채권자와 청산인이 알고 있는 채권자에 대하여 법인이 채무를 완제(完濟)한 다음에야, 귀속권리자에게 인도하지 아니한 재산에 대하여서만 변제를 청구할 수 있다(제92조). 즉 위의 채권신고기간 내(88조 참조)에 신고하지 않은 채권자는 귀속권리자에게 법인의 재산이 전부 인도된 경우에는 자신의 채권을 청구하지 못하고 청산에서 제외되는 것이다. 그러나 청산인은 알고 있는 채권자와 그 기간내에 신고한 채권자에게는 반드시 변제하여야 한다(제89조).

4) 잔여재산의 인도

민법 제80조 제1항은 「해산한 법인의 재산은 정관으로 지정한 자에게 귀속한다」 라고 규정함으로써 청산절차를 마쳤는데도 잔여재산이 있는 경우에는 이를 정관으로 지정한 귀속권자(歸屬權者)에게 인도하거나 처분하여야 한다. 이에 따르는 절차는 다음과 같다.

i) 정관으로 지정한 자(제80조 제1항)

ii) 정관으로 정한 자가 없거나 또는 지정방법을 정관이 규정하고 있지 않은 경우에는 이사 또는 청산인이 주무관청의 허가를 얻어 그 법인의 유사한 목적을 위해 재산을 처분할 수 있고(제80조 제2항 전단), 다만 사단법인의 경우는 주무관청의 허가 외에 사원총회의 결의가 있어야 한다(동조항 단서)(대판 1995.2.10. 94다13473; 대판 2000.12.8. 98두5279 참조).

iii) 상기의 i)ii)의 경우에 의하여 처분이 되지 않은 재산은 국고(國庫)에 귀속한다(동조 제3항). 비영리법인이 해산할 경우의 잔여재산은 출자액(出資額)에 따라 주주(株主)사이에 분배되는 주식회사의 경우(상법 제538조 참조)와 다르다.

잠깐!! 민총, 깊이보기

잔여재산의 인도에 있어 '공익법인의설립·운영에관한법률'의 적용을 받는 해산한 공익법인의 잔여재산은 정관이 정하는 바에 의하여 국가 또는 지방자치단체에 귀속된다(동법 제13조 제1항).

5) 파산신청

민법 제93조 제1항은「청산중 법인의 재산이 그 채무를 완제하기에 부족한 것이 분명하게 된 때에는 청산인은 지체없이 파산선고를 신청하고 이를 공고하여야 한다」라고 규정함으로써 채권을 추심(推尋)하고 채무를 종결하는 도중에 법인의 재산이 그 채무를 완제(完濟)하기에 부족한 것이 분명한 때에는 청산인은 지체없이 파산신고를 신청하고 이를 공고하여야 한다. 이 경우에 청산인은 파산관재인(破産管財人)에게 사무를 인계하여야 한다. 그럼으로써 그 임무가 종료된다. 그러나 이는 파산재단에 속하는 권리·의무에 관하여만 그러하고, 그 외의 사항에 관한 청산인의 임무는 존속한다. 그리고 청산인이 종결되었을 때 청산인은 3주간내에서 청산종결(淸算終結)의 등기를 하고 주무관청에 신고를 하여야 한다(제94조). 이 경우에 청산인이 고의로 신고를 하지 않거나 청산이 종결되지 않은 것을 알고도 허위신고를 한때에는 과태료의 제재를 받는다(제97조 7호). 청산종결등기가 되었더라도 청산사무가 종결되지 않은 때에는 법인격 소멸의 효과는 발생하지 아니하고 '사실상의 청산이 종결된 때'에 권리능력을 상실한다.(대판 2003.2.11. 99다66427,73371; 대판 1997.4.22. 97다3408)

살아있는 Legal Mind!!!

주의할 것은 청산종결(淸算終決)의 등기(登記)는 청산사실을 공시(公示)하는 의미가 있을 뿐이므로, 청산종결의 등기에 의하여 청산법인은 소멸하는 것이 아니라는 것이다. 즉, 청산종결의 등기는 제3자에 대한 대항요건에 불과하다(제54조 참조). 따라서 청산종결등기가 경료되었더라도 청산사무가 종결되지 않은 때에는 법인격 소멸의 효과는 발생하지 아니하고 청산법인으로 존속하며 '사실상의 청산이 종결된 때'에 권리능력을 상실한다(대판1985.6.25 84다카1954). 그러므로 청산종결의 신고에는 아무런 법률상의 효과도 인정되지 않는다고 할 것이다.

「법인의 청산」에 관한 판례 ☞ "회사가 사실상 파산지경에 있어 업무도 수행하지 아니하고 대표이사나 그 외의 이사도 없는 상태에 있다고 하여도 적법한 해산절차를 거쳐 청산을 종결하기까지는 법인의 권리능력이 소멸한 것으로 볼 수 없다(대판 1985.6.25. 84다카1954)'

6) 청산종결의 등기 · 신고

청산이 종결한 때에는 청산인은 3주간내에 청산종결등기를 마친 후에 주무관청에 신고하여야 한다(제94조). 앞의 판례를 살펴보면 실질적인 청산사무가 종료되지 않은 경우 청산종결의 등기가 되어있더라도 청산법인은 존속하고 당사자 능력도 가진다고 하여야 한다.

Ⅷ 법인의 등기와 감독

1. 법인의 등기

(1) 의 의

법인(法人)은 자연인(自然人)과 마찬가지로 법주체(法主體)이다. 그러나 법인은 자연인과 같이 명확한 외형을 가지는 것이 아니므로 법인과 거래하려는 제3자가 그 존재·조직·재산상태 등을 알지 못하면 예측하지 못한 피해를 입을 가능성이 있다. 따라서 민법은 법인을 외부에서 인식할 수 있도록 필요사항을 등기부에 공시하도록 하고 있는데 이것이 법인의 등기제도이다. 이러한 등기한 사항은 법원(法院)이 지체없이 공고하여야 한다(제54조 제2항).

잠깐!! 민총, 깊이보기

「법인의 등기(法人의 登記)」에 관하여는 비송사건절차법(非訟事件節次法)에 의하며 부동산등기법(不動産登記法)에 의하지 않음을 유의하라.

(2) 등기의 효력

1) 법인등기의 효력에 관한 두 가지 입법주의가 있다. 이는 「등기(登記)」를 성립요건으로 하는 주의와 대항요건으로 하는 주의이다. 우리 민법은 법인의 등기 가운데 '설립등기(設立登記)'의 경우는 법인의 "성립요건"으로 하지만 나머지 등기(☞分事務所設置 및 事務所移轉登記, 變更登記, 解散登記)의 경우는 제3자에 대한 "대항요건"으로 하고 있다(제54조 제1항).

2) 등기를 대항요건으로 하려면 등기가 확실히 행하여지도록 강제적인 방법이 필요하다. 그러므로 민법은 등기하지 않으면 제3자에게 대항하지 못하도록 하고 있으며 실체법상으로 불이익을 받게 하였다. 즉, 등기의무를 이사(理事) 또는 청산인(清算人)의 직무로 하고 '3주간내'에 신청하지 않을 때에는 과태료(過怠料)에 처하도록 하고 있다(제49조 제1항 · 제50조 이하, 제97조 1호). 등기를 이러한 대항요건으로 하는 경우에는 만약 등기하지 않으면 상대방의 선의·악의를 불문하고 대항하지 못한다는 것이 다수설의 견해이다.

(3) 법인등기의 종류

법인등기로서 민법이 규정하는 것 가운데 설립등기는 법인의 성립요건이고(제33조), 나머지는 그 등기를 하여야만 제3자에게 대항할 수 있는 대항요건이 된다(제54조 제1항). 이에 대한 설명은 다음과 같다.

1) 설립등기

「설립등기(設立登記)」라 함은? 법인설립의 허가가 있는 때에 그 주된 사무소 소재지에서 하는 등기를 말한다. 법인은 그 주된 사무소의 소재지에서 설립등기를 함으로써 성립한다(제33조). 이러한 설립등기는 설립허가가 있는 때로부터 3주간내에 하여야 하며(제49조 제1항), 이러한 법인의 설립등기사항은 1. 목적 2. 명칭 3. 사무소 4. 설립허가의 연월일 5. 존립시기나 해산사유를 정한 때에는 그 시기 또는 사유 6. 자산의 총액 7. 출자의 방법을 정한 때에는 그 방법 8. 이사의 성명과 주소 9. 이사의 대표권을 제한하는 때에는 그 제한이다(제49조 제2항).

2) 분사무소설치등기와 사무소이전등기

① 「분사무소설치등기(分事務所設置登記)」라 함은? 법인이 主된 사무소이외에 분사무소를 설치한 경우에 하는 등기를 말한다. 법인이 분사무소를 설치할 때에는 주된 사무소 소재지에서는 3주간내에 분사무소를 설치한 것을 등기하고 그 분사무소 소재지에서는 동기간내에 설립등기사항(제49조 제2항)을 등기하고 다른 분사무소 소재지에서는 동기간내에 분사무소를 신설하였음을 등기하여야 한다(제50조 제1항). 다만 주사무소 그리고 분사무·소의 소재지를 관할하는 등기소의 관할지역내에 분사무소를 설치한 때에는 3주간내에 그 사무소를 설치한 것을 등기하여야 한다(동조 제2항).

② 「사무소이전등기(事務所移轉登記)」라 함은? 법인이 사무소를 이전한하는 때에 하는 등기를 말한다. 법인이 그 사무소를 이전하는 때에는 구소재지(舊所在地)에서는 3주간내에 이전등기를 하고 신소재지(新所在地)에서는 동기간내에 설립등기사항(제49조 제2항)을 등기하여야 한다(제51조 제1항). 다만 동일한 등기소의 관할구역내에서 사무소를 이전한 때에는 그 이전한 것을 등기하면 된다(동조 제2항).

3) 변경등기

「변경등기(變更登記)」라 함은? 법인의 설립등기의 등기사항중에 변경이 있는 때에 하는 등기를 말한다. 이러한 변경등기는 법인의 설립등기의 등기사항중에 변경이 있는 때로부터 3주간내에 하여야 한다(제52조). 그리고 이사의 직무집행을 정지하거나 직무대행자를 선임하는 가처분을 하거나 그 가처분을 변경·취소하는 경우에는 주사무소와 분사무소가 있는 곳의 등기소에서 이를 등기하여야 한다(제52조의 2; 본조 신설 2001.12.29). 이 등기도 대항요건이다(제54조 제1항).

잠깐!! 민총, 깊이보기

- 상기에서 「변경이 있는 때」는? 예컨대 이사의 개임(改任)·재임(再任)·행정구획변경에 따른 사무소의 소재지 또는 이사 주소의 지명변경(地名變更)·이사의 개명(改名) 등이 이에 해당한다.

4) 해산등기

「해산등기(解散登記)」라 함은? 법인이 해산한 경우에 하는 등기를 말한다. 청산인(清算人)은 파산의 경우를 제외하고는 그 취임 후 3주간내에 해산사유·년월일·청산인의 주소·성명, 그리고 청산인의 대표권을 제한한 때에는 그 제한 등을 주된 사무소와 분사무소 소재지에 등기하여야 한다(제85조 제1항).

청산 중에 해산등기사항에 변경이 생기면 3주간내에 변경등기를 하여야 한다(제86조 제2항·52조 참조). 그러나 법인이 파산에 의한 청산의 경우에는 법원이 직권으로 등기소에 등기촉탁하고(채무자 회생법 제23조) 또한 주무관청에 통지한다(동법 제314조). 따라서 청산인은 등기신청이나 신고를 할 필요가 없다.

5) 청산종결의 등기

청산이 종결하면 청산인은 3주간내에 청산종결(清算終結)의 등기를 하여야 한다(94조).

잠깐!! 민총, 깊이보기

> 다시 한번 확인하자! 민법 제54조 제1항은 「설립등기이외의 본 절의 등기사항은 그 등기 후가 아니면 제3자에게 대항하지 못한다」라고 규정함으로써 법인의 등기 가운데 '설립등기(設立登記)'는 법인의 성립요건으로 하고 있지만(제33조), 나머지 등기(☞分事務所設置 및 事務所移轉登記, 變更登記, 解散登記)는 제3자에 대한 대항요건(제54조 제1항)으로 하고 있다.

(4) 등기기간

앞에서 살펴본 바와 같이, 법인에 관한 등기는 주무관청(主務官廳)의 허가서가 도착한 날로부터 3주간내에 하여야 한다(제50조~제52조). 등기할 것으로서 관청의 허가를 요하는 것은 설립등기시의 정관기재사항(제32조·제40조·제41조·제43조) 및 정관변경사항(제42조·제45조·제46조)이다. 그리고 법인의 명칭·사무소의 소재지·자산 등에 관한 변경은 법인의 정관의 변경이므로 주무관청의 허가가 필요하다. 등기의 신청시에 주무관청의 허가서를 첨부하여야 한다(非訟法 제131조 제2항). 상기의 변경등기, 분사무소설치등기, 사무소이전등기에 있어서 3주간의 기간은 주무관청의 허가가 있은 때로부터가 아니고 허가서가 도착한 날로부터 기간이 계산된다(제53조·제155조 이하 참조).

살아있는 Legal Mind!!!

- 상기의 기간계산의 경우도 초일불산입(初日不算入)의 원칙에 따라 도착일은 산입치 아니하고 그 다음날로부터 기간이 계산된다(제157조 참조). 이러한 제53조의 취지는 주무관청의 소재지가 법인 설립자 등의 주소 또는 거소로부터 원격지(遠隔地)에 떨어져 있는 경우에 대한 배려에 있다.

2. 법인의 감독

비영리법인은 그 성질상 설립에서 소멸에 이르기까지 여러 경우의 감독을 받게 된다. 이는 '사무감독(事務監督)'의 경우와 '해산(解散)·청산(淸算)'의 경우로 나누어 각각 감독자를 달리한다.

(1) 사무감독

법인의 사무의 감독은 설립허가관청, 즉 주무관청이 담당하며(제37조), 그 감독권행사의 내용은 과태료의 제재(제97조 3호)·설립허가의 취소(제38조) 등이다.

(2) 해산 · 청산의 감독

법인의 청산·해산은 제3자의 이해에 커다란 영향을 미치기 때문에 업무감독과 달리 주무관청이 아닌 법원(法院)이 감독기관이 된다(제95조). 감독권행사의 내용은 법원에 의한 청산인의 선임(選任)과 해임(解任) 및 개임(改任) 등이다(제95조 · 제84조).

(3) 벌 칙

1) 법인의 감독을 충분하게 하기 위하여 이사, 감사 또는 청산인이 일정한 직무를 게을리 한 때에는 500만원 이하의 과태료에 처한다(제97조, 벌금 등 임시조치법 제4조 제3항 참조)[94].

2) 과태료의 처분을 할 수 있는 사항은 제97조에 규정되어 있다. 이는 다음과 같다.

94) 법률용어 살펴보기 ☞ 「벌금 등 임시조치법」이라 함은? 벌금을 산정함에 있어 경제적 변동을 고려하여 그 액수를 소정의 배율(倍率)에 의한 금액으로 상등(上騰)함을 정하여 주는 법이다. 동법 제4조에 의하면 벌금 또는 과태료에 관한 규정을 적용할 때에는 그 규정된 액을 2-4배에 상당한 액으로 한다고 규정하고 있다.
☞ 2007년 11월 23일에 국회를 통과한 개정 민법에 법체계의 통일성과 내용의 형평성을 도모하기 위하여 과태료 금액을 500만원으로 현실화 하였다.

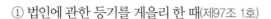

① 법인에 관한 등기를 게을리 한 때(제97조 1호)

② 재산목록 또는 사원명부의 작성·비치에 관한 의무(제55조)에 위반하거나 또는 부정기재한 때(제97조 2호)

③ 주무관청 또는 법원의 검사·감독을 방해한 때(제37조·제95조·제97조 3호 참조)

④ 주무관청 또는 총회에 대하여 사실 아닌 신고를 하거나 또는 사실을 은폐한 때(제97조 4호)

⑤ 총회의사록의 작성·설치의무(제76조)에 위반하거나 또는 청산인이 채권신고기간 안에 변제를 한 때(제90조·제97조 5호 참조)

⑥ 파산선고의 신청을 게을리 한 때(제79조·제93조·제97조 6호)

⑦ 청산인이 채권신고의 공고(제88조) 또는 파산선고신청의 공고(제93조 제1항)를 게을리하거나 부정공고한 때(제97조 7호)

알아두면 편리해요!!!

하지만 상기의 경우의 과태료(過怠料)는 형법상의 형벌(刑罰)이 아닌 민법상의 질서를 유지하기 위한 일종의 질서벌(秩序罰)이므로 이는 누범(累犯)·경합범(競合犯) 등에 관한 규정이 적용되지 않으며 이 때의 과태료의 처분은 비송사건절차법[95])에 의한다(非訟法 제247조~제250조).

이 경우에 과태료사건의 관할은 그 처분을 받게 될 자의 주소지의 지방법원에 속하고 과태료의 재판은 이유를 붙인 결정으로 하여야 하며(동법 제248조), 과태료의 재판의 절차는 법원은 재판을 하기 전에 당사자의 진술을 청취하고 검사의 의견을 구하여 결정의 형식으로 하여야 하나, 법원은 상당하다고 인정될 때에는 당사자의 진술을 듣지 아니하고 과태료의 약식재판을 할 수 있다(동법 제250조 제1항).

또한 이러한 과태료재판에 대한 불복이 있을 경우에 당사자와 검사는 과태료의 재판에 대하여 즉시 항고(抗告)[96])가 가능하다. 이 때의 항고기간은 1주일이다(동조 제2항). 이러한 이의신청(異議申請)이 있으면 약식재판(略式裁判)은 효력을 상실하고(동조 제3항), 이의신청이 있는 때에는 법원은 당사자의 진술을 듣고 다시 재판하여야 한다(동조 제4항). 그리고 관할등기소는 법인소재지를 관할하는 등기소이다(동법 제127조).

「임기가 만료된 이사」에 대한 판례 ☞ 민법상의 법인에 있어서 이사의 전원 또는 일부의 임기가 만료되었음에도 불구하고 후임 이사의 선임이 없는 경우에는 그 임기만료된 구이사로 하여금 법인의 업무를 수행케 함이 부적당하다고 인정할 만한 특별한 사정이 없고 구이사가 신임이사가 선임될 때까지 종전의 직무를 수행하는 한, 구이사의 선임에 대하여 취임인가를 한 감독관청으로서는 여전히 그러한 자의 임무위반이 있을 경우그 취임인가를 취소할 수 있다(대판 1993.8.27. 93누593).

95) 법률용어 살펴보기 ☞ 「비송사건(非訟事件)」이라 함은? 사법(私法)상의 권리관계는 국가가 간섭하지 않는 것이 원칙이나, 예외로 특히 민법과 상법에 규정함으로써 사권(私權)관계의 확실을 기하기 위하여 국가가 관여하는 사건을 말한다. 따라서 「비송사건절차법」이라 함은? 법원관할에 속하는 민사비송사건과 상사비송사건에 관한 절차를 규정함을 목적으로 하여 제정된 법률을 말한다.

96) 법률용어 살펴보기 ☞ 「항고(抗告)」라 함은? 판결이외의 재판, 즉 결정이나 명령에 대한 상고를 말한다.

CIVIL LAW

제 4 장

권리의 객체

제1절 개 관

Ⅰ 권리객체의 의의

권리(權利)는 법에 의하여 인정되는 '일정한 생활이익의 향수'를 내용으로 한다. 따라서 「권리의 객체(權利의 客體)」라 함은? 권리의 이익을 충족시키기 위하여 필요한 일정한 대상을 말한다.

Ⅱ 권리객체의 종류

권리의 객체는 권리의 종류마다 각각 다른데 그 주요한 것은 다음과 같다. 예컨대 ① 물권의 객체는 '물건', ② 채권의 객체는 채무자의 행위인 '급부', ③ 무체재산권의 객체는 '정신적 산물(예: 著作·發明 등)', ④ 인격권의 객체는 권리자 자신의 '인격적 재산(예: 身體·名譽·自由 등)', ⑤ 친족권의 객체는 친족법상의 지위인 '친족적 신분', ⑥ 상속권의 객체는 '상속재산', ⑦ 형성권의 객체는 '법률관계', ⑧ 권리위의 권리의 객체는 '권리(예: 債權質權)'이다. 이러한 권리의 객체는 사회가 발전함에 따라 점차 증가하는 경향을 보이고 있다.

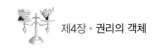

Ⅲ 민법의 규정

우리 민법은 권리의 객체를 물건에만 한정시키고 총칙편의 제98조 내지 제102조에서 통칙적 규정만을 두고 있다. 그리고 그 밖의 것에 대해서는 각자의 규정이나 이론 또는 특별법에 맡기고 있다. 이와 같이, 민법이 권리의 객체를 물건에 한정하고 총칙편에만 그 규정을 두고 있는 이유는 물건은 직접적으로 물권의 객체가 되고 또한 간접적으로 채권(예: 特定物에 대한 賣買)의 객체도 되며 그 밖의 각종의 권리에도 직접적인 관계가 있기 때문이다.

제2절 물 건

I 물건의 의의

어떤 것을 물건으로 하느냐의 문제는 법률상 대단히 중요한 의미를 가진다. 따라서 물건에 관한 민법의 규정은 법률질서의 기본구조에 관한 규정이며 또한 강행규정이다. 민법 제98조는 「물건이라 함은 유체물 및 전기 기타 관리할 수 있는 자연력을 말한다」 라고 규정하고 있다. 여기서 「유체물(有體物)」 이라 함은? 공간의 일부를 차지하고 사람의 오감(五感)에 의하여 느낄 수 있는 형체를 가진 물질을 말하며 예컨대 고체·액체·기체 등이 그것이다. 그리고 「관리가능한 자연력(管理可能한 自然力)」 이라 함은? 자연력 가운데 배타적인 관리가 가능한 자연력을 말한다. 예컨대 공기중의 산소를 일정한 용기내에 관리할 수 있도록 모아 놓은 경우가 그것이다. 따라서 권리의 객체가 되는 물건이 되기 위해서는 i) 지배가능성이 있을 것 ii) 외계의 일부일 것 iii) 독립성이 있을 것을 필요로 한다. 이를 설명하면 다음과 같다.

살아있는 Legal Mind!!!

- 저작·발명 등의 정신적 창작물도 물권의 객체가 된다. 원칙적으로 이들은 물건이 아니므로 물권의 객체가 되지 못하나 이에 대한 배타적 지배가 가능하므로(저작권·특허권·의장권·실용신안권 등의 무체재산권(無體財産權)) 물권의 객체가 되는 것이다. 학자들은 이를 준물권(準物權)이라 하여 물권에 준하고 있다.

1. 지배가능성이 있을 것

「지배가능성(支配可能性)」 이라 함은? 대상물이 지배 또는 관리할 수 있는 가능성이 있는 물건이어야 함을 의미한다. 그 이유는 지배 내지 관리할 수 없는 물건은 법률상 사용·수익·처분할 수 없으므로 권리의 객체가 될 수 없기 때문이다. 그러므로 해·달·별·바다·공기 등은 지배가능성이 없으므로 이들은 물건이 아니다. 예를 들어 김선달이 하늘에 있는 별을 팔겠다고 신문광고를 한 경우, 하늘의 별은 지배가능성이 없으므로 소유권의 대상인 물건이 될 수 없다. 하지만 이러한 지배가능성은 상대적 개념이므로 시대와 과학의 발전에 따라 변천할 수 있다.

잠깐!! 민총, 깊이보기

일본에서는 「공기」의 경우, 이미 권리의 객체가 되어서 상품화가 되고 있다. 「바다」의 경우도 일정한 범위를 정하여 지배할 수 있게 되면 권리의 객체가 된다(예: 漁業權).

2. 외계의 일부일 것

「외계의 일부(外界의 일부)」라 함은? '비인격성(非人格性)'을 말하는 것으로, 이는 살아있는 사람이나 그 신체의 일부가 아닌 것을 의미한다. 근대법은 원칙적으로, 권리의 주체인 사람에 대하여 배타적 지배를 인정하지 않는다. 따라서 신체(身體)에 대한 소유권 또는 물권은 인정되지 않는다. 더 나아가 인체에 부착한 의수(義手)·의족(義足)·의치(義齒)·부착된 가발 등도 신체의 일부가 되므로 물건이 아니다. 다만 이러한 것이 신체로부터 분리될 경우는 물건으로 취급된다. 예컨대 신체와 분리된 머리카락·혈액·치아 그리고 가발 등은 물건이며 이는 분리 당한 사람의 소유에 속한다.

살아있는 Legal Mind!!!

「시체(屍體)」의 경우도 물건으로 본다. 다수설은 시체의 경우가 '특수소유권의 객체'가 됨을 인정한다(特殊所有權說, 김기선·곽윤직·김증한·김용한·김현태·장경학·이영섭·권용우). 다만 시체의 경우는 다른 소유권의 객체와 같이 사용·수익·처분하지 못하고 매장·제사 등을 위해서만 사용할 수 있다. 그리고 시체의 소유권은 제사 주재자에 귀속하는 것이라고 한다(제1008조의 3참조). 반면 소수설은 시체가 미이라나 학술용 골격 등으로 제공된 경우와 같이 인간의 존엄과 가치에 반하지 않는 경우를 제외하고는 시체의 물건성을 인정할 수 없다는 부정설을 주장한다(이영준 895면). 독일에서는 이설이 다수설이다. 한편으로 시체의 물건성을 긍정하면서도 다수설과 같이 특수소유권이라고 하지 않고 시체에 대한 권리는 매장봉사(埋葬奉仕)할 수 있는 권리에 지나지 않으며 양도·포기할 수 없는 것이므로 관습법상의 관리권이라고 보는 견해도 있다(방순원). 중요한 것은 「시체의 처분행위」는 상기의 어느 설에 의하든 간에 사회질서에 반하므로 무효라고 하여야 한다는 점이다.

3. 독립성이 있는 물건일 것

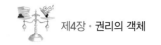

(1) 물건은 배타적인 지배를 위하여 원칙적으로 '독립성이 있는 물건'이어야 한다. 이는 한 개의 물권의 목적물은 반드시 한 개의 물건이어야 한다는 원칙인 '일물일권주의(一物一權主義)'를 의미한다.

살아있는 Legal Mind!!!

- 물건의 일부가 구성부분인가 아니면 독립성이 있는 물건인가에 대한 구별은 쉽지 않으며 이는 일반적인 사회통념에 의하여 결정한다. 예컨대 「철도레일」은 사회통념상 그 부지에 계속적으로 장착되어 있는 상태에서 사용될 시설의 일부로서 독립한 물건이 아니어서(대판 1972.7.27. 72바741), 물건의 일부로서 권리의 객체가 될 수 없지만, 임야내에 있는 조각물 등은 독립된 소유권의 대상이 된다(대판 1970.9.22. 70다1949).

(2) '일물일권주의'에 의하여, 물건의 일부나 구성부분 그리고 집단은 원칙적으로 독립된 물권의 객체가 될 수 없다. 그러나 여기에는 예외가 있다.

1) 부동산(☞토지와 건물)의 일부는 용익물권(예: 지상권 · 지역권 · 전세권)의 객체가 된다.

2) 토지에 부착된 '수목의 집단(樹木의 集團)'은 그 소유자가 입목에 관한 법률에 의하여 소유권보존등기를 하였을 때에는 그 입목(立木)은 그 토지로부터 독립한 부동산으로 다루어지며 그것만을 양도할 수 있고 또한 저당권의 목적으로 할 수 있다(입목에 관한 법률 제3조).

3) 등기하지 않은 '미분리 천연과실(未分離 天然果實)'과 '수목의 집단(樹木의 集團)'은 명인방법(明認方法)이라는 관습법상의 공시방법을 갖춘 때에는 독립한 부동산으로서 소유권의 객체가 되어 그것만을 양도할 수 있다. 다만 명인방법은 불완전할 뿐만 아니라 소유권이외의 권리를 공시하는데 부적당하므로 저당권의 목적으로 하는 것은 인정되지 않는다.

4) 각 구성부분이 개성을 잃지 않고 결합하여 단일한 형체를 이루고 있는 물건, 예컨대 다이아몬드반지 · 건물 · 자동차 · 선박 등을 합성물(合成物)이라 하는데 이러한 합성물은 법률상 하나의 물건으로 다루어진다.

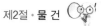

5) 도서관의 장서·광업재단·공업재단·공장의 시설·공장의 기계·곡물 등의 집합물은 일물일권주의의 원칙상 그 위에 하나의 물권이 성립할 수 없음이 당연하나 경제적으로 단일한 가치를 가지면서 일체로서 다루어지는 경우가 있으므로 이러한 집합물에 관하여 특별법(예: 工場抵當法·鑛業財團抵當法 등)에 의하여 등기·등록 등 특별한 공시방법이 인정되면 법률상 하나의 물건으로 다루어진다. 또한 건물의 구분소유(區分所有)[97]의 경우와 같이 물건의 일부라도 물권을 인정할 필요성과 실익이 있는 경우에는 법률상 하나의 물건으로 다루어진다.

살아있는 Legal Mind!!!

- 관습법상 공시방법인 명인방법을 갖춘 「수목의 집단」은 그 성질이 동산이 아닌 부동산으로 보아 거래의 객체가 된다는데 대하여는 이론(異論)이 없다. 그러나 「개개의 수목(個個의 樹木)」과 「미분리의 과실(未分離의 果實)」에 있어서의 성질에 관하여는 견해의 차이가 있는데 이는 다음과 같다. 다수설은 이들을 토지와는 독립한 부동산으로 보고 있다(김증한·김현태·김상용·이영준). 이에 대하여 비판하는 견해는 명인방법을 갖춘 '집단이 아닌 개개의 수목'과 '미분리의 과실'의 경우는 거래의 목적이 됨은 인정하지만 그것을 부동산으로 다룰 필요가 없이 동산으로 보는 것이 옳다고 한다(곽윤직·권용우). 판례는 미분리의 과실은 수목의 일부에 지나지 않아 동산으로 보지만, 명인방법을 갖춘 경우에는 다수설과 같이 독립한 부동산으로서 거래의 목적이 될 수 있다고 한다.

Ⅱ 물건의 분류

1. 물건의 개수와 결합에 의한 분류

(1) 단일물

「단일물(單一物)」이라 함은? 형체상 일체를 이루고 있어서 이를 분리할 경우에는 구

97) 법률용어 살펴보기 ☞ 「구분소유(區分所有)」이라 함은? 원래 소유권의 객체는 독립한 물건이어야 하므로 '건물 1동'은 하나의 물건이 된다. 그러나 민법에서는 여러 사람이 1동의 건물을 구분하여 각각 그 일부분을 소유하는 것을 인정하는데(제215조 제1항 전단) 이것을 「건물의 구분소유」라고 한다. 다만 건물의 구분소유에 관한 제215조는 최근의 아파트나 연립주택 등의 고층건물에는 적용이 없다. 이는 별도로 「집합건물의 소유 및 관리에 관한 법률」(1984.4.10 법률제3725호)에 의한 적용을 받는다.

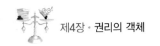

성부분이 개성을 잃는 물건을 말한다. 예컨대 한권의 책, 말 1마리가 그것이다. 이러한 단일물은 법률상 하나의 물건으로서 권리의 객체가 되며 그 일부에 대하여는 다른 독립한 권리가 성립되지 않는다.

(2) 합성물

「합성물(合成物)」이라 함은? 각 구성부분이 그 자체만으로도 개성은 있으나 그것이 결합하여 일체를 이루는 물건이다. 예컨대 다이아몬드반지·건물·자동차·선박 등이 그것이다. 이러한 합성물은 단일물과 같이 법률상 하나의 물건으로서 권리의 객체가 되며 각 구성부분에 별도의 권리가 성립할 수 없다. 따라서 부합(附合)[98]과 같이 수 개의 물건이 결합하여 합성물이 되면 그로 인해 종래의 물건 위에 존재하던 권리는 소멸하는 수가 있다(제257조 참조).

알아두면 편리해요!!!

민법 제257조는 「동산과 동산이 부합하여 훼손하지 아니하면 분리할 수 없거나 그분리에 과다한 비용을 요할 경우에는 그 합성물의 소유권은 주된 동산의 소유자에게 속한다. 부합한 동산의 주종을 구별할 수 없는 때에는 동산의 소유자는 부합당시의 가액의 비율로 합성물을 공유한다」라고 규정하고 있다.

(3) 집합물

「집합물(集合物)」이라 함은? 단일물 또는 합성물인 다수의 물건이 집합하여 경제적으로 단일한 가치를 가지며 거래상으로도 하나로 다루어지는 물건을 말한다. 예컨대 구두·양말·곡물·공장의 기계 등의 집합으로만 경제적 가치가 있는 것, 광업재단·공업재단 등의 특별법에 의해 등기·등록 등의 공시방법을 갖춘 재단 그리고 점포에 진열된 상품(☞이는 물건의 수량이 수시로 변동되므로 변동동산이라고 함) 등의 장소가 특정된 양도담보의 목적물 등이 있다.

98) 법률용어 살펴보기 ☞ 「첨부(添附)」라 함은? 소유자가 다른 두 개이상의 물건이 결합하여 사회 통념상 하나의 물건이 되던가, 어떠한 물건에 그 소유자이외의 사람의 노동력이 가해져서 새로운 물건이 생기는 경우를 말한다. 이에는 예를 들어 임꺽정 소유의 건물에 김선달이 함부로, 즉 권원(權原)에 의하지 않고 증축·개축을 한 경우인 「부합(附合)」, 황진이 소유의 쌀과 연흥부 소유의 쌀을 혼합해 버린 경우인 「혼화(混和)」, 이춘풍 소유의 가축을 김선달이 자기의 것으로 알고 구두를 만든 경우인 「가공(加工)」이 있다.

일물일권주의에 의하여 원칙적으로는 집합물위에 하나의 물권이 성립할 수 없다. 그러나 이러한 집합물도 하나의 물건으로 다루어져야 한다는 사회적 필요성에 의하여 하나의 물건으로 취급된다. 특히 이러한 집합물 가운데 금융을 얻기 위한 목적으로 특별법(예: 공장 및 광업재단저당법)에 의하여 예외적으로 하나의 물건으로 다루어지는 경우도 있다.

잠깐!! 민총, 깊이보기

- 상기 외에도 특히 '기업(企業)'을 하나의 물건으로 볼 것인가에 관해서 다툼이 있다. 오늘날은 점차 하나의 물건으로 인정되어 가는 경향이다(예: 기업담보).
- 판례는(특정 대판 1999.9.7. 98다47283; 대판 2004.11.12. 2004다22858). 예컨대 양어장 내의 뱀장어들·농장 내의 돼지들에 대하여 양도담보의 설정을 인정한 사례이다. 2010년 6월 10일에 제정된 「동산·채권 등의 담보에 관한 법률」 제 3조 2항에 따르면 여러 개의 동산을 특정할 수 있는 경우에는 그것을 목적으로 담보등기를 할 수 있도록 하였다.

2. 강학상의 분류

물건은 '강학상(講學上)의 분류방법'에 의하면 「융통물과 불융통물」, 「가분물과 불가분물」, 「소비물과 비소비물」, 「대체물과 부대체물」, 「특정물과 불특정물」로 구분한다.

(1) 융통물과 불유통물집합물

「융통물(融通物)」이라 함은? 사법상(私法上) 거래의 대상이 되는 물건을 말한다. 그리고 「불융통물(不融通物)」이라 함은? 사법상(私法上) 거래의 대상이 되지 않는 물건을 말한다. 하지만 불융통물의 경우라도 그 대상에서 제외된 후에는 거래의 객체가 된다. 이러한 불융통물에는 공용물·공공용물·금제물이 있는데 「공용물(公用物)」이라 함은? 국가 또는 공공단체의 소유에 속하며 공용(公用)에 기하기 위하여 제공되는 물건을 말한다. 예컨대 관청건물·초등학교건물 등이 이에 속한다. 그리고 「공공용물(公共用物)」이라 함은? 국가 또는 공공단체가 직접 일반인이 사용하도록 제공한 물건을 말한다. 예컨대 공원·공용하천·공용도로·항만 등이 이에 속한다. 또한 「금제물(禁制物)」이라 함은? 법령의 규정에 의하여 그 거래가 금지되고 있는 물건을 말한다. 예컨대 아편·위조지폐·음란도서 등과 같이 '소유 또는 소지가 금지되는 것'과 국유문화재(문화재보호법 제66조에서 양도하거나 사권설정을 할 수 없다고 규정하고 있으나, 동법 제 39조·제 60조에서는 국보·보물·천연기념물·중요민속문화재는 수출 또는 국외 반출만 금지되어 있고 매도 금지 규정은 삭제되었다) 와 같이 '거래가 금지 또는 제한되는 것'이 있다.

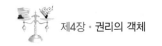

잠깐!! 민총, 깊이보기

「공공용물(公共用物)」이라도 그 소유권자가 사인(私人)인 경우가 있다. 즉, 공공용물로 제공된 사인(私人)의 도로부지는 사권(私權)에 제한을 받더라도, 계속 사인의 소유로 남아 있을 수 있다(도로법 제3조 참조).

(2) 가분물과 불가분물

「가분물(可分物)」이라 함은? 그 성질 또는 가치가 변하지 않거나 감소되지 않고 분할할 수 있는 물건을 말한다. 예컨대 금전·토지·곡물 등이 이에 속한다. 반면, 「불가분물(不可分物)」이라 함은? 그 성질 또는 가치가 변하지 않거나 감소되지 않고는 분할할 수 없는 물건을 말한다. 예컨대 소·말·자동차·건물 등이 이에 속한다. 이러한 구별의 실익은 공유물의 분할(제269조), 다수당사자의 채권관계(제408조)에 있다.

(3) 대체물과 부대체물

「대체물(代替物)」이라 함은? 일반거래에 있어서 그 개성에 착안하지 않고 단지 종류·품질·수량에 의하여 정하여 지고 바꿀 수 있는 물건을 말한다. 예컨대 금전·신간서적·곡물 등이 이에 속한다. 반면 「부대체물(不代替物)」이라 함은? 그 개성이 뚜렷하여 동종의 다른 것으로 대체하지 못하는 물건을 말한다. 예컨대 토지·골동품·건물 등이 이에 속한다. 이러한 구별의 실익은 주로 소비대차(제598조)[99]·소비임치(제702

99) 법률용어 살펴보기 ☞ 「소비대차(消費貸借)」라 함은? 당사자 일방이 금전 기타 대체물의 소유권을 상대방에게 이전할 것을 약정하고 상대방은 그와 동종·동질·동량의 물건을 반환할 것을 약정하는 계약을 말한다. 소비대차는 원칙적으로 전형(典型)·편무(片務)·무상(無償)·불요식(不要式)·낙성계약(諾成契約)이지만, 이자 있는 소비대차는 쌍무(雙務)·유상계약(有償契約)으로 된다. 소비대차는 차용물과 동종·동질·동량의 물건(物件)을 반환한다는 점에서 사용대차(使用貸借) 및 임대차(賃貸借)가 차용물 자체를 반환하는 것과 다르다.

조)[100]의 목적물은 대체물에 한한다는 데 있다.

(4) 특정물과 불특정물

「특정물(特定物)」이라 함은? 구체적인 거래에 있어서 당사자가 물건의 개성을 중시하여 동종의 다른 물건으로 대치함을 허용하지 않는 물건을 말한다. 예컨대 A 골동품, B 가옥 등이 이에 속한다. 반면 「불특정물(不特定物)」이라 함은? 단지 종류와 수량만을 정하여 동종의 다른 물건으로 대치함을 허용할 수 있는 물건을 말한다. 예컨대 일등미 한가마, 고등어 100마리 등이 이에 속한다. 이러한 구별의 실익은 i) 특정물을 인도하여야 하는 특정물채권의 채무자는 특정물을 인도하기까지 선량한 관리자의 주의로 보존하여야 하나, 불특정물(종류채권)의 채무자는 이러한 주의를 부담하지 않는다는 「채무자의 목적물의 보관의무(제374조)」, ii) 특정물채권의 경우는 당사자의 특별한 의사표시가 없으면 그 변제장소는 채권이 성립할 당시에 그 특정물이 있었던 장소이나, 불특정물채권(종류채권)의 경우는 채권자의 현재지에서 한다는 「채무변제의 장소(제467조)」, iii) 특정물매매의 경우에는 목적물의 하자(瑕疵)로 인하여 매매의 목적을 달성할 수 없는 때에는 매수인은 계약을 해제하고 아울러 손해배상을 청구할 수 있지만(제580조 제1항 본문 · 제575조 제1항), 불특정물매매의 경우에는 특정물매매

소비대차의 목적물은 금전(金錢) 기타의 대체물(代替物)이지만(민법 제598조), 금전소비대차가 주종을 이룬다. 대주(貸主)는 목적물의 소유권을 차주(借主)에게 이전할 의무가 있다. 대주는 이자 있는 소비대차의 경우에는 매도인(賣渡人)과 같은 하자담보책임(瑕疵擔保責任)이 있으며 이자 없는 소비대차의 경우에는 하자를 알고 차주에게 고지하지 않은 때에만 그 담보책임이 있다(동법 제580조 내지 제582조 · 제602조).

100) 법률용어 살펴보기 ☞ 「소비임치(消費任置)」라 함은? 수치인(受置人)이 임치물의 소유권을 수치인에게 이전하기로 하고 수치인은 그 목적물과 동종 · 동질 · 동량의 물건을 반환할 것을 약정하는 임치를 말한다. 이러한 소비임치(消費任置)는 불규칙임치(不規則任置)라고도 한다. 본래 임치에서는 임치물의 소유권이 수치인에게 이전되지 않고 수치인이 임치물을 보관하였다가 그 목적물 자체를 임치인에게 반환하여야 하지만 이와 달리 당사자의 특약으로 수치인이 임치물을 처분할 수 있게 한 것이 소비임치이다. 따라서 소비임치의 목적물은 대체물(代替物)에 한하며 금전(金錢)이 가장 일반적이다. 예컨대 은행(銀行)의 예금이 그것이다. 소비임치는 수치인이 목적물의 소유권을 취득하고 나중에 그와 동종 · 동질 · 동량의 물건을 반환하는 점에서 소비대차(消費貸借)와 같으며(민법 제598조), 그러한 점에서 소비대차의 규정이 준용된다(동법 제702조). 그러나 소비임치에서 목적물의 소유권을 수취인에게 이전하는 것은 수치인이 목적물을 보관할 수 있게 하려는 수단이다. 비임치인은 일정한 대체물의 소유권을 소비수치인에게 이전하여 그 물건을 소비수치인이 일정기간 이용하게 할 의무가 있다. 그러나 소비임치인에게 보관비용 등의 지급의무는 없다. 그러므로 통상의 임치인과는 다르고 소비대차의 대주(貸主)와 비슷하다.

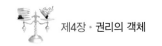

의 경우와는 달리 매수인은 계약을 해제 또는 손해배상을 청구하지 않고 그에 갈음하여 하자 없는 완전물(完全物)의 급부를 청구할 수 있다(제581조 제2항)는 「매도인의 담보책임(제570조 이하)」 iv) 그리고 「계약의 원시적 불능」에서 나타난다.

(5) 소비물과 비소비물

「소비물(消費物)」이라 함은? 물건의 성질상 1회만 사용하면 다시 동일한 용도에 사용할 수 없는 물건을 말한다. 예컨대 식량과 금전 등이 이에 속한다. 반면 「비소비물(非消費物)」이라 함은? 반복해서 사용·수익할 수 있는 물건을 말한다. 예컨대 토지·건물·기계 등이 이에 속한다. 이러한 구별의 실익은 소비대차·소비임치·사용대차[101]·임대차에 관하여 생긴다.

잠깐!! 민총, 깊이보기

「금전(金錢)」의 경우는 여러번 사용할 수는 있지만 한 번 사용하면 주체의 변경이 생기고 전사용자(前使用者)가 다시 사용할 수 없으므로 역시 소비물로 다루어짐을 유의하라.

3. 실정법상의 분류

물건은 '실정법상(實定法上)의 분류방법'에 의하여 구별하면 「동산과 부동산」, 「주물과 종물」, 「원물과 과실」의 세 가지로 나눌 수 있다.

(1) 동산과 부동산

1) 동산과 부동산의 정의

동산과 부동산의 구별은 물건의 구별 중에서 가장 중요한 것이다. 이 구별의 이유

101) 법률용어 살펴보기 ☞ 「사용대차(使用貸借)」라 함은? 당사자 일방(貸主)이 상대방(借主)에게 무상(無償)으로 사용·수익하게 하기 위하여 목적물을 인도할 것을 약정하고 상대방은 이를 사용·수익한 후 그 물건을 반환할 것을 약정함으로써 성립하는 계약을 말한다(제609조). 예를 들어 김선달이 황진이에게 방 하나를 무상으로 빌려주겠다고 약속한 경우가 그것이다.

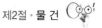

는 동산은 그 위에 권리관계를 공적장부에 공시하는데 적합하지 않다. 물론 장부에 의한 공사가 불가능 하지는 않으나, 물건이 어디에 있는지 모르면 의미가 없고 장부에 공사 할 만큼 가치도 그리 크지 않다. 그러나 부동산은 공적장부에 의한 공시에 적합하다는 데에 있다. 최근에는 자동차, 선박, 항공기, 건설 중장비 같은 동산이 등기나 등록에 의해 공시되고 있어서 구별의 이유가 뚜렷하지 않게 되었다.

① 부동산

민법 제99조 제1항은 「토지 및 그 정착물을 부동산이다」 라고 규정함으로써 토지와 그 정착물은 하나의 부동산이 아니라 각각 독립된 「부동산(不動産)」 이 된다. 독일민법 §94는 「건물 · 수목 등의 정착물은 토지의 본질적 구성부분을 이룬다」 라고 규정함으로써 토지와 그 정착물을 각각 독립한 부동산으로 보고 있지 않지만, 우리 민법과 일본민법(日民 제86조 제1항)은 토지와 그 정착물인 건물을 독립한 부동산으로 다루고 있다.

㉮ 토 지

㉠ 민법 제99조 제1항에서의, 「토지(土地)」 라 함은? 무한대로 펼쳐진 물리적 지표(地表)가 아니라 사람의 지배 또는 이용이 가능한 범위내에서 인위적(人爲的)으로 구획(區劃)하여 토지대장에 일필의 토지로 등록한 일정범위의 지면(地面)을 말한다.

㉡ 이러한 「토지소유권의 범위(土地所有權의 範圍)」 에 관하여 민법 제212조는 「토지의 소유권은 정당한 이익이 있는 범위 안에서 토지의 상하에 미친다」 라고 규정함으로써 토지소유권의 범위는 해당 지면(地面)뿐만 아니라 지하의 토사(土砂) · 암석(岩石) · 지하수(地下水) 등의 토지의 구성부분까지도 그 대상이 됨을 명시하고 있다. 토지소유자는 지상(地上)에 건물을 지을 수 있을 뿐만 아니라, 지하(地下)에도 각종 시설을 설치할 수 있다. 이렇게, 토지소유권이 토지의 상 · 하에 미치게 한 것은 토지의 완전한 이용을 보장하기 위함이다. 하지만 토지소유자가 정당한 이익이 있는 범위를 넘어서 소유권을 주장하는 경우는 권리남용(權利濫用)이 된다. 그 예로, 지하철공사가 김선달 소유의 땅속 50m 아래로 지하철을 건설하려고 하는데 토지 소유자 김선달이 지하 50m 아래까지도 자신의 땅이라면서 공사를 못하게 하는 경우를 들 수 있다. 상기의 주장

의 경우는 「정당한 이익이 있는 범위」에 해당하는가가 중요하다. 물론 토지 소유권에 관하여, 법률은 구체적으로 범위를 정하고 있지는 않지만, 지하 50m 정도는 현대의 기술로 충분히 이용할 수 있다고 보아야 되므로 일단은 김선달이 가지고 있는 소유권의 범위 내라고 해야 할 것이다. 그러나 소유권은 공공복리와 조화를 이루어야 하므로 이 경우에 김선달이 자신의 토지라는 이유로 이를 지나치게 주장하면 이는 권리남용이 되므로 김선달은 자신소유의 토지소유권에 제한을 받을 수밖에 없다. 이 경우에 김선달은 자신의 소유권침해에 따른 손해보상을 지하철공사에 청구할 수 있을 것이다. 다만 지하에 있는 「미채굴 광물(未採掘 鑛物)」의 경우는 토지소유권의 범위가 미치지 않고 광업권(鑛業權)의 목적이 된다(광업법 제3조 이하 참조). 미채굴의 광물의 성질에 관하여, 다수설은 이를, 국가의 배타적인 채굴취득허가권의 객체라고 주장하나(김주수·김증한·김용한·김현태·이영섭), 소수설은 국유에 속하는 독립된 부동산으로 본다(김기선·곽윤직·장경학·권용우).

㉢ 토지의 일부는 분필절차(分筆節次)를 밟지 않고서는 양도할 수 없으며 제한물권을 설정하거나 또는 시효취득을 하지 못한다고 해석하는 것이 통설의 입장이다. 그 이유는 현행민법은 물권변동에 관하여 대항요건주의(☞意思主義)를 취했던 구민법과는 달리, 독일민법과 같은 성립요건주의(☞形式主義)를 채용하고 있기 때문이다.

보충정리 토지소유권 범위에 관한 몇 가지 논의점

① 지표면상의 자연석은 토지소유권의 범위에 속지만, 판례는 임야내의 자연석을 조각하여 석불(石佛)로 만든 경우는 임야와 독립한 소유권의 대상이 된다고 하였다(대판 1970.9.22. 70다1494).

② 공공용물로 제공된 사인(私人)의 도로부지는 사적소유권이 인정되므로 도로에 대한 저당권의 설정도 가능하다. 다만 그 권리의 행사는 일정한 범위로 사권(私權)에 제한을 받는다(도로법 제5조 참조).

③ 「지하수」의 경우에는 이것도 토지의 구성부분이므로 소유권자는 이를 자유로이 이용할 수 있다. 다만 계속하여 자연히 솟아나는 용출수(湧出水)가 타인의 토지로 흘러갈 때에는 독립한 것으로 된다. 따라서 용출지의 소유자라도 아래쪽 토지의 소유자의 이용권을 방해하지 못하고(제221조). 이는 결국, 상린관계(相隣關係)의 규정으로 규율된다.

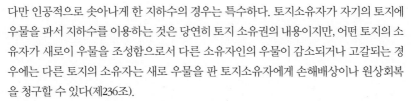

다만 인공적으로 솟아나게 한 지하수의 경우는 특수하다. 토지소유자가 자기의 토지에 우물을 파서 지하수를 이용하는 것은 당연히 토지 소유권의 내용이지만, 어떤 토지의 소유자가 새로이 우물을 조성함으로서 다른 소유자인의 우물이 감소되거나 고갈되는 경우에는 다른 토지의 소유자는 새로 우물을 판 토지소유자에게 손해배상이나 원상회복을 청구할 수 있다(제236조).

④ 온천수는 지하수의 일종이지만 공용수 또는 생활용수가 아니다. 그러므로 지하수에 관한 민법규정(제235조 내지 제236조)이 적용되지 않는다. 그렇지만 온천수는 그것을 용출하는 토지의 구성부분으로서 독립한 물건이 아니며 토지소유권의 범위에 속한다고 해석한다(대판 1970.5.26. 69다1239).

⑤ 지하에 형성되어 있는 동굴의 경우도 그 수직선내에 속하는 부분은 소유권의 범위에 속한다.

⑥ 바다의 경우는 사적 소유권의 목적이 되지 않는다(朝高判 1916. 5. 9. 선고 民集 3권 555면 참조). 다만 어업권(수산업법 제18조)·공유수면매립권·공유수면 점용사용권(공유수면 관리 및 매립에 관한 법률 제 28조 이하; 제 8조 이하) 등의 이용권이 성립할 뿐이다. 「공유수면 관리 및 매립에 관한 법률」에 의하면, 바다는 「측량·수로조사 및 지적에 관한 법률」 제 6조 제 1항 제 4호(「해안선은 해수면이 약최고고조면 (약최고고조면: 일정 기간 조석을 관측하여 분석한 결과 가장 높은 해수면)에 이르렀을 때의 육지와 해수면과의 경계로 표시한다.」)에 따른 해안선으로부터 「배타적경제수역법」에 따른 배타적 경제수역 외측 한계까지의 사이이고(동법 제2조 1호 가목), 바닷가는 「측량·수로조사 및 지적에 관한 법률」 제 6조 제 1항 제 4호에 따른 해안선으로부터 지적공부(地籍公簿)에 등록된 지역까지의 사이를 가리킨다(동법 제 2조 1호 나목). 한편 바다·바닷가 등과 같은 공유수면을 매립면허취득자가 매립하여 준공검사 확인증을 받는 경우에는 국가, 지방자치단체 또는 매립면허취득자가법률이 정한 바에 따라 매립지의 소유권을 취득한다(「공유수면 관리 및 매립에 관한 법률」 제 46조 참조).

⑦ 하천의 경우 과거에는 국유였다(구 하천 법 3조). 그런데 하천법이 개정되어(2007.4. 6. 개정) 현재는 하천의 국유제를 폐지하였다. 하천을 구성하는 사유의 토지 등에 대하여는 원칙적으로 사권을 행사할 수 없도록 하고, 소유권 이전 및 저당권 설정 등 일부 사권 행사만을 허용하고 있다(동법 제 4조 2항). 국가하천으로 지정된 사유 토지의 소유자가 하천관리청에 그 토지의 매수를 청구할 수 있는 매수청구제를 규정하고 있으며(동법 제 79조-81조), 그 밖의 하천의 점용은 여전히 인정되고 있다(동법 제 33조).

도로에 대하여는 사적 소유권과 저당권 설정은 인정되나, 그 외의 사권 행사는 금지된다(도로법 제3조).

㈏ 정착물

민법 제99조 제1항에서의, 「정착물(定着物)」이라 함은? 토지에 고정적으로 부착되어 이동하기가 거의 불가능한 물건 또는 거래관념상 계속적으로 일정한 토지에 고정되어서 사용함이 정당하다고 인정되는 물건을 말한다. 이를 분류하면 독립정착물[102]·종속정착물[103]·반독립정착물[104]로 나누어진다. 이에 대하여 주요한 것을 설명하면 다음과 같다.

㉠ 건 물

건물(建物)[105]은 토지와는 별개인 독립한 부동산이다. 건축중인 건물이 언제부터 독립한 부동산이 되는가? 건물의 개수를 어떻게 구별할 것인가?에 대하여는 사회통념에 의하여 결정되어져야 한다. 즉, 등기부상 1개의 건물로서 1용지에 기재되어 있더라도 사실상 분할하여 2개의 건물로 되어 있으면 2개의 건물로서 각각 소유권의 객체가 된다. 그러나 건물의 경우에도 토지와 같이 구분 또는 분필의 등기절차를 밟기 전에는 처분하지 못한다. 다만 1동의 건물 일부에 대하여 전세권을 설정할 수 있는 예외가 인정된다(부동법 제72조 제1항 6호 참조).

㉡ 수 목

수목(樹木)은 일반적으로는 토지로부터 분리되면 동산(動産)이 되지만, 분리되지 않은 상태에서는 토지의 일부가 된다. 그러나 '입목에 관한 법률'에 의하여 소유권보존등기(所有權保存登記) 또는 관습법상에 의하여 명인방법(明認方法)을 갖추면 독립한 부동산(不動産)으로 거래의 객체가 된다(대결 1976.11.24. 76마275; 대결 1998.10.28. 98마1817 참조).

---

102) 법률용어 살펴보기 ☞ 「독립정착물(獨立定着物)」이라 함은? 토지와는 별개의 부동산으로 다루어지는 토지와의 부합(附合)이 생기지 않는 물건을 말한다. 예컨대 건물(建物)·입목법상의 입목(立木) 등이 그것이다.

103) 법률용어 살펴보기 ☞ 「종속정착물(從屬定着物)」이라 함은? 정착하고 있는 토지의 일부에 지나지 않는 것으로서 토지와의 부합(附合)이 생기는 물건을 말한다(제256조 본문) 예컨대 터널·교량·돌담·도로의 포장·논둑·우물 등이 그것이다.

104) 법률용어 살펴보기 ☞ 「반독립정착물(反獨立定着物)」이라 함은? 원칙적으로는 종속정착물과 같이 취급되는 물건으로서 다만 거래의 관행에 따라 토지에 정착한 상태에서 명인방법(明認方法)을 갖추면 토지와 별개·독립의 물건으로서 취급되는 것이다. 예컨대 수목·미분리의 과실·농작물 등이 그것이다.

105) 법률용어 살펴보기 ☞ 「건물(建物)」이라 함은? '적어도 기둥·지붕·주벽만이라도 이루어져 있어야 하지만(대판 2003.5.30. 2002다21592; 대판 1977.4.26. 76다1677)', '4개의 나무기둥을 세우고 그 위에 유지(油紙)로 지붕을 덮었으며 4개 앞면을 제외한 3면에 송판을 띄엄띄엄 가로질러 놓았으나 벽이라고 볼만한 시설이 되어 있지 않고 이를 쉽게 해체·이동할 수 있는 것이라면 이를 건물, 즉 부동산이라고 볼 수 없는 것(대판 1966.5.31. 66다551)'이다. 유의할 점은 건물의 일부도 소유권의 객체가 될 수 있다는 것이다. 그 이유는 민법 제 215조에 건물의 구분소유를 규정하고 있고 집합건물의 소유 및 관리에 관한 법률이 이를 정면으로 인정하고 있기 때문이다.

㉢ 미분리과실

입담배 · 입도(立稻) · 과일 · 뽕잎 등 미분리과실(未分離果實)은 원칙적으로 수목(樹木)의 일부이나 명인방법(明認方法)을 갖추면 독립한 부동산으로 거래의 객체가 된다. 다만, 민사집행법 제 189조 제 2항 2호에서; "토지에서 분리하기 전의 과실로서 1개월 이내에 수확할 수 있는 미분리과실"을 압류할 수 있듯이 편의상 동산처럼 다루어 지기도 한다.

㉣ 농작물

원칙적으로 토지에서 재배되는 '농작물'은 부합된다(제256조 본문). 다만 정당한 권원(예: 임차권 등)에 의거하여 타인의 토지에서 경작 · 재배한 농작물은 토지에 부합하지 않고 독립한 부동산으로 다루어진다(이에 대하여 자세한 것은 후술하는 "(3) 원물과 과실 중 3) 과실의 귀속" 부분을 살펴볼 것). 단, 판례에 의하면 농작물만은 토지 소유자의 승낙과 무관하게 권원없이 위법하게 경작할 때에도 경작자 소유라는 것이다(대판 1968.3.19. 67다2729; 대판 1979.8.28. 79다784 등).

결국, 명인방법도 필요없이 타인 소유의 토지에 경작된 농작물은 언제나 토지로부터 독립된 물건이고, 경작자 소유가 된다는 것이 판례의 태도이다.

② 동 산

㉮ 민법 제99조 제2항은 「부동산이외의 모든 물건은 동산이다」라고 규정하고, 제98조는 「물건이라 함은 유체물 및 전기 기타 관리할 수 있는 자연력을 말한다」라고 규정함으로써 「동산(動産)」이라 함은? 부동산, 즉 토지 및 그 정착물이 아닌 물건으로서 이는 유체물 및 전기 기타 관리가능한 자연력을 말한다. 예컨대 전기 · 열기 · 냉기 · 향기 등의 무체물과 토지의 부착물이라도 정착물이 아닌 경우 즉 옮겨심기 위한 수목 · 판잣집 · 공중전화 BOX · 토지나 건물에 충분히 정착되어 있지 않은 기계 등이 그것이다.

㉯ 특히 유의할 것은 선박 · 항공기 · 자동차 등은 그 공시방법이 등기(登記) · 등록(登錄)이라서 특별법상 부동산으로 취급되지만, 그 본래 모습은 동산임에 틀림없다는 점이다. 그리고 구민법(제86조 제3항)에서는 무기명채권 예컨대 상품권 · 승차권 · 입장권 · 무기명국채 · 은행의 양도성 예금증서(대판 2000.3.10. 98다29735) 등을 동산으로 보았으나, 현행민법에서는 이를 '증권적 채권'의 일종으로 규정하므로

이는 동산이 아니다(제523조 이하 참조). 여기서 무기명채권은 특정의 채권자를 지정하지 않고서 채권증서의 정당한 소지인에게 변제하여야 할 증권적 채권을 말한다.

㈐ 금전(金錢)은 특수한 동산으로서 가치 그 자체이다.

잠깐!! 민총, 깊이보기

「금전(金錢)」을 잘못 이해하면 동산이 아닌 것으로 판단 할 수 있으나, 이는 분명히 동산임을 유의하라. 다만 금전의 경우는 그 존재형태(종이나 銅)를 보면 동산이지만, 다른 동산과 달리 유통수단으로서 사용가치를 가지며 또한 물건으로서의 개성을 지니지 않는 추상적 가치 그 자체이므로 동산에 규정되는 대부분의 규정이 적용되지 않는다. 따라서 물권적 청구권(物權的 請求權)과 간접점유(間接占有)[106]의 규정이 적용되지 않는다. 또한 금전의 경우는 점유와 소유가 일치하므로 금전을 점유하는 자는 언제나 그 소유권을 취득한다. 따라서 금전은 일반동산과 달리 선의취득(善意取得)의 대상이 되지 못한다(제250조 단서 참조). 그렇다 해도 금전은 분명히 동산이며 다만 특수한 동산일 뿐이다. 하지만 경우에 따라서는 단순한 동산으로 거래되는 금전이 있다. 예컨대 기념주화의 경우가 그것이다. 이러한 경우는 비록 금전이지만 선의취득(善意取得)이 인정된다.

2) 동산과 부동산의 법률상의 차이

동산과 부동산의 법률상의 차이를 설명하면 다음과 같다.

㉮ 물권변동의 공시방법의 차이

동산과 부동산 모두에게 공시의 원칙이 적용되지만 부동산은 '등기(登記)', 동산은 '점유(占有)·인도(引渡)'에 의한 공시방법을 채택한다(제186조·제188조).

㈏ 공시방법의 공신력의 유무

부동산의 등기는 '공신력'을 인정하지 않지만, 동산의 점유는 '공신력'을 인정한다(예: 善意取得, 제249조).

106) 법률용어 살펴보기 ☞「간접점유(間接占有)」라 함은? 민법상의 지상권·전세권·질권·사용대차·임대차·임치 기타의 관계에 의하여 타인에게 물건을 점유하게 한 자는 간접으로 점유권이 있는데(제194조), 이처럼 타인의 점유를 매개로 하는 점유를 말한다. 이에 비하여 타인의 매개없이 하는 점유를 「직접점유」라 한다. 예컨대 식당의 소유주인 김선달이 지배인인 황진이에게 식당관리를 맡긴 경우에 김선달은 간접점유자이고 황진이는 직접점유자가 되는 것이다.

㉰ 설정될 수 있는 제한물권과 종류의 차이

용익물권(用益物權)에 있어서, 전세권·지상권·지역권은 부동산에만 설정할 수 있고 질권은 동산의 경우에만 설정할 수 있다. 그러나 유치권은 동산·부동산에 모두에 설정할 수 있다.

㉱ 소유권의 취득시효기간의 차이

타인의 물건을 일정한 기간(☞時效期間)동안 계속하여 점유하는 자에게 그와 같은 사실상태를 근거로 하여, 그 사람이 진실한 권리자이냐 아니냐의 여부를 묻지 않고 그 자에게 권리를 취득하게 하는 「취득시효제도」에 있어서, 부동산의 점유취득시효기간은 20년이고 등기부취득시효기간은 10년이지만, 동산의 점유취득시효기간은 10년이고 점유가 평온·공연하며 선의·무과실인 경우의 선의취득기간은 5년의 경과이다(제245조 제1항·제2항, 제246조 제1항·제2항).

㉲ 무주물선점에 있어서의 차이

'무주물(無主物)'[107]이 동산인 경우에는 소유의 의사로 점유한 자가 그 소유권을 취득하지만 부동산인 경우에는 국유(國有)로 되므로 이런 소유의 의사로 점유하더라도 그 소유권을 취득하는 경우가 없다(제252조).

㉳ 부합의 효력의 차이

'부합(附合)'에 있어서, 부동산인 경우에는 부동산소유자가 부합한 동산의 소유권을 취득하지만(제256조 본문), 동산간의 경우에는 그러하지 않다. 즉, 부합한 동산 사이에 i) 주종(主從)을 구별할 수 있으면 주된 동산의 소유자가 합성물(合成物)의 소유권을 취득하고(제257조 전단) ii) 주종(主從)을 구별할 수 없으면 각 동산의 소유자는 부합 당시의 가격의 비율로 합성물을 공유한다(동조 후단)는 것이다.

107) 법률용어 살펴보기 ☞「무주물(無主物)」이라 함은? 현재 소유자가 없는 물건이다. 이는 원시적 무주물(야생동물, 자연산 조개류 등)과 후발적 무주물(사육하는 야생동물이 다시 야생상태로 돌아간 경우)의 두 유형이 있다. 이러한 무주(無主)의 동산을 소유의 의사로 점유한 자는 그 소유권을 취득한다는 것이 무주물선점제도이다(제252조 제1항).

그러나 부동산은 국유로 되므로 이런 일이 없다. 따라서 무주물 선점은 동산의 경우에 한정된다. 다만 지하의 매장물은 상속인의 소유라고 생각할 수 없는 물건, 즉 고대인류의 유물 등은 무주물로 해석한다. 다만 학술, 技藝 또는 考古의 중요한 자료가 되는 동산은 언제나 국유로 되며(제255조 제1항), 이 경우에는 보상청구권을 인정하고 있다(제255조 제2항).

㉶ 가공의 차이

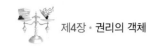

'가공(加工)'에 있어서, 부동산의 경우에는 가공이 인정되지 않지만, 동산의 경우에는 타인의 동산에 가공한 때에는 그 물건의 소유권은 원칙적으로 원재료(原材料)의 소유자에게 속하게 된다(제259조 제1항).

㉷ 상린관계의 적용 여부의 차이

부동산에서는 상린관계를 인정하지만 동산에서는 '상린관계(相隣關係)'를 인정하지 않는다(제216조 이하 참조).

㉸ 강제집행절차와 방법의 차이

부동산에 대한 '강제집행'은 강제경매(强制競賣) · 강제관리(强制管理)에 의하지만 동산에 대한 '강제집행'은 압류(押留)에 의한다(민사 집행법 제 78조 이하, 188조 이하 참조).

㉺ 환매기간의 차이

부동산의 '환매기간(還買期間)'은 5년을 넘지 못하지만 동산의 '환매기간(還買期間)[108]'은 3년을 넘지 못한다(제591조).

㉻ 임차권의 등기여부

부동산임차권에 있어서는 당사자 사이에 반대약정이 없으면 등기할 수 있으나(제621조 제1항), 동산의 경우에는 이러한 특칙이 없다.

보충정리 공시의 원칙과 공신의 원칙

① 「공시의 원칙(公示의 原則)」이라 함은? 부동산과 동산에서 함께 인정되는 원칙으로, 물권의 변동은 언제나 외부에서 인식할 수 있는 어떤 표상으로서 공시방법을 갖추어야 한다는 원칙을 말한다. 이러한 공시방법을 갖추지 않으면 물권변동의 효과, 즉 권리이전의 효과는 발생하지 않는다. 부동산물권에 있어서는 등기가 공시방법이다. 그리고 동

108) 법률용어 살펴보기 ☞ 「환매계약(還買契約)」이라 함은? 넓은 의미로 매도인(賣渡人)이 한 번 매도한 물건을 대가(代價)를 지급하고 다시 매수하는 계약을 말한다. 이러한 환매에는 법률적으로 두 가지의 수단이 있는데 그 하나는 최초의 매매계약을 할 때에 매도인이 환매할 권리를 보유하고 일정한 기간내에 그 목적물을 환매할 수 있다고 약속하는 것(還買權留保契約)이고 또 하나는 한번 보통의 매매계약을 체결하고 나서 다시 매도인이 장래의 일정기간내에 매수인으로부터 매수할 수 있다고 하는 예약(再賣買의 豫約)을 하는 것이다.

산물권에 있어서는 인도가 공시방법이다. 또한 미분리의 과실이나 수목의 집단에 관한 관습법상의 공시방법은 명인방법이고 자동차·항공기·선박·중기 등의 동산 등의 경우는 「등록」이라는 공시방법에 의한다.

② 「공신의 원칙(公信의 原則)」이라 함은? 물권의 존재를 외부에서 인식할 수 있는 어떠한 표상(☞登記·占有)을 갖춘 경우이면, 비록 그 표상이 진실한 권리관계와 부합하지 않더라도 이를 신뢰하여 물권거래를 한 자를 보호하는 원칙을 말한다. 이는 「공시가 있으면 물권이 이에 따라야 한다」는 견해에 의한 원칙이다.

③ 우리 민법은 부동산에 관하여는 공신의 원칙을 인정하고 있지 않고 동산의 경우에만 이를 인정한다. 그러므로 선의취득(善意取得; 제249조)은 동산에서만 인정되고 부동산의 경우는 이것이 인정되지 않는다. 따라서 부동산의 경우는 비록 등기를 믿고 부동산을 취득하였다 하더라도 전소유자가 무권리자이면 소유권취득은 무효가 된다.

(2) 주물과 종물

1) 제100조의 의의

① 민법 제100조 제1항은 「물건의 소유자가 그 물건의 상용(常用)에 공(供)하기 위하여, 자기소유인 다른 물건을 이에 부속하게 한 때에는 그 부속물은 종물이다」라고 규정하고, 동조 제2항에 「종물은 주물의 처분에 따르도록 한다」라고 규정하고 있다. 여기서 '그 물건의 상용에 공하기 위하여'라는 것은 사회관념상 계속하여 주물의 경제적 효용을 도와준다는 의미이다. 따라서 일시적으로 주물의 효용을 도와주는 것은 종물이 아니다.

② 민법상 개개의 독립한 물건을 처분할 경우에는 각각 독립하여 처분토록 하는 것이 원칙(一物一權主義)이지만, 상기의 제100조 제1항은 각각의 물건이 주종(主從)의 관계의 결합을 이루어 운명을 같이 해야 하는 경우에 그들의 결합을 파괴함이 없이 사회·경제적 존재의 의의에 알맞게 법률적 운명을 같이할 수 있게 한 것이다. 상기 주종의 관계의 예로서 농지와 농지에 부속한 양수시설·주유소와 주유기·자물쇠와 열쇠·배와 노·시계와 시계줄 등의 형태를 들 수 있다. 그리고 횟집으로 사용할 점포건물에 붙여 생선을 보관하기 위한 수족관 건물도 이에 속한다. 이 경우수족관 건물은 점포건물의 종물이다.

2) 종물의 요건

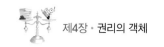

「종물(從物)」이 되기 위해서는 i) 주물·종물 모두 독립한 물건일 것 ii) 종물이 주물의 상용(常用)에 공(供)할 것 iii) 종물이 특정한 주물에 부속되었다고 인정할 수 있을 정도의 밀접한 장소적 관계에 있을 것 iv) 독립한 물건으로서 해당되는 두 물건(☞종물·주물)이 동일소유자에 속할 것이 필요하다. 이 경우의 주물과 종물은 모두 부동산이든 동산이든 상관없다.

3) 효 과

① 처분에 있어서의 수반성

㉮ 민법 제100조 제2항은 「종물은 주물의 처분에 따른다」라고 규정함으로써 주물(主物)과 종물(從物)은 법률적 운명을 같이 한다. 예컨대 임꺽정이 주물인 '배'를 매매하는 경우에는 종물인 '노'에게까지도 매매의 효력이 생기는 것이다.

㉯ 주물에 대하여 채권적 처분이 행하여진 경우(예: 賣買·賃貸借·기타 債權契約의 체결 등)에는 반대의 의사표시가 없는 한 그 계약은 종물을 포함한다. 그리고 주물에 대하여 물권적 처분이 행하여진 경우에도 당연히 종물에까지도 그 효력이 미치는데, 즉 주물의 소유권을 이전하면 당연히 종물의 소유권도 원칙적으로 이전하고 주물 위에 저당권을 설정하면 그 저당권은 종물에도 그 효력이 미치는 것이다(제358조 본문). 그러나 법률에 특별한 규정이 있거나 설정행위에 다른 약정이 있을 때에는 그 효력이 미치지 않는다(동조 단서).

② 효력의 비강제성

민법 제100조 제2항의 규정은 강행규정이 아니므로 특약에 의하여 이 효력을 배제할 수 있다는데 학설이 일치되며 판례도 같은 태도이다(대판 1978.12.26. 78다2028). 따라서 종물만을 처분한다는 특약으로 따로 처분해도 무방하다(대판 2012.1.26. 2009다76546).

③ 강제집행상의 문제점

채권자가 종물에 대하여만 강제집행할 수 있는가가 문제된다. 통설은 이를 부정하는데(공장 및 광업재단 저당법 제8조·제9조 참조) 그 이유는 종물에 대해서 강제집행을 인정하는 것은 물건의 경제적 가치를 부당하게 손상할 뿐만 아니라, 이것을 금지하더라도 채권자의 권리를 크게 제한하는 것이 되지 않기 때문이다.

4) 종물이론의 확장(유추 적용)

주물과 종물이 법률적 운명을 같이 한다는 이론(제100조 참조)은 권리 상호간에 성립하는 주종(主從)의 결합관계에서도 유추적용된다(통설). 예컨대 건물이 양도되면 건물소유를 위한 대지의 임차권(賃借權)이나 지상권도 함께 건물의 양수인에게 양도되고, 구분건물의 전유부분에 대한 소유권 보존등기만 되어 있고 대지 지분에 대한 등기가 않되어 있어도 이때 내려진 가압류의 효력은 그 대지권까지도 미친다(대판 2006.10.26. 2006다29020), (대판 1996.4.26. 95다52864; 대판 1993.4.13. 92다 24950). 원본채권(元本債權)이 양도되면 이자채권(利子債權)도 함께 양도된다.

- 「종물」에 대한 판례 ☞ 토지 지하에 설치된 유류저장탱크와 건물에 설치된 주유기가 토지에 부합되거나 건물의 상용에 공하기 위하여 부속시킨 종물로서 토지 및 건물에 대한 경매의 목적물이 된다(대판 2000.10.28. 2000마5527).
  ☞ 공장저당법에 의한 공장저당을 설정함에 있어서는 공장의 토지, 건물에 설치된 기계, 기구 등은 같은 법 제7조 소정의 기계, 기구 목록에 기재하여야만 공장저당의 효력이 생기나, 이와는 달리 공장건물이나 토지에 대하여 민법상의 일반저당권이 설정된 경우에는 공장저당법과는 상관이 없으므로 같은 법 제7조에 의한 목록의 작성이 없더라도 그 저당권의 효력은 민법 제358조에 의하여 당연히 그 공장건물이나 토지의 종물 또는 부합물에까지 미친다(대판 1995.6.29. 94다6345).
- 횟집으로 사용할 점포건물에 거의 붙여서 횟감용 생선을 보관하기 위하여 즉위 점포건물의 상용에 공하기 위하여 신축한 수족관 건물은 위 점포건물의 종물이다(대판 1993.2.12. 92도3234).
- 백화점 건물의 지하 2층 기계실에 설치되어 있는 전화교환설비는 10층 백화점의 효용과 기능을 다하기에 필요불가결한 시설들로서, 위 건물의 상용에 제공된 종물이라 할 것이다(대판 1993.8.13. 92다43142).
- 주유소의 주유기는 계속해서 주유소 건물 자체의 경제적 효용을 다하게 하는 작용을 하고 있으므로 주유소 건물의 상용에 공하기 위하여 부속시킨 종물이다(대판 1995.6.29. 94다6345).
- 주유소의 지하에 매설된 유류저장탱크를 토지로부터 분리하는 데 과다한 비용이 들고 이를 분리하여 발굴할 경우 그 경제적 가치가 현저히 감소할 것이 분명하다는 이유로, 그 유류정장탱크는 토지에 부합되었다고 본 사례(대판 1995.6.29. 94다 6345).

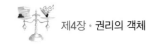

신·구 폐수처리시설이 그 기능면에서는 전체적으로 결합하여 유기적으로 작용함으로써 하나의 폐수처리장을 형성하고 있지만, 신 폐수처리시설이 구 폐수처리시설 그 자체의 경제적 효용을 다하게 하는 시설이라고 할 수 없으므로 종물이 아니라고 한 사례(대판 1997.10.10. 97다3750).

(3) 원물과 과실

1) 의 의

「과실(果實)」이라 함은? 어떠한 물건으로부터의 경제적 작용에 의해 발생한 산출물이나, 타인에게 그 물건을 이용하게 하고 발생한 수익을 말한다. 그리고 「원물(元物)」이라 함은? 상기의 과실을 생기게 하는 물건을 말한다. 유의할 것은 果實은 물건으로부터 얻는 과실(☞物件의 果實)은 인정하지만 권리로부터 얻는 과실(☞權利의 果實)은 인정하지 않는다는 것이다. 예컨대 물건인 젖소로부터 생산되는 우유(☞물건의 과실)는 인정하지만 권리인 특허권으로부터 발생하는 특허권의 사용료(☞권리의 과실)는 인정하지 않는다. 따라서 원물과 과실은 모두 물건이어야 한다(통설).

2) 과실의 종류

과실(果實)에는 물건의 용법(用法)에 따름으로서 얻어지는 '산출물'과 물건의 사용대가(使用對價)로서 얻어지는 '금전 기타 물건'의 2가지 종류가 있다. 이 경우에 전자를 천연과실이라 하고 후자를 법정과실이라 한다.

① 천연과실

민법 제101조 제1항은 「물건의 용법에 의하여 수취하는 산출물은 천연과실이다」라고 규정함으로써 「천연과실(天然果實)」이라 함은? 물건의 용법(用法)에 의하여 수취(收取)되는 물건을 말한다. 예컨대 열매·우유·계란 등과 같은 자연적 산출물뿐만 아니라, 광물(鑛物)·석재(石材)·토사(土砂) 등과 같은 인공적 산출물일지라도 용법(用法)에 의하여 수취하는 물건이면 이에 속한다. 그러나 화분의 열매·승마용 말의 새끼·역우(役牛)의 우유는 원물 고유의 경제적 용법에 의한 산출물이 아니므로 천연과실이 아니다.

살아있는 Legal Mind!!!

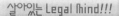

- 천연과실의 관념 정의는 '원물에서 과실이 분리할 때에 누구의 소유로 귀속되는가' 하는데 의미가 있다. 따라서 상기 화분의 열매·승마용 말의 새끼·역우의 우유 등을 과실로 볼 것인가에 대한 것보다는 그러한 물건들이 누구의 소유로 귀속되는 것으로 볼 것인가에 대한 관계, 즉 원물(元物)의 대차관계(貸借關係)가 수익(收益)까지도 목적으로 하고 있느냐 아니냐 하는 점에서 해결하여야 한다(곽윤직·김용한·장경학).

② 법정과실

민법 제101조 제2항은 「물건의 사용대가로 받는 금전 기타의 물건은 법정과실이다」라고 규정함으로써 「법정과실(法定果實)」이라 함은? 물건의 사용대가로 받는 금전 기타 물건을 말한다. 예컨대 부동산을 임대하고 받는 차임(借賃)·지료(地料) 등이 그것이다(대판 2001.12.28. 2000다27749 참조). 여기서 금전사용의 대가인 이자(利子)가 법정과실인가에 대한 문제가 제기된다. 통설(긍정설)은 이자를 법정과실로 보고 있다. 즉, 이자를 발생하게 하는 이자채권도 있겠으나, 금전은 물건이므로 그 사용대가로 받는 이자는 법정과실에 해당한다. 다만 지연이자(遲延利子)는 손해배상의 내용이므로 법정과실이 아닌 것으로 보며 또한 앞서 살펴본 바와 같이 민법은 물건의 과실을 인정할 뿐이고 권리의 과실은 인정하지 않으므로 권리금·주식의 배당금·특허권의 사용료 등은 법정과실이 아니며 또한 원물사용의 대가로 받는 권리나 노동의 대가인 노임(勞賃)도 법정과실이 아니다.

살아있는 Legal Mind!!!

- 상기의 「이자(利子)」의 법정과실 해당여부에 관하여, 통설과 판례는 금전도 물건이므로 그 이용대가인 이자를 법정과실로 보고 있지만, 부정설(소수설)은 이자는 물건의 수익이 아니라 원본채권의 수익이므로 법정과실이 아니지만, 그 귀속에 관하여 상기의 민법 제102조 제2항의 규정을 유추적용 하여야 한다는 견해이다(김주수·김상용).
- 전기료(電氣料) 등은 물건대금에 해당하므로 법정과실이 아니다.
- 「국립공원의 입장료는 토지의 사용대가라는 민법상 과실이 아니라 수익자 부담의 원칙에 따라 국립공원의 유지·관리비용의 일부를 국립공원 입장객에게 부담시키고자 하는 것이어서 토지의 소유권이나 그에 기한 과실수취권과는 아무런 관련이 없다(대판 2001. 12. 28. 2000다27749).」

3) 과실의 귀속

① 천연과실

㉮ 과실의 귀속에 관하여는 로마법상의 「원물주의(元物主義 ; 分離主義)」와 게르만법상의 '씨는 뿌린 자가 거둔다'는 「생산자주의(生産者主義)」가 대립하고 있으나, 우리 민법 제102조 제1항은 「천연과실은 그 원물로부터 분리하는 때에 이를 수취할 권리자에게 속한다」라고 규정함으로써 천연과실의 귀속에 관하여는 원물주의(元物主義)를 취하고 있다. 즉, 천연과실은 원물로부터 분리하는 때에 이를 수취할 권리자에게 속한다. 예를 들어 임꺽정이 자신이 과실을 수확할 시기에 과수원의 소유권을 김선달에게 이전하였다면 그 과실을 수확할 권리는 매수인인 김선달에게 있는 것이다. 그러나 유의할 점은 본조는 당사자간의 협약에 의하여 정할 수 있는 임의규정이라는 것이다.

㉯ '미분리의 천연과실'은 명인방법에 의한 공시를 전제로 하여 독립한 물건으로 취급된다. 이 경우에는 그 처분행위가 있을 때 별개 소유권의 객체가 되므로 제102조의 적용이 없다.

잠깐!! 민총, 깊이보기

'입목에 관한 법률'에 의하여 등기된 입목(立木) 또는 명인방법을 갖춘 수목(樹木) 등은 독립한 부동산으로 취급되기 때문에 토지에 부합은 성립하지 않는다. 그러나 농작물이나 수목 등은 토지에 부합한다. 그러므로 농작물이나 수목은 타인 소유의 토지에 부합하면 원칙적으로 민법 제256조 본문 「부동산의 소유자는 그 부동산에 부합한 물건의 소유권을 취득한다」라는 규정에 의하여, 토지의 일부로서 토지소유자의 소유가 된다. 다만 예외적으로 정당한 권원(예: 임차권 등)에 의거하여 타인의 토지에 부속된 경우에는 동조 단서 「그러나 타인의 권원에 의하여 부속된 것은 그러하지 아니하다」는 규정에 의하여, 토지에 부합하지 않고 이를 식재(植栽)한 정당한 권원이 있는 자(예: 임차인 등)의 소유가 된다. 이는 결국 타인이 소유하는 토지에서 정당한 권원없이 농작물이나 수목 등을 식재한 자의 경우에는 그에 대한 권리를 주장하지 못함을 의미한다. 그렇지만 유의할 것은 판례는 수목에 관하여만은 위와 같은 법리를 따르고 있으나, 상기 제256조 본문의 규정에도 불구하고 타인의 토지에서 경작·재배한 농작물의 경우에는 그것이 비록 권한없이 타인의 토지에서 위법하게 경작·재배된 것이라도 성숙하였다면 그것은 언제나 경작자에게 속한다고 하였다(대판 1963.2.21. 62다913 ; 대판 1969.2.18. 68도906). 즉 아무런 권원없이 타인의 토지에 파종(播種)후 수개월만에 수확할 수 있는 농작물의 경우는 비록 그것이 위법한 경작·재배행위에 의한 것일지라도 성숙하여 독립한 물건으로서 존재를 갖추었으면 언제나 경작자가 소유권을 취득하는 것이다. 다만 이 경우에는 미분리의 과실처럼 명인방법에 의한 공시방법은 필요 없지만, 이를 처분하기 위해서는 명인방법을 갖추어야 한다.

② 법정과실

민법 제102조 제2항은 「법정과실은 수취할 권리의 존속기간일수의 비율로 취득한다」 라고 규정하고 있다. 따라서 차임(借賃) · 이자(利子)는 그 권리(소유권 · 원본채권)의 존속기간에 따라 일수(日數)기간으로 분배된다. 예를 들어 임꺽정이 자기의 집을 1년에 120만원을 받기로 하고 황진이에게 세를 놓고 있는 도중, 세를 놓은 지 7개월만에 김선달에게 집을 매도한 경우는 세를 놓고 1년에 120만원을 받기로 한 것은 법정과실(法定果實)이므로 이러한 120만원은 존속기간일수의 비율로 나누어 임꺽정과 김선달이 취득하게 된다. 결국, 임꺽정은 세액의 7개월 분인 70만원을 취득하고 김선달은 나머지 5개월 분인 50만원을 취득한다. 그러나 이 규정은 당사자간의 협약에 의하여 정할 수 있는 임의규정이다.

③ 예외적인 별도의 규정

상기에서 천연과실을 수취할 권리자가 누구인가에 관하여, 원물로부터 분리하는 때에 이를 수취할 권리자라고 하였다(제102조 제1항). 그러나 민법에서는 누가 과실을 수취할 권리자인가에 대하여 '수익(收益)'의 권능이 있는 경우에는 개별적으로 규정하고 있다. 원래 과실은 원물의 소유자가 수취권을 가지는 것이 보통이겠지만(제211조 참조), 예외적으로 선의점유자(제201조) · 지상권자(제279조) · 전세권자(제303조) · 저당권자(제359조) · 매도인(제587조) · 사용차주(제609조) · 임차인(제618조) · 친권자(제923조) · 수증자(제1079조) · 동산의 양도 담보 설정자 등도 수취권을 가지게 되며 이 경우에는 상기 규정에 의한 자가 과실의 수취권자이다(대판 1996.9.10. 96다25463). 또한 유치권자(제323조) · 질권자(제343조) 등도, 자기채권의 변제에 충당하는 권리로서 갖는 과실에 대한 수취권을 가진다. 유의할 점은 악의점유자 · 지상권설정자 · 저당권설정자 등은 과실수취권이 없다는 것이다. 즉, 저당권설정자(제359조)는 담보물의 교환가치만을 지배하고 사용가치는 지배하지 못하므로 과실에 대한 수취권이 없다.

④ 과실에 관한 규정의 유추적용

㉮ 사용이익

타인의 토지를 무단점유하여 사용하거나, 임차기간이 만료한 후에도 계속 건물을 사용하는 경우; 원물을 현실적으로 사용하여 얻는 사용이익에는 과실(果實)에 관한 민법의 규정(제102조 · 제201조)이 유추적용된다. 예컨대 타인의 건물에 유치권을 행사함에 있어서 건물에 거주하는 이익의 경우는 과실은 아니지만, 사실상 과실과 다를 바 없으므로 과실에 관한 한 사용이익의 반환의무에 있어서 제102조(☞果實의 取得) 및 제201조(☞善意占有者의 果實收取權) 규정이 유추적용되는 것으로 해석한다(통설). 판례도 같은 취지이다(대판 1987.9.22. 86다카1996 · 1997; 대판 1996.1.26. 95다44290 등).

㉯ 권리의 사용대가

이에 대해서도 법정과실의 규정이 유추적용 될 수 있다. 예컨대 타인의 가옥을 선의로 점유한 때에는 점유한 때에는 점유·사용으로 인한 이익을 반환할 의무가 없다(제201조 제 1항 유추적용).

보충정리 과실수취권의 유무

과실수취권이 있는 자	원물의 소유자 · 선의점유자 · 지상권자 · 전세권자 · 유치권자 · 질권자 · 저당권자 · 매도인 · 사용차주 · 임차인 · 친권자 · 수증자, 동산의 양도잠보설정자 등
과실수취권이 없는 자	악의점유자 · 지상권설정자 · 전세권설정자 · 유치물의 소유자 · 질권설정자 · 저당권설정자 · 매수인 · 사용대주 · 임대인 · 미성년자 · 증여자 · 수취인 · 수임인 등

LAW

CIVIL LAW

제 5 장

권리의 변동

❖ 제1절 권리의 변동 일반

❖ 제2절 법률행위 일반

❖ 제3절 의사표시 일반

❖ 제4절 법률행위의 대리

❖ 제5절 법률행위의 무효와 취소

❖ 제6절 법률행위의 부관

제 1 절 권리의 변동 일반

I 권리의 변동

1. 인간의 사회생활을 규율하는 사회규범에는 여러 가지가 있는데 이러한 사회규범 가운데에서 법률에 의하여 규율되는 관계를 「법률관계」 라고 한다. 민법은 권리본위로 구성되어 있기 때문에 사람의 법률관계의 변동은 결국 권리의 변동이라 할 것이다.

2. 「권리의 변동(權利의 變動)」 이라 함은? 권리의 발생·변경·소멸을 말한다. 민법에 있어서 권리의 변동은 "어떠한 사실이 있으면 어떠한 효과가 발생한다"라는 식으로 규율된다. 즉 법률관계의 변동의 원인이 되는 어떠한 사실을 있게 하는 일정한 원인은 「법률요건(法律要件)」 이라 하고, 이러한 법률요건을 이루는 구성요소는 「법률사실(法律事實)」 이라고 하며, 법률관계의 변동의 원인이 되는 법률요건에 따른 결과를 「법률효과(法律效果)」 라 한다. 예컨대 갑이 을에게 자동차를 2,000만원에 사겠소라는 '청약'과 팔겠소라는 '승낙'[109]인 「법률사실」 은 '매매'라는 「법률요건」 을 만들고 이러한 법률요건이 갖추어 짐에 따라 그 결과인 일정한 효과, 즉 '목적물의 인도청구권'과 '대금지급청구권'이라는 「법률효과」 가 발생하는 것이다. 결국 민법은 권리의 주체와 객체를 전제로 하여 법률요건과 법률효과를 규율하는 법이다.

---

109) 법률용어 살펴보기 ☞ 「승낙(承諾)」은 민법상 여러 가지 뜻으로 사용된다. 즉, i) 책임전질(責任轉質)에 있어서의 승낙(제337조) 등은 사실을 승인하는 관념의 통지로서 이들의 처분에 대항력을 주는 경우도 있고 ii) 입양(入養)의 승낙(제869조)은 입양이라고 하는 친족법상의 계약을 성립시키는 의사표시이고 iii) 일반적으로 승낙(承諾)이라 함은? 청약과 결합하여 계약을 성립시키는 의사표시이다.

보충정리 법률사실·법률요건·법률효과의 상관관계

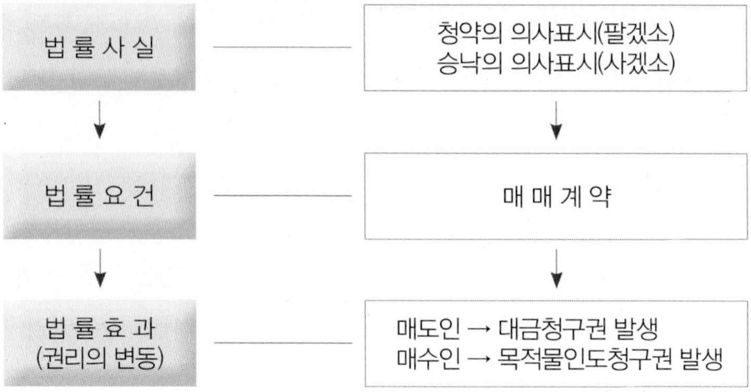

Ⅱ 권리변동(법률효과)의 모습

권리의 변동은 권리의 주체의 입장에서 살펴보면, 권리의 발생(☞취득)·권리의 변경·권리의 소멸(☞상실)의 모습으로 나타난다.

1. 권리의 발생

「권리의 발생(☞취득)」에는 원시취득과 승계취득이 있다.

(1) 원시취득

「원시취득(原始取得)」이라 함은? 타인(☞前主人)의 권리에 기인함이 없이 전에 존재하지 않았던 새로운 권리를 발생시켜 취득하는 것을 말한다. 이는 절대적 발생이다. 예를 들어 임꺽정이 스스로 집을 신축한 경우는, 법에 의하여 임꺽정이 전에 존재하지 않았던 새로운 권리(☞신축가옥에 대한 소유권)를 발생시켜 원시취득한 것이고, 또한 황진이가 연흥부 소유 아파트를 매수하여 입주한 경우도. 매도인인 연흥부는 대금채권을 그리고 매수인인 황진이는 목적물에 대한 소유권이전을 청구할 수 있는 채권을 각각 원시취득한 것이 된다. 이러한 원시취득으로는 가옥신축 외 선의취득[110]·시효취득·무주물선점[111]·유실물습득[112]·매장물발견[113] 등이 있다. 그리고 子의 출산으로 인한 친권 취득 등과 같이 인격권과 가족권의 경우도 원시적·자연적으로 취득된다.

(2) 승계취득

「승계취득(承繼取得)」이라 함은? 타인(☞前主)이 가지고 있는 기존의 권리를 특정인이 취득하는 것을 말한다. 이는 상대적 발생이다. 앞의 예에서 황진이가 기존의 등기가 되어 있는 연흥부 소유의 아파트를 메수하여 입주한 매매의 경우는, 매도인인 연흥부는 대금채권을 그리고 매수인인 황진이는 목적물에 대한 소유권이전을 청구할 수

---

110) 법률용어 살펴보기 ☞「선의취득(善意取得)」이라 함은? 「평온(平穩)·공연(公然)하게 동산(動産)을 양수(讓受)한 자가 선의(善意)이며 과실(過失)없이 그 동산을 점유한 경우에는 양도인(讓渡人)이 정당한 소유자가 아닌 경우라도 즉시 그 동산의 소유권을 취득(제249조)」 하는 제도를 말한다. 예를 들어 임꺽정의 시계를 빌린 김선달이 자기를 소유자로 알고 있는 황진이에게 그 시계를 거래행위에 의하여 판 경우에 본래 그 시계는 임꺽정의 것으로서 김선달은 소유권이 없고 따라서 황진이는 김선달로부터 소유권을 양수할 수 없게 된다. 그러나 반드시 이렇게 된다면 황진이는 안심하고 거래를 할 수 없기 때문에, 황진이가 김선달을 소유자로 믿는데 잘못이 없다면 황진이에게 소유권을 원시적으로 취득하게 하는 제도를 말한다. 이 경우에는 반드시 거래행위에 의하여 점유를 취득하여야 한다. 그리고 이 경우의 동산은 도품(盜品)·유실물(遺失物)이 아니어야 한다(제250조).

111) 법률용어 살펴보기 ☞「무주물선점(無主物先占)」이라 함은? 주인(☞소유권자)이 없는 동산을 소유의 의사로 점유한 자가 소유권을 취득하는 것을 말한다(제252조). 무주물에는 원시적 무주물(예: 산과 들의 새, 짐승, 바다의 고기 등)과 후발적 무주물(예: 사육하는 야생동물이 다시 야생상태로 돌아간 경우)의 두 유형이 있다. 그러나 무주의 부동산은 국가재산에 속하므로 부동산은 무주물이 되지 아니한다. 또한 학술, 技藝 또는 考古의 중요한 자료가 되는 동산은 언제나 국유로 된다(제255조 제1항). 하지만 이 경우에 민법 제255조 제2항에서 보상청구권을 인정하고 있다.

112) 법률용어 살펴보기 ☞「유실물습득(遺失物拾得)」이라 함은? 점유권자의 의사에 의하지 아니하고 점유권자의 지배상태를 벗어난 것으로 도품(盜品)이외의 물건을 유실물이라 하는데 이러한 '유실물은 법률이 정한 바에 의하여 공고한 후 6개월 내에 그 소유자가 권리를 주장하지 아니하면 습득자가 그 소유권을 취득한다(제253조)'는 것을 말한다. 이 경우는 습득, 즉 유실물의 점유를 취득해야 한다. 그리고 법률이 정한 바에 의하여 공고한 후 6개월 내에 그 소유자가 권리를 주장하지 않아야 한다.

113) 법률용어 살펴보기 ☞「매장물발견(埋藏物發見)」이라 함은? 부동산 또는 동산에 매장되어 있는 물건으로서 그 물건의 소유자가 누구인지가 쉽게 판명되지 않는 물건을 매장물이라 하는데 이러한 매장물은 법률의 정한 바에 의하여 공고한 후 1년내에 그 소유자가 권리를 주장하지 않으면 발견자가 그 소유권을 취득한다(제254조)는 것을 말한다. 타인의 토지에서 발견한 매장물이면 토지소유자와 발견자가 1/2씩 공유한다.

있는 채권을 각각 원시취득 하였지만, 이에 의하여 소유권이전등기가 경료되면 매수인 황진이는 그 목적물에 대한 권리(☞소유권)를 승계취득하는 것이다. 여기서 유의할 점은 권리의 승계취득은 전주(前主)의 권리에 기인하여 어떤 자(☞신권리자)가 권리를 승계하는 것이므로 후주(後主)는 전주가 가지고 있던 권리이상의 권리를 취득할 수 없다는 것이다. 즉, 전주가 무권리자(無權利者)이면 후주는 권리를 취득할 수 없고, 전주의 권리 위에 하자(瑕疵)나 제한(制限)이 존재하고 있으면 이것도 원칙적으로 후주에게 그대로 승계된다. 예컨대 저당권이 설정된 토지를 양수한 자는 저당권에 의하여 제한된 소유권을 그대로 취득하게 된다. 이점이 전주의 권리를 전제하지 않는 원시취득과 다른 점이다. 이와 같은 승계취득은 다시 이전적 승계와 설정적 승계로 나누어진다.

1) 이전적 승계

「이전적 승계(移轉的 承繼)」라 함은? 타인(☞前主)의 권리가 동일성을 유지하면서 주체의 변경만이 생기는 경우로서 결과적으로 과거의 주인은 권리를 상실하고 새로운 주인이 권리를 취득하는 경우를 말한다. 즉 권리의 주체만이 바뀌게 된다. 이는 다시 다음의 두 경우로 나누어진다.

① 특정승계

「특정승계(特定承繼)」라 함은? 개개의 권리가 개개의 취득원인에 기하여 취득되는 경우로서, 매매(제568조 이하)·증여(제554조 이하)·사인증여(제562조)·교환(제596조) 등이 그것이다. 예를 들어 황진이는 A빌딩과 B토지를 소유하고 있는데 그 가운데 A빌딩을 매매하면 연흥부는 A빌딩의 소유권만을 특정승계하게 된다.

② 포괄승계

「포괄승계(包括承繼)」라 함은? 하나의 취득원인에 기하여 여러 개의 권리가 포괄적으로 승계되는 경우로서, 재산상속(제1005조)·포괄유증(제1078조)·회사의 합병 등이 그것이다. 예를 들어 김선달이 사망하게 되면 재산상속이라는 하나의 취득원인에 의하여 그의 子가 김선달의 소유하고 있는 여러 개의 권리(예: 집·자동차·논 등의 소유권)를 포괄승계하게 된다.

2) 설정적 승계

「설정적 승계(設定的 承繼)」라 함은? 창설적 승계로서 전권리자(☞前主)는 자기의 권리를 그대로 보유하고 그 권리(☞구권리)에 제한을 가하여 새로운 권리를 발생시켜 신권리자(☞後主)에게 취득시키는 것을 말한다. 예컨대 설정행위에 의한 지상권설정·저당권설정·전세권설정 등이 그것이다. 이 경우에는 새로운 권리를 설정한 신권리자(☞後主)가 그 소유권이 가지는 권능(사용·수익·처분) 중 일부를 취득하므로 전권리자(☞前主)의 권리는 신권리자(☞後主)가 취득한 권리에 의하여 제한받게 된다.

2. 권리의 변경

「권리의 변경」은 권리가 동일성을 유지하면서 주체·내용·작용에 관하여 변경을 가져오는 경우이다. 이에는 주체의 변경·내용의 변경·작용의 변경이 있다.

(1) 주체의 변경

「주체의 변경(主體의 變更)」이라 함은? 권리가 다른 주체로 승계됨을 말한다. 예컨대 매매·상속 등에 의하여는 권리의 주체가 변경되고, 공유물의 분할·공유자 수의 증감 등에 의하여는 권리주체의 수가 변경된다.

(2) 내용의 변경

「내용의 변경(內容의 變更)」이라 함은? 권리의 내용에 관하여 변화가 생김을 말한다. 이는 객체의 변경이라고도 하는데 다음과 같이 나누어진다.

1) **성질적 변경**(질적 변경)

「성질적 변경(性質的 變更)」이라 함은? 예컨대 물건의 인도를 목적으로 하는 채권이 이행불능인 경우에 손해배상채권으로 변경되는 경우를 말한다. 그 외에도 선택채권의 선택·물상대위·대물변제 등에 의하여도 성질적 변경이 있게 된다.

2) 수량적 변경(양적 변경)

「수량적 변경(數量的 變更)」이라 함은? 예컨대 채권의 일부변제로 인한 채권액이 감소되는 경우, 소유권의 객체에 제한물권(예: 지상권·저당권 등)이 성립하여 소유권이 제한받거나 또는 제한물권(예: 지상권·저당권 등)의 소멸로 인하여 소유권이 본래의 상태로 돌아오는 경우, 동산이 부동산에 부합함으로써 물건의 양이 증가하는 물건의 부합(附合) 또는 일부멸실함으로써 권리의 목적물이 증감되는 경우, 권리의 존속기간의 연장 또는 단축으로 인한 변경의 경우 등을 말한다.

(3) 작용의 변경

「작용의 변경(作用의 變更)」라 함은? 권리의 작용에 관한 변화가 생김을 말한다. 예컨대 순위상승의 원칙에 의하여 1번 저당권이 소멸한 때에 2번 저당권의 순위가 상승하여 저당권 순위가 변경되는 경우, 부동산임차권은 채권이지만 등기함으로써 그 때부터 물권과 같은 효력을 가지게 되어 제3자에게 그 효력을 주장할 수 있게 되는 경우(제621조 참조) 등이 그것이다.

3. 권리의 소멸

「권리의 소멸(☞상실)」은 권리가 어떠한 원인에 의하여 주체로부터 이탈(離脫)하는 것이다. 이에는 상대적 소멸과 절대적 소멸이 있다.

(1) 상대적 소멸(주관적 소멸)

「상대적 소멸(相對的 消滅)」이라 함은? 예컨대 전주(前主)의 소유물인 책의 소유권을 신소유자에게 이전하면, 이는 신소유자 입장에서는 취득이지만 전주의 입장에서 보면 그 소유권을 상실하게 되는 경우를 말한다. 이러한 상대적 소멸에 의해서 기존의 권리는 소멸하지 않는다. 다만 주체가 변경될 따름이다.

(2) 절대적 소멸(객관적 소멸)

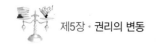

「절대적 소멸(絶對的 消滅)」이라 함은? 예컨대 소멸시효에 의하여 권리가 소멸하는 경우, 목적물이 멸실하여 권리가 소멸하는 경우, 목적의 불능으로 인하여 권리가 소멸하는 경우, 변제로 인하여 채권이 소멸하는 경우 등을 말한다. 이러한 절대적 소멸에 의해서 기존의 권리 자체가 아예 없어져 버리는 것이다.

Ⅲ 권리변동의 원인(법률요건과 법률사실)

1. 법률요건

(1) 법률요건과 법률효과

민법은 "어떠한 사실이 있으면 어떠한 효과가 발생한다"는 방식으로 규율된다. 여기서 권리변동을 가져오는 전자를 법률요건이라 하고 후자를 법률효과라고 한다. 즉 「법률요건(法律要件)」이라 함은? 일정한 법률효과를 발생시키는 원인(☞사실의 총체)을 말한다. 이는 권리변동의 원인으로서 추상적인 법적 개념이다. 민법 제563조는 「매매는 당사자 일방이 재산권을 상대방에게 이전할 것을 약정하고 상대방이 그 대금을 지급할 것을 약정함으로써 그 효력이 생긴다」라고 규정하고 있다. 황진이가 자신의 가옥을 연흥부에게 매매하는 사례를 보면 상기 제563조에 의하여 연흥부에게는 가옥의 인도청구권과 황진이에게는 대금지급청구권이라는 법률효과가 발생하며, 여기서 '매매'는 이들 청구권을 발생시키므로 법률요건이 된다. 그리고 민법 제750조는 「고의 또는 과실로 인한 위법행위로 타인에게 손해를 가한 자는 그 손해를 배상할 책임이 있다」라고 규정하고 있다. 예를 들어 김선달이 자동차 운전을 잘못하여 황진이에게 손해를 가한 경우에는 상기 제750조에 의하여 황진이에게 치료비를 배상하여야 하며, 여기서 "불법행위"는 손해배상청구권을 발생시키므로 법률요건이 되는 것이다.

(2) 법률행위와 법률의 규정

민법상 권리의 변동을 일으키게 하는 원인인 법률요건은 크게 두 가지로 집약된다. 그 하나는 권리의 변동을 의욕한 당사자의 의사대로 그 효과를 발생시키는「법률행위」, 즉 매매·대리행위 등이 그것이고, 다른 하나는 당사자의 의사에 의하지 아니하고, 권리의 변동이 생기는 경우인「법률의 규정」에 의한 것으로서, 준법률행위나 신축건물의 소유권취득·관습법상의 법정지상권취득·건물전세권의 법정갱신 그리고 소멸시효·취득시효·부당이득·불법행위·사무관리·상속 등과 사건이 그것이다. 여기서 유의할 것은 법률요건은 법률행위의 성립요건·유효요건과는 다르다는 것이다 (이에 대하여는 후술하는 "제2절 법률행위 일반"에서 "II. 법률행위의 요건"을 참조할 것).

잠깐!! 민총, 깊이보기

- 법률요건인 법률행위와 법률의 규정에 대하여 다시 한번 확인하면 다음과 같다.「법률행위」라 함은? 일정한 권리 내지 법률관계의 발생·변경·소멸을 목적으로 하는 의식적 행위인 '의사표시'를 불가결의 구성요소로 하여 그 구성요소인 효과의사에 따라 사법상(私法上) 효과가 생기는 법률요건이다. 그러나「법률의 규정」이라 함은? 제187조의 규정의 '경매로 인한 소유권의 취득' 과 같이 법률효과가 발생하기를 행위자가 의욕하였는가를 묻지 않고 법질서의 부여에 의하여 법률효과가 생기게 하는 적법행위(適法行爲)를 말한다.
- 간혹 등기(登記)가 법률요건인가에 관한 문제가 출제된다. 등기는 등기공무원의 공법상의 행위이므로 사법(私法)상의 법률요건이 아니다.

2. 법률사실

(1) 법률요건과 법률사실

「법률사실(法律事實)」이라 함은? 법률효과를 발생하기 위한 필요충분의 조건을 다 갖춘 사실의 총체가 법률요건인데 대하여, 이러한 법률요건을 이루기 위한 요소인 개개의 구성사실을 말한다. 예컨대 매매에 의하여 매수인은 매도인에게 대금을 지급할 의무를 지게 되고 매도인은 매수인에게 목적물을 이전할 의무를 지게 되는 법률효과가 발생하는데, 여기서 법률효과를 발생하게 하는 것은 '매매'라는 법률요건이고, 이러한 매매는 청약과 승낙이라는 두개의 의사표시에 의하여 이루어지므로 '청약'과 '승낙'을 법률사실(法律事實)이라고 한다. 이와 같이 보통 법률요건은 "계약"이 '청약'과 '승낙'으로서 성립하는 것과 같이 하나의 법률사실로 구성되지만, 사람의 출생·사망·유언·추인 등과 같이 1개의 법률사실로서 구성되는 경우도 있다. 예컨대, 유언의 경우는 유언자의 의사표시만으로 법률효과가 발생하고 그 의사표시가 법률사실이 된다.

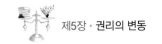

(2) 법률사실의 분류

법률사실은 사람의 의사(☞정신작용)에 터전을 두는 것과 사람의 의사에 터전을 두지 않는 것으로 나눌 수 있다. 전자를 「용태」라 하고 후자를 「사건」이라 한다.

1) 용 태

「용태(容態)」는 의사가 외부에 나타나는 외부적 용태와 내심의 의식에 지나지 않아서 외부로 나타나지 않는 내부적 용태로 나누어진다.

① 외부적 용태

「외부적 용태(外部的 容態)」는 의사(意思)가 외부에 표현되는 용태로서 작위(作爲)외에 부작위(不作爲)를 포함한 행위를 말한다. 법적 효과를 부여할 만한 가치가 있다고 인정되는 행위는 의식(意識)을 전제요건으로 하므로 법률사실로서 가치가 인정되지 않는 무의식적인 경우는 법률행위가 아니다(예: 산책·사교적 대화). 이러한 외부적 용태는 법적 평가에 따라서 법률이 가치 있는 것으로 허용하는 적법행위와 법률이 허용할 수 없는 것으로 평가하여 행위자에게 불이익한 효과를 발생케 하는 위법행위로 나누어진다.

㉮ 적법행위

「적법행위(適法行爲)」라 함은? 법률이 허용한 가치 있는 행위를 말하며 이에는 법률효과가 인정된다. 이러한 적법행위는 그 표준여하에 따라 의사표시로 성립하는 '법률행위'와 의사표시를 요소로 하지 않는 '준법률행위(☞법률적 행위)'로 나누어지며 준법률행위는 다시 의식내용의 표현인 '표현행위'와 '비표현행위'로 나누어진다.

㉠ 법률행위

「법률행위(法律行爲)」라 함은? 하나의 의사표시로 성립하는 '단독행위'와 두 개의 의사표시로 성립하는 '계약'의 두 가지로 나누어진다. 어느 것이나 당사자가 의욕한 대로 법률효과를 가져온 다는 점에서 그 본질이 있으며, 사적 자치가 허용되는 분야가 바로 이것이다. 법률행위는 의사표시를 요소로 하는 법률요건이고, 의사표시는 일정한 법률효과의 발생을 목적으로 하는 '의사'를 요소로 하는 법률사실이다. 유의할 것은 의사표시는 상기의 설명과 같이 법률행위를 구성하는 불가결의 요소이지만, 법률행위 자체는 아니라는 것이다. 이에 관하여는 후설하는 '제2절 법률행위 일반'에서 자세히 설명한다.

㉡ 준법률행위

「준법률행위(準法律行爲)」라 함은? 의사표시처럼 당사자의 의사에 기하여 법률효과가 인정되는 것이 아니고, 당사자의 의사와는 무관하게 '법률의 규정'에 의하여 법률효과를 발생케 하는 행위를 말한다. 이는 「법률적 행위」라고도 한다(통설). 독일 민법학에서 법률행위와 불법행위를 제외한 나머지 '인간의 모든 행위'라는 총체개념으로 출발한 것으로, 이는 다시 표현행위와 비표현행위로 나누어진다.

살아있는 Legal Mind!!!

- 상기의 준법률행위를 어떻게 분류할 것인가에 관하여 견해가 나누어진다. 통설은 준법률행위를 먼저 표현행위와 비표현행위(☞사실행위)로 나누고 표현행위는 다시 의사의 통지·관념의 통지·감정의 통지로 나눈다(곽윤직·김증한·장경학·김용학·이근식·고상용·이영준). 그러나 소수설은 포괄적인 개념으로 법률행위를 사용하는 것으로서, 법률적 행위를 준법률행위(표현행위)와 사실행위(비표현행위)로 나누고, 다시 준법률행위는 의사의 통지·관념의 통지·감정의 표시가 있다고 한다(김주수). 하지만 이 경우의 소수설은 실질적으로는 통설과 같고 표현상의 차이가 있을 뿐이다. 그러므로 통설에 따르는 것이 옳다고 본다.

ⓐ 표현행위

「표현행위(表現行爲)」라 함은? '일정한 의식내용의 표현'을 본질로 하는 행위로서, 그 표현행위에 기인하여 법률상으로 효과가 발생하는 행위를 말한다. 이는 다시 다음의 세 가지로 나누어진다.

i) 의사의 통지

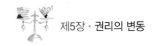

「의사의 통지(意思의 通知)」라 함은? 자기의 의사를 타인에게 통지하는 행위를 말한다. 예컨대 제한능력자의 상대방이 하는 추인여부확답의 최고(제15조)[114] · 청산인이 하는 채권신고의 최고(제88조) · 무권대리인의 상대방이 하는 추인 여부 확답의 최고(제131조) · 채무이행의 최고(제174조 · 제544조) · 선택채권의 선택최고(제381조 제1항) · 해제권행사여부의 최고(제552조) · 제한능력자의 단독행위에 대한 상대방이 하는 거절(제16조) · 무권대리인의 단독행위에 대한 본인의 추인거절(제132조) · 변제수령의 거절(제487조) · 대위변제에 있어서의 채권자의 승낙(제460조) 등이 그것이다. 이 때에는 행위자가 어떤 법률효과의 발생을 원하느냐의 여부와 관계없이 법률이 일정한 효과를 직접 발생시킨다. 예컨대 행위자인 채권자가 채무자에 대하여 채무의 이행을 청구하는 최고를 한 때에는, 채권자의 의사 · 의욕과는 관계없이 제174조에 의하여 시효중단이라는 법률효과와 제544조에 의하여 해제권의 발생[115]이라는 법률효과가 발생하는 것이다.

잠깐!! 민총, 깊이보기

- 상기의「의사의 통지」는 의사를 외부에 표시한다는 점에서는 의사표시와 같지만, 그 의사가 법률효과에로 향하는 효과의사가 아닌 점, 즉 행위자의 의사와 관계없이 법률상 일정한 효과가 직접 주어진다는 점에서 의사표시와 구별된다.

ii) 관념의 통지

「관념의 통지(觀念의 通知)」라 함은? 표시된 의사내용이 법률적 효과의 발생을 의욕하는 것이 아니라 어떤 객관적 사실에 관한 관념을 타인에게 표시하는 행위, 즉

---

114) 법률용어 살펴보기 ☞「최고(催告)」라 함은? 금전을 지급하라, 가옥을 명도(明渡)하라, 제한능력자의 행위를 추인(追認)할 것인가의 확답요구 등 어떤 행위를 함에 있어 상대방에게 요구하는 통지를 말한다. 그리고 기한이 정하여 있지 않은 채무는 최고가 있는 때에 기한이 되어 이 때부터 상대방은 이행지체(履行遲滯-제387조 제2항)가 된다. 그러나 돈을 빌려주었을 때에는 최고만 하여서는 아니 되고 상당한 유예기간을 두고서 반환하도록 최고하여야 한다(제603조 제2항). 또 소멸시효에 걸린 권리도 최고가 있으면 그것이 6개월 연장된다(제174조).

115) 법률용어 살펴보기 ☞「해제권(解除權)」이라 함은? 해제는 일단 유효하게 성립한 계약을 소급적으로 소멸시키는 것으로, 이러한 일방적 의사표시에 의하여 계약을 해소(解消)시키는 권리를 해제권이라 한다.

법률관계의 일방당사자가 타방에 대하여 어떤 사실을 통지(☞알리는)하는 행위를 말한다. 이는 「사실의 통지(事實의 通知)」라고도 한다. 예컨대 사원총회의 소집통지(제71조)·대리권을 수여한 뜻의 통지(제125조)·시효중단사유인 채무의 승인(제168조 제3항)·책임전질에 있어서의 채무자의 승낙(제337조)·채권양도의 통지나 승낙(제450조)[116]·공탁의 통지(제488조 제3항)[117]·청약자가 하는 승낙연착의 통지(제528조)·사무처리상황의 보고(제683조·제738조) 등 각종의 통지(通知)나 채권의 승인이 그것이다. 이 경우에는 통지자의 의사와는 관계없이 법률의 규정에 의하여 법률효과가 발생한다.

iii) 감정의 표시

「감정의 표시(感情의 表示)」라 함은? 내적 감정을 외부로 표시하는 행위를 말한다. 예컨대 증여자(贈與者)의 수증자(受贈者)에 대한 망은행위(忘恩行爲)의 용서의 의사(제556조)·부정(不貞)으로 인한 이혼사유의 용서의 의사(제841조) 등이 그것이다. 이 경우에는 당사자의 의사와는 관계없이 법률의 규정에 의하여 법률효과가 발생한다. 하지만 그 외에 이러한 '감정의 표시'에 관하여 법률이 이를 법률사실로 다루는 경우는 거의 없다.

잠깐!! 민총, 깊이보기

상기의 「감정의 표시」에 의한 법률효과 발생에 대하여 자세히 설명하면 다음과 같다. 배우자의 일방이 타방에 대하여 부정한 행위를 '용서'하였을 때에 그는 이혼청구권을 잃게 되고(제841조), 수증자의 망은행위(受贈者의 忘恩行爲)에 대한 증여자의 '용서'가 있는 경우에는 해제권이 소멸한다(제556조 제2항). 이때의 용서(容恕)가 감정의 표시이다.

---

116) 법률용어 살펴보기 ☞ 「채권양도(債權讓渡)」라 함은? 계약에 의하여 채권의 동일성을 유지하면서 이전하는 행위를 말한다. 채권의 양도는 원칙적으로 인정지만(제449조~제452조). 예외로서 양도가 안 되는 경우가 있는데 첫째로 법률에 의하여 금지되는 경우(예: 親族間의 扶養請求權 및 年金請求權 등), 둘째로 채권의 성질로 보아 허용되지 않는 경우(예: 借主의 使用·受益權 및 賃借人의 賃借權 등)가 그것이다.

117) 법률용어 살펴보기 ☞ 「공탁(供託)」이라 함은? 유가증권(有價證券) 기타의 물품을 공탁소(供託所)에 임치(任置: 맡겨 둠)하는 것으로 공법(公法)·사법(私法)에 걸쳐서 많이 행하여진다. 이는 대체로 i) 채권소멸을 위한 공탁, 즉 채무자가 채권자의 협력 없이 채무를 면하는 수단으로 변제공탁(辨濟供託) 하는 것 ii) 채권담보를 위한 공탁, 즉 상대방에 생길 손해의 배상을 담보하기 위한 수단으로 담보공탁(擔保供託) 하는 것 iii) 단순히 보관하는 의미로 하는 보관공탁(保管供託) 등을 말한다. 그리고 이러한 공탁을 규정하는 법률로는 공탁법이 있다.

ⓑ 비표현행위

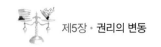

「비표현행위(非表現行爲)」란? 사람의 정신작용의 표현을 요하지 않고 행위 되어진 사실자체에 의하여 법률효과가 주어지는 행위를 말한다. 즉, 그 행위에 의하여 표시되는 내심의 의식 내용이 무엇이냐를 묻지 않고서 다만 행위가 행하여져 있다는 것 또는 그 행위에 의하여 생긴 결과만이 법률에 의하여 법률상의 의미가 있는 것으로 인정되는 행위를 말한다. 「사실행위(事實行爲)」라고도 하며 이러한 행위는 제한능력자도 할 수 있다. 이는 다음의 두 가지로 나누어진다.

i) 순수사실행위

「순수사실행위(純粹事實行爲)」라 함은? 의사과정의 수반을 요하지 않는 행위로서 외부적·사실적 결과의 발생만 있으면 이에 관하여 법률이 일정한 효과를 부여하는 경우를 말한다. 예컨대 주소의 설정(제18조)·유실물습득(제253조)·매장물발견(제254조)·부합(제256조·제257조)·혼화(제258조)·가공(제259조)·특허법상의 발명 등이 그것이다. 상기의 예에서 주소의 설정에는 정주(定住)의 의사를 필요로 하지 않는다. 이러한 순수사실행위는 자연현상에 의해서도 일어날 수 있다.

ii) 혼합사실행위

「혼합사실행위(混合事實行爲)」라 함은? 의사과정의 수반을 요하는 행위로서 외부적·사실적 결과의 발생 이외에 어떠한 의식과정의 내용까지 필요로 하는 행위를 말한다. 즉, 사람의 의사과정이 뒤따라야 하는 행위이다. 예컨대 점유의 취득 및 상실(제192조☞이 때에는 점유설정의사가 필요)·무주물선점에 의한 소유권취득(제252조 ☞이 때에는 소유의 의사가 필요)·유실물습득에 의한 소유권 취득(제253조 ☞이 때에는 소유의 의사가 필요)·사무관리(제734조 ☞이 때에는 타인을 위한 의사가 필요)·부부의 동거(제826조 ☞이 때에는 동거의 의사가 필요) 등을 들 수 있다. 여기서 유의할 점은 '소유권의 포기'는 법률행위이고 사실행위가 아니라는 것이다. 소유권의 포기는 무주물선점과 달리 소유권의 소멸을 목적으로 하는 포기의 의사가 어떠한 방법으로든 표시될 것을 요건으로 하는 의사표시라고 해석하여야 한다(이영준 152면).

㉯ 위법행위

「위법행위(違法行爲)」라 함은? 법이 허용하지 않는 행위로서 행위자에게 불이익의 효과를 발생시키는 법률사실을 말한다. 위법행위에는 '채무불이행(債務不履行, 제390

조 이하)'으로서 이행지체(履行遲滯)[118]·이행불능(履行不能)[119]·불완전이행(不完全履行)[120]의 세 가지 경우와 '불법행위(不法行爲, 제750조)'로서 일반적 불법행위(☞고의·과실의 불법행위)와 특수한 불법행위(☞제755조의 책임제한능력자의 감독자의 책임 등)의 경우가 있다. 상기에서 '불이익의 효과'란, 민법상 손해배상의무를 지게 한다는 것 등을 의미한다.

② 내부적 용태

「내부적 용태(內部的 容態)」는 '내심적 의식(內心的 意識)'을 말한다. 이는 행위를 함으로써 외부에 나타나지 않는 정신적 작용을 말한다. 따라서 원칙적으로 내부적 용태의 경우는 법적 효과가 부여되지 않지만, 예외적으로 다른 법률사실과 관련하여 법적 효과를 부여하는 법률사실이 되기도 한다. 이러한 내부적 용태는 다시 다음의 두 가지로 나누어진다.

---

118) 법률용어 살펴보기 ☞「이행지체(履行遲滯)」라 함은? 이행기에 이행이 가능함에도 불구하고 채무자가 자기의 책임있는 사유로 인하여 채무내용에 좇은 이행을 하지 않는 것을 말한다. 이는 i) 이행기가 도래하여야 하며 ii) 이행기에 채무의 이행이 가능한데도 불구하고 이행하지 않아야 하며 iii) 이행하지 않은 것이 채무자에게 귀책사유(故意 또는 過失)가 있어야 성립한다. 이 경우에 채무자가 이행지체에 빠진 경우라도 채권자는 본래 이행하여야 할 채무를 청구하고 그래도 이행하지 않는 때에는 소송에 의하여 강제집행(强制履行)을 청구할 수 있고(제389조) 또한 이행지체에 따른 損害賠償을 청구할 수 있다. 이것이 바로 지연배상(遲延賠償)이다(제390조). 그리고 지체한 채무가 계약에서 발생한 것인 때에는 채권자는 상당한 기간을 정하여 이행을 최고(催告)하고 그 기간안에 이행하지 않을 때에는 계약을 解除할 수 있다(제544조).

119) 법률용어 살펴보기 ☞「이행불능(履行不能)」이라 함은? 채권이 성립한 후에 채무자에게 책임있는 사유로 이행이 불능으로 되는 경우(예: 계약시에는 채무자가 소유하고 있던 가옥이 매도인의 부주의로 불에 탄 경우 또는 매도인이 부동산을 이중매매한 경우)를 말한다. 이는 i) 채권이 성립 후에 이행이 불능인 후발적 불능(後發的 不能)일 것 ii) 채무자의 귀책사유에 기할 것 iii) 이행불능이 위법할 것을 요하며 이 경우는 본래의 급부를 청구할 여지는 없으므로 이행의 강제는 문제가 되지 않고 채권자가 채무자에게 전보배상(塡補賠償)을 청구할 수 있고 계약을 해제할 수 있으며 대상청구권(代償請求權)이 있다. 이러한 대상청구권(代償請求權)은 이행불능을 발생케 한 것과 동일한 원인에 의해 채무자가 이행의 목적물의 대상이 되는 이익을 취득할 때(예: 손해배상청구권, 보험금청구권) 그 이익을 청구하는 권리를 말한다.

120) 법률용어 살펴보기 ☞「불완전이행(不完全履行)」이라 함은? 채무의 이행으로서 이행되었지만 그것이 채무의 내용에 좇은 것이 아닌 경우를 통틀어 말하는 것이다. 이는 이행지체도 이행불능도 아니지만, 이행을 할 때의 부주의나 채권관계로 결합되고 있는 당사자간의 관계에서 상대방의 재산·생명 등에 대하여 채무자에게 어떤 책임이 생기는가의 문제가「불완전이행」의 문제이다. 예컨대 돼지를 공급하기로 한 급부채무관계에서 병든 돼지를 급부하여 채권자의 다른 돼지에 병을 감염시킨 경우가 그것이다. 이 경우는 완전이행청구권(完全履行請求權)·추완청구권(追完請求權)·손해배상청구권(損害賠償請求權)·계약해제권(契約解除權)이 발생한다.

제5장

㉮ 관념적 용태

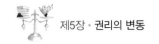

「관념적 용태(觀念的 容態)」라 함은? 일정한 사실에 관하여 관념 또는 인식이 있는가에 대한 내심적 의식을 말한다. 예컨대, 선의와 악의, 정당한 대리인이라는 신뢰(제126조) 등이 그것이다.

㉯ 의사적 용태

「의사적 용태(意思的 容態)」라 함은? 어떤 사람이 일정한 의사를 가지고 있느냐 없느냐에 대한 내심적 의식을 말한다. 예컨대, 소유의 의사(제197조), 제3자의 변제에 있어서 채무자의 허용·불허용 여부의 의사(제469조), 사무관리에 있어서의 본인의 의사(제734조), 성주(定住)의 의사 등이 그것이다.

2) 사 건

「사건(事件)」이라 함은? '사람의 정신작용'을 요건으로 하지 않는 법률사실로서 법이 일정한 효과를 인정하고 있는 것을 말한다. 이러한 사건에는 사람의 출생과 사망(제3조)·심신상태(제9조·제12조)·실종(제27조·제28조)·시간의 경과(제162조 이하·제245조 이하)·혼동(제191조·제507조)[121]·부당이득(제741조 이하) 등과 같이 사람의 정신작용과 관계없는 사실과, 물건의 멸실, 즉 물건의 부합·물건의 파괴·천연과실의 분리 등과 같이 사람의 정신작용이 따르는 경우가 있더라도 법이 그 정신작용에 의미를 인정하지 않고 다만 그 결과의 발생만을 문제로 하여 사건과 동일한 효과가 생기는 경우로 보아 그것에 일정한 법률효과를 부여하는 것이 있다.

121) 법률용어 살펴보기 ☞ 「혼동(混同)」이라 함은? 예컨대 채무자가 채권자를 상속하는 것과 같이 채권자의 지위(채권)와 채무자의 지위(채무)가 동일한 주체(동일인)에 귀속하는 것을 말한다. 이러한 경우에는 채권을 존속시킬 필요가 없으므로 이것을 소멸시킨다(제507조 본문). 다만 이 채권이 제3자의 권리, 예컨대 질권(質權)의 목적인 때에는 혼동에 의하여 질권의 목적물을 소멸시켜서는 아니되므로 예외로서 채권은 여전히 존속된다(동조 단서).

보충정리 법률사실의 분류

<table>
<tr><td rowspan="10">용태</td><td rowspan="8">외부적 용태
(행위)</td><td rowspan="6">적법
행위</td><td colspan="3">의사표시 : 계약 · 승낙 · 유언 · 채무면제 · 신뢰 등</td></tr>
<tr><td rowspan="5">준법률행위
(법률적 행위)</td><td rowspan="3">표현
행위</td><td>의사의 통지</td></tr>
<tr><td>관념의 통지</td></tr>
<tr><td>감정의 표시</td></tr>
<tr><td rowspan="2">비표현
행위</td><td>순수사실행위 : 주소의 설정 · 매장물발견 · 부합 · 혼화 · 가공 · 특허법상의 발명</td></tr>
<tr><td>혼합사실행위 : 점유의 취득 및 상실 · 무주물선점 · 유실물습득 · 사무관리 · 부부의 동거</td></tr>
<tr><td rowspan="2">위법
행위</td><td colspan="3">불법행위: 일반적 불법행위(☞고의 · 과실의 불법행위) · 특수한 불법행위(☞제755조의 책임제한능력자의 감독자의 책임 등)</td></tr>
<tr><td colspan="3">채무불이행 : 이행지체 · 이행불능 · 불완전이행</td></tr>
<tr><td rowspan="2">내부적 용태
(내심적 의식)</td><td colspan="4">관념적 용태 : ⅰ) 선의 · 악의 ⅱ) 정당한 대리인이라는 신뢰 등</td></tr>
<tr><td colspan="4">의사적 용태 : ⅰ) 소유의 의사 ⅱ) 정주의 의사
ⅲ) 사무관리의 경우의 본인의사 등</td></tr>
<tr><td colspan="6">사건 : ⅰ) 사람의 출생 · 사망 · 실종 ⅱ) 물건의 자연적 발생 · 소멸
ⅲ) 기간의 경과 · 시효 · 제척기간 ⅳ) 부당이득 ⅴ) 과실의 분리 ⅵ) 혼동 등</td></tr>
</table>

(준법률행위 중 표현행위)

의사의 통지	민법상의 최고 · 각종의 거절
관념의 통지	사원총회소집의 통지 · 대리권을 수여한 뜻의 통지 · 채무승인 · 채권양도의 통지 · 공탁통지 · 승낙연착의 통지 · 사무처리상황의 보고 · 인지
감정의 표시	망은행위의 용서

제2절 법률행위 일반

I 법률행위의 구성

1. 개 관

(1) 「법률행위(法律行爲)」라 함은? 일정한 법률효과의 발생을 목적으로 하는 1개 또는 수 개의 의사표시를 필수불가결의 구성요소로 하는 법률요건을 말한다. 이러한 법률행위는 그 효과의사에 따라서 일정한 사법상(私法上)의 효과를 발생케 하는 행위이다. 즉, 당사자가 의도한 대로 사법상의 효과가 법률에 의하여 인정되며 그 목적달성에 법률이 조력을 한다는데 법률행위의 특색이 있다.

(2) 법률행위는 법률요건 가운데 가장 중요한 것으로서 다음의 성질을 가진다. i) 법률행위는 사적 자치(私的 自治)를 실현하는 법률상 수단으로서의 법률요건이다. 다시 말해 근대시민법의 요청에 의하여, 사인(私人)의 일정한 법률효과를 의욕하는 의사의 표시행위를 법률요건으로 하여 그가 원하는 대로의 법률효과를 인정하는 것이다. ii) 법률행위는 의사표시를 불가결의 요소로 한다. 그러므로 표의자의 의사와 무관하게 '법률의 규정'에 의하여 법률효과가 생기는 적법행위, 의사표시를 요소로 하지 않는 준법률행위(☞표현행위·비표현행위)는 법률행위가 아니다.

잠깐!! 민총, 깊이보기

> 유의할 점은 법률행위는 의사표시만으로 이루어지는 것은 아니라는 점이다. 법률행위는 의사표시를 불가결의 요소로 하지만, 그 밖에 당사자·목적을 성립요건으로 한다는 것이다. 이에 관하여는 이하의 "II. 법률행위의 요건"에서 자세히 설명한다.

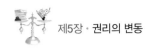

알아두면 편리해요!!!

법률행위와 구별이 필요한 것은 「법률적행위(준법률행위)」와 「사교행위」 그리고 「호의행위(好意行爲)」가 있다. 이중 호의행위는 호의에 의하여 어떤 이익을 주고받는 생활관계로서, 이 경우에는 법률관계 밖에서 시작하여 밖에서 끝나는 수가 많으며, 이 때에는 아무런 법률관계가 생기지 않으므로 법률행위가 아니다. 친절행위라고도 하는 호의행위는 급부자(給付者)에게 법률적 의무가 없음에도 불구하고 무상(無償)으로 급부를 하는 데에 그 특징이 있다. 따라서 이 경우는 급부를 거절하여도 상대방의 이행청구권은 성립하지 않는다. 예를 들어 지나가는 차를 세워 무료승차를 부탁하는 이른바 Hitchhiker를 태워 주는 행위, 파티에의 식사 초대, 자신의 아이와 놀고 있는 이웃집 아이를 그의 부모가 외출 중에 돌봐 주겠다는 약속, 지나가던 행인이 후진하는 차를 도와 신호를 보내는 행위 등이 이에 속한다. 이러한 호의행위에 의하여 문제가 발생(예: 好意同乘 중에 운전자의 과실로 인한 차량사고에 의하여 동승자에게 손해가 발생한 경우, 지나가는 행인이 후진하는 차를 도와주었지만 잘못 신호하여 사고가 발생한 경우)하게 되면 불법행위책임을 어떻게 처리할 것인가가 문제가 된다. 이 경우에는 호의를 베푼 자에게 모든 책임을 인정할 수는 없고 무상계약(無償契約)에서의 책임감경의 법리를 유추적용할 수도 있다. 예컨대 증여자의 하자담보책임(제559조)·사용대여자의 하자담보책임(제612조·제559조)·무상임치인의 주의의무의 경감(제695조) 등의 유추적용이 그것이다. 판례는 '자초한 손해' 등의 표현을 통하여 과실상계(過失相計)의 법리를 적용하고 있다(이영준 35~36면 참조).

2. 사적 자치의 원칙과 법률행위자유의 원칙

앞서 밝힌 바와 같이 법률행위는 '사적 자치(私的 自治)'를 실현하는 법률상 수단이 되는 법률요건이다. 근대민법은 '사적 자치'의 원칙을 대원칙으로 하고 있는데 이 원칙은 "개인은 자기결정에 의한 자기의사에 따라서 법률관계를 형성할 수 있다"는 원칙으로서 헌법이 추구하는 인간의 존엄과 가치를 보장하는 자유민주주의적 기본질서 이념의 하나로 표현된다(헌법 제10조 참조). 이러한 사적 자치의 원칙으로부터 법률행위자유의 원칙이 도출된다. 따라서 사적자치의 원칙은 '법률행위자유의 원칙'이라고도 불려지기도 하며, 법률행위 중에서도 가장 대표적인 것이 계약이기 때문에 '계약자유의 원칙'이라고도 불리어진다(곽윤직 321면).

잠깐!! 민총, 깊이보기

「법률행위자유의 원칙」은 ⅰ) 계약체결의 자유 ⅱ) 상대방선택의 자유 ⅲ) 계약내용결정의 자유 ⅳ) 계약방식의 자유를 의미한다. 이러한 계약자유의 제요소중에서 법률상 가장 중요한 의미를 가지는 것은 ⅲ) 계약내용결정의 자유이다. 유의할 점은 이와 같은 법률행위자유의 원칙을 따른다 하더라도 이는 무제한적인 자유를 의미하는 것이 아니며, 법률행위가 강행법규·공공의 질서·선량한 풍속을 위반하는 때에는 그 효력은 발생하지 않는다. 이러한 법률행위자유의 원칙을 제한하는 것으로는 '부합계약'을 들 수 있다. 「부합계약」은 계약내용의 결정을 계약당사자 일방이 정하고 상대방은 포괄적으로 이를 승인하고 따라야 하는 계약으로 예컨대 전기·수도·가스공급, 보험 등의 계약이 그것이다.

3. 법률행위와 의사표시와의 관계

(1) 개 념

의사표시는 그 자체로서 표의자가 원하는 대로의 법률효과를 발생하는 것은 아니다. 이는 법률행위가 됨으로서 일정한 효과가 발생한다. 따라서 법률행위는 의사표시를 불가결의 요소로 한다. 의사표시가 무효 또는 취소되는 경우에는 법률행위도 무효가 된다. 하지만 법률행위는 오로지 의사표시만으로 구성되는 것은 아니다. 예컨대 '법인의 설립'이라는 법률행위의 경우에는 주무관청의 허가도 필요하게 된다. 학설은 법률행위와 의사표시를 개념적으로 구별하지만, 민법은 법률행위(제116조 제2항 등)·행위(제118조 등)·의사표시(제114조 등)라는 용어를 다양하게 사용하므로, 법률행위와 의사표시를 엄격하게 구별하고 있지는 않고 있다. 판례는 의사표시의 해석의 경우 「당사자의 진정한 의사를 알 수 없다고 한다면 의사표시의 요소가 디는 것은 표시행위로부터 추단되는 효과의사 즉 표시상의 효과의사이고 표의자가 가지고 있던 내심적 효과의사 아니므로, 의사표시의 해석에 있어서도 당사자의 내심의 의사보다는 외부로 표시된 행위에 의하여 추단된 의사를 가지고 해석함이 상당하다.」(대판 1996.4.9. 96다1320)는 입장을 견지하고 있다.

(2) 의사표시의 구성요소

1) 주관적 의사표시의 모습

주관적 의사표시의 모습은 효과의사(效果意思)·표시의사(表示意思)·표시행위(表示行爲)의 세 성립요소로 구성된다. 예컨대 TV를 사야겠다고 결심(☞효과의사)하고 이를 외부에 발표하려는 의사(표시의사)로써 그 TV를 사겠다고 말하면(☞표시행위) '청약(請約)'이라는 의사표시가 완성되는 것이다. 다시 말해서 「효과의사」라 함은? 사법상(私法上) 일정한 효과의 발생을 바라는 '내심의 의사(內心의 意思)'를 말하며, 민법 제107조의 '진의(眞意)'라는 것이 이에 해당된다. 통설은 의사표시의 요소가 되는 것을 표시상의 효과의사라 한다. 이러한 효과의사는 법률효과를 인정하는데 적합한 의사이며 이는 표의자의 심리적인 것이기 때문에 외부로부터 직접 알 수는 없다. 그리고 「표시의

사」라 함은? 어떠한 '효과의사'와 이를 외부에 표현(☞발표)하는 '표시행위'를 심리적으로 매개하는 의사를 말한다. 효과의사와 표시행위가 있으면 의사표시가 있는 것으로 보아야 한다. 표시의사를 의사표시의 구성요소로 보는 것은 정당하지가 않다. 즉, 표시의사는 의사표시의 구성 요소라고 보는 것은 무리가 있다. 또한 「표시행위」라 함은? 효과의사를 외부에 표현하는 행위를 말하며 이는 언어·문자 등에 한하지 않고 거동에 의한 경우도 있으며 묵시적인 것도 이에 해당한다. 그렇지만 표시행위는 표의자의 의사에 의하여 규제된 행위이어야 한다. 따라서 의식불명이나 수면상태에서 한 행위 또는 강제상태에서 한 행위의 경우는 행위의사(예: 어떤 행위를 하겠다는 의식)가 결여되어 있으므로 표시행위라고 할 수 없다.

살아있는 Legal Mind!!!

- 상기의 「효과의사」가 아닌 경우의 예로는 친구의 초대·사교상 약속·부자간의 선물약속·의사의 통지·관념의 통지 등을 들 수 있고, 「행위의사」가 결여된 경우의 예로는 앞에서 밝힌 바와 같이 의식불명상태·최면상태·항거불능상태를 들 수 있다.
- 상기의 「표시의사」가 의사표시의 성립요소에 해당하느냐에 관한 문제가 제기된다. 즉 내심적 효과의사 → 표시의사 → 표시행위 라는 분석은 심리학적 측면에서는 가치가 있다 하더라도 법률문제를 처리하는데 실익이 있는지 문제가 제기되는 것이다. 우리나라의 통설은 표시의사가 의사표시의 성립요소라고 하면 표시의사가 없는 표시행위는 의사표시로 성립하지 않기 때문에 거래의 안전을 행하게 되므로 통설은 표시의사를 의사표시의 요소로 보고 있지 않다. 예를 들어 골동품을 경매하는 장소에 구경 온 백수건달 김선달이 평소에 알고 지내던 황진이를 발견하고 반가움에 손을 들었는데 이를 골동품을 사려는 것으로 알고 사회자가 사회봉을 두드린 경우, 김선달의 행위에는 경매응찰의 표시의사가 없기 때문에 의사표시가 성립하지 않는다고 하면 결국 거래의 안전을 해치게 되므로 표시의사는 의사표시의 성립요소가 안되는 것이다. 따라서 표시의사를 의사표시로 인정하지 않는 견해에 따르면 김선달의 행위는 의사표시로서 인정된다. 다만 이러한 경우는 표의자에게는 표시의사가 없을 뿐만 아니라 내심적 효과의사도 없는 것이므로 착오(제109조)의 경우로서 처리하면 된다(고상룡 433면 참조). 하지만 이에 대하여 표시의사를 의사표시의 요소로 인정하는 견해가 있다(이영준 111면). 이 견해는 표시의사를 의사표시의 요소로 인정한다 하더라도 대부분의 경우 규범적 해석에 의하여 의사표시가 존재한다고 해석되므로 의사표시로서 일응 효력을 발생하며 따라서 안전을 해하는 결과로 되는 것은 아니라고 한다.

2) 객관적 의사표시의 모습

① 명시적 의사표시와 묵시적 의사표시

㉮ 「명시적 의사표시(明示的 意思表示)」라 함은? 두 가지로 해석할 수 없는 일의적

인 의사표시(一意的인 意思表示)를 말하고, 「묵시적 의사표시(默示的 意思表示)」라 함은 그 외의 경우를 말한다. 그러나 이러한 양자의 구별은 표시가치의 대소에 의한 구별에 지나지 않으므로, 특히 우리 민법에서는 구별할 실익이 없다는 견해(곽윤직)와 미국에서 매매계약을 체결하면서 이를 미국달러가 아닌 호주달러로 표현한다면 이에 대하여 반드시 명시적으로 해야 하는 것처럼 법률행위의 내용이 비통상적이면 비통상적일수록 명시적 의사표시를 요한다고 하여 구별의 실익을 인정하는 견해가 있다(김증한·이영준). 명시적 의사표시의 유형으로는 '요식행위(要式行爲)'가 있고, 묵시적 의사표시의 유형으로는 '침묵에 의한 의사표시(沈默에 의한 意思表示)', '포함적 의사표시(推斷된 意思表示)' 등이 있다.

㉯ 묵시적 의사표시

㉠ 침묵에 의한 의사표시

침묵(沈默)은 원칙적으로 표시행위가 될 수 없다. 하지만 이러한 침묵도 예외적으로 의사표시로서 인정될 수 있다. 이러한 「침묵에 의한 의사표시」의 모습의 예로서 '나를 따르시오'라고 의견을 물은 때에 이를 따르지 않는 경우를 들 수 있다. 그러나 이러한 침묵을 의사표시로 만드는 요건으로는 당사자의 약정이나 관행 등 특별한 정황의 존재외에도 그 정황을 침묵자가 인식하여야 한다. 예컨대 청약(請約)에 있어서 "별단의 이의(別段의 異意)를 하지 않는 경우는 승낙한 것으로 본다"는 약정 또는 관행이 있는 경우에 침묵은 약정에 의한 표시가치(表示價値)를 가진다.

살아있는 Legal Mind!!!

- 「침묵에 의한 의사표시」가 성립하기 위하여는, 침묵자가 특별한 정황만으로는 부족하고 그 정황을 침묵자가 인식하고 있어야 하는냐에 관하여, '인식하고 있어야 한다'는 견해(이영준·김상용)와 '인식이 필요하지 않다'고 하는 견해(김증한·이은영)가 대립한다.

㉡ 포함적 의사표시(추단된 의사표시)

「포함적 의사표시(包含的 意思表示)」라 함은? 행위자의 실행행위 특히 이행행위 또는 이행의 수령행위에 일정한 의사표시가 내포되어 있는 경우를 말한다. 실행행위 내지 이행행위에 의사표시가 내포되어 있다는 점에서 묵시적 의사표시와 구별된다. 예컨대 유료주차장에 자동차를 세우는 행위·시내버스에 승차하는 행위·유상(有償)으로 제공된 급부의 수령·소(訴)에 의한 청구권의 행사가 일정한 법률효과의 주장인 경우 등이 그것이다. 이 경우에 포함적 행위(☞제2차적 행위)에 의하여 의사표시가 성립하는 것을 막고자 한다면 '이의를 보류(異意의 保留)'하여야 한다. 즉 이의를 보류함으로써(제145조 참조) 포함적 행위에 의하여 의사표시가 성립하는 것을 막을 수 있는 것이다. 그러나 이 경우는 제2차적 행위와 모순이 없어야 하므로, 모순되는 이의의 보류는 법률상 아무런 효력이 없다. 예컨대 유료주차장에 주차하면서 주차료를 물지 않겠다고 말하는 것은 모순되는 이의의 보류이므로 이 경우의 주차계약은 성립하지 아니한다.

살아있는 Legal Mind!!!

- 상기의「포함적 의사표시」를 표시행위로 볼 것인가에 관하여 학설이 대립한다. 이에는 이러한 포함적 의사표시는 직접적으로 효과의사를 표시하는 것은 아니지만 그로부터 일정한 효과의사를 간접적으로 추단할 수 있으므로 포함적 행위는 간접적 의사 표시행위가 된다고 하는 긍정의 견해(이영준·송덕수)와 우리 민법에서는 의사실현(제532조)·묵시적 계약경신(제639조)·법정추인(제145조)을 明文으로 인정하므로 독일 민법에서와 같이 포함적 의사표시를 별도유형으로 인정할 필요가 없다고 하면서 대량적·정형적 거래행위의 경우에는 의사표시로 보기보다는 사실적 계약이론으로 해결하면 된다고 하는 부정의 견해(김상용)가 있다.

잠깐!! 민총, 깊이보기

- 자동화된 의사표시

상기의 의사표시의 모습이외에도「자동화된 의사표시」가 있다. 이는 인간 대신 자동화 기계시설에 의해 의사표시가 이루어지는 경우로서 그 예로 자동판매기로부터의 물건구입·컴퓨터에 의한 상품주문(김상용 376면) 등을 들 수 있다. 이러한 의사표시의 법률상 취급에 관하여 독자적인 법원리가 필요하다는 견해가 있으나 이도 역시 법률행위에 관한 종래의 법규정이나 이론으로도 해결할 수 있다는 견해가 우세하다.

Ⅱ 법률행위의 요건

법률행위가 당사자의 의도대로 완전하게 그 법률효과를 발생되려면 법률행위 성립을 위한 여러 가지의 요건을 갖추어야 하는데, 이는 법률행위로서 성립하기 위한 「성립요건」과 성립한 법률행위가 유효하기 위한 「효력요건」으로 나눌 수 있다. 이 같은 양자의 구별실익은 성립요건은 보통 법률행위의 성립을 주장하는 자가 이를 증명(立證)하여야 하지만 효력요건은 법률행위의 무효를 주장하는 자가 그 부존재를 증명하여야 한다는데 있다.

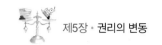

1. 성립요건

법률행위의 실질적 유효·무효여부를 불문하고 어떤 행위가 법률행위라고 할 수 있을 만한 최소한의 외형적 내지 형식적인 요건을 법률행위의 「성립요건」이라 하며 이는 '일반성립요건'과 '특별성립요건'으로 나누어진다.

(1) 일반성립요건

법률행위가 성립하기 위해 공통되는 일반성립요건으로는 「당사자가 존재할 것」과 그 법률행위를 구성하는 「의사표시가 있을 것」이 요구된다. 그리고 다수설은 「목적」이라는 요건을 추가하고 있으므로 성립에 있어서 법률행위의 목적(☞내용)이 식별되어야 한다(곽윤직·장경학·김용한·김증한). 따라서 법률행위의 일반성립요건은 i) 당사자(當事者) ii) 목적(目的) iii) 의사표시(意思表示)가 된다.

(2) 특별성립요건

법률행위가 성립하기 위하여 특별히 요구되는 '특별성립요건'은, 개개의 법률행위에 관하여 법률에 그 성립에 필요한 요건을 따로 규정하고 있는 것이다. 예컨대 법인의 설립에 있어서는 「설립등기」, 혼인·입양에 있어서는 「신고」, 유언에 있어서는 「일정한 방식」, 어음·수표행위에서는 「요식행위」, 현상광고계약[122]에 있어서는 「광고에

---

122) 법률용어 살펴보기 ☞ 「현상광고(懸賞廣告)」라 함은? 광고자가 어떤 행위를 한 자에게 일정한 보수를 지급할 의사표시를 하고 응모자가 그 광고에 정한 행위를 함으로써 완료성립하는 계약을 말한다(민법 제675조). 이는 14개 전형계약 중 유일한 요물계약이다. 나머지는 낙성계약이다.

정한 행위」, 설정계약의 요물성(예: 質權設定 ;제330조)에 있어서는「물건의 교부」등이 그것이다.

잠깐!! 민총, 깊이보기

상기의 (1) (2) 요건이 충족되지 않으면 법률행위는 불성립한다. 즉, 이 경우에는 유효·무효를 논할 필요도 없이 법률행위로서의 효력이 발생하지 않는 것이다.

2. 효력요건

성립요건이 갖추어진 법률행위에 법률상 효과가 발생하게 하는데 필요한 일정요건을「효력요건」이라고 한다. 즉, 법률행위는 그 의사표시에 따라서 무조건 사법상(私法上)의 효과가 생기는 것이 아니라 구성요소인 유효한 요건이 있어야만 사법상의 효과가 발생한다. 따라서 이는 '유효요건'이라고도 한다. 이는 일반효력요건과 특별효력요건으로 나누어진다.

(1) 일반효력요건

일반효력요건으로「당사자의 능력」이 있어야 하고「법률행위의 목적의 확정성」이 있어야 하며「내심의 의사와 표시가 일치하고 의사표시에 하자가 없어야 하며 이러한 의사표시가 상대방에 도달」하여야 한다. 이를 설명하면 다음과 같다.

1) 당사자의 능력

「당사자의 능력」이 존재하여야 한다. 여기서의 능력은 권리능력(權利能力)·의사능력(意思能力)·행위능력(行爲能力)을 말한다. 원칙적으로 자연인이라면 누구나 권리능력을 가지지만 현실적으로는 모두가 능력을 가지는 것은 아니다. 예컨대 당사자가 행위능력이 없는 행위제한능력자인 경우에는 그 법률행위를 취소할 수 있고, 의사능력이 없는 자가 한 행위는 무효이며 또한 태아인 경우도 중요한 법률행위에 관해서만 개별적으로 권리능력이 인정된다. 그리고 외국인이나 법인의 경우는 권리능력이 제한되기도 한다.

잠깐!! 민총, 깊이보기

▣ 유의할 점은 상기의 설명과 같이 법률행위에 공통된 효력발생요건으로서 '당사자의 능력'을 要하나, 대리인의 경우는 반드시 '행위능력'을 要하지 않는 다는 것이다(제117조 참조).

2) 목적의 확정성

법률행위의 「목적의 확정성」이 있어야 한다. 이는 내용의 확정성·가능성·적법성·공정성·사회적 타당성을 말한다.

3) 의사표시와 내심의 의사(효과의사)가 일치할 것

법률행위를 구성하는데 있어서, 의사표시와 내심의 의사(효과의사)가 일치하여야 하고 이러한 의사표시에 하자(瑕疵)[123)]가 없어야 하며 우리 민법이 의사표시의 효력발생시기에 관하여 도달주의(到達主義)를 취하고 있으므로(제111조 참조) 그 의사표시가 상대방에 의사표시가 도달하여야 한다.

(2) 특별효력요건

법률행위의 효력이 발생하는데 특별효력요건이 필요한 경우가 있다. 여기에는 법률에 규정되어 있는 것도 있고, 당사자의 약정에 의한 것도 있다. 예컨대 대리행위에 있어서는 「대리권이 존재할 것」, 물권의 변동을 가져오는 법률행위에 있어서는 「등기·인도가 있을 것」, 조건부(條件附)·시기부(始期附) 법률행위에 있어서는 「조건이 성취되거나 기한이 도래할 것」, 유언에 있어서는 「유언자(遺言者)가 사망할 것」, 유증에 있어서는 「수증자(受贈者)가 생존할 것」, 사립학교의 기본재산 처분시 「관할청의 허가」(사립학교법 제 28조)가 요구되는 것 등, 개개의 법률행위에 특유한 효력요건이 그것이다. 다음 판례를 살펴보자. 「농지법 제 8조 제 1항 소정의 농지취득자격증명은 농지를 취득하는 자가 그 소유권에 관한 등기를 신청할 때에 첨부하여야 할 서류로서(농지법 제8조 제4항), 농지를 취득하는 자에게 농지취득의 자격이 있다는 것을 증명하는 것

123) 법률용어 살펴보기 ☞「하자(瑕疵)」라 함은? 일반적 의미로는 흠 또는 결점이며 법의 의미로는 법률 또는 당사자가 예기한 상태나 성질이 결여됨을 말한다.

일 뿐 농지취득의 원인이 되는 법률행위의 효력을 발생시키는 요건은 아니라고 할 것이므로 농지에 관한 소유권이전등기 청구소송에서 비록 원고가 사실심 변론종결시까지 농지취득자격증명을 발급받지 못하였다고 하더라고 피고는 자신의 소유권이 전등기 의무가 이행불능임을 내세워 원고의 청구를 거부할 수 없다(대판 1998.2.27. 97다49251 1998.5.8. 97다 53144; 대판 2006.1.27. 2005다59871 참조).

Ⅲ 법률행위의 종류

법률행위는 여러 가지 표현에 의하여 나누어지나, 이하에서는 통상적인 법률행위의 종류를 살펴본다.

1. 의사표시의 모습에 따른 분류

법률행위는 그것의 요소인 의사표시의 수(數)와 모습에 따라 단독행위·계약·합동행위로 나누어진다.

제5장

(1) 단독행위

대개의 법률행위는 상대방과 본인의 의사의 합치가 필수적이지만 그렇지 않은 경우가 있다. 즉, 「단독행위(單獨行爲)」는 일방적인 1개의 의사표시만으로서 법률효과를 발생시키는 법률행위이다. 이러한 단독행위를 "일방행위(一方行爲)"라고도 한다. i) 단독행위는 1개의 의사표시만으로 법률효과가 생기고 그에 따라 상대방을 일방적으로 구속하게 되므로 원칙적으로 민법 그 밖의 법률에 특별한 규정이 있거나 관습법이 허용하는 경우에 한하여 허용된다. 따라서 당사자간의 약정에 의하여 새로운 유형의 단독행위와 그 효과를 창설할 수 없다. ii) 단독행위에는 조건을 붙이면 일반적으로 상대방의 지위를 심히 불안하게 할 수 있으므로 원칙적으로 조건이나 기한을 붙일 수 없다. 조건이나 기한과는 친하지 않은 법률행위이다. 다만 예외적으로 채무면제·유증과 같이 정지조건이 허용되는 경우가 있다. iii) 단독행위의 무권대리(제136조)와 같이 계약의 규정을 준용한다는 명문규정을 두고 있는 경우를 제외하고는 단독행위에 관하여는 계약의 규정을 적용할 수는 없다.

이러한 단독행위는 '상대방있는 단독행위'와 '상대방없는 단독행위'로 나눌 수 있다.

잠깐!! 민총, 깊이보기

단독행위는 '본인의 일방적인 하나의 의사표시'만으로 성립하는 점에서, 계약이나 합동행위와 구별된다.

1) 상대방있는 단독행위

「상대방있는 단독행위(相對方있는 單獨行爲)」라 함은? 상대방에 대하여 행하여지는 단독행위로서 '의사표시가 상대방에게 도달하여야 법률효과가 발생하는 행위'를 말한다. 예컨대 법률행위의 취소·인지·채무면제[124]·상계[125]·추인·해제·동의·철회·해지 등이 그것이다.

잠깐!! 민총, 깊이보기

상기의 상계는 채무자의 단독행위이다. 이러한 채무자의 단독행위에는 '상계' 외에도 채권자지체의 '면제'가 있는데 이는 채무자가 채권자에게 대하여 지체를 면제하는 것으로서, 채무자의 일방적 의사표시로 할 수 있다.

2) 상대방없는 단독행위

「상대방없는 단독행위(相對方 없는 單獨行爲)」라 함은? 의사표시를 수령할 상대방

124) 법률용어 살펴보기 ☞ 「채무면제(債務免除)」라 함은? 채권자의 단독행위로서, 채무를 무상(無上)으로 소멸시키는 채권자의 일방적 의사표시를 말한다.

125) 법률용어 살펴보기 ☞ 「상계(相計)」라 함은? 채무자의 단독행위로서, 채권자와 채무자가 서로 같은 종류의 채권·채무를 가지는 경우에 그 채권과 채무를 대등액(對等額)에 있어서 소멸케 하는 채무자의 일방적 의사표시인 단독행위를 말한다. 예를 들어 채무자 임꺽정이 채권자 김선달에 대하여 10만원의 채무를 부담하고 있고 또한 김선달에 대하여 7만원의 채권을 취득하고 있는 경우에 양쪽에서 별도로 변제를 하지 않고 채무자 임꺽정의 김선달에 대한 일방적 의사표시에 의하여 임꺽정의 채권 7만원을 소멸시킴과 동시에 김선달의 채권을 3만원으로 조정할 수 있는 것을 말한다.

이 특정되어 있지 않는(☞불특정다수인에 대한) 단독행위로서, '의사표시만 있으면 상대방에게 도달할 필요가 없이 곧 법률효과가 발생하는 행위'를 말한다. 이는 의사표시의 진실성과 명백성을 확보하기 위해 대부분이 요식행위(要式行爲)로 되어 있다. 예컨대 유언·유증·재단법인의 설립행위(☞다수설에 의함)·권리의 포기(예: 상속포기) 등이 그것이다.

잠깐!! 민총, 깊이보기

이미 "II. 법인의 설립 중 재단법인의 설립요건"에서 설명한 바와 같이, 재단법인의 설립행위에 대한 법적 성질에 관하여, "1인"에 의하여 설립행위가 행하여지는 경우에는 '상대방없는 단독행위'라고 보지만(異說없음). 설립자가 "2인 이상 다수"인 경우에는 '단독행위의 경합'이라는 다수설(김증한·김용한·김현태·이영섭·이영준·권용우)과 '임의적 합동행위' 라는 소수설(김기선·방순원)이 대립한다.

(2) 계 약

「계약(契約)」은 서로 대립되는 다수인(☞2인 이상)의 의사표시의 합치를 要한다는 점에서 단독행위와 다르고, 이해관계가 대립되는 각 당사자의 의사표시가 합치되어 성립한다는 점에서 합동행위와 다르다.

민법은 14종의 전형계약을 규정하고 있는데, 증여·매매·교환·소비대차·사용대차·임대차·고용[126]·도급[127]·현상광고·위임·임치·조합·종신정기금·화해가 그것이다. 그리고 그 외의 비전형계약으로 대물변제[128]·경개[129]·공탁 등이 있다. 이 가운데 노무를 대상으로 하는 계약은 고용·위임·도급·임치[130]·현상광고 5가지이다.

제5장

---

126) 법률용어 살펴보기 ☞「고용(雇傭)」이라 함은? 당사자가 상대방을 위하여 노무를 제공하고 상대방은 이에 대한 보수를 지급할 것을 내용으로 하는 계약을 말한다.

127) 법률용어 살펴보기 ☞「도급(都給)」이라 함은? 당사자의 일방이 어느 일을 완성할 것을 약정하고 상대방(도급인)이 그 일의 결과에 대하여 보수를 지급할 것을 약정함으로써 성립하는 계약이다(민법 제 664-674조).

128) 법률용어 살펴보기 ☞「대물변제(代物辨濟)」라 함은? 예컨대 100만원을 지급하여야 할 금전급부에 대체하여 자가용차 1대를 급부하는 것과 같은 변제로서, 이러한 대물변제는 변제와 같은 효력을 가진다. 그러나 대물변제는 계약인 점에서 변제와 다르다.

129) 법률용어 살펴보기 ☞「경개(更改)」라 함은? 채무의 요소를 변경함으로써 신채무를 성립시키는 동시에 구(舊)채무를 소멸시키는 유상(有償)계약을 말한다. 예컨대 100만원의 채권에 갈음하여 집을 양도받는 계약을 하는 것과 같이, 취소할 수 있는 행위에 의하여 성립한 채권·채무를 대신하여 다른 채권·채무를 성립시키는 것을 말한다. 이것은 채권자로서 하여도 되고 채무자로서 하여도 무방하다.

130) 법률용어 살펴보기 ☞「임치(任置)」라 함은? 당사자의 일방(수치인)이 상대방(임치인)을 위하여 금전이나 유가

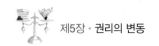

보충정리 계약은 다음과 같이 5가지의 종류별로 나누어진다.

① 전형계약(典型契約)·비전형계약(非典型契約)

민법 제3편 제2장에 있는 14가지의 계약을 전형계약(☞有名契約)이라 한다. 그리고 그 밖의 계약은 비전형계약(☞무명계약(無名契約))이라고 하는데 이는 계약자유의 원칙과 거래관계가 복잡해지면서 전형계약의 내용과 다른 특수한 계약으로 생성된 것이다.

② 쌍무계약(雙務契約)·편무계약(片務契約)

계약의 각 당사자가 서로 대가적(對價的) 의미를 가지는 채무를 부담하는 계약을 쌍무계약이라 하고 당사자의 일방만이 채무를 부담하거나 또는 쌍방이 채무를 부담하더라도 그 채무가 서로 대가적 의미를 가지지 않는 계약을 편무계약이라고 한다. 매매·교환·화해·종신정기금·소비대차·임대차·고용·위임·도급·임치·조합은 쌍무계약이고, 증여·종신정기금(☞쌍무계약이기도 함)·사용대차·위임(☞쌍무계약이기도 함)·임치(☞쌍무계약이기도 함)·현상광고는 편무계약이다. 유의할 점은 쌍무계약은 동시이행의 항변권과 위험부담 규정의 적용을 받지만, 편무계약은 일방만이 책임을 지며 견련성(牽聯性)[131]이 없다는 것이다.

③ 유상계약(有償契約)·무상계약(無償契約)

계약당사자가 서로 대가적 의미 있는 재산상의 출연(出捐)을 하는 계약이 유상계약이고 계약당사자 중 한쪽만이 출연하든지 또는 쌍방 당사자가 출연을 하더라도 그 사이에 대가적 의미가 없는 계약은 무상계약이다. 쌍무계약은 모두 유상계약이고, 증여·사용대차는 무상계약이다. 여기서 종신정기금·소비대차·임치는 유상계약이면서도 무상계약이다.

④ 낙성계약(諾成契約)·요물계약(要物契約)

당사자의 합의만으로 성립하는 계약을 낙성계약이라 하고 합의 이외에 급여를 하여야만 성립하는 계약을 요물계약이라 한다. 현상광고는 응모자가 특정의 행위를 완료함으로써 계약이 성립하는 요물계약이고, 그 이외 민법의 전형계약은 모두 낙성계약이다.

⑤ 요식계약(要式契約)·불요식계약(不要式契約): 어음행위와 같이 계약 체결에 일정한 형식을 필요로 하는 계약을 요식계약이라 하고, 계약 자유의 원칙에 따라 아무런 형식을 요하지 않는 계약을 불요식계약이라고 한다.

증권 기타 물건을 보관하는 계약이다(민법 제693조~제702조). 보관료를 지급하는 경우와 그렇지 않은 경우가 있는바, 전자는 유상·쌍무계약이고, 후자는 무상·편무계약이다.

131) 법률용어 살펴보기 ☞「견련성(牽聯性)」이라 함은? 서로 끌어당길 정도로 연결성이 강한 성질을 말한다. 이는 쌍무계약의 효력으로 ⅰ) 성립상의 견련성(☞일방의 채무가 원시적 불능이면 상대방의 채무도 성립하지 않음) ⅱ) 이행상의 견련성(☞일방의 채무가 이행될 때까지는 상대방의 채무도 이행되지 않음※동시이행의 항변권 성립) ⅲ) 소멸상의 견련성(☞일방의 채무가 책임없는 사유로 급부불능이 되어 소멸한 경우, 상대방의 채무도 원칙적으로 소멸 ※위험부담의 문제 발생)이 있다.

(3) 합동행위

「합동행위(合同行爲)」는 같은 목적을 위한(☞내용과 방향을 같이 하는) 두개 이상의 의사표시가 합치함으로서 성립하는 법률행위로서 이는 「협동행위」 또는 「합성행위」라고도 한다. 합동행위에는 결합적 합동행위인 '사단법인의 설립행위', 그리고 집합적 합동행위인 '총회의 결의'·'선거' 등이 있다.

잠깐!! 민총, 깊이보기

단독행위와 계약 이외에 합동행위를 법률행위의 종류로서 인정하는가에 대하여 학설이 대립한다. 현재 독일에서는 합동행위의 개념을 인정하지 않지만 우리나라의 학설은 대립한다. 즉 소수설은 이를 특수한 계약으로 보지만(김증한·장경학·이태2재·이영준), 다수설은 합동행위는 2개 이상의 복수의 의사표시를 요한다는 점에서 단독행위와 다르고 그 복수의 의사표시가 상호 대립적인 것이 아니라 내용과 방향을 같이 하며 각 당사자에게 동일한 의미를 부여하고 같은 법률효과를 가져온다는 점에서 합동행위 또는 협동행위로서 계약과 구별한다(곽윤직·김용한·김주수·고상룡·권용우). 그리고 '사단법인의 설립행위'가 어떠한 성질을 가지는 것이냐에 관하여 '사단법인의 설립행위'는 의사표시를 한 자, 즉 관여자(關與者)를 구속하는 점에서는 일종의 계약이라 하겠지만 그 효과가 관여자를 구속할 뿐만 아니라 계속적인 단체와 단체의 불가결한 조직을 만드는 점 또한 참가자 가운데 한 사람의 의사표시가 무효로 되더라도 나머지의 의사표시로써 가능한 소정의 효과를 발생시켜야 한다는 점 등에서, 일반계약과 다른 합동행위라고 하여야 한다(다수설).

참고정리 결의와 협약

「결의(決議)」라 함은? 사단법인(社團法人)에 있어서 사원총회와 같은 단체의 기관이 그 단체의 의사를 결정하는 것이다(제68조 참조). 이는 다수결에 의하여 소수자가 구속된다는 점에서 계약과 다르고 다수결의 원리가 지배하고 있다는 점에서 합동행위와 다르다. 그리고 「협약(協約)」이라 함은? 노동조합법상의 단체협약 등과 같이 적어도 관계자의 일방 또는 쌍방이 다수의 사람 또는 단체이며 당사자간의 합의가 당사자가 된 다수의 사람 또는 단체의 구성원에 대하여 규범으로서 효력이 인정되는 것이다.

2. 법률효과를 표준으로 한 구별

법률효과를 표준으로 하여 법률행위를 구별(☞이행문제에 따른 분류)하면 채권행위·물권행위·준물권행위로 나뉜다.

(1) 채권행위

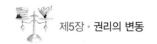

1) 「채권행위(債權行爲)」는? 채권 또는 채무를 발생시키는 것을 목적으로 하는 법률행위로서 이는 '채무행위(債務行爲)'라고도 한다. 예컨대 매매·임대차계약 등이 그것이다.

2) 채권행위는 이로 인하여 발생하는 채권·채무에 대하여 이행(履行)이라는 문제(예: 매매목적물의 인도·대금의 지급)를 남긴다는 점에서 물권행위(物權行爲) 및 준물권행위(準物權行爲)와 다르다.

잠깐!! 민총, 깊이보기

채권행위는 물권행위와 비교하면 더욱 명확하게 이해할 수 있다. 즉, 채권행위에 의해서는 채권이 발생할 뿐이고 이행(履行)이라는 문제가 남는다. 그러나 물권행위에 의해서는 직접 물권의 변동을 가져올 뿐이고 이행이라는 문제가 남지 않는다. 예를 들어 김선달과 임꺽정 사이에 김선달 소유부동산을 매각하는 매매계약을 체결한 경우는 매매계약에 의해서 김선달과 임꺽정 사이에 각자가 부담해야 할 채무의 이행이라는 문제가 남는다. 즉, 김선달에게는 부동산소유권이전이라는 채무가 발생하고 임꺽정에게는 매매대금지급이라는 채무가 발생하여 이에 대한 이행이 남는 것이다. 따라서 매매계약이라는 채권행위에 의해서는 채권·채무가 발생할 뿐이고 이행이라는 문제가 남는다. 그러나 이러한 이행에 의하여 목적부동산의 소유권이전합의, 즉 물권행위(物權行爲)를 하고 등기(登記)까지 갖추면 부동산소유권이 김선달에게서 임꺽정에게로 이전되는 물권변동이 일어난다. 따라서 소유권이전합의, 즉 물권행위가 있으면 김선달과 임꺽정 간에는 더 이상 이행이라는 문제가 발생하지 않는다.

(2) 물권행위

1) 「물권행위(物權行爲)」는? 직접 물권의 발생·변경·소멸을 생기게 하는 법률행위이다. 예컨대 소유권이전행위·지상권설정행위·저당권설정행위 등이 이에 속한다.

2) 물권행위는 처분행위(處分行爲)로서 채권행위와 같이 이행(履行)이라는 문제를 남기지 않는 특색이 있다.

잠깐!! 민총, 깊이보기

물권행위에 관하여는 성립요건주의(☞형식주의)와 대항요건주의(☞의사주의)라는 두 입법주의가 대립하고 있다. 「성립요건주의」는 물권변동은 그것을 목적으로 하는 당사자간의 의사표시, 즉 물권행위만으로는 일어나지 않고 그 밖의 공시방법(예: 등기·인도 등)이 물권변동의 요건으로서 요구되는 입법주의이다. 그러므로 형식주의에 의하면 공시방법을 갖추지 않는 한 제3자에 대한 관계에서는 물론 당사자사이에서도 물권변동의 효과가 발생하지 않는다. 이는 독일민법·스위스민법·현행민법에서 취하고 있는 입법주의다. 그리고 「대항요건주의」는 물권변동은 그것을 목적으로 하는 의사표시, 즉 물권행위가 있으면 일어나고 그 밖의 어떠한 공시방법(예: 등기·인도 등)도 물권변동의 요건으로 요구되지 않는다는 입법주의이다. 그러나 의사주의에 의하면 물권변동이 당사자의 의사표시만으로서 일어나므로 제3자는 물권변동사실을 알 수 없고 이는 자칫 제3자에게 손해를 줄 염려가 있게 된다. 예컨대 부동산매매에 있어서 매수인이 등기하기 전에 매도인이 제3자에게 이중매매하고 제3자가 등기하면 법률관계가 복잡하게 되는 것이다. 따라서 프랑스 민법은 거래의 안전을 위하여 동산물권변동에 있어서는 공신의 원칙을 인정하고(Art. 1141, 2279 참조), 부동산물권변동에 있어서는 공시방법, 즉 등기(謄記)를 갖추어야만 그 변동을 가지고 제3자에 대항할 수 있도록 하였다. 이는 프랑스 민법 외에도 일본민법에서 취하고 있는 입법주의이다.

알아두면 편리해요!!!

등기(登記)와 등기(謄記)의 차이에 유의하라! 프랑스에서의 부동산물권에 대한 공시방법의 경우에 저당권은 등기부에 그 내용을 기입하는 방식의 등기(登記)를 하고 그 밖의 물권은 거래서면을 공증받고 그 공증서면을 년대식으로 비치하는 방식, 즉 등기(謄記)하는 방식으로 행하여진다.

잠깐!! 민총, 깊이보기

「물권행위(物權行爲)」는 물권변동을 일으키는 법률행위로서 직접 물권의 변동을 목적으로 하는 의사표시를 요소로 하는 법률행위이다. 이러한 물권행위가 채권행위와 구별되는 점은, 물권행위는 물권의 변동을 목적으로 하는 법률행위이지만 채권행위는 채권의 발생을 목적으로 하는 법률행위이고 또한 물권행위와 준물권행위는 처분행위이지만 채권행위(☞계약·단독행위·합동행위)는 의무부담행위라는 것이다. 유의할 점은 채권편의 법률행위는 대체로 의무부담행위이지만, 채무면제(제506조)·채권양도(제449조)는 처분행위로서 준물권행위에 속한다는 것이다.

보충정리 대항요건주의와 성립요건주의

대항요건주의 (의사주의) ▸ 佛法主義	물권의 변동은 그것을 목적으로 하는 의사표시, 즉 물권행위가 있으면 일어나고 그 밖의 공시방법이 물권변동의 요건으로 요구되지 않는다는 입법주의이다. 다만 이 경우라도 등기 또는 인도가 있어야만 제3자에게 효력이 있다(구민법).
성립요건주의 (형식주의) ▸ 獨法主義	물권변동은 그것을 목적으로 하는 당사자의 의사표시, 즉 물권행위만으로는 일어나지 않고 그 밖의 등기 또는 인도라는 공시방법을 갖추어야만 비로소 물권변동이 일어난다는 입법주의이다(현행민법).

(3) 준물권행위

1) 「준물권행위(準物權行爲)」는? 물권이외의 권리(예: 채권 · 저작권)의 변동을 직접적으로 발생시킬 것을 목적으로 하는 법률행위이다. 예컨대 저작권과 같은 무체재산권(저작권 · 특허권 등)의 양도 · 채권양도(제449조 제1항) · **채무면제**(제506조) 등이 그것이다.

2) 이는 물권의 경우와 같이 후에 이행의 문제를 남기지 않는다는 점에서 물권행위와 비슷하므로 준물권행위라고 불리어 진다.

참고정리 준물권

저작 · 발명 등의 "정신적 창작물"도 물권의 객체가 된다. 원칙적으로 이들은 물건이 아니므로 물권의 객체가 되지 못하나, 이에 대한 배타적 지배가 가능하므로 저작권 · 특허권 · 의장권 · 실용신안권 등 무체재산권(無體財産權)은 물권의 객체가 된다. 또한 광업권 · 어업권 등은 물건을 직접 지배하지 않으나 이는 물건을 전속적으로 취득할 수 있는 권리로서, 각각의 특별법에서 물권으로 다루어지고 있다. 학자들은 이를 준물권(準物權)이라 하여 물권에 준하고 있다.

3. 재산행위(재산관계의 변동)를 목적으로 한 분류

(1) 출연행위

「출연행위(出捐行爲)」라 함은? 행위자만의 재산을 감소시켜 타인의 재산을 증가케 하는 행위를 말한다. 이는 '유상행위와 무상행위'·'유인행위와 무인행위'·'신탁행위와 비신탁행위'로 나누어진다.

1) 유상행위와 무상행위

「유상행위(有償行爲)」라 함은? 재산출연(財産出捐)을 목적으로 하는 행위 중에서 대가(對價)가 있는 행위를 말한다. 예컨대 매매·교환·고용·임대차 등과 같이 대가를 수반하는 행위가 그것이다. 그리고 「무상행위(無償行爲)」라 함은? 재산출연을 목적으로 하지만 대가가 없는 행위를 말한다. 예컨대 증여·사용대차·무이자 소비대차와 같이 대가를 수반하지 않는 행위가 그것이다. 이들 간은 상대방의 대가적 출연이 있느냐 없느냐를 기준으로 구별하는데, 그 구별의 실익은 유상행위에 대하여는 매매의 규정이 준용되지만(제567조) 무상행위에 대하여는 증여 및 사용대차에 관한 규정이 유추적용 된다는 점에 있다.

잠깐!! 민총, 깊이보기

> '부담부증여'가 무상행위인가에 대한 의문이 있다. 「부담부증여(負擔附贈與)」라 함은? 예를 들어 김선달이 임꺽정에게 토지 150평을 증여하면서 그 가운데 80평은 주차장으로 사용하라고 한다던가, 인쇄기를 증여하되 매일 1회씩 자신의 인쇄물을 찍어주는 등의 조건으로 하는 증여를 말한다. 따라서 이는 수증자에게 일정한 급부를 할 의무를 부담시키는 증여계약이다. 유의할 점은 상호급부가 대가관계에 있는 것이 아니므로 역시 무상행위가 된다는 것이다. 다만, 부담의 한도에서는 유상계약에 준하여 증여자는 담보책임을 지며 또한 쌍무계약에 관한 규정이 적용된다(제559조 제2항·제561조).

2) 유인행위와 무인행위

「유인행위(有因行爲)」라 함은? 어떤 재산의 출연을 목적으로 하는 행위 중에서 원인(原因)이 있어야 효력이 생기는 행위를 말한다. 예컨대 금전급부(金錢給付)가 채무변제를 위한 경우가 그것이다. 그리고 「무인행위(無因行爲)」라 함은? 원인행위와 절연시켜 원인이 존재하지 않거나 무효라 하더라도 독자적으로 효력이 인정되는 특별한 출연행위를 말한다. 예컨대 어음행위·수표의 발행 등이 그것이다. 민법은 "유인주의(有因主義)"를 원칙으로 삼고 있으며, 다만 지시채권(指示債權)[132]의 양도에 관해서는 어음·수표의

---

132) 법률용어 살펴보기 ☞ 「지시채권(指示債權)」이라 함은? 특정인 또는 그가 지시한 자에게 변제(辨濟)하여야 하는 증권적 채권(證券的 債權)을 말한다. 어음·수표·창고채권(倉庫債權)·화물상환증(貨物相換證)·선하

경우와 같이 무인주의를 취하고 있다(제573조 · 제514조 · 제515조). 예를 들어 임꺽정이 김선달에게 매매계약을 원인으로 하여 부동산소유권을 이전하였는데 만약 그 매매계약이 무효이거나 취소된 경우, 유인행위설에 따르면 그 소유권의 이전은 원인이 없으므로 무효로서 김선달은 소유권을 취득하지 못하고 소유권은 당연히 임꺽정에게 복귀하게 된다. 따라서 임꺽정은 소유권에 기한 물권적 청구권[133]을 행사하여 그 부동산의 반환을 청구할 수 있다. 그러나 무인행위설에 따르면 그 소유권의 이전은 영향을 받지 않으므로 김선달은 그 부동산의 소유권을 취득하고 다만 법률상 원인없이 받은 그 토지소유권에 대한 부당이득을 반환해야 하는 부당이득반환채무를 부담할 뿐이다.

잠깐!! 민총, 깊이보기

상기에서 민법은 "유인주의"를 원칙으로 삼고 있으며 다만 지시채권의 양도에 관해서는 어음·수표의 경우와 같이 무인주의를 취하고 있다고 하였다. 이를 설명하면 다음과 같다. 재산출연행위에는 반드시 그 원인되는 행위가 있다. 예를 들어 어떤 부동산에 대하여 매매계약이라는 원인행위가 있음으로서 매매대금의 변제를 위하여 어음발행이라는 재산출연행위를 하게 되고 반면 당사자는 소유권의 이전등기라는 물권행위를 하게 되므로 모든 재산출연행위는 원칙적으로 유인행위라고 할 수 있다. 그러나 거래의 안전 또는 신속을 위하여 특별히 법률에 어떤 재산출연행위를 원인행위와 단절시켜 그 원인행위의 영향을 받지 않게 하는 경우도 있는데(예: 어음행위 ;어음법 7조 등) 이러한 행위를 무인행위라고 한다.

3) 신탁행위와 비신탁행위

「신탁행위(信託行爲)」와 「비신탁행위(非信託行爲)」의 구별은 법률행위에 의하여 재산권을 이전할 때 그 재산권에 대하여 신탁행위가 있었느냐 없었느냐를 기준으로 하는 구별이다.

증권(船荷證券) · 기명주식(記名株式)은 원칙적으로 지시채권이다. 민법은 어음법이나 수표법에서와 같이 증권의 배서교부(背書交付)를 채권양도(債權讓渡)의 성립요건으로 하고 있다.

133) 법률용어 살펴보기 ☞ 「물권적 청구권(物權的 請求權)」이라 함은? 물권의 내용의 실현이 어떤 사정으로 방해 당하고 있거나 방해 당할 염려가 있는 경우에 물권의 방해자에 대하여 그 방해의 제거 또는 예방에 필요한 행위를 청구할 수 있는 권리를 말한다. 이 물권적 청구권의 종류에는 예를 들어 ① 황진이의 빨래가 김선달의 집에 떨어진 경우에 황진이가 김선달에게 이를 돌려 달라고 요구하는 '물권적 반환청구권(제213조)' ② 김선달의 담이 임꺽정의 집안에 무너져 임꺽정이 불편을 겪고 있을 경우 임꺽정이 김선달에게 이를 제거해 달라고 요구하는 '물권적 방해제거청구권(제214조)' ③ 김선달이 살고 있는 집의 축대가 자칫 무너져 내릴 위험이 있어, 그 아랫집에 사는 연흥부가 이에 두려움을 느끼고 이를 보수하여 위험을 예방해 줄 것을 요구할 수 있는 '물권적 방해예방청구권(제214조)'의 3가지가 있다.

현행법상 신탁행위(信託行爲)에는 두 가지가 있는데, 그 하나는 「신탁법」에서 말하는 이른바 신탁(Trust)을 설정하는 법률행위이고, 다른 하나는 「민법학」 상 당사자가 어떤 경제적 목적(예: 채권의 담보 또는 채권의 추심)을 달성하기 위하여 사용되는 신탁행위이다. 즉 민법학상의 신탁행위는 어떤 경제적 목적을 달성하기 위하여 신탁자가 수탁자에게 그 목적 달성에 필요한 정도를 넘는 권리를 이전하고, 수탁자는 그 이전받은 권리를 일정한 경제적 목적의 범위를 넘어서 행사하여서는 아니 될 의무를 부담하는 것이다. 민법상 신탁행위는 명문의 규정은 없지만 학설·판례에 의하여 인정되고 있는데 채권담보를 목적으로 한 소유권이전인 양도담보·채권추심(債權推尋)을 위한 채권양도[134]·명의신탁(신탁행위인가에 논쟁이 있으나, 현재는 특별법에 의하여 원칙적으로 무효로 규정되어있다.) 등이 이에 해당된다. 유의할 점은 이러한 것들은 허위표시가 아니라는 것이다.

(2) 비출연행위

「비출연행위(非出捐行爲)」라 함은? 타인의 재산을 증가케 함이 없이 행위자의 재산만을 감소시키거나(예: 소유권의 포기) 또는 직접 재산의 증감을 일어나게 하지 않는 행위(예: 대리권수여행위)를 말한다.

4. 의사표시의 방식에 따른 분류

(1) 요식행위

「요식행위(要式行爲)」라 함은? 서면·증서·공증인의 공증·관청에의 신고 등 일정한 방식에 따라 행하여져야만 그 효력이 인정되는 법률행위를 말한다. 예컨대 외형을 신뢰하여 원활한 법률관계를 명확하게 하기 위한 "어음·수표행위", 민법의 가족법상 행위인 "혼인·인지·파양 등"과 "법인설립행위·유언" 등이 그것이다. 이는 당사자로 하여금 신중하게 행위를 하게 하기 위함이며 또한 법률관계를 명확히 하여 분쟁에 대비

134) 법률용어 살펴보기 ☞ 「채권추심을 위한 채권양도(債權推尋을 위한 債權讓渡)」라 함은? 예를 들어 김선달이 임꺽정에 대한 채권을 황진이에게 지급토록 하기 위하여 그 채권을 황진이에게 양도하는 것을 말한다.

한 증거자료를 제공하며 방식에 공신력을 부여함으로써 신속한 거래를 가능하게 하기 위함이다. 우리 민법은 법률행위자유의 원칙의 일환으로 「방식자유의 원칙(方式自由의 原則)」을 채택하고 있으므로, 다른 입법례에 비추어 볼 때 요식행위를 인정하고 있다고는 할 수 없다. 그러나 의외로 방식에 있어 우리 민법은 곳곳에서 이러한 요식행위를 채택하고 있다. 대체로 요식행위에 의해서 거래하는 것은 거래의 신속을 해하며 거래 비용을 증가시킨다는 단점이 있기는 하다. 그러나 이는 오히려 방식자유의 원칙이 고도로 발달된 계약자유원칙의 표현 중 하나이다. 요식행위에 있어서 방식을 갖추지 않는 경우의 효과는 법률이나 당사자 계약의 해선에 의하여 결정되고, 혼인이나 유언처럼 법률행위의 불성립 또는 무효가 되기도 한다.

알아두면 편리해요!!!

◆ 유언의 방식은 다음과 같다(제1065조).

① 자필증서에 의한 유언 ② 녹음에 의한 유언 ③ 공정증서에 의한 유언
④ 비밀증서에 의한 유언 ⑤ 구수증서(口授證書)에 의한 유언

(2) 불요식행위

「불요식행위(不要式行爲)」라 함은? 일정한 방식을 요하지 않는 행위, 즉 계약시에 방식에 있어서 자유로이 행할 수 있는 행위를 말한다. 예컨대 매매·임대차·위임·대리권의 수여행위 등이 그것이다. 근대법에서는 자유로이 내용을 결정할 수 있음은 물론 방식에 있어서도 자유로이 행할 수 있는 '불요식행위'를 원칙으로 하고 있다.

(3) 준요식행위

「준요식행위(準要式行爲)」라 함은? 요식행위(要式行爲)와 불요식행위(不要式行爲)의 중간에 위치하는 법률행위이다. 예컨대 증여(贈與)는 일정한 방식을 필요로 하지 않는 불요식행위이지만(제554조) 증여의 의사가 서면(書面)으로 표시되지 아니한 경우에는 각 당사자는 이를 해제할 수 있기 때문에(제555조) 요식행위의 형태를 필요로 하므로 이 경우가 준요식행위(準要式行爲)이다.

5. 효과발생시기에 따른 분류

(1) 사후행위

「사후행위(死後行爲)」라 함은? 행위는 생전(生前)에 성립하지만 행위자의 사망으로 인하여 효력이 발생하는 법률행위를 말한다. 예컨대 유언·유증·사인증여 등이 이에 속한다.

(2) 생전행위

「생전행위(生前行爲)」라 함은? 사후행위(死後行爲) 이외의 모든 행위를 말한다. 그러므로 생전행위라는 문자를 있는 그대로 해석하면 살아 있을 때 하는 법률행위이다. 따라서 사후행위인 유언·유증·사인증여 이외의 행위가 생전행위이다.

6. 종속에 따른 분류

(1) 주된 행위

「주된 행위(主된 行爲)」라 함은? 법률행위가 유효하게 성립함에 있어 그 전제가 되는 행위, 즉 다른 법률행위의 전제가 되는 행위를 말한다. 예컨대 채권행위·소비대차계약·혼인 그리고 지역권설정계약과 같은 용익물권설정계약 등이 그것이다.

(2) 종된 행위

「종된 행위(從된 行爲)」라 함은? 다른 법률행위의 존재를 전제로 하여 성립하는 행위를 말한다. 예컨대 보증계약·저당권설정계약·부부재산계약[135]·질권설정계약 등이

---

135) 법률용어 살펴보기 ☞「부부재산계약(夫婦財産契約)」이라 함은? 장차 혼인하여 부부가 되려 하는 남녀가 부부로서 생활시 두사람의 재산관계의 내용을 미리 약정해 놓는 계약을 말한다.
우리 민법이 규정하고 있는 부부재산계약의 내용은 다음과 같다. i) 부부는 婚姻成立 前에 그 혼인 재산에 관하여 자유로이 약정할 수 있다(제829조 제1항). ii) 혼인성립전에 체결된 부부재산계약은 婚姻中에 이를 變

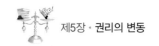

그것이다. 종된 행위는 주된 행위와 법률상 운명을 같이한다.

잠깐!! 민총, 깊이보기

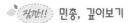

상기의 (1) (2)의 예에서 종된 행위인 ① 보증계약 · ② 저당권설정계약 · ③ 부부재산계약은 주된 행위인 ① 채권행위 · ② 소비대차계약 · ③ 혼인을 전제로 한다. 유의할 점은 지역권설정계약과 같은 용익물권설정계약은 주된 행위라는 것이다.

7. 독립행위 · 보조행위

(1) 독립행위

「독립행위(獨立行爲)」라 함은? 직접적 · 현실적으로 실질적인 법률관계에 변동을 발생케 하는 법률행위를 말한다. 예컨대 보조행위를 제외한 모든 일반의 법률행위(예: 취소 · 해제 · 채권양도 · 해지 등)가 그것이다.

(2) 보조행위

「보조행위(補助行爲)」라 함은? 다른 법률행위의 효과를 단순히 형식적으로 보충하거나 확정하는데 지나지 않는 행위를 말한다. 예컨대 동의 · 추인 · 대리권수여행위 등이 그것이다.

8. 재산행위 · 신분행위

「재산행위(財産行爲)」라 함은? 예컨대 매매계약 · 임대차계약과 같이 재산상의 법률

更하지 못한다(동조 제2항). 그러나 정당한 사유가 있는 때에는 법원의 허가를 얻어 변경할 수 있다(동조 제2항 단서). 그리고 부부의 일방이 다른 一方의 財産을 管理하는 경우不適當한 管理로 인하여 재산을 위태롭게 하는 경우에는 變更請求할 수 있으며 그 재산이 共有일 때에는 분할을 청구할 수도 있다(동조 제3항). 또한 동조 제2항, 제3항의 규정이나 약정에 의하여 관리자를 변경하거나 공유재산을 분할할 수 있다(동조 제5항). 단, 부부재산계약의 체결이나 변경을 부부의 승계인 또는 제3자에게 대항하기 위해서는 登記를 하여야 한다(동조 제4항).

효과를 발생케 하는 법률행위를 말하고 「신분행위(身分行爲)」라 함은? 예컨대 혼인·입양·인지(認知) 등과 같이 신분상의 법률효과를 발생케 하는 법률행위를 말한다.

참고정리 의무부담행위와 처분행위

법률행위는 이행문제에 따른 분류(이는 법률효과에 따른 분류라고도 한다)에 따라 채무를 부담시키는 「의무부담행위」와 권리주체의 변경을 가져오는 「처분행위」로 구분하기도 한다.

법률행위의 한쪽 당사자만을 기준으로 하여 파악할 경우에 우리나라는 이를 채권행위·물권행위·준물권행위로 나누지만 독일은 이를 의무부담행위와 처분행위로 나누는 것이 일반적이다. 이 경우에 채권행위는 의무부담행위에 속하고, 물권행위와 준물권행위는 처분행위에 속한다.

여기서 「처분행위(處分行爲)」라 함은? 직접 권리의 이전·변경·소멸을 목적으로 하는 행위로서, 예컨대 채무의 면제·채권양도·무체재산권의 양도·저당권의 설정 등이 그것이다. 이러한 처분행위는 법정주의가 채택되므로 처분행위가 유효하기 위해서는 반드시 처분자에게 처분의 권한이 있어야 하므로 처분권이 없는 자의 처분행위는 무효이다. 또한 처분행위는 이미 처분이 되었으므로 이행의 문제를 남기지 않는 데에 그 특질이 있다.

Ⅳ 법률행위의 목적(내용)

1. 개 관

「법률행위의 목적」이라 함은? 행위자가 그 법률행위에 의하여 발생시키려고 하는 법률효과를 말한다. 이는 '법률행위의 내용'이라고도 한다. 매매·재산권 이전·대금지급 등의 법률행위에 따른 당사자(☞行爲者)가 달성하고자 하는 법률효과가 그것이다. 이러한 법률행위의 목적은 사적 자치(私的 自治)의 원칙에 따라 당사자가 자유로이 정할 수 있음이 원칙이다. 법률행위의 내용은 당사자의 의사표시에 의하여 확정된다. 그러나 만약 당사자의 의사표시가 불명확할 경우에는 법률행위의 해석과정을 거치게 된다. 하지만 법률행위에 의하여 표의자가 의욕한 법률효과를 유효하게 발생시키기 위해서는 ⅰ) 그 목적의 내용이 확정되고 ⅱ) 거래의 관념에 좇아 실현가능하여야 하며

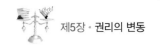

iii) 국가의 법질서에 적법해야 하고 iv) 사회적 타당성이 있어야 한다. 만약 불능·부적법하고 사회적 타당성이 없는 목적을 가진 법률행위가 있다면 이는 무효가 된다.

잠깐!! 민총, 깊이보기

"법률행위의 목적"은 "법률행위의 목적물"과 구별된다. 예컨대 부동산에 있어서 매매의 목적은 매수인의 소유권이전청구권과 매도인의 매매대금청구권이며, 매매의 목적물은 그 부동산이 된다.

2. 법률행위 목적(내용)의 「확정성」

(1) 유효한 법률행위가 되기 위해서는 "법률행위의 목적이 확정되어 있거나" 아니면 적어도 "법률행위의 내용을 실현할 당시까지는 목적을 확정할 수 있어야 한다". 그러므로 특별한 내용도 없이 "단지 막연히 돌봐주겠다" 또는 "백화점에 가서 막연하게 무엇인가 사 주겠다"는 따위의 법률행위는 「목적의 확정성」이 없으므로 법률이 조력(助力)할 수 없게 되어 무효가 된다. 따라서 목적의 확정이 없는 경우에는 이행이 없더라도 이행을 청구할 수 없을 뿐만 아니라 강제집행을 할 수 없다. 이와 같이 법률행위의 목적 내지 내용을 명확하게 하는 것을 '법률행위의 해석'이라고 한다(법률행위의 해석에 관하여 자세한 것은 후술하는 Ⅳ. 법률행위의 해석편을 참조할 것).

(2) 다만, 일반적으로 내용의 전부가 확정될 필요는 없고 당사자가 정한 표준 내지 해석에 의하여 확정할 수 있는 것이면 족하다. 즉, 확정의 표준은 일반적으로 당사자에 의하여 정해진다. 계약체결 당시에는 목적이 확정되지 않았더라도 장차 채무자가 선택권을 가지고 있는 경우(☞선택채권 제380조), 예컨대 "텔레비전이나 냉장고 중에서 어느 하나를 사 주겠다"라고 하는 것은 결국 선택권의 행사에 의하여 어느 하나로 확정되므로 그러한 법률행위(☞계약)는 무효가 아니다. 또한 법률행위의 목적이 확정되어 있지 않은 경우에도 무효행위의 전환(無效行爲의 轉換)[136]이 인정된다. 예컨대 양도목적물의 위치·면적 등이 확정되어 있지 않

136) 이에 관하여는 후술(後術)하는 본 장의 제5절 법률행위의 무효와 취소 중 '무효행위의 전환' 내용을 참조할 것

은 경우에도 지분권이전등기를 청구할 수 있는 것이 그것이다(이영준 184면). 이에 관하여 "갑으로부터 매립토지 중 해변최근지 70평을 양도받기로 하였으나 매립지의 분배에 관한 갑과 동업자 사이의 분쟁으로 갑에게 돌아갈 토지의 면적과 위치가 정하여 지지 못하였다면, 매립지 중 해변최근지 해당 토지의 갑 소유 지분에서 70평에 해당하는 지분이전등기를 구할 수 있다"(대판 1992.10.23. 91다40238)'라고 한 판례가 있다.

(3) 하지만 요식행위(要式行爲), 예컨대 어음행위(어음법 제1조 · 제2조 참조)의 경우에는 반드시 확정되는 것이 요구된다.

3. 법률행위의 목적(내용)의 「실현가능성」

(1) 의의 및 판단기준

1) 법률행위의 확정된 목적은 「실현가능성」이 있어야 한다. 만일 법률행위의 성립당시에 법률행위의 목적이 실현불가능한 것이면, 이는 법률행위의 효과를 달성하기에 불능이므로 그 법률행위는 무효가 된다.

2) 이러한 불능의 기준은 사회관념, 즉 그 시대 그 사회의 통상인의 평가에 의한다(통설). 예컨대 '죽은 사람을 되살리겠다'는 계약이나 '태평양 가운데 빠뜨린 보석을 찾아주겠다'는 계약을 체결한 경우는 설사 이 계약이 물리적으로 가능하더라도 사회관념상으로는 불가능하므로 무효가 된다. 하지만 이 경우는 불능이 확정적인 것이어야 한다. 불능이 일시적인 경우이더라도 후에 가능하게 될 가망이 있으면 이는 불능이 아니다.

(2) 불능의 종류

불능은 여러가지 표준에 의하여 나누어진다.

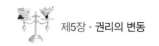

1) 원시적 불능과 후발적 불능

① 원시적 불능

㉮ 「원시적 불능(原始的 不能)」이라 함은? 법률행위시에 이미 목적이 실현불가능하였던 경우의 불능을 말한다. 예컨대 건물에 대한 매매계약을 체결하였지만, 이미 전날 밤에 해당 건물이 불에 전부 타 버린 경우가 바로 그것이다.

㉯ 「원시적 불능」을 목적으로 한 법률행위는 법률행위 성립 당시에 그 목적이 실현불가능한 경우이므로 당연무효이다. 따라서 채권이 성립될 여지가 없다. 그러나 상기의 예가 그 실현이 불능이라는 것을 채무자(☞매도인)가 알았거나 알 수 있었을 경우의 계약이었다면, 계약이 유효한 것으로 믿고 계약체결을 한 상대방(☞매수인)의 손해(예: 교통비 · 등기부열람비 · 부동산중개비 등) 즉 신뢰이익의 배상청구권이 발생한다. 이른바 "계약체결상 과실책임"의 문제(제535조 제1항) 또는 "하자담보책임(瑕疵擔保責任, 제574조 · 제580조)[137)]"의 문제가 발생하게 된다. 다만 이 때의 배상의 이익의 범위는 계약의 이행으로 얻는 이익인 '이행이익'을 넘지 못한다. 그러나 반대로 상대방(☞매수인)이 그러한 불능을 알 수 있었을 때에는 채무자(☞매도인)에게는 그러한 배상책임이 없다(제535조 제2항).

② 후발적 불능

㉮ 「후발적 불능(後發的 不能)」이라 함은? 법률행위의 성립 당시에는 실현가능하였으나, 그 후 이행 전에 불능으로 된 경우의 상태를 말한다. 예컨대 건물에 대한 매매계약을 체결한 당시에는 아무런 이상이 없었으나, '계약 체결 후 이행 전'에 그 집이 불에 전부 타 버린 경우가 그것이다.

㉯ 후발적 불능의 경우는 이미 계약은 유효한 것이므로 법률행위 자체가 무효로 되는 것이 아니다. 이러한 후발적 불능이 채무자의 책임있는 사유(☞고의 · 과실)가 있으면 "계약의 이행불능(제390조 ;채무불이행)"으로 인한 손해배상(제390조)

137) 법률용어 살펴보기 ☞ 「하자담보책임(瑕疵擔保責任)」이라 함은? 물건의 하자(瑕疵)에 대한 담보책임을 말한다. 예컨대 매매의 목적물인 가옥에 계약체결 당시 이미 하자가 있는 경우에는 이것을 권리의 하자와 구별하여 특히 물건의 하자라고 말하고 그 책임을 하자담보책임이라고 한다. 매매의 목적물에 하자(그 물건의 품질에 문제가 있어 불완전한 상태) 가 있고 그것이 거래상 요구되고 있는 통상의 주의로서도 이를 알지 못한 때에는 매수인은 계약을 해제하고 손해배상을 청구할 수 있다(민법 제580조).

및 계약해제(제546조)가 문제가 발생된다. 따라서 상기의 예에서 이행불능이 채무자의 귀책사유(☞고의·과실)로 인하여 생긴 경우에는 채무불이행의 일종인 계약의 이행불능이 되어, 채무자는 '손해배상'의 책임을 지며 채권자는 계약을 해제할 수 있다(제390조 이하, 제546조). 그러나 채무자에게 귀책사유(☞고의·과실)가 없는 경우(예: 매매체결 후 천재지변으로 목적물인 가옥이 전소한 경우)는 '위험부담(危險負擔)'[138]의 문제로서 우리 민법의 원칙인 채무자주의가 적용되어 채무자는 원칙적으로 자기 채무의 이행의무(예: 소유권이전의무)를 면하게 되지만 상대방인 채권자에 대하여도 그 이행(☞대금지급)을 청구할 수 없게 된다(제537조).

하지만 오히려 이행불능이 채권자에게만 책임있는 사유로 생긴 때에는 채무자는 자기의 채무는 면하면서 상대방인 채권자에 대하여 반대급부를 청구할 수 있다(제538조 제1항 전단). 또한 채권자 수령지체(受領遲滯)중에 당사자 쌍방의 책임없는 사유로 이행할 수 없게 된 때에도 이와 같다(동조항 단서). 다만 채무자가 자기의 채무를 면함으로서 얻은 이익은 이를 채권자에게 상환하여야 한다(제538조 제2항).

2) 전부불능과 일부불능

① 전부불능

「전부불능(全部不能)」이라 함은? 법률행위의 목적의 전부가 실현 불가능한 경우를 말한다. 예컨대 양도하기로 계약한 물건의 전부가 불에 타버려 이행이 불능인 경우를 말한다. 이러한 전부불능의 경우에는 법률행위는 무효이다. 그리고 이는 법률행위 전체에 대하여 원시적 불능인가 후발적 불능인가에 따라서 그 배상의 여부가 결정된다.

138) 법률용어 살펴보기 ☞「위험부담(危險負擔)」이라 함은? 쌍무계약의 일방의 채무가 채무자에게 책임없는 사유로 이행불능이 된 경우에 반대급부의 채무의 위험을 누가 부담할 것이냐의 문제를 말한다. 우리민법은 채무자위험부담주의를 취하고 있다. 만일 쌍무계약상 일방당사자의 책임있는 사유로 후발적으로 불가능하게 된 경우에는 채무자가 위험부담을 하며 채권자는 반대급부의무도 없어지고 손해배상의 청구권도 갖는다. 「채무자주의(債務者主義)」라 함은? 쌍방계약에 있어서 일방의 채무가 채무자의 책임으로 돌아가지 않는 사유로 인하여 이행불능이 되어 소멸한 경우에 타방의 채무도 또한 소멸한다는 주의이다. 채권자주의(債權者主義)에 대한다. 민법은 채무자주의(債務者主義)를 원칙으로 하지만(민법 제537조, 제538조) 예외적인 경우가 있다.

② 일부불능

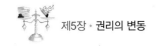

㉮ 「일부불능(一部不能)」이라 함은? 법률행위의 목적의 일부만이 불능인 경우를 말한다. 예컨대 양도하기로 계약한 물건의 일부만이 불에 탄 경우를 말한다. 이러한 일부불능에는 '양적 일부불능'과 '질적 일부불능'이 있다. 예컨대 두 대의 특수자동차를 주문하였는데 한 대만 공급한 상태에서 공장이 불이 나서 나머지 한 대의 공급이 불능인 경우는 '양적 일부불능'이고, 가옥을 매도한 매도인의 경우에는 매매목적물의 인도의무와 소유권이전의무를 부담하게 되는데 사정상 인도의무의 이행만 가능하고 소유권이전이 불가능한 경우는 '질적 일부불능'이다.

㉯ 민법 제137조 본문은 「법률행위가 일부분이 무효일 경우 그 전부를 무효로 한다」라고 규정함으로써 법률행위의 일부분이 무효인 때에는 원시적으로 그 법률행위 전부를 무효라고 하였다. 즉 이는 일부를 무효로 하는 것이 아주 당사자의 의사에 반하는 경우에는 전부무효로 본 것이다. 그러나 동조 단서는 「그 불능인 부분이 없더라도 당사자가 법률행위를 하였을 것이라고 인정될 때에는 불능 부분만이 무효이다」라고 규정함으로써 그 불능인 부분이 없더라도 법률행위를 했으리라고 인정될 때에는 불능 부분만이 무효이고 그 불능인 부분에 관하여만 채무불이행의 손해배상청구권이 발생한다.

㉰ 한편 민법은 그 밖에도 일부무효의 효과에 관하여 개별적으로 규정하는 경우가 있다. 이는 권리의 존속기간에 관하여 당사자가 법정기간(法定期間) 이상의 장기간을 약정한 때에는 법정기간으로 단축된다는 규정이다(제312조 제1항 · 제591조 제1항 · 제651조 제1항 등). 이 경우에는 그 규정에 따라 효과가 주어지고 상기 제137조 규정의 적용은 없다.

잠깐!! 민총, 깊이보기

- 일부불능에 있어서, 예를 들어 김선달이 A地를 임꺽정에게 팔았는데 그 A地의 일부가 황진이의 소유인 경우라면 '매도인(賣渡人)의 담보책임(擔保責任)'에 관한 문제를 제기할 수 있다. 이 때 매수인 임꺽정은 선의·악의를 불문하고 대금감액을 청구할 수 있으며(제572조 제1항), 더욱이 매수인 임꺽정이 선의인 경우에는 대금감액청구 또는 계약의 해제 외에도 다시 손해배상을 청구할 수 있다(제572조 제3항). 다만 해제의 경우에는 원칙적으로 해제할 수 있는 것이 아니라, 매수인이 잔여부분만으로는 이를 매수하지 아니하였을 경우에 해당되어야 비로소 계약전부를 해제할 수 있는 것이다(제572조 제2항). 상기(제572조에 해당하는)의 권리는 매수인이 선의인 경우에는 '권리의 일부가 타인에게 속한 것을 안 날로부터 1년 이내에, 매수인이 악의인 경우에는 '계약한 날로부터 1년 이내에 행사' 하여야 한다(제573조).

3) 법률적 불능과 사실적 불능

「법률적 불능(法律的 不能)」이라 함은? 2가지가 있다. 법률행위의 목적을 실현하는 것이 물리적으로나 사실상으로는 가능하지만 법률이 허용되지 않아서 실현될 수 없는 경우와 그 밖의 법률상 장애사유로 인하여 그 실현이 불능이 된 경우가 있다. 이 경우는 모두 무효가 된다. 아편 또는 물권의 매매계약(형법 198조)은 전자의 예이고 부동산 질권의 설정계약은 후자의 예이다. 판례는 국토이용관리법상의 규제구역 내의 토지매매계약은 관할관청의 허가를 받아야만 그 효력이 발생하고 그 허가를 받기 전에는 채권적 효력도 발생하지 아니한다고 하여 무효이다(대판 1992.10.13. 92다16836). 그리고 「사실적 불능(事實的 不能)」이라 함은? 법률행위의 목적을 실현하는 것이 모든 사람에게 전혀 불가능한 것은 아니지만 극복하기 힘든 어려움이 있어 어떤 사람도 이를 실현하려고 하지 아니 할 경우의 불능을 말한다. 이 경우는 무효가 된다. 예컨대 '태평양 가운데 빠뜨린 반지를 찾아 주겠다'는 계약의 경우가 그것이다. 이 경우는 계약자의 능력에 따라 가능할지 모르나 자연적·물리적 이유로 하여 일반 상식적으로 불능한 것이다. 즉, 사실적으로 불능인 것이다. 법률적 불능과 사실적 불능에 대한 구별의 실익은 없고 어느 경우에도 무효이다.

4) 객관적 불능과 주관적 불능

「객관적 불능(客觀的 不能)」이라 함은? 어느 누구도 법률행위의 목적을 실현할 수 없는 경우를 말한다. 예컨대 "돌을 금으로 만들어 주겠다" 또는 "태평양 가운데 빠뜨린 반지를 찾아주겠다"는 계약 등이 그것이다. 그리고 「주관적 불능(主觀的 不能)」이라 함은? 당해 법률행위의 채무자만이 실현할 수 없는 경우를 말한다. 예컨대 "대구사과를 취급하지 않는 자가 대구사과를 공급해 주겠다" 또는 "피아노를 연주하지 못하는 자가 피아노연주계약을 하겠다"는 계약을 한 경우가 그것이다. 이러한 구별의 실익은 주로 조달채무(調達債務)의 경우에 있는데, 상기의 예에서 주관적 불능의 개념을 사용하면 종류채무(種類債務)에 관하여 조달의무를 인정하게 되므로 채무의 목적물인 대구사과를 시장에서 조달이 가능한 한 채무자는 이를 이행하지 않으면 안 된다. 또한 상기의 예에서 피아노연주의 실현이 불가능하기 때문에 무효라고 단정하지 말고 당사자의 의사표시의 모습에 따라 처리하여야 할 것이다. 이는 비진의의사표시(제107조)·통정허위표시(제108조)·착오(제109조) 등의 문제로 처리하는 것이 타당하다. 그리고 이는 객관적 불능의 경우에도 마찬가지이다(고상룡 353면).

5) 물리적 불능과 경제적 불능

「물리적 불능(物理的 不能)」이라 함은? 자연법칙 상으로 법률행위의 목적을 실현하는 것이 불가능한 경우를 말한다. 그리고 「경제적 불능(經濟的 不能)」이라 함은? 법률행위의 목적을 실현하는 것이 상당한 경제적 손실을 초래하여 채무자에게 이를 기대할 수 없는 경우를 말한다.

6) 일시적 불능과 영구적 불능

「영구적 불능(永久的 不能)」이라 함은? 상당기간 또는 영원히 실현가능성이 없는 불능을 말한다. 그리고 「일시적 불능(一時的 不能)」이라 함은? 일시적인 불능사유가 제거되면 후에 이행이 가능할 것으로 예상되는 잠재적 불능을 말한다. 이러한 구별은 시간적 계속성에 따른 구별이다. 일시적 불능은 후에 가능하게 되는 것이므로 채무자는 이를 이유로 하여 채무자로 하여금 이행지체에 빠지게 할 수 없으며, 일시적 장애사유가 제거될 때까지 기다려야 한다(김증한 274면).

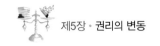

4. 법률행위의 목적(내용)의 「적법성」

(1) 개 념

민법상 적법(適法)·부적법(不適法)의 문제는 법률행위를 유효로 할 것이냐 아니면 무효로 할 것이냐를 결정하는 대단히 중요한 요인이다. 그런데 법률행위의 목적이 '적법(適法)'하다는 것은 '강행규정'에 반하지 않는다는 의미이다. 따라서 법률행위의 내용은 효력요건(☞有效要件)도 충족하여야 하지만 강행규정에 위반하지 않아야 한다. 즉, 법률행위가 강행규정에 위반하는 경우라면 이는 부적법·위법한 것이 되어 무효가 된다. 민법 제105조는 「법률행위의 당사자가 법령중의 선량한 풍속 기타 사회질서에 관계없는 규정과 다른 ……」 라고 규정하고 있는데 여기서 "선량한 풍속 기타 사회질서와 관계없는 규정"은 「임의규정(任意規定)」을 의미하므로, 이를 반대해석하면 "선량한 풍속 기타 사회질서와 관계있는 규정"은 「강행규정(强行規定)」이 된다(제105조의 반대해석). 이러한 강행규정은 사적 자치의 원칙(私的 自治의 原則)이 인정되지 않고 당사자의 의사에 의해서 마음대로 적용을 배제할 수 없으며 당사자의 의사와 상관없이 적용된다. 단, 목적의 적법성과 사회적 타당성의 관계에 관하여 학설은 일치하지 않으나 판례는 이를 별개로 파악하고 있다(대판 2001.5.29. 2001다1782).

(2) 강행규정

1) 구별기준

어떠한 규정이 강행규정인가에 관하여는 일반적 원칙이 없으므로 각각의 법규마다 구체적으로 그 성질·의미·목적 등을 고려하여 개별적으로 확인하여야 한다. 즉, 당해 규정이 선량한 풍속 기타 사회질서에 관한 것이어서 이에 위배되는 경우, 이를 무효로 하는 것이 타당한가 아닌가에 대하여는 당해사항에 관하여 사적 자치(私的 自治)를 허용하지 않는 것이 타당한가의 여부에 따라서 합목적적으로 정하여야 할 것이다.

2) 민법상 강행규정

① 서

우리 민법은 어떠한 규정이 강행규정에 해당하는 지에 관하여 명문규정을 두고 있는 경우도 있지만 두고 있지 않은 경우도 있다. 따라서 이 경우에는 법규의 성질 및 사회적 의의 그리고 목적 등을 고려하여 구별하여야 한다.

② 민법상 강행규정

선량한 풍속 기타 사회질서와 관계있는 규정으로서 당사자의 의사에 의하여 그 규정의 적용을 배제할 수 없는 규정이 「강행규정」이다. 민법상 강행규정으로는 i) 사회의 기본적 윤리관을 반영하는 규정(제103조) ii) 법률질서의 기본구조에 관한 규정(☞권리능력·행위능력, 법인제도 등) iii) 제3자와 사회일반의 이해에 직접 중요한 영향을 미치는 규정(☞물권편에 그 예가 많음: 물권법정주의 등) iv) 거래의 안전을 위한 규정(☞有價證券에 관한 규정 등) v) 친족관계질서·상속의 기본체계유지 등 가족관계질서의 유지에 관한 규정(☞친족·상속편에 그 예가 많음) vi) 경제적 약자 보호를 위한 규정(☞특별법·주택임대차보호법·상가건물임대차보호법 등, 민법 제104조·제289조·제608조·제652조 등) vii) 시효에 관한 규정(☞제162조 이하·제245조 이하) 등을 들 수 있다.

잠깐!! 민총, 깊이보기

신의성실의 원칙에 관한 규정은 강행규정의 내용인가에 대한 문제가 제기된다. 이는 강해법규의 내용이라고 볼 수 없다. 그 이유는 이는 대부분 강행규정에 해당되지만 반드시 그러한 것은 아니기 때문이다. 예컨대 상린관계(相隣關係)의 규정(제215조~제244조)은 임의규정이라고 본다.

(3) 단속규정

행정법상 단속규정은 일정한 행정목적을 실현하기 위하여 설정된 것인데, 이러한 규정이 사적(私的) 거래와 관련해서 이 규정을 위반하였을 경우에 계약의 사법적(私法的) 효과(☞유효 · 무효)가 문제된다. 즉 단속규정에 위반하는 계약의 사법상(私法上)의 효력이 문제되는 것이다. 이에 대한 학설의 견해는 다음과 같다.

1) 다수설은 효력규정(效力規定) 이외에 행정단속상으로 일정행위를 금지 · 제한하는 단속규정(團束規定)[139]도 강행규정의 일종으로 이해한다는 견해이다(곽윤직 · 김증한 · 김용한 · 황적인). 이 견해에 의하면 '효력규정'을 위반하는 행위는 사법상(私法上)의 효력을 부정하는 것이지만(☞무효), '단속규정'은 이를 위반하더라도 행정상의 단속에 의해서는 위반자가 처벌받지만 그 행위의 사법상(私法上) 효력에는 아무런 영향이 없는 것(☞유효)이라고 한다. 그러나 소수설에 의하면 강행규정와 단속규정을 구별하여 대치시키고 다시 단속규정을 이에 위반하는 법률행위를 무효로 하는 '효력규정(예: 수산업법 제33조에 위반하여 어업권을 임대차 하는 행위)'과 법률행위를 무효로 하지 않고 단지 이에 위반하는 행위에 관하여 단속상의 제재 등 불이익을 가하는 '단순한 단속규정(예: 무허가음식점에서의 음식물판매행위)[140]'으로 구별한다(김기선). 이는 유력설이지만 이 설에 의할 때에는 어느 것이 효력규정이며 어느 것이 단순한 단속규정이냐의 구별이 곤란하다는 단점이 있다.

2) 정리하면 강행규정에는 효력규정과 단속규정 두 가지가 있는데, 여기서 효력규

---

139) 법률용어 살펴보기 ☞ 「단속규정(團束規定)」이라 함은? 그 규정에 위반하여도 사법상(私法上)의 효과에는 영향이 없고 다만 벌칙(罰則)의 적용이 있다.

140) 법률용어 살펴보기 ☞ 「단순한 단속규정(單純한 團束規定)」이라 함은? 사법상(私法上)의 효력에는 영향을 미치지 않고 단지 이에 위반하는 행위에 대하여 단속상의 제재 등 불이익을 가하는 규정이다.

정(☞소수설에 의할 때는 강행규정와 효력규정을 가진 단속규정)을 위반하는 행위는 사법상(私法上)의 효력이 부정되어 무효가 되며, 단속규정(☞소수설에 의할 때는 단순한 단속규정)을 위반한 데 불과한 행위는 사법상(私法上)의 효력에는 아무런 영향을 미치지 않고 단지 행위자가 단속상의 제재(☞벌칙)를 받을 뿐이다. 이 가운데 종래부터 문제가 되는 것을 설명하면 다음과 같다.

① 단순한 단속규정을 위반하였을 뿐 사법상 유효가 되는 경우

행정법규(특히 경찰법규)는 단순한 단속법규이므로 그에 위반하는 행위는 원칙적으로 사법상(私法上) 효력에는 유·무효의 문제가 생기지 않는다. 즉 무효로 되지 않고 유효하다. 그 예는 다음과 같다.

ⓐ 식품위생법을 위반한 무허가 음식점의 영업행위(동법 제37조·제94조 3호)
ⓑ 공중위생관리법을 위반한 허가없이 숙박업을 하는 행위(동법 제3조·제20조)
ⓒ 국가공무원법을 위반한 공무원의 영업행위(동법 제64조)
ⓓ 행정관청의 허가를 받지 않고서 개설한 시장에서의 영업행위
ⓔ 총포·도검·화약류단속법을 위반한 총포화약류의 거래행위
ⓕ 광업권자의 명의를 빌려서 채굴한 광물의 매각(통설)
ⓖ 농산물품질관리법을 위반한 검사에 불합격한 농산물의 거래행위
ⓗ 의료법을 위반한 무허가의사의 의료행위
ⓘ 약사법을 위반한 무허가약사의 약사행위
ⓙ 공중위생법을 위반한 유기장업·수영장업·목욕탕업·이용업·미용업 등 영업행위
Ⓚ 상호저축은행법을 위반한 동일인에 대한 대출액제한초과대출
Ⓛ 공인중개사의 업무 및 부동산 거래 신고에 관한 법의 제한을 초과하는 부동산 중개 수수료 약정(대판 2007.12.20. 2005다32159).

② 명의를 대여한 계약으로 무효가 되는 경우

법률이 엄격한 표준을 정하여 일정한 자격을 갖춘 자에게만 일정한 기업을 허용하는 경우에는 그 법규를 "효력규정"으로 보는 것이 통설이다. 따라서 광업권·어업권·증권회사·전당포·자동차운송사업 등의 영업에 있어서 위의 허가나 면허를 받은 자

가 그 '명의를 대여하는 계약'은 무효로 해석된다. 그러나 판례는 무효가 아니라고 한다(대판 1998.2.27. 97다49251; 대판 2006.1.27. 2005다59871; 대판 2010.12.23. 2008다75119; 대판 2011.1.13. 2010다67890 참조).

살아있는 Legal Mind!!!

상기의 명의대여계약(名義貸與契約)은 무효이나 그 명의를 빌린 자가 다시 타인에게 대여하는 계약은 유효하다. 예컨대 덕대계약(德大契約), 즉 광업권자의 명의를 빌려서 광물을 채굴하는 자가 그 명의에 근거하여 그 명의를 제3자에게 양도하는 행위나 채굴한 광물을 제3자에게 판매하는 계약은 유효하다고 본다(광업법 제8조 · 제11조). 그 이유는 만약 그러한 계약까지지도 무효라고 한다면 거래의 안전을 크게 해치기 때문이다(다른 견해도 있음).

③ 민법 제103조가 개입됨에 따라 무효가 되는 경우

사법상(私法上)의 효과에는 영향을 미치지 않는 단순한 단속법규에 위반하는 행위라도 당사자가 통정(通情)하여 이러한 행위를 한 경우에는 선량한 풍속 기타 사회질서(☞민법 제103조가 개입됨에 따른 경우)에 반하므로 이러한 법률행위는 무효라고 할 것이다(곽윤직 · 김주수 · 이영준).

④ 계약의 목적이 단속법규에 위반하여 무효가 되는 경우

계약의 목적이 단속법규에 위반하여 무효로 된 경우의 "계약체결상의 과실책임"에 관하여 우리 민법은 규정을 두고 있지 않다. 그러나 민법 제535조 제1항 「목적이 불능한 계약을 체결할 때에 그 불능을 알았거나 알 수 있었을 자는 상대방이 그 계약의 유효를 믿었음으로 인한 손해를 배상하여야 한다. 그러나 그 배상액은 계약이 유효함으로 인하여 생길 이익액을 넘지 못한다」라고 한 규정과, 동조 제2항 「전항의 규정은 상대방이 그 불능을 알았거나 알 수 있었을 경우에는 적용하지 아니한다」라고 한 규정을 유추적용할 것인가가 문제된다. 결국 '계약의 목적이 단속법규에 위반하여 무효로 된' 경우에 상기 조항을 유추적용하여 「계약을 체결할 때에 목적이 불능한 것을 알았거나 알 수 있었을 자」는 상대방이 계약의 유효를 믿었음으로 인하여 발생한 손해(☞信賴利益의 損害)를 배상하여야 한다고 보아야 한다(독민 §309 참조)(김주수 · 이영준).

살아있는 Legal Mind!!!

단속법규위반 법률행위가 무효가 된 경우에 법률행위 당시 존재하던 단속법규가 법률행위 후에 폐지되었다 하더라도 법률행위는 다시 유효로 되지 않는다는 견해도 있다(이영준 205면). 다만 단속법규가 폐지될 것을 예상하고 이 경우를 대비하여 당해 법률행위를 한 것으로 인정되는 경우에는 처음부터 그러한 법률행위는 유효라고 본다.

(4) 탈법행위

1) 「탈법행위(脫法行爲)」라 함은? 강행법규가 금지하고 있는 실질적 내용을 다른 수단을 통하여 합법적(合法的)으로 꾸미고 그 법규가 금지하고 있는 내용을 실현하는 행위를 말한다. 이러한 탈법행위(☞간접적 위반)는 원칙적으로 무효이다. 그 예로서 원칙적으로 공무원 또는 군인의 연금을 받을 권리(☞연금지급권)는 대통령령으로 정하는 금융기관의 담보로는 제공할 수 있지만 그 밖의 담보로는 제공할 수 없게 되어 있는데(공무원연금법 제32조), 이러한 연금법상의 담보금지규정을 회피하기 위하여 금전차용시에 채무자가 채권자에게 연금증서를 교부하고 차용금을 완제(完濟)할 때까지 연금의 취득을 채권자에게 위탁한다는 계약을 체결한 경우를 들 수 있다. 이 경우는 실질적으로 연금권을 담보로 제공한 것과 같은 결과가 생기게 된다.

2) 그러나 강행법규가 금지하는 것을 회피하는 모든 행위가 탈법행위로서 무효로 되는가가 문제된다. 강행법규가 단지 특정한 수단에 의해 어떤 효과를 발생시키는 것을 금지하고 있는 경우에 이를 다른 수단에 의해 같은 효과를 발생시키는 것은 탈법행위가 아니고 이는 유효한 행위가 된다고 보아야 한다. 예컨대 채권을 담보하기 위하여 목적물의 소유권을 채권자에게는 양도하고 채무자가 빌려서 계속하여 사용한다는 방법으로 행하여지는 동산의 양도담보(讓渡擔保)는 동산 위에 질권을 설정할 때에 목적물을 질권자에게 인도하여야 한다는 취지의 조항인 제332조와 채무불이행의 경우의 유질계약(流質契約)[141]을 금지하는 제339조의 강행규정을 회피하는 수단이 된다. 담보제도의 불비(不備)와 거래사회의 수요

141) 법률용어 살펴보기 ☞「유질계약(流質契約)」이라 함은? 채무자가 변제기가 되었음에도 채무를 이행하지 않는 경우에는 채권자가 질물(質物)을 마음대로 팔고 그 매매대금을 가지고 우선적으로 채권의 변제에 충당할 것을 내용으로 하는 계약을 말한다. 우리 민법에서는 이를 금지하고 있다.

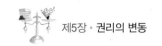

를 생각한다면 위의 두 규정은 질권설정의 경우에만 적용되고 기타의 방법으로 담보제공하는 경우에는 적용되지 않는다고 해석하여야 할 것이다(통설·판례). 대체로 경제적 약자의 보호를 유일한 목적으로 하는 강행규정에 있어서 회피수단은 무효로 되지만, 거래의 안전을 주된 목적으로 하는 강행규정에 있어서는 회피수단을 탈법행위로 보지 않고 유효한 것으로 다루고 있다(대판 1992.9.14. 92다17754; 대판 1997.6.27. 97다9529; 대판 1999.9.7. 99다14877참조).

5. 법률행위 목적(내용)의 「사회적 타당성」

임의법규에 반하는 법률행위(☞特約)는 유효하지만 강행법규에 위반하는 행위는 무효로 된다. 성문법주의에 의하면 행위가 법문(法文)의 강행법규를 위반하지 않는 한 그 행위는 유효한 것으로 보고 있지만, 민법 제103조에서는 선량한 풍속 기타 사회질서에 위반한 사항을 내용으로 하는 법률행위를 무효로 하여 금지하고 있으며 제104조에서는 불공정한 법률행위에 대해서도 무효로 하여 금지하고 있다. 이러한 규정은 비록 법률행위의 목적이 개개의 강행법규에 위반하지 않았다 하더라도 '사회적 타당성'을 잃었을 때, 즉 선량한 풍속 기타 사회질서에 위반하는 때에는 무효로 하여 법률행위의 내용을 일반적·포괄적으로 규제할 수 있도록 한 것이다. 여기에 관한 판례의 태도는 분명하지 않다(대판 1972.10.31. 72다1271·1272: 대판 1984.12.11. 84다카1402; 대판 1996.4.26. 94다34432 참조).

잠깐!! 민총, 깊이보기

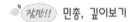

이후에서 다시 설명하겠지만 일반적으로 '선량한 풍속·사회질서·공정성'을 합하여 「사회적 타당성(社會的 妥當性)」이라고 한다.

(1) 반사회질서의 법률행위

처자까지 있는 김선달은 황진이와 소위 첩계약을 하고
그 계약조건으로 아파트 한 채를 사주기로 하였다.
이 경우의 김선달과 황진이간의 계약은 유효한가?

1) 제103조의 해석

① 서 언

민법 제103조는 「선량한 풍속 기타 사회질서에 위반한 사항을 내용으로 하는 법률행위는 무효로 한다」 라고 규정함으로써 법률행위의 목적이 개개의 강행법규를 위반하지 않았더라도 '선량한 풍속 기타 사회질서'에 위반한 경우에는 사회적 타당성(社會的 妥當性)이 없으므로 무효가 된다. 설문의 예에서 김선달과 황진이의 행위는 일부일처제의 혼인질서에 반하는 것으로서 반사회적 법률행위가 되어 무효이다. 따라서 김선달은 황진이에게 아파트를 사주지 않아도 황진이는 그 이행을 청구할 수 없다.

② 선량한 풍속 기타 사회질서의 의미

선량한 풍속 기타 사회질서는 사회생활의 평화와 질서를 유지하는데 있어서 반드시 일반국민이 지켜야 할 일반규범이 된다(다수설). 따라서 제103조에서의 '선량한 풍속'은 모든 국민에게 요구되는 사회의 일반적 도덕관념으로서 인륜·도덕·정의를 내포하는 개념을 말하는 것이고 '사회질서'는 국가사회의 공공적 질서, 즉 사회생활의 평화와 질서를 유지하는데 있어서 국민이 지켜야 할 일반규범을 말한다. 이는 영미법의 "공공의 정책(公共의 政策)"에 해당한다(권용우 342면).

살아있는 Legal Mind!!!

선량한 풍속과 사회질서의 의미에 관한 상기의 다수설과 달리, 소수설의 입장은 선량한 풍속 기타 사회질서는 현행 법질서의 법적 확신이 실현하고자 하는 가치이며 법규범이므로, 제103조의 요건과 효과를 결합하여 그 의의를 확정하여야 한다는 견해이다(이영준).

③ 선량한 풍속과 사회질서는 어떠한 관계를 가지는가?

선량한 풍속과 사회질서는 서로 대립하는 개념인가 아니면 서로 보완하는 개념인가에 관하여 학설은 다음과 같이 나누어진다.

㉮ 사회질서상위개념설

'선량한 풍속'은 사회의 일반적 도덕관념 즉 모든 국민에게 지킬 것이 요구되는 최소한도의 도덕률을 의미하고 '사회질서'는 국가·사회의 공공적 질서 내지 일반적 이익을 의미한다. 따라서 '선량한 풍속'은 상위개념인 '사회질서'의 일종으로 이해되며 제103조의 중심개념을 이룬다(곽윤직 · 김용한).

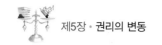

㈏ 포괄개념설

'선량한 풍속' 과 '사회질서'는 그 한계가 애매하고 양자의 범위가 대부분 일치하므로 구태여 구별함은 실익이 없다. 따라서 양자는 범위가 대부분 일치하므로 구태여 구별하여 사용할 필요가 없이 일괄하여 「사회적 타당성」 이라는 말로 사용하면 될 것이다(고상룡 · 김주수).

㈐ 병존개념설(대립개념설)

'선량한 풍속'은 윤리개념인대 반하여 '사회질서'는 공익개념이다. 즉 이 견해에 의하면 '선량한 풍속'은 성생활 등 가족생활에서 준수하여야 할 도덕률을 의미하고 '사회질서'는 선거에 관한 질서 등을 의미하므로 양자는 병존개념 또는 대비개념이고 후자가 전자의 포괄개념은 아니라고 보는 견해이다(김증한 · 이영준 · 김상용).

살아있는 Legal Mind!!!

■ 민법 「제103조의 기능」에 대한 최근의 학설

① 민법의 행동원리이론

사회질서의 원칙은 초기에는 근대민법 3대 원칙의 하나인 법률행위자유의 원칙에 대한 한계원리에 지나지 않았으나, 현대 민법의 최고의 원칙 내지 최고의 이념으로 공공복리를 내세움에 따라서 이러한 '사회질서의 원칙'은 공공복리의 실천원리로서 3대 원칙의 상위에 위치하는 행동원리가 되었다는 견해이다(곽윤직 · 김주수 · 김증한 · 김현태 · 방순원 · 이광신 · 이영섭 · 장경학).

② 사적자치의 한계원리이론

공공복리는 신의칙과 권리남용금지를 선언한 민법 제2조에 의해서 실현되어야 하고 '선량한 풍속 기타 사회질서'는 사적 자치의 원칙의 한계원리로 작용할 뿐, 그 보다 상위에서 사소유권존중(私所有權尊重)의 원칙 · 과실책임(過失責任)의 원칙을 수정하는 기능까지 가지는 것은 아니라고 한다(이영준).

③ 동위원칙설.

사회성의 원칙은 계약공정의 원칙과 같은 취지이며 당사자에게 부여된 사적 자치 및 계약자유의 법리와 나란히 우리 민법의 기본원리가 되고 있으므로 사적 사치와 사회성은 양자가 조화를 이루는 범위에서 허용되어야 한다고 한다(이은영).

2) 제103조의 위반의 요건

① 주관적 요건

법률행위를 할 당시에 선량한 풍속 기타 사회질서에 반한다는 사정을 인식하고 있어야 한다. 이에 관해서는 '동기의 불법성'과 관련하여 다른 견해가 있다. 제 103조의 법문에서는 객관적 요건만을 말할 뿐 표시·인식과 같은 주관적 요건은 요구하지 않고 있기 때문에 요건에 해당되지 않는다는 견해도 있다(이은영).

② 객관적 요건

객관적으로 법률행위가 외견상 선량한 풍속 기타 사회질서에 반하여 행해져야 하고(계약서 작성 등) 법률행위 내용이 이 사항을(반사회적)포함하고 있어야 한다.

3) 사회질서위반행위의 유형

① 형식적 분류

사회질서위반행위의 모습을 형식적으로 분류하면 다음과 같다.

㉮ 법률행위의 내용 자체가 반사회성을 띠는 것(예: 살인 · 도박)

㉯ 계약적 구속에 의하여 위법이 되는 것

i) 구속하는 것 자체가 위법성을 생기게 하는 경우(예: 혼인의 강제)

ii) 과도한 구속이 위법성을 생기게 하는 경우(영업자유의 제한)

㉰ 대가(對價)의 결합이 위법성을 생기게 하는 것(예: 뇌물계약)

㉱ 급부(給付)와 불균형한 대가(對價)를 결합시킴으로써 위법이 되는 것(예: 폭리행위)

㉲ 조건을 붙임으로써 위법이 되는 것

i) 선량한 풍속 기타 사회질서에 반하는 조건을 붙인 경우(예: 범죄를 조건으로 금전을 주는 계약)

ii) 불법행위를 하지 않는 것을 조건으로 하는 경우(예: 범죄행위를 않겠다는 것을 조건으로 금전을 받는 계약)

㉳ 법률행위의 동기(動機)가 반사회성이 있는 것(☞動機의 不法)

i) 불법이 법률행위 동기에 존재하는 경우(예: 도박을 위한 자금차용)

ii) 동기의 불법이 명백하여 그 행위가 무효로 되는 경우(예: 사회질서에 반한 행위에 대한 보수로서 유증을 받는 것)

제5장

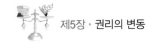

살아있는 Legal Mind!!!

> 동기의 불법(動機의 不法)이 문제된다. 즉 법률행위 자체는 사회질서에 반하지 않으나 그러한 법률행위가 불법한 목적의 수단으로서 행하여질 때, 그 동기의 불법성이 법률행위의 무효를 가져오는가에 관한 문제가 제기되는 것이다. 이에 대하여 학설 중 다수설은 동기가 표시된 때에 한하여 법률행위의 내용을 이루므로 표시된 동기가 사회질서에 반하는 것이면 법률행위는 무효로 되며, 동기가 반사회성을 띠더라도 표시되지 않았으면 무효로 되지 않는다고 하였고, 판례도 "법률행위가 선량한 풍속 기타 사회질서에 위반한 사항을 그 내용으로 한 것이 아니고 단지 법률행위의 연유, 동기 혹은 수단으로 한 것에 불과한 것은 이로써 법률행위를 무효로 할 수 없다"라고 하였다(대판1972.10.31 72다1271). 따라서 동기가 공서양속에 반하는 경우에는 그 표시여부에 따라 유효일 수도 있고 무효일 수도 있게 된다는 것이다.

② 실질적 분류

민법 제103조 규정은 일반 조항으로 되어 있기 때문에, 어떠한 법률행위가 사회질서 위반행위인가를 판례를 중심으로 사례를 들어서 살펴보면 다음과 같다. 이러한 행위는 사회질서위반행위로서 무효이다.

㉮ 정의의 관념에 반하는 행위

i) 형법상 범죄가 되는 행위를 목적으로 하는 계약(예: 살인도급 계약)

ii) 이중매매의 배임행위(背任行爲)를 매수인이 돕는 경우(대판 1966.11.25. 66다1565 ; 대판 1989.3.28. 87다카2372; 대판 2006.9.14. 2005다45537; 대판 2009.3.26. 2006다47677 참조)

iii) 타인으로부터 신탁(信託)받은 재산을 매각·횡령한다는 사정을 알면서도 그 수탁자(受託者)로부터 이를 아주 싸게 매수하는 경우(대판 1963.3.28. 62다862).

iv) 타인에게 매도한 부동산임을 알면서도 증여받은 경우(대판 1983.4.26. 83다카57) 등

v) 밀수입을 위한 자금의 대차(貸借)

Ⅵ) 수사기관에서 참고인으로서 허위진술 대가로 작성된 각서(대판 2001.4.24. 2000다71999 등)

잠깐!! 민총, 깊이보기

> 정의의 관념에 반하는 행위의 그 밖의 예로서 폭력을 행사함을 목적으로 하는 주식회사설립에 출자, 경매·입찰의 담합행위, 대가(對價)를 받고 범죄를 저지르지 않겠다는 계약(예: 명예훼손의 범행을 하지 않겠다는 조건으로 금전을 주는 계약) 등을 들 수 있다.

㉯ 인륜·신분질서에 반하는 행위

i) 일부일처제(一夫一妻制)에 반하는 사항을 목적으로 하는 것으로서 예를 들어 간통을 목적으로 하는 법률행위나 정처(正妻)의 동의유무를 불문하고 '첩계약'을 한 경우(대판 1960.9.29. 4293민상302; 대판 1967.10.6. 67다1134 참조)

ii) 성도덕질서에 반하는 것으로서 예를 들어 '매춘업'에 종사하는 것을 조건으로 받은 선불계약행위(先拂契約行爲)의 경우(성매매 알선 등 행위의 처벌법 제 10조)(대판 2004.9.3. 2004다273488·27495 참조)

iii) 친자(親子)·부부(夫婦) 사이의 인정(人情)·도의(道義)에 반하는 것으로서 예를 들어 夫와 성년인 子 사이에 부정(不貞)을 이유로 하여 이혼을 당한 母와 子가 동거하면 위약금을 지급한다는 모자부동거계약(母子不同居契約)을 맺은 경우(日大判1889 ;明治 32년 3.25)

iv) 子가 부모에 대하여 불법행위에 기한 손해배상을 청구하는 행위(이영준 226면)

잠깐!! 민총, 깊이보기

> 인륜·신분질서에 반하는 행위의 그 밖의 예로서 간호사를 채용하면서 근무기간중 혼인하지 아니할 것을 요구하는 약관에 의한 독신(獨身)계약,, 이혼소송을 제기하거나 제기하지 않기로 하는 약정, 남성간에 성행위를 하는 계약, 인신매매 계약 등을 들 수 있다.

㉰ 특정의 지위를 이용하는 행위

국회의원신분을 이용하여 관계기관에 청탁하여 얻어낸 이권(利權)을 토대로 맺은 동업계약(서울민사지법합의6부1977.8.4 선고)

㉱ 개인의 정신상 또는 신체상의 자유를 극도로 제한하는 행위

i) 일생동안 혼인하지 않겠다는 계약을 맺은 것 또는 절대 이혼 않겠다는 각서를 써 준 것(대판 1969.8.19. 69므18; 대판 1968.8.19. 69므18)

ii) 혼인하면 퇴직하겠다는 약관(約款)에 의하여 각서를 써준 경우

iii) 영업의 자유나 기타의 거래활동을 현저하게 제한하는 계약의 경우로서 예를 들어 피용자(被傭者)가 퇴직 후 일정한 영업을 하지 않겠다는 경업피지의무(競業避止義務)를 내용으로 하는 계약을 맺은 것

살아있는 Legal Mind!!!

- 상기의 영업의 자유나 기타의 거래활동을 현저하게 제한하는 계약의 경우라도 단지, 영업소를 타인에게 넘김에 있어 자신이 일정한 영업의 경우에 그 기간이나 구역에 제한을 두는 경우의 계약은 유효하며 또한 근무자를 해외파견시 귀국일로부터 3년간 의무적으로 근무하여야 하고 이를 위반한 경우에는 해외파견에 소요된 경비를 배상하여야 한다고 하는 회사의 내규에 대한 경우는 사회질서위반행위가 아니다(대판1982.6.22 82다카90).

㉮ 생존의 기초가 되는 재산의 처분행위

i) 생존을 불가능하게 하는 장차 자기가 취득하게 될 전재산을 증여한다는 계약(독민 §310 참조)

ii) 사찰(寺刹)의 존립에 필수 불가결한 임야의 증여행위(대판 1970.3.31. 69다2293) 등

㉯ 도박 등 지나치게 사행적인 행위

i) 도박(賭博)으로 인하여 진 빚을 토대로 하여 발생한 그 노름빚을 갚기로 하는 계약(대판 1966.2.22. 65다2567)·도박자금을 대여하는 행위(대판 1959.7.16. 4291민상260; 대판 1973.5.22. 72다2249 등)·도박으로 진 빚의 변제로서 토지를 양도하는 계약(대판 1959.10.15. 4291민상262)

ii) 무조건 사행적인 행위가 무효가 되는 것은 아니다. 그러나 그 정도가 지나친 사행적인 행위는 모두 무효가 된다.

잠깐!! 민총, 깊이보기

- 뚜렷한 사행성이 있는 법률행위일지라도 법률이 허가한 경마투표권(한국마사회법 제6조 이하)·각종 복권(복권 및 본권 기금법 제3조) 등의 경우는 위법성이 없으므로 유효하다. 하지만 이와 같은 법률의 허가를 받음이 없이 개인이 복권을 발행한 경우는 무효가 된다.

㉰ 과다한 체납금을 징수하는 행위

체납금을 고율의 복리로 징수하기로 한 계약(契約)(대판 1996.4.26. 94다34432).

㉱ 타인의 무사려·궁박을 이용하여 부당한 이익을 얻는 행위(대판 2000.2.11. 99다56833 참조)

㉲ 제 104조 요건을 충족하는 불공정한 법률행위(대판 1992.7.28. 92다14786 참조)

보충정리 사회질서위반행위로 무효가 되는 행위

실질적 분류	내 용
정의의 관념에 반하는 행위	i) 살인도급 계약. ii) 이중매매의 배임행위를 매수인이 돕는 것. iii) 타인으로부터 신탁받은 재산을 매각·횡령한다는 사정을 알면서도 그 수탁자로부터 이를 아주 싸게 매수하는 것. iv) 타인에게 매도한 부동산임을 알면서도 증여 받은 것. v) 명예훼손의 범행을 하지 않겠다는 조건으로 금전을 주는 계약 등
인륜·신분질서에 반하는 행위	i) '첩계약'을 한 것. ii) '매춘계약'을 한 것. iii) 夫와 성년인 子 사이에 不貞을 이유로 이혼당한 母와 子가 동거하면 위약금을 지급한다는 '모자부동거계약'을 맺은 것. iv) 子가 父에 대하여 불법행위에 기인한 손해배상을 청구하는 것
특정의 지위를 이용하는 행위	국회의원신분을 이용하여 관계기관에 청탁하여 얻어낸 利權을 토대로 맺은 동업계약.
개인의 자유를 극도로 제한하는 행위	i) 일생동안 혼인하지 않겠다는 계약을 맺은 것 또는 절대 이혼 않겠다는 각서를 써 준 것. ii) 혼인하면 퇴직하겠다는 약관에 의하여 각서를 써준 경우. iii) 被傭者가 퇴직 후 일정한 영업을 영원히 하지 않겠다는 競業避止義務를 내용으로 하는 계약을 맺은 것
생존의 기초가 되는 재산의 처분행위	i) 생존을 불가능하게 하는 장차 자기가 취득하게 될 전재산을 증여한다는 계약. ii) 사찰의 존립에 필수 불가결한 임야의 증여행위 등
도박 등 지나치게 사행적인 행위	i) 도박으로 인하여 진 빚을 토대로 하여 발생한 노름빚을 갚기로 하는 계약 ii) 도박자금을 대여하는 행위.
과다한 체납금을 징수하는 행위	체납금을 高率의 複利로 징수하기로 한 契約.
타인의 무사려·궁박을 이용하여 부당한 이익을 얻는 행위	불공정한 행위

4) 사회질서를 위반한 법률행위의 효과

① '선량한 풍속 기타 사회질서"에 기하여 이에 반하는 사항을 내용으로 하는 법률행위는 행위자가 의도한 법률효과의 발생이 부정되어 당연히 무효이고(제103조·제104조) 법이 그 실현을 도와주지 않는다. 따라서 그 급부(給付)의 이행전이라면 이를 이행하지 않아도 되며 또한 법률행위에 의하여 권리를 취득한 상대방도 그 이행을 청구하지 못한다. 이 때 그 무효는 소송상의 이익이 있는 자에 한하여 주장 또는 항변할 수 있다(대판 1963.11.7. 63다479).

② 원래는 급부의 이행 후에 원인행위가 무효로 되면 그 급부에 대하여 민법 제741

조에 의한 부당이득반환청구권이 발생하게 된다. 그러나 제103조에 의하여 법률행위가 무효로 된 경우에 이미 그 급부를 이행하였다면 이는 불법원인급여(不法原因給與)[142]가 되어 그 반환을 청구하지 못한다(제746조 본문). 그 이유는 반사회질서에 위반하여 법률행위가 무효로 된 경우에 이에 기하여 이행된 급부에 대하여 부당이득반환청구권을 행사할 수 있도록 하는 것은 법질서가 금지하는 행위를 자행한 자를 보호해주는 결과를 가져오기 때문이다. 다만 불법원인급여에 있어서 불법원인이 수령자측에만 있고 급여자측에는 없거나 대단히 경미한 경우에는 그 복구를 인정하고 있다(제746조 단서).

살아있는 Legal Mind!!!

제103조와 제746조와의 관계에 있어서 통설과 판례는 제746조의 불법(不法)이란 사회질서위반을 가리키는 것으로서 양자는 표리일체(表裏一體)의 관계에 있다고 본다. 그러므로 제103조의 반사회적 행위의 급부(給付)는 제746조의 불법원인급여에 해당한다고 한다. 이에 반하여, 제103조에 해당하는 불법이라도 제746조의 불법에는 해당하지 않는 경우가 있다고 하면서 제746조의 불법개념을 축소해석하는 소수설이 있다(고상용 389면).

③ 법률행위의 일부만이 사회질서에 위반하는 경우에는 일부무효의 법리에 의하여 해결된다(제137조 참조).

④ 제103조는 이 밖에도 불법행위의 위반성을 인정하는 표준이 되고 권리행사를 규제하는 신의칙(信義則)의 내용이 되기도 한다. 이를 채권행위와 물권행위의 경우로 나누어 살펴보면 다음과 같다.

㉮ 채권행위의 경우

채권행위(債權行爲)의 이행전이라면 결국 채권의 효력이 생기지 않으므로 이행할 필요가 없다. 그러나 이행후라면 제746조(불법원인급여)에 의하여 반환을 청구할 수 없다. 물론 제746조의 해석에 따라 견해가 다를 수 있겠지만, 제746조의 불법원인급여의 법리는 제103조의 예외로서 그 불법원인급여는 유효가 되고 반환청구를 할 수 없

142) 법률용어 살펴보기 ☞ 「불법원인급여(不法原因給與)」라 함은? 불법의 원인으로 재산을 급여하거나 노무를 제공한 경우 등을 말한다. 이러한 불법원인급여가 있는 때에는 이익의 반환을 청구하지 못한다. 예컨대 도박자금으로 돈을 대출하여 주는 경우가 그것이다. 그러나 불법원인이 수익자에게만 있는 경우에는 반환을 청구할 수 있다. 즉, 도박자금인 줄 모르고 돈을 빌려준 경우가 이 경우이다.

다고 할 것이다. 따라서 이미 급여된 것은 수익자에게 확정적으로 귀속된다. 판례도 같은 태도였으나 근래에는 불법성 비교론에 따라 다소 다른 모습을 보이고 있다(대판 1993.12.10. 93다12947; 대판 1997.10.24. 95다49530).

㉯ 물권행위의 경우

물권행위(物權行爲)를 사회질서 위반의 이유로 무효로 할 수 있는가에 관하여, 원칙적으로 사회질서 위반은 폭리행위와 달리 채권행위의 경우에만 존재할 수 있으므로 물권행위의 경우에는 사회질서 위반을 이유로 무효로 되지 않는다. 다만 예외적으로 채무자의 전 재산을 담보로 제공한 경우의 물권계약(☞물권적 합의)의 효과로 인하여 일어나는 물권적 권리관계의 변동 그 자체가 사회질서에 위반하는 경우 등에서는 물권행위가 사회질서 위반의 효과로 무효로 되는 수가 있다.

살아있는 Legal Mind!!!

부동산에 대한 이중매매는 채무불이행에 의한 손해배상채권이 발생하므로 자유경쟁의 원리상으로는 허용이 된다고 본다. 그러나 일정한 경우에는 무효가 되는 수가 있다. 사회질서위반행위의 원인으로 인하여 부동산이중매매가 무효로 되려면 매도인의 배임행위(背任行爲)와 매수인의 적극적 가담에 의한 매매행위이어야 한다. 즉, 제2매수인이 타인(☞제1매수인)에게 매매목적물이 매도된 것을 아는 것만으로는 부족하며 적어도 그 매도사실을 알고도 적극적으로 이중매매를 요청하여 이중매매가 이루어져야 하고(대판 1994.3.11. 93다56289), 이 경우의 이중매매는 '반사회적 법률행위'로서 무효이다. (대판 1970.10.23. 70다2038). 이 경우에 제1매수인은 소유권이전등기를 한 제2매수인에게 등기의 말소를 청구할 수 있는데, 다만 제1매수인은 매도인을 대위하여 제2매수인에게 등기말소를 청구할 수 있는 것이다(대판 1980.5.27. 80다카565). 예를 들어 김선달이 자신의 집을 임꺽정(☞제1매수인)에게 매도한 후(제1매매), 사회질서위반행위에 의하여 이를 다시 황진이(☞제2매수인)에게 매도하여(제2매매) 황진이가 소유권이전등기를 한 부동산이중매매의 경우에 제2매매가 반사회질서 법률행위에 해당되어 무효로 되면 제1매수인 임꺽정은 제2매수인인 황진이에게 무효를 주장할 수 있다. 다만, 임꺽정은 소유자가 아니므로 자신이 직접 제2매수인인 황진이에게 등기의 말소청구를 할 수는 없고 임꺽정은 매도인에 대한 자기의 소유권이전청구권을 보전하기 위하여 매도인인 김선달을 대위하여 황진이에게 채권자대위권(債權者代位權 제404조)을 행사할 수 있다는 것이다. 문제는 이러한 이론구성을 함에는 의문이 생기는 것인데, 사회질서위반행위에 기한 부동산이중매매로 인하여 제2매수인 앞으로 소유권이전등기가 된 경우는 불법원인급여가 되므로 매도인(상기의 예에서 김선달)은 제2매수인(상기의 예에서 황진이)에게 반환청구를 하지 못한다는 결과가 된다는 것이다(제746조). 그래서 학설 중에는 위와 같은 경우에는 제746조의 적용이 배제된다고 주장하는 견해도 있다(이영준 254면). 하지만 부동산이중매매가 사회질서위반행위에 해당하면 매매계약은 절대적으로 무효가 되므로 만약 당해 부동산을 제2매수인으로부터 취득한 제3자(전득자)가 제2매수인이 정당하게 부동산소유권을 취득한 것으로 믿었더라도 제3자는 이러한 이중계약이 유효하다고 주장할 수 없다(대판 1996.10.25. 96다29151;대판 1985.11.26. 85다카1580; 대판 2008.3.27. 2007다82875참조). 한편 사회질서 위반행위는 추인을 하여도 추인의 효과가 생기지 않으며, 무효임을 알고 추인하여도 새로운 법률행위를 한 효과가 생기지 않는다(대판 1973.5.22. 72다2249). 이러한 법리는 담보권설정계약에서도 동일하다는 것을 알 수 있다(대판 2008.3.27. 2007다82875).

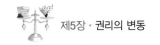

살아있는 Legal Mind!!!

앞에서 밝힌 바와 같이 반사회적 법률행위는 무효이다. 그러나 해소하는 과정의 법률행위는 유효하다. 예컨대 처가 있는 김선달이 황진이와 동거하는 조건으로 아파트 한 채를 사주기로 한 경우의 계약은 반사회적 법률행위가 되어 당연히 무효가 된다. 따라서 김선달이 아파트를 사주지 않아도 황진이는 그 이행을 청구할 수 없다. 그러나 김선달이 불륜관계를 해소하기로 하면서 황진이에게 생활비를 지급하거나 자녀의 양육비를 지급하는 계약은 유효하다. 결국 반사회적 법률행위는 무효이지만 그것을 해소하는 과정에서의 법률행위는 유효하다(대판 1980.6.24. 80다458).

(2) 불공정한 법률행위(폭리행위)

교통사고로 사망한 임꺽정의 처 황진이에게
가해자 김선달이 찾아와 합의할 것을 졸랐다.
이에 세상 물정을 모를 뿐만 아니라 당장 장례비용이 없어 걱정이었던
황진이는 겨우 8분의 1 정도인 1천만원의 합의금만 받고
더 이상 민사상 문제 삼지 않기로 합의하였다.
이 경우의 법률관계는?

1) 의 의

「불공정한 법률행위(不公正한 法律行爲)」라 함은? 상대방의 비정상적인 상태에 편승하여 자기가 행한 급부보다 현저하게 균형을 잃은 상대방의 반대급부(☞부당한 재산적 이익)를 얻어내는 행위로서, 일반적으로 "폭리행위(暴利行爲)"라고도 한다. 이러한 불공정한 법률행위는 반사회질서행위의 대표적인 사례이다. 민법 제104조는 「당사자의 궁박, 경솔 또는 무경험으로 인하여 현저하게 공정을 잃은 법률행위는 무효로 한다」라고 하여 불공정한 법률행위에 관하여 규정하고 있다(대판 1994.11.8. 94다31969). 형법에서는 이로 인하여 부당한 이익을 취하거나 제 3자로 하여금 부당한 이익을 취득하게 한 자에게는 부당이득죄로 처벌하도록 규정하고 있다(형법 제349조).

2) 요 건

민법 제104조는 「당사자의 궁박·경솔 또는 무경험으로 인하여 현저하게 공정을

잃은 법률행위는 무효로 한다」는 규정함으로써 불공정한 법률행위가 되려면 다음의 두 가지 요건을 구비하여야 한다.

① 당사자의 궁박과 경솔 또는 무경험을 이용하여야 한다(주관적 요건).

당사자의 궁박과 경솔 또는 무경험을 이용하여야 한다. 여기서 「궁박(窮迫)」이라 함은? 급박한 곤궁(困窮)(대판 1974.2.26. 73다673)으로서, 즉 벗어날 수 없는 어려운 상태를 말한다. 이는 반드시 경제적 궁박의 경우만을 의미하는 것만 하는 것이 아니라 신체적·정신적인 궁박의 경우도 포함하며(대판 1974.2.26. 73다673; 대판 1996.6.14. 94다46374 등) 궁박 상태는 계속적이든 또는 일시적인 것이든 상관없다. 그리고 「경솔(輕率)」이라 함은? 의사를 결정할 때에 그 행위의 결과나 장래에 관하여 보통인이 기울이는 주의를 하지 않는 심적 상태를 가리킨다. 또한 「무경험(無經驗)」이라 함은? 일반적인 생활경험이 불충분한 것을 말한다(대판 2002.10.22. 2002다38927).

폭리자는 피해자에게 상기의 사정이 있음을 알고 그것을 이용하려는 악의(惡意)가 있어야 한다. 따라서 피해 당사자가 궁박·경솔 또는 무경험의 상태에 있었다고 하더라도 그 상대방에게 피해 당사자의 사정을 알면서 이를 이용하려는 의사 즉 폭리행위의 의사가 없었다면 불공정한 법률행위는 성립하지 않는다(대판 1988.9.13. 86다카563; 대판 1992.10.23. 92다29337; 대판 1996.10.11. 95다1460; 대판 2002.10.22. 2002다38927; 대판 2011.1.13. 2009다21058; 대판 2011.1.27. 2010다53457 등).

잠깐!! 민총, 깊이보기

상기의 궁박의 예를 들면 i) 무학무식(無學無識)한 부녀자가 남편을 잃고 아무런 생업도 없이 어린 남매를 부양할 수 없어 방황하다가 아이들을 고아원에 맡기고 유리걸식(流離乞食, 정처없이 떠돌아 다니며 빌어먹음)하고 있는 경우(대판 1964.12.29. 64다1188) ii) 부친의 위독으로 인해 그 치료비를 마련하기 위하여 하는 수 없이 부동산을 처분하게 된 경우(대판 1968.7.30. 68다83) iii) 妻의 치료비와 장녀의 학교공납금이 필요한 경우(대판 1954.12.23. 4287민상70) iv) 자기 또는 가족의 생존기반이 되는 생업을 유지하기 위해 자본으로서 高利의 금전을 빌린 경우 v) 긴급을 요하는 환자에게 의사가 과다한 보수를 약속케 하는 경우 등을 들 수 있다. 그러나 투기자(投機者)의 일시적인 궁박상태라든가 주택사정이 악화된 대도시에서 주택임차인의 궁박상태 등은 이에 포함되지 않는다(고상용 396면).

② 급부와 반대급부 사이에 현저한 불균형이 있어야 한다(객관적 요건).

급부(給付)와 반대급부(反對給付) 사이에 현저한 불균형이 있어야 한다(대판 2010.2.11.

2009다72643). 이러한 사유는 객관적 요건이 존재한다고 하여 주관적 요건이 당연이 추정되는 것은 아니며(통설·판례; 대판 1977.12.13. 76다2179)), 계약이 무효임을 주장하는 측에서 증명하여야 한다(대판 1970.11.24. 70다2065; 대판 1975.10.7. 75다867; 대판 1991.5.28. 90다19770). 이 경우 어느 정도가 현저한 불균형이냐는 구체적으로 제103조의 '선량한 풍속 기타 사회질서'를 추상적 표준으로 하여 법관이 결정하여야 한다. 또한 불균형을 판정하는 시기(時期)에 관하여 학설의 경우에는 법률행위시를 표준으로 하지만 이행시에 현저한불균형이나 불이익이 없어진 경우에는 무효를 주장할 수 없다고 한다(통설), 판례의 경우에는 이행기를 표준으로 한 경우도 있다(대판 1965.6.15. 65다610; 대판 1974.2.26. 73다673; 1984.4.10. 81다239).

「현저한 불균형」에 대한 판례 ☞ "양도담보(讓渡擔保)로 공여(供與)한 목적물의 가격이 채권액에 비하여 3~4배에 달하는 경우(대판 1954.12.23. 4287民上70)', '대물변제계약에 있어서 대물변제의 목적물인 부동산의 가격이 채권액의 3배 4배에 달하는 경우(대판 1962.2.8. 4293민상773)', '시가(時價)의 2분의 1도 되지 않는 값으로 부동산을 매매한 경우(대판 1964.12.29. 64다1188)에는 현저한 불균형이라고 보고 있다.

☞ 민법 제104조가 규정하는 현저한 공정을 잃은 법률행위란 자기의 급부에 비해 현저하게 균형을 잃은 반대급부를 하게 하여 부당한 재산적 이익을 얻는 행위를 의미하므로, 증여 등 기부행위와 같이 아무런 대가없이 일방이 상대방에게 일방적인 급부를 하는 법률행위는 그 성질상 공정성을 논할 것이 아니다(대판 2000.2.11. 99다56833).

③ 판 단

궁박(窮迫)·경솔(輕率)·무경험(無經驗)은 객관적으로 판단하여야 하고, 이 경우에는 궁박·경솔·무경험 중 하나만 갖추면 되고 세 가지 요건 모두를 갖출 필요는 없다. 판례도 같은 태도이다(대판 1993.10.12. 93다19924등). 그 판단시기는 법률행위시이다(통설). 그러나 대물변제예약에 관해서는 '이행시'를 기준으로 하는 판결이 있다(대판 1965.6.15. 65다610). 그리고 대리에 의한 법률행위 경우에 궁박의 유무는 본인을 표준으로 하여 결정하여야 하지만 경솔·무경험은 대리인을 표준으로 결정하여야 한다. (대판 1972.4.25. 71다2255; 대판 2002.10.22. 2002다38927). 다만 특정한 법률행위를 위임한 경우에 대리인이 본인의 지시에 좇아 그 행위를 한 때에는 본인은 대리인의 경솔·무경험을 주장하지 못한다(제116조 제2항 유추적용; 권오승·이영준).

「불공정한 법률행위의 성립요건」에 대한 판례 ☞ 민법 제104조에 규정된 불공정한 법률행위는 객관적으로 급부와 반대급부사이에 현저한 불균형이 존재하고 주관적으로 이와 같은 균형을 잃은 거래가 피해당사자의 궁박·경솔 또는 무경험을 이용하여 이루어진 경우에 한하여 성립하는 것으로서 약자적 지위에 있는 자의 궁박·경솔 또는 무경험을 이용한 폭리행위를 규제하려는 데에 그 목적이 있으므로 피해당사자가 궁박·경솔 또는 무경험의 상태에 있다 하더라도 그 상대방 당사자에게 위와 같은 피해당사자 측을 폭리행위에 이용하려는 악의가 없었다면 불공정한 법률행위는 성립하지 않는다(대판 1992.2.11. 91다21594)(같은취지: 대판 2002.10.22. 2002다38927; 대판 2009.3.16. 2000다1842).

3) 효 과

① 민법 제 104조는 「당사자의 궁박·경솔 또는 무경험으로 인하여 현저하게 공정을 잃은 법률행위는 무효로 한다」라고 규정함으로써 금전적 행위뿐만 아니라 물권적 행위까지 포함한 폭리행위는 사회질서위반행위의 하나로서 무효이다. 즉, 상기의 객관적 요건과 주관적 요건을 갖춘 불공정한 법률행위는 무효인 것이다. 설문의 예에서 「농촌에서 농사만을 짓고 있던 황진이의 경우는 경제적으로나 정신적으로 궁박하고 무경험한 상태에 놓였다고 할 수 있다. 또한 사고후 1주일 밖에 되지 않는 때에 황진이가 받을 수 있는 금액의 8분의 1도 안 되는 금액으로 김선달과 합의한 것은 현저하게 균형(공정)을 잃은 것으로 이를 불공정한 법률행위라 할 수 있으며 무효이다. 이 경우에 황진이는 자기가 받은 돈 1천만원을 제외한 8의 7을 청구할 수 있다」(대판 1979.4.10. 78다2547).

② 무효로 된 폭리행위가 이행된 경우에는 불법원인(不法原因)은 폭리자(暴利者)에게만 있으므로 제746조 단서 「그러나 그 불법원인이 수익자에게만 있는 때에는 그러하지 아니하다」라고 한 규정이 적용되어 피해자는 급부(給付)한 것을 반환청구 할 수 있다. 그리고 이는 제3자에게도 주장할 수 있다.

③ 그러나 법률행위가 현저하게 공정을 잃었다고 해서 그것이 곧 바로 궁박·경솔하게 이루어진 것으로 추정되어 무효가 되는 것은 아니다(대판 1969.12.30. 69다1873). 이를 주장하기 위해서는 주장자가 궁박이나 경솔 또는 무경험의 상태에 있었던 사실과 상대방이 이것을 알고 이용하여 급부와 반대급부와의 사이에 「현저한 불균형」이 있었다는 것을 증명하여야 한다(대판 1970.11.24. 70다2065).

④ 그리고 우리 법제는 제104조 외에도 유질계약(流質契約)의 금지(제339조)·대물반환(代物返還)의 예약(제607조·제608조)[143]·이자제한법 제2조·대부업 등의 등록 및 금융이용자 보호법 제 8조 등에서 폭리행위를 금하고 있다.

알아두면 편리해요!!!

형법 제349조는 사람의 궁박한 상태를 이용하여 현저하게 부당한 이익을 얻거나 제3자로 하여금 부당한 이익을 얻게 한 경우에는 부당이득죄(不當利得罪)로 처벌하고 있다.

4) 제103조(반사회적 법률행위)와의 관계

제104조의 규정이 없었을 때에는 판례가 불공정한 법률행위를 반사회질서의 법률행위로서 무효로 하였다. 그러나 현행민법은 구민법에는 없었던 제104조를 신설하고, 반사회질서의 법률행위와 불공정한 법률행위를 각각 제103조와 제104조에서 규정하고 있다. 이러한 양자의 관계는 다음과 같이 문제된다.

① 제104는 제103조의 예시규정이다.

구민법에서는 판례에 의하여 불공정한 법률행위를 반사회질서로 처리하여 무효로 하였지만, 현행 우리 민법은 독일민법(§138 Ⅰ)에서 '선량한 풍속에 반하는 행위'를 제2항에 '불공정한 법률행위'로 규정하고 있는 것을 계수하였는데 여기서 양자의 관계가 문제된다. 통설과 판례는 제104조의 폭리행위는 제103조의 사회질서위반의 법률행위의 예시(例示)에 지나지 않는 것이어서 제103조의 하나의 유형에 해당한다는 견해이다(곽윤직·김용한·김주수·이영준 ; 대판 1964.5.19. 63다821). 즉 제103조가 일반적·추상적 규정인데 반하여 제104조는 구체적·개별적 규정이라고 할 수 있다는 견해이다. 실제에 있어서도 불공정한 법률행위는 경제윤리에 반하여 행하여진 행위로서 반사회질서 행위이다. 반면에 이에 대하여 제104조와 제103조는 그 제도적 취지·요건·효과에서 차이가 나는 별개의 것이라고 해석하는 견해도 있다(고상용 392면). 통설이 타당하다고 본다.

---

143) 법률용어 살펴보기 ☞ 「대물반환의 예약(代物返還의 豫約)」이라 함은? 차용물(借用物)의 반환에 관하여 차주(借主)가 차용물에 갈음하여 다른 재산권을 이전할 것을 예약한 경우를 말한다. 이 경우에는 그 재산의 예약당시의 가액(價額)이 차용액(借用額) 및 이에 붙인 이자(利子)의 합산액(合算額)을 넘지 못하도록 하고 있다(제607조 참조)

② 제104는 제103조의 선택규정이다.

제104조의 요건을 갖추게 되면 그것을 제103조에도 해당된다고 볼 것이므로 당사자는 어느 쪽으로든 선택적으로 주장할 수 있다. 또한 비록 제104조의 요건을 완전히 갖추지 못한 법률행위의 경우에도 그 행위는 제103조에 위반하는 반사회적 행위의 위반으로서 무효로 될 수 있다. 예컨대 제104조의 주관적 요건인 당사자 일방이 궁박·경솔·무경험의 상태에 있지는 않지만 객관적 요건으로서 급부와 반대급부 사이에 현저한 불균형이 있는 경우는 제104조의 불공정한 법률행위로는 되지 않지만, 이것이 건전한 사회관념에 반하는 경우라면 그것은 제103조에도 해당한다고 볼 것이므로 당사자는 어느 쪽이든 선택적으로 주장할 수 있다.

V 법률행위의 해석

1. 법률행위의 해석 일반

(1) 법률행위 해석의 의의

「법률행위의 해석」이라 함은? 법률행위의 목적 내지 내용을 명확하게 확정하는 것을 말한다. 법률행위는 사적 자치를 달성하기 위한 수단으로써 인정되는 것이므로, 의사표시에 있어서 표의자의 내심의 의사와 외적으로 표시된 의사가 일치하여야만 당사자가 원하는 대로 법률효과가 발생한다. 그러나 실제의 거래에 있어서는 어떠한 사정에 의하여 표의자의 내심의 의사와 표시가 일치하지 않는 경우가 발생할 수가 있는데, 이를 '의사와 표시의 불일치' 또는 '의사의 흠결'이라 한다. 이 경우에 의사주의를 따르게 되면 그 효력을 인정할 수 없지만 표시주의를 따르게 되면 그대로의 효력이 생기며 우리 민법이 취하고 있는 절충주의를 따르게 되면 사회와 본인의 이익의 조화를 꾀하게 된다(자세한 것은 후술하는 '의사표시일반'을 참조할 것). 하지만 상기의 어떠한 견해에 따르더라도 사적 자치의 수단으로서의 법률행위에 의한 법률효과를 부여하기 위해서는 법률행위의 내용을 명확하게 해석하여 확정함이 선행되어야 한다. 이러한 법률행위의 해석이 특히 필요한 경우는 구체적으로 의사표시의 존부(存否)가 불분명하거나 다의적(多意的)인 표시행위가 있거나, 의사와 표시가 불일치하는 경우 및 숨은 불합치가 있는 경우 등이다.

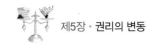

알아두면 편리해요!!!

우리나라 헌법에 있어서 자유민주적 기본질서의 개념 가운데 가장 중요한 것 중 하나는 「자의적 지배(恣意的 支配)」를 부정하는 것이다. 여기서 「자의(恣意)」라 함은 방자한 마음을 의미하며 결국 이러한 방자한 마음으로 국민을 우습게 아는 기본질서, 즉 독재를 하여서는 안 된다는 것이다. 따라서 이러한 '자의'란 개념은 법률행위 해석에 있어서도 반드시 경계하여야 할 개념이다. 참고적으로 법률행위의 해석에 대한 외국의 입법례를 보자면 독일민법은 §133에 「의사표시를 해석할 때에는 진의(眞意)를 탐구하여야 하며 표현의 문구에 구애되어서는 안 된다」라고 규정하고 있고 프랑스 민법 §1156은 「합의에 있어서 용어의 자의(恣意)보다는 계약당사자의 공통된 의사를 탐지해야 한다」라고 규정하고 있다(김형배 259면 참조).

(2) 법률행위 해석의 주체와 객체

법률행위 해석의 주체는 「법원(☞판사)」이고(대판 1974.9.24. 74다105) 객체는 「법률행위」 자체이다. 법률행위 가운데 가장 중요한 요소는 「당사자의 의사표시」이다. 의사표시(意思表示)는 법률행위의 필수 불가결한 요소이므로 법률행위의 해석은 곧 의사표시의 해석이라고 보고 있다. 의사표시 해석의 목표가 무엇인가에 대하여 통설과 판례(대판 1988.9.27. 86다카2375)는 표시행위의 객관적 의미를 확정하는 것이 의사표시해석의 목표가 된다고 한다.

(3) 법률행위 해석의 목표

법률행위란 당사자의 의사대로 법률효과를 주는 것을 본질로 하기 때문에 법률행위 해석의 기본 목표는 법률행위의 유형과 특성을 고려하여 원칙적으로 표의자의 진의를 탐구하여야 한다. 그러나 의사와 표시의 불일치 등에 의해 상대방의 신뢰 보호가 문제되는 경우에는 표시행위의 객관적 의미를 확정하는 것이 해석의 목표가 되어야 한다(김증한·송덕수·고상용)(대판 2009.10.29. 2007다6024·6031). 그러므로 유언과 같은 상대방없는 의사표시에서는 상대방의 신뢰 보호는 문제되지 않으므로 표의자의 진의를 탐구하는 것이 해석의 목표가 된다. 따라서 유언자가 진정으로 무엇을 의도

하였는지를 탐구하기 위해 알 수 있는 모든 사정이 고려되어야 한다. 예컨대 유언자는 실질적인 움막을 소유하지 않았고 평소에 자기가 사는 집을 움막이라고 불러온 경우, 유언을 하면서 "움막을 유증한다"라고 하였다면 움막이 아니라 "집"을 유증하는 것으로 해석하여야 한다. 하지만 상대방있는 의사표시에서는 상대방의 신뢰도 보호하여야 하므로 해석은 상대방의 이해가능성을 전제로 하여 객관적으로 행하여져야 한다. 또한 상대방이 불특정 다수인(약관에 의한 계약 등)인 경우에는 특정의 상대방뿐만 아니라 그 후의 거래참여자 내지 제3자의 이익도 고려하여 해석하여야 한다. 판례는 오래 전에는 당사자의 진의를 탐구하여 해석하여야 하는 것이라고 하였으나(대판 1960.7.7. 4292민상879; 대판 1962.4.18. 4294민상1236; 대판 1977.6.7. 75다1034), 근래에는 당사자가 표시행위에 부여한 객관적인 의미를 명백하게 확정하는 것이라고 하였다(대판 1990.11.13. 88다카15949; 대판 1992.5.26. 91다35571; 대판 1995.3.17. 93다46544; 대판 1996.10.25. 96다16049; 대판 2002.5.24. 2000다72572; 대판 2010.5.13. 2009다92487; 대판 2011.1.27. 2010다81957; 대판 2010.10.14. 2010다40505).

2. 법률행위 해석의 방법

(1) 개 설

표시행위로부터 당사자의 내심적 의사를 파악할 수 있는 '정상적 의사표시'에서는 표의자의 진의와 표시행위의 객관적 의미가 일치되지만, '비정상적 의사표시'에서는 표의자의 내심적 의사와 표시행위의 객관적 의미가 일치하지 않는다. 상기의 어느 경우이든 사적 자치의 원칙(☞自己決定의 原則)에 비추어 '표의자의 내심적 의사를 탐구하는 자연적 해석(自然的 解釋)'이 제1차적 해석 방법이 되며, 그 다음 표의자의 내심적 의사가 불명확한 경우에 제2차적으로 '상대방의 입장에서 규범적 해석(規範的 解釋)'을 하고, 마지막으로 법률행위의 내용에 흠결이 있는 경우에는 제3자의 입장에서 보충적 해석'을 하게 된다.

그러나 종래의 의사와 표시의 분리를 인정하고 표시행위의 객관적 의미만을 확정하는 것을 해석의 목표로 삼는 표시주의이론에서는 특별한 해석방법론을 전개하지 않는다. 즉, 당사자의 내심적 효과의사는 법률행위의 효력에 영향을 미치는 경우(예: 의사와 표시의 불일치 · 하자있는 의사표시)가 있어도 그것은 법률행위 해석의 문제가 아니라 그 다음 단계인 법률의 적용(☞법적 가치판단의 문제)이라는 것이다.

(2) 자연적 해석(내심적 의사의 탐구)

1) 의 의

「자연적 해석(自然的 解釋)」이라 함은? 법률행위의 해석에 있어서 표현된 문자적 · 언어적 의미에 구속되지 아니하고 표의자(表意者)의 실제 의사, 즉 내심적 효과의사를 탐구하여 내용을 확정하는 방법으로 이는 표의자의 입장을 추구하는 것을 말한다.

우리 민법은 자연적 해석에 관한 명문의 규정을 두고 있지는 않지만, 어떤 일정한 표시에 관하여 당사자가 사실상 일치하여 이해한 경우는 그 의미대로 효력을 인정하여야 한다. 그리고 이러한 내심적 의사를 추구함에 있어서는 표시행위 뿐만 아니라 그 외에 존재하는 모든 사정을 함께 고려하여야 한다. 따라서 계약서에 사용된 문자의 의미는 계약당사자가 기도하는 목적과 계약 당시의 제반 사정을 참작하여 합리적으로 해석하여야 할 것이다(대판 1960.7.7. 4292민상879).

2) 자연적 해석이 적용되는 범위

① 단독행위

표의자 이외의 다른 자가 존재하지 않거나 의사표시의 상대방이 존재하더라도 이를 보호할 가치가 없는 경우는 자연적 해석방법이 적용된다. 따라서 단독행위 특히 상대방없는 단독행위가 자연적 해석방법의 전형적인 적용례가 된다. 계약의 효력은 청약과 승낙에 대한 자연적 해석에 의하여 양 당사자에게 공통한 내심적 의사를 탐구하여 확정하여야 하며 조합계약이나 사단법인 설립행위에서와 같은 다수 당사자의 법률행위는 구성원의 공통적 의사를 탐구하여 해석하여야 한다.

② 거짓 표시

㉮ 오표시무해의 원칙(Falsa demonstratio non nocet): 로마 상속법에서 인정되었던 「그릇된 표시는 해가 되지 않는다.」는 법리이다. 그 때문에 그릇된 표시(Falsa demonstratio)의 법리라고도 한다.

㉠ 법률행위의 해석은 표시행위가 가지는 의미를 객관적으로 밝히는 것이다. 그런데 표의자가 표시를 잘못하였음에도 상대방이 그 표시가 잘못되었음을 알고 나아가 표의자의 진의가 무엇인지도 알았을 경우, 그 법률행위를 어떻게 해석할 것인지 문제된다. 예를 들어 증여계약인데 잘못하여 매매계약으로 표시하거나, 미국산 자몽인데 잘못하여 밀감으로 표시한 경우 등의 문제가 그것이다. 본래 표시는 표의자의 진의를 외부에 표현하는 수단이므로 표시가 잘못 행하여졌다 하더라도 당사자간에 진정한 의사의 합치가 있다고 한다면 표시의 본래의 목적은 달성되었다고 볼 수 있으므로 이 경우는 의사와 표시의 불일치가 있는 것이 아니다. 따라서 이때에는 당사자간에 의사의 완전한 합치가 있기 때문에 당사자가 원한대로 그 효력을 발생한다고 해석되어야 한다. 이와 같은 원칙이 로마법 이래로 인정되어온 「잘못된 표시는 해가 되지 않는다」 또는 '거짓표시는 아무런 효력이 없다'는 「오표시무해의 원칙(誤表示無害의 原則)」이다. 즉, 표의자와 그 상대방이 표시행위를 원래의 의미대로 이해하지 않고 이와 다른 의미로 이해한 때의 법률행위는 표의자와 상대방이 실제로 이해한 의미대로 성립한다는 원칙이 그것이다(김주수·이영준·송덕수). 이 원칙은 의사주의나 표시주의의 어느 쪽에서도 인정되는 해석에 관한 일반적·보편적 원칙이라고 한다(곽윤직 387면). 이러한 오표시무해의 원칙은 전형적인 자연적 해석의 적용례라고 할 수 있다.

㉡ 구체적으로 설명하면 다음과 같다. 김선달과 임꺽정이 토지의 매매계약을 체결하면서 당사자 쌍방이 모두 서울 동대문구 청량1동 304의 20에 있는 200평의 A토지를 계약목적물로 하기로 합의하였지만 지번 등에 관하여 착각을 일으켜 계약서상 매매목적물을 A토지와는 별개인 서울 동대문구 전농1동 304의 20에 있는 200평의 B토지로 표시한 경우, 오표시무해의 원칙에 의하여 A토지에 대한 매매계약이 성립하게 된다. 이는 거짓표시는 아무런 효력이 없다는 원칙으로 표의자와 그 상대방이 표시행위를 원래의 의미대로 이해하지 않고 이와 다른 의미로 이해한 때에는 법률행위는 표의자와 상대방이 실제로 이해한 의미대로 성립한다는 원칙이다(대판 1993.10.26. 93다2629). 즉 상기의 예에서 쌍방당사자가 모두 특정의 A토지를 계약목적물로 삼았지만 그 지번 등에 관하여 착오를 일으켜 계약을 체결함에 있어서는 계약서상 그 목적물을 A토지와는 별개인 B토지로 표시하였다 하여도 A토지에 관하여 이를 매매의 목적물로 한다는 쌍방 당사자의 의사

합치가 있는 이상 위 매매계약은 A토지에 관하여 성립한 것으로 보아야 한다(대판 1993.10.26. 93다2629 · 2636; 대판 1996.8.20. 96다19581 · 19598). 따라서 B토지에 관한 매매계약 체결로 보아서는 안 되는 것이며, 만일 B토지에 관하여 위 매매계약을 원인으로 한 매수인명의의 소유권이전등기가 경료되었다면 이는 원인없이 경료된 것이므로 무효가 된다.

㉯ 종 류

ⓐ 합의에 의한 거짓 표시

표의자와 상대방이 표시를 본래의 의미로 이해하지 아니하고 양 당사자가 합의하여 다른 의미를 부여한 경우(가령 총기를 암거래 하면서 섹소폰이라고 쓴 경우)에는 그 법률행위는 양 당사자가 부여한 의미대로 성립하며 허위표시에 의한 가장행위(假裝行爲)는 무효이지만 당사자의 의도에 따라 숨어있는 '은닉행위(隱匿行爲)'[144]는 유효하다.

ⓑ 착오에 의한 거짓 표시

양당사자가 사용하고 있는 표시수단이 그들이 이해하고 있는 의미와 다른 의미로 일반적 사용됨을 착오로 알지 못하는 경우에는 내심의 의사에 따라 그 법률효과가 발생한다. 또한 표의자가 표시를 잘못하였음에도 상대방이 표의자의 진의를 알고 있는 경우(가령 일본에 유학중인 한국학생들이 금전을 대차하면서 빌려주는 자나 빌리는 자 모두가 일본 화폐단위인 「엔」으로 생각하면서 한국화폐단위인「원」이라고 말한 경우나 표시한 경우에도 「엔」으로 해석하는 경우)에도 내심의 의사에 따라 효과가 발생하며 이때는 법률효과가 확정적으로 발생한다(대판 2010.4.29. 2009다29465). 따라서 착오에 관한 규정이 적용되지 않는다. 그러나 표의자가 착오로 잘못 표시하였으나 상대방이 표의자의 진의를 인식하지 못한 경우에는 상대방의 신뢰를 보호하기 위하여 표시행위의 객관적 의미에 따라 효과가 발생한다. 이러한 경우에는 착오자는 착오를 이유로 의사표시를 취소할 수 있다.

144) 법률용어 살펴보기 ☞ 「은닉행위(隱匿行爲)」라 함은? 예를 들어 임꺽정이 실질적으로는 자신의 집을 아들에게 증여(贈與)하는 것이지만 세금을 면탈(免脫)할 목적으로 이를 가장하여 매매(賣買)의 형태를 취하고 증여의 진의를 은닉하는 경우가 그것이다. 이 때의 증여를 은닉행위라 하는 것이다.

(3) 규범적 해석(가상적 의사의 확정)

1) 의 의

당사자의 내심적 의사를 확정할 수 없는 경우에는 상대방의 신뢰보호를 위하여 상대방의 입장에서 규범적 해석이 행하여지며 표시행위의 객관적·규범적 의미를 확정해야 한다. 자연적 해석이 내심적 효과의사를 추구하는 데 반하여 규범적 해석은 표시행위로부터 추단되는 표시상의 효과의사를 밝히는 것으로서 있어야 할 가상적 의사(☞표시상의 효과의사)를 추구하는 것이다. 이러한 규범적 해석은 표의자의 내심적 의사와 상대방이 이해하는 의미가 서로 다른 경우에 상대방의 신뢰를 보호하기 위하여 상대방의 이해가능성을 고려해서 해석하여야 한다. 그리고 표의자의 내심적 의사와 표시행위가 불일치하는 경우에 불일치로 인한 불이익은 그것을 야기한 표의자가 부담하는 것이 적절하다(김상용·이영준·이은영). 이 규범적 해석은 표시행위에 수반되는 제반사정·사실인 관습·임의법규·신의성실의 원칙을 고려하여 해석하여야 한다. 법률행위의 해석에 있어서 관습의 존부가 문제되는 경우에는 법관은 당연히 직권으로 그 존부를 판단하여야 한다(찬성: 곽윤직, 반대: 이영준), 판례는 직권으로 판단할 수 있다고 하면서도(대판 1977.4.12. 76다1124), 당사자가 그 존재를 주장·증명 하여야 한다고도 한다(대판 1983.6.14. 80다3231).

2) 규범적 해석의 적용 범위

규범적 해석은 내심적 의사와 표시로부터 추단되는 외면적 의미가 서로 다른 경우에 특히 문제되며 상대방의 입장에서 자연적 해석에 의한 내심적 의사의 확정이 불가능한 때에 한하여 허용된다. 그러므로 상대방없는 단독행위, 상대방이 표의자의 내심적 효과의사를 안 경우(☞誤表示無害의 原則), 상대방이 신의측상 요구되는 배려를 하지 아니하여 표의자의 내심적 효과의사를 알지 못한 경우 등에는 규범적 해석이 허용되지 않는다. 이와 같은 경우에는 표의자의 내심적 효과의사에 따라 법적 효과가 발생한다(이영준·김상용·이은영).

(4) 보충적 해석

1) 의 의

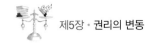

보충적 해석이란 법률행위내용의 공백(틈)을 보충하기 위한 해석방법을 말한다. 이 보충해석의 필요성은 당사자가 법률행위를 함에 있어서 개별적인 사항에 대하여 상세하게 약정하는 것은 아니고 당사자가 세밀하게 약정한다고 하더라도 모든 사항을 빠짐없이 규율할 수 없으므로 이와 같은 약정의 공백(틈)이 있는 사항에 법적인 분쟁이 생기는 경우에 보충적 해석이 행하여지게 된다. 이 보충적 해석의 성질에 대해 다수설은 당사자의 의사표시를 보충하는 것이라고 한다. 즉, 보충적 해석은 법률행위의 의미를 확정하는 것이 아니라 당사자가 공백이나 틈을 유의하였더라면 의욕하였을 '가상적 의사'를 확정하는 것이다. 이에 대하여, 보충적 해석은 당사자의 의사를 탐구하는 것이 아니라 임의법규 등의 보충적 규범을 적용하는 것이라는 소수설이 있다(이은영).

2) 방법과 한계

보충적 해석은 자연적 해석·규범적 해석에 의하여 계약이 유효하게 성립한 후에 비로소 문제된다. 즉, 법률행위가 성립하였으나 당사자가 어떤 사항을 규정하지 아니한 것이 판명된 때에 보충적 해석이 행하여진다.

3) 보충적 해석의 표준

① 약정의 공백(틈)이 있는 경우에 원칙적으로 임의규정이 적용되고 보충적 해석은 불필요하게 된다. 그러나 임의규정과 다른 관습이 있는 경우에는 사실인 관습에 의하여 보충되므로 사실인 관습은 보충적 해석의 제1의 표준이 되며(제106조), 사실인 관습이나 임의규정이 없는 경우에는 제반사정 및 신의측에 의하여 보충된다. 그러나 이 보충적 해석은 자연적 해석이나 규범적 해석에 의하여 법률행위가 유효하게 성립한 후에 행하여지는 것이므로 법률행위가 불성립 또는 무효로 확정된 경우에는 보충적 해석에 의하여 유효한 계약을 할 수 없다(이영준). 예컨대 불공정한 법률행위는 법질서에 의하여 허용되지 않으므로 보충적 해석이 적용될 여지가 없다.

② 또한 보충적 해석은 의사표시에 공백(틈)이 있는 경우에 한하여 할 수 있으므로 자연적 해석이나 규범적 해석에 의하여 당사자의 규율이 존재하는 사항에 대해서는 보충적 해석을 행할 수 없다. 즉, 보충적 해석은 법관에게 자유로운 법창조의 권능을 부여하는 것이 아니므로 당사자의 규율이 존재하는 사항에 대해서는 당사자의 규율이 불합리하더라도 보충적 해석에 의하여 변경하거나 확대할 수 없다. 그리고 보충적 해석의 결과는 당사자에 의하여 체결되는 법률행위의 목적에 반하지 않아야 하며 유효인 계약을 보충적 해석에 의하여 무효로 할 수는 없다. 다만 법관은 적절한 규범이 없다는 이유로 판결을 거부할 수는 없으므로 법의 발견을 위한 계약보충권(契約補充權)을 가진다(이은영). 이 보충적 해석에 의하여 확정된 내용에 대해서 표의자는 착오를 주장할 수 없다(대판 1995.9.26. 95다18222 참조).

3. 법률행위의 해석의 기준

우리 민법은 법률행위의 해석의 표준에 관하여 일반적 규정을 두고 있지 않고, 개별적으로 제105조 「법률행위의 당사자가 법령 중의 선량한 풍속 기타 사회질서에 관계없는 규정과 다른 의사표시를 한 때에는 그 의사에 의한다」 라고 한 '임의규정'과 제106조 「법령 중에 선량한 풍속 기타 사회질서에 관계없는 규정과 다른 관습이 있는 경우에 당사자의 의사가 명확하지 아니한 때에는 그 관습에 의한다」 라고 한 '사실인 관습'의 규정만을 두고 있다. 하지만 법률행위의 해석의 중요한 표준의 기준으로는 다음의 순서를 들 수 있다.

i) 법률행위 해석의 제1의 표준은 법률행위 당시의 "당사자가 의도하는 목적 및 제반사정"이다.
ii) 법률행위 해석의 제2의 표준은 "사실인 관습"이다.
iii) 법률행위 해석의 제3의 표준은 "임의법규"이다.
iv) 법률행위 해석의 최후의 수단은 "신의성실의 원칙 내지 조리"이다.

제5장

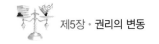

(1) 당사자가 의도하는 목적 및 제반사정(제1의 표준)

1) 법률행위는 당사자가 원하는 사회적·경제적인 일정한 목적을 자치적으로 달성하기 위한 수단이다. 따라서 법률행위의 해석도 표시된 언어나 문자에 구애받지 않고 당사자가 의도한 목적을 알아내서 그에 알맞게 해석하여야 한다.

2) 하지만 당사자가 의도하는 목적대로 해석하려고 하여도 서로 모순되는 부분이 있을 수 있다. 이 경우는 모순되는 부분을 통일적으로 해석하고 법률행위의 목적에 가능하고 유효하도록 해석하여야 한다. 이것이 법률행위의 해석의 제1의 표준이다. 즉, 표시행위의 표현이나 문구에만 구애될 것이 아니라, 당사자의 진의(眞意)·기도하는 목적과 당시의 제반사정을 합리적으로 참작하여 당사자의 의도가 가능한 한 달성하도록 해석하여야 한다. 예컨대 계약이 유효·무효 어느 쪽으로도 해석이 가능할 때에는 유효한 쪽으로 해석하는 것이 그것이다.

잠깐!! 민총, 깊이보기

- 당사자의 의사표시가 행하여진 당시의 사정인 「제반사정(諸般事情)」이 의사표시해석의 객체가 될 수 있는가에 관한 문제가 제기된다. 이에 관한 학설은 다음과 같다. 그 하나는 제반사정을 '표시행위의 요소'로 보는 견해이다. 이는 의사표시가 행하여진 당시의 제반사정도 법률행위해석의 대상으로 삼을 수 있지만 오히려 '표시행위의 요소'로 보는 견해이다(곽윤직·이은영). 즉 「제반사정」은 법률행위의 당시에 존재하는 것에 한하며 그 이후의 사정은 이미 표시행위에 나타나 있을 경우에만 고려된다. 그 근거로서 우리의 언동이나 거동이 정도의 차이는 있지만 언제나 그것이 행하여졌을 때의 제반사정과의 관련 하에서 일정한 의미를 가지고 있음을 들고 있다. 다른 하나는 제반사정을 '법률행위의 해석의 기준'으로 보는 견해이다. 이는 제반사정은 의사표시해석의 객체가 아니라, 의사표시의 주변사정을 고려하여 표의자의 효과의사를 확정짓는 것이 법률행위의 해석이므로 이러한 제반사정은 표시행위 자체를 이루는 요소가 아니라 효과의사를 확정하는 법률행위해석의 보조자료가 될 뿐이라고 보는 견해이다(이영준). 이에 관하여 판례는 "계약서에 사용된 문자의 의미는 계약당사자가 기도하는 목적과 계약 당시의 제반사정을 참작하여 합리적으로 해석하여야 한다(대판 1965.9.28. 65다1519)"라고 하였다(대판 1960.7.7. 4292 민상819; 대판 1992.5.26. 91나35571; 대판 1994.3.25. 93다32668; 대판 1994.3.25. 93다32668 등).

(2) 사실인 관습(제2의 표준)

1) 의 의

관습법은 법적 확신을 갖춘 법이지만 「사실인 관습(事實인 慣習)」은 아직 법적 확신을 얻지 못한 관습으로서 하나의 사실을 의미한다. 예컨대 "부부가 혼인하더라도 성은 불변이다"라고 한 성불변의 원칙(姓不變의 原則)은 관습법의 예이고, "돈을 꾸어 쓰면 이자를 한 달마다 지급하여야 한다"와 같이 일반적 거래(예: 은행거래·보험거래)의 영역에서 생성되고 변화하는 거래관행은 사실인 관습의 예이다(권용우 361면 참조). 이러한 사실인 관습은 당사자의 목적·임의법규·신의칙과 아울러 법률행위해석의 제2의 표준이 된다. 민법 제106조는 「법령중의 선량한 풍속 기타 사회질서에 관계없는 규정(☞任意規定)과 다른 관습이 있는 경우에 당사자의 의사가 명확하지 아니한 때에는 그 관습에 의한다」라고 하여 사실인 관습의 법적 효력에 대하여 규정하고 있다.

2) 성 질

① 학 설

사실인 관습의 성질에 관하여 학설은 사실인 관습은 다른 사정과 동일하게 의사표시의 해석기준일 뿐이라고 하면서 사실인 관습의 존재와 내용은 관습법과는 달리 법원의 직권조사사항이 아니라고 하는 '의사해석기준설'(곽윤직·김증한·김상용·이영준)과 사실인 관습을 임의법규에 준하는 규범으로 파악하고 당사자의 의사와 관계없이 법률처럼 적용된다는 '보충규범설'(이은영)이 대립한다. 보충규범설은 사실인 관습은 의사표시해석의 기준이 아니라 임의법규와 동일하게 개개의 의사표시를 정형적 의미로 해석 또는 보충하는 것이라고 한다. 따라서 관습의 존재 및 내용은 직권조사사항이라고 한다.

제5장

② 판 례

판례의 태도는 i) 사실인 관습은 사회의 법적 확신이나 인식에 의하여 법적 규범으로서 승인될 정도에 이르지 않은 관습이고 ii) 사실인 관습의 부재가 불명확한 경우에는 현실적으로 법원이 관습의 존부를 알 수 없으므로 당사자가 주장·증명하여야 하며 iii) 사실인 관습은 사적자치가 인정되는 분야, 즉 그 분야의 제정법이 임의규정일 경우에는 법률행위의 해석기준 또는 의사를 보충함에 그치는 것이라고 한다.

살아있는 Legal Mind!!!

- 관습법과 달리 사실상 관습은 존재 자체도 명확하지 않을 뿐만 아니라 그 관습이 사회의 법적 확신이나 법적 인식에 의하여 승인되었는지 여부를 가리기는 더욱 어려운 일이므로 법원이 이를 알 수 없을 경우에는 결국 당사자가 당사자의 주장·입증이 필요하다(대판1983.6.14 80다3231).

3) 관습법과의 구별

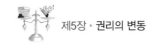

판례에 있어서는 민법상 제1조의 관습법과 제106조의 사실인 관습은 '법적 확신의 유무'에 의하여 구별된다. 즉, 법적 확신을 구비하여 사회적으로 지지될 정도에 달한 단계의 관행을 「관습법」이라 하고 법적 확신을 아직 구비하지 못해 사회적으로 지지될 정도에 달하지 못한 단계의 관행을 「사실인 관습」이라 한다. 이를 자세히 설명하면 다음과 같다.

i) 관습법은 법적 확신을 갖춘 법이지만, 사실인 관습은 법적 확신이 결여된 관행이므로 사실이다.

ii) 관습법은 법이므로 강한 사실상의 구속력을 갖는 것이지만, 사실인 관습은 사실상의 구속력을 갖는 정도에 이르지 못한 것으로서 법규범이 아닌 단순한 관습이다.

iii) 재판에 있어서, 관습법은 법이므로 법원(法院)이 그 존재여부를 직권으로 조사(☞ 확인)하여야 하지만, 사실인 관습은 법규범이 아니므로 당사자가 이를 증명하여 주장한 때 법원이 심사할 수 있다.

iv) 관습법은 보충적 효력을 가지는 것이 원칙이므로 법률의 규정이 있는 사항에 관하여는 존재할 수 없지만(제1조 참조), 사실인 관습은 법률행위에 있어서 당사자의 의사가 명확하지 않을 때에 한하여 '해석의 기준'이 되어 불분명한 의사를 확정하는 자료가 된다. 즉, 당사자의 의사가 명확할 때에는 사실인 관습은 적용될 여지가 없다(제106조 참조).

v) 관습법은 당사자의 의사와 관계없이 당연히 법률로서의 효력을 가지게 되지만, 사실인 관습은 당사자의 의사를 해석하는 표준이 됨으로써 의사표시의 내용이 되고 이 때에 비로소 효력을 가지게 된다.

vi) 관습법은 강한 사실상의 구속력을 갖는 것으로서 이에는 임의규정과 강행규정이 있을 수 있지만, 사실인 관습은 사실상의 구속력을 갖는 정도에 이르지 못한 것으로서 법규범이 아닌 단순한 관습을 말한다.

살아있는 Legal Mind!!!

- 관습법과 사실인 관습을 구분할 것이냐에 관하여 구별을 인정하는 것이 다수설과 판례의 입장이다. 이에 관하여 자세한 것은 후술한다.

4) 적용요건

민법 제106조는 「법령중의 선량한 풍속 기타 사회질서에 관계없는 규정과 다른 관습이 있는 경우에 당사자의 의사가 명확하지 아니한 때에는 그 관습에 의한다」 라고 규정함으로써 사실인 관습이 법률행위의 해석의 요건이 되는 경우는 다음과 같다.

① 강행규정에 위반하지 않으며 또한 임의규정이 있을 때에는 이것과 사실인 관습이 달라야 한다.

민법 제106조는 「법령중의 선량한 풍속 기타 사회질서에 관계없는 규정과 다른 관습이 있는 경우에 …」 라고 규정함으로써 어떠한 사항에 있어서 강행규정에 위반하지 않으며 또한 임의규정과 다른 사실인 관습이 존재하는 경우에는 그 "사실인 관습"은 임의규정을 배제하고 우선적인 법률행위의 해석기준이 되고 또한 의사를 보충하는 기능으로서 재판의 자료로 할 수 있다. 즉 강행규정에 반하지 않은 사실인 관습은 임의규정을 배제하고 법률행위 해석의 표준이 된다.

② 표의자의 의사가 불명확해야 한다.

민법 제106조는 「…당사자의 의사가 명확하지 않을 때…」 라고 규정함으로써 어떠한 사항에 있어서 당사자가 어떠한 관습에 의하겠다 또는 당사자가 어떠한 관습에는 의하지 않겠다는 의사가 명확하게 표시하지 않은 경우에 사실인 관습이 법률행위 해석의 표준이 된다. 만일 당사자가 어떠한 관습에 의하겠다는 의사를 명확히 한 경우의 법률행위는 제105조에 의하여 당연히 그 관습에 의하게 되므로 이 경우에는 제106조는 적용될 여지가 없다.

정말, 공연한 이야기!!!

> 상기 ①②의 내용을 종합하여 역으로 표현하면, 사실인 관습은 강행규정에 반하는 경우라면, 당사자의 의사가 명확치 않을 때에도 법률행위해석의 표준이 될 수 없음을 의미한다.

③ 서로 다른 관습이 수개 있는 경우의 표준이 되는 관습이어야 한다.

수개(數個)의 사실인 관습이 서로 상이(相異)한 경우에는 민법 제106조는 적용되지 않는다. 즉, 사실인 관습은 서로 다른 관습이 수개 있는 경우에 표준이 되는 관습이어야 한다. 이러한 사실인 관습은 당사자의 직업이나 계급 등에 공통되며 보편적인 것이어야 한다.

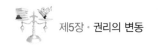

5) 민법 제1조와 민법 제106조의 관계

민법 제1조는「민사에 관하여 법률에 규정이 없으면 관습법에 의하고 관습법이 없으면 조리에 의한다」라고 규정하고, 제106조는「법령 중의 선량한 풍속 기타 사회질서에 관계없는 규정과 다른 관습이 있는 경우에 당사자의 의사가 명확하지 아니한 때에는 그 관습에 의한다」라고 규정함으로써 제1조와 제106조와의 관계가 문제된다. 즉, 제1조와 제106조는 상호 모순되는 규정인가에 관한 것이다. 제1조는 민사에 관하여 법률에 규정(☞강행규정과 임의규정)이 없는 경우에 비로소 관습법이 적용되는 것으로 규정하고 있는데 반하여, 제106조는「그 관습(☞사실인 관습)」이 임의규정에 우선하여 법률행위의 해석의 기준이 된다고 규정함으로써 관습법과 사실인 관습의 적용순위가 문제된다. 이에 관하여 견해가 나누어진다.

① 학 설

㉮ 구별인정설

구별인정설(區別認定說)은 제1조의 관습법과 제106조의 사실인 관습은 그 성질·효력·적용범위가 전혀 다르므로 이들을 구별하여야 한다는 견해이다. 이는 판례의 태도이다. 다수설인 이 견해(☞구별부정설을 주장하는 학자들은 이 견해가 다수설이라는 것은 적합하지 않다고 함)는 양자의 구별을 인정하면서 그 근거로 '존재의 평면(存在의 平面)이 다르다'고 한다. 이 견해는 관습법과 사실인 관습은 그 성질·효력·적용범위가 전혀 상이한 것이므로 제1조와 제106조의 관계에 있어서 이를 구별하여야 하며 이를 구별하여도 양규정 사이에는 전혀 모순이나 불합리가 없다는 것이다. 즉, 민법 제106조는 법률행위의 해석의 기준이 되는 자료들의 순위를 규정하고 있는 것이 아니라, '선량한 풍속 기타 사회질서에 반하는 관습'을 법률행위의 해석의 기준이 될 수 있는「사실인 관습」의 범위에서 제외하고 있을 뿐이다. 한편 제1조는 법률행위의 해석과는 관계없는 법률적용의 순서를 선언하고 있는 것이므로 민법 제106조와 서로 저촉할 대상이 없고 아무런 모순도 존재하지 않는다고 한다(김기선·방순원·이영섭·이영준·김상용·김준환).

㉯ 구별부정설(소수설)

구별부정설(區別否定說)에 의하면, 법의 존재형식이라는 기준에서 보면 제1조의 관습법과 제106조의 사실인 관습은 상호 양 규정은 상호 모순된다. 즉, 제1조에 따르면 법적용의 순서는 강행규정 → 임의규정 → 관습법 순이지만, 제106조에 따르면 법적용의 순서는 강행규정 → 사실인 관습 → 임의규정 → 관습법의 순이 되므로서 상호 모순이 발생한다. 따라서 이러한 모순을 해결하기 위한 여러 견해가 발생하는데, 이 가운데 「효력동등설」은 법원의 법적용이라는 기준에서 보면 제106조의 사실인 관습도 임의법규에 우선하여 적용되는 '재판규범'이 되므로 관습법과 동일하고 사적 자치가 인정되는 범위에서 양자는 모두 임의법규에 우선하여 해석의 기준이 되므로 이 한도에서 양자를 구별할 실익이 없다는 견해이고(곽윤직 · 장경학 · 고상용), 「관습법우위설」은 관습법을 강행규정적 성질을 가지는 것과 임의규정적 성질을 가지는 것으로 구별한 후에 강행규정적 성질을 가지는 것은 관습법이고 임의규정적 성질을 가지는 것은 사실인 관습으로 해석하는 견해이다(김증한 · 이은영).

살아있는 Legal Mind!!!

- 소수설은 다수설인 구별인정설을 다음과 같이 비판한다. 이는 구별인정설에 의하면 사실인 관습은 법률행위의 해석에 있어서 임의법규를 배제할 수 있으므로 제1조에 의하여 법을 적용하면 강행규정(효력규정)→ 임의규정→ 관습법의 순서가 되지만, 제106조에 의하여 적용하면 강행규정→ 사실인 관습→ 임의규정→ 관습법의 순서가 되므로 사실인 관습이 임의규정에 우선하고 관습법은 임의규정의 하위에 있게 되는 모순이 발생한다고 한다. 이러한 견해에 대하여 다수설인 구별인정설은 사실인 관습은 관습법보다 상위에 있는 것이 아니고 관습법의 하위에 서는 것이며 사적 자치(私的 自治)가 인정되는 범위내 에서 당사자의 의사가 분명하지 않은 경우에 한해(제106조 참조) 사실인 관습이 임의규정이나 관습법에 우선하여 적용되는 것이므로 사적자치가 인정되는 분야 이외의 경우는 사실인 관습이 임의규정이나 관습법에 우선하여 적용되는 일은 없다고 한다.

② 판 례

판례는 관습법과 사실인 관습의 효력에 관하여, "관습법은 사회의 거듭된 관행으로서 사회의 법적 확신과 인식에 의하여 법적 규범으로 승인·강행되기에 이르는 것을 말하고, 사실인 관습은 사회의 법적 확신이나 인식에 의하여 법적 규범으로서 승인된 정도에 이르지 않은 것을 말하는 바, 관습법은 바로 법원으로서 법령과 같은 효력을 갖는 관습으로서 법령에 저촉되지 않는 한 법칙으로서의 효력이 있는 것이지만, 사실인 관습은 법령으로서의 효력이 없는 단순한 관행으로서 법률행위의 당사자의 의사를 보충함에 그치는 것이다(대판 1983.6.14. 80다3231)"라고 하여, 다수설인 구별인정설과 같은 입장에 선다.

「사실인 관습」에 대한 판례 ☞ 종중(宗中) 대표자로 선출함에 있어 종중계약이나 관습이 없는 경우는 종장(宗長) 또는 문장(門長)이 통지 가능한 성년 이상의 남자종원에게 총회소집통지를 하여 총회를 개최하고 출석종원 과반수의 결의로 종중대표자를 선출하는 것이 종중에 관한 일반 관습이다(대판 1987.2.24. 86다215).

잠깐!! 민총, 깊이보기

다시 한번 유의할 점은 사실인 관습은 법률행위의 해석을 통하여 모든 법규를 개폐하는 효력을 가지는 것은 아니다. 이는 임의법규에 우선하여 개폐하는 효력을 가질 뿐 강해법규에 우선하지 못한다.

(3) 임의법규(제3의 표준)

임의법규도 법률행위해석의 기준이 되는가? 이는 보충적 해석이 법의 적용인가 아니면 의사표시의 해석인가의 문제와 관련이 있는 것인가에 관한 사항이다. 원래 민법 제105조는 「법률행위의 당사자가 법령중의 선량한 풍속 기타 사회질서에 관계없는 규정과 다른 의사를 표시한 때에는 그 의사에 의한다」라고 규정함으로써 당사자의 의사표시의 내용이 임의법규와 다를 때에는 임의법규는 그 적용이 배제되고 당사자의 의사가 우선함을 규정하고 있다. 즉 본조는 사적 자치의 원칙을 간접적으로 명시하고 있는 규정이다. 그런데 본조의 「…다른 의사를 표시한 때에는 그 의사에 의한다」라는 규정을 반대해석하면, 특별한 의사표시가 없는 경우 또는 의사표시가 있어도 불완전·불명확한 경우에는 임의법규를 적용한다는 의미가 된다. 이에 대한 긍정설의 견해는 다음과 같다.

임의법규가 법률행위해석의 표준이 된다는 견해인 긍정설은 당사자가 임의법규와 다른 의사를 표시하지 않는 경우에는 임의법규가 적용되어 임의법규가 법률행위의 해석의 기준이 된다고 한다(긍정설 ;곽윤직·김기선·김용한·김주수·김증한·김현태·장경학). 이러한 임의법규는 보충규정과 해석규정으로 나눌 수 있는데, '보충규정'은 의사표시의 내용이 불완전한 경우에 이를 보완하는 작용을 하는 규정으로서 이는 법규의 내용상 「다른 규정이 있을 때…,」 또는 「특별한 규정이 없는 한…,」 등의 형식으로 표현하고(제42조·제777조 참조), '해석규정'은 의사표시가 있지만 그 의미가 불명료한 경우에 이를 일정한 의미로 해석하는 규정으로서 이는 법규의 내용에서 「추정한다」 라는 형식으로 표현한다(제30조 · 제153조 참조). 그러나 양자를 구별할 실익이 없다는 부정설의 견해는 법률행위해석과 의사표시 해석을 같은 것으로 보고있다(곽윤직 393면).

살아있는 Legal Mind!!!

- 상기의 임의법규가 법률행위의 해석의 기준이 되는 가에 대해 긍정설과 달리 부정설의 경우는 임의법규는 해석에 의하여 확정된 법률행위에 적용되는 것이므로 이 경우에 법률행위의 해석이 문제가 되는 것이 아니라 법률의 적용이 문제로 된다고 하는 견해이다. 민법 제105조는 사적 자치의 원칙을 규정하고 있을 뿐 의사표시해석의 기준으로 되는 것은 아니라고 하면서 임의법규를 보충규정과 해석규정으로 나누는 것은 논리적으로 불가능하다고 하여 긍정설을 비판한다(이영준 289면).

(4) 신의성실의 원칙(조리)

1) 신의성실의 원칙(信義誠實의 原則) 내지 조리(條理)도 법률행위의 표준이 되는데 그 이유는 사람이 사회생활을 하려면 각자가 신의에 좇아서 성실히 하여는 것이 법의 이념에 맞기 때문이다. 민법 제2조 제1항은 「권리의 행사와 의무의 이행은 신의에 좇아 성실히 하여야한다」 라고 명문화하여 규정함으로써 우리 민법상 신의칙(信義則)과 조리(條理)는 법률행위의 해석의 기준이 된다(異說없음). 그러나 이는 최후의 수단으로서 법률행위가 불명일 때(이상의 모든 표준에 의하여도 의미가 확정될 수 없는 경우) 당사자가 신의칙에 좇아 해석하여야 한다.

2) 이러한 신의칙(信義則)에 의한 법률행위해석에 문제가 되는 것으로는 이른바 "예문해석(例文解釋)"이 있다. 현재 시판되고 있는 부동산임대차·금전대차 등의 계약서상 계약당사자 일방에게 유리하게끔 인쇄·삽입된 조항의 경우가 너무나 많은데 이러한 조항은 예문(☞단순한 예로서 작성한 문언)에 불과하므로 그러한 조항을 무시하는 해석을 하는 것이 예문해석인 것이다. 예컨대 부동산임대차계약서의 인쇄내용에 '1회라도 차임(借賃)을 지체하는 때에는 계약을 해지하고 목적물을 회수하기로 한다'라고 인쇄되는 경우, 이러한 기재는 단순한 예문으로서 작성한 문언에 불과할 뿐이며 당사자가 구속당할 의사없이 인쇄된 예문이므로 이를 무시하는 해석방법이 바로 예문해석이다. 이러한 기재는 신의칙 및 조리에 반

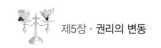

하므로 무효라고 해석한다(장경학 · 김주수 · 김용한; 대판 1986.11.11. 86다카1152; 대판 1997.5.28. 96다9508; 대판 1999.3.23. 98다64301; 대판 2003.3.14. 2003다2109 등).

「인쇄된 매매계약 조항을 예문으로 보아 효력을 부정한 판례」 ☞ "매매계약 당시 후일 대지평수에 이상이 있으면 대금을 새로이 하자는 원고의 제의를 피고가 거절하고 특정물을 현 상태 그대로 매도하기로 한 경우에는 비록 매매계약서상에 "면적이나 대금총액에 착오가 있을 때는 등기부상의 면적과 평당 가격으로 재청산한다"는 조항이 있어도, 이는 부동문자로 인쇄된 예문에 지나지 않아 원 · 피고간의 진정한 합의내용이라 볼 수 없다(대판 1979.11.27. 79다1141)."

잠깐!! 민총, 깊이보기

「표의자의 동기(表意者의 動機」가 법률행위해석의 기준이 되는가에 대한 문제가 제기된다. 이는 의사표시의 내용을 이루는 것이 아니므로 그 기준이 되지 않는다(이에 관하여는 후술하는 '착오의 유형'을 참조할 것).

4. 법률행위의 해석의 성질

(1) 서 언

사인(私人)간의 법률행위의 목적은 사적 자치(私的 自治)의 원칙에 따라서 당사자간에 자유로이 정할 수 있고 이러한 법률행위의 내용은 당사자의 의사표시를 요소로 하여 확정된다. 하지만 대부분의 일반인은 법률적 지식이 부족하고 또한 그들의 의사표시행위는 비법률적이므로 그 내용이나 효력의 해석상 많은 다툼이 발생하게 된다. 이와 같이 의사표시가 불명확할 경우에 i) 비법률적인 것은 법률적인 것으로 ii) 불명확한 것은 명확한 것으로, 법률적인 가치판단을 내려야 하는 법률행위의 해석의 과정이 필요하다. 그런데 이러한 '법률행위의 해석'의 성질이 법률문제인가 아니면 사실문제인가에 관한 문제가 제기된다.

(2) 학 설

① '법률행위의 해석'의 성질이 법률문제인가 아니면 사실문제인가에 관한 통설은

법률문제설이다. 즉 이 견해는 당사자의 내심의 의사는 하나의 객관적 사실에 불과하므로 이를 요소로 한 법률행위의 내용이나 효력에 관하여 다툼이 있는 경우에 '비법률적인 것을 법률적인 것으로', '불명확한 것을 명확한 것으로' 법률적 가치판단을 내리는 것이 '법률행위의 해석'이므로 그 성질은 사실문제가 아닌 「법률문제」로 본다. 반면 소수설은 사실문제설이다. 이 견해는 표의자(表意者)의 실존하는 의사 또는 가상적 의사를 확정짓는 것이 법률행위의 해석이고 그 성질은 「사실문제」라는 것이다. 다만 이 경우에 일반약관(一般約款)의 조항은 불특정 다수인에게 적용된다고 하는 점에서 법률유사(法律類似)의 성격이 통상의 의사표시보다 강하므로 일반 약관의 해석에 대해선 법률문제로 본다(이영준 320면).

② 법률행위의 해석의 성질을 법률문제로 볼 것인가 아니면 사실문제로 볼 것인가의 구별은 소송상 대단히 중요하며 그 실익은 다음과 같다.

㉮ 법률행위 해석이 법률문제(통설)라면 증명책임에 대해 법원(法院)은 당사자의 주장을 기다리지 않고 이를 직권(職權)으로 조사 확정하여야 하나, 법률행위 해석이 사실문제(소수설)라면 주장자가 그 사실 해석의 요지와 논거에 대하여 주장이나 증명책임을 부담하여야 한다.

㉯ 법률행위의 해석이 법률문제(통설)라면 상고심(上告審)[145]은 법률심(法律審)으로서 사실과 다른 해석을 할 수 있고 그 해석의 잘못은 상고이유(上告理由)가 되나, 법률행위의 해석이 사실문제(소수설)라면 상고심(上告審)은 사건의 사실관계에 관해 원판결(原判決)이 확정한 사실을 전제로 판결하므로 상고심은 사실심에서 한 법률행위의 해석에 기속(羈束)하며 그 해석의 잘못은 상고이유가 되지 못하는 것이다. 생각컨대 법률행위 해석은 규범판단에 해당하므로 법관의 잘못된 해석에 대한 불복은 법률문제로서 상고할 수 있다고 본다. 판례도 법률행위 해석의 잘못은 상고(上告)이유가 된다고 한다.

145) 법률용어 살펴보기 ☞ 「상고(上告)」라 함은? 민사소송법상 고등법원이 제2심 또는 제1심으로서 선고한 종국판결(終局判決)과 지방법원본원합의부가 제2심으로 선고한 종국판결에 불복하는 상소(上訴)로서, 원판결(原判決)의 당부(當否)를 전적으로 헌법·법률·명령 등의 해석·적용의 면에서 심사하는 것을 대법원에 대해 구하는 것을 말한다. 그리고 「상고이유(上告理由)」라 함은? 상고심(上告審)이 원판결(1審·2審의 判決)을 파기할 수 있는 이유를 말한다.

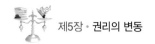

살아있는 Legal Mind!!!

- 임대인이 임대차 계약기간 중에 임차인에게 인상된 임대차보증금 및 차임을 납부한 후 새로운 임대차계약을 체결하되 만약 이를 납부하지 아니하면 기존의 임대차계약을 해지하고 명도절차를 진행 해야겠다고 통지한 경우, 그 통지는 기존의 임대차계약 기간 중의 계약해지를 의미하는 외에 장차 기존의 임대차계약상의 임대차보증금과 차임을 인상하는 것으로 그 계약조건을 변경하지 않으면 계약을 갱신하지 않겠다는 의사표시까지 포함된 것으로 본 사례(대판 2002.6.28. 2002다23482).
- 보험금의 지급을 청구하였다가 「살해 사건에 관한 경찰조사 결과에 따라 처리함이 상당한 것으로 판단되며, 수사종결 후 서면으로 그 결과를 첨부하겠다」는 내용의 문답서를 작성한 사안에서, 문답서의 작성경위, 그 문언의 형식과 내용, 수사의 진행 상황, 보험RPdir의 약관 등을 종합적으로 고려하면, 살인혐의로 조사받고 있었던 관계로 통상적인 사건처리 기간을 전제로 수사 종결시까지 보험금의 청구 및 지급을 유예하기로 한 합의가 있었던 것으로 보는 것이 상당하다고 본 사례(대판 2010.2.11. 2009다74007).
- 갑과 을이 건물명도와 관련한 합의를 하면서 을이 소유·관리하는 지하수시설과 관련하여 "을은 갑이 위 건물에서 목욕탕 영업을 영위할 수 있도록 묵시적으로 인정한다"는 약정을 한 사안에서, 갑이 위 건물에서 목욕탕 영업을 계속하고 있는 이상 을은 갑의 지하수 사용을 수인할 의무가 있다고 한 사례(대판 2010.1.14. 2009다71213).
- 임대차계약서 부칙에서 '임차인은 본 계약 규정에 따른 임차인의 의무 또는 임대인이 필요하거나 합당하다고 생각하는 것에 따라서 대지 또는 일부분에 들어가서 보수, 개조, 유지,변경 또는 어떤 다른 작업을 실행하겠다고 통지할 때는 언제나 임대인에게 허락하여야 한다'는 취지로 규정한 사안에서 위 조항은 임대인이 필요하거나 합당하다고 생각하여 보수·개조 등의 작업을 하게 되더라도 임차인의 개별 임차 부분에 들어가서 행하게 되는 소규모의 보수·개조 등의 작업에 한하여 임차인이 임대인에게 허락을 하여야 한다는 취지로 해석함이 상당하다고 본 사례(대판 2010.4.8. 2009다99594).

제3절 의사표시 일반

I 총설

1. 의사표시의 의의

「의사표시(意思表示)」는 당사자가 일정한 법률효과의 발생을 바라면서 그 뜻을 외부에 표시하는 행위이다. 예컨대 취소할 수 있는 행위의 추인, 계약의 청약·승낙 등이 그것인데 일반적으로 청약과 승낙은 계약을 성립시키는 의사표시인 것이다. 이러한 의사표시는 법률행위를 함에 반드시 필요한 불가결의 구성요소이다. 의사표시는 그 자체로서 표의자가 원하는 대로 법률효과가 발생하는 것이 아니라 법률행위가 됨으로써 비로소 일정한 효과가 발생한다. 따라서 이러한 의사표시에 흠결(意思表示의 欠缺)이 있다면 법률행위 전체에 걸쳐서 영향을 미칠 수 밖에 없다.

2. 의사표시의 이론

의사표시는 일정한 법률효과의 발생을 의욕하는 의사의 표시행위이다. 이러한 의사표시에 있어서 의사와 표시는 서로 어떠한 관계에 있는가에 대한 문제가 제기된다. 원래 의사표시가 정상적인 때, 즉 의사와 표시가 일치할 때에는 의사와 표시의 관계는 별로 문제되지 않는다. 그러나 그 의사표시가 비정상적인 경우, 즉 의사와 표시가 일치하지 않을 때 이 표시에 대하여 어떠한 효력을 부여할 것인가가 문제되는 것이다. 이에 관한 이론에는 의사주의이론과 표시주의 이론이 있는데 이는 다음과 같다.

(1) 의사주의와 표시주의

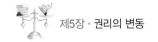

1) 「의사주의(意思主義)」라 함은? 표의자의 내심(內心)의 효과의사를 의사표시의 본체로 보는 입법주의로, 이와 다른 표시행위가 있더라도 내심의 효과의사가 없으면(☞일치하지 않으면) 그 의사표시를 무효 또는 불성립으로 다루는 주의를 말한다. 반면 「표시주의(表示主義)」라 함은? 표시행위를 의사표시의 본체로 보는 입법주의로, 효과의사와 표시된 의사가 일치하지 않더라도 법률행위는 표시된 대로의 효과가 발생됨을 인정하는 주의를 말한다. 예를 들어 임꺽정이 대학동창회장에 참석하여 학교발전기금을 제공하고자 일금 10,000원이라고 쓰려고 했는데 실수로 일금 100,000원이라고 쓴 경우, 의사주의에 의하면 언제든지 무효가 되지만, 표시주의에 의하면 언제든지 100,000원으로서의 효력이 발생되며 이 경우의 의사표시는 민법 제109조에 의한 취소의 대상이 될 뿐이다. 따라서 의사주의를 주장하면 정적 안전(靜的 安全), 표의자(表意者)를 보호하지만 표시주의를 주장하면 제3자의 보호, 동적 안전(動的 安全), 거래의 안전을 보호하는 결과가 된다.

2) 우리민법의 태도

현행민법은 어느 한쪽에만 치우치는 것은 비현실적이므로, 표시주의를 기본으로 하고 거래한 상대방의 안전을 해하지 않는 범위에서 의사주의를 취함으로써 본인과 사회적 이익을 조화시킨다. 따라서 우리 민법은 표시주의를 좀 더 강력하게 가미하고 있는 「절충주의(折衷主義)」를 취하고 있다고 할 것이다(통설). 즉 절충주의는 내심의 효과와 표시 가운데 어느 하나를 중심으로 하고 다른 하나를 가미시키는 것으로서, 표의자를 보호할 필요가 있을 때에는 의사주의를 그리고 상대방내지 거래안전을 보호할 필요가 있을 때에는 표시주의에 따라야 한다는 이론이다. 예컨대 i) 표의자가 비진의의사표시를 한 경우에 선의의 제3자에게는 표시된 대로 그 효과를 발생시키는 것, 착오에 의한 의사표시는 취소할 수 있게 한 것(제109조 제1항)은 표시주의(表示主義)에 따르는 태도를 반영한 것이고 ii) 통정한 의사표시는 무효로 보며(제108조 참조), 사기나 강박에 의한 의사표시는 취소할 수 있는 것은(제110조 참조) 의사주의(意思主義)에 따르는 태도를 잘 반영한 것이다. 다만 당사자의 진의(眞意)가 절대적으로 존중되는 가족법관계에서는 원칙적으로 의사주의 이론에 의한다.

살아있는 Legal Mind!!!

- 판례는 "법률행위의 해석은 당사자가 그 표시행위에 부연한 객관적 의미를 명백하게 확정하는 것이다(대판1988.9.27 86다카2375)"라고 함으로서 표시주의에 가까운 듯한 입장을 취하고 있다.

살아있는 Legal Mind!!!

- 상기의 의사주의이론과 표시주의이론 외에 '효력주의이론'이 있다. 이 견해는 의사주의와 표시주의가 양대산맥을 이루어 오다가 1899년 뷜로우(Bülow)에 의하여 창시된 이론으로 의사표시를 효력표시로 보는 이론이다(김증한. 민법론집 359면 참조). 이 이론에 의하면 두 입법주의는 의사와 표시를 2원적으로 구별하고 있는데 대하여 이를 배격하고 의사표시에 있어서 의사와 표시는 본질적으로 일체를 이룬다고 한다. 그러므로 법률효과를 객관적으로 표의자에게 귀속시킬 수 있게 하는 표의자의 모든 행위가 의사표시라고 한다. 즉 표시행위는 표의자의 의식속에서 존재하는 의사를 외부에 '통지'하는 것에 불과한 것이 아니라 의사를 '완성'하는 요소라고 한다.

(2) 의사표시에 관한 민법의 규정

의사표시에 관하여 민법은 세 부분으로 구별하여 규정한다. 첫 번째 부분은 의사와 표시가 일치하지 않는 경우로서, 비진의의사표시(제107조)·통정한 허위의 의사표시(제108조)·착오로 인한 의사표시(제109조)의 규정이고 두 번째 부분은 표의자가 타인으로부터 부당한 간섭을 받아 의사를 결정한 경우로서, 사기 또는 강박에 의한 의사표시(제110조)의 규정이며 세 번째 부분은 상대방있는 의사표시에 있어 그 효력발생시기·수령능력·공시송달(제111조~제113조)에 관한 규정이다.

Ⅱ 의사와 표시의 불일치(의사의 흠결)

1. 유형 3가지

의사의 흠결 또는 의사와 표시가 불일치하는 유형으로는 3가지가 있다. 즉, ⅰ) 표의자가 의사와 표시의 불일치를 알고 있는 경우인 「비진의의사표시(제107조)」 ⅱ) 의사와 표시의 불일치를 표의자뿐만 아니라 그 상대방도 그 사실을 알고 있는 경우인 「통정허위표시(제108조)」 iii) 표의자가 의사와 표시의 불일치를 모르는 경우인 「착오(제109조)」가 그것이다.

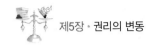

잠깐!! 민총, 깊이보기

- 의사와 표시, 즉 내심적 효과의사와 표시상의 효과의사가 일치하지 않는 경우를 '의사와 표시의 불일치' 또는 '의사의 흠결'이라 한다.

2. 진의 아닌 의사표시(비진의의사표시)

김선달은 황진이를 놀리기 위해
자신이 가지고 있는 값비싼 반지를 주겠다고 하였다.
황진이는 김선달이 진짜로 반지를 주려는 것으로 믿고
이를 동네방네 떠들고 다녔다.
이 경우 김선달의 속마음은 그렇지 않은데 이를 주어야 하나?

(1) 서 언

「비진의의사표시(非眞意意思表示)라 함은? 자신의 내심의 의사(內心의 意思)와 표시행위(表示行爲)가 일치하지 않음을 표의자 자신이 알고 있으면서 하는 의사표시를 말한다(대판 19997.7.25. 97다8403). 이는 '진의 아닌 의사표시(眞意 아닌 意思表示)' 또는 '심리유보(心理留保)'라고도 하며, 상대방과 통정(通情)하고 있지 않다는 점에서 통정허위표시와 다르므로 '단독허위표시'라고도 한다. 이러한 비진의의사표시는 유효하며 표시된 대로 효과가 발생한다. 민법 제107조 제1항은 「의사표시는 표의자가 진의아님을 알고한 것이라도 그 효력이 있다. 그러나 상대방이 표의자의 진의아님을 알았거나 이를 알 수 있었을 경우에는 무효로 한다」라고 하고, 동조 제2항은 「전항의 의사표시의 무효는 선의의 제3자에게 대항하지 못한다」라고 하여 비진의의사표시에 관하여 규정하고 있다.

(2) 요 건

비진의의사표시(☞진의 아닌 의사표시)가 되려면 i) 의사표시가 있어야 하고 ii) 진의와 표시가 일치하지 않아야 하며 iii) 표의자가 진의와 표시가 불일치한 것을 알고 있어야 한다. 여기서 iii)의 의미는 표의자 스스로가 "상대방이 진의 아님을 알지 못할 것"이라고 기대하는 경우(獨民 §116)와 "상대방이 진의 아님을 알 것"이라고 기대하는 경우(獨民 §118)에 구별없이 적용된다는 의미이다(異說없음).

그러나 비진의의사표시를 하게 된 이유나 동기(動機)는 묻지 않으며(異說없음), 상대방의 비진의라는 사실에 대한 지(知)·부지(不知)나 과실(過失)의 유무도 묻지 않으며, 상대방이 표시를 요지(了知)한 때를 기준으로 한다(다수설). 그리고 이 때의 상대방의 악의나 과실에 대한 증명책임은 무효를 주장하는 자에게 있다(대판 1991.7.12. 90다11554; 대판 1992.5.22. 92다2295).

잠깐!! 민총, 깊이보기

▶ 비진의의사표시가 성립하려면 최소한의 의사표시로서의 평가는 필요하다. 예컨대 명백한 사교적인 농담인 경우 또는 무대 위의 배우가 한 대사와 같이 법률효과의 발생을 원하지 않는 경우는 의사표시라고 할 수 없으므로 비진의의사표시의 문제가 발생하지 않는다.

(3) 효 과

1) 민법 제107조 제1항 본문은 「의사표시는 표의자가 진의 아님을 알고 한 것이라도 그 효력이 있다」라고 규정함으로써 '비진의의사표시'는 원칙적으로 표시주의에 의하여 표시된 대로의 효과가 발생하며 유효하게 된다. 이점이 무효인 통정허위표시와의 차이점이다(제108조 제1항). 설문의 예에서 실질적으로는 증여할 의사가 없지만 황진이에게 자신의 반지를 주겠다고 김선달이 말한 경우는 비진의의사표시로서 원칙적으로 그 의사표시대로 증여의 효과가 발생한다.

2) 그러나 동조항 단서는 「상대방이 표의자의 진의가 아님을 알았거나 이를 알 수 있었을 경우에는 무효로 한다」라고 규정함으로써 상대방이 표의자의 진의아님을 알았거나 알 수 있었을 경우는 무효로 한다. 설문의 예에서 김선달이 실질적

으로는 반지를 증여할 의사가 없음을 황진이가 알았거나 이를 알 수 있었을 경우라면 이는 무효가 된다. 본조항에서 "알 수 있었을 경우"라는 것은 과실(過失)의 부지(不知)를 말하며 이는 보통사람의 주의를 기울였다면 알았을 경우(예: 농담으로서 상식적으로 진의로 말하고 있지 않다는 것을 알 수 있었을 경우)를 말한다. 이러한 "상대방이 알았다는 것(☞惡意)"과 "알 수 있었을 경우(☞過失의 有無)"는 그 표시의 무효를 주장하는 자가 증명하여야 한다. 그리고 우리나라 판례는 동조항 단서의 유추적용을 긍정한다(대판 1975.3.25. 74다1452).

「제107조 제1항 단서의 유추적용여부」 ☞ "조합장이 조합을 위하여 차용하는 것이 아니라는 것을 은행이 주의하였더라면 알 수 있었을 경우에는 제107조 제1항 단서를 유추적용하여 대차계약(貸借契約)은(☞조합에 대하여) 그 효력을 발생할 수 없다(대판 1975.3.25. 74다1452). 설사 이를 인정하더라도 표의자의 행위가 불법행위의 성립요건을 충족하기에는 다소 무리가 있을 듯하다.

살아있는 Legal Mind!!!

상기의 비진의의사표시가 무효인 경우에 표의자는 불법행위책임(不法行爲責任)을 지는가? 상대방이 악의일 때에는 손해배상의무가 발생하지 않으나 상대방에게 과실만 있는 경우에는 문제가 될 수 있다. 민법은 제107조 제1항 단서에 「상대방이 표의자의 진의가 아님을 알았거나 이를 알 수 있었을 경우에는 무효로 한다」라고 규정함으로써 상대방이 '알았거나 알수 있었을' 것을 귀책사유로 하고 있는 점에 비추어 표의자의 불법행위로 인한 손해배상책임은 부정된다고 새겨야 할 것이다(곽윤직 403면).

3) 민법 제107조 제2항은 「진의 아닌 의사표시(☞비진의의사표시)의 무효는 선의의 제3자에게 대항하지 못한다」 라고 규정함으로써 비진의의사표시에 의한 무효는 선의의 제3자에게 대항하지 못한다. 이는 바꾸어 말하면 비진의의사표시가 무효로 되는 경우에 그 무효는 악의의 제3자에게는 대항할 수 있다는 의미이다.

또한 동조항은 표의자를 보호하기보다는 제3자의 보호 내지 거래의 안전을 보호하기 위한 절충주의의 태도를 반영하기 위하여 민법에 규정된 특칙이라는 점을 유의하여야 한다. 따라서 동조항의 '선의의 제3자'란, 비진의표시(☞진의 아닌 의사표시)를 기초로 하여 새로운 이해관계를 맺은 자를 말한다. 상기의 예에서 황진이가 이를 장난으로 준 것을 알고 받은 경우라면 그 법률행위는 무효가 되지만, 황진이가 장난으로 준 것임으로 알면서도 그 반지를 제3자인 임꺽정에게 매도하였고 임꺽정이 이러한 사정을 모른 경우(☞善意)라면 김선달은 임꺽정에게 무효를 주장하여 그 물건의 소유권을 찾을 수 없다.

「비진의의사표시」에 관한 판례 ☞ 근로자가 회사의 경영방침에 따라 사직원을 제출하고 회사가 이를 받아들여 퇴직처리를 하였다가 즉시 재입사하는 형식을 취함으로써 근로자가 그 퇴직전후에 걸쳐 실질적인 근로관계의 단절이 없이 계속 근무를 하였다면 그 사직원제출은 근로자가 퇴직할 의사가 없이 근무의사를 표시한 것으로서 비진의의사표시에 해당하고 재입사를 전제로 사직원을 제출케 한 회사 또한 그와 같은 진의 아님을 알고 있었다고 봄이 상당하다 할 것이므로 위 사직원제출에 따른 퇴직의 효과는 생기지 않는다(대판 1988.5.10. 87 다카2578; 대판 1991.7.12. 90다11554; 대판 1993.1.15. 92다37673 등).

(4) 적용범위

1) 단독행위에 대한 적용여부

민법 제107조 비진의의사표시는 상대방있는 의사표시는 물론 상대방없는 의사표시 그리고 모든 종류의 의사표시(계약)에 적용된다. 다만 상대방없는 의사표시에 있어서 본조 제1항 본문이 적용되는 것(☞표시대로 유효로 되는 경우)에 대하여는 의문이 없으나, 본조 제1항 단서의 적용(☞무효로 되는 경우)에 대하여는 학설에 따라 문제가 제기된다. 통설은 상대방없는 단독행위의 경우에 본조 제1항 단서는 적용이 없고 항상 유효하다고 한다(김준호 · 김학동).

2) 신분행위에 대한 적용여부

가족법상 신분행위는 절대적으로 당사자의 진의를 필요로 하므로 제107조의 규정이 적용되지 않고 그 경우는 언제나 무효이다. 특히 가족법상의 행위에서 진의없이 한 혼인행위·입양행위는 당사자간에 진정한 합의가 없는 것이므로 상대방의 지(知)·부지(不知) 및 과실(過失)의 유무를 불문하고 언제나 무효라고 민법은 명문으로 규정하고 있다(제815조 제1호 · 제883조 제1호).

알아두면 편리해요!!!

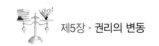

민법 제815조는 「혼인은 다음 각호의 경우에는 무효로 한다. 1. 당사자간에 혼인의 합의가 없는 때」라고 규정하고, 제883조는 「입양은 다음 각호의 경우에는 무효로 한다. 1. 당사자간에 입양의 합의가 없는 때」라고 규정하고 있다.

3) 상법규정에 대한 적용여부

상법상 주식인수의 청약(제302조 제3항 참조)과 소송법상 행위에는 제107조가 적용되지 않고 언제나 유효하다.

4) 준법률행위에 대한 적용여부

제107조는 본래의 의사표시가 아닌 준법률행위(準法律行爲) 등에서도 그 성질에 따라서 유추적용된다. 예컨대 채권양도의 통지(제450조)가 그것이다.

5) 공법행위에 대한 적용여부

제107조는 행위의 형식화를 특색으로 하는 공법행위(公法行爲)에는 적용되지 않는다(대판 1978.7.25. 76누276). 예컨대 귀속재산처리법에 의한 매수인의 매수신청이 그것이다. 판례는 "귀속재산의 처분행위는 행정처분이 명백하고 귀속재산처리법에 의한 매수인의 매수신청 또는 임차인의 임차신청 및 그 포기의 의사표시는 공법상의 행위이므로 비진의의사표시에 관한 민법규정이 적용되지 않는다(대판 1954.2.2. 4286행상11)"라고 하였다(대판 1994.1.11. 93누10057; 대판 1997.12.12. 97누13962 등 참조).

3. 통정허위표시

채무자인 김선달은
채권자 임꺽정에 의한 자신의 부동산의 강제집행을 면하기 위하여
가까운 친구인 황진이에게 자신의 부동산을
가장매매(假裝賣買)하고 명의(名義)를 변경하였다.
이 경우에 채권자인 임꺽정은 법적으로 어떻게 하여야 하는가?

(1) 서 언

「통정허위표시(通情虛僞表示)」라 함은? 비진의의사표시(☞진의 아닌 의사표시)를 하는 자가 상대방과 그 비진의의사표시를 하는데 서로 합의하고 의사표시를 하는 것을 말한다(대판 1972.12.26. 72다1776; 대판 1998.9.4. 98다17909). 이러한 통정허위표시에 의한 법률행위를 "가장행위(假裝行爲)"라고 한다. 예를 들어 김선달이 황진이와 통정하여(☞짜고) 부동산의 증여의사를 가지고 있으면서도 매매의 형식으로 황진이에게 이전한 경우의 가장매매 또는 변강쇠가 연흥부와 통정하여 연흥부의 이름으로 통장을 개설하고 변강쇠가 예금하는 가장행위가 그것이다. 이 때에는 그 표시가 위법하기 때문이 아니라 "의사와 표시가 불일치"하기 때문에 당사자(☞표의자와 상대방)간 절대 무효로 한다(대판 2002.3.12. 2000다24184·24191). 민법 제108조 제1항은「상대방과 통정한 허위의 의사표시는 무효로 한다」라고 하고, 동조 제2항은「전항의 의사표시의 무효는 선의의 제3자에게 대항하지 못한다」라고 하여 통정한 허위의 의사표시에 관하여 규정하고 있다.

「가장매매(假裝賣買)」에 관한 판례 ☞ 특별한 사정없이 동거하는 부부간에 있어 남편이 처에게 토지를 매도하고 그 소유권이전등기까지 경료한다 함은 이례적인 일에 속하는 일로서 가장매매라고 추정하는 것이 경험칙에 비추어 타당하다(대판 1978.4.25. 78다226).

제5장

(2) 요 건

상대방과 통정(通情)하여 하는 비진의의사표시에 의한 통정허위표시가 성립하려면 다음과 같은 요건이 필요하다.

1) 의사표시가 있어야 한다.

객관적으로 일정한 효과의사가 있었음을 판단될 정도의 외관을 갖춘「의사표시」가 있어야 한다. 이 경우에는 제3자가 보아서 인정할 정도의 외관이면 충분하지만 실제로는 증서의 작성·등기 또는 등록과 같은 외관을 갖추는 것이 일반적이다. 허위표시가 보통 제3자를 속이기 위한 목적으로 행하여지기 때문이다.

2) 표시의사와 내심의 효과의사가 일치하지 않아야 한다.

표의자의 '외관(外觀)을 표시하는 의사(☞表示意思)'와 '내심의 효과의사(☞眞意)'가 일치하지 않아야 한다. 그러므로 통정허위표시는 일정한 경제적 목적을 달성하기 위하여 이것과 모순되는 법률효과를 발생시키는 의사표시인 은닉행위나 신탁행위와 다르다.

3) 표시가 진의와 불일치함을 표의자가 알고 있어야 한다.

표의자 스스로가 진의와 불일치함을 알고 있어야 한다. 만약, 표시된 내용과 내심의 의사의 불일치를 표의자 자신이 모르는 경우라면 이는 착오로 인한 의사표시(제109조)가 된다.

4) 내심의 효과의사와 다른 의사표시를 함에 상대방과 통정하여야 한다.

진의와 다른 의사표시를 하는데 표의자와 상대방과의 사이에 통정(通情), 즉 무효로 하겠다는 합의가 있어야 한다. 만약, 표의자의 의사표시가 진의가 아님을 상대방이 단순히 알기만 한 경우에는 통정허위표시가 성립하지 않는다. 이렇게 상대방이 안다는 점이 '제107조 비진의의사표시'와 차이점이다. 즉, 상대방과 통정하여야 하며 그렇지 않으면 비진의의사표시가 된다(대판 1998.9.4. 98다17909).

5) 통정허위표시의 동기나 목적을 불문한다.

일반적으로 통정허위표시는 제3자를 속이려는 목적으로 하는 경우가 많으나, 반드시 그러한 목적이나 동기를 필요로 하는 것은 아니다. 따라서 허위의 의사표시를 하게 된 이유나 동기는 이를 묻지 않는다. 그렇지만 대부분의 통정허위표시는 제3자를 기망(欺罔)[146]하려는 목적으로 행하여진다. 허위표시의 요건 가운데 의사표시의 존재는 법률효과를 발생시키려는 표의자에게 입증 책임이 있으나 그 외 다른 요건들은 모두 의사표시가 어휘표시여서 무효라고 주장하는 자에게 입증책임이 있다(대판 1978.4.25. 78다226).

---

146) 법률용어 살펴보기 ☞ 「기망(欺罔)」이라 함은? 상대방을 착오에 빠뜨리게 하는 부실(不實)한 행위, 즉 남을 그럴듯하게 속이는 행위를 말한다.

(3) 효 과

허위표시는 그 내용에 따른 효과가 발생하지 않는다. 즉 무효이다(제108조 제1항). 당사자 사이에서나 제3자에 대한 관계에서도 무효이며 이를 가지고, 제 3자에 대항하지 못한다(동조제2항; 대판 2001.5.8. 2000다9611).

1) 당사자 사이에 효력

① 민법 제108조 제1항은 「상대방과 통정한 허위의 의사표시는 언제나 무효이다」라고 규정함으로써 '통정허위표시'는 언제나 무효이므로 당사자간에 무효를 주장할 수 있다. 그리고 아직 이행하지 않은 것은 이행할 필요가 없고 이미 이행한 후이면 '부당이득반환청구'의 대상이 된다(제741조). 예컨대 매매·증여의 표시행위와 함께 부동산등기가 이루어진 법률행위라도 그것이 통정한 허위표시에 의한 경우라면 이는 무효이므로 소유권이전의 효과는 발생하지 않는다. 다만 이 경우는 매도인·증여자에게 소유권이 있는 것이지만 외형상으로는 매수인·수증자에게 소유권이 등기되어 있는 부당이득에 해당하므로 매도인·증여자는 소유권에 기한 가장등기의 말소 또는 소유권이전등기를 청구하여야 한다.

잠깐!! 민총, 깊이보기

➡ 유의할 점은 통정허위표시의 경우에는 제741조의 부당이득반환청구의 규정은 적용되지만 제746조 불법원인급여의 반환청구금지규정은 적용되지 않는다 것이다. 그 이유는 통정허위표시 그 자체가 불법은 아니므로 통정허위표시만을 이유로 해서 제746조를 적용할 수 없기 때문이다(대판 1989.2.28. 87다카1489).

② 또한 통정허위표시에 의한 행위가 채권자취소권의 요건을 갖춘 때에는 통정허위표시를 한 자(예: 매도인 또는 증여자)의 채권자는 채권자취소권을 행사할 수 있다(대판 1963.11.28. 63다493). 설문의 예에서 채무자 김선달이 채권자 임꺽정을 해함을 알면서도 자신의 부동산을 황진이와 통정하여 허위로 황진이 앞으로 소유권이전등기를 한 경우에는 채권자 임꺽정은 '제406조의 채권자취소권'에 의하여 통정허위표시를 취소하여 해당 부동산을 김선달이 원상회복할 것을 법원에 청구할 수 있다(대판 1998.2.27. 97다50985).

잠깐!! 민총, 깊이보기

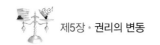

예컨대 갑을 본인으로 하는 대리인 을이 상대방인 병과 통정하여 허위표시를 한 경우, 갑은 을의 법률행위로 인한 효과의 귀속자로서, 당사자인 을과 병은 통정허위표시의 당사자로서 무효를 주장할 수 있다(제108조 제1항 참조). 따라서 상기 경우에 갑·을·병 모두 무효를 주장할 수 있다.

2) 제3자에 대한 효력

① 민법 제108조 제2항은 「전항의 의사표시의 무효는 선의의 제3자에게는 대항하지 못한다」 라고 규정하고 있는데 본조항에서의 '선의', '선의의 제3자', '대항하지 못한다'는 것은 비진의의사표시의 그것과 유사하다. 이에 대한 자세한 설명은 다음과 같다.

㉮ 「선의(善意)」라 함은 이해관계를 맺었을 때에 앞서서 한 행위의 의사표시가 통정허위표시임을 알지 못하는 것을 말하고, '무과실(無過失)'은 요구되지 않는다. 판례에 의하면 제3자는 특별한 사정이 없는 한 선의로 추정되므로 "부동산에 관한 통정허위표시의 경우에 대하여 부동산양도인이 제3자가 악의임을 증명하여야 한다(대판 1979.9.29. 70다466)"라고 하였다.

보충정리 선의의 제3자에 대한 구별

선의의 제3자에 해당하는 자	선의의 제3자에 해당하지 않는 자
① 가장매수인으로부터 그 목적물을 다시 매수한 자 ② 가장매수인으로부터 제한물권(☞저당권)의 설정을 받은 자 ③ 가장매매에 기인한 대금채권의 양수인 ④ 가장저당권 설정으로 취득한 저당권의 실행으로 인한 경락자 ⑤ 가장소비대차의 가장채권 양수인 ⑥ 가장매수인에 대한 압류채권자 ⑦ 통정에 의한 타인명의 예금 통장의 명의인으로부터 예금채권을 양수한 자 ⑧ 가장채권의 질권자	① 채권의 가장양도에 있어서의 채무자 ② 부동산 가장매매에 기한 손해배상청구권의 양수인 ③ 제3자를 위한 계약에 있어서의 수익자 ④ 대리인이나 대표기관이 상대방과 허위표시를 한 경우의 본인이나 법인 ⑤ 주식회사·주식의 가장양도에 있어서 주식회사·예금채권의 가장양도시 은행·가장매수인으로부터 지위를 상속한 자 ⑥ 가장매매전 이미 설정되어 있는 저당권자 ⑦ 가장매매에 기한 부당이득반환청구권의 양수인 ⑧ 가장양수인의 일반채권자

㉯ 일반적으로 선의의 제3자는 당사자와 그의 포괄승계인이외의 자를 모두 포함하나, 본조항에서의 「선의의 제3자」는 위의 제3자 중에서 통정허위표시를 기초로 하여 새로운 이해관계를 맺은 자만에 한정한다. 이는 통정허위표시의 외형을 신뢰하여 새로운 이해관계를 가지게 된 자가 아니면 보호할 필요가 없기 때문이다(대판 2000.7.6. 99다51258; 대판 2003.3.28. 2002다72125; 대판 2013.2.15. 2012 다 49292 참조).

㉰ 「대항하지 못한다」라 함은 통정허위표시의 무효를 주장할 수 없다는 의미이다. 그 결과 허위표시는 무효이지만 선의의 제3자에 대하 관계에 있어서는 표시된 대로 효력이 생긴다.(대판 1996.4.26. 94다12074)

② 동조항의 규정에 의하여 선의의 제3자에게는 그 무효를 주장하지 못한다. 즉, 선의의 제3자에 대하여는 당사자는 물론 표의자의 채권자도 무효를 주장할 수 없는 것이다. 따라서 선의의 제3자에게는 표시된 대로의 효력이 발생한다(대판 1996.4.26. 94다12074). 이 경우에 가장매수인(假裝買受人)을 진정한 소유자로 믿고서 목적물을 매수한 선의의 제3자는 그 소유권을 취득하게 되며, 가장매수인이 진정한 권리자에게 손해배상의 책임을 진다(제750조).

특히 선의의 제3자가 다시 악의의 제3자와 거래계약을 하여 전득(轉得)한 경우는 그 악의의 제3자가 선의의 제3자로부터 권리를 승계한 경우이므로 악의의 제3자에 대하여 통정허위표시를 이유로 하여 무효를 주장할 수 없다. 설문의 예처럼 김선달이 자신의 부동산을 통정하여 황진이 앞으로 소유권이전등기 하였고, 이를 다시 황진이가 선의의 제3자인 연흥부에게 매도한 경우에는 김선달은 선의의 제3자인 연흥부에게 거래계약의 무효를 주장하지 못한다. 또한 김선달과 황진이 사이에 통정허위표시에 의하여 부동산을 거래하였음을 알고 있는 악의의 제3자인 뺑덕어멈이 선의의 제3자인 연흥부에게서 그 부동산을 매수하였다 하더라도 악의의 제3자인 뺑덕어멈에게 무효를 주장할 수 없는데 그 이유는 악의의 제3자인 뺑덕어멈이 소유권을 취득한 원인이 선의의 제3자인 연흥부의 권리에 기초하여 승계한 것이기 때문이다.

「통정허위표시(通情虛僞表示)」에 관한 판례 ☞ 상대방과 통정한 허위의 의사표시는 무효이고 누구든지 그 무효를 주장할 수 있는 것이 원칙이나, 허위표시의 당사자 및 포괄승계인 이외의 자로서 허위표시에 의하여 외형상 형성된 법률관계를 토대로 실질적으로 새로운 법률상 이해관계를 맺은 선의의 제3자에 대하여는 허위표시의 당사자뿐만 아니라 그 누구도 허위표시의 무효를 대항하지 못하고 따라서 선의의 제3자에 대한 관계에 있어서는 허위표시도 그 표시된 대로 효력이 있다(대판 1996.4.26. 선고 94다12074 판결).

통정 허위표시가 성립하기 위하여는 의사표시의 진의와 표시가 일치하지 아니 하고, 그 불일치에 관하여 상대방과 사이에 합의가 있어야 하는바, 제3자가 금융기관을 직접 방문하여 금전소비대차 약정서에 주채무자로서 서명날인하였다면 제3자는 자신이 당해 소비대차계약의 주채무자임을 금융기관에 대하여 표시한 셈이고, 제3자가 금융기관이 정한 대출규정의 제한을 회피하여 타인으로 하여금 제3자 명의로 대출을 받아 이를 사용하도록 할 의도가 있었다거나 그 원리금을 타인의 부담으로 상환하기로 하였더라도, 특별한 사정이 없는 한 이는 소비대차계약에 따른 경제적 효과를 타인에게 귀속시키려는 의사로 볼 수는 없으므로, 제3자의 진의와 표시에 불일치가 있다고 보기는 어렵다.(대판 2003.6.24. 2003다7357. 같은 취지: 대판 1998.9.4. 98다17909)

③ 통정허위표시의 당사자 외에 '선의의 제3자'도 통정허위표시임을 이유로 들어 무효를 주장할 수 있는가에 대하여 학설의 견해가 나누어진다. 선의의 제3자가 통정허위표시임을 이유로 들어 무효를 주장할 수 있다는 다수설인 긍정설은 무효는 주장할 이익이 있는 자라면 누구라도 주장할 수 있다는 것이며 제108조 제2항의 예외규정은 "통정허위표시의 당사자 및 채권자"만이 선의의 제3자에게 무효를 주장할 수 없다는 것을 의미하는 것이므로 "선의의 제3자"가 통정허위표시의 효력을 당사자 및 채권자에게 주장하는 것은 무방하다고 한다(장경학·곽윤직·고상룡·권용우·김상용). 그러나 부정설인 소수설의 입장은 통정허위표시를 이유로 선의의 제3자라고 해서 자신에게 불리할 때에 해당 행위가 무효임을 주장할 수 있다는 것이 제108조 규정의 의미가 아니며 더욱이 이는 거래의 안전 보호규정이지 징벌규정이 아님을 이유로 하여 선의의 제3자의 무효주장을 부정한다(이영준 351면).

3) 당사자간의 철회

① 통정허위표시는 당사자간의 합의로서 철회할 수 있는가에 대한 문제가 제기된

다. 통정허위표시의 당사자는 합의로써 그 허위표시를 철회할 수 있다. 그러나 이 때에도 선의의 제3자는 보호되어야 하므로, 선의의 제3자에 대해서는 그 철회로서 대항하지 못한다고 해석하여야 한다(통설). 따라서 당사자는 합의로써 허위표시의 철회 후 그 허위표시에 의하여 생긴 외형을 제거해야만 선의의 제3자에게 허위표시의 철회로서 대항할 수 있다. 예컨대 가장매매를 하고 소유권이전등기를 완료한 후에 당사자간에 합의하여 허위표시를 철회하였더라도 그 외형을 제거(☞소유권이전등기말소 · 매매증서파기 등)하지 않은 상태라면 이는 철회라고 할 수 없으므로 이러한 외형의 등기를 믿고 취득한 선의의 제3자에게 대항하지 못한다. 반면 당사자가 합의하여 허위표시를 철회하고 외형을 제거한 경우라면 선의의 제3자라도 허위표시의 철회로서 대항할 수 있다.

② 이러한 통정허위표시가 철회되었음을 주장하거나 증명하는 책임은 허위표시의 당사자에게 있으므로, 당사자는 허위표시의 목적물에 대한 제3자의 이해관계가 발생하기 전에 허위표시행위의 외형을 제거하였음(☞소유권이전등기 말소 후 매매증서 파기)을 주장 · 증명함으로써 본 조항의 적용을 면할 수 있다.

잠깐!! 민총, 깊이보기

예컨대 매매계약에 있어서 거짓으로 환매의 특약을 삽입하는 경우와 같이 법률행위의 일부가 통정허위표시인 경우에는 일부무효의 법리에 따라 해결하여야 한다(제137조 참조).

(4) 적용범위

1) 계약 · 단독행위

민법 제108조의 통정허위표시는 모든 법률행위에 적용되나 특히 재산법상의 법률행위로서 '계약'과 상대방있는 '단독행위'에 적용된다(異說없음). 그러나 상대방없는 단독행위에는 적용될 여지가 없는데(통설), 그 이유는 허위표시는 상대방과 통정하여야만 성립되는데 상대방없는 단독행위는 통정(通情)이라는 요건이 갖추어질 수 없기 때문이다. 이점이 비진의의사표시와 다른 점이다. 즉 비진의의사표시는 상대방없는 의사표시는 물론 상대방있는 의사표시에도 적용된다(단, 민법 제107조 제1항 단서는 상대방없는 경우에는 적용되지 않고 언제나 유효하다). 그리고 합동행위(정관작성)에 관하여도 학설의 대립이 있으나 본조의 적용이 없고 언제나 유효하다(곽윤직 · 김용한 · 김기선 · 장경학)는 부정설이 더 합리적일 것 같다.

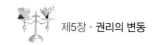

살아있는 Legal Mind!!!

- 상기의 「상대방없는 단독행위」에 관하여 통정허위표시가 적용될 여지가 없다는 통설에 대하여, 본조를 유추적용하여도 좋을 것이라는 견해를 지닌 학자가 상당수 있다(김용한 · 김주수 · 고상용 · 이영준). 그 이유는 예를 들어 부동산공유자 전원의 합의에 의하여 1인을 제외한 모두가 공유지분포기를 하고 그 1인의 단독소유인 것처럼 등기를 고친 경우에 있어서 그 포기는 상대방없는 단독행위이지만 직접수익자인 공유자와 통정하여 허위표시 한 것이므로 제108조가 유추적용되어야 한다는 것이다.

2) 가족법상의 법률행위

혼인 · 이혼 · 입양과 같이 본인의 진의를 절대적으로 존중하는 신분행위(身分行爲)에 대하여 통정허위표시는 언제나 무효이고(異說없음), 나아가 선의의 제3자 보호에 관한 제108조 제2항도 적용되지 않는다(제815조 1호, 제883조 1호). 예컨대 통정허위표시로 인한 협의이혼의 무효는 선의의 제3자에게 대항할 수 있는 것이다. 그러나 신분행위라도 재산행위와 밀접한 관계가 있는 행위 예컨대 상속분할의 협의(제1013조) · 재산상속의 포기(제1041조) 등에 관하여는 본조의 적용을 긍정하여야 한다는 긍정설이 있다(김주수 · 장경학 · 김용한 · 고상용 · 이영준 · 김상용).

보충정리 통정허위표시와 비진의의사표시와의 차이점

① 통정허위표시는 진의와 다른 의사표시를 하는데 표의자와 상대방과의 사이에 통정(通情), 즉 무효로 하겠다는 합의가 있어야 한다. 만약, 표의자의 의사표시가 진의가 아님을 상대방이 단순히 알기만 한 경우에는 통정허위표시가 성립하지 않는다. 이렇게 상대방이 안다는 점이 비진의의사표시와 차이점이다. 즉, 상대방과 통정하여야 하며 그렇지 않으면 비진의의사표시가 된다. 진의 아닌 의사표시에 있어서 표의자는 진의 아닌 것을 상대방이 알거나 또는 모를 것이라고 기대하고 청약한다.

② 비진의의사표시에 있어서 보통 속임을 당하는 것은 표의자의 상대방이다. 그러나 통정허위표시에 있어서는 제3자이다.

③ 통정허위표시는 언제나 무효이므로 아직 이행하지 않은 것은 이행할 필요가 없다. 그러나

비진의의사표시는 원칙적으로 표시주의에 의하여 표시된 대로의 효과가 발생하여 유효하다.

④ 통정허위표시는 재산법상의 법률행위로서 계약은 물론 상대방있는 단독행위(예: 채무면제·해제)에 적용된다.즉 상대방없는 단독행위(예: 유언)에는 적용될 여지가 없다(통설). 그러나 비진의의사표시는 상대방있는 의사표시는 물론 상대방없는 의사표시에도 적용된다(단, 민법 제107조 제1항 단서는 상대방없는 경우에는 적용되지 않고 언제나 유효하다).

(5) 통정허위표시와 구별하여야 할 행위

통정허위표시와 유사하지만 구별하여야 할 행위로는 「은닉행위」와 「신탁행위」를 들 수 있다.

1) 은닉행위

「은닉행위(隱匿行爲)」라 함은? 예를 들어 임꺽정이 실질적으로는 자신의 집을 아들에게 증여(贈與)하는 것이지만 세금을 면탈(免脫)할 목적으로 이를 가장하여 매매(賣買)의 형태를 취하고 증여의 진의를 은닉하는 경우가 그것이다. 이 때의 증여를 은닉행위라 하는데, 이러한 은닉행위인 증여는 '일종의 허위표시'이지만 진실로 다른 행위를 할 의사가 있기 때문에 보통의 허위표시로 다루어서는 안 된다. 즉, 이 경우에 증여가 무효가 되는가에 대한 문제가 제기되는데, 이 경우에는 그 숨겨진 행위(☞贈與)가 그에 요구되는 요건을 갖추고 있느냐의 여부에 따라 효력을 결정하게 되며, 증여세를 면탈하기 위하여 증여를 매매로 한 앞의 예에서 매매계약서가 증여로서 요건이 갖추어졌으면 증여로서의 효력이 생긴다(제555조). 즉 이 경우에 증여는 유효하다. 통설과 판례도 같은 태도이다.(대판 1993.8.27. 93다12930)

2) 신탁행위

「신탁행위(信託行爲)」라 함은? 어떤 경제적 목적을 달성하기 위하여 신탁자가 수탁자에게 그 목적 달성에 필요한 정도를 넘는 권리를 이전하고 한편으로 수탁자는 그 이전 받은 권리를 일정한 경제적 목적의 범위를 넘어서 행사하여서는 아니 될 의무를 부담하는 것을 말한다. 민법상 신탁행위는 명문의 규정은 없지만 학설·판례에 의하

제5장

여 인정되고 있다. 예컨대 갑이 을로 하여금 추심(推尋)하도록 하기 위해서 자신이 가지고 있는 병에 대한 채권을 을에게 양도하는 경우의 채권추심을 위한 「채권양도(債權讓渡)」가 그 대표적 것이고, 갑이 자신의 재산이 공개되는 것을 피하기 위하여 자기의 부동산을 을의 명의로 이전한 경우의 「명의신탁(名義信託)」 또는 채무자인 갑이 담보로 제공하려는 물건을 일단은 양도의 형식에 의해서 외관상으로 소유권을 채권자 을에게 이전하고, 채무를 이행하지 않는 경우에는 채권자 을은 그 목적물의 소유권을 확정적으로 취득하게 하지만 채무를 이행한 경우에는 그 목적물의 소유권을 소유자인 갑에게 반환하는 형식에 의한 「양도담보(讓渡擔保)」 등이 그것이다. 이러한 신탁행위는 법률행위의 하나로서 일정한 '경제상의 목적'을 위하여 '권리이전'의 형태를 취하는 점에 그 특색이 있고 이 경우는 그 경제상의 목적, 즉 '담보나 추심을 위해 타인에게 권리를 이전한다'는 당사자간에 진정한 합의가 있으므로 허위표시가 아니다.

잠깐!! 민총, 깊이보기

통정허위표시와 구별하여야 할 행위에 「허수아비행위」가 있다. 이는 대외적으로 자신은 뒤로 숨고 계약당사자로 다른 자(☞허수아비)를 내세워 법률행위를 하게 하여 대내적으로 이에 따른 권리취득과 의무를 부담하는 것을 말한다. 예를 들어 김선달이 허수아비인 임꺽정을 내세워 황진이로부터 A 주택을 매수한 경우 이 때 매매의 모든 법적 효과는 계약당사자인 임꺽정에게 귀속한다. 다만 김선달은 임꺽정과의 대내적인 약정에 따라 목적물이전청구를 할 수 있고 또한 대금지급의 의무를 부담하게 되는 것이다. 이 경우는 허수아비가 법적으로 당사자이고 그의 의사표시에 따라 유효하게 권리와 의무를 취득하므로 통정허위표시가 아니다. 이는 일종의 간접대리이다.

보충정리 명의신탁과 통정허위표시와의 관계

「명의신탁(名義信託)」이라 함은? 대내적 관계에서는 신탁자가 소유권을 보유하고 신탁목적물을 관리·수익하면서, 대외적 관계에서는 등기·등록(☞공부(公簿上)의 소유명의자로서 수탁자를 두어 부동산의 소유권이 수탁자에게 이전되는 것을 말한다. 이러한 「명의신탁(名義信託)」이 유효한가? 이에 관하여 우리나라 판례는 허위표시가 아니므로 유효하다고 하지만(대판 1966.9.27. 66다1343; 대판 1966.4.19. 66다386 등), 학설은 '명의신탁은 허위표시(제108조)라는 무효설(곽윤직·장경학·김용한)과 허위표시가 아니라는 유효설(김주수·고상용·권용우·이영준)로 나누어진다. 무효설의 주장근거는 명의신탁이 당사자의 어떤 목적을 위하여 가장적(假裝的)으로 외관을 만들기 위한 당사자의 합의를 통한 통정허위표시라는 것이므로 이 경우는 수탁자(受託者)로부터 전득(轉得)한 제3자는 그가 악의일 때에는 소유권을 취득할 수 없지만, 선의일 때에는 민법 제108조 제2항의 제3자 보호규정에 의하여 소유권을 취득하게 된다는 것이다. 일본판례도 명의신탁을 통정허위표시로서 무효로 한다. 그러나 우리나라 판례이론을 지지하는 유효설은 사적자치의 원칙에 의하여 가장적 외관의 법적 효력을 부인하는데 관한 당사자간의 합의가 있는 것이 아니라 신탁자와 수탁자간의 신탁계약에 의하여 소유명의를 외부적으로는 수탁자가 소유자로 하기 위하여 소유권이전등기를 하고 내부적으로는 신탁재산의 관리·수익·처분을 신탁자가 할 것을 약정하고 다만 수탁자는 신탁계약에 반하여 소유권을 행사하지 않을 채권적 의무를 부담하므로 양도담보에 있어서와 같이 명의신탁은 유효하다고 본다. 다만 이 견해에 의하면 명의신탁이 허위표시(虛僞表示)·채권자사해행위(債權者詐害行爲)에 해당하거나 선량한 풍속 기타 사회질서에 반하는 경우에는 무효로 된다고 한다. 최근에는 명의신탁을 불법목적에 악용될 수 없도록 「부동산 실권리자 명의등기에 관한 법률」로 금지하고 있다.

4. 착오에 의한 의사표시

(1) 서 언

"착오로 인한 의사표시(錯誤로 인한 意思表示)"라 함은? 표시된 내용과 내심의 의사가 일치하지 않음을 표의자 자신이 알지 못하고 한 의사표시를 말한다. 예를 들어 임꺽정이 토지 1,800평을 경작이 가능한 농지로 알고 김선달로부터 매수하였으나 실제로는 그 중 1,355평이 하천부지인 경우가 그것이다. 우리 민법 제109조 제1항은 「의사표시는 법률행위의 내용의 중요부분에 착오가 있는 때에는 취소할 수 있다. 그러나 그 착오가 표의자의 중대한 과실로 인한 때에는 취소하지 못한다」라고 규정하고, 동조 제2항은 「착오로 인한 의사표시의 취소는 선의의 제3자에게 대항하지 못한다」라고 하여 착오로 인한 의사표시에 관하여 규정하고 있다. 본조는 착오에 관하여 정의하고 있지는 않으나 법률행위의 내용상 중요부분의 착오로 인한 의사표시는 취소할 수 있음을 정하고 있다. 이와 같이 표의자가 표시의 내용과 내심의 효과의사와의 불일치를 모르고 의사표시를 하였다는 점에서 '착오로 인한 의사표시'는 '비진의의사표시(제107조)' 또는 '통정허위표시(제108조)'와 차이가 있다(통설). 이러한 착오로 인한 의사표시는 의사와 표시가 일치하지 않는 경우에 표의자가 자기의사에 반하여 이러한 표시에 기속(羈束)되어서는 안 된다는 사적자치의 원칙(私的自治의 原則)으로부터 연원한다. 사실자체만을 가리키는 「착오」와 표의자가 착오에 빠져서 행한 「착오로 인한 의사표시」와는 구별된다.

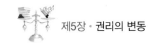

(2) 착오의 유형 세 가지

독일민법(§119 · §120)은 착오(錯誤)를 표시상의 착오 · 내용상의 착오 · 동기의 착오로써 구별한다. 그러나 우리 민법은 제109조 제1항에 「의사표시는 법률행위의 내용의 중요부분에 착오가 있는 때에는 취소할 수 있다. 그러나 그 착오가 표의자의 중대한 과실로 인한 때에는 취소하지 못한다」라고 규정함으로써 의사표시가 법률행위의 내용의 중요부분에 착오가 있는 때에는 취소의 대상이 됨을 규정하고 있지만, 착오의 구별에 관하여는 명시하고 있지 않다. 결국 민법상 의사표시의 착오는 '법률행위의 중요부분의 착오'에 국한하며 이 경우만이 법률행위를 취소할 수 있게 하는 효과를 가져오는 것이다. 하지만 이러한 착오는 독일민법에서 구별하고 있는 것처럼 유형별로 살펴보는 것이 기본적 형태라고 생각한다.

1) 표시상의 착오

① 「표시상의 착오(表示上의 錯誤)」라 함은? 표의자가 표시행위 자체를 잘못 이해하여 내심(內心)의 의사와 표시상(表示上)의 의사가 불일치하는 경우를 말한다. 예컨대 동창회에서 기부금 1,000원이라고 써야하는데 1,000만원이라고 잘 못 표기한 경우가 그것이다. 이러한 표시상의 착오에 대하여 취소를 인정할 것인가의 여부는 표의자의 중요부분의 착오로 인정되는가 또는 중대한 과실이 있었는가의 여부에 달려있다. 즉 표시된 내용과 내심의 의사가 일치하지 않음을 모르고 행한 경우에는 이러한 표시는 착오로 인정된다. 그러나 표의자가 표시된 내용과 내심의 의사가 일치됨을 알면서 이를 행한 경우에는 유효하다.

② 「표시기관의 착오」는 '전달의 착오'라고도 한다. 이러한 착오에 관하여는 우리 민법에 규정이 없으나 독일민법(§120)과 같이 '표시상의 착오'로 다룬다(통설). 즉, 표의자가 결정한 효과의사를 상대방에게 표시하여 그 의사를 완성하는 자(예: 使者 또는 郵遞局)가 표의자의 의사와 다르게 상대방에게 표시한 경우에는 표시상의 착오에 준해서 취급하여 취소할 수 있다. 예컨대 사자(使者)가 본인의 의사와

다른 표시를 한 경우 또는 전신기사에게 물건을 10만원에 팔 것임을 타전하도록 부탁하였는데 실수로 1만원에 팔겠다고 타전한 경우는, 본인에 의한 의사표시의 착오이며 이는 표시상의 착오에 준해서 취급하여 그 의사표시를 취소할 수 있다.

③ 다만 다음의 경우는 주의를 요한다.

㉮ 이 표시상의 착오가 사자(使者)가 아닌 '대리인'이 본인의 의사에 어긋나는 표시를 한 경우에는 대리인의 의사표시만이 그 기준이 되므로(제114조), 비록 본인의 의사와 다르더라도 착오가 되지 않는다. 따라서 그 대리인의 표시는 유효하게 된다(제116조).

㉯ 전달기관으로서의 사자(使者), 즉 표의자가 완성한 의사표시를 단순히 전달하는 전달기관이 의사표시의 상대방이 아닌 다른 사람에게 전달한 경우에는 착오의 문제는 발생하지 않고 의사표시의 부도달(不到達)의 문제가 발생할 뿐이다(제111조 제1항 참조). 예컨대 우체통에 넣은 편지가 다른 사람에게 전달된 경우 또는 갑의 을에 대한 의사표시가 잘못하여 병에게 전달된 경우에는 의사표시의 부도달에 해당하여, 이 경우에 착오의 문제가 일어나지 않아 아무런 효력이 없게 된다. 이러한 의사표시의 불도달의 불이익은 표의자가 입는다.

2) 내용상의 착오

① 「내용상의 착오(內容上의 錯誤)」라 함은? 표의자가 표시행위 자체에는 착오가 없었으나 표시행위의 내용 또는 의미를 잘못 이해하는 경우를 말한다. 즉 표의자는 표시하고자 하는 것을 표시하지만 그 표시의 법적 의미를 잘못 이해하는 것이다. 이는 "효과의사의 착오"라고도 한다. 예를 들어 미국달러와 호주달러를 동일한 것이라고 착오를 일으켜 호주 1,000달러로 적을 것을 미화 1,000달러로 적은 경우 또는 연대보증(連帶保證)[147]을 일반 보증(保證)과 같은 것으로 오해하여 연대보증인이 된 경우가 그것이다.

---

147) 법률용어 살펴보기 ☞ 「연대보증(連帶保證)」이라 함은? 보증인이 주채무자와 연대하여 채무를 부담함으로써 주채무의 이행을 담보하는 보증채무를 말한다. 여기서 연대의 경우는 주채무를 담보하는 것은 보증채무와 같지만 보증채무에 있어서와 같은 보충성이 없다. 그러므로 채권자의 입장에서 먼저 주채무자에게 채권을 확보하고 모자라는 부분을 보증인에게 책임을 지우는 것이 아니고 주채무자 아니면 연대보증인 중 누구에게라도 원하는 대로 채권자가 책임을 지울 수 있다는 점에서 연대보증인의 책임이 훨씬 무겁다. 이 경우는 최고·검색(催告·檢索)의 항변권이 없다(제437조 단서).

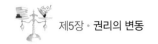

② 이러한 유형의 착오에 있어서도 표시상의 효과의사에 대응하는 내심적 효과의사는 존재하지 않으므로 착오의 한 유형에 속하게 된다.

3) 동기의 착오

① 의의 및 내용

㉮ 의 의

일정한 의사표시를 하기까지의 과정을 살펴보면, 먼저 일정한 동기(☞緣由라고도 함)에 의하여 '효과의사'를 결정하고 이어서 이 의사를 발표하기 위한 '표시행위'를 하게 된다. 여기서 「동기(動機)」라 함은? 표의자가 의사표시를 하게 된 이유를 말한다. 그런데 이러한 의사표시를 하게 된 '동기'에 착오가 있는 경우가 있을 수 있는데 이를 「동기의 착오(動機의 錯誤)」 또는 「연유의 착오(緣由의 錯誤)」라고 한다. 예컨대 공업단지가 건설된다는 계획을 믿고서 토지를 매수한 경우, 수태(受胎)한 줄 알고 암말을 산 경우, 광물매장량이 많은 줄 알고 이를 매수한 경우에 그렇지 않은 것 등이 그것이다. 그 외에 목적물의 성질·상태·내력 등에 관한 착오, 목적물의 시가(市價)에 관한 착오, 계산착오의 경우도 일반적으로 동기의 착오이다.

㉯ 내 용

동기의 착오는 거래상 중요한 의미를 가지지만 원칙적으로 동기의 착오는 의사형성과정에 있어서의 착오에 불과하다. 즉 동기의 착오는 착오의 문제로 되지 않고 의사의 흠결도 아니다. 따라서 법률행위의 효과에 아무런 영향을 미치지 않고 취소할 수 없다. 그렇지만 민법 제109조 전단은 「의사표시는 법률행위의 내용의 중요부분에 착오가 있는 때에는 취소할 수 있다」라고 규정함으로써 법률행위의 내용의 중요부분에 착오가 있는 때에는 취소할 수 있는 것으로 하였다. 따라서 동기의 착오가 있는 의사표시에 대하여는 어떤 평가를 내려야 하는가에 대한 문제가 제기된다. 동기의 착오를 이유로 하여 의사표시를 취소할 수 없으나 '동기'가 표시되어 의사표시의 내용으로 표시된 동기의 착오에는 동기의 착오를 이유로 하여 취소할 수 있다. 그리고 이 경우는 반드시 명시적일 필요가 없다. 예를 들어 가짜 이조백자를 값비싼 골동품인줄 알고 진짜 골동품에 상당하는 가격으로 구입한 경우는 이를 묵시적으로 표시한 경우라고 볼 수 있다. 따라서 상당한 고가로 골동품을 구입한 이 경우는 동기가 의사표시의 내용으로 표시된 동기의 착오에 해당하여 취소할 수 있다(다수설·판례; 대판 1995.11.21. 95다5516). 한편, 표의자의 착오를 상대방이 부정한 방법으로 유발한 경우, 동기가 상대방으로부터 제공된 경우에는 표시와 상관없이 중요부분의 착오도 된다(대판 2000.5.12. 2000다12259; 대판 1999.4.23. 98다45546 등).

② 동기의 착오에 대한 학설

동기의 착오가 의사표시의 착오로 되느냐 하는 것에 관한 학설은 다음과 같다.

㉮ 동기의 착오를 제109조에서 배제하는 견해(표시설)

'동기의 착오'를 '동기의 불법(動機의 不法)'과 동일한 이론에 좇아 해석하는 견해로서 다수설이다. 이 견해는 제109조의 착오를 의사표시의 착오에 한정하고 그 결과 착오란 의사와 표시의 불일치를 표의자가 모르는 경우라고 정의한다(곽윤직·김기선·김증한·김현태·이영섭·황적인·권용우). 이 견해는 동기의 착오를 배제하는 논거로서, 외부에 표시되지 않은 동기를 고려하여 법률상 효력을 미치게 하는 것은 거래의 안전을 해치므로 동기의 착오로 인하여 발생하는 위험 내지 불이익은 표의자 스스로가 부담하는 것이 타당하다고 한다. 그러므로 동기의 착오를 이유로 하여 의사표시를 취소할 수 없으나, 당사자 사이에 그 동기를 의사표시의 내용으로 삼았을 때, 즉 "동기가 표시"되어 상대방이 알고 있는 경우에는 의사표시의 내용이 되므로 동기의 착오를 이유로 하여 취소할 수 있다고 한다. 예를 들어 김선달이 평소부터 잘 아는 포목상 임꺽정에게서 자신의 딸의 혼숫감으로 쓰려고 한다고 말하면서 옷감을 샀고 이 때 임꺽정은 혼사를 축하한다면서 팔았는데 신랑감의 과거문제로 파혼된 경우에 김선달은 임꺽정과의 매매계약을 착오로 인한 이유로 하여 해소할 수 있는가에 대하여, 김선달의 동기가 의사표시의 내용이 되고 상대방인 임꺽정도 이를 알았을 경우에는 착오의 문제가 제기되어 이를 취소할 수 있는 것이다.

㉯ 동기의 착오도 제109조에 포함시키는 견해

동기의 착오를 다른 착오와 동일하게 취급하여야 한다는 견해로서 소수설이다. 이 견해는 '동기의 착오'도 그것이 표시되었거나 표시되지 않았거나를 묻지 않고 다른 유형의 착오와 동일하게 취급하여 제109조를 적용하고 이를 취소할 수 있다고 한다(장경학·김용한·고상용·김상용). 그 근거로서 먼저 상대방이 의사와 표시의 불일치를 식별하는 것은 거의 불가능하므로 착오에 의한 취소에 의하여 거래안전을 해하는 것은 법률행위의 '내용의 착오'에 있어서도 마찬가지이기 때문에, 특별히 동기의 착오만을 거래안전의 보호라는 점에서 문제삼아 동기가 표시된 경우에 한하여 취소할 수 있다고 하는 것은 공평치 않음을 들고 있다. 따라서 동기의 착오를 다른 유형의 착오와 동일하게 제109조 '중요부분'의 착오가 있는가, 표의자에게 '중대한 과실'이 있는가 등을 고려하여 의사표시의 취소여부를 결정하면 된다고 한다. 따라서 앞의 예에서 김선달은 동기의 표시 여부에 불문하고 중요한 부분에 대한 동기의 착오라면 제109조에 의하여 취소할 수 있고 중요부분에 대한 착오에 해당하지 않으면 취소할 수 없다.

살아있는 Legal Mind!!!

- 상기의 학설 외, 동기는 법률행위의 내용에 관련되므로, 동기 중에서도 그것이 법률행위의 내용과 관련되는 것 특히 "거래에 있어서 중요한 사람 또는 물건의 성질에 관한 착오"는 실제 거래상에 "표시상의 착오" 또는 "내용상의 착오"와 동일한 가치를 가지고 있으므로 이러한 착오에 대하여는 제109조를 유추적용하는 것이 타당하다는 견해가 있다(이영준 367면).

③ 동기의 착오에 대한 판례

동기의 착오가 의사표시의 착오로 되느냐 하는데 관한 판례는 다음과 같다.

㉮ 판례는 대체로 동기의 착오를 제109조에서 배제하는 견해인 표시설(다수설)을 따르고 있다. 따라서 동기가 의사표시의 착오로 되려면, 표의자 스스로 동기에 착오를 일으키고 그로 인하여 계약을 체결한 사안에서 "당사자 사이에 그 동기를 계약의 내용으로 삼은 경우에 한해 착오를 이유로써 취소할 수 있다"라고 하였다(대판 1954.12.9. 4286민상149; 대판 1962.4.21. 4292민상416; 대판 1981.7.28. 80다2499; 대판 1984.10.23. 83 다카1187; 대판 1989.12.26. 88다카31507; 대판 1995.11.21. 95다5516; 대판 2000.5.12. 2000다12259 등). 즉 동기가 의사표시의 내용으로 표시되었을 때 착오의 문제로 다룰 수 있다는 것이 판례의 태도이다. 특히 "동기의 착오로 인하여 표의자가 법률행위를 취소하려면, 그 동기를 의사표시의 내용으로 삼을 것을 상대방에게 표시하고 그것이 의사표시의 해석상 법률행위의 내용으로 되어 있다고 인정될 정도이면 충분하고 당사자들 사이에 별도로 그 동기를 의사표시의 내용으로 삼기로 하는 합의까지는 이루어질 필요없다"라고 하였다(대판 1989.12.26. 88다카31507; 대판 1994.9.30. 97다26210; 대판 1998.2.10. 97다44737 등).

☞ 「동기의 착오」에 관한 판례 ☞ 동기에 착오를 일으켜서 계약을 체결한 경우에는 당사자 사이에 특히 그 동기를 계약의 내용으로 삼은 때에 한하여 이를 이유로 해서 당해계약을 취소할 수 있다(대판 1984.10.23. 83다카1187; 대판 1993.8.13. 93다5871).

☞ 「동기의 착오가 법률행위의 중요부분을 이룬다」는 것에 관한 판례 ☞ 수십년간 경작해 온 상당한 가치의 토지가 귀속해제된 토지임에도 불구하고 그 소유자가 귀속재산인줄 알고도 이를 국가에 증여하였다면 그 동기의 착오는 위 증여행위의 중요부분을 이룬다고 할 것이다(대판 1978.7.11. 78다719)

㉯ 동기의 착오가 표의자에 의한 중대한 과실로 인한 때에는 취소하지 못한다. 즉 동기의 착오는 표시되고 또한 표의자의 중대한 과실이 없는 경우에 한하여 취소할 수 있다. 여기서 '중대한 과실'이라 함은 표의자의 직업, 법률행위의 종류·목적 등에 비추어서 일반적으로 요구되는 주의를 현저히 결여하는 것을 의미한다(대판 1998.2.10. 97다44737). 예컨대 매매에서 매도인이 목적물의 시가를 몰라서 대금과 시가에 차이가 생긴 경우는 의사결정의 연유에 불과한 것이 된다.

☞ 「동기의 착오를 이유로 법률행위를 취소하기 위한 요건」에 관한 판례 ☞ 동기의 착오가 법률행위의 내용의 중요 부분의 착오에 해당함을 이유로 표의자가 법률행위를 취소하려면 그 동기를 당해 의사표시의 내용으로 삼을 것을 상대방에게 표시하고 의사표시의 해석상 법률행위의 내용으로 되어 있다고 인정되면 충분하고 당사자들 사이에 별도로 그 동기를 의사표시의 내용으로 삼기로 하는 합의까지 이루어질 필요는 없지만, 그 법률행위의 내용의 착오는 보통 일반인이 표의자의 입장에 섰더라면 그와 같은 의사표시를 하지 아니하였으리라고 여겨질 정도로 그 착오가 중요한 부분에 관한 것이어야 한다(대판 1998.2.10. 97다44737).

(3) 착오를 이유로 한 취소의 요건

1) 민법 제109조에 의하여 '착오에 의한 의사표시'를 하는 표의자는 자기의 착오를 스스로 알지 못하기 때문에 형식적으로는 의사와 표시가 일치한다. 그 요건으로 i) 법률행위내용의 중요부분에 착오가 있어야 하고 ii) 의사와 표시가 일치하지 않는 것을 표의자가 알지 못하여야 하며 iii) 표의자에게 중대한 과실이 없을 것의 세 가지의 요건을 필요로 한다.

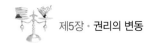

2) 법률행위내용의 중요부분의 착오의 요건

어떤 것이 '법률행위 내용의 중요부분의 착오'를 이룰 때, 이를 이유로 하여 취소할 수 있는가? 그 취소요건으로는 주관적 요건과 객관적 요건이 필요한데, 이는 추상적·일률적으로는 가릴 수는 없다(대판 1985.4.23. 84다카890). 여기서 주관적 요건은 "표의자가 그러한 착오가 없었더라면 그와 같은 의사표시를 하지 않았을 것이라고 생각할 정도로 중요한 것"을 말하고 객관적 요건은 "보통 일반인이 표의자의 입장에 있었더라면 착오가 없는 이상은 그런 의사표시를 하지 않았으리라고 생각될 정도로 중요한 것"을 말한다.

판례는 동기의 착오에 관한 사안에 주관적·객관적 요건을 요구하는 것(대판 1985.4.23. 다카890; 대판 1996.3.26. 93다55487; 대판 1997.8.26. 97다6063; 대판 1999.4.23. 98다45546)과, 객관적 요건만을 언급하는 것(대판 1989.1.17. 87다카1271; 대판 1997.9.30. 97다26210; 대판 1998.2.10. 97다44737; 대판 1999.2.23. 98다47924; 대판 2000.5.12. 2000다12259)이 병존하여 그 태도가 분명하지 않다. 이에 대하여 우리 판례가 객관적 요건설을 취하고 있다고 하는 견해(이은영, 521면은 대판 1999.2.23. 98다47924를 들고 있다.)가 있으나 뒤의 것은 주관적 요건을 배제하기 위한 것이라기보다는 객관적 요건을 강조하기 위한 것으로 보아야 한다.

살아있는 Legal Mind!!!

- 표의자가 그릇된 판단 내지 인식을 하고 의사표시를 하고 있다는 것을 상대방이 의사표시 당시에 알았거나 알고 있었을 것이라는 '상대방의 예측가능성'의 경우는 착오에 기인한 법률행위의 취소요건이 아니다(대판1954.12.9 4286민상149). 다만 이러한 예측가능성에 대하여 법률행위의 취소요건으로 하여야 한다는 주장이 있다(김용한·김주수·장경학).

3) 법률행위내용의 중요부분의 착오의 모습

㉮ 당사자에 관한 착오

㉠ 상대방의 동일성에 관한 착오

상대방의 동일성에 관한 착오는 당사자인 사람에 관한 착오로서 개인에 중점을 두는 법률행위, 즉 증여·신용매매·임대차·위임·고용 등의 관계에서 중요부분의 착오가 된다. 예컨대 상대방이 임꺽정으로 생각하고 증여계약을 하였으나 임꺽정이 아니고 김선달인 경우가 그것이다. 그러나 현실매매에 있어서 상대방의 동일성에 관한 착오의 경우는 중요부분의 착오로 되지 않는다.

㉡ 상대방의 직업·신분·자산상태 등에 관한 착오

상대방의 직업·신분·경력·자산상태 등에 관한 착오는 흔히 동기의 착오에 해당하는 경우가 많다. 예컨대 고리대금업자인 줄 모르고 금전소비대차계약을 체결한 경우가 그것이다. 다만 그것이 중요한 의의를 가지는 행위에 있어서는 중요부분의 착오가 된다. 상대방의 직업·신분·자산상태 등에 관한 착오는 동기의 착오에 해당되는 경우가 많으므로 표시되었느냐의 여부에 따라서 결정되어야 한다.

㉯ 목적물에 관한 착오

㉠ 목적물의 동일성에 관한 착오

목적물의 동일성에 관한 착오는 일반적으로 중요부분에 관한 착오가 된다. 예를 들어 갑마(甲馬)를 을마(乙馬)로 오인하고 사는 경우, A토지를 B토지로 알고 잘못 매수한 경우, 김선달이 임꺽정의 채무를 보증할 의사로써 계약을 체결하였는데 황진이의 채무를 보증하는 계약을 체결한 경우 등의 착오가 그것이다.

㉡ 물건의 성상·내력 등에 관한 착오

원칙적으로는 물건의 성상(性狀)·내력(來歷) 등에 관한 착오는 일반적인 동기의 착오이므로 착오의 문제로 되지 않는다. 그러나 그러한 것이 거래상 중요한 의미를 가지고 있고 동기가 의사표시의 내용으로 표시된 때에는 중요부분의 착오가 된다. 예컨대 가축의 연령·수태능력의 유무, 기계의 성능·광구(鑛□)의 품질 등이 거래상 중요한 의미를 가지고 있는 착오의 경우에는 중요부분의 착오에 해당한다.

㉢ 물건의 수량·가격 등에 관한 착오 및 법률상태에 관한 착오

i) 물건 계산의 산출기초가 되는 수량, 가격, 중량, 면적 등에 관한 착오는 표시되었건 표시되지 않았건 동기의 착오에 불과할 뿐이고 일반적으로 중요부분의 착오인 표시상의 착오로는 보지 않는다(대판 1991.2.12. 90다17927). 예컨대 토지의 시가(時價)에 관한 착오는 동기의 착오일 뿐이다. 그러나 물건의 객관적 가격이나 수량이 상당한 차이가 있는 때에는 법률행위의 중요부분의 착오가 된다. 예컨대 가격에 관한 착오는 그 정도가 거래상 중요한 것으로 되는 경우에

는 중요부분의 착오가 되며(1984.4.23 84다카890), 토지의 현황·경계에 관한 착오는 매매계약의 중요부분에 대한 착오가 된다(대판 1974.4.23. 74다54).

ii) 법률상태에 관한 착오, 예컨대 2심에서의 승소판결을 알지 못하고 화해한 경우에는 중요부분의 착오가 된다.

「동기의 착오에」에 관한 판례 ☞ 의사표시의 착오가 법률행위의 내용의 중요부분에 착오가 있는 이른바 요소의 착오이냐의 여부는 그 각 행위에 관하여 주관적·객관적 표준에 좇아 구체적 사정에 따라 가려져야 할 것이고 추상적·일률적으로 이를 가릴 수 없다고 할 것인 바, 토지매매에 있어서 가격에 관한 착오는 토지를 매수하려는 의사를 결정함에 있어 그 동기의 착오에 불과할 뿐 법률행위의 중요부분에 관한 착오라고 할 수 없다. 다만 가격에 관한 착오는 그 정도가 거래상 중요한 것으로 되는 경우에만 중요부분의 착오가 된다(1984.4.23 84다카890).

㉣ 목적물이 누구에게 속하는가를 잘못 안 것은 법률행위의 중요부분의 착오가 아니다(대판 1975.1.28. 74다2069).

㉰ 법률행위의 성질에 관한 착오

법률행위의 성질에 관한 착오 예컨대 사용대차(使用貸借)를 임대차(賃貸借)로 잘못 알았거나, 연대보증(連帶保證)을 일반 보증(保證)으로 잘못 안 경우에는 중요부분의 착오가 되어 이를 취소할 수 있다.

판례상 중요부분의 착오로 볼 수 없는 것으로서, 착오로 인한 취소를 인정하지 않는 사례 ☞ i) 가격에 관한 착오는 일반적으로 중요부분의 착오인 표시상의 착오로 보지 않는다(대판 1991.2.12. 90다17927; 대판 1992.10.23. 92다29337). 예컨대 토지의 시가(時價)에 관한 착오는 동기의 착오일 뿐이다. 다만 그 정도가 거래상 중요한 것으로 되는 경우에만 중요부분의 착오로 본다(대판 1974.4.23. 74다54). ii) 합의금을 약정함에 있어 강제추행을 강간치상으로 오인한 경우는 중요부분의 착오가 아니다(대판 1977.10.31. 77다1562). iii) 매매목적물이 타인의 소유임을 알지 못한 경우는 타인의 소유물이라도 매매의 목적이 될 수 있으므로(제569조 이하) 이도 중요부분의 착오는 아니다. iv) 아파트부지로 지정되어 있는 대지를 사정을 모르고 그 지상건물과 함께 매수한 경우는 중요부분의 착오가 아니다(대판 1967.6.27. 67다793). v) 보증신용기금이 은행의 착오로 피보증인에게 연대채무가 없다고 잘못 기재하여 발급한 거래상황확인서의 기재를 그대로 믿고서

피보증인을 위하여 한 신용보증행위는 법률행위의 내용의 중요부분의 착오가 없다고 한다(대판 1987.11.10. 87다카192). vi) 지적(地積)의 부족, 즉 특정 지번(地番)의 토지 전부를 매수하였는데 그 지적이 실제의 면적보다 적은 경우라도 이를 중요부분의 착오가 아니다(대판 1969.5.13. 69다196). 다만 토지의 현황·경계에 관한 착오는 중요부분의 착오로 본다(대판 1968.3.26. 67다216). 그 외 대판 2007.8.23. 2006다15755; 대판 1996.12.23. 95다35371; 대판 1995.4.7. 94다736 등의 판례를 참고 해 볼만하다.

보충정리 중요부분의 착오

☞ 중요부분의 착오의 예

① 상대방의 동일성에 관한 착오(단, 현실매매의 경우는 중요부분의 착오로 되지 않는다).

② 상대방의 직업·신분·자산상태 등에 관한 착오가 중요한 의미를 가질 때. 그러나 대부분은 동기의 착오에 해당하는 경우가 많다.

③ 목적물의 동일성에 관한 착오(예: 갑마(甲馬)를 을마(乙馬)로 오인하고 사는 경우, A토지를 B토지로 알고 잘못 매수한 경우).

④ 법률상태에 관한 착오(예: 2심에서의 승소판결을 알지 못하고 화해한 경우).

⑤ 법률행위의 성질에 관한 착오(예: 사용대차를 임대차로 잘못 알았거나, 연대보증을 일반 보증으로 잘못 안 경우).

⑥ 합의당시에 예상치 못한 후유증이 있는 경우.

⑦ 토지의 현황·경계에 관한 착오.

⑧ 귀속재산인줄 알고도 이를 국가에 증여한 경우.

⑨ 신원보증서류에 서명날인 한다는 착각에 빠진 상태로 연대보증의 서면에 서명날인한 경우

☞ 중요부분의 착오가 아닌 예

① 상대방의 직업·신분·자산상태 등에 관한 착오(예: 고리대금업자인 줄 모르고 금전소비대차계약을 체결).

② 물건의 성상(性狀)·내력(來歷) 등에 관한 착오(예: 공업단지가 건설된다는 계획을 믿고서 토지를 매수한 경우, 수태(受胎)한 줄 알고 암말을 산 경우, 광물매장량이 많은 줄 알고 이를 매수한 경우). 다만 그러나 거래상 중요한 의미를 가지고 있고 동기가 의사표시의 내용으로 표시된 때에는 중요부분의 착오가 된다.

③ 물건 계산의 산출기초가 되는 수량, 가격, 중량, 면적 등에 관한 착오(예: 토지의 시가(時價)에 관한 착오). 다만 물건의 객관적 가격이나 수량이 상당한 차이가 있는 때에는 법률행위의 중요부분의 착오가 된다.

④ 목적물이 누구에게 속하는가를 잘못 안 경우.

⑤ 합의금을 약정함에 있어 강제추행을 강간치상으로 오인한 경우.

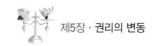

⑥ 아파트부지로 지정되어 있는 대지를 사정을 모르고 그 지상건물과 함께 매수한 경우.
⑦ 보증신용기금이 은행의 착오로 피보증인에게 연대채무가 없다고 잘못 기재하여 발급한 거래상황확인서의 기재를 그대로 믿고서 피보증인을 위하여 한 신용보증행위.
⑧ 지적(地積)의 부족, 즉 특정 지번(地番)의 토지 전부를 매수하였는데 그 지적이 실제의 면적보다 적은 경우. 다만 토지의 현황·경계에 관한 착오는 중요부분의 착오로 본다.
⑨ 매매계약 당시 장차 도시계획이 변경될 줄 알았으나 그 후 생각대로 되지 않는 경우

(4) 착오의 효과

1) 원칙(제109조 제1항)

독일민법은 내용의 중요부분에 착오가 있는 때에는 취소할 수 있고 취소한 착오자는 과실(過失)에 관계없이 신뢰이익의 배상의무가 있다는 취소주의(取消主義)의 입장을 따르고 있지만(독민 §119), 구민법은 법률행위의 요소에 착오가 있는 때에는 언제나 무효이고 착오자는 배상의무를 부담하지 않는 무효주의(無效主義)의 입장을 따르고 있었다(구민법 제95조). 그러나 현행민법은 독일민법과 마찬가지로 착오에 의한 의사표시에 관하여 취소할 수 있도록 하고 있다. 즉 제109조 제1항 본문은 「의사표시는 법률행위의 내용의 중요부분에 착오가 있는 경우에는 이를 취소할 수 있다」 라고 규정함으로써 법률행위의 내용의 '중요부분에 착오'가 있는 때에는 그 의사표시를 취소할 수 있는 "취소주의"를 취한다. 그러므로 착오에 의한 취소가 있게 되면 그 법률행위는 처음부터 소급하여 전부무효인 것으로 된다(제141조 본문). 그러나 법률행위의 일부만이 착오가 있는 경우에는 그 일부에 관해서 일부무효법리가 유추적용 되므로 그 일부만이 취소되므로, 이행한 것에 대하여는 상호간에 부당이득반환의무가 생긴다(제741조 대판 2002.9.4, 2002다18435). 그러나 우리 민법은 착오자의 손해배상책임에 관한 규정을 두고 있지 않으므로 착오자의 손해배상책임을 인정하지 않는다.

잠깐!! 민총, 깊이보기

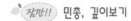

상기 제109조는 신·구민법이 그 법률효과를 달리 취급하고 있는 것이다. 구민법은 의사주의에 입각하였지만 현행민법은 「표시주의」로 진일보하여, 착오에 의한 법률행위를 취소할 수 있는 것으로 규정하고 있다. 만일 의사표시이론에 의한다면 이를 무효로 하여야 할 것이다(구민법 제95조 참조).

2) 예외(제109조 제1항 단서)

법률행위의 내용의 중요부분에 착오가 있다고 하더라도 이로 인한 손해를 타인에게 돌릴 수 없도록 한 예외가 있다. 민법 제109조 제1항 단서는 「착오가 표의자의 중대한 과실로 인한 때에는 취소하지 못한다」 라고 규정함으로써 표의자 자신에게 '중대한 과실'이 있어서 착오를 하였을 때에는 취소하지 못하게 하여, 이로 인한 손해를 타인에게 돌릴 수 없도록 하였다. 그러나 이 경우에 상대방이 취소하는 것은 무방하다. 본조항 단서에서 「중대한 과실」 이란, 표의자의 직업·행위의 종류·목적 등에 비추어 보통으로 하여야 할 주의를 현저히 결(缺)하는 것을 말한다. 유의할 점은 중대한 과실에 대한 증명책임은 표의자(☞착오자)로 하여금 그 의사표시를 취소할 수 없게 하려는 상대방에 있다는 것이다(통설). 다만 상대방이 그 사정을 알면서 이를 이용한 경우라면 상대방은 표의자의 중대한 과실을 원용(援用)할 수 없다(대판 1955.11.10. 4288민상321).

3) 제3자에 대한 관계

민법 제109조 제2항은 「착오에 의한 의사표시의 취소는 선의의 제3자에게 대항하지 못한다」 라고 규정하고 있다. 본조항에서 "선의"란 착오로 인한 의사표시임을 모르는 것을 말한다. 이와 같은 선의·악의를 결정하는 시기는 새로운 이해관계를 맺었을 때를 기준으로 한다. 그리고 "제3자"란, 착오에 의한 의사표시에 의하여 생긴 법률관계를 기초로 하여 새로운 이해관계를 가진 자를 말한다. 따라서 이로 인해 자연히 이익을 취득한 자는 포함되지 않는다. 예를 들어 1번저당권이 포기된 때의 2번저당권자 또는 연대채무자의 1인이 착오로 인하여 대물변제한 때의 다른 연대채무자, 착오에 의한 채권양도에 있어서의 채무자 등은 제3자가 아니다. 또한 "대항(對抗)하지 못한다"는 것은 당사자간에는 취소의 효과가 발생하나 그것을 제3자에게 주장할 수 없다는 의미이다. 기타의 취지는 허위표시에서 설명한 바와 같다. 이로 인한 손해를 타인에게 돌릴 수 없도록 하였다.

잠깐!! 민총, 깊이보기

- 의사표시의 취소는 선의의 제3자에게 대항하지 못한다는 제107조 제2항·제108조 제2항·제109조 제2항·제110조 제3항·제548조 제1항 단서는 모두 같은 취지의 규정임을 유의하라.

(5) 착오의 적용범위

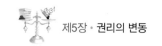

착오에 관한 규정(제109조)은 모든 의사표시에 적용됨이 원칙이지만, 법률행위의 성질상 다음의 행위에는 그 적용이 없다.

1) 가족법상의 행위(신분행위)

제109조의 착오에 관한 규정은 가족법상의 행위(☞신분행위)에는 절대로 적용되지 않는다. 그 이유는 가족법상의 행위에 있어서는 당사자의 의사가 절대적으로 존중되어야 하기 때문이다. 따라서 착오에 기한 혼인·입양의 경우는 무효가 된다.

2) 상법상의 행위

정형적인 거래행위인 어음·수표행위나 단체적 행위에 대해서는 거래의 안전이 강하게 요구되어 표시주의를 관철할 필요가 있으므로 제109조의 적용이 제한되는 경우가 많다. 상법(제320조)은 회사성립후의 주식의 인수에 관하여 이러한 취지를 규정하고 있다.

알아두면 편리해요!!!

상법 제320조 제1항(주식인수의 무효주장, 취소의 제한)은 「회사성립후에는 주식을 인수한 자는 주식청약서의 요건의 흠결을 이유로 하여 그 인수의 무효를 주장하거나 사기, 강박 또는 착오를 이유로 하여 그 인수를 취소하지 못한다」라고 규정하고 있다.

3) 공법상의 행위

공법상의 행위에는 제109조가 적용되지 않는다. 즉, 행정처분에는 민법상의 착오에 관한 규정은 원칙적으로 적용되지 않고(대판 1966.9.20. 66다1289호) 또한 소송법상의 행위에서도 소송절차의 안정과 명확성을 위하여 적용이 없다(대판 1979.5.15. 78다1094).

4) 화해계약

화해계약[148]의 경우에는 제109조가 배제되고 제733조에 따른다. 즉, 화해계약은 착

148) 법률용어 살펴보기 ☞ 「화해계약(和解契約)」이라 함은? 당사자가 서로 양보하여 그들 사이의 분쟁을 종식시키

오가 있더라도 취소하지 못함이 원칙이다. 그러나 유의할 점은 화해의 목적인 분쟁 이외의 사항에 착오가 있을 때에는 취소할 수 있다는 것이다(제733조). 예컨대 금전채권에 관한 그 금액의 분쟁이 있어서 화해를 하였으면 그 금액에 착오가 있어도 취소하지 못하지만, 그 금전채권의 존부 자체에 관한 착오가 있으면 취소가 가능하다.

알아두면 편리해요!!!

민법 제733조는 「화해계약은 착오를 이유로 하여 취소하지 못한다. 그러나 화해당사자의 자격 또는 화해의 목적인 분쟁 이외의 사항에 착오가 있는 때에는 그러하지 아니하다」라고 규정하고 있다.

(6) 다른 제도와의 관계

매도인의 담보책임(擔保責任)과 착오(錯誤)가 경합할 때에는 전자가 우선적으로 적용된다. 그리고 사기(詐欺)와의 관계, 즉 타인의 기망(欺罔)으로 인하여 착오(錯誤)에 빠진 경우에는 민법 제110조 제1항은 「사기나 강박에 의한 의사표시는 취소할 수 있다」라고 규정함으로써 착오와 사기가 경합할 경우에는 어느 것이든 선택적으로 적용하여 사기 또는 착오를 주장할 수 있다(대판 1969.6.24. 68다1749).

참고로, 계약당사자 쌍방의 일치하는 동기의 착오의 경우 보충적 해석을 인정하고 있는 최근의 판례(대판 2006.11.23. 2005다13288)가 어떤 의미를 갖는지 살펴볼 필요가 있다.

정말, 공연한 이야기!!!

다시 한번 확인하자! 의사의 흠결 또는 의사와 표시의 불일치의 유형으로는 3가지가 있는데 즉, i) 표의자가 의사와 표시의 불일치를 알고 있는 경우인 「비진의의사표시(제107조)」 ii) 표의자뿐만 아니라 그 상대방도 그 사실을 알고 있는 경우인 「통정허위표시(제108조)」 iii) 표의자가 의사와 표시의 불일치를 모르는 경우인 「착오(제109조)」가 그것이다. 따라서 이하에서 설명하는 「사기·강박에 의한 의사표시」는 하자있는 의사표시에 해당하며 의사의 흠결의 경우가 아니다.

는 계약을 말한다(제731조). 화해가 되면 당사자 사이의 법률관계는 확정되고 화해 이전의 주장은 하지 못하게 된다. 즉, 화해계약이 성립되면 당사자의 한편이 양보한 권리는 소멸되고 상대편이 화해로 인하여 그 권리를 취득하는 효력이 생긴다(제732조).

Ⅲ 하자있는 의사표시

1. 하자있는 의사표시의 의의

의사표시가 유효하기 위해서는 표의자의 진의(眞儀)가 필요하다. 그러나 타인의 부당한 간섭으로 자유로운 의사결정이 방해된 상태에서 행하여지는 경우의 의사표시가 있을 수 있는데 이를 「하자있는 의사표시(瑕疵있는 意思表示)」라고 한다. 이러한 하자있는 의사표시에는 사기·강박에 의한 의사표시가 있다.

물론, 이러한 하자있는 의사표시의 경우에 상대방을 사기죄·협박죄·공갈죄로서 형법상 처벌할 수 있다 하지만 이는 공법상의 제재일 뿐이다. 따라서 사법(私法)상의 피해자의 보호를 위하여 민법 제110조 제1항은 「사기나 강박에 의한 의사표시는 취소할 수 있다」라고 규정함으로써 표의자가 사기·강박에 의한 의사표시를 한 경우에는 의사결정의 자유를 보장하여 이를 취소할 수 있는 것으로 하였고 또한 불법행위로서 손해배상채권이 발생하게 하였다(제750조).

2. 하자있는 의사표시의 분류

(1) 사기에 의한 의사표시

> 김선달은 수탉을 진짜 공작이라고 속여
> 임꺽정에게 비싼 값으로 팔았다.
> 건강이 나쁜 임꺽정은 이를 잡아먹고
> 신기하게도 건강도 좋아지고 활력도 얻게 되었다.
> 그러나 나중에 임꺽정이 알고 보니 자기가 산 것이
> 가짜 공작이라는 것을 알게 되었다.
> 이 경우에 계약관계는 어떻게 되는가?

1) 의 의

「사기에 의한 의사표시(詐欺에 의한 意思表示)」라 함은? 타인의 기망에 의하여 착오로써 표의자가 한 의사표시를 말한다. 민법 제110조 제1항은 「사기나 …에 의한 의사표시는 취소할 수 있다」 라고 하고, 동조 제2항은 「상대방있는 의사표시에 관하여 제3자가 사기 …를 행한 경우에는 상대방이 그 사실을 알았거나 알 수 있었을 경우에 한하여 그 의사표시를 취소할 수 있다」 라고 하며, 동조 제3항은 「전2항의 의사표시의 취소는 선의의 제3자에게 대항하지 못한다」 라고 하여 사기에 의한 의사표시에 관하여 규정하고 있다.

2) 요 건

① 사기자에게 2단의 고의가 있어야 한다.

「사기자(詐欺者)에게 2단의 고의(故意)」 가 있어야 한다. 즉, 제1단으로서 상대방을 기망(欺罔)하여 착오에 빠지게 하려는 고의와 제2단으로서 착오에 빠져서 상대방인 표의자가 의사표시를 하게 하려는 고의가 있어야 한다. 예컨대 회사가 신문에 과대광고를 하여 신주(新株)를 인수한 경우에는 날조·허위기사에 의하여 1단의 고의는 있었다 하더라도 2단의 고의가 없으므로 그 기사를 보고 착오를 일으켜 의사표시를 한 자가 있더라도 이는 사기에 의한 의사표시가 되지 않는다(권용우 386면). 사기자에게 2단의 고의 외에 악의의 의도(불순한 동기)까지 있을 필요는 없다. 제110조는 피기망자의 재산이 아니고 그의 의사결정의 자유를 보호하는 데 그 취지가 있기 때문이다.

② 기망행위가 있어야 한다.

「사기행위(詐欺行爲)」 가 있어야 한다. 이러한 사기행위는 형법상 기망행위와 같은 사실이 아닌 것을 진실인 것처럼 표시하여 다른 사람을 속이는 행위이다(형법 제347조 제1항 참조). 기망행위는 적극적으로 허위사실을 진술하는 것이지만, 이는 소극적으로 진실을 숨기는 것도 포함한다. 즉, 경우에 따라서는 상대방의 부지(不知)를 이용하여 침묵함으로써 착오에 빠지게 하든가 또는 상대방이 현재 착오에 빠져 있는데도 침묵함으로써 더욱 그 정도를 높이는 것도 포함된다. 예컨대 모조 골동품을 진짜 골동품으로 믿고서 사려는 자에 대하여 골동품상이 이것이 가짜라는 사실을 알면서도 침묵하여 고가(高價)로 팔아버린 경우 등이 그것이다. 의견 또는 평가의 진술도 기망행위가 될 수 있는데 예컨대 골동품을 평가하는 TV프로에서 이를 감정하는 전문가가 싸구려 골동품을 알면서도 비싼 골동품으로 평가한다던가 또는 곡물을 감정하는 전문가가

2등미임을 알면서도 이를 1등미라고 통지한 경우 등이 그것이다. 판례도 같은 취지이다(대판 1997.11.28. 97다26098; 대판 2002.9.4. 2000다54406·54413; 대판 2006.10.12. 2004다48515; 대판 2007.6.1. 2005다5812·5829·5836). 그리하여 그 아파트 분양자는 아파트 단지 이근에 쓰레기 매립장이 건설예정인 사실(대판 2006.10.12. 2004다48515)이나 공동묘지가 조성되어 있는 사실(대판 2007.6.1. 2005다5812·5829·5836)을 분양계약자에게 고지할 신의칙상 의무를 부담하며, 따라서 이를 하지 않은 것은 기망행위가 된다는 입장이다.

③ 기망행위는 사회통념상 위법성이 있어야 한다.

기망행위는 사회통념상 「위법성(違法性)」이 있다고 할 정도의 행위라야 한다. 즉, 기망행위는 신의성실의 원칙에 반(反)한 것이 아니면 사기가 성립하지 않는데 그 까닭은 사회생활에 있어서 다소의 기망행위는 방임되어야 하기 때문이다. 그러므로 기망행위의 여부를 판단함에는 경우에 따라서 다소 차이를 두어야 한다. 예컨대 매도인이 길거리의 노점상인이라면 어느 정도 진실을 숨겨도 어쩔 수 없다는 사회통념이 있지만, 매도인이 전문상가의 상인이라면 그 진실의 정도가 상당할 것이 요구되는 사회통념이 있으며, 또한 매수인이 물건에 대한 전문적 지식이 있는 자와 전혀 지식이 없는 자의 경우에 따라 사회통념에 비추어 그 기망행위의 여부를 판단하여야 한다(대판 1993.8.12. 92다52665; 대판 2001.5.29. 99다55601; 2009.3.16, 2008다1842 참조).

④ 기망행위·착오·의사표시 간에 인과관계가 있어야 한다.

「기망행위」에 의하여 표의자가 「착오」에 빠지고 그 착오에 기하여 「의사표시」를 하였어야 한다. 즉, 사기는 착오와 의사표시 사이에 인과관계가 있어야 하는데 이러한 인과관계는 표의자의 주관적'인 것에 지나지 않아도 무방하며(대판 1957.5.16. 4290민상58), 보통 일반인이라도 사기를 당했을 것이라는 객관적 사정은 필요치 않다. 그리고 '표의자의 과실'의 여부도 불문한다.

⑤ 이러한 사기에 의한 의사표시의 요건은 취소를 주장하는 자가 증명하여야 한다.

살아있는 Legal Mind!!!

- 사기자는 고의가 있어야 하므로 적어도 의사능력은 가지고 있어야 한다. 따라서 유아나 정신병자의 언동에 속았다 하더라도 이는 사기에 해당하지 않는다(곽윤직 대표전집 민법주해 II 551면, 권용우 456면).
- 특별한 사정이 없는 한 매수인이 시가(時價)보다 저렴한 액(額)을 시가(時價)라고 고(告)하더라도 사기가 되지 않는다(대판1959.1.29 4291민상139).

(2) 강박에 의한 의사표시

김중배는 이춘풍이 범죄를 저지른 사실을 알고
이춘풍소유의 가옥을 주지 않으면 고발하겠다고 협박하였다.
이에 이춘풍은 김중배에게 그 가옥을 주었고(증여),
김중배는 이것을 연흥부에게 팔아 버렸다.
이 경우에 이춘풍은 가옥을 도로 찾을 수 있는가?

1) 의 의

「강박에 의한 의사표시(强迫에 의한 意思表示)」라 함은? 표의자가 타인의 협박행위에 의하여 공포심을 일으키고 그 해악을 피하기 위하여 표의자가 강제로 타인의 의사를 좇은 경우의 의사표시를 말한다. 이는 의사와 표시의 불일치에 대한 자각이 있으면서도 표의자가 의사표시를 한다는 점에서, 착오에 의한 의사표시나 사기에 의한 의사표시와 다르고 비진의의사표시·허위표시와 가깝다. 민법 제110조 제1항은 「…강박에 의한 의사표시는 취소할 수 있다」라고 하고, 동조 제2항은 「상대방있는 의사표시에 관하여 제3자가 … 강박을 행한 경우에는 상대방이 그 사실을 알았거나 알 수 있었을 경우에 한하여 그 의사표시를 취소할 수 있다」라고 하며, 동조 제3항은 「전2항의 의사표시의 취소는 선의의 제3자에게 대항하지 못한다」라고 하여 강박에 의한 의사표시에 관하여 규정하고 있다.

2) 요 건

① 강박자에게 2단의 고의가 있어야 한다.

「강박자(强迫者)에게 2단의 고의」가 있어야 한다. 즉, 제1단으로서 상대방에게 공포심을 일으키게 하려는 고의와 제2단으로서 이러한 공포심으로 인해 표의자가 의사표시를 하게 하려는 고의가 있어야 한다(대판 1975.3.25. 73다1048).

② 강박행위가 있어야 한다.

표의자가 공포심을 일으키게 하는 「강박행위(强迫行爲)」가 있어야 한다. 이러한 강박행위의 방법이나 해악(害惡)의 종류에는 제한이 없다. 즉, 강박의 정도가 표의자에게 두려운 마음을 가지게 하는 행위라면 어떠한 모습과 종류가 어떤 것이든 상관이 없다. 그리고 그 해악이 객관적으로 실현될 수 있는 것이야 하는 것이 아니다. 예컨대 '천재지변이 있을 것'이라고 말하거나, '엄청난 재앙을 가하겠다'고 하는 등의 것이라도 상관없으며 그 해악(害惡)은 재산적 해악이나 비재산적 해악이라도 좋다. 그리고 더 나아가 침묵(沈默)이나 부작위(不作爲)도 공포심을 생기게 하는 경우라면 강박행위가 될 수 있다. 또한 피강박자 본인의 생명·재산·명예·자유 등에 관한 해악 외에 친척 등 근친자 또는 친구에 대한 해악이라도 강박행위가 될 수 있다.

잠깐!! 민총, 깊이보기

- 강박은 불이익(不利益)을 주거나 이를 고지(告知)하는 방법에 의한다. 예컨대 불성실한 태도를 보도하게 하여 사업을 못하게 하겠다는 행위 또는 정치적 압력을 넣은 행위 등이 그것이다. 따라서 강박은 불이익 자체 또는 불이익의 고지이므로 이익을 주는 내용으로 하는 것은 강박이 될 수 없다(이은영 113면). 단지 「천벌(天罰)을 받는다」라고 하는 추상적인 언행 또는 각서에 서명·날인할 것을 강력히 요구하는 것(대판 1979.1.16. 78다1968)만으로는 강박행위에 해당하지 않는다.

③ 강박에는 위법성이 있어야 한다.

강박행위는 「위법(違法)」한 것이어야 한다. 따라서 정당한 행위는 상대방에게 공포심을 일으키게 하더라도 강박이 되지는 않는다. 예를 들어 불법행위를 한 자에게 자수하지 않으면 고소·고발[149]하겠다고 위협하는 것은 위법성이 없는 것이다. 그러나 불법행위를 한 자에 대하여 고소·고발한다고 위협하여 부당한 이익을 얻으려고 한 경우는 일반적으로 위법성을 띠게 된다. 이와 같이 강박이 위법성을 띠느냐의 여부는 강박의 목적과 수단 그리고 결과에 의하여 결정해야 한다(대판 2000.3.23. 99다64049; 대판 2010.2.11. 2009다72643).

④ **공포심과 의사표시 사이에 인과관계가 있어야 한다.**

강박행위로 표의자가 의사표시를 하고 이 의사표시가 강박에 의한 공포심에 의한 것이어야 한다. 즉, 두려운 마음인 공포심의 발생과 의사표시와의 사이에는 「인과관계(因果關係)」가 있어야 하는데 이는 사기에 의한 의사표시와 같이 주관적으로 존재하는 것으로 충분하다(대판 1979.1.16. 78다1968; 대판 2003.5.13. 2002다73708 · 73715).

⑤ **이들 요건 중 의사표시의 존재는 법률효과를 발생시키려는 자(상대방)가 주장 · 증명하여야 하나, 나머지의 요건은 모두 취소를 주장하는 자가 증명하여야 한다** (대판 1969.12.9. 69다1818).

살아있는 Legal Mind!!!

상기의 공포의 정도는 표의자로 하여금 두려운 마음(☞공포심)을 일으키게 하는 정도로서 족한 것이지, 표의자가 자유를 완전히 잃을 정도로 강한 정도를 요구하는 것은 아니다. 표의자의 의사결정의 자유가 완전히 박탈되어 내심의 효과의사가 없는 경우, 즉 항거불능한 강제가 있는 경우에는 그 강박에 의한 의사표시는 취소할 수 있는 것이 아니라 내심의 효과의사가 없는 것으로 되어 '무효'라고 하여야 한다(대판1984.12.11 84다카1402). 예컨대 계약서에 서명하려 하지 않는 자에게 강제로 손을 잡고 서명하게 하는 경우는 무효가 된다.

(3) 사기 · 강박에 의한 의사표시의 효과

사기(詐欺)에 의한 의사표시는 표의자의 내심의 의사와 표시는 일치하지만 타인의 기망에 의하여 착오로서 표의자가 한 의사표시이다. 그리고 강박(强迫)에 의한 의사표시는 표시의 불일치에 대한 자각이 있으면서도 타인으로부터 부당한 간섭을 받아서 의사의 결정이 자유롭지 못한 상태에서 행한 의사표시이다. 따라서 이와 같은 의사표시를 완전히 유효한 것으로 하는 것은 표의자에게 너무나 부당한 것이 되므로 민법은 그 효력에

149) 법률용어 살펴보기 ☞「고소(告訴)」라 함은? 피해자 또는 고소권자가 경찰서 또는 검찰청 등의 수사기관에 대하여 범죄사실을 신고하여 범인을 잡아 조사를 하여 처벌해 달라는 의사표시를 말하며 「고발(告發)」이라 함은? 피해자 · 고소권자이외의 제3자가 수사기관에 범죄사실을 신고하여 소추(訴追)를 구하는 의사표시를 말한다.

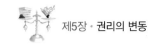

일정한 제한을 두어 그 계약을 취소할 수 있게 하였다. 민법 제110조는 피사기자(被詐欺者)와 피강박자(被强迫者)의 의사결정의 자유를 보호하려는데 그 목적이 있다(통설).

1) 상대방의 사기·강박의 경우

① 민법 제110조 제1항은 「사기나 강박에 의한 의사표시는 취소할 수 있다」라고 규정하고 있다. 상기의 사기(詐欺)에 의한 의사표시의 예에서 김선달이 수탉을 진짜 공작이라고 속인 경우의 계약은 취소할 수 있으며 설사 임꺽정이 이에 속아 수닭을 잡아먹고 건강이 좋아지고 힘이 생겼다고 하더라도 그 계약의 취소에는 영향을 미치지 아니한다. 그래서 표의자가 그 결과를 감수할 때에는 의사표시의 효력에 영향이 없지만, 표의자가 이를 원하지 않을 때에는 그 효력은 부정되어 계약은 취소되고 양당사자는 각자 받은 것을 반환해야 한다. 그 이유는 서로에게 부당이득이 되기 때문이다(제741조). 그리고 상기의 강박(强迫)에 의한 의사표시의 예에서 김중배가 이춘풍의 범죄사실을 고발하겠다고 위협하여 이춘풍의 가옥을 달라고 함으로써 이에 공포심을 일으켜 이춘풍이 김중배에게 가옥을 증여한 경우에는 제110조의 강박에 의한 의사표시가 되므로 이 경우에는 사기에 의한 의사표시와 같이 의사표시를 취소할 수 있다. 즉, 이춘풍은 김중배와의 가옥의 증여계약을 취소할 수 있는 것이다.

② 다만 사기·강박에 의한 의사표시는 표의자가 취소하지 않는 한 유효하다.

2) 제3자의 사기·강박의 경우

① 상대방있는 의사표시

민법 제110조 제2항은 「상대방있는 의사표시에 관하여 제3자가 사기나 강박행위를 한 경우에 상대방이 그 사실을 알았거나 알 수 있었을 경우에 한하여 그 의사표시를 취소할 수 있다」라고 규정하고 있다. 예를 들어 김선달(☞제3자이며 채무자)의 사기나 강박에 의하여 임꺽정이 황진이와 보증계약을 체결하게 한때에는 의사표시의 상대방인 황진이가 그 사실(사기나 강박의 사실)을 '알았거나(惡意)' 또는 '알 수 있었을 경우(알지 못한데 대한 過失이 있을 때)'에 한하여 임꺽정(☞표의자이며 보증인)은 황진이(☞의사표시의 상대방이며 채권자)에게 그 의사표시를 취소할 수 있다. 이 때, 선의·악의 그리고 과실의 유무는 의사표시의 당시를 표준으로 하여 결정한다.

잠깐!! 민총, 깊이보기

▶ 상대방이 표의자가 제3자의 사기나 강박에 의하여 행한 의사표시임을 알았거나(악의) 알 수 있었을 경우(과실)에 취소할 수 있는 법률행위(제110조 제2항)의 상대방은 취소할 수 있는 의사표시가 행하여진 원래의 상대방이다. 예를 들어 김선달(☞제3자)의 강박에 의하여 임꺽정(☞표의자)이 자기의 토지를 황진이(☞상대방)에게 지상권을 설정하여 준 경우, 취소할 수 있는 법률행위의 상대방은 취소할 수 있는 의사표시가 행하여진 원래의 상대방인 황진이가 된다. 유의할 점은 상기의 예에서 황진이에게 지상권을 설정한 후에 그 토지를 임꺽정이 연흥부에게 매도하였고 황진이는 자신의 지상권을 이춘풍에게 양도한 후에 강박을 이유로 하여 취소할 취소권자와 상대방은? '취소권자'는 강박에 의하여 의사표시를 한 자인 임꺽정과 승계인인 연흥부이고 '상대방'은 취소할 수 있는 의사표시가 처음 행하여진 자인 황진이가 되고 전득자인 이춘풍이 되는 것은 아니라는 것이다.

② 상대방없는 의사표시의 경우

상대방없는 의사표시가 제3자의 사기나 강박에 의하여 행하여 진 때에는 보호할 상대방이 존재하지 않기 때문에 표의자만 보호하면 된다. 따라서 표의자는 언제든지 그 의사표시를 취소할 수 있다(제110조 제1항 제2항 참조). 여기서 유의할 점은 취소할 수 있다는 것이지 무효가 아니라는 것이다.

3) 취소의 효과와 제3자와의 관계

① 민법 제110조 제3항은 「전항의 의사표시의 취소는 선의의 제3자에게 대항하지 못한다」 라고 규정함으로써 사기나 강박에 의한 의사표시는 선의의 제3자에 대하여는 취소의 효과를 주장할 수 없으며, 취소의 효과는 당사자 사이에서만 있다. 즉 이 경우에 선의의 제3자는 적법한 법률행위로 인한 효과를 받게 된다. 앞의 강박의 예에서 김중배로부터 자동차(앞의 예에서는 가옥이었음)를 산 연흥부가 있는 경우에는 연흥부가 선의이냐 악의이냐에 따라서 이춘풍이 자동차를 찾을 수 있는지의 여부가 결정된다. 이 경우의 제3자는 선의(善意)이면 족하고 무과실(無過失)임은 요하지 않는다. 그리고 제3자의 선의는 추정되므로 상기의 취소로써 제3자에게 대항하려면 하자(瑕疵)있는 의사표시를 한 자가 제3자의 악의를 증명하여야 한다(대판 1970.11.24. 70다2155).

② 특히 유의할 점은 대리행위(代理行爲)에 있어서 본인이 사기를 한 때에는 상대방이 이를 알고 있던(☞善意) 모르고 있던(☞惡意) 상관없이 취소할 수 있다는 것이다. 이 경우에는 제3자의 사기가 아니라 당사자의 사기가 되기 때문이다(대판

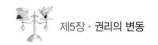

1999.2.23. 98다60828 · 60835).

③ 또한 사기나 강박이 불법행위의 요건을 갖춘 때에는 손해배상을 청구할 수 있다(제750조).

살아있는 Legal Mind!!!

- 일반적으로 「제3자」라 함은 당사자와 그의 포괄승계인 이외의 모든 자를 말하나, 상기 제110조 제3항에서의 「제3자」라 함은? 사기 또는 강박에 의한 의사표시로 생긴 법률관계에 기인하여 새로운 법률관계를 가지게 된 자를 말한다. 여기서 제3자에는 표의자의 취소의 의사표시 후, 그 상대방과 법률행위를 한 제3자도 포함된다고 본다(대판1975.12.23 75다533). 그리고 '대항하지 못한다'는 의미는 표의자가 취소의 효과를 주장하지 못한다는 것이다.
- 만약 임꺽정이 김선달에게 강박을 이유로 하여 자신의 집을 판 경우, 이를 이유로 하여 취소하면 임꺽정의 소유권은 등기하지 않아도 제187조 전단 규정에 의하여 그 권리가 인정되지만, 취소 후에 제3자에 대하여 대항하기 위해서는 등기가 필요하다.

(4) 사기 · 강박에 의한 의사표시규정의 적용범위

민법 제110조는 사적자치가 지배하는 재산법분야에 일반원칙이다. 그러므로 가족법상의 행위(☞신분행위)에 관하여는 적용이 없고 친족법에 별도의 규정(☞제816조 婚姻取消의 事由 · 제884조 入養取消의 原因 등)을 두고 있다. 또한 재산법상의 행위일지라도 전형적인 거래행위나 외형을 신뢰하여 대량적으로 거래되는 행위에 관하여는 취소를 인정하지 않는 경우가 있다. 예컨대 회사성립 후 사기나 강박에 의하여 주식을 인수한 자는 사기나 강박을 이유로 주식인수를 취소할 수 없다(상법 제320조 제1항). 이 경우에는 착오와 같은 문제가 생긴다. 또한 소송행위에 관하여도 판례는 본조의 적용을 부정한다(대판 1997.10.10. 96다35484).

살아있는 Legal Mind!!!

- 상기의 「사기에 의한 의사표시의 취소」는 상대방의 고의가 필요하며 이를 증명해야 하지만 이는 중요부분의 착오가 아니라도 된다. 그러나 「착오에 의한 의사표시의 취소」는 상대방의 고의가 불필요하며 이는 중요부분의 착오이어야 한다. 그리고 착오가 타인의 기망행위(欺罔行爲)에 의해 발생한 때에는 제109조의 착오와 제110조의 사기가 경합할 수 있다. 이 때, 표의자는 각각의 요건을 증명하여 선택적으로 사기 또는 착오를 주장할 수 있다(통설 ;대판1969.6.24 68다1749).

판례는 사기에 의한 의사표시의 경우에는 동기의 착오만이 발생한다고 하면서, 제3자의 기망행위에 의하여 법적 의미가 다른 서류에 서명날인한 경우에는 표시상의 착오가 존재하므로 사기에 의한 의사표시가 아니고, 따라서 거기에는 민법 제110조가 적용되지 않고 착오법리만 적용된다고 한다(대판 2005.5.27, 2004다43824).

(5) 다른 제도와의 관계

기망(欺罔)에 의해 하자(瑕疵)있는 물건에 관한 매매가 성립한 경우에는 하자담보책임(瑕疵擔保責任)의 규정과 사기(詐欺)의 규정이 경합하며, 사기·강박에 의한 불법행위의 성립요건을 충족할 경우에는 의사표시의 취소와 동시에 불법행위에 의한 손해배상청구권을 행사할 수 있다. 다만 취소의 효과로 생기는 부당이득반환청구권과 불법행위로 인한 손해배상청구권은 경합하여 병존하는 것이므로 채권자는 어느 것이라도 선택하여 행사할 수 있지만 중첩적으로 행사할 수는 없다(대판 2007.4.12, 2004다62641; 대판 1993.4.27, 92다56087; 대판 1998.3.10, 97다 55829).

Ⅳ 의사표시의 효력발생

1. 효력발생시기

의사표시에는 상대방있는 의사표시와 상대방없는 의사표시가 있다. 상대방없는 의사표시의 경우는 그 의사표시를 요지(了知)해야 할 특정의 상대방이 없기 때문에 표시행위의 성립과 동시에 효력이 발생한다. 그러나 상대방있는 의사표시의 경우에는 i) 언제 그 의사표시가 상대방에게 효력을 발생하느냐 ii) 상대방이 의사표시의 수령능력이 있느냐 없느냐 iii) 특히 상대방의 주소를 모르는 경우에는 언제 효력이 발생하느냐(☞효력발생시기)에 대한 문제가 제기되는데, 이는 입법주의에 따라 차이가 있다. 이러한 입법주의에는 발신주의·도달주의·표백주의[150]·요지주의[151]가 있다.

150) 법률용어 살펴보기 ☞ 「표백주의(表白主義)」라 함은? 의사표시가 외형적으로 나타나게 된 때에 효력이 생긴다

(1) 도달주의 원칙

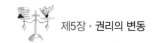

> 임꺽정이 김선달에게 2013년 2월 1일에 100만원을 꾸어 준 후에
> 2013년 8월 5일까지 돈을 갚으라고 동년 7월 20일에 편지를 보냈고
> 그 편지가 동년 7월 23일에 김선달의 집에 도달하였지만
> 김선달이 여행을 간 결과로 동년 8월 1일에 그 편지를 받은 경우에는
> 어느 때가 김선달에게 의사표시의 도달한 때로 되는가?

1) 서

「도달주의(到達主義)」라 함은? 의사표시가 상대방에게 '도달한 때'에 효력이 생긴다는 주의를 말한다. 이는 쌍방당사자의 이익을 가장 잘 조화시키는 입법주의이다. 민법 제111조 제1항은 「상대방있는 의사표시는 그 통지가 상대방에 도달한 때로부터 그 효력이 생긴다」라고 규정함으로써 상대방있는 의사표시의 경우에는 도달주의(到達主義)의 원칙을 취하고 있다. 본조항은 임의규정이므로 당사자의 약정에 의하여 달리 정하여도 유효하다.

2) 효력발생시기

① 민법은 제111조 제1항은 「상대방있는 의사표시는 그 통지가 상대방에 도달한 때로부터 그 효력이 생긴다」라고 규정함으로써 상대방있는 의사표시는 그 의사표시가 상대방에 도달한 때에 효력이 발생하며 상대방없는 의사표시의 경우에는 성립과 동시에 효력이 발생한다.

② 상기의 「도달한 때」는 의사표시가 상대방의 지배범위 안에 들어가 일반적으로

고 하는 주의를 말한다. 예컨대 서면(書面)으로 의사표시가 행하여지는 경우에 있어서는 서면이 작성된 때에 효력이 생긴다고 하는 주의이다. 그러나 이 주의는 표의자에 의하여 효력발생시기가 좌우되어 거래의 실정에 맞지 않고 또한 상대방이 전혀 알지 못하는데 곧 효력이 생긴다고 하는 것은 표의자의 입장에 너무 기울어진 것으로서 부당하다.

151) 법률용어 살펴보기 ☞ 「요지주의(了知主義)」라 함은? 상대방이 수신(受信)한 의사표시의 내용을 요지한 때에 비로소 그 의사표시는 효과를 발생한다고 하는 주의를 말한다. 예컨대 도달한 서면을 읽을 때에 효력이 발생한다는 것이다. 이는 표백주의 또는 발신주의와는 반대로 너무 상대방보호에 치우친 것이며, 또한 요지한 시기를 증명하기가 곤란한 단점이 있다.

요지(了知)할 수 있는 상태가 생겼다고 인정되는 객관적인 상태를 의미한다. 이에 따라 최고기간 등의 계산도 도달한 때로부터 산정하게 된다. 예컨대 서로 대담을 하거나 전화를 하는 때에는 의사표시가 성립함과 동시에 효력이 발생하고, 편지나 전보로 의사표시를 하는 때에는 그것이 상대방의 주소에 배달되어 우편함에 투입되었거나 친족·동거가족 또는 피용자(被傭者)에게 전달되어 상대방이 요지할 수 있는 상태가 생긴 때에 도달이 된다. 또한 상대방이 여행 기타 사유로 요지하지 않더라도 도달의 효력은 생기게 된다. 설문의 예에서 임꺽정이 김선달에게 2013년 2월 1일에 100만원을 꾸어 준 후에 2013년 8월 5일까지 돈을 갚으라고 동년 7월 20일에 편지를 보냈고 그 편지가 동년 7월 23일에 김선달의 집에 도달하였지만 김선달이 여행을 간 결과로 동년 8월 1일에 그 편지를 받은 경우에는, 임꺽정이 2013년 7월 20일에 그의 의사표시를 발신하였고 김선달이 8월 1일에야 알게 되었더라도 민법은 도달주의를 취하고 있으므로 편지가 도달한 7월 23일에 김선달은 그 의사표시를 받은 것으로 된다(대판 2008.6.12. 2008다19973; 대판 2010.4.15. 2010다57).

잠깐!! 민총, 깊이보기

- 상대방이 의사표시의 거절을 한 경우에 의사표시는 도달한 것으로 볼 것 인가에 관한 문제가 제기된다. 통설은 상대방이 의사표시의 수령을 거절하는 경우에도 정당한 이유가 없는 한, 의사표시는 원래 도달할 시기에 도달하였다고 보아야 한다. 이 경우에는 의사표시의 효력을 주장하는 자가, 상대방이 의사표시의 수령을 거절하였다는 사실을 증명하여야 한다(곽윤직·김주수·고상룡). 그러나 수신인의 기재가 명료하지 않아 서신(書信)을 개봉하지 아니한 경우에는 의사표시의 도달이 있었다고 볼 수 없다(이영준 433면).
- 발신 후 불가항력에 의한 최고(催告)의 불착은 도달주의의 효과로서 최고만으로는 효력이 발생하지 않는다.
- 소장에 의하여 계약해지의 의사표시를 한 경우에 그 부분이 송달되지 않으면 변론기일에 이를 진술한 때에 그 계약해지의 효력이 생긴다(대판 1964.7.14. 63다1107).

3) 도달주의의 효과

① 의사표시의 철회

의사표시는 상대방에게 도달한 때에 그 효력이 생기므로 발신 후이더라도 도달 전까지는 그 의사표시를 철회할 수 있다(대판 2000.9.5. 99두8657). 그러나 이러한 철회의 의사표시는 늦어도 원래의 의사표시와 동시에 도달할 필요가 있다(통설). 즉 먼저 발신한 의사표시의 도달 전에 도달하여야 하고, 만일 철회의 의사표시와 본의사표시가 동시에 도달하면 본의사표시는 철회한 것으로 본다.

② 의사표시의 연착 등

의사표시는 상대방에게 도달한 때에 그 효력이 생기므로 의사표시의 불착(不着)·연착(延着)은 모두 표의자의 불이익에 돌아간다. 최고(催告)기간의 계산도 최고가 도달한 때부터 기산한다(제544조).

③ 발신 후의 표의자의 사망 등

민법 제111조 제2항은 「표의자가 그 통지를 발한 후 사망하거나 행위능력을 상실하여도 의사표시의 효력에 영향을 미치지 아니한다」라고 규정함으로써 도달은 이미 성립한 의사표시의 효력발생요건에 불과하기 때문에 표의자는 의사표시를 할 때에 능력이 있으면 되고, 표의자가 그 통지를 발신한 후에 사망하거나 행위능력을 상실하여도 그 의사표시의 효력에 영향을 미치지 아니한다. 따라서 표의자가 사망한 경우에는 그 의사표시의 효과는 상속인에게 승계되며, 행위능력을 상실한 경우의 법률효과는 표의자 본인에게 그대로 발생하지만 그 후의 처리가 법정대리인에 의하여 행하여지게 된다.

(2) 도달주의 예외인 발신주의

발신주의는 신속한 거래를 하는 당사자 사이에는 발신할 때에 효력이 생기게 하는 주의로서, 이는 표의자보호를 가중시키고 거래의 신속을 도모해 철회를 불가능하게 하여 의사표시의 효력을 강제하려고 하는데 그 목적이 있다. 민법은 의사표시가 상대방에 도달한 때로부터 효력이 생긴다는 도달주의의 원칙을 규정하고 있지만 예외적으로 다음의 경우에는 발신주의를 채택하고 있다.

i) 제한능력자의 상대방의 추인여부 최고에 대한 제한능력자측의 확답(제15조)

ii) 사원총회소집의 통지(제71조)

iii) 무권대리인의 상대방의 최고에 대한 본인의 확답(제131조)

iv) 채무인수시에 제3자나 채무자에 의한 승낙여부의 최고에 대한 채권자의 확답(제455조)

v) 격지자(隔地者)사이의 계약승낙의 통지(제531조)

★ 상법에서는 상시거래관계에 있는 상인간에 있어서 계약청약에 대한 최고의 통지에 관하여 발신주의가 원칙으로 되어 있다(상법 제53조).

잠깐!! 민총, 깊이보기

'제3자를 위한 계약[152]'의 경우 채무자의 제3자에 대한 이익향수여부의 최고에서 채무자가 그 기간내에 확답을 받지 못한 때에는 제3자가 계약의 이익을 받을 것을 거절한 것으로 본다(제540조). 따라서 이는 도달주의의 원칙에 해당한다.

2. 의사표시의 공시송달

(1) 의 의

「의사표시의 공시송달(意思表示의 公示送達)」이라 함은? 상대방있는 의사표시에 있어서 표의자가 상대방을 알 수 없거나 또는 상대방을 알았더라도 그의 소재를 알지 못하는 경우에는 공시송달이라는 방법에 의하여 의사표시를 상대방에게 도달한 것으로 하는 민사소송법상의 제도를 말한다. 예를 들어 표의자인 임꺽정이 상대방인 김선달의 주소를 알 수 없을 경우에 공시송달의 방법으로서 의사표시를 김선달에게 하는 것이 그것이다.

152) 법률용어 살펴보기 ☞「第3者를 위한 契約」이라 함은? 계약이 성립되면 그 계약에 따른 채권은 계약당사자의 일방이 취득하는 것이 보통이지만, 당사자간의 약정으로 제3자로 하여금 그 채권을 취득케 하는 계약을 말한다(제539조 참조). 이 계약의 당사자는 요약자(要約者 ;채권자)와 낙약자(諾約者 ;채무자)이므로 법률관계는 요약자와 낙약자를 기준으로 하며 수익자(受益者 ;제3자)는 법률관계의 당사자가 아니다. 그러므로 낙약자의 채무불이행시 요약자가 해제권을 가진다. 이러한 제3자의 수익표시는 권리발생요건이지 계약의 성립요건은 아니다. 제3자가 수익의 의사표시 전에 갖는 형성권(☞수익의 의사표시)은 상속·양도할 수 있다. 그리고 채권자대위권의 대상이 되어 제3자가 수익할 것을 채권자가 대신 수익할 수 있다. 낙약자는 상당기간을 정하여 제3자에게 수익의 향수여부를 최고하고 최고기간내에 확답을 받지 못하면 수익을 거절한 것으로 본다. 또한 수익의 의사표시로서 수익자(제3자)에게 급부청구권이 발생하고, 제3자의 의사표시 후에는 계약 당사자인 요약자와 낙약자는 이를 변경하지 못한다. 유의할 점은 보험·운송·신탁·공탁 등은 수익의 의사표시를 안하여도 제3자가 당연히 권리를 취득하며 수익의 의사표시는 권리발생요건이 아니라는 것이다.

(2) 요 건

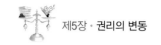

민법 제113조는 「표의자가 과실없이 상대방을 알지 못하거나 상대방의 소재를 알지 못하는 경우에는 의사표시는 민사소송법 공시송달의 규정에 의하여 송달할 수 있다」 라고 규정함으로써 의사표시의 공시송달이 성립하려면 i) 표의자가 상대방을 알지 못하거나 소재를 알지 못하여야 하고 ii) 표의자가 상대방 또는 그의 소재를 알지 못하는데 무과실이어야 한다. 즉, 일반인의 주의를 기울였음에도 불구하고 알지 못하여야 한다. 이 때의 표의자의 과실의 유무 등의 증명책임은 상대방이 부담한다.

(3) 공시의 방법 및 효력발생시간

1) 공시송달방법

「공시송달의 방법」 은 법원의 서기관 또는 서기가 송달할 서류를 보관하여 두고 송달(送達)을 받을 자에게 언제든지 교부한다는 취지를 법원 게시장에 게시하고 이를 신문지상에 공고하는 것이다(민사소송법 제195조).

2) 효력발생시간

「효력발생시간」 은 이러한 공고가 있은 날로부터 2주간을 지나면 의사표시는 상대방에게 도달한 것으로 보게 된다(민사소송법 제196조 제1항). 다만 외국에서 할 송달에 관하여는 공시송달의 사유를 일정한 자에게 등기우편으로 통지하여야 하며 이 경우에는 2월이 경과하면 효력이 발생한다(동법 동조 제2항).

3. 의사표시의 수령능력

(1) 「의사표시의 수령능력」 이라 함은? 타인의 의사표시의 내용을 이해할 수 있는 능력을 말한다. 즉 의사표시가 도달하였다고 하려면 상대방이 수령능력(受領能力)을 가지고 있어야 한다. 민법 제112조 본문은 「의사표시의 상대방이 의사표시를 받은 때에 제한능력자인 경우에는 의사표시자는 그 의사표시로써 대항할 수 없다」 라고 규정함으로써 민법상 모든 행위제한능력자는 의사표시의 수령

제한능력자가 되고 따라서 의사표시의 상대방이 이를 받은 때에 제한능력자인 경우에는 표의자는 그 의사표시로써 대항하지 못한다. 즉 표의자는 의사표시의 수령을 주장하지 못한다. 그러나 상기 제112조의 경우에 수령제한능력자가 도달을 주장하는 것은 허용된다(통설).

(2) 그러나 제112조 단서는 「법정대리인이 그 도달을 안 후에는 그러하지 아니하다」 라고 규정함으로써 상대방이 제한능력자인 경우에도 그의 법정대리인이 의사표시의 도달을 안 후에는 표의자가 의사표시의 효력을 주장할 수 있도록 하였다. 이러한 경우 의사표시의 효력이 발생하는 시기는 제한능력자가 의사표시를 수령한 때아 아니고 법정대리인이 그 의사표시의 도달을 안 때이다(고상용 509~510면).

(3) 제한능력자라도 미성년자와 피한정후견인은 일정한 경우에 법정대리인의 동의없이 단독으로 유효한 법률행위를 할 수 있으므로 그 능력의 범위 내에서 행위능력자로 인정되어 수령능력을 가지고 있다고 해석한다(제5조 제1항 단서 · 제6조 · 제8조 제1항 · 제117조 · 제140조, 상법 7조, 근로기준법 제66조).

(4) 제112조 규정은 상대방없는 의사표시나 발신주의에 의한 의사표시 그리고 공시송달에 의한 의사표시에는 그 적용이 없다.

제4절 법률행위의 대리

I 총 설

시골의 고향집을 팔고자 하는 임꺽정은
고향친구인 김선달에게 집을 처분하여 달라고 부탁하려는데
이 경우에 친구인 김선달은 임꺽정 대신 집을 처분할 수 있을까?

1. 대리의 의의

「대리(代理)」라 함은? 타인(☞대리인)이 제3자에게 본인을 위하여 일정한 행위를 하는 것임을 의사표시 하거나(☞能動代理) 또는 의사표시를 수령함으로써(☞受動代理) 그 법률효과가 그대로 직접 본인에게 전부 귀속하게 하는 제도를 말한다. 예를 들어 김선달(☞대리인)이 임꺽정(☞본인)을 위하여 황진이(☞제3자)에게 임꺽정의 토지를 판다고 하는 의사표시를 하고 이에 관하여 황진이가 이를 사겠다는 의사표시를 함으로서 매매계약이 체결되면, 이로 인하여 발생하는 황진이에 대한 대금을 받을 채권발생의 법률행위와 황진이에게 토지를 인도하고 등기를 해 줄 채무발생의 법률효과가 김선달(☞대리인)이 아닌 임꺽정(☞본인)에게 귀속하는 제도가 그것이다. 일반적으로 대리라 하면 이와 같은 직접대리(直接代理)를 의미하는데, 이러한 대리는 본인에게서 그 권한을 수여받아 행사하는 '유권대리(有權代理)'와 그 권한을 수여 받음이 없이 대리인으로서 행위를 하는 '무권대리(無權代理)'로 나눌 수 있다.

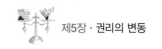

2. 대리의 3면관계

대리는 대리인이 상대방과 법률행위를 하고 그 효과가 직접 본인에게 귀속하는 제도이므로 다음의 3면의 법률관계가 발생한다. 즉, i) 대리인으로서 이루어지는「본인과 대리인과의 관계」 ii) 대리행위로서 이루어지는「대리인과 상대방의 관계」 iii) 대리에 의한 법률효과의 귀속관계인「상대방과 본인의 관계」가 그것이다.

3. 대리의 사회적 기능

의사표시(意思表示)의 효과는 원칙적으로 표의자 자신에게 귀속된다. 그러므로 "대리(代理)"는 이러한 원칙에 대한 중대한 예외이다. 이와 같이 예외적으로 "대리"를 필요로 하는 이유는 무엇인가? 이는 대리제도가 사회적 기능을 가지고 있기 때문이다. 그 대표적인 사회적 기능으로「사적 자치의 확장」과「사적 자치의 보충」을 들 수 있는데 이를 설명하면 다음과 같다.

(1) 사적 자치의 확장

자본주의 경제의 발달에 따른 복잡하고 다양한 거래관계에서, 많은 사람들은 본인의 한계를 극복하기 위하여 타인의 사용관계가 절실하게 되었고 특히 법률관계에 있어서, 타인을 자신의 대리인으로 하고 그 대리인의 의사에 기하여 직접 본인의 법률관계를 처리케 하는 '대리'는 경제활동에 있어서 중요한 필수불가결의 요소가 되었다. 따라서 "대리"는 자본주의 경제의 발달에 따른 복잡·다양한 거래관계에서의 본인의 한계를 극복하기 위한, 이른바「사적자치의 확장(私的自治의 擴張)」기능을 가지는 것이다. 임의대리인이 이러한 기능을 가진 대리인이다. 오늘날 지구촌 사회에서의 거래(규모화·전문화)에 기여가 클것으로 생각된다.

(2) 사적자치의 보충

'대리'는 특히 오늘날의 기업활동에서 대단히 중요한 역할을 하며, 또한 법률행위를 법정대리인의 대리 또는 동의가 있어야만 할 수 있는 의사무능력자·제한능력자로 하여금 권리·의무를 취득할 수 있도록 법률행위의 보충 역할을 한다. 이른바 「사적자치의 보충(私的自治의 補充)」 기능을 가지는 것이다. 법정대리인이 이러한 기능을 가진 대리인이다.

잠깐!! 민총, 깊이보기

고대법 사회아래서는 자녀 또는 노예의 행동은 독립한 법률행위로 인정하지 않고 이들은 가부장의 수족(家父長의 手足)으로서 연장행위의 역할만 하였다. 즉, 가장(家長)만이 권리능력을 가지고 있었으며 전기 Rome법 시대까지도 대리(代理)라는 관념의 필요성을 느끼지 못하였다. 이러한 대리제도는 근대사회의 산물로 사적 자치의 확장·보충이다.

4. 대리의 본질

(1) 대리의 본질에 대한 학설

대리의 경우에 모든 행위가 대리인에 의하여 행하여지지만 그 효과는 직접 본인에게 귀속한다. 여기서 그 근거가 무엇이냐에 관한 것이 「대리의 본질론」 이다. 이는 본인행위설·공동행위설·대리인행위설로 나누어진다.

1) 본인행위설

「본인행위설」 은 사비니(Savigny)에 의하여 주장된 학설로서, 이는 대리인의 행위를 본인의 행위로 의제(擬制)하는 견해로서, 본인과 상대방을 본래의 행위당사자로 간주하고 대리인은 본인의 기관에 지나지 않으므로 그 법률행위의 여러 요건, 즉 행위능력·의사의 흠결·착오나 하자의 유무 등은 대리인을 표준으로 할 것이 아니라 본인을 표준으로 하여 결정하여야 한다는 주의이다.

2) 공동행위설

「공동행위설」 은 데른베르크(Dernberg), 밋타이스(Mitteis)에 의하여 주장된 학설로서, 이는 본인과 대리인의 공동행위로부터 그 법률효과가 본인에게 귀속한다는 주의이다.

3) 대리인행위설

「대리인행위설」은 예링(Jhering), 빈드샤이트(Windscheid)에 의하여 주장된 학설로서, 이는 대리인을 본인의 기관으로 보아 행위를 한 자는 대리인이지만 그 법률효과는 법률의 규정에 의하여 본인에게 귀속한다는 주의이다. 따라서 그 법률행위의 여러 요건, 즉 행위능력·의사의 흠결·착오나 하자의 유무 등은 본인행위설과 달리 본인이 아니라 대리인을 표준으로 하여 결정하여야 한다.

잠깐!! 민총, 깊이보기

- 우리 민법은 제116조 제1항에 「의사표시의 효력이 의사의 흠결, 사기, 강박 또는 어느 사정을 알았거나 과실로 알지 못한 것으로 인하여 영향을 받을 경우에 그 사실의 유무는 대리인을 표준으로 하여 결정한다」라고 규정함으로써 우리나라는 일치된 학설로 대리행위에 하자(瑕疵)가 있었느냐의 여부는 대리인을 표준으로 하여 결정하는 '대리인행위설'을 따르고 있다.

(2) 대리와 구별되는 제도

대리와 비슷하지만 이와 구별해야 할 제도가 있는데 이는 다음과 같다.

1) 간접대리

「간접대리(間接代理)」라 함은? 타인의 계산 하에 자기의 이름으로 법률행위를 하고 그 효과는 일단 자기(☞행위자)에게 생기지만, 후에 자기가 취득한 권리를 내부적으로 타인에게 이전하는 관계를 말한다. 예컨대 농산물시장에서 본인을 대신하여 농산물을 구입하는 '농산물중개인(상법 제93조)', 생선을 위탁판매하는 '위탁매매인(상법 제101조)' 등이 그것이다. 상기 설명과 같이 간접대리는 자기의 명의로 효과의사에 의하여 법률행위를 하고 그 효과는 자기에게 직접 발생한다는 점에서, 대리인이 본인을 위하여 의사표시를 하고 그 법률효과가 그대로 직접 본인에게 전부 귀속되는 본래의 대리와 다르다.

2) 제3자를 위한 계약

「제3자를 위한 계약」이라 함은? 당사자간의 약정에 의하여 제3자로 하여금 그 채권을 취득케 하는 계약을 말한다(제539조 참조). 보통은 계약이 성립되면 그 계약에 따른 채권은 계약당사자의 일방이 취득한다. 그러나 제3자를 위한 계약은 당사자가 계약을 자신의 의사표시와 이름으로 체결하지만 그 계약의 효과에 대하여 제3자가 수익의 의사표시를 함으로써 계약효력이 생기게 하는 계약을 말한다. 예를 들어 김선달(諾約者)과 임꺽정(要約者)이 제3자인 황진이에게 김선달의 부동산소유권을 이전할 것을 약정한 때, 제3자인 황진이(受益者)가 수익의 의사표시를 하고 김선달과 직접 소유권이전등기를 함으로써 부동산소유권이 제3자인 황진이에게 이전되는 경우가 그것이다. 이 경우에는 계약당사자로서의 권리·의무를 취득하는 것은 표의자(表意者)이고 제3자는 특정한 권리만을 취득할 뿐이다. 따라서 대리관계가 적용되지 않는다.

3) 사 자

① 의 의

「사자(使者)」라 함은? 타인의 의사를 단순히 상대방에게 전달하거나 또는 타인이 결정한 효과의사를 상대방에 그대로 표시하고 타인의 의사표시가 완성되도록 협력하는 자를 말한다. 대리인은 의사결정을 대리인 자신이 하지만 사자는 본인이 결정한다. 민법은 사자에 관한 아무런 규정을 두고 있지 않지만, 다수설·판례는 행위자와 본인의 내부관계를 기준으로 하여 효과의사를 행위자가 결정하면 '대리인'이라 하고 본인이 결정하면 '사자'라 한다.

② 종 류

사자에는 '표시기관으로서의 사자'와 '전달기관으로서의 사자'가 있다. 즉 본인이 이미 결정한 효과의사(예: 자기소유 부동산을 1억원에 팔겠다는 의사)를 상대방에 전하기 위해 자기의 사용인에게 i) 구두로서 표시하게 하는 경우는 「표시기관으로서의 사자」이고 ii) 본인의 의사가 담긴 편지 등을 단순히 상대방에게 전달하는 자는 「전달기관으로서의 사자」이다. 이 가운데 대리와 비슷한 것은 표시기관으로서의 사자의 경우이다.

③ 사자의 법률관계(대리관계와의 구별)

㉮ 대리인에 있어서는 행위능력은 없더라도 의사능력은 있어야 하지만 본인은 의사

능력·행위능력을 요하지 않는다. 그러나 사자는 본인이 결정한 효과의사를 상대방에게 전달하는 사실행위(事實行爲)만을 하므로 행위능력은 물론 의사능력까지도 필요로 하지 않지만 본인은 행위능력을 요한다.

㈏ 의사의 흠결(제107조~제109조) 또는 어떤 사정의 지(知)·부지(不知)에 관하여, 대리관계에 있어서는 대리인을 표준으로 하여 결정하지만 사자관계에 있어서는 본인을 표준으로 하여 결정한다. 예컨대 사기나 강박(제110조)에 관한 문제에 있어서, 대리관계에 있어서는 대리인을 표준으로 결정하지만(제116조 제1항) 사자관계의 있어서는 본인을 표준으로 하여 결정한다.

㈐ 본인의 효과의사를 잘못 전달한 때에, 대리인의 경우에는 표시상의 착오의 문제가 생기지 않고 의사표시의 효력에 아무런 장애가 없지만, 사자의 경우에는 표시상의 착오의 문제가 생겨 의사표시의 불도달(不到達) 내지는 본인의 의사표시의 착오로 된다.

㈑ 허용범위에 있어서, 대리인의 경우는 원칙적으로 법률행위에 한하지만 사자의 경우는 대리가 허용되지 않는 경우에도 허용될 수도 있다.

㈒ 대리인의 경우에는 복임권(復任權)에 관한 명문규정이 있지만(제120조 내지 제123조) 사자의 경우에는 이러한 규정이 없다. 하지만 사자의 경우에도 이는 허용되는 것으로 본다.

잠깐!! 민총, 깊이보기

- 사자(使者)에 의한 표시상의 착오에 있어서 살펴볼 유의점이 있다.
  i) 표의자가 결정한 효과의사를 상대방에게 표시하여 그 의사를 완성하는 자인 '표시기관으로서의 사자"'를 매개로 하여, 본인의 효과의사를 전달하였지만 그 의사와 다르게 상대방에게 표시된 경우에는 "표시상의 착오이론(錯誤理論)"에 준(準)하여 취급한다(통설). ii) 표의자가 완성한 의사표시를 단순히 전달하는 전달기관이, 의사표시의 상대방이 아닌 다른 사람에게 전달한 경우에는 착오의 문제는 발생하지 않고 "의사표시불도달(意思表示不到達)"의 문제가 될 뿐이므로 아무런 효력이 없다(제111조 제1항 참조).
- 상기 ㉮에서 대리인에 있어서는 행위능력은 없더라도 의사능력은 있어야 하지만 본인은 의사능력·행위능력을 요하지 않는다고 하였다. 유의할 점은 대리행위에 있어서는 본인이 직접 법률행위를 하는 것이 아니므로 의사능력이나 행위능력자임을 요하지 않으나, 대리행위의 법률효과는 본인에게 귀속하므로 본인은 반드시 「권리능력」을 가져야 한다는 것이다. 만약, 본인이 권리능력을 가지지 아니한 경우에는 그 대리행위는 불능을 목적으로 하는 법률행위로서 무효가 된다(자세한 것은 이하의 '대리의 효과'를 참조할 것)

③ 대리규정의 유추적용

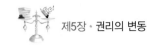

대리에 관한 규정은 사자의 성질에 반하지 않는 한 사자의 법률관계에 유추적용된다. 특히 표현대리·무권대리에 관한 규정은 거래의 안전을 위하여 유추적용된다. 즉 대리인이 아니고 사실행위를 위한 사자라 하더라도 외관상 그에게 어떠한 권한이 있는 것의 표시 내지 행동이 있어 상대방이 그를 믿었고 또 그를 믿음에 있어 정당한 사유가 있다면 표현대리의 법리에 의하여 본인에게 책임이 있다(대판 1962.2.8. 4294민상192).

④ 수동사자

「수동사자(受動使者)」라 함은? 본인을 위하여 상대방의 의사표시를 수령하는 사자를 말한다. 수동사자(受動使者)와 수동대리(受動代理)는 실제로 구별하기 어렵다. 그러므로 수령자와 본인과의 관계 및 주의사정을 고려하여 판단하여야 한다. 예컨대 수동사자에 의한 의사표시의 수령에서 의사표시의 도달시기는 본인이 실제로 요지(了知)할 수 있는 상태에 있을 때이지만, 수동대리에서는 대리인이 요지할 수 있을 때가 의사표시의 도달시가 된다.

4) 대표기관

「대표기관(代表機關)」이라 함은? 법인의 기관을 말한다. 즉, 법인은 법인의 기관인 대표이사 기타 대표자의 행위에 의하여 직접 권리를 취득하고 의무를 부담하게 된다. 예컨대 사장이 회사용품을 구입하는 경우가 그것이다. 이 경우, 회사의 대표인 사장의 행위는 직접 법인에게 귀속한다. 법인의 이사 기타 대표자는 대리인과 비슷한데 유의할 점은 대리의 행위는 사실행위(☞예: 현실의 인도)나 불법행위에는 인정되지 않고 적법한 법률행위(適法行爲)에 한하여 인정되는데 반하여, 대표의 행위는 법률행위는 물론 사실행위와 불법행위에도 인정된다는 것이다. 유의할 점은 법인의 대표가 법률행위를 하는 경우에는 대리에 관한 규정이 준용된다는 것이다(제59조 제2항).

5) 이행보조자

「이행보조자(履行補助者)」라 함은? 채무자가 채무의 이행을 위하여 사용하는 자를 말한다(제391조 참조). 이 경우에 이행보조자의 고의·과실 또는 사용자책임은 위법행위에서만 인정되므로 법률행위에 대하여 인정되는 대리와는 구별된다. 그러나 대리인인 동시에 이행보조자인 때에는 본인에게 대리인에 의한 책임과 이행보조자 책임이 모두 인정된다.

6) 간접점유

「간접점유(間接占有)」라 함은? 본인이 타인과의 일정한 법률관계에 기하여 그 타인에게 점유를 이전한 경우에 본인에게 인정하는 점유를 말한다. 이를 점유매개관계라고도 한다. 예를 들어 임꺽정이 그의 주택을 김선달에게 임대한 경우에는 임차인 김선달은 주택을 직접점유하고 임대인 임꺽정은 김선달의 직접점유에 대하여 주택을 간접점유하는 것이다. 구민법에서는 간접점유를 대리점유라고 하였다. 점유는 의사표시와는 무관하므로 대리와는 다르다.

7) 재산관리

「재산관리(財産管理)」라 함은? 타인의 재산적 사무를 처리하는 것을 말한다. 그리고 이러한 사무를 처리하는 자를 재산관리인 또는 관재인(管財人)이라 한다. 재산관리인에는 본인의 위임에 의하여 그의 재산을 관리하는 위임관재인(委任管財人), 법률의 규정에 의하여 재산 관리를 하는 법정관재인(法定管財人)과 법원의 선임에 의하여 재산관리를 하는 선임관재인(選任管財人)이 있다. 위임관재인은 임의대리인이고 법정관재인과 선임관재인은 법정대리인이다. 위임관재인과 법정관재인은 문제가 없으나, 선임관재인은 일종의 법정대리인으로 보고 이를 다르게 파악하는 견해가 있다. 선임관재인은 통상의 대리에서처럼 어떤 특정인과 관련되는 것이 아니라 특정의 재산관리와 관계된다는 점에서 '의제적 대리(擬制的 代理)'의 성격을 지니고 있고 따라서 이는 대리가 아니라 관리인이 관리인의 자격에 기하여 관리행위를 하고 본인은 재산귀속자라는 지위에서 그 효과를 받는다고 하는 것이 긍정적이라는 것이다(김준호 249~250면).

알아두면 편리해요!!!

'공인중개사'와 같이 직접 계약을 체결하지 않고 이를 알선하거나 중개하는 것에 불과한 자는 대리인이 아니다. 그러나 갑과 을이 부동산을 매매한 후에 '법무사'가 등기신청을 하는 행위는 임의대리가 된다. 즉 등기신청은 대리인에 의하여 할 수 있는데(부등법 제28조), 이 경우에는 등기권리자·등기의무자 또는 쌍방의 수권행위에 의하므로 임의대리인이 된다.

(3) 대리가 인정되는 범위

1) 대리행위는 의사표시를 요소로 하는 「법률행위(法律行爲)」에서만 허용된다. 즉, 대리행위는 대리인이 제3자에게 의사표시를 하는 경우(☞能動代理)이거나, 제3자의 의사표시를 수령하는 경우(☞受動代理)에 한하여 인정된다(제114조 참조). 따라서 사실행위(☞예: 현실의 인도)나 불법행위에 관하여는 원칙적으로 대리행위를 허용하지 아니한다.

2) 「준법률행위(準法律行爲)」는 의사표시가 아니므로 원칙적으로는 대리가 인정되지 아니한다. 다만 준법률행위 가운데 '의사의 통지(☞최고)'와 '관념의 통지(☞공탁의 통지)'와 같이 의사표시와 유사한 준법률행위에 있어서는 의사표시의 규정을 유추적용할 수 있다(통설).

3) 법률행위라도 대리행위를 금한다는 법률의 규정이 있거나 해당 법률행위의 성질이 대리에 적합하지 않은 경우는 대리가 허용되지 아니한다. 즉, 모든 의사표시에 대리가 허용되는 것은 아니고 법률행위 가운데 대리가 허용되지 않는 것이 있는데 이를 「대리에 친하지 않은 법률행위」라고 한다. 예컨대 본인의 의사를 절대적으로 필요로 하는 가족법상의 행위인 혼인(婚姻)·인지(認知)·유언(遺言) 등이 그것이다. 그러므로 대리는 원칙적으로 '재산상의 법률행위'에 그 적용이 있다.

잠깐!! 민총, 깊이보기

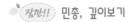

상기의 '가족법상의 행위'라도 재산행위의 성질을 같이 가지는 경우의 행위에 관하여는 대리가 가능함을 유의하라. 예컨대 '부양청구권의 행사'의 경우는 대리가 허용된다.

5. 대리의 종류

(1) 임의대리·법정대리

1) 임의대리

「임의대리(任意代理)」라 함은? 본인과 대리인사이의 수권행위(授權行爲)[153]에 의하여 발생하는 대리를 말하고 이 경우의 대리인을 「임의대리인(任意代理人)」이라 한다.

2) 법정대리

「법정대리(法定代理)」라 함은? 본인의 신임(信任)에 의하지 않고 법률의 규정에 의하여 발생하는 대리를 말하고 이 경우의 대리인을 「법정대리인(法定代理人)」이라 한다.

잠깐!! 민총, 깊이보기

- 임의대리와 법정대리를 구별하는 실익은 대리인의 복임권(제120조 · 제121조)과 대리권의 소멸(제128조)에서 나타난다. 임의대리인은 복임권이 없는 것이 원칙이며 예외적으로 부득이한 사유에 한하여 복임권이 있다. 그러나 법정대리인은 언제나 복임권이 있다. 이에 관하여 뒤에서 자세히 설명한다.

(2) 능동대리 · 수동대리

1) 능동대리

「능동대리(能動代理)」라 함은? 본인을 위하여 상대방 또는 제3자에 대하여 의사표시를 하는 대리를 말한다. 이를 적극대리(積極代理)라고도 한다.

2) 수동대리

「수동대리(受動代理)」라 함은? 본인을 위하여 상대방 또는 제3자의 의사표시를 수령하는 대리를 말한다. 이를 소극대리(消極代理)라고도 한다.

잠깐!! 민총, 깊이보기

- 민법은 대리인이 제3자(상대방)에 대하여 의사표시를 하는 경우(제114조 제1항)인 능동대리와 상대방 또는 제3자의 의사표시를 수령하는 경우(제114조 제2항)인 수동대리를 규정하고 있고, 두 경우 모두에게 대리인의 행위능력에 관한 민법 제117조 및 무권대리에 관한 제130조 내지 136조를 적용하고 있다. 그리고 대리권을 부여하는 경우에도 능동대리와 수동대리를 함께 하는 것이 보통이다.
- 능동대리권과 수동대리권과의 관계에 대해 판례는 능동대리권이 인정되면 특별한 사정이 없는 한 수동대리권도 포함되고, 수동대리권의 범위는 능동대리권에 관련된 사항의 범위안에서만 인정된다고 한다(대판 1994.2.28. 93다39379). 민법은 원칙적으로 능동대리를 기준으로 하고 부분적으로 이 법규칙(法規則)을 개별적으로 수동대리에 준용한다(제114조 제2항 참조).

153) 법률용어 살펴보기 ☞「수권행위(授權行爲)」라 함은? 대리권을 수여하는 법률행위를 말한다. 이는 아무런 방식을 필요로 하지 않는 불요식행위이다.

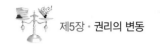

(3) 유권대리 · 무권대리

1) 유권대리

「유권대리(有權代理)」라 함은? 본인의 정당한 대리인으로서 하는 대리, 즉 대리권을 가진 자의 대리를 말한다.

2) 무권대리

「무권대리(無權代理)」라 함은? 대리권이 없는 자의 대리를 말한다. 이러한 무권대리에는 협의의 무권대리(狹義의 無權代理)와 표현대리(表見代理)가 있다.

(4) 대리의 3면 관계

대리의 3면 관계가 순차적으로 원만히 이루어져야 대리인이 한 법률행위의 효과가 직접 본인에게 귀속된다. 즉 본인-대리인 사이의 관계는 대리인이 본인의 정당한 대리인이라는 관계(대리권)이고, 대리인-상대방 사이의 관계는 대리인이 본인을 위하여 상대방과 법률행위를 한다는 관계(대리행위)이며, 상대방-본인 사이의 관계는 대리행위의 결과로 상대방과 본인 사이에 권리변동이 생긴다는 관계(대리효과)이다.

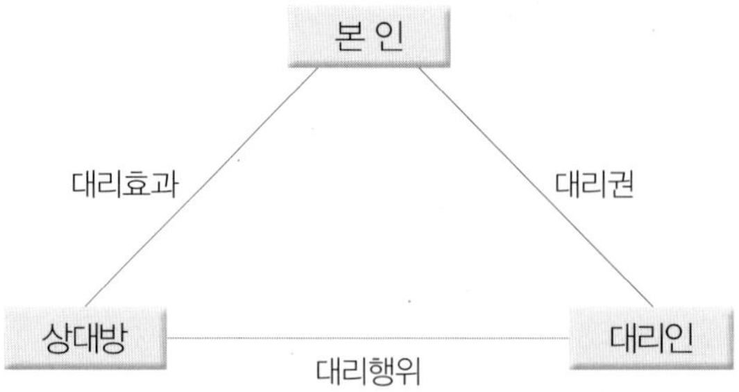

Ⅱ 대리권

1. 대리권의 의의 및 성질

(1) 대리권의 의의

「대리권(代理權)」이라 함은? 타인(☞대리인)이 본인의 이름으로 의사표시를 하거나 또는 의사표시를 수령함으로써 본인에게 법률효과가 발생하게 하는 '타인의 본인에 대한 법률상의 지위 또는 자격'을 말한다. 이렇게 대리인이 한 대리행위의 효과가 본인에게 귀속되려면, 대리인에게 대리권이 있어야 한다.

(2) 대리권의 법률적 성질

대리권의 법률적 성질에 대한 학설은 ⅰ) 대리권을 형성권의 일종으로 보는 「형성권설」 ⅱ) 대리권은 본인과 대리인 간의 기초적 내부관계(예: 위임·고용·도급·조합계약 등)를 떠나서는 대리권의 존재를 부정하는 「부정설」 ⅲ) 대리권은 권리가 아니라 행위능력과 같이 법률상 일정한 법률효과를 발생케 하는 자격 또는 능력이라는 「자격설(능력설)」로 나누어진다. 이러한 학설 가운데 우리나라의 통설은 자격설(資格說)이다.

2. 대리권의 발생원인

「대리권의 발생원인(代理權의 發生原因)」은 법정대리와 임의대리에 따라 차이가 있다.

(1) 법정대리권

「법정대리권(法定代理權)」은 법률에 근거가 없는 경우에는 발생하지 않는다. 따라서 본인의 의사와는 상관없이 법률의 규정·지정권자의 지정행위·법원의 선임행위에 의하여 발생한다.

1) 법률의 규정에 의한 경우

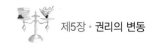

「법률의 규정(法律의 規定)」에 의한 경우는 본인에 대하여 일정한 신분관계에 있는 자가 당연히 법정대리인이 되는 경우로서, 예컨대 일상가사대리권을 가지는 '부부(제827조)', 미성년자인 子에 대한 '친권자(제911조 · 제920조 참조)' 등이 이에 속한다.

2) 지정권자의 지정행위에 의한 경우

「지정권자의 지정행위(指定權者의 指定行爲)」에 의한 경우는 본인이외의 일정한 지정권자(☞私人)의 지정행위에 의하여 대리인이 되는 경우로서 유언에 의한 '지정후견인(제931조 참조)', '지정유언집행자(제1093조 · 제1094조 참조)' 등이 이에 속한다.

3) 법원(가정법원)의 선임행위에 의한 경우

「법원의 선임행위(法院의 選任行爲)」에 의한 경우는 가정법원의 선임행위에 의하여 선임되는 자가 대리인이 되는 경우로서 부재자의 재산관리인으로 본인이 정한 자가 없는 경우에 법원이 선임한 '부재자의 재산관리인(제23조 · 제24조 참조)'이나 지정후견인이나 당연히 후견인이 될 자가 없는 경우에 법원이 선임한 '선임후견인(選任後見人; 제932조, 제936조 참조)' '상속재산관리인(相續財産管理人; 제1023조 · 제1040조 등)' 그리고 '유언집행자(제1096조)'가 이에 속한다. 하지만 유의할 것은 부재자의 재산관리인은 임의대리인으로서의 성격을 가질 수도 있다는 것이다. 즉 부재자 자신이 재산관리인을 둔 경우(위임관재인)는 일종의 임의대리인이다.

(2) 임의대리권

1) 서

「임의대리권(任意代理權)」은 본인이 대리인에게 대리권을 수여하는 행위, 즉 수권행위(授權行爲)에 의하여 발생한다(제120조 · 제123조 참조). 이러한 "수권행위"는 대리권을 발생시키는 본인과 대리인 사이의 기초적 내부관계(예: 위임 · 고용 · 도급 · 조합계약 등)와는 엄격히 구별된다. 그러나 실제로는 수권행위와 기초적 내부관계는 구별하기 힘들고 또한 양자가 외형상 하나의 행위로 합체되어 행하여질 수 있다. 그렇더라도 양자는 관념상으로는 전혀 별개의 것이다(다수설).

2) 수권행위의 법률적 성질

독일민법은 수권행위의 법률적 성질을 명문으로 규정하고 있으나, 우리 민법은 그렇지 않다. 우리나라의 학설은 수권행위의 법률적 성질에 관하여, 단독행위설·무명계약설·융합계약설로 나누어진다.

① 단독행위설

「단독행위설(單獨行爲說)」은 수권행위는 대리인이 될 자의 수령을 요하지 않는 '상대방있는 단독행위'라는 견해로서 우리나라의 다수설이다. 그 이유로는 대리권을 수여하는 수권행위는 대리인에게 대외적인 일정한 지위나 자격을 부여하는 것에 불과한 것일 뿐이고 대리인에게는 어떠한 권리나 의무를 부담시키는 것이 아니라는 점, 대리인은 행위능력자임을 요하지 않는 점(제117조), 수권행위를 하였더라도 본인이 철회할 수 있다는 점(제128조)을 들고 있다. 이와 같이 수권행위를 단독행위로 보게 되면, 본인의 의사표시에 흠결이 없는 한 수권행위는 아무런 영향을 받지 않게 된다. 따라서 대리인의 의사표시에 흠결이 있어도 대리인의 대리행위는 그대로 유효하고 유권대리(有權代理)로서 존속할 수 있다(곽윤직 · 김주수 · 김증한 · 장경학 · 고상용 · 이영준 · 권용우). 이는 수권행위의 무인성(授權行爲의 無因性)을 인정하는 견해이다. 이러한 단독행위설 입장에서는 계약설(契約說)을 취하게 되면 대리인의 제한능력, 사기·강박의 이유에 의하여 계약이 취소될 수 있고 이는 무권대리(無權代理)가 됨으로서 거래의 안전을 해할 우려가 있다고 비판한다.

② 무명계약설

「무명계약설(無名契約說)」은 수권행위를 위임계약(委任契約)과 유사한 일종의 '무명계약[154]'으로 보는 견해이다. 즉, 민법의 해석상 수권행위를 대리권의 수여를 목적으로

154) 법률용어 살펴보기 ☞ 「무명계약(無名契約)」이라 함은? 비전형계약(非典型契約)이라고도 하며 법률이 일정한 명칭을 붙여서 규정하고 있는 계약(유명계약)이외의 계약을 말한다. 민법은 일상생활상 자주 반복되는 계약의 전형(典型)으로서 14종의 계약(증여·매매·교환·소비대차·사용대차·임대차·고용·현상광고·위임 등)을 규정하고 있으며 이를 유명계약(有名契約) 또는 전형계약(典型契約)이라 하는데 무명계약은 이와 대립되는 개념이다. 즉, 실제생활에 있어서는 유명계약과 합치되는 계약만이 맺어지는 것이 아니고 계약당사자의

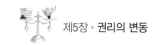

하는 '본인과 대리인 사이의 무명계약'이라고 보는 설이다(김기선). 이러한 무명계약설에 의하면 수권행위의 성립에 대리인의 승낙을 필요로 하고 또 대리인의 의사표시에 흠결이 있는 경우에는 수권행위에 영향을 미치게 된다.

③ 융합계약설

「융합계약설(融合契約說)」은 대리권은 위임계약 등에 의한 기초적 내부관계를 통해서만 직접적으로 발생한다고 하면서, 내부관계를 설정하는 계약과는 별개로 독자적인 수권행위라는 개념은 특별히 생각할 필요가 없다고 하는 견해이다. 이러한 융합계약설에 의하면 제128조는 상기의 취지를 명문으로 규정한 것으로 이해되어야 한다(김용한).

3) 수권행위개념의 독자성 인정여부

수권행위(대리권 수여행위)가 대리권을 발생시키는 기초적 내부관계(예: 위임·고용·도급·조합계약 등)를 발생시키는 행위와 구별되는지의 여부에 관하여 학설의 견해가 나누어진다.

① 구별인정설

「구별인정설(區別認定說)」은 대리관계는 기초적 내부관계와 관념상 독립되어 있으므로 수권행위도 역시 기초적 내부관계와 독립하여 구별하여야 한다는 견해이다(곽윤직·김증한·김주수·장경학·고상용·권용우·이영준). 판례의 견해도 이와 같다(대판 1962.5.24. 4294민상251). 구별긍정설(區別肯定說)이라고도 한다.

② 구별부정설

「구별부정설(區別否定說)」은 대리권은 위임계약 등의 법률관계로부터 직접 발생하므로 내부관계를 설정하는 계약과 별개로 수권행위라는 관념을 인정할 필요가 없다는 견해이다(김용한).

합의로써 선량한 풍속 기타 사회질서에 위반되지 않는 한 어떠한 내용의 계약도 맺을 수 있다. 이 계약을 무명계약이라 하는 것이다. 무명계약은 구체적 경우에 당사자의 의사에 맞고 사회적 타당성을 가지도록 해석하여야 할 것이고 유명계약에 관한 규정도 그 한도내에서 유추적용하여야 할 것이다. 무명계약은 i) 2가지 이상의 유명계약이 혼합된 것 ii) 유명계약의 요소와 어떠한 유명계약의 구성요소에도 해당되지 않는 사항이 혼합된 것 iii) 전혀 유명계약의 요소가 없는 것 등으로 나눌 수 있다.

③ 상기의 학설 가운데 「구별인정설」이 타당하다고 본다. 그 이유는 민법은 제127조의 대리권의 소멸사유 외에도 제128조 전단에 「법률행위에 의하여 수여된 대리권은…, 그 원인된 법률관계의 종료에 의하여 소멸된다」라고 하여 명문상으로 이를 인정할 수 있기 때문이다.

4) 수권행위의 무인성 여부

수권행위의 무인성(授權行爲의 無因性) 여부는 수권행위의 독자성과 관련하여 수권행위 자체만은 유효하다는 전제에서 출발한다. 즉, 본인과 대리인 사이의 기초적 내부관계가 무효·취소 또는 해제하여 실효한 경우에 수권행위도 소급하여 그 효력을 잃게 되느냐가 「수권행위의 무인성」 여부이다. '유인설'은 이를 긍정하며 '무인설'은 이를 부정한다.

① 무인설

「무인설(無因說)」은 수권행위는 단독행위이므로 그 원인이 되는 기초적 내부관계(예: 위임·고용·도급·조합계약 등)로부터 구별되어 "본인과 대리인사이의 기초적 내부관계가 무효·취소 또는 해제된 경우에도 수권행위는 영향받지 않고 여전히 유효하다"는 견해이다(방순원·김증한·이광신·김현태·장경학·권용우). 그 근거로는 상대방 보호와 거래안전의 보호를 들고 있다. 이는 다수설이다.

② 유인설

「유인설(有因說)」은 본인과 대리인 사이의 기초적 내부관계가 무효·취소 또는 해제되는 경우에는 수권행위도 영향을 받아 효력이 상실된다는 견해이다(김기선·곽윤직·이영섭). 그 근거로는 민법 제128조 전단인 「법률행위에 의하여 수여된 대리권은 전조의 경우 외에 그 원인된 법률관계의 종료에 의하여 소멸된다」는 규정을 들고 있다. 이는 최근의 유력설이다.

5) 수권행위의 방식

① 「수권행위」는 특별한 방식을 필요로 하지 않는 불요식행위(不要式行爲)이다. 그러므로 이는 명시적이 아닌 묵시적 방법으로도 가능하다. 그러나 실제로는 어떤 자를 대리인으로 정한다는 문언과 대리권한의 내용·범위를 기재하고 기명날인

(記名捺印) 한 위임장(委任狀)을 대리인에게 주는 형태를 취하고 있다. 따라서 위임장을 가지고 있는 대리인이라면 수권행위가 있었다고 보아야 한다.

② 하지만 백지위임장(白紙委任狀)의 경우도 통용되고 또한 위임장 없이 수권(授權)하는 경우도 가능하므로 위임장이 있다고 해서 반드시 정당한 수권행위가 있었다고 보아야 하는 것은 아니다. 다만 위임장의 수여가 있는 대리인이라면 그 상대방은 제125조의 규정(대리권수여의 표시에 의한 표현대리)에 의하여 더욱 보호를 받을 수 있는 것이다.

③ 한편 대리권의 내용을 백지로 한 경우에 대리인이 본인의 위탁한 범위를 벗어나 권한외의 법률행위를 한 경우에는 제3자가 그 권한이 있다고 믿을 만한 정당한 이유가 있는 때에, 본인은 그 행위에 대하여 책임을 지는 '권한을 넘는 표현대리(權限을 넘은 表見代理)'가 성립할 수 있다(제126조).

살아있는 Legal Mind!!!

▶ 대리행위가 요식행위(要式行爲)인 경우에는 수권행위도 요식행위로 하여야 하는가가 문제가 된다. 이에는 수권행위가 불요식행위(不要式行爲)이므로 이를 따라야 할 필요가 없다는 부정설(곽윤직)과 양자는 어느 정도 유관하므로 이에 대한 유추적용을 인정하여야 한다는 긍정설(이영준)로 나누어진다.

6) 수권행위의 철회

본인과 대리인 사이의 기초적 내부관계(예: 위임 · 고용 · 도급 · 조합계약 등)가 종료하기 전이라도 본인은 언제든지 수권행위를 철회할 수 있다. 그리고 이에 따라 임의대리권은 소멸한다(제128조). 이 때 철회의 의사표시는 대리인에게 하여야 하나 상대방에게 하여도 상관없다(통설). 철회의 성질상 그 도달한 때로부터 장래에 향하여 대리권은 소멸한다.

3. 대리권의 범위와 제한

(1) 대리권의 범위

장기간 해외여행을 하고 있는 임꺽정은
친구인 김선달을 자신의 재산관리의 대리인으로 위임하고자 한다.
이 경우에 친구는 어느 범위까지 대리할 수 있는가?

1) 법정대리권의 경우

① 법정대리(法定代理)는 법률의 규정·법원의 선임 등에 의하여 발생하는 대리이다. 따라서 '법정대리권의 범위'는 각종 법정대리인에 관한 각종 법률의 규정에 의하여 결정된다.

② 법정대리권의 범위에 대한 법률의 규정의 예

i) 민법 제24조는 「법원이 선임한 재산관리인은 부재자의 재산에 대한 관리행위(☞보존행위·이용행위·개량행위)를 할 수 있음」을 규정하고 있다.

ii) 민법 제920조·제949조는 친권자·후견인은 제한능력자의 재산상의 법률행위에 대하여 제한능력자를 대리하는 권한을 가지고 있음을 규정하고 있다.

iii) 민법 제1101조는 「유언집행자는 유증(遺贈)의 목적인 재산의 관리 기타 유언의 집행에 필요한 행위를 할 권리와 의무가 있음」을 규정하고 있다.

2) 임의대리권의 경우

① 수권행위의 해석

임의대리(任意代理)는 본인의 의사에 의한 수권행위에 의하여 발생하는 대리이다. 따라서 '임의대리권의 범위'는 결국 수권행위의 의하여 결정된다. 그러므로 그 구체적인 범위는 수권행위의 해석에 의하여 정하여지며 그 해석은 주위사정·거래관행·추단되는 당사자의 의사 등을 고려한 합리적 방법에 의하여야 한다. 예컨대 계약체결의 대리권에는 해제권이 포함되지 않고, 부동산처분에 관한 서류를 교부한 것은 부동산처분에 관한 대리권을 부여한 것으로 인정하며, 융자를 위한 담보제공을 위하여 등기부등본과 인감증명서를 교부한 것은 융자할 권한을 준 것이지, 해당 부동산을 처분하라는 권한을 준 것은 아니라고 해석하여야 한다.

② 민법의 보충규정

만약, 수권행위의 해석에 의하여 대리권의 범위를 명확히 결정할 수 없을 경우에는 민법 제118조의 규정에 의하여 범위를 결정하여야 한다. 즉, 민법 제118조는 「권한을 정하지 아니한 대리인은 다음 각 호의 행위만을 할 수 있다. 1. 보존행위 2. 대리의 목적인 물건이나 권리의 성질을 변하지 아니하는 범위에서 그 이용 또는 개량하는 행위」라고 규정함으로써 권한을 정하지 않은 대리인은 보존행위·이용행위·개량행

제5장

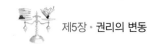

위 등의 이른바 관리행위를 할 수 있다. 본조는 대리권의 범위가 분명하지 않은 경우에 관하여 보충규정을 둔 것으로서 법정대리와 임의대리의 양자의 경우에 모두 적용되나, 표현대리가 성립하는 경우에는 적용이 없다. 이에 대한 구체적인 내용은 다음과 같다.

㉮ 보존행위

「보존행위(保存行爲)」라 함은? 대리의 목적인 재산의 가치를 현상 그대로 유지하는 행위이다. 예컨대 가옥의 수선·채권의 소멸시효의 중단·미등기부동산의 등기 등이 그것이다. 이에는 기한이 도래한 채무의 변제와 같이 재산의 전체로 보아서 현상의 유지라고 인정할 수 있는 행위도 포함한다. 또한 부패하기 쉬운 물건의 처분과 같이 보존을 위하여 물건을 매각하는 행위도 이에 속한다. 어떠한 행위가 보존행위이냐 아니냐를 결정하는 표준은 사회통념에 의하여야 한다.

㉯ 이용행위

「이용행위(利用行爲)」라 함은? 대리의 목적인 재산(☞물건 · 권리)의 성질이 변하지 않는 범위에서 수익을 얻는 행위를 말한다. 예컨대 건물의 임대, 금전의 이자부대여 행위(利子附貸與行爲), 황무지의 경작 등이 그것이다.

㉰ 개량행위

「개량행위(改良行爲)」라 함은? 대리의 목적인 재산(☞물건 · 권리)의 성질이 변하는 않는 범위에서 사용가치 또는 교환가치를 증가시키는 행위를 말한다. 예컨대 가옥의 장식·설비행위, 무이자의 금전대여를 이자부로 전환하는 행위 등이 그것이다.

잠깐!! 민총, 깊이보기

- 제118조의 규정에 의하여, 권한을 정하지 않은 대리인은 보존행위·이용행위·개량행위 등의 이른바 관리행위는 할 수 있지만 처분행위는 하지 못한다. 이러한 '처분행위'의 예로는 소송·화해·매매·증여·교환·물권의 설정 등을 들 수 있다.
- 다시 한번 확인하자! 상기의 권한을 정하지 않은 임의대리인의 보존행위는 무제한으로 할 수 있다고 보지만 이용행위·개량행위의 경우에는 일정한 한계가 있다. 제118조 2호는 「대리의 목적인 물건이나 권리의 성질을 변하지 아니하는 범위에서 그 이용 또는 개량하는 행위」라고 규정함으로써 이용행위·개량행위는 대리의 목적인 물건이나 권리의 성질을 변하지 않는 범위에서만 할 수 있다. 예컨대 은행예금을 찾아 개인에게 대금(貸金)하는 행위, 농경지의 대지변경행위, 밭을 개량하여 논으로 만드는 행위, 예금을 주식으로 바꾸는 행위는 할 수 없다. 이 경우에는 '권한을 넘은 표현대리'가 성립될 수 있다.

잠깐!!

■ 대리권의 범위에 관한 판례

① 통상의 임의대리권은 그 권한에 부수하여 필요한 한도에서 상대방의 의사표시를 수령하는 수령대리권을 포함한다(대판 1994.2.8. 93다39379).

② 계약을 대리하여 체결하였다 하여 곧바로 그 사람이 체결된 계약의 해제등 일체의 처분권과 상대방의 의사를 수령할 권한까지 가지고 있다고 볼 수는 없다(대판 2008.6.12. 2008다11276).

③ 매도인으로부터 매매계약을 체결할 대리권을 수여받은 대리인은 그 매매계약에 따른 중도금이나 잔금을 수령할 수 있다(대판 1991.1.29. 90다9247).

④ 부동산을 매수할 권한을 수여받은 대리인은 부동산을 처분(전매)할 대리권은 없다.(대판 1991.2.12. 90다7364), 또한 매매계약의 해제 등 일체의 처분권과 상대방의 의사를 수령할 권한까지 가지고 있다고 볼 수는 없다.(대판 1997.3.25. 96다51271).

⑤ 매매계약의 체결과 이행에 관하여 포괄적으로 대리권을 수여받은 대리인은 약정된 매매대금 지급기일을 연기해 줄 권한도 가진다(대판 1992.4.14. 91다43107).

⑥ 소비대차계약 체결의 대리권을 가지는 자는 그 계약체결은 물론 그 계약의 내용을 구성하는 기한의 연기, 이자의 수령 또는 대금변제의 수령권이 있다(대판 1948.2.17. 4280민상236). 그러나 대여금의 영수권한이 있는 대리인이 대여금채무의 일부를 면제하려면 특별수권이 필요하다(대판 1981.6.23. 80다3221).

⑦ 예금계약의 체결을 위임받은 자의 대리권에 당연히 예금을 담보로 하여 대출을 받거나 기타 이를 처분할 수 있는 대리권이 포함되어 있는 것은 아니다(대판 2002.6.14. 2000다38992).

⑧ 본인을 위하여 금전소비대차 내지 그를 위한 담보권 설정계약을 체결할 권한을 수여받은 대리인에게 본래의 계약관계를 해제할 대리권까지는 없다(대판 1997.9.30. 97다23372).

⑨ 부동산 처분에 관한 소요서류를 구비하여 교부한 것은 부동산 처분에 관하여 대리권을 수여한 것이다(대판 1959.7.2. 4291민상329). 그러나 부동산의 소유자가 부동산을 담보로 하여 은행으로부터 융자를 얻기 위하여 타인에게 부동산의 등기부 등본과 인감증명서를 주었다고 하여 그 부동산에 관한 처분의 대리권을 주었다고 할 수 없다(대판 1962.10.11. 62다436).

⑩ 변호사에게 판결금 수령을 위하여 통상의 소송위임장 용지에 판결금 수령위임장을 작성해 준 경우에, 소송비용 상환청구권의 포기권한까지 수여한 것으로 볼 수는 없다(대결 2007.4.26. 2007마250).

(2) 대리권의 제한

대리권의 제한에 해당하는 것으로는 공동대리와 자기계약·쌍방대리의 금지가 있다.

1) 공동대리

임꺽정은 고향의 땅을 팔기 위하여
고향친구 세명에게 공동으로 대리를 부탁하였다.
이 경우는 어떻게 공동대리를 하여야 하는가?

① 의 의

「공동대리(共同代理)」라 함은? 수인의 대리인(數人의 代理人)이 공동으로만 대리할 수 있는 것을 말한다. 민법 제119조 본문은 「대리인이 수인인 때에는 각자가 본인을 대리한다」라고 규정함으로써 대리인이 수인(數人)인 때에는 각자가 본인을 대리하는 즉 '각자대리(各自代理)'가 원칙이다. 그러나 동조 단서는 「법률 또는 수권행위에 다른 정한 바가 있는 때에는 그러하지 아니하다」라고 규정함으로써 법률 또는 수권행위에 의하여 수인이 공동대리 하여야만 대리할 수 있는 것으로 정한 경우에는 수인의 대리인은 공동으로만 대리하여야 한다. 설문의 예에서 임꺽정이 자신의 땅을 팔아달라고 김선달·황진이·연흥부에게 공동으로 대리해야 할 것을 정하였다면, 김선달과 황진이 그리고 연흥부는 공동으로 임꺽정을 대리해야 한다. 따라서 이러한 공동대리는 대리인 각자의 입장에서 보게 되면 그들 각자의 대리권행사에 제한을 받게 되는 결과가 된다.

정말, 공연한 이야기!!!

다시 한번 확인하자!! 대리인이 수인인 경우에는 각자가 본인을 대리하는 즉 각자대리가 원칙이지만, 법률 또는 수권행위에 의하여 수인이 공동대리 하여야만 대리할 수 있는 것으로 정한 경우, 수인의 대리인은 공동으로만 대리하여야 한다.

② 공동의 의미와 방식

대리인 중의 1인이라도 대리행위에 참여하지 않거나 참여한 경우라도 1인의 행위에 있어서 의사의 흠결이 있으면 대리행위에 하자(瑕疵)가 생긴다. 여기서 공동대리에 있어 '공동(共同)'은 어떠한 의미의 공동인가에 관한 문제가 제기된다. 이에 관하여 의사표시행위의 공동을 의미한다는 견해가 있으나, 다수설은 "의사결정의 공동"을 의미한다고 본다. 따라서 내부적으로 공동대리인간에 전원의 의사의 결정이 있으면 반드시 전원이 공동으로 의사표시를 할 필요는 없으며 공동대리인 중 1인에게 의사표시의 실행을 위임하여도 좋다고 한다. 그러나 공동대리인 전원의 합의에 의하여 그 중 1인에게 단독으로 대리할 권한을 포괄적으로 부여하는 것은 공동대리의 취지와 맞지 않으므로 허용되지 않는다.

③ 적용상의 문제점

공동대리가 공동대리인이 상대방에게 의사표시를 하는 능동대리(能動代理)의 경우라면 별 문제가 없다. 그러나 상대방으로부터 의사표시를 받는 수동대리(受動代理)에의 경우라면 문제가 생기게 된다. 즉, 공동대리이므로 반드시 공동대리인이 공동으로써 상대방으로부터 의사표시를 받아야만 한다면, 상대방은 공동대리인에 대하여 의사표시를 하기가 곤란할 것이다. 따라서 수동대리에 있어서는 공동이 필요 없이 각 대리인이 단독으로 수령할 수 있다. 통설도 상대방의 보호와 거래의 편의를 위해 각 대리인이 단독으로 수령할 수 있는 것으로 해석한다.

④ 공동대리위반의 효과

수권행위의 해석에 의하여 공동대리가 분명한 경우에 이에 위반하여 1인의 대리인이 단독으로 대리행위를 한 때에는 본인에 대하여 효력이 생기지 않는다. 단 이 경우에는 무권대리행위가 되기 때문에 본인의 추인에 의하여 소급적으로 효과를 귀속시킬 수 있으며 또한 제126조의 권한을 넘은 표현대리(제126조)가 성립할 가능성도 있다.

2) 자기계약 · 쌍방대리의 금지

> 임꺽정에게서 자신의 집을 팔아 달라는 대리권을 부여받은 김선달은
> 본인인 임꺽정과 대리인인 자신 사이에 매매계약을 체결하였다.
> 이 경우에 임꺽정의 대리행위는 법적으로 유효한 것인가?

① 의 의

「자기계약(自己契約)」이라 함은? 대리인이 한편으로는 본인을 대리하고 또 한편으로는 자기 자신이 상대방이 되어 계약을 맺는 것을 말한다. 설문의 예와 같이 임꺽정의 대리인인 김선달이 자신이 계약의 상대방이 되어 임꺽정의 주택에 대한 매매계약을 체결하는 경우가 그것이다. 그리고 「쌍방대리(雙方代理)」라 함은? 하나의 법률행위에 있어 동일인이 당사자 쌍방의 대리인이 되어 대리행위를 하는 것을 말한다. 예를 들어 김선달이 동시에 임꺽정과 황진이의 대리인이 되어 매매계약을 맺는 경우가 그것이다. 민법 제124조는 「대리인은 본인의 허락이 없으면 본인을 위하여 자기와 법률행위를

하거나 동일한 법률행위에 관하여 당사자쌍방을 대리하지 못한다. 그러나 채무의 이행은 할 수 있다」라고 규정함으로써 자기계약 또는 쌍방대리는 '본인' 또는 '본인중의 어느 일방'의 이익을 해칠 염려가 있기 때문에 원칙적으로 금한다.

② 예 외

자기계약·쌍방대리는 본인 또는 본인 중 일방의 이익을 보호하기 위하여 금지하고 있는 것이므로 그럴 우려가 없는 경우에는 이를 허용해도 상관이 없다. 따라서 예외적으로 다음의 두가지 경우에는 이를 허용한다.

ⓐ 본인의 허락

본인이 미리 자기계약·쌍방대리를 허락한 경우에는 이를 허용한다. 예컨대 주식의 명의개서(株式의 名義改書)에 관하여 매수인이 한편으로 매도인의 대리인으로 되는 경우, 본인의 허락에 의하여 법무사가 등기권리자와 등기의무자의 쌍방을 대리하여 이전등기를 신청하는 경우 등이 그것이다.

ⓑ 채무의 이행

민법 제124조 단서는 「그러나 채무의 이행은 할 수 있다」라고 규정함으로써 채무의 이행에 관하여는 본인의 승낙을 받지 않아도 자기계약·쌍방대리를 할 수 있다. 예를 들어 임꺽정이 김선달에 대하여 금전채권을 가지고 있는 경우에 임꺽정 본인이 김선달의 대리인이 되어 은행으로부터 현금의 지급을 받아 자기의 채무에 충당하는 것이나, 황진이가 채권자 임꺽정과 채무자 김선달의 쌍방대리인이 되어 임꺽정의 장부에 차용액(借用額)을 기입하고 김선달의 장부에 대부액(貸付額)을 기입하는 경우가 그것이다. 이러한 채무의 이행을 허용하는 이유는 이는 새로운 이해관계를 만드는 것이 아니고 이미 성립하고 있는 이해관계의 결제에 지나지 않기 때문이다. 그러나 채무의 이행이라도 새로운 이해관계를 발생시키는 '대물변제'와 채무의 이행이더라도 본인에게 이해관계가 있는 '기한미도래(期限未到來)의 채무변제' 그리고 '선택채권의 이행'과 '다툼있는 채무변제'의 경우는 자기계약·쌍방대리는 허용되지 않는다.

잠깐!! 민총, 깊이보기

- 주식의 명의개서(株式의 名義改書)·부동산의 이전등기신청의 경우는 새로운 이해관계를 창설하는 것이 아니고 이미 성립하고 있는 이해관계의 결제에 지나지 않는 것이므로, 종래부터 학설·판례가 이를 허용하고 있다.
- 대리권 제한에 관한 판례 ☞ 사채를 얻은 쪽이나 놓은 쪽 모두 상대방이 누구인지 모른 채, 또한 상대방이 누구인지 상관하지 아니하고 사채알선업자를 신뢰하여 그로 하여금 사채를 얻는 쪽과 놓는 쪽 쌍방을 대리하여 금전 소비대차계약과 담보권설정계약을 체결하도록 하는 방식으로 사채알선업을 하는 경우, 대주로부터 소비대차계약을 체결할 대리권을 수여받은 대리인은 특별한 사정이 없는 한 그 소비대차계약에 정한 바에 따라 차주로부터 변제를 수령할 권한도 있다고 봄이 상당하므로 차주가 그 사채알선업자에게 하는 변제는 유효하다고 한 사례(대판 1997.7.8. 97다12273).

③ 적용범위

자기계약·쌍방대리의 금지는 임의대리와 법정대리 모두에 적용된다. 그러나 법정대리에는 또 다른 제한이 있음을 유의하여야 한다. 이는 다음과 같다.

㉮ 제921조의 친권자와 그의 子 사이에 또는 친권에 복종하는 수인의 子 사이에 이해가 충돌하는 경우의 이익상반행위의 금지

법정대리인과 미성년자 사이의 이익상반행위(利益相反行爲)에 관하여는 대리권이 제한된다. 즉 법정대리인인 친권자와 그 子사이에 이익이 상반되는 행위를 함에는 친권자는 법원에 그 자의 특별대리인의 선임을 청구하여야 한다(제921조 제1항). 또한 법정대리인인 친권자가 그 친권에 복종하는 여러 명의 子간에 이익이 상반되는 행위를 함에는 법원에 그 子 일방의 특별대리인의 선임을 청구하여야 한다(제921조 제2항). 그러나 친권자가 재산을 子에게 증여함에 있어 친권자가 수증자로서의 子의 지위를 대리하는 것은 유효하게 할 수 있다.

㉯ 법인대표에 있어서 이익상반행위의 금지

민법상 법인의 대표에 관하여는 대리에 관한 규정이 적용된다(제59조 제2항). 그런데 법인과 이사의 이익상반행위에 관하여는 그 이사는 대표권이 없고, 이때에는 법인이 선임한 특별대리인이 법인을 대표하게 된다(제64조). 이러한 점에서 제64조는 제124조에 대한 특칙이라 할 것이다.

㉰ 상법상의 제도

상법에는 이사 또는 사원과 회사 사이에 행하여지는 자기거래를 제한하는 규정이

제5장

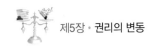

있다(상법 제199조 · 제269조 · 제398조). 이 경우에 제124조의 규정을 적용하지 않는다는 명문의 규정이 있다.

④ 금지의 효과

자기계약·쌍방대리의 금지는 위반하더라도 절대무효는 아니고 무권대리(無權代理)가 된다. 따라서 무권대리에 관한 규정과 이론에 의하여 처리되어 본인에게 효력이 발생하지 않지만, 이를 본인이 추인(追認)하면 유권대리(有權代理)가 되어 본인에게 효력이 발생한다.

「자기계약·쌍방대리」에 관한 판례 ☞ 특정한 법률행위에 관하여 본인의 승락이 있으면 당사자 쌍방을 대리할 수 있다(대판 1969.6.24. 69다571).

☞ 제소전 화해의 신청인이 피신청인의 소송대리인을 선임한 것이 피신청인의 위임에 의하여 이루어진 것이라면 그것은 유효한 것이고 쌍방대리의 원칙에 따라 무효한 행위였다고 할 수는 없다(대판 1990.12.11. 90다카27853).

☞ 사채알선업자는 어느 일방만의 대리인이 아니고, 채권자 쪽을 대할 때는 채무자 측의 대리인 역할을 하게 되는 것이고, 반대로 돌아서서 채무자쪽을 대할 때에는 채권자 측의 대리인으로서 역할을 하게 된다(대판 1979.10.30. 79다425).

☞ 법정대리인인 친권자가 부동산을 매수하여 이를 그 자에게 증여하는 행위는 미성년자인 자에게 이익만을 주는 행위이므로 친권자와 자사이의 이해상반행위에 속하지 아니하고, 또 자기계약이지만 유효하다(대판 1981.10.13. 81다649).

4. 대리권의 소멸

대리권의 소멸원인에는 임의대리와 법정대리에 공통한 것과, 이들 각각에 특유한 것이 있다.

(1) 공통된 소멸원인

민법 제127조는 「대리권은 다음 각 호의 어느 하나에 해당하는 사유가 있으면 소멸한다. 1. 본인의 사망 2. 대리인의 사망, 성년후견의 개시 또는 파산」이라고 규정함으로써 대리권의 공통된 소멸원인은 ① 본인의 사망 ② i) 대리인의 사망 ii) 대리인의 성년후견의 개시 iii) 대리인의 파산이 된다. 이는 임의대리와 법정대리에 공통되는 소멸원인이다. 대리인의 재산관리능력(성년후견이 개시된 경우)이나 경제적 신용(파산선고의 경우)을 신뢰할 수 없게 되어, 임의대리인에 대한 본인의 신임관계나 법정대리인의 적합성에 변동이 생기기 때문이다.

잠깐!! 민총, 깊이보기

상기에서 살펴본 바와 같이 "본인의 사망"은 대리권의 공통된 소멸원인이 되는데 그 이유는 법정대리의 경우에는 본인이 사망하면 더 이상 대리할 필요가 없고 임의대리의 경우에는 사망한 본인(☞피상속인)이 신임한 대리인을 상속인이 대리인으로서 계속적인 관계를 유지하는 것은 부당하기 때문이다. 그러나 이에 대한 예외가 있는데 다음과 같다. i) 급박한 사정이 있을 때에는 대리권의 원인이 된 법률관계 사무처리를 할 수 있을 때까지 대리권도 존속한다고 볼 것이다(통설 ;제691조 참조). ii) 제127조 1호의 규정은 임의규정으로 볼 수 있으므로 대리권불소멸(代理權不消滅)에 관한 합의는 인정될 수 있다. iii) 상행위(商行爲) 위임에 의한 대리권은 본인의 사망으로 소멸하지 않는다(상법 제50조 참조). iv) 소송대리권(訴訟代理權)은 당사자와 본인의 사망에 의하여 소멸하지 않는다(민사소송법 제95조 참조).

(2) 임의대리의 특유한 소멸원인

민법 제128조는 「법률행위에 의하여 수여된 대리권은 전조(☞대리권의 소멸사유)의 경우 외에 그 원인된 법률관계의 종료에 의하여 소멸한다. 법률관계의 종료 전에 본인이 수권행위를 철회한 경우에도 같다」 라고 규정함으로써 임의대리의 종료사유는 제127조의 공통된 소멸원인 외에도 그 원인된 법률관계의 종료·법률관계의 종료 전에 수권행위를 철회한 경우가 된다. 여기에서 상기의 '그 원인된 법률관계의 종료'에 관한 사유는 특별히 묻지 않는다.

살아있는 Legal Mind!!!

상기에서 "당사자 일방의 파산"은 임의대리권의 소멸원인이 된다고 하였다. 여기서 "본인의 파산(本人의 破産)"이 임의대리인의 특유한 소멸원인이 되는가에 관하여 학설은 견해가 나누어진다. 다수설은 명문의 규정은 없지만, 민법 제690조 전단 「위임은 당사자 한쪽의 사망이나 파산으로 종료된다」라는 규정을 유추적용하여 본인의 파산이 임의대리권의 소멸원인이 된다고 하였다. 즉, 임의대리에 있어서 수권행위는 신임관계를 바탕으로 한 위임계약과 비슷하므로 본인의 파산은 소멸원인이 된다고 한 것이다(김용한·김증한·이영섭·장경학 등). 반면 소수설은 본인의 파산은 임의대리권의 소멸원인이 될 수 없다고 하며 제128조 전단이 「그 원인된 법률행위 종료로 대리권은 소멸한다」라고 규정함으로써 법률관계가 종료하면 보통은 대리권도 함께 소멸하게 될 것이므로 특별히 "본인의 파산에 의하여 임의대리권이 소멸한다"라고 할 것은 아니라는 견해이다. 따라서 이 경우는 일반원칙에 따라 해결해야 한다고 하였다(곽윤직·김현태·권용우). 수임인 성년후견 개시의 심판을 받은 경우에도 소멸원인이 된다.

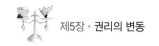

(3) 법정대리의 특유한 소멸원인

법정대리의 특유한 소멸원인에 관하여는 민법통칙으로서의 규정은 없고 각 경우에 관한 개별적으로 규정하고 있다. 이는 부재자 재산관리인의 선임과 소멸(제22조 제2항)·개임(제23조)·친권자의 지정(제909조 제6항)·친권자의 친권상실선고(제924조)·대리권, 재산관리권 상실의 선고(제925조)·친권자의 대리권의 사퇴와 회복(제927조)·후견인의 결격사유(제937조)·후견인의 사임(제939조)·후견인의 변경(제940조)·후견사무의 종료(제957조)·유언집행자의 결격사유(제1098조)·유언집행자의 해임(제1106조)·관리인의 임무종료(제1055조) 등이다.

Ⅲ 대리행위(대리인과 상대방의 관계)

1. 대리행위의 표시

김선달의 대리인 성춘향은 미성년자이다.
성춘향은 김선달을 위하여 토지매매계약을 하려고 한다.
이 경우에는 어떻게 하여야 하며
또한 제한능력자가 한 대리행위의 효과는 어떻게 되는가?

(1) 현명주의의 원칙

1) 민법 제114조 제1항은 「대리인이 그 권한내에서 본인을 위한 것임을 표시한 의사표시는 직접 본인에게 대하여 효력이 생긴다」 라고 규정함으로써 대리인이 한 민사상의 법률행위가 본인에 대하여 직접 효력이 발생하자면 반드시 대리인이 본인을 위하여 하는 취지의 표시가 필요하다. 이를 「현명주의(顯名主義)」 라 한다. 이와 같이 민법이 대리행위시에 본인을 위한 것임을 현명하게 하는 이유는 법률관계의 명확화와 상대방의 이익보호를 위해서이다. 유의할 것은 본조항에서 「본인을 위한 것」 이라는 것은 "본인에게 법률효과가 귀속되게 하기 위한 것"이라는

것이지 본인의 이익을 위한 것은 아니라는 점이다.

2) 이러한 현명의 방식은 서면(書面) 또는 구두(口頭) 어떠한 것에 의하던 상관없다(통설; 대판 1946.2.1. 4278민상205). 그리고 이는 보통 '갑의 대리인 을'이라는 형식으로 행하지만 반드시 이와 같이 명시해야 하는 것은 아니다. 예컨대 맡겨 놓은 본인의 인장(印章)을 사용하여 본인명의로 증서를 작성하는 경우처럼 여러 사정에 비추어 보아 '본인을 위한 것'임이 인정되면 된다(대판 1968.3.5. 67다2297; 대판 1994.10.11. 94다24626).
또한 대리인은 대리인임을 표시하여 의사표시를 하여야 하는 것이 아니고 본인명의로도 할 수 있다(대판 1963.5.9. 63다67). 그러나 본인의 이름을 사용하면서 대리인이 본인인 것처럼 행세하고 상대방도 대리인을 본인으로 안 경우는 대리인 자신이 법률효과의 당사자가 된다(대판 1974.6.11. 74다165).

3) 통설은 대리행위의 현명(顯名)은 "대리적 효과의사(☞대리의사)를 상대방에 표시하는 의사표시"라고 한다. 반면 소수설은 현명은 대리적 효과의사의 표시가 아니라 법률관계의 명료함을 위한 하나의 법기술로서 "의사의 통지"라 한다(이영준 525면). 생각컨대 현명의 본질에 관한 논의는 별 의미가 없지만 굳이 필요하다면 대리행위의 효과가 발생하는 자(본인)가 누구인지를 알게 함으로써 그 상대방을 보호하기 위하여 법률이 요구하는 요건이라는 점에서 "관념의 통지"를 포함하는 "의사의통지"하고 할 수 있다.

제5장

「현명의 방식」에 관한 판례 ☞ 매매위임장을 제시하고 매매계약을 체결하는 자는 특단의 사정이 없는 한 소유자를 대리하여 매매행위하는 것이라고 보아야 하고 매매계약서에 대리관계의 표시없이 그 자신의 이름을 기재하였다고 해서 그것만으로 그 자신이 매도인으로서 타인물을 매매한 것이라고 볼 수는 없다(대판 1982.5.25. 81다1349 · 81다카1209).

☞ 갑이 임대차계약을 체결함에 있어서 임차인 명의를 원고 명의로 하기는 하였으나 갑의 이름이 원고인 것 같이 행세하여 계약을 체결함으로써 피고는 갑과 원고가 동일인인 것으로 알고 계약을 맺게 되었다면 설사 갑이 원고를 위하여 하는 의사로서 위 계약을 체결하였다 하더라도 위 계약의 효력은 원고에게 미치지 않는다(대판 1974.6.11. 74다165).

☞ 매매위임장을 제시하고 매매계약을 체결하는 자는 특단의 사정이 없는 한 소유자를 대리하여 매매행위하는 것이라고 보아야 하고 매매계약서에 대리관계의 표시없이 그 자신의 이름을 기재하였다고 해서 그것만으로 그 자신이 매도인으로서 타인물을 매매한 것

이라고 볼 수는 없다(대판 1982.5.25. 81다1349, 81다카1209).

☞ 타인으로부터 특정한 보험계약에 대하여 서면동의를 할 권한을 구체적·개별적으로 수여받았음이 분명한 자가 그 권한 범위 내에서 그 타인을 대리 또는 대행하여 서면동의를 한 경우에도, 그 타인의 서면동의는 적법한 대리인에 의하여 유효하게 이루어진 것으로 보아야 할 것이다(대판 2006.12.21. 2006다69141).

(2) 현명주의의 예외

1) 수동대리(受動代理)에는 현명주의가 적용되지 않는다. 그 이유는 수동대리에 있어서는 상대방 쪽에서 본인에 대한 의사표시임을 표시하여야 하는데(통설) 이 경우 대리인이 현명하여 수령하는 것은 불가능한 경우가 많을 뿐더러 또한 불필요하기 때문이다.

2) 상행위(商行爲)에는 현명주의가 적용되지 않는다. 상법 제48조 본문은 「상행위의 대리인이 본인을 위한 것임을 표시하지 아니하여도 그 행위는 본인에 대하여 효력이 있다」라고 규정함으로써 상거래의 민활을 존중하고 기업활동의 비개인적인 성격을 고려하여 상행위에는 현명주의가 적용되지 않도록 하였다.

살아있는 Legal Mind!!!

민법상의 법률행위에서도 '개인을 중시하지 않는 거래'에 관해서는 현명주의의 예외를 인정할 것인가에 관한 문제가 제기된다. 이에 관하여 긍정설(소수설)의 경우는 대리인 개인을 중시하지 않는 특정영업주를 상대로 한 거래나 행위상대방의 개별성에 중점을 두지 않는 거래 등에서는 현명주의의 예외를 인정하여야 한다고 하며(김증한·장경학·김상용), 부정설(다수설)의 경우는 이러한 경우에는 대리의사의 표시가 있다고 보아야 할 경우가 많으므로 예외를 인정할 실익이 없다고 한다(곽윤직·김용한·김주수·고상용). 과연, 예외의 인정이 우리민법상 필요성이 얼마나 있을까?

(3) 현명하지 않은 행위의 효력

1) 민법 제115조 본문은 「대리인이 본인을 위한 것임을 표시하지 아니한 때에는 그 의사표시는 자기를 위한 것으로 본다」라고 규정함으로써 비록 대리인이 본인을 위한 것으로 생각하였지만 현명하지 않고 행위를 한 때에는 대리인 자신을 위한 의사표시로서 간주되어 대리인은 착오를 주장하지 못하고 그 행위에 대한 모든

책임을 지게 된다. 이는 상대방이 받게 될 불의의 손해를 방지하고 거래의 안전을 기하기 위함이다. 이 경우에 상대방은 명시적으로 현명되지 않았음을 증명하는 것으로 족하며 이에 대하여 현명하였음을 주장할 경우의 증명책임은 대리인이 지는 것으로 해석된다.

2) 그러나 동조 단서는 「상대방이 대리인으로서 한 것임을 알았거나 알 수 있었을 때에는 전조 제1항의 규정을 준용한다」 라고 규정함으로써 비록 현명하지 않았더라도 상대방이 대리인의 행위가 본인을 위한 것임을 알았거나 조금만 주의를 하였다면 용이하게 알 수 있었을 때에는 그 의사표시는 대리행위로서 본인에 대하여 효력이 발생한다. 예를 들어 임꺽정이 컴퓨터를 김선달에게 팔아달라고 하였는데 김선달은 임꺽정을 위한 대리행위임을 현명하지 않고 황진이에게 매도하고 아직 황진이가 대금을 주고 있지 않은 경우, 상대방인 황진이가 주의 사정에 비추어 김선달의 행위가 임꺽정을 위한 대리행위라는 것을 알았거나 알 수 있었을 경우라면 임꺽정은 황진이에 대하여 그 컴퓨터 매매대금을 청구할 수 있다.

2. 대리행위의 하자

(1) 원 칙

민법 제116조 제1항은 「의사표시의 효력이 의사의 흠결, 사기, 강박 또는 어느 사정을 알았거나 과실로 알지 못한 것으로 인하여 영향을 받을 경우에 그 사실의 유무는 대리인을 표준하여 결정한다」 라고 규정함으로써, 대리행위에 있어서 법률행위의 당사자는 대리인이므로 법률행위의 하자(瑕疵)인 비진의표시·허위표시·착오·사기·강박·선의·악의·과실 등은 대리인을 표준으로 하여 결정한다. 그러나 상기의 대리인의 하자에서 생기는 효과(☞취소·무효의 주장 등)는 역시 본인에게 귀속한다. 본조항은 임의대리뿐만 아니라 법정대리에 관해서도 적용되며, 이를 상세히 설명하면 다음과 같다.

1) 비진의표시

민법 제107조 제1항 본문은 「의사표시는 표의자가 진의아님을 알고한 것이라도 그 효력이 있다」 라고 규정함으로써 대리인이 비진의표시(非眞意表示)를 한 경우에는 그 의사표시는 표시된 대로 효력이 발생한다. 그러나 상대방이 비진의표시임을 알았거나 알 수 있었을 경우에는 무효로 한다(제107조 제1항 단서). 그리고 상대방이 진의 아님을 알았거나 알 수 있었는지의 여부는 대리인을 표준으로 하여 결정한다(제116조 제1항). 다만 대리인이 선의·무과실이더라도 본인이 악의이면 대리인의 선의를 주장하지 못한다(제116조 제2항).

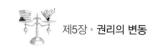

2) 허위표시

① 본인과 상대방간의 허위표시

본인과 상대방이 통정(通情)하여 허위표시(예: 가장매매)를 하고 대리행위의 효력이 발생하지 않도록 하는 합의가 이루어져 있지만, 대리인이 이를 알지 못하고 상대방과 법률행위를 한 경우에 대하여, 통설은 민법 제116조가 적용되어 대리인을 표준으로 하여 결정해야 하므로 이 경우의 대리행위는 유효하다고 한다.

살아있는 Legal Mind!!!

- 상기의 통설에 대하여 소수설은 제116조에 의하여 대리행위가 유효하다고 볼 이유가 없으므로 이 경우의 법률행위는 대리인과 아무런 관계가 없고 본인이 실질적인 당사자이므로 제116조가 아닌 민법 제108조(通情한 虛僞의 意思表示)에 따라 그 대리행위의 효과는 발생하지 않는 무효라고 한다(김상용 · 김형배 · 이영준).

② 대리인과 상대방간의 허위표시

민법 제108조 제1항은 「상대방과 통정한 허위의 의사표시는 무효로 한다」 라고 규정함으로써 대리인이 상대방과 통정(通情)하여 허위표시를 한 경우에는 원칙적으로 그 의사표시는 무효이다. 이 경우에는 본인이 통정의 사실을 알지 못한 선의이던 알고 있는 악의이던 무효이다. 즉, 본인은 선의의 제3자로서의 지위를 가질 수도 없으므로 선의이더라도 그 효력에는 영향이 없다.

3) 착 오

대리행위에 착오(錯誤)가 있는지 또는 표의자(☞代理人)에게 중대한 과실이 있는지의 유무는 모두 대리인을 표준으로 결정한다(제116조 제1항). 따라서 본인에게 착오가 있더라도 대리인에게 착오가 없으면 취소할 수 없다. 다만 법률행위의 중요부분인지의 여부는 그 효과의 귀속자인 본인을 기준으로 판단하여야 한다. 그리고 대리인의 착오를 이유로 한 취소의 권한은 본인에게 귀속된다고 해석하여야 한다. 다만 대리인은 본인의 취소권행사를 대리할 수 있다고 본다(이영준 · 김형배).

> 「대리행위의 착오」에 관한 판례 ☞ 매수인이 대리인을 통하여 매매계약을 체결한 경우, 대리행위의 하자의 유무는 대리인을 표준으로 판단하여야 하므로 대리인이 매도인과의 매매계약에 있어서 그 내용에 관하여 잘 알고 있었다고 인정되는 때에는 설사 매수인이 연체 지연손해금 여부 및 그 액수에 관하여 모른 채로 대리인에게 대리권을 수여하여 매도인과의 사이에 그 매매계약을 체결하였다고 하더라도, 매수인으로서는 그 자신의 착오를 이유로 매도인과의 매매계약을 취소할 수는 없다(대판 1996.2.13. 95다41406).

4) 사기 · 강박

① 상대방의 사기 · 강박

사기(詐欺) · 강박(强迫)을 받았는지의 여부는 대리인을 표준으로 결정하며(제116조 제1항) 상대방이 대리인을 사기 · 강박한 경우에는 본인은 민법 제110조 제1항에 의하여 대리인의 의사표시를 취소할 수 있다. 그러나 통설과 판례는 상대방이 본인을 사기 · 강박하였다 하더라도 이에 의하여 대리인이 사기 또는 강박당하지 아니한 한, 본인은 대리행위를 취소할 수 없다고 한다(대판 1967.4.18. 66다661).

② 대리인의 사기 · 강박

대리인이 상대방을 사기 · 강박한 경우에는 제116조의 문제가 아니며 이러한 경우에는 상대방은 민법 제110조 제1항에 의하여 그 의사표시를 취소할 수 있다(통설; 대판 1959.6.18. 4291민상101). 대리에 있어서 본인은 대리행위의 효과의 귀속자이므로 민법 제110조 제2항의 제3자가 아니다.

③ 본인의 사기 · 강박

본인이 상대방에게 사기 · 강박을 한 경우에도 제116조의 문제가 아니며 이러한 경우에는 대리인이 그 사실을 알지 못하더라도 상대방은 제110조 제1항에 의하여 그 의사표시를 취소할 수 있다.

④ 상대방에 대한 제3자의 사기·강박

제3자가 상대방을 사기·강박하여 상대방이 의사표시를 한 경우에는 대리인이나 본인이 사기나 강박을 알았거나 알 수 있었을 때에 한하여 법률행위를 취소할 수 있다(제110조 제2항).

5) 불공정한 법률행위에서의 궁박·경솔·무경험

불공정한 법률행위에서의 경솔(輕率)·무경험(無經驗)은 대리인을 표준으로 하여 판단하고 궁박(窮迫)의 유무는 본인을 기준으로 판단하여야 한다(대판 1972.4.25. 71다2255). 그 외에 판례에 의하면 대리인이 매도인의 배임행위에 적극 가담하여 2중매매계약을 체결한 경우에 대리행위의 하자 유무는 대리인을 표준으로 판단하여야 하므로, 본인이 이를 몰랐거나 반사회성을 야기하지 않았을지라도 반사회질서행위가 부정되지는 않는다고 한다(대판 1998.2.27. 97다45532).

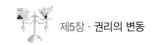

(2) 제116조 제2항

1) 서

민법 제116조 제2항은 「특정한 법률행위를 위임하는 경우에 대리인이 본인의 지시에 좇아 그 행위를 한 때에는 본인은 자기가 안 사정 또는 과실로 인하여 알지 못한 사정에 관하여 대리인의 부지(不知)를 주장하지 못한다」 라고 규정함으로써 '임의대리(任意代理)'에 있어서 대리인이 본인의 지시에 좇아 그 행위를 한 경우에는 본인은 자기가 안 사항 또는 과실로 인하여 알지 못한 사항에 관하여 대리인의 부지(不知)를 주장하지 못한다고 하였다. 이는 본인이 선의의 대리인을 이용하여 자기의 악의 또는 과실로 인한 결과를 회피하는 것을 방지하기 위함이다. 예를 들면 본인이 대리인에게 특정한 목조 가옥을 매수하도록 하면서 그 가옥의 기둥이 썩어 있는 것을 알고 있었다면, 대리인이 그 사실을 몰랐더라도, 본인은 매도인에게 하자담보책임(580조)을 묻지 못한다. 그리고 여기의 「본인의 지시」 는 엄격한 의미에서 특별한 지시가 있을 것을 요구하지 않으며, 문제의 부분이 본인의 의사에 따라 결정된다는 것만으로 충분하다.

2) 특정행위의 위임

제116조 제2항은 「특정한 법률행위를 위임하는 경우」 라고 규정함으로써 본조항은 임의대리에 한정하고 있는 것으로 보인다. 그러나 법정대리에 관해서도 법정대리인이 본인의 지시에 복종하여야 하는 경우에는 본조항을 적용하여야 한다. 그리고 이는 특정대리 뿐만 아니라 포괄대리에도 널리 적용된다.

3) 본인의 지시

제116조 제2항에서 "본인의 지시에 좇아 그 행위를 한 때"라는 것은 엄격하게 본인으로부터 일정한 지시 또는 위임을 받은 경우에 한정되지 않고 문제의 부분이 본인의 의사에 의하여 결정된다는 것을 의미하는 경우까지도 널리 포함한다.

4) 어느 사정의 지·부지

제116조 제2항은 어느 사정(事情)의 지(知)·부지(不知)에 관한 것이므로 의사의 흠결·착오·사기·강박 등의 경우에는 그 적용이 없다.

3. 대리인의 능력

(1) 대리인의 의사능력

대리인은 법률행위의 행위자이다. 따라서 대리인에게 의사능력이 있어야 함은 일반법률행위와 동일하다. 그 이유는 대리인에게 「의사능력(意思能力)」이 없을 때에는 법률행위로서의 효력을 인정할 수 없기 때문이다.

(2) 대리인의 행위능력

1) 대리인은 대리행위를 함에 행위능력자임을 要하지 않는다

민법 제117조는 「대리인은 행위능력자임을 요하지 아니한다」 라고 규정하고 있

다. 이와 같이 민법상 대리인이 행위능력자임을 要하지 않는 이유는 대리행위의 효과는 모두 본인에게 귀속할 뿐이고 대리인에게 대리행위의 유리 또는 불리는 아무 상관이 없기 때문이다. 즉, 불리한 대리행위에 의하여 본인에게 손해가 발생하게 하더라도 이는 본인이 제한능력자를 신임한 결과이기 때문이다. 예를 들어 김선달이 미성년자인 성춘향을 대리인으로 선임하여 토지매매계약을 한 경우에는 이에 대한 유리·불리의 결과는 본인인 김선달이 감수하여야 한다. 따라서 본인(김선달)은 대리인(성춘향)이 제한능력자임을 이유로 하여 상대방과의 대리행위를 취소할 수 없다.

잠깐!! 민총, 깊이보기

하지만 상기의 경우에 있어서, 본인이 손해를 입게 되면 기초적 내부관계를 이유로 제한능력자인 대리인에게 '주의의무위반'에 대한 손해배상책임은 물을 수 있다(제685조).

2) 제117조의 적용범위

① 임의대리

임의대리의 경우에는 본인이 스스로 제한능력자를 대리인으로 한 것이므로 「대리인은 행위능력자임을 요하지 아니한다」 라고 규정한 제117조가 적용된다는 것에 문제가 없다. 또한 이는 수동대리(受動代理)에도 적용된다(異說없음).

② 법정대리

법정대리는 본인의 의사에 기한 것이 아니기 때문에 「대리인은 행위능력자임을 요하지 아니한다」 라고 규정한 제117조가 적용되는가에 관한 문제가 제기된다. 민법은 본인의 이익보호를 위해서 제한능력자가 법정대리인이 되는 것을 금하는 규정을 신분법에 많이 두고 있다. 예컨대 '제한능력자의 후견인 결격사유규정(제937조 1호, 2호), '제한능력자의 유언집행자로서의 결격사유규정(제1098조)'이 그것이다. 하지만 상기 이외의 경우에는 문제가 되는데(예: 부재자의 재산관리인 등), 이에 대하여도 임의대리와 달리 법정대리의 경우는 본인의 의사와 상관없이 포괄적으로 대리권이 주어지는 것이므로 "본인을 위한 법정대리"의 취지상 법정대리인은 행위능력자임을 요한다(同旨 곽윤직·이태재·김주수)이다.

(3) 제한능력자인 대리인과 본인과의 관계

「대리인은 행위능력자임을 요하지 아니한다」 라고 한 제117조의 규정의 의미는 "대리인이 제한능력자라는 것을 이유로 하여 본인이 상대방에 대하여 그 대리행위를 취소할 수 없다"라고 한 의미로 보아야 한다. 따라서 이는 "제한능력자인 대리인이 본인과의 사이에서 내부관계인 수권관계를 제한능력을 이유로 취소할 수 있는가"라는 것과는 별개의 문제인 것이다. 이러한 제한능력자인 대리인과 본인사이의 내부관계는 그들 사이에 행하여진 대리권수여행위의 성질을 어떻게 보느냐에 따라서 그 견해가 나누어지므로 각각 다르게 고찰하여야 한다.

1) 수권행위가 원인이 된 법률관계와 합체하지 않고 단독으로 존재할 경우

제한능력자는 수권행위를 취소할 수 없다(단독행위설). 그러나 「무명계약설(無名契約說)」 에 따르면, 미성년자와 피한정후견인인 제한능력자는 수권행위를 취소할 수 없으나 피성년후견인은 취소할 수 있다고 한다.

2) 수권행위가 위임·고용 등 원인된 법률행위와 합체되어 존재할 경우

수권행위가 위임·고용 등 원인된 법률행위와 합체되어 존재할 경우에 기존관계가 제한능력을 이유로 취소되면 수권행위도 실효되어 이미 행하여진 대리행위는 무권대리가 되어야 하나 거래안전을 위하여 대리권은 소급하여 소멸하지 않는다. 따라서 이미 행해진 대리행위의 효력에도 영향이 없다(相對的 有因說)(제117조 참조). 반면 「무인설(無因說)」 에 따르면 본인·대리인간의 내부관계가 대리인의 제한능력을 이유로 취소되어 그 효력을 상실해도 이미 행하여진 수권행위 자체의 효력에는 아무 영향이 없다고 한다. 단, 장래에 향하여서만 대리권이 소멸할 뿐이다. 결국 구별의 실익이 없는 결과이다.

Ⅳ 대리의 효과(본인·상대방과의 관계)

1. 법률효과의 본인에의 귀속

(1) 법률행위(대리행위)의 효과

민법 제114조 제1항은 「대리인이 그 권한내에서 본인을 위한 것임을 표시한 의사표시는 직접 본인에게 대하여 효력이 생긴다」 라고 규정하고, 동조 제2항은 「전항의 규정은 대리인에게 대한 제3자의 의사표시에 준용한다」 라고 규정함으로써 대리인이 권한내에서 행하였거나 수령한 법률효과는 그 주된 권리와 의무뿐만 아니라 변형 또는 부수적인 권리·의무까지도 전적으로 직접 본인에게 귀속한다는 것이다. 여기서 「직접 본인에게 귀속한다」 는 것은 법률행위의 효과가 일단 대리인에게 귀속되었다가 본인에게 이전한다는 뜻이 아니라 곧 바로 본인에게 귀속한다는 뜻이다. 그러므로 직접 본인이 자신의 행위를 한 것과 같은 효과가 발생한다. 예를 들어 김선달(☞대리인)을 통하여 황진이(☞본인)의 건물을 매수한 임꺽정(☞상대방)은, 황진이(☞본인)에 대하여 소유권이전청구권을 가질 뿐만 아니라 불이행시에 손해배상청구권·하자담보청구권을 행사할 수 있으며 대리인인 김선달의 의사의 하자(瑕疵)로 인한 취소권도 가지게 된다. 즉, 이 경우에 대리인인 김선달을 향하여 법률효과가 발생하는 것이 아니라 본인인 황진이에게 그 효과가 직접 귀속되는 것이다. 따라서 대리인인 김선달은 대리행위의 결과로써 아무런 권리를 취득하지 않으며 또한 아무런 의무도 부담하지 않는다. 즉, "대리인이 본인으로부터 별도의 대리권(예: 당초부터 포괄적으로 위임받은 경우)을 수여받았다면 본인을 대리하여 이행에 관계하거나 취소권·해제권 등을 행사 할 수 있겠으나, 통상의 경우에 이러한 권한은 인정되지 아니한다(대판 1997.4.28. 85다카971)."

「대리의 효과」 에 대한 판례 ☞ 소외인(訴外人)이 매매계약을 소개하고 원고를 대리하여 매매계약을 체결하였다 하여 곧 바로 소외인이 원고를 대리하여 매매계약의 해제 등 일체의 처분권과 상대방의 의사를 수령할 권한까지 가지고 다고 볼 수는 없다(대판 1997.4.28. 85다카971).

(2) 불법행위와 계약체결상의 과실의 효과

1) 대리의 효과는 법률행위에만 허용되는 제도이므로, 대리인이 대리행위를 함에 있어서 행한 '불법행위(不法行爲)'에 대한 책임은 본인에게 귀속하지 않고 대리인에게 발생한다. 즉, 대리인이 대리행위를 함에 있어서 행한 불법행위의 효과인 배상책임은 본인이 부담하지 않는다. 다만 이 경우에도 기초적 내부관계에 있어서 대리인과 사용자관계가 인정되는 경우에는 본인이 제756조의 사용자책임(使用者責任)을 지는 수가 있다. 앞의 예에서 대리인인 김선달이 계약체결과정에서 불법행위를 한 경우에 본인인 황진이가 배상책임을 지는 것이 아니라 대리인인 김선달 스스로 손해배상책임을 져야 한다. 다만 이 경우에도 기초적 내부관계에 있어서 대리인인 김선달과 사용자관계가 인정되는 경우라면 본인인 황진이가 사용자책임을 지는 수가 있는 것이다(제756조).

2) 대리의 효과에 있어서 '계약체결상의 과실책임'에 대하여, 대리인의 계약체결상의 과실에 대하여 대리의 효과로서 본인은 직접적으로 손해배상책임을 진다. 이에 대하여 계약체결상의 과실책임도 일종의 불법행위책임이므로 원칙적으로 대리인이 책임을 지고 본인은 일정한 요건하에서(예: 대리인과 상대방의 계약체결과정에서 본인이 개입한 경우나 사용자책임이 인정되는 경우) 대리인의 과실에 대하여 손해배상책임을 부담한다는 견해도 있다(이영준 · 이은영).

2. 본인의 능력

대리행위에 있어서는 본인이 직접 법률행위를 하는 것이 아니므로 의사능력이나 행위능력자임을 요하지 않으나 대리행위의 법률효과는 본인에게 귀속하므로 본인은 반드시 「권리능력(權利能力)」을 가져야 한다. 만약, 본인이 권리능력을 가지지 아니한 경우에는 그 대리행위는 불능을 목적으로 하는 법률행위로서 무효가 된다. 따라서 대리행위에 있어서 태아(胎兒)가 본인인 경우에는, 태아가 가지는 권리능력 한도 내에서만 대리가 될 수 있고, 아직 실체를 갖추지 못한 사단이나 재단 또는 장래에 성립할 법인을 위한 대리는 허용되지 아니한다. 또한 임의대리에 있어서 본인이 수권행위를 하기 위해서는 행위능력을 필요로 하며, 제한능력자가 한 수권행위는 취소할 수 있다.

V 복대리

1. 복대리인

(1) 복대리인의 의의

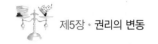

「복대리인(復代理人)」이라 함은? 대리인의 이름으로 그 권한 내의 행위를 하기 위하여 대리인 자신의 이름으로써 선임하는 본인의 대리인을 말한다(제123조 참조). 즉 대리인은 본인에 대하여 대리행위를 하지 않으면 안 되는 의무를 지지만, 경우에 따라서는 이러한 역할을 다하지 못하는 경우가 있게 되고 이 때에는 대리인이 자신의 이름으로 대리인을 선임하는 수가 있게 되는데 이렇게 선임한 대리인을 복대리인(復代理人)이라 한다. 예를 들어 임꺽정이 김선달에게 주택의 매각에 관해 위임하고 대리권을 주었는데 김선달이 그의 권한으로 황진이를 임꺽정의 대리인으로 선임하여 그 권한내에서 대리행위를 하게 하는 경우가 그것이다.

(2) 복대리의 법적 성질

1) 본인의 대리인

민법 제123조 제1항은 「복대리인은 그 권한내에서 본인을 대리한다」라고 규정함으로써 복대리인도 역시 그 권하내에서 본인을 대리하는 '본인의 대리인'이며 그 지위 역시 대리인과 같다. 따라서 대리인이 수임자(受任者)일 때에는 복대리인도 본인에 대하여 수임자의 관계에 선다. 이론상으로는 복대리인이 본인의 대리인인 경우도 있고 대리인의 대리인인 경우도 있을 수 있겠으나, 우리 민법은 '대리인의 대리인'제도를 인정하지 않고 복대리인이 「본인의 대리」임을 명백히 하고 있다. 따라서 복대리인도 본인을 위한 것임을 표시하여 대리행위를 한다.

2) 대리인이 대리권

대리인이 복대리인을 선임하더라도 대리인의 대리권은 소멸하거나 축소되는 것이 아니라 아무런 영향을 받지 않고 그대로 복대리인의 대리권과 함께 병존한다. 여기서 대리인의 복대리인선임행위를 「복임행위(復任行爲)」라고 하는데, 이 복임행위의 성질은 '설정적 양도행위' 또는 '병존적·설정적 양도행위'라는 견해와 '대리권의 병존적·설정적 양도행위'라는 견해로 나누어진다. 이 가운데 '대리권의 병존적·설정적 양도행위'라는 견해가 타당하다(곽윤직·김증한·권용우). 이 견해는 "대리인이 복대리인을 선임한 후에도 대리인의 대리권은 존속하며" "복수의 대리인이 존재한다"는 점 그리고 "대리인의 복대리인에 대한 감독권·해임권이 있음"을 고려한 것이다.

잠깐!! 민총, 깊이보기

상기의 「복대리인의 선임행위」는 대리행위가 아니고 복대리인은 어느 경우에나 임의대리인이다. 또한 복대리인도 역시 대리인이므로 스스로 의사를 결정하여 표시하는 자이며 대리인의 단순한 사자(使者)가 아님을 유의하라.

2. 대리인의 복임권과 그 책임

「복임권(復任權)」이라 함은? 대리인이 복대리인을 선임할 수 있는 권능을 말하는데 이러한 복임권없이 선임된 복대리인이 대리행위를 하게 되면 무권대리(無權代理)가 된다. 복임권의 유무와 책임범위는 대리인이 법정대리인이냐 임의대리인이냐에 따라 달라진다.

(1) 임의대리인의 복임권

1) 「임의대리인(任意代理人)」은 원칙적으로 복임권이 없다. 그 이유는 임의대리인은 본인과의 사이에 신임관계가 있는데다가 언제든지 사임할 수 있기 때문이다.

2) 다만 임의대리인이 '본인의 승낙'이 있거나 '부득이한 사유'가 있는 때에는 복대리인을 선임할 수 있다(제120조 참조). 여기에서 '부득이한 사유'란 본인의 소재불명 등으로 본인의 승낙을 얻을 수 없거나 또는 사임할 수 없는 사정이 있는 것을 의미한다. 이와 같이 임의대리인이 예외적으로 복대리인을 선임한 때에는 임의대리인은 본인에 대하여 복대리인의 선임·감독에 관한 책임을 진다(제121조 제1항). 즉 선임·감독에 관하여 부적당한 자를 선임하거나 복대리인에 대한 감독을 태

만히 하여 본인에게 손해를 입힌 때에는 본인은 임의대리인에게 손해의 배상을 청구할 권리가 있고 임의대리인은 이를 배상해야 한다. 다만 임의대리인이 본인의 지명에 의하여 복대리인을 선임한 경우에는 그 책임이 경감된다. 이 때에는 그 부적임 또는 불성실함을 알고도 본인에게 통지나 그 해임을 태만하게 한 때가 아니면 책임이 없다(제121조 제2항).

3) 임의대리인이 원칙적으로 복임권(復任權)이 없음에도 불구하고 복대리인을 선임한 경우는 복대리인이 한 법률행위에 관하여 무권대리의 규정(제130조 이하)이 적용되므로 본인은 이를 추인하거나 또는 추인을 거절할 수 있다.

(2) 법정대리인의 복임권

1) 「법정대리인(法定代理人)」은 자신의 책임 하에 언제든지 복임권이 있다(제122조 본문). 즉 법정대리인은 자기 책임으로(즉 법률의 규정에 의하지 않고) 복대리인을 선임할 수 있다. 그 이유는 법정대리인은 본인의 신임에 의하여 대리인이 된 것이 아니기 때문이다.

2) 법정대리인은 복임할 경우에 그 선임책임은 가중된다. 여기서 「책임」이라 함은? 대리인이 본인에게 복대리인의 행위에 관하여 선임·감독의 과실이 있건 없건 묻지 않고 일절의 책임을 짐을 의미한다(제122조 본문). 이는 고의나 과실을 요하지 않는 일종의 '무과실책임(無過失責任)'이다. 다만 부득이한 사유로 복대리인을 선임한 때에는 임의대리인과 마찬가지로 선임·감독의 책임만이 있다(제122조 단서). 즉 이 경우는 법정대리인이 부적당한 자를 선임하였거나 감독을 게을리 하여 본인에게 손해를 입게 한 경우에만 책임을 진다는 의미이다.

잠깐!! 민총, 깊이보기

- 미성년자인 대리인이 복대리인을 선임할 수 있는가? 대리인인 복대리인을 선임할 수 있는 권능인 복임권은 법률의 규정(제120조·제122조)에 의하여 특별히 인정되는 것이므로, 대리인이 미성년자라고 해서 어떤 제한이 있는 것은 아니다.
- 대리인의 복임권에 관한 판례 ☞ 대판 1993.8.27. 93다21156; 대판 1996.1.26. 94다 30690; 대판 1999.9.3. 97다56099

3. 복대리인의 3면 관계

(1) 복대리인과 대리인 사이의 관계

복대리인(復代理人)은 선임자(選任者)인 대리인의 감독을 받으며 그 대리권은 대리인의 대리권에 기한 것이므로 대리인의 대리권보다 광범위 할 수 없다. 그리고 대리인의 대리권이 소멸하면 복대리인의 대리권도 소멸한다. 즉, 대리인이 파산(破産)한 경우에는 복대리인의 대리권도 소멸하는 것이다.

(2) 복대리인과 본인 사이의 관계

복대리인과 본인과의 사이의 관계에 대하여, 민법 제123조 제1항은「복대리인은 그 권한내에서 본인을 대리한다」라고 규정하고, 제2항은「복대리인은 본인이나 제3자에 대하여 대리인과 동일한 권리의무가 있다」라고 규정하고 있다. 원래「복대리인(復代理人)」은 대리인이 자기의 이름으로 선임한 자이므로 복대리인과 본인 사이에 아무런 기초적 내부관계가 발생할 이유는 없다. 그러나 본인은 복대리인의 대리행위로 인하여 대리인의 대리행위로 인한 것과 동일한 이해관계를 가지므로 본인과 복대리인 사이에도 본인과 대리인 사이에 있어서와 동일한 내부관계가 발생한다. 예컨대 복대리인은 대리행위를 하는데 있어서 선관주의의무(제681조)·수령한 금전 등의 인도의무(제684조)·비용상환청구권(제688조) 등이 있으며 대리인이 본인에 대하여 보수를 받을 권리가 있다면 복대리인도 이러한 권리인 보수청구권(제686조)도 갖는다.

제5장

(3) 복대리인과 상대방의 관계

복대리인과 상대방의 관계에 대하여 민법 제123조 제2항은「복대리인은 본인이나 제3자에 대하여 대리인과 동일한 권리·의무가 있다」라고 규정함으로써 복대리인과 상대방의 관계는 대리인과 상대방의 관계와 같다. 따라서 복대리인도 상대방(제3자)에 대하여 대리인과 동일한 권리와 의무가 있으므로 역시 본인의 이름으로 대리행위를 하고(顯名主義), 대리행위의 하자(瑕疵)의 유무도 복대리인을 표준으로 하여 결정한다(제116조).

잠깐!! 민총, 깊이보기

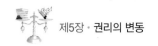

상기의 「복대리인」은 본인의 감독을 받을 뿐만 아니라, 그는 대리인에 의하여 선임된 자이므로 역시 대리인의 감독도 받는다(제123조 제2항 참조).

4. 복대리인의 복임권

복대리인(復代理人)은 일종의 임의대리(任意代理)이므로 임의대리인과 동일한 조건(제120조 · 제121조)하에서 적극적으로 복임권(復任權)을 가진다고 해석하는 적극설이 통설이다.

5. 복대리권의 소멸

복대리권(複代理權)도 대리권의 일종이므로 대리권의 i) 일반적인 소멸원인(제127조)인 본인의 사망, 복대리인의 사망, 복대리인의 성년후견의 개시 또는 파산선고 등에 의하여 소멸되며 ii) 그외 특유한 소멸원원인 '대리인과 복대리인 사이의 기초적 법률관계의 종료와 대리인 · 복대리인 사이의 수권행위의 철회에 의하여 소멸된다. iii) 그리고 복대리인은 대리인의 대리권을 전제로 하기 때문에 대리인의 대리권이 소멸하면 또한 소멸된다. 즉 대리인의 사망, 대리인의 성년후견 개시 · 파산선고로 대리권이 소멸하면 복대리인의 대리권도 소멸한다.

Ⅵ 무권대리

1. 개 관

(1) 의 의

대리행위가 본인에게 효과를 발생시키기 위해서는 대리인이 대리권을 가져야 한다.

그러나 어떤 사람이 대리권없이 타인의 이름으로 의사표시를 교부하거나 또는 수령한 경우가 있는데 이를 「무권대리(無權代理)」라고 하며 이와 같이 대리권없는 대리행위를 하는 자를 「무권대리인(無權代理人)」이라고 한다. 민법은 무권대리에 관하여 제130조 이하에서 규정하고 있다. 이러한 무권대리행위는 대리권 없는 자의 행위이므로 이론적으로는 그 효과가 본인에게 귀속되지 않고 다만 무권대리인과 상대방과의 사이에 불법행위상의 손해배상문제가 생길 뿐이다. 이와 같이 무권대리행위의 경우는 대리권이 결여되어 있으므로 본인의 행위도 아니고 대리권 없는 자가 본인의 이름으로 행한 것이므로 대리인 자신의 행위도 아니라는 점이 문제가 된다. 바로 이러한 점에서 무권대리의 효과 및 책임의 본질에 대한 의문이 제기되는 것이다.

(2) 입법취지

대리권 수여의 여부 또는 대리권의 범위에 관한 것은 본인과 대리인과의 사이의 내부적인 관계이므로 거래의 상대방은 대리권 수여의 여부 및 범위에 대한 정확한 내용을 알 수 없고 이에 따라 대리인과 거래를 하는 것이 부담스럽게 된다. 즉, 대리권이 없는데도 이를 알지 못한 선의의 거래자가 있다면 이로 인하여 예측치 못한 손해를 입게 되고 이는 거래의 안전을 위협하게 되는 것이다. 따라서 우리 민법은 이러한 법원리에 부응하여 효과와 책임부담을 기준으로 하여 다음과 같은 규정을 정하고 있다. 그 하나는 무권대리인(無權代理人)과 본인(本人)과의 사이에 특별히 밀접한 관계가 있는 경우에는 정당한 대리인의 행위와 동일한 효과를 발생시키는 「표현대리(表見代理)」이고, 다른 하나는 그렇지 못한 경우에는 본인의 추인(本人의 追認)에 의하여 대리의 효과가 발생할 수 있도록 하는 동시에 무권대리인에게 특별히 무거운 책임을 부담하게 함으로써 대리제도의 신용을 유지하고 거래의 안전을 기하려는 「협의의 무권대리(狹義의 無權代理)」이다.

2. 표현대리

(1) 서

「표현대리(表見代理)」라 함은? 본인이 제3자에게 어떤 사람을 대리인으로 삼는다는 표시를 하였기 때문에, 제3자가 타인(☞어떤 사람)에게 대리권이 존재하는 것으로 오신(誤信)한 경우에 본인이 그로 인한 일체의 책임을 져야 하는 대리를 말한다. 이러한 표현대리의 목적은 대리권이 있는 것으로 외관(外觀)을 신뢰한 선의·무과실의 제3자를 보호하고 거래의 안전을 보장하며 나아가서 대리제도의 신용을 유지하려는데 있다(학설, 판례의 입장).

(2) 표현대리의 본질

1) 외관책임설(통설)

① 표현대리의 인정근거(외관형성에 대한 법정책임)

표현대리(表見代理)는 외관을 신뢰한 선의·무과실의 상대방을 보호함으로써 거래의 안전을 도모하고 대리제도의 신용을 유지하기 위한 것이다.

② 무권대리와의 관계

다수설은 무권대리(無權代理)를 '광의(廣義)'와 '협의(狹義)'로 나누고 광의의 무권대리에서 표현대리의 경우를 제외한 것을 협의의 무권대리라고 한다.

표현대리는 어디까지나 상대방의 보호 또는 거래의 안전을 위하여 본인을 구속하는 제도에 지나지 않고 협의의 무권대리로서의 성질을 잃지 않는다. 따라서 표현대리에는 협의의 무권대리의 규정이 적용되고 무권대리인의 책임에 대한 규정 제135조만은 적용되지 않는다고 본다(곽윤직). 이에 대하여 소수설은 다수설에서 말하는 협의의 무권대리가 무권대리의 일반적 원칙적인 것이고 표현대리는 무권대리의 특별한 경우라고 한다. 따라서 표현대리에 관하여 표현대리의 규정과 협의의 무권대리의 규정이 경합적으로 적용되므로 상대방이 선택하여 표현대리가 성립하는 경우에는 민법 제130조 이하의 무권대리에 관한 규정은 제135조를 포함하여 모두 표현대리에 적용된다고 한다(김용한·김주수·고상용).

2) 의사책임설

① 표현대리의 인정근거(의사표시책임)

외관책임이론은 사적자치 원칙의 기본인 개인의 의사를 퇴색하게 하는 결과를 가져오므로 이를 수권행위(授權行爲)라고 하는 의사표시 이론에 흡수하여 정립하여야 한다고 한다. 즉, 표현대리는 거래의 안전을 보호하기 위하여 대리권의 그림자(☞外觀)에 대하여 본인의 책임을 인정한 것이 아니라 외부적 수권에 기한 의사의 효과로서 본인의 책임을 인정한 것이라고 한다.

② 유권대리의 아종

통상의 유권대리(有權代理)는 내부적 수권과 외부적 수권이 모두 존재하는 경우이고 무권대리는 양자가 모두 존재하지 않는 경우이다. 그러나 표현대리(表見示理, 제125조)는 내부적 수권은 없으나 외부적 수권이 존재하는 대리의 경우이고, 월권대리(越權代理, 제126조)는 월권행위 부분에 대하여 내부적 수권은 없으나「정당한 이유」에 의하여 외부적 수권이 인정되는 경우이며, 멸권대리(滅權代理, 제127조 참조)는 내부적 수권은 소멸하였으나 외부적 수권은 소멸하지 않는 경우라고 한다. 이러한 경우에 본인의 책임은 모두 본인의 외부적 수권에 기한 법률효과로 볼 수 있으므로 표현대리는 무권대리가 아니라 유권대리의 아종(亞種)으로 보아야 한다고 한다. 판례는「표현대리가 성립된다고 하여 무권대리의 성질이 유권대리로 전환되는 것은 아니」라고 하고 (대판(전원) 1983.12.13. 83다카1489), 또「표현대리의 법리는 거래의 안전을 위하여 어떠한 외관적 사실을 야기한 데 원인을 준 자는 그 외관적 사실을 믿음에 정당한 사유가 있다고 인정되는 자에 대하여는 책임이 있다 일반적인 권리외관이 이론에 그 기초를 두고 있다」고 하여 (대판 1998.5.29. 97다55317; 대판 1962.2.8. 4294민상 192), 외관책임설을 취하고 있다.

(3) 표현대리의 종류

표현대리의 종류에는 세 가지가 있다. 이는 '대리권수여의 표시에 의한 표현대리(125조)' · '권한을 넘은 표현대리(126조)' · '대리권소멸 후의 표현대리(129조)이다.

1) 대리권수여의 표시에 의한 표현대리(제125조)

> 임꺽정은 황진이에게 김선달을 대리인으로 한다는 표시를 하였지만,
> 아직 위임계약을 체결하지는 않았다.
> 그런데 황진이는 임꺽정의 말만 믿고 꾼돈 천만원을 김선달에게 지급하였다.
> 이 경우의 법률관계는 어떻게 되는가?

① 서

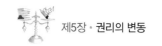

「대리권수여의 표시에 의한 표현대리」라 함은? 본인이 제3자에 대하여 타인에게 대리권을 수여하였음을 표시한 경우를 말한다. 이 경우에는 그 대리권의 범위 내에서 행한 그 타인(☞表見代理人)과 제3자간의 법률행위의 효과는 본인에게 귀속한다. 민법 제125조는 「제3자에 대하여 타인에게 대리권을 수여함을 표시한 자는 그 대리권의 범위 내에서 행한 그 타인과 그 제3자간의 법률행위에 대하여 책임이 있다. 그러나 제3자가 대리권없음을 알았거나 알 수 있었을 때에는 그러하지 아니하다」라고 하여 대리권수여의 표시에 의한 표현대리에 관하여 규정하고 있다. 대리권수여의 표시에 의한 표현대리는 수권행위가 아니라 타인에게 수권행위가 있었다는 이른바 본인의 '관념의 통지(觀念의 通知)'이므로 의사표시가 아니라 준법률행위이다. 이러한 대리권수여의 표시에 의한 표현대리는 대리인이 대리행위를 하기 전에 철회할 수 있고 그 철회는 표시의 통지와 동일한 방법으로 상대방에게 알려야 한다.

② 요 건

㉮ 본인이 대리행위의 상대방이나 제3자에 대하여 어떤 사람에게 대리권을 수여하였음을 표시하여야 한다. 이 경우의 표시형태는 구두(口頭)·서면(書面)·묵시적 표시·명시적 표시 어느 형태라도 상관없고, 또는 특정한 제3자에 대하여 통지하여도 좋고 상대방을 특정하지 아니한 서면 또 신문광고 등을 이용하여 제3자에게 통지하여도 상관없다. 명의대여적관계(名義貸與的關係), 즉 타인에게 자기명의(自己名義)의 사용을 허용하거나 묵인하는 것도 대리권수여의 표시에 의한 표현대리에 해당한다(대판 1998.6.12. 97다 53762; 대판 1987.3.24. 86다카1348).

㉯ 대리인으로 표시된 자, 즉 무권대리인은 표시된 대리권의 범위내에서 대리행위를 하여야 한다. 만약, 수여된 대리권의 범위를 넘은 경우에는 제126조의 권한을 넘은 표현대리가 된다.

㉰ 대리인으로 표시된 자, 즉 무권대리인의 대리행위는 통지를 받은 자와 하여야 한다. 여기서 통지를 받은 자는 상대방이다.

㉱ 대리인으로 표시된 자, 즉 무권대리인의 대리행위의 상대방은 선의·무과실이어야 한다. 여기서 '선의'는 대리권이 없음을 알지 못하는 것을 말하고 '무과실'은 일반 보통인의 주의를 하였음에도 불구하고 대리권이 없음을 알지 못하는 것을

말한다. 그리고 이 경우에 상대방이 악의이고 무과실이 아니라는 증명책임은 상대방이 아닌 본인에게 있다.

㉮ 표현대리는 법정대리와 임의대리에 다같이 적용된다. 그러나 특히 유의할 점은 제125조 대리권수여의 표시에 의한 표현대리는 임의대리에만 적용되고 법정대리에는 그 적용이 없다는 것이다(다수설: 방순원·김기선·곽윤직·장경학·김증한·권용우). 그 이유는 법정대리인은 본인이 선임하는 것이 아니므로 본인이 어떤 자에게 법정대리권을 수여하였다는 뜻을 표시(☞통지)한다는 것은 무의미하기 때문이다. 하지만 이는 법정대리에도 적용되어야 한다는 견해도 있다(소수설: 김용한·이영준).

➡ 「대리권수여표시에 의한 표현대리」에 대한 판례 ☞ "부동산처분에 관한 관계서류를 구비하여 타인에게 교부한 때에는 그 부동산처분에 관한 대리권수여의 표시에 해당한다(대판 1966.1.25. 65다2210)."

➡ 대판 2001.8.21. 2001다31264; 대판 1987.3.24. 86다카1348(표현대리성립정); 대판 1999.2.5. 97다26593; 대판 2000.5.30. 2000다2566; 대판 2001.2.9. 99다48801(표현대리성립 부정)

---

③ 효 과

㉮ 민법 제125조 본문은 「제3자에 대하여 타인에게 대리권을 수여함을 표시한 자는 그 대리권의 범위내에서 행한 그 타인과 제3자간의 법률행위에 대하여 책임이 있다」라고 규정함으로써 상기의 요건이 구비되면 본인이 표시한 대리권의 범위 안에서 표현대리인이 행한 대리행위의 효과와 책임은 본인에게 귀속한다. 즉 이 경우는 본인의 입장에서 실제로 대리권을 수여하지 않은 무권대리(無權代理)라는 주장을 할 수 없다. 설문의 예에서 임꺽정이 자신에게서 돈 1,000만원을 꾸어 간 채무자 황진이(☞상대방)에게 '김선달을 금전수령의 대리인으로 한다'라고 이야기만 하고 아직 김선달과 이러한 위임계약을 체결하지 않은 경우에 황진이가 임꺽정의 말을 믿고 빌려간 돈 1,000만원을 김선달에게 지급하였는데 김선달이 그 돈을 유흥비에 탕진한 경우의 효과와 책임은 본인인 임꺽정에게 귀속된다.

㉯ 그러나 동조 단서에 「제3자가 대리권이 없음을 알았거나 알 수 있었을 때에는 그러하지 아니하다」라고 규정함으로써 타인과 거래한 상대방이 타인이 표현대리인임을 알았거나 알 수 있었을 경우에는 본인은 이에 대한 책임을 지지 않는다.

㉰ 대리권수여의 표시에 의한 표현대리인도 대리인으로서의 성질을 지니므로 상대방에게는 철회권(撤回權)과 최고권(催告權)이 있고(제134조 · 제131조), 본인에게는 추인에 의하여 효과가 자기에게 귀속하도록 할 수 있는 추인권(追認權)이 있다(제130조).

㉱ 표현대리행위에 의하여 본인이 손해를 입은 경우에는 불법행위로 인한 손해배상을 타인(☞表見代理人)에게 청구할 수 있다.

잠깐!! 민총, 깊이보기

표현대리(表見代理)는 거래상 중요한 기능을 수행하고 있지만 민법의 표현대리의 규정은 지극히 추상적이므로 구체적인 문제의 해결에 있어서 충분하지 못하다. 따라서 표현대리는 재판상(裁判上)으로 자주 문제가 된다(대판 1994.12.22, 94다24985; 대판 1996.7.12, 95다49554; 대판 1983.12.13. 83다카1489; 대판 1984.7.24. 83다카 1819. 이상 모두 제125조 · 제126조의 표현대리에 관한 것임).

2) 권한을 넘은 표현대리(제126조)

임꺽정은 김선달을 대리인으로 하여
자기 집을 담보로 하여 돈을 융자하여 줄 것을 부탁하였는데
김선달이 이를 기화로 하여,
임꺽정의 위임장과 등기서류를 이용, 위조하여
그 사정을 모르는 황진이에게 집을 팔아 버렸다.
이 경우의 그 효과는 누구에게 귀속하는가?

① 서

「권한을 넘은 표현대리」라 함은? 대리인이 대리권의 권한을 넘는 행위를 한 경우로서 이 경우에 어느 정도는 일정한 범위의 대리권이 있는 자의 행위이므로 그 법률효과를 직접 본인에게 귀속시키고 있다. 이는 '월권대리(越權代理)'라고도 한다. 민법 제126조는 「대리인이 그 권한외의 법률행위를 한 경우에 제3자가 그 권한이 있다고 믿을 만한 정당한 이유가 있는 때에는 본인은 그 행위에 대하여 책임이 있다」라고 하여 권한을 넘은 표현대리에 관하여 규정하고 있다.

② 요 건

㉮ 대리인이 본인으로부터 대리권을 수여를 받았어야 하고 그 범위를 뛰어넘는 권한 밖의 행위를 하였을 것을 要한다.

i) 대리인이 어느 정도 일정한 범위의 대리권을 가지고 있는 상태(☞基本代理權이 存在하고 있는 상태)에서 그 대리권의 범위를 뛰어넘는 권한 밖의 행위를 하여야 한다. 그러나 구체적인 사정에 있어서는 어떠한 대리권의 수여가 있었는가 또는 범위를 초월하였는가를 알 수 없는 경우가 적지 않다. 이러한 경우는 본인의 인장을 대리인이 사용한 경우에 흔하게 일어난다. 예를 들어 인장을 단순히 보관위탁한 경우이거나 혼인신고나 사망신고를 하기 위하여 인장을 교부함에 불과한 때에는 대리권의 수여라고 볼 수 없음으로 본조의 적용을 받지 않지만, 부동산 매각에 관련하여 인장을 교부한 경우 · 본인의 가산(家産)을 보관하기 위하여 교부한 경우 · 자기명의의 영업허가를 내달라고 부탁하면서 이를 사용하라고 자기의 인장을 맡긴 경우(대판 1965.4.3. 3065다44) · 본인의 인장 · 등기필권리증 및 위임장을 가진 경우(대판 1971.8.31. 71다1141)에는 이러한 대리권의 수여가 있었다고 볼 것이므로 이 경우에는 대리권의 범위를 뛰어넘는 권한 밖의 행위를 하면 제126조가 적용된다.

살아있는 Legal Mind!!!

- 판례는 상기의 예 외에도 i) 본인으로부터 인장을 교부받아 본인 부재중에 그의 승낙없이 그 인장을 사용하여 신원증명서를 작성하여 공사입찰을 한 경우(대판 1968.2.20. 67다2762), ii) 회사의 사장이 회사에 임치(任置)된 인장을 사용하여 그의 명의로 약속어음을 제3자에게 배서(背書) · 양도(讓渡)한 경우(대판 1963.8.22. 63다263) iii) 이장(里長)이 임치(任置)된 인장으로 약속어음을 발행한 경우(대판 1962.4.18 4294民上850) iv) 임야불하에 관한 동업계약을 체결할 대리권을 가진 자가 본인 소유의 부동산을 매도한 경우 v) 처가 夫에게 자기의 인장을 보관시킨 경우(대판 1967.3.28. 64다1798) 등을 제3자가 대리권이 있다고 믿을 만한 정당한 사유가 있는 것으로 보았다. 그밖에도 복임권(複任權)이 없는 대리인에 의하여 선임된 복대리인의 행위에 대하여 인정한 사례도 있다(대판 1967.11.21. 66다2197).

- 「기본대리권의 존재」에 관한 판례 ☞ 인장(印章)을 단순히 사실상 보관을 위탁하였다는 것만으로는 대리권을 수반하는 것으로 볼 수는 없지만, 특정한 거래행위에 관하여 도장을 교부하는 것은 일반적으로 대리권의 수여가 된다(대판 1968.2.20. 68다1501).

ii) 대리인이 가지는 대리권의 내용과 그 권한을 벗어난 행위가 같은 종류의 행위인 경우, 예를 들어 임꺽정이 김선달을 대리인으로 하여 자기 집을 담보로 하여 돈을 1,000만원을 융자하여 줄 것을 부탁하였는데 김선달이 이를 기화로 하여 2,000만원을 융자하였다든가 더 나아가 전혀 다른 종류의 행위, 즉 차재(借財)를 위한 대리권을 가진 김선달이 임꺽정의 위임장과 등기서류를 위조하여 차재(借財)가 아닌 집을 매각한 경우(대판 1969.7.22. 69다548)에도 제126조의 적용이 있다고 하였다.

보충정리 대리권의 수여가 있었다고 볼 것인가의 여부

긍정한 예	부정한 예
▸부동산매매에서 등기관계서류를 소지한 경우 ▸매수부동산의 등기절차를 위임받은 자가 이를 매도한 경우	▸은행융자를 받으면서 소지한 타인의 인감을 이용하여 연대보증인으로 세운 경우 ▸종중소유 부동산을 개인으로부터 매수하는 경우 ▸동생의 땅을 관리해온 형의 매각 처분(관리행위는 기본대리권이 아니기 때문)

iii) 이러한 '권한 밖의 행위'의 범위에 관하여, 정당한 대리권이 없더라도 '대리권수여의 표시에 의한 표현대리(제125조)'와 '대리권소멸 후의 표현대리(제129조)'가 성립하는 범위를 넘는 경우에도 제126조가 적용되는가가 문제된다. 이 경우에 다수설은 거래의 안전을 도모하기 위하여 본조인 제126조가 적용되어야 한다고 긍정하고(곽윤직 · 김용한 · 김현태 · 이영섭 · 장경학 · 김주수 · 권용우 · 김형배), 판례의 경우에는 제125조와 제126조의 경합에 대하여 직접 언급한 판례는 없으나 이를 배척할 이유가 없으며 제129조와 제126조의 경합에 대하여는 이를 긍정하는 판례가 다수이다(대판 1970.2.10. 69다2149; 대판 1979.3.27. 79다234).

살아있는 Legal Mind!!!

- 상기의 긍정하는 다수설에 대하여 제126조는 현재의 대리권을 가진 자가 그 권한을 넘어서 대리행위를 한 경우에 한하므로 대리권이 소멸한 후, 그 이전에 가졌던 대리권의 범위를 넘은 행위를 한 경우에는 제126조를 적용할 수 없다고 하는 부정설인 소수설이 있다(김기선).
- 상기의 긍정하는 판례에 대하여 이를 부정하는 판례가 있다. 이는 「제126조의 권한을 넘은 표현대리는 현재 대리권을 가진 자가 그 권한을 넘은 경우에 성립되고 과거에 이미 가졌던 대리권을 넘은 경우에는 적용되지 아니한다」라고 한다(대판1973.7.30 72다1631).

㈏ 제3자는 그 행위가 대리권 안의 권한있는 행위라고 믿을 만한 정당한 이유가 있어야 하고 그렇게 믿는데 선의·무과실이어야 한다.

본조에서 「제3자」 라 함은 대리행위의 상대방만을 의미하며 본조에서 「그 권한이 있다고 믿을 만한 정당한 이유가' 있는 때」 라 함은 상대방이 믿는데 과실이 없음을 말한다. 즉, 무권대리행위가 행하여진 때에 존재하였던 제반의 사정으로부터 객관적으로 관찰하여 보통 사람이 대리권이 있다고 믿었을 것이라고 생각되는 것을 말한다. 그리고 이러한 정당한 이유의 주장·증명책임은 상대방이 아닌 본인이 상대방의 악의·과실있음을 증명하여야 한다(다수설). 그러나 유의할 점은 소수설과 판례는 표현대리의 효력을 주장하는 자, 즉 상대방에게 증명책임이 있다는 태도이다(대판 1968.6.18. 68다694).

잠깐!! 민총, 깊이보기

상기에 있어, '상대방의 신뢰'에 관해 '본인의 과실'이나 '행위'가 원인이 되었어야 할 필요는 없다. 다만 대리권의 존재라는 사실에 기하여 상대방이 믿는데 과실이 없는 것으로 충분하다.

③ 효 과

㈎ 민법 제126조는 「대리인이 그 권한외의 법률행위를 한 경우에 제3자가 그 권한이 있다고 믿을 만한 정당한 이유가 있는 때에는 본인은 그 행위에 대하여 책임이 있다」 라고 규정함으로써 위의 요건이 모두 구비되면 본인은 제125조의 표현대리에서와 같이 그 행위에 대하여 책임이 있다. 설문의 예에서 임꺽정이 김선달을 대리인으로 하여 자기 집을 담보로 돈을 융자하여 줄 것을 부탁하고 백지위임장(白紙委任狀)을 주었는데 김선달이 이를 기화로 하여, 임꺽정의 위임장과 등기서류를 이용하여 그 사정을 모르는 황진이에게 그 집을 팔아 버린 경우에는 본인 임꺽정이 그 행위에 대하여 책임이 있다. 따라서 전혀 대리권을 수여받지 못한 자의 행위에 관하여는 비록 대리권이 있는 것으로 생각되는 경우라도 이러한 권한을 넘은 표현대리가 성립할 여지는 없으며, 이 경우는 본조의 적용을 받지 않고, 상대방(제3자)의 신뢰를 보호하지도 않는다(대판 1962.3.22. 4294민상483; 대판 1963.1.17. 62다775 등).

㈏ 본조는 '임의대리(任意代理)'와 '법정대리(法定代理)' 모두에 적용된다(통설). 따라서 후견감독인의 동의를 필요로 하는 경우(제950조)에 후견감독인의 동의없이 대리

행위를 한 때에는 본조를 적용하여야 하며(다수설, 판례), '부부의 일상가사대리권(日常家事代理權 ;제827조 제1항)'에 있어서도 본조가 적용된다 할 것이다.

「제126조가 법정대리의 적용」에 관한 판례 ☞ 친권자인 父가 미성년자의 인장과 그 소유 부동산에 관한 권리증을 그 처에게 보관시켜 그 처가 그 부동산을 담보로 제공한 경우에는 특별사정이 없는 한 표현대리 행위가 된다(대판 1968.8.30. 68다1051).

잠깐!! 민총, 깊이보기

'일상가사대리권'과 '채무의 연대책임'에 관한 관계
부부는 일상가사에 관하여 서로 대리할 권리가 있다. 여기서 「일상가사(日常家事)」라 함은? 부부의 공동생활에서 필요로 하는 통상의 사무(예: 의식주에 관한 비용지출, 자녀의 교육비 지출, 가재도구 구입 등)를 말하며 부부의 일방이 일상가사에 관하여 제3자와 법률행위를 한 때에는 夫 또는 妻가 자기의 이름으로 하거나, 일방이 타방을 대리하여 한 때에도 이로 인한 채무에 대하여는 연대책임(連帶責任)을 진다(제832조). 그러나 일상가사에 관한 채무라도 이미 제3자에 대하여 다른 일방에게 책임을 명시한 때에는 연대책임을 지지 않는다(제832조 단서).

일상가사에 대하여 표현대리를 인정한 판례: (대판 1967.8.29. 67다1125(근저당권설정); 대판 1970.10.30. 70다1812(부동산의 적정 가격 매도); 대판 1981.6.23. 80다609(금전차용); 대판 1987.11.10. 87다카1325(부의 해외 취업 중 공장경영 위임을 받은 처가 공장 운영자금의 조달을 위해 금전차용을 위한 담보를 설정한 경우)

표현대리를 인정하지 않은 판례(대판 1968.11.26. 68다 1727 · 1728(근저당권설정 · 소유권이전등기); 대판 1970.3.10. 69다2218(부동산 처분); 대판 1971.1.29. 70다2738(융자신청); 대판 1981.8.25. 80다3204(담보제공); 대판 1984.6.26. 81 다524(담보제공); 대판 1990.12.26. 88다카24516(차용시 부터 4년 후 잔존 채무금을 확정하고 분할변제의 약정을 체결한 경우); 대판 1997.4.8. 96다54942(사업채무의 보증); 대판 1998.7.10. 98다18988(타인 채무의 보증); 대판 2009.4.23. 2008다95861(처가 북한으로 피랍된 남편을 대리하여 토지를 매도한 사안); 대판 2009.12.10. 2009다66068(연대보증)

보충정리 일상가사대리권과 제126조의 적용

긍정한 예	부정한 예
• 해외에 있는 남편의 채무에 관해 처가 근저당권을 설정한 경우 • 장기간 와병중인 자의 처의 토지 처분한 경우 • 처가 남편의 권리증과 인장을 보관하고 있는 것을 기화로 남편소유의 부동산에 대하여 저당권을 설정한 경우 • 처가 남편 몰래 남편의 인감인장 · 인감증명서 등을 소지하고 그 대리인인 것처럼 행세하여 금전을 차용하고 그 담보로 남편소유의 부동산에 가등기를 경료해준 경우	• 인장 및 권리증을 절취한 처의 부동산 처분의 경우 • 부동산 매매계약에 있어서 처가 부의 실인(實印)을 소지한 사실만 있는 경우 • 처가 남편의 일시 출타 중 보관중인 남편의 인장으로 인감증명서를 만들고 인감도장과 권리문서를 휴대하여 남편의 사업자금으로 쓴다고 남편의 부동산을 담보하고 금전을 대여 받았지만 남편의 사업자금으로 사용된다는 객관적인 자료가 없는 점에 비추어 제3자가 대리권이 있다고 믿는데 정당한 이유가 없는 경우 • 남편 몰래 가지고 나온 남편의 인장, 아파트분양계약서 및 유효기간이 지난 인감증명서를 소지하고 있는 사실만 있는 경우의 차용행위나 아파트 매도행위

3) 대리권 소멸후의 표현대리(제129조)

> 임꺽정은 김선달을 대리인으로 한다는 수권계약을 하고
> 월부판매대금의 수금을 위탁하였으나
> 김선달의 비성실성 때문에 그를 해임하였다.
> 그러나 김선달은 해임 후에도
> 고객인 황진이를 찾아가 월부금을 청구하였고
> 황진이는 그 대금을 지급하였다.
> 이 경우에 임꺽정은 김선달의 대리권 소멸을 이유로 하여
> 황진이에게 월부금을 다시 청구를 할 수 있는가?

① 서

「대리권 소멸후의 표현대리(代理權 消滅後의 表見代理)」라 함은? 어떤 사람의 대리권이 소멸한 후에도 그 대리권의 범위에 속하는 행위를 한 경우에 본인에게 책임을 지우는 표현대리를 말한다. 민법 제129조는 「대리권의 소멸은 선의의 제3자에게 대항하지 못한다. 그러나 제3자가 과실로 인하여 그 사실을 알지 못한 때에는 그러하지 아니하다」라고 하여 대리권소멸후의 표현대리에 관하여 규정하고 있다.

② 요 건

㉮ 대리권소멸후 대리행위를 하였을 것

어떤 사람이 종전에는 대리권을 가지고 있었으나 대리행위를 할 때에는 대리권이 소멸하였어야 한다. 예컨대 수금사원이었던 대리인이 해고당한 후에도 아직 대리인으로서 행세하고 수금을 한 경우 등이 그것이다(대판 1998.5.29. 97다55317).

㉯ 상대방이 대리권의 소멸을 모르는데 선의이고 무과실일 것

민법 제129조의 규정의 내용 가운데 「제3자」인 상대방은 대리행위의 상대방만을 가리키며 그 상대방과 거래한 제3자는 포함되지 않는다(대판 2009.5.28. 2008다56392). 그리고 「선의(善意)」라 함은 상대방이 대리권이 소멸한 후인데도 아직 대리권이 있는 것으로 믿는 것을 말하고 또한 「무과실(無過失)」, 즉 그것을 모르는데 과실이 없음을 말하는 것이다. 만일 이에 대하여 반론이 있는 경우에는 본인이 상대방의 악의를 증명

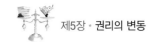

하여야 한다(통설). 다만 선의에 대한 증명은 상대방에 있다는 견해도 있다(이영준).

③ 효 과

㉮ 민법 제129조 본문은 「대리권의 소멸은 선의의 제3자에게 대항하지 못한다」 라고 규정하고, 동조 단서는 「그러나 제3자가 과실로 인하여 그 사실을 알지 못한 때에는 그러하지 아니하다」 라고 규정함으로써 대리권소멸후의 표현대리의 경우에는 본인은 제3자(☞상대방)에 대하여 대리권이 소멸하였다고 주장하지 못하고 상기의 요건이 구비되면 본인은 상대방에게 책임을 진다. 즉, 본인은 대리행위의 책임을 지게 된다. 설문의 예에서 임꺽정(☞본인)이 대리인인 김선달을 해임하여 대리권이 소멸하였는데도 불구하고 김선달이 그 사실을 모르고(☞善意) 과실이 없는(☞無過失) 황진이에게서 월부금을 받은 경우에 이미 김선달의 대리권이 소멸하였음을 이유로 하여 임꺽정(☞본인)에 대하여 아무런 효과도 발생하지 않는다고 하면 황진이(☞상대방)는 불의의 손해를 입게 되므로, 이 경우에는 종전에 김선달이 대리인이었기 때문에 그 법률효과가 직접 본인인 임꺽정에게 귀속되게 된다.

㉯ 만약 제129조의 표현대리가 성립하는 범위를 넘는 경우(거래경험이 있는 상대방을 전제로)에는 제126조의 표현대리가 된다(대판 1970.2.10. 69다2141; 대판 1973.7.30. 72다 1631; 대판 1979.3.27. 79다234).

㉰ 제129조는 임의대리·법정대리에 모두 적용된다.

잠깐!! 민총, 깊이보기

- 본인과 표현대리인과의 법률관계
  본인과 표현대리인과의 사이에서는 아무런 법률관계가 발생하지 않는다. 다만 본인이 책임을 지는 결과, 손해를 입은 경우에는 일반이론에 의하여 무권대리의 경우와 동일하게 사무관리(事務管理)와 불법행위(不法行爲) 그리고 부당이득책임(不當利得責任) 등을 이유로 표현대리인에게 책임을 묻을 수 있다. 또한 제126조의 표현대리에 있어서는 계약상의 채무불이행이 문제될 수 있을 것이다(권용우 461면).
- 가령 점원이 해고된 뒤 상점의 청구서나 영수증을 가지고 고객으로부터 수금한 경우에 고객은 470조·제471조 또는 제129조의 요건을 증명하여 변제의 효력을 주장할 수 있다고 한다. 두 제도가 다른 목적을 가진 것이고, 요건도 다르므로, 선택적으로 주장할 수 있다고 본다.

보충정리 표현대리와 무권대리의 효과와의 관계

표현대리는 상대방의 보호와 거래의 안전을 위하여 본인을 구속하는 제도에 지나지 않으므로 이는 무권대리(無權代理)의 일종이다. 그러므로 앞에서 밝힌 표현대리의 효과 외에도 '협의의 무권대리행위'로서의 효과도 발생한다. 따라서 상대방이 표현대리를 주장하여 본인과의 사이에 효과를 발생시킬 것을 원하지 않는다면, 철회권을 행사함으로써 본인과의 사이에 완전히 무효인 것으로 확정할 수도 있고(제134조), 반대로 본인이 그 행위의 효과의 귀속을 원한다면 추인하여 상대방의 철회권을 소멸시킬 수도 있다(제130조). 즉 표현대리의 요건을 충족한 경우에 상대방은 i) 표현대리를 주장하여 본인의 책임을 묻거나 ii) 무권대리로서 무권대리인의 책임을 묻거나 iii) 무권대리행위를 철회함으로써 모든 것을 백지로 돌리는 세 가지의 방법중 어느 것이라도 자유로이 선택할 수 있다. 그리고 무권대리행위의 상대방이 가지는 최고권도 인정된다(제131조).

그러나 문제가 되는 것은 표현대리와 무권대리의 효과와의 관계에서 상대방이 표현대리를 주장하여 본인의 책임을 묻지도 않고 그렇다고 무권대리행위로서 철회도 하지 않고 바로 제135조에 의한 무권대리인의 책임을 물을 수 있는가이다. 통설의 경우는 표현대리의 요건을 충족하는 이상 상대방은 그것으로서 소기의 목적을 달성할 수 있기 때문에 무권대리의 책임을 묻게 할 필요가 없다고 하면서 이에 대하여 소극적이나, 소수설의 경우는 '통설이 말하는 협의의 무권대리는 무권대리의 일반적·원칙적인 것이고 표현대리는 무권대리의 특수한 것이다. 따라서 원칙적인 무권대리에 관한 규정은 당연히 모두 표현대리에 적용되어 상대방은 표현대리와 제135조에 의한 책임을 선택적으로 주장할 수 있다'고 한다.

3. 협의의 무권대리

(1) 의 의

① 「협의의 무권대리(狹義の 無權代理)」라 함은? 넓은 의미의 무권대리 중 표현대리(表見代理)라고 볼 수 있는 특별한 사정이 존재하지 않는 경우의 무권대리를 말한다. 즉 이는 대리권 없는 자가 대리인이라고 하고서 행한 대리행위로서 표현대리가 아닌 것이다. 이는 표현대리와 같이 본인에게 법률효과를 귀속하게 할 특별한 사정이 없는 경우이지만, 그렇다고 해서 대리인에게 효과를 귀속시키기도 곤란하다. 이러한 이론만을 관철하면 상대방 또는 제3자의 신뢰를 배반하고 거래의 안전을 해치게 됨으로서 대리제도의 의의를 잃게 된다. 그러나 협의의 무권대

리라고 해서 반드시 본인에게 불이익이 되는 것은 아니며 설사 불이익이 되더라도 본인이 이를 수용하는 경우도 있을 것이다. 따라서 본인이 추인(追認)에 의하여 유효한 행위로 할 수 있다. 이러한 협의의 무권대리는 그 대리행위가 계약이냐 또는 단독행위이냐에 따라 「계약의 무권대리(제130조 이하)」와 「단독행위의 무권대리(제136조)」로 나누어 구별한다.

(2) 계약의 무권대리

황진이는 임의대로 남편 임꺽정 명의로 된 집을
김선달에게 매도하는 계약을 체결하였다.
김선달이 임꺽정에게 계약서대로 집과 등기를 넘겨 달라고
난리를 치는 바람에, 1개월내에 이행하겠다고 약속하였다.
그런데 그 후 부인 황진이는 가출하였다.
이 경우에도 남편 임꺽정은 약속대로 집을 인도하고
등기를 해 주어야 하는가?

1) 본인에 대한 효과

① 원 칙

민법 제130조는 「대리권 없는 자가 타인의 대리인으로 한 계약은 본인이 이를 추인하지 아니하면 본인에 대하여 효력이 없다」라고 규정함으로써 대리권이 없이 타인을 위하여 계약을 한 '대리권 없는 자의 행위'는 본인에 대하여 아무런 효력이 없이 무효가 되지만, 본인은 이를 추인(追認)할 수 있으므로 설문의 예에서 황진이가 임의대로 남편 임꺽정의 명의로 된 집을 김선달에게 팔았고 김선달이 임꺽정에게 계약서대로 집과 등기를 넘겨 달라고 난리를 치는 바람에 1개월내에 이행하겠다고 임꺽정이 약속하면 이는 남편 임꺽정의 추인행위가 되므로 그 효과가 임꺽정에게 귀속되어 집과 등기를 넘겨주어야 한다.

② 본인의 추인권

무권대리인이 상대방과 체결한 계약이 오히려 본인에게 유리한 경우도 있다. 따라

서 이러한 경우에는 본인에게 추인권(追認權)이 있으므로 이를 본인이 추인하면 무권대리행위는 처음부터 대리권 있는 자의 행위로 된다(제130조). 그 결과, 상대방의 철회권은 소멸하며 계약은 유효하게 성립한 것으로 되어 대리행위의 효과는 본인에게 귀속한다.

㉮ 추인의 성질

추인(追認)은 본인이 완전히 무효도 유효도 아닌 무권대리행위의 효력을 자기에게 직접 발생시키는 것으로서 상대방 또는 무권대리인의 동의를 요하지 않는 본인의 단독행위이며 그 권리의 성질은 형성권이다. 이 "무권대리행위의 추인"은 불확정적 무효상태(☞원칙은 무효이지만 추인에 의해 유효로 할 수 있는 상태)에 있는 법률행위의 효력을 확정적으로 유효하게 한다는 점에서, 불확정적 유효상태(☞원칙은 유효지만 취소할 수도 있는 것을 추인에 의하여 확정적인 유효로 할 수 있는 상태)에 있는 취소할 수 있는 법률행위의 추인과 구별된다(대판 1995.11.14. 95다28090; 대판 2000.9.8. 99다58471; 대판 2002.10.11. 2001다59217).

㉯ 추인권자

본인·본인의 상속인 그리고 법정대리인·임의대리인이 할 수 있으나, 본인이 추인을 하기 위하여는 행위능력이 있어야 한다.

㉰ 추인의 상대방

추인은 상대방이나 무권대리인 어느 편에 하여도 된다. 그러나 상대방이 아닌 무권대리인에 대하여 추인을 한 경우에는 상대방이 추인의 사실을 알 때까지는 추인의 효력을 상대방에게 주장하지 못한다. 따라서 상대방은 그때까지 자기의 의사표시를 취소할 수 있다(제132조). 다만 상대방이 그 사실을 안 때에는 그러하지 아니하고 추인(追認)의 효과가 발생한다(동조 단서).

㉱ 추인의 방법

추인은 '본인의 단독행위'이므로 의사표시의 요건을 갖추어야 한다. 따라서 무권대리행위의 사실을 알고 이의를 제기하지 않는 것만으로는 추인으로 볼 수 없다. 또한 추인은 무권대리행위 전부에 대하여 하여야 하나, 상대방의 동의가 있는 경우에는 일부에 대한 추인도 가능하며 무권대리가 가분적(可分的)인 경우에는 일부무효의 법리를 적용할 수 있다.

㉶ 추인의 효과

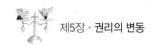

i) 민법 제133조 본문은 「추인은 다른 의사표시가 없을 때에는 계약시에 소급하여 그 효력이 생긴다」 라고 규정함으로써 추인을 하면 원칙적으로 무권대리의 행위를 한 때에 소급하여 대리권이 있는 것으로 되는 소급효가 있지만, 다른 의사표시가 있으면 소급효가 제한된다.

ii) 동조 단서는 「그러나 제3자의 권리를 해하지 못한다」 라고 규정함으로써 추인의 소급효는 제3자의 권리를 해하지 못한다. 즉, 본인이 추인을 하기 전에 그 목적물에 대하여 제3자와 거래계약을 하거나 또는 그 물건에 관하여 권리를 가지는 자가 있는 때에는 이들이 보호되어야 한다. 따라서 추인으로 인하여 그 제3자의 권리를 해할 수 없는 것이다. 이는 대리행위 후 추인이 있을 때까지의 사이에 행하여진 행위가 추인의 소급효로 무효가 되고 제3자가 정당하게 취득한 권리를 잃게 되는 것을 막으려는 취지이다. 하지만 이 단서가 적용되는 것은 상대방이 취득한 권리와 제3자가 취득한 권리가 모두 배타적 효력을 가지는 경우에 한한다. 예를 들어 김선달의 무권대리인 임꺽정이 김선달의 황진이에 대한 채권의 변제를 수령한 후에, 김선달의 채권자 연흥부가 그 채권을 압류하여 전부명령(轉付命令)을 얻은 경우에는 김선달은 임꺽정의 행위를 추인하더라도 연흥부의 압류(押留)가 우선하게 된다.

③ 본인의 추인 거절

본인은 무권대리인의 추인을 거절할 수 있고 이러한 추인 거절에 의하여 무권대리행위를 본인에 대하여 확정적으로 무효로 할 수 있다(제132조). 이 추인 거절은 '의사의 통지'에 해당한다.

④ 무권대리인의 지위와 본인의 지위가 동일인에게 귀속하게 되는 경우(혼동)는 다음과 같이 두 가지로 나누어 설명할 수 있다.

㉮ 무권대리인이 본인을 상속하는 경우

무권대리인이 본인을 상속하는 경우에는 다수설에 의하면 그 무권대리행위가 지위의 혼동(地位의 混同)으로 유효하게 되어 추인(追認)의 거절권(拒絶權)이 인정되지 않는다. 예를 들어 임꺽정의 子인 A가 父인 임꺽정의 무권대리인으로서 임꺽정의 재산을 김선달에게 처분하였고 김선달은 이를 황진이에게 다시 처분한 경우, 후에 父인 임꺽정이 사망하여 그 지위를 子인 A가 상속한 경우의 무권대리행위는 유효하게 된다. 이렇게 되는 이유는 이를 무효라고 하여 子인 A가 김선달과 황진이 명의의 등기를 말소를 청구하거나 부동산의 점유로 인한 부당이득금의 반환을 청구함은 신의칙(信義則)에 반하기 때문이다. 그러나 소수설은 경우를 나누어 설명한다. i) 무권대리인이 본인을 단독상속한 경우에는 다수설과 견해를 같이 하나 ii) 공동상속한 경우에는 피상속인이 본인으로서 가지는 추인권과 추인거절권은 상속인 전원에게 승계되므로 전원의 추인이 없으면 무권대리행위는 공동상속인에 대하여 효력이 없다. 따라서 양자(☞무권대리인과 본인)의 지위는 혼동되지 않고 각각 분리되어 병존한다고 한다(이영준·고상용). 판례는 무권대리인이 본인을 단독 상속한 경우에 관하여 무권대리행위의 무효를 주장하는 것은 금반언의 원칙이나 신의칙에 반하여 허용될 수 없다고 한다(대판 1994.9.27. 94다20617).

㈏ 본인이 무권대리인을 상속하는 경우

본인이 무권대리인(無權代理人)을 상속하는 경우에는 다수설에 의하면, 본인의 지위에서 가지는 추인권(追認權)·추인거절권(追認拒絕權)을 모두 행사할 수 있고 추인을 거절하더라도 신의칙(信義則)에 반하지 않는다. 하지만 본인은 무권대리인의 지위를 상속하므로 무권대리인으로서의 이행 또는 손해배상책임은 병존한다(이를 병존설이라고도 한다; 김주수·장경학·이영준·김상용). 그러나 소수설에 의하면 무권대리행위는 당연히 유효하게 되고 본인은 추인거절권을 행사할 수 없다고 한다(곽윤직·김용한). 이에 대한 판례는 없다.

2) 상대방에 대한 효과

① 원 칙

무권대리인(無權代理人)과 계약을 한 상대방은 본인이 이를 추인(追認)할 것인지 이를 거절할 것인지 알지 못하므로 불안한 상태에 빠진다. 따라서 이러한 상태에서 빨리 벗어나도록 상대방에게 최고권(催告權)과 철회권(撤回權)을 부여하고 있다.

② 상대방의 최고권

최고(催告)는 본인에 대하여 무권대리행위를 추인할 것인지 아닌지 그에 대한 확답을 독촉하는 행위이며 제한능력자의 상대방이 가지는 최고권과 같은 성질의 행위이다. 무권대리행위에 있어서 상대방은 본인에게 상당한 기간을 정하여 주고 그 기간내에 추인(追認)할 것인지에 대한 확답을 최고(催告)하고(제131조 본문), 만약, 그 기간내에 본인이 확답을 발(發)하지 아니하면 추인을 거절한 것으로 간주(看做)한다(동조 단서 ; 발신주의).

잠깐!! 민총, 깊이보기

- 상기의 '무권대리인의 상대방의 최고에 대한 확답'에 있어서는 상대방의 보호를 위하여 우리 민법이 원칙으로 하고 있는 도달주의와 달리 발신주의를 채택하고 있음을 유의하라.
- 묵시적 추인에 관한 판례: ☞ ㉠ 인정한 예: (대판 1982.12.14. 80다1872·1873, 대판 1981.4.14. 81다151, 대판 1984.12.11. 83다카1531, 대판 1991.1.25. 90다카26812, 대판 2002.10.11. 2001다59217, 대판 1991.1.29. 90다12717)
  ㉡ 부정한 예: (대판 1982.7.13. 81다648, 대판 1986.3.11. 85다카2337, 대판 1990.3.27. 88다카181, 대판 1991.5.24. 90도2190, 대판 1991.7.9. 91다261, 대판 1998.2.10. 97다31113)

③ 상대방의 철회권

철회는 상대방이 무권대리인과 체결한 계약을 확정적으로 무효로 하는 행위이다. 무권대리인의 상대방은 본인의 추인이 있을 때까지(있기 전에) 본인이나 무권대리인에 대하여 이를 철회할 수 있다(제134조 본문). 이 철회로써 그 계약은 확정적으로 무효가 된다. 그러나 계약 당시에 상대방이 대리인의 대리권 없음을 안 때에는 철회하지 못한다(동조 단서).

잠깐!! 민총, 깊이보기

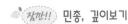

- 상기의 무권대리행위의 상대방의 철회는 상대방이 무권대리인과의 사이에 맺은 계약을 확정적으로 무효로 하는 행위이며 본인의 추인이 있기전에 상대방이 본인이나 그 무권대리인에 대하여 하는 것이다(제134조). 따라서 철회는 본인이 할 수는 없음을 유의하라.
- 상기의 상대방의 최고권은 상대방의 선의·악의를 불문하나, 철회권은 상대방이 선의인 경우에 한하여 행사할 수 있다. 악의의 상대방은 불확정한 상태에 놓이는 것을 각오한 자라고 할 수 있으므로, 그런 자를 보호할 필요는 없기 때문이다. 여기서 선의란 대리인에게 대리권이 없음을 알지 못하는 것이며, 선의·악의를 구별하는 시기는 계약 당시이다(이설 없음). 그리고 그에 관하여는 본인이 상대방의 악의를 증명하여야 한다.

3) 무권대리인의 상대방에 대한 책임

민법은 상대방의 보호와 거래의 안전을 위하여 무권대리인에게 무과실책임이라는 중한 책임을 지우고 있다(제135조). 그 요건은 다음과 같다.

① 무권대리인(☞타인의 이름으로 계약을 한 자)은 i) 자신이 대리권이 있음을 증명하지 못하고 ii) 본인의 추인(追認)을 얻지도 못할 뿐만 아니라 상대방이 철회(撤回)를 하지 않고 있는 등의 요건을 갖추게 되면 무권대리인은 상대방의 선택에 좇아 계약을 이행하거나 손해배상을 할 책임이 있다(제135조 제1항).

② 무권대리인의 책임내용은 상대방의 선택에 좇아 확정되고 따라서 그 선택의 방법은 선택채무(選擇債務)의 규정(제380조 이하)이 유추적용 된다. 즉, 계약을 이행하는 것이 무권대리인에 의하여 불능인 때에는 제385조 제1항 「불능으로 인한 선택채권의 특정」 규정에 의하여 손해배생책임을 부담하게 된다. 이 경우의 손해배상은 계약의 이행에 갈음하는 손해의 배상이다. 이렇게 민법은 거래의 안전을 위하여 무권대리인에게 과실의 유무와 상관없는 중한 '무과실책임'을 인정하고 있다(대판 1962.4.12. 4294민상1021).

③ 그러나 상대방이 무권대리인과 계약을 할 당시에 대리권이 없음을 알았던 경우인 악의인 경우에는 무권대리인에게 책임을 물을 수 없으며(제135조 제2항), 무권대리인이 제한능력자(無能力者)로서 법정대리인의 동의를 얻지 않고서 무권대리행위를 한 때에는 계약의 이행 또는 손해배상을 청구할 수 없다(동조 단서).

④ 한편, 무권대리인이 상대방의 선택에 좇아 계약의 내용을 이행한 때에는 상대방에 대하여 본인과 같은 지위에서 반대급부청구권(反對給付請求權) 및 기타 계약상의 권리를 취득한다.

잠깐!! 민총, 깊이보기

➡ 제한능력자가 법정대리인의 동의를 얻어 무권대리행위를 하였다면 그 동의를 한 법정대리인이 계약을 이행해야 하거나 또는 손해배상의 책임을 진다(제135조의 책임).

4) 본인과 무권대리인 사이의 법률관계

본인이 추인하지 않으면 본인과 대리인 사이에는 대리행위가 귀속되는 등의 효과가 발생하지 않으며 그에 따른 다른 법률문제도 없게 된다. 그러나 무권대리행위를 본인의 이익(利益)이라 생각하여 본인이 추인하면 정당한 대리행위가 되어 본인에게 그 효과가 귀속되며 이 때에는 무권대리인의 사무관리(事務管理)가 된다(제734조). 그리고 본인의 이익이 침해되어 손해를 가한 경우에는 불법행위(不法行爲)가 성립될 수 있다(제750조). 또한 무권대리행위로 인하여 무권대리인이 부당한 이득을 얻었으면 부당이득반환청구(不當利得返還請求)의 문제가 생긴다(제741조 이하; 대판 2009.6.11. 2008다79500 참조).

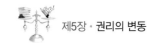

(3) 단독행위의 무권대리

대리권이 없는 김선달은
임꺽정의 대리인이라고 칭하면서
제한능력자인 임꺽정이 한 계약을 추인(事後의 同意)해 주었다.
이 경우에 그 효력은 어떠한가?

1) 원 칙

민법 제136조 「단독행위에는 그 행위당시에 상대방이 대리인이라 칭하는 자의 대리권없는 행위에 동의하거나 그 대리권을 다투지 아니한 때에 한하여 전6조의 규정을 준용한다. 대리권없는 자에 대하여 그 동의를 얻어 단독행위를 한 때에도 같다」 라고 규정함으로써 "단독행위의 무권대리(單獨行爲의 無權代理)"는 무권대리인이 하는 것(☞능동대리)이나 무권대리인에 대하여 하는 것(☞수동대리)을 묻지 않고 모두 절대무효이다(제136조). 이렇게 절대무효가 되는 이유는 단독행위의 무권대리의 경우에 무효로 하지 않고 본인의 추인을 인정하게 되면 본인의 자의(恣意)에 따라 일방적으로 무권대리행위의 효과를 좌우하게 되어 지나치게 본인의 이익만을 보호하는 결과가 되기 때문이다. 설문의 예에서 무권대리인인 김선달은 임꺽정의 상대방있는 단독행위인 계약을 추인을 하였으므로 이는 절대무효이다. 특히 이 설문에서 상대방이 동의를 하지 않았기 때문에 계약의 추인은 효력이 생기지 않는다.

2) 효 과

① 단독행위의 무권대리는 능동대리이거나 수동대리이거나를 불문하고 모두 무효가

된다는 원칙이다. 상대방있는 단독행위나 상대방없는 단독행위 모두에 적용된다.

② 그러나 상대방없는 단독행위에 대해서는 이 원칙이 확고부동(☞절대무효)하여 언제나 무효이며, 본인은 추인할 수 없고(설령 있더라도 아무런 효력이 생기지 않음) 무권대리인의 책임도 발생하지 않지만, 상대방있는 단독행위는 다음과 같은 상당한 범위의 예외를 인정하고 있다.

㉮ 능동대리에 있어서의 예외

능동대리(能動代理)에 있어서, 예컨대 본인을 대신하여 무권대리인이 계약을 해제한 때에는 상대방이 대리인이라 칭하는 자의 '대리권 없는 행위에 동의하거나 또는 그 대리권을 다투지 아니한 때'에 한하여 계약과 마찬가지로 동일한 효과가 생긴다(제136조 전단). 단독행위를 할 당시에 이의를 제기하거나 단독행위 후에 지체없이 이의를 제기하면 다툰 것이 된다. 그리고 이 경우에 다투지 아니한 이유(대리권 없음을 알든 모르든)는 묻지 않는다.

㉯ 수동대리에 있어서의 예외

수동대리(受動代理)에 있어서, 예컨대 상대방이 무권대리인에 대하여 본인을 위한 것임으로 표시하여 계약을 해제한 때에는 그것이 무권대리인의 '동의를 얻어 행위를 할 때'에 한하여 계약의 경우와 마찬가지로 동일한 효과가 생긴다(제136조 후단). 그 이유는 상대방있는 단독행위에 대하여 동의도 하지 않은 무권대리인에게 무거운 책임을 지우는 것은 부당하기 때문이다.

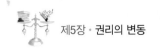

제5절 법률행위의 무효와 취소

I 총 설

1. 개 관

법률행위는 일반적으로 당사자가 의도한 대로 법률효과가 발생하는 것이 원칙이다. 그러나 경우에 따라서는 그렇지 못한 경우도 있게 된다. 예컨대 어떤 행위가 법률행위로 성립하였다 하더라도 공익적(公益的)·사익적(私益的) 관점에서 그러한 법률행위의 효력발생을 완전히 부인한다든가 또는 일단 발생한 효력을 후에 부정하는 경우가 그것이다. 민법은 법률행위의 성립요건 또는 효력요건을 갖추지 못한 고장(故障)이 있는 경우, 즉 처음부터 법률행위의 효력이 전혀 생기지 않는 경우를 「무효(無效)」라 하고, 효력은 생기지만 일정한 방법으로 그 효력을 소멸시킬 수 있는 경우를 「취소(取消)」라고 구별하고 이를 '법률행위의 무효와 취소제도'라고 하였다.

알아두면 편리해요!!!

법률행위의 효력발생이 불완전한 경우로는 상기의 무효·취소의 경우뿐만 아니라, 이후에서 설명하는 제6절 법률행위의 부관에 대한 내용인 조건(제147조 이하)·기한(제152조 이하) 그리고 해제 등의 경우가 있다.

2. 무효와 취소의 공통점과 다른점

(1) 공통점

1) 「무효와 취소」는 당사자가 의도한 것을 공익적 이유(제103조·제104조 등), 약자

보호(제5조 · 제8조 · 제10조 등) 또는 의사표시의 불비(不備) 등을 이유로 하여 법적 효과를 부여하지 않는다.

2) 「무효와 취소」는 법률행위가 아직 이행되지 않은 경우에는 그 이행의 청구를 부정하며, 법률행위가 이미 이행된 경우에는 상대방은 이를 보유할 근거가 없으므로 그 반환의 청구가 인정된다. 그러나 이미 이행된 경우가 공서양속(公序良.俗)에 반하는 경우라면 원상회복시키는 것이 바람직하지 않으므로 그 반환청구는 거절된다(제746조 불법원인급여).

(2) 다른점

1) 기본적 효과

「무효」는 특정인의 행위를 기다리지 않고 처음부터 당연히 효력을 발생하지 않지만, 「취소」는 취소권자(특정인)의 취소라는 적극적인 행위에 의하여 비로소 무효가 된다.

2) 주장권자

「무효」는 누구라도 주장할 수 있지만, 「취소」는 취소권자만에 한한다(제140조).

3) 주장기간

「무효」는 주장기간에 제한이 없지만, 「취소」는 일정한 기간내에 한한다(제146조).

4) 방치할 경우

「무효」는 방치하여도 그 무효원인이 치유되지 않지만, 「취소」는 방치할 때에는 일정기간이 지나면 취소권이 소멸하여 유효한 것으로 확정된다.

5) 추 인

「무효」는 추인이 있어도 효력은 치유되지 않지만(제139조 본문), 「취소」는 추인하면 확정적으로 유효로 될 수 있다(제143조 이하).

잠깐!! 민총, 깊이보기

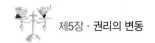

- 구체적인 법률행위가 무효와 취소의 쌍방원인을 모두 포함하는 경우가 있는데 이를 「무효와 취소의 경합」이라고 한다. 예컨대 제한능력자가 어떤 법률행위를 할 때에 전혀 의사능력을 갖고 있지 않은 경우 등이 그것이다. 이 경우에는 당사자가 무효와 취소 가운데 어느 한쪽의 요건을 증명하여 어느 것을 주장하든 자유이다(☞二重效).

Ⅱ 법률행위의 무효

1. 무효일반

(1) 서 언

1) 의 의

「법률행위의 무효」라 함은? 성립이전의 상태로 법률관계를 되돌려 당초부터 당연히 법률상의 효력이 발생되지 않는 것으로 확정되어 있는 것을 말한다. 즉, 이는 어느 누구의 주장을 기다릴 필요도 없이 처음부터 당연히 그리고 절대적으로 법률상의 효력이 없는 것이다.

알아두면 편리해요!!!

법률행위의 무효와 논리적·개념적으로 구별하여야 할 법률행위인 불성립(不成立)이 있다. 「무효」와 「불성립」의 양자는 법률행위로서의 본래의 효력이 발생하지 않는다는 점에 있어서는 동일하다. 그러나 무효는 일단 법률행위의 성립을 전제로 하나, 불성립은 법률행위로서의 외형을 전혀 갖추지 못하므로 유효이냐 무효이냐의 문제가 발생하지 않는다는 점이 차이가 있다. 즉, 법률행위가 당초부터 존재하지 않은 경우를「불성립」이라고 한다.

2) 무효의 원인

법률행위에 있어서 공통되는 일반적인 무효의 원인은 다음과 같다.

① 당사자에 관한 무효원인

당사자의 의사무능력(☞의사능력의 흠결)

② 의사표시에 관한 무효원인

ⅰ) 비진의의사표시의 예외의 경우(☞비진의의사표시는 원칙적으로는 유효하나 상대방이 진의아님을 안 경우 ;제107조 제1항 단서) ⅱ) 통정허위표시(제108조)

③ 목적에 관한 무효원인

ⅰ) 내용불능 · 불확정의 법률행위 ⅱ) 강행법규에 위반하는 법률행위 ⅲ) 사회질서에 반하는 법률행위(제103조) ⅳ) 폭리행위(제104조) ⅴ) 불법조건부법률행위(제151조)

④ 그 밖의 무효원인

'단독행위의 무권대리'는 무권대리인이 하는 것(☞능동대리)이나 무권대리인에 대하여 하는 것(☞수동대리)을 묻지 않고 모두 절대무효이다(제136조).

잠깐!! 민총, 깊이보기

상기의 '당사자의 의사무능력'은 민법에는 규정되어 있지 않지만 이론상의 무효원인이다. '각 개인은 원칙적으로 자기의 의사에 의해서만 권리를 취득하거나 의무를 부담한다'라고 한 근대법의 기본원리인 사적 자치의 원칙에서 무효라고 한다.

(2) 무효의 종류

1) 절대적 무효 · 상대적 무효

① 「절대적 무효」라 함은? 법률행위 무효의 효과를 행위의 당사자뿐만 아니라 제3자에게도 주장할 수 있는 것을 말한다. ⅰ) 의사무능력자의 법률행위 ⅱ) 반사회질서의 법률행위 ⅲ) 강행법규에 위반하는 행위 ⅳ) 목적이 불가능한 법률행위 ⅴ) 불공정한 법률행위(폭리행위)가 그것이다.

② 「상대적 무효」라 함은? 당사자 사이에서는 무효이지만 선의의 제3자에게는 주장할 수 없는 무효를 말한다. 이는 거래안전을 위하여 무효의 효력을 제한하는 것이다 ⅰ) '양도금지의 특약이 있는 채권의 양도행위의 무효'는 선의의 제3자에

게 대항하지 못한다. ii) '진의 아닌 의사표시의 무효'는 선의의 제3자에게 대항하지 못한다(제107조 제2항). iii) '통정한 허위표시의 무효'는 선의의 제3자에게 대항하지 못한다(제108조 제2항)는 것이 그것이다(☞자세한 것은 이하의 '무효의 일반적 효과' 참조할 것).

2) 당연무효 · 재판상 무효

① 「당연무효」라 함은? 법률행위를 무효로 하기 위하여 특별한 절차나 행위(예: 訴訟)를 하지 않아도 무효의 효과가 발생하는 것을 말한다. 그 예로서 민법상의 무효를 들 수 있다.

② 「재판상 무효」라 함은? 재판에 의한 무효선고를 통해서만 무효로 확정되는 것을 말한다. 이는 원고적격(原告適格)과 출소기간(出訴期間)의 제한이 있다. 상법상 회사설립의 무효(제184조) · 회사합병의 무효(제236조) · 주주총회결의의 무효(제380조) · 신주발행의 무효(제429조) · 자본감소의 무효(제445조) 등이 그것이다. 이는 법률관계의 획일적 확정을 위한 것이다.

3) 전부무효 · 일부무효

① 「전부무효」라 함은? 법률행위의 전부가 무효로 되는 것을 말한다. 일반적으로 무효라고 하면 전부무효를 가리킨다.

② 「일부무효」라 함은? 법률행위의 일부만이 무효로 되는 것을 말한다. 법률행위의 일부무효는 전부무효로 되는 것이 원칙이나, 그 무효부분이 없더라도 법률행위를 하였으리라고 인정될 때에는 나머지 부분은 유효하다. 민법 제137조에서 규정하고 있다.(대판 2010.3.25. 2009다41465; 대판 2002.9.4. 2009다18435; 대판 2002.9.10. 2002다21509; 대판 1996.2.27. 95다38875)

4) 확정적 무효 · 불확정적 무효(유동적 무효)

① 「확정적 무효」라 함은? 법률행위의 무효는 원칙적으로 확정적 · 계속적으로 효력을 발생하지 않고, 후에 추인(追認)을 하더라도 효력이 생기지 않는다(제139조 본문)는 것을 말한다.

② 「불확정적 무효」라 함은? 현재는 법률행위의 효력이 발생하지 않으나 추후에 법률행위를 유효하게 할 요건을 갖추면 법률행위시까지 소급하여, 또는 장래에 향하여 유효로 되는 불확정적 상태에 있는 무효를 말한다(예: 無權代理行爲·停止條件附代理行爲). 이는 「유동적 무효」라고도 한다. 그러므로 이 불확정적 무효의 상태에서 유효요건을 갖추게 되면 그 법률행위는 행위시까지 소급하기도 하고, 장래에 향하여 확정적으로 유효하게 되므로 유효요건을 갖춘 후에는 새로운 계약을 체결할 필요가 없다. 유효요건을 갖추지 못하는 것으로 확정되면 법률행위의 효과는 확정적으로 무효가 된다. 예컨대 대리권 없는 자가 타인의 대리인으로 한 계약은 본인이 이를 추인하기 전까지는 무효이나, 본인이 이를 추인하게 되면 계약시부터 소급하여 그 효력이 발생하고, 추인을 거절하면 확정적으로 무효인 것으로 된다.

(3) 무효의 일반적 효과

1) 법률행위가 무효가 되면 해당 법률행위의 내용에 따른 법률효과는 발생되지 않는다. 따라서 법률행위가 물권행위인 경우에는 물권변동이 발생하지 않고 채권행위인 경우에는 채권이 발생하지 않는다. 예를 들어 김선달의 집을 임꺽정이 매수하기로 한 매매계약이 제103조에 의하여 무효가 된 때에는 양당사자는 그 계약에 기하여 발생할 채권의 이행을 청구하지 못한다. 따라서 무효에 관하여는 법원은 당사자의 주장이 없더라도 직권으로 이를 조사하여 법률효과를 부인하여야 한다.

2) 무효인 법률행위에 관하여 채무의 이행이 없는 경우에는 이행의 문제가 발생될 여지가 없다. 그러나 법률행위가 무효가 되면 이미 급부의 이행이 있었을 때에는 수령자는 수령물을 반환하여야 한다. 즉, 이미 급부가 이행되었으면 원칙적으로 부당이득에 관한 규정에 의하여 수령물의 반환의무가 발생하게 된다(제741조 참조). 그렇다면 이는 비채변제(제742조)·불법원인급여(不法原因給與)의 제한이 따르게 된다(제746조 참조). 예컨대 이미 이행된 경우가 공서양속(公序良俗)에 반하는 경우라면 원상회복시키는 것이 바람직하지 않으므로 그 반환청구는 거절된다.

제5장

판례는, 무효인 법률행위에 따른 법률효과를 침해하는 것처럼 보이는 위법행위나 채무불이행이 있다고 하여도 법률효과에 침해에 따른 손해는 없는 것이므로 그 손해배상을 청구할 수는 없다고 한다(대판 2003.3.28. 2002다72125; 가장매매의 매수인인 원고가 소유권이전등기 청구권을 보전하기 위하여 처분금지가처분 신청 사무를 법무사인 피고에게 위임하였는데 피고가 토지의 등기부상 지번과 토지대장상의 지번이 일치하는지 여부를 확인하고 그 지번이 일치하도록 신청서를 작성하여야 함에도 이를 제대로 확인하지 아니하고 토지대장상의 지번대로 처분금지가처분 신청서를 작성·제출하여 신청대로 처분금지가처분 결정이 발하여졌으나 등기부상 지번과 처분금지가처분결정상의 지번이 일치하지 않는다는 이유로 그 기입등기 촉탁이 등기공무원에 의하여 각하된 경우).

3) 법률행위의 무효가 '절대적 무효'인 경우에는 선의의 제3자에 대하여도 무효를 주장할 수 있음이 원칙이다. 예컨대 강행법규에 위반한 법률행위의 무효의 경우가 그것이다.
그러나 상대적 무효의 경우에는 거래의 안전을 위한 무효로서 선의의 제3자에게 대항할 수 없는데 이러한 제한의 경우는 다음과 같다.

㉮ 비진의의사표시

비진의의사표시는 상대방이 표의자의 진의아님을 알았거나 이를 알 수 있었을 경우에는 무효로 하지만(제107조 1항 단서) 선의의 제3자에게는 그 무효로서 대항하지 못한다(동조 제2항).

㉯ 통정허위표시

통정허위표시의 무효는 당사자 사이에는 그 무효를 주장할 수 있지만(제108조 제1항) 선의의 제3자에게는 그 무효로서 대항하지 못한다(동조 제2항).

㉰ 채권양도금지특약

채권양도금지특약을 한 당사자간에 특약을 위반한 채권의 양도는 당연히 무효가 되지만 이 경우에 모두를 무효로 하게 되면 채권을 양수한 선의의 제3자에게는 불의의 손해를 입힐 수 있다. 따라서 채권양도금지특약이 있는 채권의 양도행위의 무효는 선의의 제3자에게는 대항하지 못한다(동조 제2항).

잠깐!! 민총, 깊이보기

- 상기의 「선의의 제3자」라 함은? 이해관계를 맺을 경우에 비진의의사표시·통정허위표시·채권양도금지특약에 대해 알지 못한 제3자로서, 당사자와 그 포괄승계인이외의 자를 말한다.

4) 법률행위가 '일부무효'인 경우는 그 전부를 무효로 하여야 하지만, 그 무효인 부분이 없더라도 법률행위를 하였을 것이라고 인정될 때에는 나머지 부분은 무효로 되지 않는다는 예외를 규정하고 있다(제137조 참조). 예컨대 유효약관(有效約款)에 있어서 일부분이 무효가 되면 그 전부를 무효로 하여야 하지만, 각각의 법률행위가 독립성을 가지게 되면 나머지 부분은 유효하게 되는 경우가 그것이다.

살아있는 Legal Mind!!!

- 법률행위의 일부만을 소급하여 무효로 하고 나머지 부분을 유효로 하는 것을 「일부취소」라고 하는데 민법 제137조는 법률행위의 일부가 무효인 경우뿐만 아니라, 일부가 취소되는 경우에도 적용된다(이영준 676면 이하).

정말, 공연한 이야기!!!

개관식 문제에 있어서 반드시 알아야 할 것은 대부분의 질문에는 함정이 있다는 것이다. 예를 들어 "법률행위의 무효에 관한 다음 기술 중 옳은 것은?이라는 질문에서 ① 법률행위의 일부무효는 언제나 그 전부를 무효로 하는 것이 원칙이다 ② 무효의 효과는 선의의 제3자에게 대항할 수 없는 경우도 있다"라는 등의 답지가 있는 경우, 흔히 정답은 ①이 되는데, 그 이유는 법률행위가 '일부무효'인 경우는 그 전부를 무효로 하여야 하지만 그 무효인 부분이 없더라도 법률행위를 하였을 것이라고 인정될 때에는 나머지 부분은 무효로 되지 않는다는 예외를 규정이 있기 때문이다(제137조 참조). 그러나 상기 ①의 내용 중 '언제나'라는 표현이 있으므로 이는 정답이 아닌 것이다. 그래서 ①이 "법률행위의 일부무효는 그 전부를 무효로 하는 것이 원칙이다"라고 하였다면 이는 옳은 답이 될 것이다.

5) 법률행위가 무효인 경우에는 원칙적으로 당사자가 후에 이를 추인(追認)하더라도 무효인 행위 자체가 처음부터 유효로 되는 것은 아니다. 당사자가 그 무효임을 알고 추인한 때에는 새로운 법률행위로 본다(제139조). 즉 추인한 경우에는 새로운 법률행위를 한 것으로 간주하고 소급효는 없다(이에 관하여는 후술하는 무효행위의 추인에서 자세히 설명한다).

2. 무효행위의 전환

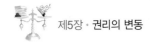

> 김선달은 혼인관계가 없는 황진이와의 사이에서 낳은 子를
> 자신과 본처인 옥경이 사이에서 출생한 혼인중의 子로 신고하였다.
> 이 경우에 법적으로 출생신고의 효력이 있는가?

(1) 개 관

1) 「무효행위의 전환(無效行爲의 轉換)」이라 함은? 원래 법률행위가 무효이지만 다른 법률행위로서의 요건을 갖추고 있을 때에는, 당사자가 그 무효를 알았더라도 그 다른 법률행위를 의욕하였을 것이라고 인정(☞이는 현실의 의사가 아닌 假定的 의사)되는 경우에는 다른 법률행위로서 그 효력을 긍정하는 것을 말한다.

2) 구민법은 이에 관하여 규정하지 않았으나 현행 민법 제138조는 「무효인 법률행위가 다른 법률효과의 요건을 구비하고 당사자가 그 무효를 알았더라면 다른 법률행위를 하는 것을 의욕하였을 것이라고 인정될 때에는 다른 법률행위로서의 효력을 가진다」라고 규정함으로써 '무효행위의 전환'을 인정하고 있다. 예컨대 A행위로서는 무효인 법률행위가 B행위로서는 요건을 갖추고 있는 경우에 유효인 법률행위가 되고, 또한 당사자가 A행위가 무효임을 알았다면 B행위를 하였을 것이라고 인정될 때에는 무효인 A행위를 유효인 B행위로서 인정하는 것이 그것이다. 이렇게 '무효행위의 전환'을 인정하는 이유는 무효의 효과를 엄격히 적용하면 거래의 안전을 해치게 되고 또한 제3자에게 불의의 희생을 강요하는 결과를 가져오며 특히 제3자가 법률행위의 무효를 알지 못하는 경우에는 그 폐단이 너무나 크기 때문이다.

3) 다만 이 규정은 임의규정이므로 당사자간에 다른 특약을 할 수 있다. 민법은 여기에 관하여 개별적으로 특별 규정을 두고 있다(제530조 · 제534조 · 1071조 등).

살아있는 Legal Mind!!!

'무효행위의 전환'의 법리와 '일부무효'의 법리는 비슷한 구조를 가지고 있다. 양자의 관계에 관하여 학설은 '무효행위의 전환'은 '일부무효의 효과를 규정한 특수한 적용례'에 불과하다고 본다(김용한 · 장경학 · 고상용 · 김상용 · 이영준). 즉 제137조의 일부무효의 법리는 「양적인 일부무효」이고 제138조의 무효행위의 전환의 법리는 「질적인 일부무효」라고 보아서 양자는 본질적으로 동일한 규정이라 보는 것이다. 따라서 무효행위의 전환제도는 법률행위가 무효임에도 불구하고 그것이 유효한 행위로 이전된다는 뜻이 아니고, 일부무효인 법률행위가 다른 법률행위로 현재화(顯在化)한다는 뜻이다.

(2) 전환의 요건

1) 일단 성립한 법률행위가 무효이어야 한다. 따라서 법률행위가 불성립한 것이나 취소된 행위에 대해서는 무효행위의 전환이 인정되지 않는다.

2) 무효인 법률행위가 다른 법률행위의 요건을 갖추어야 한다(제138조). 예컨대 지상권설정계약으로서는 무효이지만, 임대차계약으로서는 유효한 것으로 인정하는 경우가 이에 해당한다. 그러나 제138조에서 규정하는 전환되는 다른 법률행위는 원래의 법률행위보다 법률효과에 있어서 우월한 것이어서는 안 된다. 예컨대 무효인 채권의 압류명령은 더 우월한 채권양도로 전환할 수 없다.

3) 당사자가 제1의 행위의 그 '무효를 알았더라면 다른 제2의 법률행위를 하였으리라는 의욕이 있었음'이 인정되어야 한다(제138조). 이 경우에 의욕의 유무의 판단은 법률행위의 해석에 의하나, 제2의 다른 법률행위는 상상적 · 가상적인 것이면 족하다. 전환의 의사를 판단하는 시기는 전환 시가 아니라 행위당시가 된다.(대판 2010.7.15. 2009다50308)

(3) 전환의 모습

「무효행위의 전환」의 경우는 개별적으로 검토되어야 하는데 그 두 가지의 경우를 살펴보면 다음과 같다.

제5장

1) 불요식행위로의 전환

전환전의 행위(제1의 행위)가 요식행위이던 불요식행위이던 상관없이 전환이 인정되는 때는 전환후의 행위(제2의 행위)가 불요식행위인 경우이다. 예컨대 방식에 위배한 어음은 무효이지만 통상의 채무이므로 차용증서로서의 효과를 인정하는 경우, 물권인 지상권 설정계약으로서는 무효이지만 채권인 임대차계약으로는 유효하는 경우가 그것이다.

2) 요식행위로의 전환

① 전환전의 행위(제1의 행위)가 불요식행위인 경우에는 전환후의 행위(제2의 행위)를 요식행위로 하는 무효행위의 전환은 인정될 가능성이 거의 없다.

② 전환전의 행위(제1의 행위)와 전환후의 행위(제2의 행위)가 모두 요식행위인 경우에는 문제가 있다. 이 경우에는 요식(要式)으로 하고 있는 취지에 따라 결정하여야 한다. 즉, 명문의 규정이 있는 경우에는 그 규정에 따르고, 명문규정이 없는 경우에는 입법취지로서 판단하여야 한다. 특히 일정한 형식을 요구하는 요식행위로의 전환은 인정하지 않는 것이 일반적 원칙이지만 그 예외가 있다. 즉, 확정된 의사를 서면(書面)에 나타낼 뿐인 것(예: 認知·入養 등)으로의 전환은 허용된다. 이는 다음과 같다.

㉮ 상기의 예에서 김선달이 혼인관계가 없는 황진이와의 사이에서 출생한 혼인외의 子를 본처인 옥경이와의 사이에서 출생한 혼인중의 子로서 출생신고한 경우는 출생신고로는 무효이지만 인지신고(認知申告)로서의 효력은 인정한다(대판 1971.11.15. 71다1983; 대판 1976.10.26. 76다2189). 이와 같은 취지는 2007년 5월 17일 법률 제8435호로 제정된 「가족관계의 등록등에 관한 법률」 제57조에 명문으로 규정되어있다.

㉯ 타인의 子를 입양절차를 거치지 않고 친생자(親生子)로 입적하였을 경우에는 친생자입적신고로서는 무효이지만 입양신고(入養申告)의 효력은 인정한다(대판 1977.7.26. 77다492; 대판 1991.12.13. 91므153; 대판 2001.5.24. 2000므1493; 대판 2001.8.21. 99므2230).

㉰ 비밀증서에 의한 유언(遺言)으로서 그 방식에 흠결이 있는 경우에라도 그 증서가 자필증서에 의한 유언으로서 적합한 때에는 자필증서에 의한 유언으로 전환될 수 있다(제1071조). 제1071조는 제128조가 구체화된 예로 볼 수 있다.

㉣ 상속포기 신고가 상속포기로서의 효력이 없는 경우에 상속재산의 협의분할을 인정 한 것도 있다.(대판 1989.9.12. 88누3305)

㉤ 사용자가 근로자의 임금 지급에 갈음하여 사용자가 제 3자에 대하여 가지는 채권을 근로자에게 양도하기로 하는 약정은 전부 무효임이 원칙이지만(근로기준법 제43조 1항 참조), 당사자 쌍방이 위와 같은 무효를 알았더라면 임금의 지급에 갈음하는 것이 아니라 지급을 위하여 채권을 양도하는 것을 의욕하였으리라고 인정될 때에는, 무효행위 전환의 법리에 따라 그 채권양도 약정은 「임금의 지급을 위하여 한 것」으로서 효력을 가질 수 있다고 한다(대판 2012.3.29. 2011다101308).

(4) 전환의 효과

전환의 요건을 갖추면 무효인 법률행위는 다른 법률행위로서의 효력을 가진다(제138조). 하지만 이미 앞의 요건에서 설명한 바와 같이 "전환되는 다른 법률행위의 가치"가 "원래의 법률행위가 추구하는 가치"보다 더 우월한 경우라면 그 전환은 허용되지 않는다. 즉, 무효행위의 전환에 있어서 전환되는 다른 법률행위는 원래의 법률행위보다 법률효과에 있어서 우월한 것이어서는 안 된다.

살아있는 Legal Mind!!!

▶ 취소에 의하여 무효로 된 경우에도 무효행위의 전환을 인정할 것인가에 관하여 논의의 여지가 있다. 취소된 법률행위는 상기에서 밝힌 「다른 법률행위」의 기초가 되기에 적절하지 않으므로 이를 부정하는 것이 타당하지만 일부취소의 경우에는 무효행위의 전환을 인정하는 것도 무방하다고 한다(이영준 681면).

3. 무효행위의 추인

임꺽정은 김선달과 짜고서
자신의 땅을 증여형식에 의하여
김선달 명의로 2012년 5월 1일에 이전등기를 하여 놓았다.
그 후 2013년 5월 1일에 이것을 증여로 추인하면
김선달에게는 언제부터 소유권이전의 효력이 생기는가?

(1) 개 관

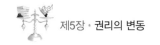

1) 「무효행위의 추인(無效行爲의 追認)」이라 함은? 무효인 법률행위를 유효로 인정하는 '당사자의 의사표시'를 말한다.

2) 민법 제139조는 「무효인 법률행위는 추인하여도 그 효력이 생기지 아니한다」라고 규정함으로써 '무효인 법률행위'는 원칙적으로는 처음부터 효과가 발생하지 않는 것으로 확정되며 후에 그 행위를 유효하게 하는 추인(追認)을 하더라도 유효로 되지 않는다.

3) 하지만 동조 단서는 「그러나 당사자가 그 무효임을 알고 추인한 때에는 새로운 법률행위로 본다」라고 규정함으로써 그 당사자가 한 행위가 무효임을 알고 그 행위를 추인(追認)한 때에는 "새로운 법률행위"를 한 것으로 간주(看做)한다. 하지만 유의할 것은 무인을 추인한다고 해서 무효인 행위 자체가 유효로 되는 것은 아니라는 것이다. 즉, 무효행위의 추인은 처음부터 유효로 되는 소급적 추인(遡及的 追認)의 인정이 아니라 '비소급적 추인(非遡及的 追認)'을 인정하는 것이다(대판 1983.9.27. 83므22). 예컨대 '가장매매(假裝賣買)'의 경우에 당사자가 이를 추인하면 그 때부터 장래에 향하여 유효한 매매가 된다.

(2) 추인의 요건

1) 당사자가 무효임을 알면서 이를 추인하여야 한다.

무효행위를 추인하는 의사표시는 명시적이든 묵시적이든 상관없다. 다만 요식행위의 경우에는 방식을 갖추어야 하기 때문에 묵시적 추인이 있을 수 없다(대판 2009.9.24. 2009다37831; 대판 2010.2.11. 2009다68408; 대판 2010.12.23. 2009다37718 등).

2) 추인시에 새로운 법률행위는 따로 법률행위의 요건을 갖추어야 한다.

무효원인이 존재한 상태에서는 아무리 추인하여도 유효가 되지 않는다. 결국, 무효행위의 추인은 무효원인이 소멸한 이후에 하여야만 한다. 그러므로 새로운 법률행위가 선량한 풍속·사회질서·강행법규에 위반되는 경우(예: 도박을 목적으로 자금을 대여한 무효행위)라면 이러한 추인의 여지는 없다(대판 1973.5.22. 72다2249; 대판 1994.6.24. 94

다10900 등 참조).

3) 가족법상의 행위는 그 성질상 추인이 인정되지 않는다.

4) 무효행위의 추인은 새로운 법률행위를 한 것으로 보기 때문에, 추인은 새로운 행위와 동일한 요건을 갖추어야 한다. 따라서 추인에 의하여 새로운 법률행위로 되는 그 행위가 요식행위인 경우에는 방식도 갖추어야 한다. 그리고 추인하려고 하는 무효행위가 계약인 경우에는 추인은 쌍방의 합의로 하여야 한다.

살아있는 Legal Mind!!!

- 상기에서 가족법상의 행위는 그 성질상 추인이 인정되지 않는다고 하였다. 그러나 다음과 같은 예외가 있다. 예컨대 사실혼관계에 있는 당사자의 일방이 모르는 사이에 혼인신고가 이루어진 된 경우에는 원칙적으로는 그 혼인신고가 무효이지만, 쌍방의 당사자가 이러한 사실을 알고 추인하고 혼인관계를 계속하면 법률상 이를 무효로 할 것이 아니므로 판례의 경우는 이를 긍정한다(대판 1965.12.28. 65므61).

(3) 추인의 모습

1) 소급적 추인

원칙적으로 무효행위는 추인해도 모든 사람과의 관계에서 처음부터 유효로 하는 소급적 추인이 있을 수 없다(제139조 본문). 그러나 제3자의 권리를 침해하지 않는 범위 내에서 당사자간 약정에 의하여 무효행위를 소급적으로 추인하는 것은 인정된다(통설 · 판례).

2) 비소급적 추인

당사자가 무효임을 알고도 추인을 한 경우에는 새로운 법률행위를 한 것으로 간주하는 비소급적 추인을 인정한다(제139조 단서). 이렇게 무효행위에 대하여 비소급적 추인을 인정하는 이유는 불필요한 당사자간의 동일한 내용의 법률행위의 반복을 피하기 위해서이다. 설문의 예에서 임꺽정과 김선달이 가장매매(假裝賣買)를 하기로 통정(通情)하여 2012년 5월 1일에 한 증여에 의한 소유권이전등기는 무효이지만, 이것이 무효인 것을 알고서 2013년 5월 1일에 추인한 경우는 처음부터 유효한 것이 아니고 추인한 때부터 장래에 대하여 새로운 증여로서의 효력이 생기는 것이다. 따라서 무효행위의 추인에 대한 요건이 갖추어졌으면 2013년 5일 1일부터 소유권이전등기가 유효함을 인정할 수 있다.

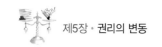

▶ 무효행위의 전환에 대한 판례(비소급적 추인을 인정하고 있는 판례) ☞ "무효인 법률행위는 당사자가 무효임을 알고 추인한 경우에 원칙적으로 추인이 인정되지 않지만, 후에 추인한 경우는 당사자의 의사를 추측하여, 새로운 법률행위를 한 것으로 간주할 뿐이고 소급효가 없는 것이므로 무효인 가등기를 유효한 등기로 전용키로 한 약정은 그 때부터 유효하고 이로써 위 가등기가 소급하여 유효한 등기로 전환할 수 없다(대판 1992.5.12. 91다26546)."

Ⅲ 법률행위의 취소

1. 취소일반

(1) 의 의

1) 「취소(取消)」라 함은? 일단 유효하게 성립한 법률행위를 취소권자가 취소권을 행사하면 행위시에 소급하여 무효로 하는 것을 말한다(제140조~제142조). 이러한 취소할 수 있는 법률행위는 ⅰ) 제한능력자의 법률행위 예컨대 법정대리인의 동의 없이 한 미성년자의 법률행위와 피한정후견인의 법률행위(제5조 · 제10조)와 피성년후견인의 법률행위(제13조) ⅱ) 법률행위의 내용이 중요부분에 착오가 있는 행위(제109조) ⅲ) 사기 · 강박에 의한 의사표시(제110조) 등이 있다. 그러나 취소할 수 있는 법률행위라도 취소권자가 취소할 때까지는 유효하므로 그 때까지는 유효하게 취급하지 않으면 안 된다. 또한 취소권을 포기하거나(☞追認의 경우 ;제143조~제145조) 제척기간의 경과로 취소권이 소멸하면(제146조) 그 취소할 수 있는 법률행위는 완전히 유효한 행위로 확정된다.

2) 민법 제140조 이하의 규정은 제한능력·착오·사기 또는 강박에 의한 의사표시를 이유로 하여 취소하는 경우에 관한 통칙적 규정이다. 즉 민법은 그 내용으로 법률행위의 취소권자(제140조)·취소의 효과(제141조)·취소의 상대방(제142조)·추인의 방법, 효과(제143조)·추인의 요건(제144조)·법정추인(제145조)·취소권의 소멸(제146조)에 관하여 규정하고 있다.

(2) 취소와 구별되는 개념

무효이외의 취소와 구별되어야 할 개념은 다음과 같다.

1) 철 회

「철회(撤回)」라 함은? 법률행위의 성립 이후 효력발생 이전에 철회권자가 그 효과의 발생을 저지시키는 것을 말한다. 예컨대 법정대리인이 미성년자가 아직 법률행위를 하기 전에 동의와 허락을 취소(※ '조문에서는 취소'라 하였지만 이는 철회의 의미임)할 수 있는 경우(제7조)가 그것이다.

보충정리 취소와 철회의 차이

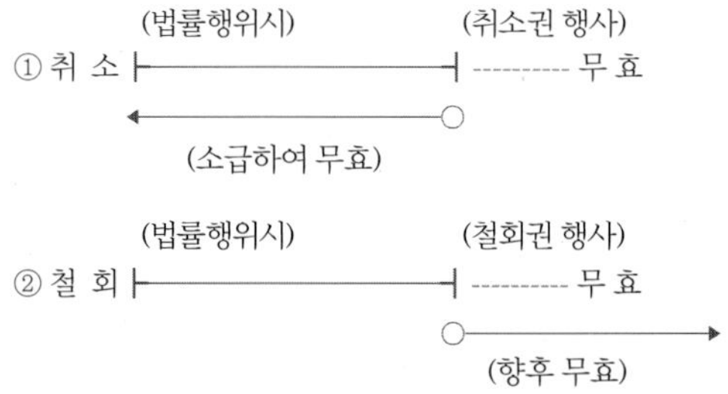

2) 해 제

「해제(解除)」라 함은? 유효하게 성립한 계약에서 당사자 일방의 채무불이행이 있는 경우 다른 일방이 계약을 소급적으로 소멸시키는 것을 말한다. 이는 소급적으로 효력을 소멸시킨다는 점 그리고 형성권이라는 점에서 취소와 같다. 그러나 i) 취소가 흠이 있는 행위의 효력을 소멸시키는데 반하여, 해제는 보통 채무불이행으로 생긴다는 점 ii) 취소는 계약뿐만 아니라 모든 법률행위에서 생기나, 해제는 계약에 특유한 것이라는 점 iii) 취소의 경우에는 이미 이행된 것은 부당이득으로 반환되지만, 해제의 경우에는 부당이득의 원칙에 예외가 인정되어 원상회복 외에 손해배상의 문제가 생긴다는 점에서 그 차이가 있다.

3) 해 지

해지는 효력발생 이후 해지권자가 해지하면 그 이후의 효력이 소멸되는 것이다. 따라서 그 이전의 효력은 유효하다.

(3) 취소의 종류

민법이 규정하고 있는 취소의 여러 경우를 보면 다음과 같다.

1) 협의의 취소

「협의의 취소(俠義의 取消)」라 함은? 법률행위의 원시적 하자(瑕疵)에 의한 이유로써 일단 유효하게 성립한 법률행위의 효력을 후에 행위시로 소급하여 소멸하게 하는 취소권자의 의사표시를 말한다. 즉, 이는 소급효(遡及效)가 있으며, 일상생활에서 흔히 사용하는 '취소'라는 것을 말하는 것이다. 이는 「좁은 의미의 취소」 또는 「본래적 의미의 취소」라고도 한다. 민법 제140조 내지 146조의 규정은 원칙적으로 이러한 좁은 의미의 취소에만 적용된다. 협의의 취소에 있어서의 취소의 원인은 당사자의 제한능력(제5조 · 제10조 · 제13조) · 사기 및 강박(제110조) · 착오(제109조) 등이다.

2) 광의의 취소

민법은 협의의 취소 외에도 다양하게 취소라는 용어를 사용하고 있다. 이는 「광의의 취소(廣義의 取消)」를 말한다. 다만 이 경우에는 취소에 관한 민법총칙의 규정(제140조~제146조)이 적용되지 않는다. 이는 다음과 같다.

① 완전한 행위의 취소

「완전한 행위의 취소(完全한 行爲의 取消)」라 함은? 착오 · 사기 · 강박에 의한 의사표시에 의하여 취소원인이 존재하는 행위가 아닌, 완전히 유효하게 성립한 법률행위의 취소이다. 예컨대 허락을 받은 미성년자의 영업허가에 대한 법정대리인의 취소(제8조 제2항)·부부재산계약에 대한 혼인 중 일방의 취소(제828조) 등이 그것이다. 이러한 취소는 일종의 특수한 취소로서, 이를 「유효한 법률행위의 취소」라고도 한다.

살아있는 Legal Mind!!!

상기의 「완전한 행위의 취소」는 '협의의 의미의 취소'와 같이 법률행위에 의한 착오·사기·강박 등의 원인에 의한 취소가 아니라는 점에 유의하여야 한다. 이는 완전한 법률행위에 대하여 계약당사자의 일방이 그 효력을 의욕하지 않는다는 이유만으로 의사표시에 의하여 취소하는 것이다. 따라서 재판상으로 하는 것이 아니고, 이 경우는 협의의 취소와는 달리 추인(제143조~제145조)이 인정될 여지가 없다. 또한 취소권의 단기소멸(제146조)도 적용되지 않는다. 다만 취소권행사의 방법·상대방 등은 협의의 취소에 관한 규정(제142조)의 적용을 배척하지 않는다고 한다(권용우 485면). 그리고 이 경우의 취소에는 소급효가 없다.

② 가족법상의 취소

「가족법상의 취소(家族法上의 取消)」라 함은? 혼인의 취소·협의이혼의 취소·친생자승인의 취소·인지(認知)의 취소·입양의 취소·부양관계의 취소·부담부유증(負擔附遺贈)의 취소 등(제816조 이하·제838조·제854조·제861조·제884조 이하·제978조·제1111조 등)과 같은 신분행위의 취소로서 가족법에서 따로 특칙을 규정하고 있는 것을 말한다. 이는 제140조 이하의 규정이 적용되지 않으므로 취소권자의 의사표시에 의하여 취소권을 행사할 수 없다. 그 취소권은 소송(訴訟)으로써 행사하여야 하며 '법원의 판결'에 의해서만 비로소 효력이 발생한다.

잠깐!! 민총, 깊이보기

가족법상 행위의 취소는 협의의 의미와 달리, 소급효가 없으며 이 경우에 사기·강박에 의한 취소권은 3월 내지 6월의 단기간의 경과로 인하여 소멸한다(제823조·제839조·제897조·제904조·제866조).

③ 공법상 취소

「공법상 취소(公法上 取消)」라 함은? 어떤 법률행위의 효과를 공법상의 행위에 의하여 소멸시키는 것을 말한다. 예컨대 사법(私法)인 민법에 규정되어 있더라도 실종선고의 취소(제29조)·부재자 재산관리에 관한 명령의 취소(제22조)·법인설립허가의 취소(제38조)·사해행위(詐害行爲)의 취소[155](제406조) 등이 그것인데 이는 사법상(私法上)의 의사표시에 의한 취소가 아닌 공법상(公法上)의 취소로서 이에 관하여는 제140조 이하가 적용되지 않는다. 즉, 취소권자의 의사표시에 의하여 취소권을 행사할 수 없고 용어만 공법상의 취소일 뿐 법률행위 취소와는 전혀 관계가 없다. 그 취소권은 소송(訴訟)으로써 행사하여야 하며 '법원의 판결(재판상)'에 의해서만 비로소 효력이 발생한다.

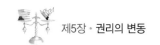

잠깐!! 민총, 깊이보기

- 상기의 공법상의 취소의 예로서 상법에 관한 것으로는 회사설립의 취소(상법 제184조·제269조)·주주총회결의의 취소(상법 제376조)를 들 수 있다.

2. 취소권과 취소권자

(1) 취소권의 의의 및 성질

「취소권(取消權)」이라 함은? 법률이 정하는 일정한 경우(☞제5조 제2항·제10조·제13조·제109조·제110조)에 취소권자가 법률행위를 취소할 수 있는 권리를 말한다. 이러한 취소권은 취소권자(당사자)의 일방적인 의사표시에 의하여 법률관계의 변동, 즉 소멸을 가져오므로 그 법적 성질은 형성권의 일종이다. 취소의 의사표시가 있으면 법률행위는 소급하여 무효로 된다.

(2) 취소권자

「취소권자(取消權者)」라 함은? 취소할 수 있는 법률행위를 행사할 수 있는 자를 말한다. 민법 제140조는 「취소할 수 있는 법률행위는 제한능력자, 하자(瑕疵) 있는 의

155) 법률용어 살펴보기 ☞「사해행위의 취소(詐害行爲의 取消)」라 함은? 예컨대 채무자가 채권자를 해함을 알고 재산권을 목적으로 한 법률행위를 한 때에 채권자가 그 취소 및 원상회복을 법원에 청구할 수 있는데(제406조 제1항 본문), 이를 사해행위의 취소라 한다. 이는 반드시 소(訴)에 의하여야 한다는 점에서 가족법상의 취소와 유사한 점이 있지만, 취소권자가 항상 당해행위의 외부에 있는 어떤 특정인(사해 당한 채권자)인 점에 있어서 가족법상행위의 취소와 크게 다르다.

사표시를 한 자, 그 대리인 또는 승계인에 한하여 취소할 수 있다」라고 규정함으로써 제한능력자인 미성년자·피한정후견인·피성년후견인과 하자있는 의사표시, 즉 착오·사기·강박에 의하여 의사표시를 한 자 그리고 제한능력자 및 하자있는 의사표시를 한 자의 법정대리인·임의대리인 또는 그 승계인에 한하여 취소권을 가지는 것으로 하였다. 2011. 3. 7. 민법개정 전에는 취소권자에 착오자가 없어서 부득이 「하자있는 의사표시를 한자」에 포함시켜 해석했으나 민법 개정으로 그 문제를 해결했다. 결국 상기의 제140조는 취소권자를 제한적으로 열거하고 있는 것이므로, 본조에 열거되지 않은 자는 특별히 법률의 규정이 없으면 취소권자가 될 수 없다.

잠깐!! 민총, 깊이보기

- 상기의 취소권자 가운데 임의대리인의 경우는 본인으로부터 취소에 관한 수권행위가 있어야 취소권자가 된다.
- 상기의 승계인은 제한능력자나 또는 착오·사기·강박에 의해 의사표시를 한 자로부터 취소권을 승계한 자를 말한다. 다만 이러한 승계인에는 포괄승계인(예: 상속인·합병회사)과 특별승계인이 있다. 다만 특별승계인의 경우에는 '취소권만의 승계'는 인정되지 않으므로, 그 취소할 수 있는 행위에 의하여 취득한 권리의 승계가 있는 경우에 그에 포함하여 취소권도 승계할 수 있다. 예를 들어 임꺽정이 김선달로부터 사기를 당하여 토지에 지상권을 설정하고 그 토지를 황진이에게 양도한 경우에는 그 토지의 양수인인 황진이는 승계인이므로 김선달을 상대로 지상권설정계약을 취소할 수 있는 취소권자인 것으로 해석한다(김준호 민법강의 303면).

(3) 취소권 행사의 상대방

「취소할 수 있는 법률행위의 상대방」은 확정되어 있는 경우와 그렇지 않은 경우가 있다. 민법 제142조는 「취소할 수 있는 법률행위의 상대방이 확정한 경우에는 그 취소는 그 상대방에 대한 의사표시로 하여야 한다」라고 규정하고 있다. 즉, 취소할 수 있는 법률행위의 상대방은 취소할 수 있는 의사표시가 행하여진 자이다. 예를 들어 강박을 이유로 하여 황진이가 자신의 부동산을 상대방인 김선달에게 매도하였고 김선달은 부동산을 제3자인 연흥부에게 매도한 경우에 취소권자인 황진이가 법률행위를 취소하려면 강박에 의한 의사를 표시한 당시의 상대방인 김선달에게 대하여 취소하여야 하며 이 경우에 상대방으로부터 목적물을 넘겨받은 제3자인 연흥부는 취소할 수 있는 법률행위의 상대방이 아닌 것이다. 다만 제3자인 연흥부에게는 취소의 효과를 주장할 수 있을 뿐이다. 한편, 상대방이 확정되어 있지 않은 경우에는 취소의 의사를 적당한 방법(예: 신문광고) 등에 의하여 하여야 한다. 즉, 객관적으로 취소의 의사표시로서 인정될 만한 행위를 하여야 한다.

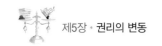

이러한 취소할 수 있는 법률행위의 상대방이 수인(數人)이 있는 경우에는 전원에게 취소의 의사표시를 하여야 하며 상대방 가운데 일부에 대해서만 취소의 의사표시를 한 경우에는 잔존당사자와의 법률관계는 유효하게 존속된다. 또한 수인(數人)의 상대방 중 일부당사자에게만 취소사유가 존재하는 경우에는 일부무효의 법리에 의하여 해결한다. 따라서 원칙적으로 전원에 대하여 취소의 의사표시를 하여야 하고 다만 잔존당사자(殘存當事者)와의 법률관계만을 유효하게 할 것이라는 가상적 의사(假想的 意思)가 인정되는 경우에는 일부당사자에 대해서만 취소의 의사표시를 할 수 있다.

취소를 하면서 취소원인을 진술하여야 하는가? 여기에 관하여 학설은 i) 필요설, ii) 제한적 필요설, iii) 불필요설로 나뉘어 있으나 판례는 불필요하다는 태도이다(대판 2005.5.27. 2007다43824).

3. 취소권의 행사방법

민법 제142조는 「취소할 수 있는 법률행위의 상대방이 확정한 경우에는 그 취소는 그 상대방에 대한 의사표시로 하여야 한다」 라고 규정함으로써 '취소권의 행사'는 취소권자가 상대방에 대한 단독의 의사표시로 할 수 있도록 하였다. 이러한 취소의 의사표시는 소송(訴訟) 기타 특별한 방식에 의함을 요하지 않는다. 다만 취소는 하나의 의사표시이므로 의사표시의 해석의 결과가 취소라고 인정될 만한 것이어야 한다. 예를 들어 임꺽정의 가옥을 김선달에게 매도하고 이전등기가 이루어진 후에 매도인인 임꺽정이 사기를 이유로 하여 매수인인 김선달에게 그 등기의 말소를 청구하면, 이는 결과적으로 취소의 의사표시를 포함하는 것이므로 별도로 사기를 이유로 하여 의사표시를 취소하지 않더라도 소(訴)를 제기한 때에 그 매매행위를 취소하는 의사표시를 한 것으로 본다. 다만 유의할 것은 취소사유를 제시하지 아니한 취소의 의사표시도 유효하지만(통설), 여러 개의 취소사유가 경합하는 경우에는 어떤 취소사유를 이유로 하는 것인가를 상대방이 인식 가능하여야 한다(이영준·김상용).

「법률행위를 취소하는 의사표시의 방법」에 관한 판례 ☞ 법률행위의 취소는 상대방에 대한 의사표시로 하여야 하나 그 취소의 의사표시는 특별히 재판상 행하여짐이 요구되는 경우이외에는 특정한 방식이 요구되는 것이 아니고 취소의 의사가 상대방에 의하여 인식될 수 있다면 어떠한 방법에 의하더라도 무방하다 할 것이고 법률행위의 취소를 당연한 전제로 한 소송상의 이행청구나 이를 전제로 한 이행거절 가운데는 취소의 의사표시가 포함되어 있다고 할 것이다(대판 1993.9.14. 93다13162).

☞ 취소의 의사표시의 방식에 관하여는 제한이 없다. 따라서 반드시 재판상 행하여야 할 필요는 없다. (대판 1961.11.9. 4293 민상883)

☞ 강박으로 인하여 증여의 의사표시를 하게 되었다는 내용은 없이 오히려 잘못된 해석으로 인하여 수사가 이루어졌으니 바로잡아달라는 취지만 기재되어 있는 진정서와 탄원서를 원호처장과 대통령에게 보낸 것만으로는 위 증여의 의사표시가 적법하게 취소된 것으로 보기 어렵다고 하였다(대판 2002.9.24. 2002다11847).

☞ 어떤 계약을 체결한 당사자 쌍방이 각기 그 계약을 취소하는 의사표시를 하였더라도 그 취소사유가 없는 경우에는 그 계약은 효력을 잃게 되지 않는다(대판 1994.7.29. 93다58431).

4. 취소의 효과

(1) 원 칙

민법 제141조 본문은 「취소한 법률행위는 처음부터 무효인 것으로 본다」라고 규정함으로써 취소한 법률행위는 무효로 간주되어 취소한 법률행위로부터 발생한 채무는 이행할 필요가 없다. 취소는 소급효가 있기 때문에 이미 이행한 것이 있으면 부당이득에 의한 반환의무를 지게 된다. 즉, 선의의 수익자는 그 받은 이익이 현존하는 한도에서 반환의무를 부담하고 악의의 수익자는 그 받은 이익뿐만 아니라 이에 이자를 붙여 반환하고 손해도 배상하여야 한다. 다만 동조 단서는 「그러나 제한능력자는 그 행위로 인하여 받은 이익이 현존하는 한도에서 상환할 책임이 있다」라고 규정함으로써 제한능력자의 경우는 그를 보호하기 위하여 그 반환의무를 경감하고 있다.

(2) 소급효의 제한

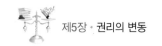

당사자의 제한능력을 이유로 하는 취소의 효과는 절대적이다(제5조~제8조 · 제10조 참조). 따라서 제한능력을 이유로 하는 취소는 선의의 제3자에 대항할 수 있다. 그러나 착오(제109조 제2항)나 사기·강박(제110조 제3항)을 원인으로 하는 취소는 상대적이므로 이 경우에는 선의의 제3자에게 대항하지 못한다. 즉, 이 범위내에서 소급효가 제한되어 선의의 제3자가 이를 부인할 수 있다. 또한 단체적 법률관계(예: 組合 등)나 계속적 법률관계(예: 雇傭)에 있어서는 취소의 소급효를 제한하여야 할 필요가 있다. 그리고 소(訴)에 의하여만 주장할 수 있는 취소의 경우는 취소의 소급효를 명문으로 제한하는 경우가 많다. 예컨대 제824조의 혼인의 취소의 경우에는 소급효가 인정되지 않는다.

(3) 수익자의 반환범위

1) 취소한 법률행위로부터 발생한 채무는 이행할 필요가 없고 이미 이행된 것이 있으면 그것은 법률상 원인 없이 급부(給付)한 것이 되어 「부당이득(不當利得)」으로서 반환해야 한다. 그리고 사기·강박을 이유로 취소한 경우에는 「손해배상(損害賠償)」을 청구할 수 있다.

2) 민법 제141조 단서는 「그러나 제한능력자는 그 행위로 인하여 받은 이익이 현존하는 한도에서 상환할 책임이 있다」라고 규정함으로써 제한능력자인 경우에는 받은 것의 전부가 아닌 현존이익의 한도에서 반환하면 된다. 여기서 「현존이익의 한도(現存利益의 限度)」라 함은? 반환할 때에 현물(現物)을 가지고 있는 경우엔 그 현물, 이미 소비한 때에는 그 대신으로 얻은 물건이나 이익을 말한다. 여기서 '이익'이란 병원의 치료비 또는 채무의 변제에 충당한 금액 등을 말하며 또한 생활비 등의 필요한 경비를 사용하여 다른 재산의 소비를 면한 경우도 그 한도에서는 현존이익이 된다(김준호 민법강의 305면). 따라서 이러한 것은 모두 현존이익이므로 제한능력자라도 반환해야 한다. 하지만 유흥이나 자선 등에 소비한 경우에는 그 이익이 현존하지 않으므로 반환할 필요가 없다. 상기 141조 단서 규정은 제한능력자가 비록 악의라 하더라도 현존이익만을 반환하면 된다는 점에서 제748조 제2항 규정인 악의의 수익자의 반환범위에 대한 특칙으로 본다(대판 2005.4.15. 2003다60297 · 60303 · 60310 · 60327 참조).

잠깐!! 민총, 깊이보기

- 착오(錯誤)를 이유로 하여 의사표시를 취소하는 경우에 착오자에게 경과실(輕過失)이 있는 때에는 계약의 유효를 신뢰한 상대방에 대하여 신뢰이익(信賴利益)에 따른 손해를 배상하여야 한다(제535조의 유추적용). 그리고 사기·강박은 위법한 행위이므로 취소권의 발생과 관계없이 손해가 발생한 경우에는 불법행위책임이 인정된다.

5. 취소할 수 있는 법률행위의 추인(임의추인)

(1) 추인의 의의

「취소할 수 있는 법률행위의 추인(追認)」이라 함은? 취소할 수 있는 법률행위의 취소권을 포기하고 그 법률행위를 취소하지 않는다고 하는 취소권자의 의사표시를 말한다(제144조 제1항). 이러한 추인은 소극적으로는 취소권의 포기이지만 적극적으로는 법률행위의 하자(瑕疵)를 치유하여 확정적으로 유효하게 만드는 의사표시가 된다. 따라서 민법상 「추인」이란 사후동의(事後同意)를 말하며 이에는 ① 무권대리인의 추인(제130조 · 제133조) ② 무효행위의 추인(제139조) ③ 취소할 수 있는 행위의 추인(제149조)이 있다.

(2) 요 건

1) 추인권자가 추인할 것

민법 제143조 제1항은 「취소할 수 있는 법률행위는 제140조에 규정한 자가 추인할 수 있고…」라고 규정함으로써 법률행위의 취소권자가 추인권자임을 명시하고 있다. 제한능력자의 법률행위에 관하여 제한능력자와 법정대리인이 취소권을 가지는 경우에, 법정대리인이 추인을 하면 그 법률 행위는 확정적으로 유효하게 되고, 법정대리인의 취소권뿐만 아니라 제한능력자의 취소권도 소멸한다.

2) 취소의 원인이 종료한 후에 하여야 한다

민법 제144조 제1항은 「추인은 취소의 원인이 종료한 후에 하지 아니하면 효력이 없다」라고 규정함으로써 추인은 취소의 원인이 종료한 후에 하여야 함을 명시하고 있다. 즉, 제한능력자는 능력자가 된 후에, 미성년자는 법정대리인의 동의를 얻은 후에, 피한정후견인은 후견인의 동의를 얻은 후에, 착오·사기·강박에 의하여 의사표시를 한 자는 그 상태에서 벗어난 후(대판 1982.6.8. 81다107)에 추인한 것이 아니면 그 효력이 없게 된다.

잠깐!! 민총, 깊이보기

법정대리의 추인의 시기(時期)에는 제한이 없다. 그리고 상기의 설명과 같이 제한능력자가 미성년자·피한정후견인의 경우에는 법정대리인의 동의를 얻어 추인할 수 있지만, 피성년후견인의 경우에는 법정대리인의 동의를 얻어도 추인할 수 없다.

「강박상태 중의 추인」에 관한 판례 ☞ 강박에서 벗어나지 아니한 상태에 있으면 취소의 원인이 종료되기 전이므로 이때에 한 추인은 그 효력이 없다(대판 1982.6.8. 81다107).

3) 추인권자는 취소할 수 있는 행위임을 알고서 추인하여야 한다.

추인은 취소권의 포기이므로 취소권을 가지고 있다는 것, 즉 추인권자는 그 행위가 취소할 수 있는 행위임을 알고서 추인하여야 한다(대판 1997.5.30. 97다2986). 예컨대 취소권이 있음을 알지 못하고 한 채무의 승인·채무에 대한 화해의 경우에는 추인이 되지 않는다. 그리고 수 개의 취소사유 가운데 일부만을 알고 추인한 때에는 그 취소사유에 관한 취소권만이 소멸한다.

(3) 추인의 방법

추인의 방법은 취소권의 행사방법과 같이 취소할 수 있는 상대방에 대한 일방적인 의사표시로 한다(제143조 제2항·제142조).

(4) 추인의 효과

추인이 있으면 취소할 수 있는 행위는 소급하여 확정적 유효가 된다(제143조 제1항).

따라서 추인한 것을 다시 취소할 수 없다. 다만 추인의 의사표시 자체의 하자(瑕疵)를 이유로 한 추인의 취소는 가능하다(대판 1997.12.12. 95다38240).

6. 법정추인

> 미성년자 이몽룡은 김선달과 땅 500평의 매매계약을 체결하였고
> 1개월 후에 중도금을 지급하였다.
> 그런데 이몽룡은 계약체결 20여일 후에 19회 생일을 맞았다.
> 이 경우에 이몽룡은 계약시 미성년자였다는 이유로
> 위의 매매계약을 취소할 수 있는가?

(1) 의 의

「법정추인(法定追認)」이라 함은? 취소할 수 있는 법률행위에 관하여 추인의 요건(제144조)을 갖추어 추인할 수 있은 후에, 추인을 한 것이라고 인정할 당사자간의 사유가 있기만 하면 취소권자의 추인의사와 상관없이 법률상 당연히 추인한 것으로 간주(看做)하는 것을 말한다(제145조 본문). 이러한 법정추인은 추인여부를 놓고 당사자간에 다투는 것을 방지하기 위한 제도이다. 따라서 법정추인은 법률상 당연히 추인이 있는 것으로 되고 취소권자의 의사와 관계없이 당연히 취소권이 배제된다는 점에서 통상의 추인과 다르다.

(2) 요 건

1) 취소할 수 있는 법률행위에 관하여 다음의 6가지 사실 중 하나가 존재하여야 한다(제145조 본문).

① 채무의 전부나 일부의 이행

전부나 일부의 이행은 취소할 수 있는 행위로부터 생긴 채권에 대하여 취소권자가 스스로 상대방에게 이행한 경우와 상대방의 이행을 수령한 경우를 포함한다.

② 이행의 청구

이행의 청구는 취소권자가 상대방에 대하여 채무를 이행할 것을 청구하는 것이다.

③ 경 개

경개(更改)란 취소할 수 있는 법률행위에 의해 발생한 채권·채무를 소멸시키는 대신 새로운 채권·채무를 발생시키는 것을 말한다. 이 경우는 채권자이거나 또는 채무자이거나를 묻지 않는다.

④ 담보의 제공

담보의 제공이란 취소권자가 채무자로서 담보를 제공하거나 채권자로서 담보를 제공받는 경우를 말한다. 이 경우는 취소권자가 채무자로서 물적 또는 인적담보를 제공한 경우는 물론 채권자로서 그 제공을 받은 경우도 포함한다.

⑤ 취소할 수 있는 행위로 취득한 권리의 전부나 일부를 양도한 경우

제한능력자가 집을 사고 타인에게 다시 양도한 경우처럼 취소권자가 양도하는 때에 한한다. 그리고 취소할 수 있는 행위에 의하여 취득한 권리 위에 제한적 권리 예컨대 제한물권이나 임차권을 설정하는 것도 이에 포함한다. 이에는 취소함으로써 생길 손해배상채권(부당이득 반환청구권)의 양도는 포함되지 않는다. 그것은 취소를 전제로 한 것이기 때문이다.

⑥ 강제집행

강제집행은 취소권자가 채권자로서 집행을 한 때는 물론이고 채무자로서 집행을 받은 때도 소송상의 이의의 주장을 포기한 것으로 보고 같이 포함한다(통설).

2) 위의 각 행위는 추인 할 수 있은 후에 즉 취소의 원인이 종료한 후에 하여야 한다 (제145조 본문).

다만 피성년후견인이외의 제한능력자(미성년자·피한정후견인)가 법정대리인 또는 후견인의 동의를 얻어 한 경우 또는 제한능력자의 법정대리인이 스스로 한 경우에는 취소원인이 종료하기 전에 행하여 졌다 하더라도 법정추인(法定追認)이 된다.

3) 취소권자가 위의 행위를 하면서도 이의를 보류하지 않았어야 한다(제145조 단서).

법정추인은 취소권자의 이의(異意)의 보류(保留)가 없으면 족하다. 예컨대 취소할 수 있는 법률행위에 의하여 부담한 채무에 대해 강제집행을 받은 경우, 이를 면하기 위하여 일단 변제를 하면서 "이는 추인이 아니다"라는 의사표시를 하였다면, 법정추인은 일어나지 않는다.

(3) 효 과

민법 제143조 제1항 후단은 「…추인 후에는 취소하지 못한다」 라고 규정함으로써 법정추인이 있게 되면 취소할 수 있는 행위가 확정적으로 유효한 것이 되고 추인한 것을 다시 취소할 수 없게 된다. 상기의 예에서 20일후면 만19세가 되는 미성년자 이몽룡이 김선달과 땅 500평의 매매계약을 체결하고 1개월 후에 중도금을 지급한 경우(☞이 경우는 성년임)에는 이몽룡은 계약당시에 자신이 미성년자라는 이유로써 위의 매매계약을 취소할 수 있는가에 관하여, 원칙적으로 이몽룡이 미성년자인 경우에는 법정대리인의 동의없이 김선달과 체결한 계약을 취소할 수 있지만(제5조), 미성년자인 이몽룡의 행위에 일정한 사유가 있으면 이를 취소할 수 없게 된다. 즉, 이몽룡은 미성년자로서 보호를 받다가 계약체결 후 20여일이 지나 성년자가 되었고 이후에 중도금을 지급하였다면(☞(제145조 1호; 一部의 履行) 이는 법정추인이 됨으로서 이를 취소할 수 없는 것이다.

7. 취소권의 소멸

임꺽정은 김선달에게
사기를 당하여 토지를 싼값으로 팔았다.
그 후, 김선달이 13년간의 해외근무를 마치고 귀국하자
임꺽정은 그 계약을 취소하려 한다.
이 경우에 임꺽정은 그 땅을 도로 찾을 수 있나?

(1) 취소권의 소멸원인

1) 종 류

「취소권의 소멸원인」에는 세 가지가 있는데 첫째는 '취소권을 행사'한 경우이고 둘째는 상기에서 기술한 '추인'의 경우이며 셋째는 '시간이 경과'한 경우이다.

2) 취소권의 단기소멸

① 민법 제146조는「취소권은 추인할 수 있는 날로부터 3년내에, 법률행위를 한 날로부터 10년 이내에 행사하여야 한다」라고 규정하고 있다. 여기에서「추인할 수 있는 날」이라 함은「취소의 원인이 소멸된 날」을 의미한다(제144조 제1항). 판례는 이를 좀 더 상세하게 표현하여「취소의 원인이 종료되어 취소권 행사에 장애가 없어져서 취소권자가 취소의 대상인 법률행위를 추인할 수도 있고 취소할 수도 있는 상태가 된 때」를 가리킨다고 한다(대판 1998.11.27. 98다7421, 대판 1997.6.27. 97다3828). 그 결과 3년의 기간의 기산점은 제한능력·착오·사기·강박의 상태에서 벗어난 때이다. 물론 그 시점 이전에도 취소권자가 취소를 할 수는 있으나(예: 제한능력자의 취소), 취소권의 소멸시점은 기산점으로부터 3년의 기간이 만료한 때이다. 예컨대 미성년자가 법률행위를 한때에는, 미성년자는 성년이 된 날로부터 그리고 법정대리인이 미성년자가 법률행위를 한 것을 안날로부터 3년내에, 그 법률행위를 한 날로부터 10년 이내에 취소권을 행사하여야 한다. 이 가운데 어느 것이라도 경과하는 때에는 취소권은 소멸한다. 즉 상기 기간내에 취소하지 아니하고 그대로 두면 취소권은 소멸하는 것이다. 이를「취소권의 단기소멸」이라고 한다. 설문의 예에서 임꺽정이 김선달에게 사기를 당하여 토지를 싼값으로 팔았고 그 후 김선달이 13년간의 해외근무를 마치고 귀국하자 임꺽정이 그 계약을 취소한 경우에는 법률행위를 한 날로부터 10년이 지났으므로 취소권은 소멸한다. 따라서 임꺽정은 그 계약을 취소할 수 없고 그 결과 땅을 도로 찾을 수 없다. 이렇게 취소권의 단기소멸을 인정하는 이유는 취소권자가 취소할 수 있는 행위를 오랫동안 불확정한 상태로 있게 하면 상대방은 물론 제3자까지도 불안하게 하고 또한 너무 오랫동안 채권·채무관계를 불확정하게 두는 것은 진실한 권리관계의 증명이 어려우며 법질서의 안정에도 도움이 되지 못하기 때문이

다. 한편, 취소권을 행사하는데 있어서 그 방법은 반드시 행사기간내에 소(訴)로서만 제기하여야 하는 것은 아니고 재판 외에 의사표시로서 하여도 좋다.

② 취소권의 추인할 수 있는 기간(제146조)의 성질은 소멸시효기간이 아니라 제척기간(除斥期間)으로 본다(통설). 판례도 같다(대판 1964.3.31. 63다214; 대판 1996.9.20. 96다25371). 이 때 제척기간이 도과(到過 ☞이르고 지나감)하였는지 여부는 당사자의 주장에 관계없이 법원이 당연히 조사하여 고려하여야 할 사항이다(대판 1996.9.20. 96다25371). 문제는 위 기간내에 취소권의 행사로써 법률행위를 취소하게 되면, 원상회복청구권 또는 부당이득반환청구권이 생기는데, 이 때의 청구권은 언제까지 행사하여야 하는가에 대한 것이다. 통설은 이 경우에 발생한 원상회복청구권 또는 부당이득반환청구권도 제146조의 취소권의 행사기간 내에 행사하지 않으면 소멸한다고 해석한다. 그러나 판례는 반대로 그 형성권(☞취소권)을 행사한 때로부터 따로 소멸시효가 진행하는 것으로 해석한다(대판 1991.2.22. 90다13420).

▶ 환매권의 행사로 발생한 소유권이전등기청구권은 위 기간 제한과는 별도로 환매권을 행사한 때로부터 일반채권과 같이 민법 제162조 소정의 10년의 소멸시효 기간이 진행되는 것이지, 위 제척기간 내에 이를 행사하여야 하는 것은 아니다(대판 1991.2.22. 90다13420; 대판 1992.4.24. 92다4673; 대판 1992.10.13. 92다4666).

8. 신분행위와 취소

(1) 재산행위의 취소권은 추인할 수 있는 날로부터 3년 내에 법률행위를 한 날로부터 10년 안에 하여야 한다고 하였다(제146조). 그러나 신분행위(가족법상의 행위)의 취소권은 3월 내지 6월의 단기간의 경과로 소멸하고(제823조 · 제839조 · 제897조 · 제904조 참조) 또한 신분행위에는 소급효가 없으며(제824조 · 제897조) 이러한 신분행위의 취소는 소송의 형식으로 행사하는 것이 보통이다(예외: 제823조 · 제839조).

(2) 이러한 신분행위에 있어서는 재산행위와 달리 비록 제한능력자라 하더라도 구

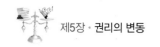

체적인 의사능력만 있으면 이를 단독을 할 수 있다.

(3) 신분행위의 취소는 사기·강박에 의한 의사표시로 인한 경우에는 원칙상 민법 제140조 이하의 규정이 적용되지 않고 특별규정에 의한다(예: 제816조의 사기에 의한 혼인의 취소 등).

보충정리 무효와 취소의 구별

사항	무 효	취 소
요 건	· 의사무능력자의 법률행위 · 불능한 법률행위 · 강행법규에 위반한 법률행위 · 법률행위 · 비진의의사표시에서 상대방이 표의자의 진의아님을 알았거나, 이를 알수 있었을 경우 · 통정허위표시	· 제한능력자의 법률행위 · 착오에 의한 의사표시 · 사기·강박에 의한 의사표시
특정인의 주장 필요·불필요	특정인의 주장이 필요없음 → 당연 무효	특정인(취소권자)의 주장(취소)이 있어야 비로소 효력이 없어 짐 → 일단 유효
소송상의 차이	소유권에 기한 목적물 반환청구권	부당이득반환청구
추인의 차이	① 새로운 법률행위로 본다 ② 추인의 불허용(비소급적 추인)	① 취소권의 포기와 같음 ② 추인의 허용(소급적 추인)
시간의 경과와 보정상의 차이	시간의 경과에 의하여 효력에 변동이 안 생김 → 언제나 무효	① 일정한 시간경과에 의하여 취소권 소멸 ② 취소권행사 → 무효 방치할 경우 → 유효

제6절 법률행위의 부관

I 법률행위부관의 의의 및 종류

「법률행위의 부관(法律行爲의 附款)」이라 함은? 법률행위에서 발생하는 효과의 발생과 소멸 또는 그 일반적인 내용을 제한하기 위하여, 표의자가 의사표시의 내용에 부가(附加)한 약관(約款)을 말한다. 이러한 법률행위의 부관은 일정한 법률효과의 발생을 목적으로 하는 법률행위에 있어서 의사표시의 일부를 구성하는 것이므로 별개의 의사표시는 아니다.

법률행위의 부관에는 조건(條件)·기한(期限)·부담(負擔)의 세 가지가 있는데 민법에서는 법률효과의 발생 또는 소멸과 관련되는 조건과 기한의 두 가지에 관한 일반적 규정만을 두고 있다(제147조~제154조). 부담있는 법률행위는 비록 부담부이기는 하지만 법률행위당시 완전한 효력을 발생하고 당사자의 일방이 일정한 의무를 부담하게 될 뿐이다. 결국 부담은 법률효과의 발생 또는 소멸과 관련성을 가지는 것은 아니다. 민법상 부담에 있어서는 부담부증여(負擔附贈與, 제561조)와 부담부유증(負擔附遺贈, 제1008조)[156]에 대한 특별규정을 두었을 뿐, 부담을 법률행위의 부관이라는 생각에서 규정하지는 않았다(권용우 499면). 따라서 여기에서는 조건과 기한에 관하여서만 설명한다.

➡ 부담과 관련한 판례 ☞ 「행정처분에 부담인 부관을 붙인 경우 그 부관의 무효화에 의하여 본체인 행정처분 자체의 효력에도 영향이 있게 될 수는 있지만, 그 처분을 받은 사람이 그 부담의 이행으로서 사법상 매매 등의 법률행위를 한 경우에는 그 부관은 특별한 사정

156) 법률용어 살펴보기 ☞「부담부유증(負擔附遺贈)」이라 함은? 유언으로 증여할 경우에 수증자(受贈者)에게 일정한 부담을 조건으로 하는 것을 말한다.

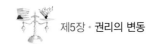

이 없는 한 그 법률행위를 하게 된 동기 내지 연유로 작용하였을 뿐이므로 이는 그 법률행위의 취소사유가 될 수 있음은 별론으로 하고 그 법률행위 자체를 당연히 무효화하는 것은 아니며(대법원 1995. 6. 13, 94다56883, 대법원 1998. 12. 22, 98다51305 참조), 행정처분에 붙은 부담인 부관이 제소기간의 도과로 확정되어 이미 불가쟁력이 생겼다면 그 하자가 중대하고 명백하여 당연 무효로 보아야 할 경우 이외에는 누구나 그 효력을 부인할 수 없을 것이지만, 그 부담의 이행으로서 하게 된 사법상 매매 등의 법률행위는 그 부담을 붙인 행정처분과는 어디까지나 별개의 법률행위이므로 그 부담의 불가쟁력의 문제와는 별도로 그 법률행위가 사회질서 위반이나 강행규정에 위반되는지 여부 등을 따져보아 그 법률행위의 유효 여부를 판단하여야 한다(대판 2009.6.25. 2006다18174).

Ⅱ 조 건

1. 조건의 의의

「조건(條件)」이라 함은? 법률행위의 효력발생 또는 소멸을 '장래 도래가 불확실한 사실의 성부(成否)'에 의존케 하는 법률행위의 부관(附款)의 일종을 말한다. 따라서 조건으로 되는 것은 장래의 불확실한 사실, 즉 객관적으로 성부(成否)가 불명(不明)한 것이 아니면 안 된다. 만약 그것이 장래에 반드시 실현되는 사실이면 이는「기한」이지「조건」이 아니다. 예컨대 "대학에 합격하면 차를 사주겠다" 또는 "민법과목에서 낙제를 하면 학비지급을 중단하겠다"는 경우의 계약에서 '대학에 합격하면'과 '민법과목에서 낙제를 하면'은 조건이지만, '내가 죽으면' 또는 '내년 8월 1일부터' 등 장래의 사실이 도래할 것이 확실한 것은 기한이지 조건이 아닌 것이다.

잠깐!! 민총, 깊이보기

▶ '성공하면 돈을 갚겠다며 돈을 꾼 경우'의 특약이 조건(條件)이냐 아니면 불확정기한(不確定期限)이냐에 대하여, 당사자의 의사를 해석하여서 결정할 수밖에 없지만 이는 불확정기한이라고 본 예가 많다.

2. 조건의 성질

조건의 성질은 다음과 같다. i) 조건은 법률효과의 발생 또는 소멸에 관한 부관이며 법률행위의 성립과는 상관이 없다. ii) 조건은 법률행위의 내용의 일부이므로 당사자가 임의로 조건을 붙이는 것은 자유이다(私的 自治)(대판 2000.10.27. 2000다30349; 대판 2003.5.13. 2003다10797). iii) 그러나 공익의 이유(예: 혼인 등의 신분행위) 또는 거래의 안정이나 법적 안정을 해한다는 이유(예: 취소 등의 단독행위)로서 조건을 붙이지 못하는 것이 있게 되는데 이를 「조건에 친하지 않은 행위(條件에 親하지 않은 행위)」라고 한다. iv) 법률상 당연히 요구되고 있는 요건은 「법정조건(法定條件)」이라고 하는데 이 법정조건은 민법상의 조건이 아니다. 이러한 법정조건은 법률효과의 발생을 위하여 법률이 직접 요구하고 있는 법률행위의 유효조건(有效條件)을 조건이라는 개념을 유추하여 법정조건이라고 부르고 있을 뿐이다. v) 조건이 되는 사실은 장래의 객관적으로 불확실한 사실이여야 한다. vi) 끝으로 어느 법률행위에 어떤 조건이 붙어 있는지 아닌지는 사실인정의 문제로서 그 조건의 존재를 주장하는 자가 이를 증명하여야 한다(대판 2006.11.24. 2006다35766. 대판 1993.9.28. 93다20832).

3. 조건의 종류

> 임꺽정은 평소에 공부를 잘 안하는 큰아들에게는
> 만약, K 대학에 입학하면 차를 사주겠다고 약속을 하고
> 공부를 잘하는 둘째 아들에게는
> 성적이 떨어지면 용돈을 안주겠다고 약속한 경우
> 이와 같은 법률관계를 무엇이라 하는가?

(1) 정지조건과 해제조건

「정지조건(停止條件)」이라 함은? '법률행위의 효력의 발생'을 장래의 발생이 불확실한 사실에 의존케 하는 조건을 말하고 「해제조건(解除條件)」이라 함은? '조건의 성취로 이미 발생한 법률행위의 효력의 소멸'을 장래의 발생이 불확실한 사실에 의존케 하

는 조건을 말한다. 예를 들어 임꺽정이 큰아들에게 K대학에 입학하면 차를 주겠다고 약속하고 평소 공부를 잘하는 둘째아들에게는 성적이 떨어지면 매달 주던 용돈 30만원을 주지 않기로 약속하였다고 한 경우, 큰아들과 한 계약은 정지조건(停止條件)이 붙은 법률행위이므로 K대학에 입학하면(☞조건성취) 차에 대한 법률행위의 효과가 발생하고(제147조 제1항), 둘째 아들과 한 계약은 해제조건(解除條件)이 붙은 법률행위이므로 이 경우는 성적이 떨어지면(☞조건성취) 매달 주어 왔던 용돈에 대한 법률행위의 효과가 소멸한다(동조 제2항). 따라서 임꺽정과 큰아들간의 행위는 「정지조건부법률행위(停止條件附法律行爲)」라고 하고 임꺽정과 둘째아들간의 행위를 「해제조건부법률행위(解除條件附法律行爲)」라고 한다.

잠깐!! 민총, 깊이보기

- 정지조건부법률행위(停止條件附法律行爲)는 법률행위가 성립하고 즉시, 그 본래의 효력이 발생하지 않는다는 점에서 '예약(豫約)'과 유사한 면이 있다. 그러나 예약의 경우는 장래 본계약을 성립케 하는 채무 또는 형성권을 발생시킬 뿐, 본계약은 성립하진 않지만, 정지조건부법률행위는 행위를 할 때 법률행위가 성립하고, 그 효력이 발생하는데는 조건의 성취라고 하는 사실이 도래하면 그것으로 충분하고 새로운 의사표시는 필요로 하지 않는다.
- 해제조건부법률행위(解除條件附法律行爲)는 법률행위가 성립하고 그 효력이 발생한 후에 그 효력을 소멸시킨다는 점에서 '해제권유보부법률행위(解除權留保附法律行爲)'와 유사한 면이 있다. 그러나 후자는 해제권행사라는 의사표시의 효력으로서 법률행위의 효력이 실효(失效)하지만 전자는 새로운 의사표시를 필요로 하지 않고 조건의 성취라는 사실이 도래하면 법률행위가 실효한다.

(3) 수의조건과 비수의조건

「수의조건(隨意條件)」이라 함은? 조건성취의 여부가 당사자의 일방적 의사에만 의존하는 조건을 말한다. 이에 관하여는 순수수의조건(純粹隨意條件)과 단순수의조건(單純隨意條件)이 있다. 예컨대 '내가 마음이 내키면 집을 팔겠다'는 경우와 같이 법률행위의 효력을 당사자일방만의 의사에 의존하는 것은 '순수수의조건'이고 '내가 일본에 여행하면 일제 세이코시계를 선물하겠다'는 경우와 같이 당사자 일방의 의사뿐만 아니라 의사결정에 기인한 사실상태의 성립도 있어야 하는 것은 '단순수의조건'이다. 다수설에 의하면 순수수의조건의 경우는 당사자에게 법적 구속력을 생기게 하려는 의사가 있다고 할 수 없으므로 언제나 무효라고 한다.

반면「비수의조건(非隨意條件)」이라 함은? 조건의 성취 여부가 당사자 일방의 의사에만 의존하지 않는 조건을 말한다. 이에는 우성조건(偶成條件)과 혼성조건(混成條件)이 있다. 예컨대 '내일 비가 오면'과 같이 조건의 성부(成否)가 당사자의 의사와는 관계없는 경우인, 즉 자연계의 사실 또는 제3자의 의사나 행위에 의하는 경우는 '우성조건'이고 '김선달이 황진이와 약혼한다면'과 같이 조건의 성부가 당사자의 일방의 의사뿐만 아니라 제3자의 의사가 보태어져서 결정되는 경우는 '혼성조건'이다.

(4) 가장조건

「가장조건(假裝條件)」이라 함은? 외관상으로는 조건인 것처럼 보이나, 실제적으로는 조건이 아닌 것을 말한다. 이에는 법정조건·기성조건·불법조건·불능조건이 있다.

1) 법정조건

「법정조건(法定條件)」이라 함은? 법률행위가 효력을 발생하기 위하여 법률이 직접 요구하고 있는 일반적인 요건 외에 추가로 더 갖추어야 하는 요건을 법정조건이라고 한다. 예컨대 법인설립에 있어서의 주무관청의 허가, 유언에 있어서의 유언자의 사망 또는 수유자(受遺者)의 생존 등과 같이 법률행위가 효력을 발생하기 위하여 법률에 의하여 요구되는 여러 가지의 조건을 말한다. 이 법정조건은 민법상 당연한 것으로서 당사자가 임의로 부가한 것이 아니므로 조건이 아니다. 따라서 법정조건을 법률행위의 조건으로 한 경우에도 이는 주의적 의미를 가질 뿐이다. 다만 이 법정조건에 대해서는 성질에 반하지 않는 범위내에서는 조건에 관한 규정을 유추적용하여야 한다(다수설, 판례; 대판 1962.4.18. 4294민상1603).

2) 불법조건

「불법조건(不法條件)」이라 함은? 조건을 붙임으로써 선량한 풍속 기타 사회질서에 위반하는, 즉 법률행위의 불법성을 띠게 하는 조건을 말한다. 민법 제151조 제1항은「조건이 선량한 풍속 기타 사회질서에 위반한 것인 때에는 그 법률행위는 무효로 한다」라고 규정함으로써 불법조건만 무효인 것이 아니다. 그것이 정지조건이건 해제조건이건 묻지 않고 그 법률행위 자체가 무효로 한다(대판 1966.6.21. 66다530; 대결

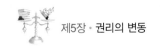

2005.11.8. 2005마541). 예컨대 저 사람과 간통하면 또는 김선달을 살해하면 100만원을 주겠다는 것과 같은 조건은 선량한 풍속이나 사회질서에 반하는 것으로 불법성을 띠게 되어 무효가 된다(대결 2005.11.8. 2005마541).

3) 기성조건

「기성조건(旣成條件)」이라 함은? 조건이 법률행위 당시 이미 성취된 조건을 말한다. 민법 제151조 제2항은 「조건이 법률행위의 당시 이미 성취한 것인 경우에는 그 조건이 정지조건이면 조건없는 법률행위로 하고 해제조건이면 그 법률행위는 무효로 한다」라고 규정하고 있는데 이 규정에서 이미 「성취한 경우의 조건」이란 기성조건을 말한다. 예컨대 '공무원시험에 합격하면 자동차를 사주겠다'고 정지조건부증여계약을 체결할 당시에 이미 계약 당사자가 공무원으로 근무하고 있다면 그 증여계약은 '조건없는 법률행위'로 되고 '이번 학기에 민법수강과목에서 F학점을 받으면 사주었던 핸드폰을 돌려받겠다'는 해제조건부증여계약을 체결할 당시에 이미 F학점이 확정되어 있었다면 그 증여계약은 무효로 된다(대판 1993.11.9. 93다25790 · 25806).

4) 불능조건

「불능조건(不能條件)」이라 함은? 조건성취가 객관적으로 보아 실현불가능한 것을 말한다. 민법 제151조 제3항은 「조건이 법률행위의 당시에 이미 성취할 수 없는 것인 경우에는 그 조건이 해제조건이면 조건없는 법률행위로 하고 정지조건이면 그 법률행위는 무효로 한다」라고 규정하고 있는데 이 규정에서 이미 「이미 성취할 수 없는 것」이란 해제조건을 말한다. 예컨대 '죽은 아들을 살려주면 1억을 준다'는 것과 같은 것은 불능조건이다. 이러한 불능의 여부는 물리적으로 판단할 것이 아니라 사회통념에 의하여 결정되며 그 판단시기는 행위당시를 기준으로 한다(통설).

잠깐!! 민총, 깊이보기

- 어떠한 경우가 주어졌을 때에는 여러 가지의 조건이 경합될 수 있음을 유의하라. 만약 '눈이 오면 파카를 주겠다'라고 한 경우는 법률행위의 효력발생을 '눈이 올지 안 올지'라는 장래의 발생이 불확실한 사실에 따르게 되므로 이는 정지조건에 해당하고, 또한 '눈이 오면'이라는 것은 조건되는 사실의 현상이 변경되는 경우이므로 적극조건에도 해당되는 것이다.

4. 조건과 친하지 않은 법률행위

(1) 의 의

앞서 밝힌 바와 같이 법률행위에 조건을 붙일 수 있는 것은 사적 자치(私的 自治)에 근거를 둔 것이다. 그러나 이러한 사적자치의 원칙은 무제한 인정되는 것이 아니라, 사회질서·거래안전·법적 안정성에 반하여서는 안 된다. 조건의 경우도 이런 취지에서 일정한 경우에는 인정되지 않는다. 이러한 법률행위를 「조건을 붙일 수 없는 법률행위(條件을 붙일 수 없는 法律行爲)」라고 한다.

(2) 종 류

1) 단독행위

① '단독행위(單獨行爲)'에는 원칙적으로 조건을 붙일 수 없다. 이에 조건을 붙이는 것은 상대방의 지위를 심히 불안정하게 만드는 경우로서 조건을 붙이는 것을 금지하는 것이다. 따라서 상계·해제·해지·취소·추인·환매·선택채권의 선택·주식청약 등 단독행위에 대해서는 원칙적으로 조건을 붙일 수 없다(제493조 등 참조). 상기의 상계 등의 경우처럼 조건을 붙일 수 없다는 명문의 규정이 있는 경우 외에도, 명문의 규정이 없는 다른 단독행위에 있어서 이에 조건을 붙이는 것이 상대방의 지위를 심히 불안하게 만드는 경우에도 조건을 붙이는 것이 금지되어 있다.

② 다만 i) 상대방이 조건을 붙이는데 동의하거나 ii) 조건을 붙이더라도 상대방의 지위를 해하거나 불이익을 주는 것이 아닌 채무면제(債務免除) 또는 유증(遺贈)과 같은 경우에는 예외가 허용되며(통설), 일정한 기간내에 이행이 없으면 계약을 해제하겠다는 정지조건부 계약해제도 유효하다(대판 1970.9.29. 70다1508). 판례는 현상광고에서는 지정행위에 조건이나 기한을 붙일 수 있다고 한다(대판 2000.8.22. 2000다3675).

2) 신분행위

혼인·이혼·입양·인지·입양의 포기 등 '신분행위(身分行爲)'에는 원칙적으로 조건

제5장

을 붙일 수 없다. 다만 상대방에게 불이익을 초래하지 않거나 공서양속(公序良俗)에 반하지 않은 경우에는 허용된다. 하지만 유념할 것은 신분행위라도 유언(遺言)에 있어서는 조건을 붙일 수 있도록 하였다(제1073조 제2항).

3) 어음 및 수표행위

'어음 및 수표행위'는 객관적으로 획일성이 요구되므로 조건을 붙일 수 없다. 예외적으로, 어음보증에 조건을 붙인 경우는 거래의 안전을 해하지 않으므로 허용되며 배서(背書)에 붙인 조건은 기재(記載)하지 않은 것으로 보므로 어음행위나 수표행위는 조건없는 법률행위로 된다(어음법 제1조 2호·제12조 제1항·제75조 2호, 수표법 제1조 2호·제15조 제1항 참조).

4) 기 타

조건을 허용하는 것이 법률의 목적에 허용되지 않는 경우에는 조건을 붙일수 없다. 예컨대 근로계약에 허용되지 않는 조건이나 기한을 부과한 경우 등이 그것이다.

살아있는 Legal Mind!!!

- 독일민법은 부동산소유권이전의 합의에 대하여 조건이나 기한을 붙이지 못하도록 하였지만(독민 §925 II), 우리 민법은 그와 같은 규정이 없으므로 허용된다고 본다(異說없음: 이영준 724면)

(3) 효 과

조건과 친하지 않은 법률행위에 조건을 붙인 경우의 그 법률행위는, 조건이 법률행위의 일체적 내용을 이루는 점에 비추어 법률전체가 전부무효로 된다. 즉 이 경우에는 무효행위의 전환(無效行爲의 轉換)의 법리가 적용될 수 없다.

다만 법률에 규정이 있는 때에는 그에 따른다. 따라서 어음법과 수표법상의 배서(背書)에 붙인 조건은 기재하지 아니한 것으로 보아서(어음법 제1조 2호·제12조 제1항, 제75조 제2항; 수표법 제15조 제1항), 조건없는 어음 및 수표행위로서의 효력이 발생된다.

5. 조건의 성취와 불성취

(1) 서 언

조건의 사실이 실현되는 것을 기준으로 하여 조건의 성취와 조건의 불성취를 구별한다. 예컨대 적극조건에 있어서는 그 사실이 발생하면(예: 결혼하면) 「조건의 성취(條件의 成就)」이고 발생하지 않는 것으로 확정되면(예: 결혼하지 않은 경우) 「조건의 불성취(條件의 不成就)」이다. 그러나 소극조건에 있어서는 그 사실이 발생하면 「조건의 불성취」이고 그 사실이 발생하지 않는 것으로 확정되면 「조건의 성취」이다. 이에 따라 법률행위의 효력이 발생하느냐 아니면 발생하지 않느냐가 확정된다.

조건의 성취·불성취에 대한 구체적 판단은 법률행위 해석에 준(準)하여 당사자의 의사와 사회통념에 따른다(대판 2002.11.8. 2002다35867). 그리고 조건부법률행위라는 사실은 그로 인한 법률효과의 발생을 저지하는 사유이므로 조건이 성취되었다는 사실은 이에 의하여 권리를 취득하는 자가 증명하여야 한다(대판 1983.4.12. 81다카692).

(2) 조건의 성취와 불성취의 의제

김선달은 임꺽정에게
「이 토지를 1억원에 팔아주면 대금의 1할을 주겠다」고 약속하였다.
그 후 임꺽정의 주선으로 그 땅을 사려는 황진이를 알게 되었지만,
김선달은 1할의 보수를 주지 않으려고
직접 황진이와 계약을 하였다.
이 경우에 임꺽정은 1할의 보수를 받을 수 있는가?

조건부법률행위(條件附法律行爲)는 장래의 불확정한 사실(事實)의 성부(成否)에 의하여 조건의 성취 또는 불성취로 된다. 그에 따라 법률행위의 효력이 발생하거나 소멸하지만 민법은 일정한 경우에는 사실의 성부에 관계없이 조건의 성취 또는 불성취의 효력을 주장할 수 있거나(제150조), 조건없는 법률행위로 하는(제151조) 등의 규정을 두고 있다. 이러한 규정은 부당한 방법으로 조건의 성취를 방해하거나 성취하게 하는 경우에 대한 법적 규제이다.

1) 조건의 성취로 의제되는 경우

① 규 정

민법 제150조 제1항은 「조건의 성취로 인하여 불이익을 받을 당사자가 신의칙에 반하여 조건의 성취를 방해한 때에는 상대방은 그 조건이 성취한 것으로 주장할 수 있다」라고 규정하고 있다.

② 요 건

i) 조건부법률행위가 존재하여야 한다. 따라서 불법조건(不法條件)이나 기성조건(旣成條件) 혹은 불능조건(不能條件) 등에는 그 조건의 성부(成否)가 이미 확정되어 있기 때문에 본조는 적용되지 않는다.

ii) 조건의 성취로 불이익을 받을 당사자의 행위에 의하여야 한다. 여기서 '당사자의 행위'는 조건의 성취로 직접불이익을 받을 자의 행위에 한하므로 해제조건부법률행위로 권리를 취득한 자의 채권자의 행위는 이에 포함되지 않는다. 상기의 '당사자의 행위'에는 조건부채무의 보증인의 행위·제3자를 위한 해제조건부계약으로 권리를 취득한 제3자의 행위, 이러한 자의 포괄승계인 등의 행위까지도 포함한다.

iii) 방해행위로 인하여 조건이 성취되지 않았어야 한다. 여기서 '방해행위(妨害行爲)'는 작위(作爲)·부작위(不作爲)를 묻지 않는다.

iv) 방해행위가 신의칙(信義則)에 반하는 것이어야 한다. 조건성취를 방해하거나 조건을 성취시킨 것이 신의칙에 반해야 한다. 이 경우는 고의 등의 주관적 요건은 필요치 않고 객관적으로 신의칙에 반하는 행위가 있으면 충분하다(통설).

③ 효 과

상대방은 반신의행위(反信義行爲)를 하여 조건성취를 방해한 자에게 그 조건이 성취된 것으로 주장할 수 있도록 하고 있다. 또한 조건성취를 둘러싼 반신의행위는 불법행위를 구성할 뿐만 아니라 채무불이행도 되므로 손해배상책임이 인정된다. 따라서 조건성취를 주장하거나 손해배상 청구권 중 어느 하나를 선택적으로 행사할 수 있다(통설). 예를 들어 김선달이 임꺽정에게 '이 토지를 1억원에 팔아주면 대금의 1할을 주겠다'라고 약속하고 그 후 임꺽정의 주선으로 그 땅을 사려는 황진이를 알게 되었는데 김선달이 1할의 보수를 임꺽정에게 주지 않으려고 직접 황진이와 계약한 사례의 경우는 김선달이 임꺽정에게 보수를 주지 않기 위하여 고의로 직접 자기가 황진이와 계약을 체결한 것이므로 김선달은 신의성실에 반하여 조건의 성취를 방해한 것이다. 따라서 임꺽정은 제150조 제1항에 의하여 그 조건이 성취된 것으로 주장하여 김선달에게 1할의 보수를 청구하거나, 불법행위 인한 손해배상청구권을 행사할 수 있다(대판 1998.12.22. 98다42356 참조).

2) 조건불성취로 의제되는 경우

① 규 정

민법 제150조 제2항은 「조건의 성취로 이익을 받을 당사자가 신의성실에 반하여 조건을 성취시킨 때에는 상대방은 조건이 성취하지 아니한 것으로 주장할 수 있다」라고 규정하고 있다.

② 요 건

조건의 성취로 이익을 받을 당사자의 행위가 신의성실에 반하여 조건을 성취시키는 행위이어야 한다. 여기서 '당사자의 행위'는 조건의 성취로 직접 이익을 받을 자의 행위를 말하는데 이에는 제3자를 위한 정지조건부계약으로 권리를 취득한 제3자의 행위도 포함된다. 그 밖의 것은 앞에서 설명한 조건의 성취로 의제되는 경우와 같다. 상기에 있어서 '당사자의 행위'가 신의칙(信義則)을 위반했는지의 여부에 대한 판단은 객관적으로 하여야 한다.

③ 효 과

상대방에게는 반신의행위(反信義行爲)로써 조건성취를 한 자에게 그 조건이 불성취된 것으로 주장할 수 있는 권리가 있다. 또한 불법행위로 인하여 손해가 발생하였으면 손해배상청구권도 인정된다. 따라서 조건의 불성취를 주장하거나 손해배상청구권 중 어느 하나를 선택적으로 행사할 수 있다. 예를 들어 임꺽정이 대학생인 이몽룡에게 이번 학기 민법수강에 있어 만약 A학점을 맞으면 값비싼 시계를 사주기로 한 경우, 이를 위해 이몽룡이 부정행위를 통해 A학점을 받았다면 상대방인 임꺽정은 이몽룡이 신의성실에 반하여 조건을 성취하였으므로 이는 조건이 불성취된 것으로 주장하여 시계의 양도를 거절할 수 있는 것이다.

잠깐!! 민총, 깊이보기

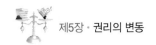

조건의 성취 및 불성취를 명시적으로 의제(擬制)하는 입법례(立法例; 독민 제162조 · 스위스채무법 제156조)와 달리, 신의칙(信義則)에 위반한 경우 상대방이 조건의 성취나 불성취를 주장할 수 있는 권리에 대하여, 우리 민법은 형성권으로서 의사표시를 요구하고 있다(통설).

3) 조건의 성취·불성취가 의제되는 시기

조건의 성취·불성취가 의제되는 시기(始期)는 조건성취를 주장한 시점이라는 견해와 신의칙(信義則)에 반하는 행위가 없었더라면 조건이 성취되었을 시점(時點)이다(다수설)라는 견해가 대립하고 있다. 판례는 다수설인 후설에 따르고 있다(대판 1998.12.22. 98다42356 참조).

6. 조건부법률행위의 성립

조건은 법률효과의 발생·소멸에 관계되는 것이므로 법률행위의 성립과 아무런 관련이 없다. 정지조건부법률행위(停止條件附法律行爲)에서 조건의 성취는 당해법률행위의 성립요건이 아니라 '유효조건(有效條件)'이다. 그리고 조건부법률행위(條件附法律行爲)는 그 효과가 불확정적이기는 하나 법률행위 자체는 그 행위시에 완전히 성립하고 있다. 따라서 조건이외에 법률행위의 효력에 영향을 미치는 사항은 그 법률행위의 성립시기를 표준으로 판단하여야 하고 조건성취시를 표준으로 할 것은 아니다(이영준).

7. 조건부법률행위의 효력

김선달은 황진이에게
「네가 결혼하면 이 아파트를 주겠다」고 약속을 하였지만,
이후에 김선달은 그 아파트를 연흥부에게 매도하였다.
그 후 황진이가 결혼을 한 경우에
황진이는 김선달에 대하여 아파트를 인도하라고 할 수 있는가?
그리고 그 밖의 다른 권리는 없는가?

(1) 조건의 성부확정후의 법률효력

1) 효력일반

민법 제147조 제1항은「정지조건있는 법률행위는 조건이 성취한 때로부터 그 효력이 생긴다」라고 규정함으로써 정지조건부법률행위, 즉 정지조건이 붙은 법률행위는 조건이 성취한 때부터 효력이 발생하고 조건성취가 미정인 때에는 조건부권리(條件附權利)만을 가지며 조건이 성취되지 않으면 무효로 된다(대판 2006.12.7. 2004도3319). 그리고 동조 제2항은「해제조건이 있는 법률행위는 조건이 성취한 때로부터 그 효력을 잃는다」라고 규정함으로써 해제조건부 법률행위, 즉 해제조건이 붙은 법률행위는 조건이 성취되면 소멸되고 조건이 성취되지 않으면 소멸하지 않는 것으로 확정된다.

조건부 법률행위에 있어서 조건이 성취되었다는 사실은 조건의 성취로 이익을 얻는 자, 그리하여 정지조건의 경우에는 조건의 성취로 권리를 취득하고자 하는 자(대판 1983.4.12. 87다카692; 대판 1984.9.25. 84다카967)가, 해제조건의 경우에는 조건의 성취로 의무를 면하게 되는 자가 주장·증명하여야 한다.

2) 효력발생시기

① 정지조건부 법률행위나 해제조건부 법률행위는 조건이 성취된 때로부터 효력이 발생한다. 따라서 모두 원칙적으로는 소급효가 없다. 즉, 정지조건부 매매에서 당사자가 그 조건성취 이전에 미리 그 채무를 이행하였더라도 그 계약의 성립에는 아무 영향이 없다(대판 1963.7.25. 63다209).

② 하지만 민법 제147조 제3항은「당사자가 조건성취의 효력을 그 성취전에 소급하게 할 의사를 표시한 때에는 그 의사에 의한다」라고 규정함으로써 당사자의 의사표시로 소급효를 인정함을 조건성취 전에 약정한 때에는 그 약정을 따르게 하고 있다. 다만 이 경우는 소급효를 인정함에 따라서 제3자의 이익을 침해하지 못한다(否定說).

살아있는 Legal Mind!!!

상기의 ②에 의한 소급효가 제3자에게도 인정되는가?에 관하여 학설이 나누어진다. 이에 대한 긍정설은 '소급효'는 물권적으로 효력이 발생되며 제3자에게도 그 효력이 있다고 보지만(김증한·김기선), 부정설은 소급효에 의하여 그 조건성취 이전에 권리를 취득한 제3자가 불측의 손해를 입을 염려가 있기 때문에 이로써 제3자의 권리를 해하지 못한다고 본다(곽윤직·김용한·김상용·권용우·이영준·고상용).

(2) 조건의 성부확정 전의 법률효력

1) 서

조건의 성부확정(成否確定) 전에 당사자 일방은 장차 조건이 성취되면 권리를 취득할 수 있다는 가능성에 대한 기대감을 가지게 된다. 민법은 이러한 기대감을 일종의 권리로서 보호하는 규정을 두고 있는데 이러한 권리를 「조건부권리(條件附權利)」라고 한다. 이는 기대권(期待權) 또는 희망권(希望權)의 일종이다. 상기의 민법상 보호규정으로는 소극적 보호와 적극적 보호가 있다.

2) 조건부권리의 보호

① 소극적 보호(침해의 금지)

민법 제148조는「조건있는 법률행위의 당사자는 조건의 성부(成否)가 미정인 동안에 조건의 성취로 인하여 생길 상대방의 이익을 해하지 못한다」라고 규정함으로써 조건부법률행위를 한 자는 해제조건의 경우는 물론 정지조건의 경우에도 이를 일방적으로 철회할 수 없다. 또한 조건부 법률행위의 당사자(의무자)는 조건의 성부(成否)가 미정인 동안에 조건의 성취로 인하여 생길 상대방의 이익을 침해하지 못한다. 정지조건부권리에 대한 의무자의 일방적 행위에 의하여 조건의 성부가 미정인 동안에 그 이익이 침해받은 때에는 조건이 성취한 후에 상대방은 침해자에 대하여 손해배상을 청구할 수 있다. 또한 조건부권리를 침해하는 법률행위는 무효가 된다. 설문의 예에서 김선달이「네가 결혼하면 이 아파트를 주겠다」는 정지조건부로 황진이에게 약속한 후에 그 조건의 성취 전에 그 아파트를 김선달이 제3자인 연흥부에게 양도한 경우는 황진이의 조건부권리에 대한 침해가 된다. 따라서 황진이는 연흥부에 대하여 그 양도를 무효로 하고 물건의 반환을 청구할 수 있으며 조건부권리를 침해에 따른 불법행위에 의한 손해배상책임을 청구할 수 있다(제750조).

그러나 상기의 예에서 연흥부가 선의(善意)이거나 등기(登記)·인도(引渡)의 효력발생요건을 갖추었으면 그러하지 못한다. 황진이는 김선달에게 물건의 양도에 갈음하여 손해배상을 청구할 수 있을 뿐이다. 하지만 부동산에 관한 그 조건부권리인 청구권을 가등기한 때(☞김선달의 아파트에 황진이가 가등기를 해 둔 경우)에는(부동산등기법 제3조 참조), 후에 그 조건의 성취를 전제로 하여 제3자에게 대항할 수 있다.

3) 적극적 보호

민법 제149조는 「조건의 성취가 미정인 권리의무도 일반규정에 의하여 처분. 상속. 보존 또는 담보로 할 수 있다」 라고 규정함으로써 '조건부 권리·의무'는 조건부가 아닌 권리·의무와 같은 일반적 규정에 따라 이를 처분(예: 양도·저당권설정 등)하고 상속할 수 있으며 권리의 침해를 방지하기 위하여 보존행위를 할 수 있을 뿐 아니라, 담보로 제공하는 행위도 할 수 있다.

Ⅲ 기 한

1. 의 의

「기한(期限)」이라 함은? 법률행위의 당사자가 그 효력의 발생·소멸 또는 채무의 이행을 장래 도래할 것이 확실한 사실에 의존케 하는 법률행위(法律行爲)의 부관(附款)이다. 예를 들어 '몇월 몇일까지 반환해야 한다'는 것과 같이 장래에 도래할 것이 확실하다는 점에서 조건사실(條件事實)과 같으나 그 발생이 확정되어 있다는 점에서 성부(成否) 자체가 불확정한 조건사실(條件事實)과 다르다.

2. 기한의 종류

(1) 시기와 종기

「시기(始期)」라 함은? 장래의 일정한 시간이 도래함으로써 법률행위의 효력이 발생하거나 또는 채무이행의 시기(始期)를 장래의 확정적 사실에 의존케하는 기한을 말한다(제152조 제1항). 예를 들어 '몇월 몇일까지 채무를 변제하여야 한다'는 것이 이에 해당한다.

그리고 종기(終期)」라 함은? 장래의 일정한 시간이 도래함으로써 법률행위의 효력이 소멸하는 기한을 말한다(제152조 제2항). 예를 들어 '대학졸업시까지 매달 용돈을 10만원씩 지급하겠다'고 하게 되면, 졸업할 때가 종기가 되며 그 후에는 용돈의 지급을 청구할 수 없는 경우가 이에 해당한다.

(2) 확정기한과 불확정기한

「확정기한(確定期限)」이라 함은? 예를 들어 '9월 9일' 또는 '10월중'과 같이, 도래하는 시기가 미리 확정된 기한을 말한다. 그리고 「불확정기한(不確定期限)」이라 함은? 예를 들어 '갑이 사망하면 돈을 지급하겠다' 또는 '갑이 사망한 때로부터 1년'과 같이, 기한이 도래하리라는 것은 확정적이지만 언제 도래할지 그 도래할 기한이 불확정한 것을 말한다.

문제는 불확정기한과 조건의 구별은 실제로 어렵다는 것이다. 그 구체적인 예로서 '출세하면' '상경하면' '가옥을 매각하면'을 들 수 있다. 이 양자의 구별은 법률행위 해석의 문제이므로 당사자 사이에서 이행기가 도래하는 것으로 하려는 의사(장래 반드시 지급할 의사)를 인정할 수 있으면 기한(期限)이라고 볼 수 있다(곽윤직·김주수·이영준). 반면에 출세를 하지 못하거나 가옥을 매각하지 않으면 이행을 하지 않겠다는 의미라면 조건이 된다. 판례는 토지임대차계약의 기간을 '임차인에게 매도할 때까지'라고 한 것은 별다른 사정이 없는 한 도래여부가 불확실하므로 조건이라고 한다(대판 1974.5.14. 73다631). 또한 출세할 수 없거나 가옥을 매각할 수 없음이 확정된 때, 즉 기한사실의 발생이 불가능한 것으로 확정된 때에는 기한은 도래한 것으로 보아야 한다는 입장이다(대판 1989.6.27. 88다카10579; 대판 2002.3.29. 2001다41766; 대판 2009.11.12. 2009다42635; 대판 2009.5.14. 2009다16643).

(3) 임의기한과 법정기한

「임의기한(任意期限)」이라 함은? 당사자가 임의로 정한 기한을 말한다. 그리고 「법정기한(法定期限)」이라 함은? 법률의 규정에 의하여 정하여진 기한을 말한다.

3. 기한을 붙일 수 없는 법률행위

(1) 서 언

「기한(期限)을 붙일 수 없는 법률행위」라 함은? 기한을 붙이는 것이 허용되지 않는 법률행위를 말한다. 이는 「기한에 친하지 않은 법률행위」라고도 한다. 대체로 조건과 친하지 않은 법률행위는 기한과도 친하지 않은 법률행위이다. 기한과 친하지 않은 법률행위에 기한이 붙은 경우는 법률행위 전체가 무효로 된다. 따라서 그 법률행위는 그 정한 기간 동안 효력이 발생할 수 없게 된다. 그 결과, 기한이 붙은 법률행위는 법률관계의 불확정한 상태를 가져오므로 이를 방지하기 위해 일정한 경우, 민법은 기한을 붙일 수 없도록 하고 있다.

1) 시기의 불허

혼인·입양·파양·상속의 승인과 포기 등 법률행위의 효력이 곧 발생하게 할 필요가 있는 가족법상의 행위는 시기(始期)(☞기한)를 붙일 수 없다. 상계(相計)·취소·추인과 같이 소급효있는 법률행위에 시기를 붙이는 것은 무의미하다. 다만 어음·수표행위에는 조건은 붙일 수 없으나 기한(이행기)은 붙이는 것도 무방하다.

2) 종기의 불허

종기(終期)를 붙일 수 없는 법률행위의 범위는 대체로 해제조건의 경우와 같다.

4. 기한부법률행위의 효력

(1) 기한의 도래

기한(期限)이 기일 또는 기간에 의하여 정하여져 있는 경우에는 기일의 도래 또는 기간의 경과로서 기한은 도래한다. 그러나 일정한 사실의 발생을 기한으로 한 경우에는 그 사실이 발생한 때에 기한이 도래하는 것이 되지만, 기한은 본질상 반드시 도래하는 것이므로 일정한 사실이 불발생함으로써 확정된 경우에도 기한이 도래한 것으로 본다. 그리고 기한이익의 포기·상실 등의 경우에 기한이 도래한 것이 된다.

(2) 기한 도래의 효과

1) 기한 도래전의 효력

채무의 이행(債務의 履行) 시기에 기한을 붙인 경우에는 그 기한의 도래전에도 채권은 이미 성립하고 있으므로 기한부 권리(채권)으로서 보호를 받는다. 즉, 상대방이나 제3자가 이를 침해해서는 안 되며 처분·상속·보존·담보를 할 수 있다.

2) 기한 도래후의 효력

민법 제152조 제1항은 「시기있는 법률행위는 기한이 도래한 때로부터 그 효력이 생긴다」 라고 규정하고, 동조 제2항은 「종기있는 법률행위는 기한이 도래한 때로부터 그 효력을 잃는다」 라고 규정함으로써 시기부법률행위(始期附法律行爲)는 기한이 도래한 때로부터 그 효력이 생기고 종기부법률행위(終期附法律行爲)는 기한이 도래한 때로부터 그 효력이 잃는다.

3) 이 같은 기한의 효력에는 어떠한 경우라도 소급효가 없다. 즉, 이는 절대적인 것으로서 당사자의 특약에 의해서도 소급효를 인정할 수 없다. 기한에 소급효를 인정하면 기한이 무의미해지기 때문이다.

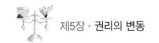

(3) 기한부권리

법률행위의 효력 발생·소멸에 기한을 붙이는 경우의 "기한부권리(期限附權利)"를 가지는 자의 지위는 조건부권리자의 지위보다도 더 확실한 것이 되므로 조건에 관한 제148조·제149조를 준용한다(제154조).

5. 기한의 이익

> 임꺽정은 100만원을 김선달에게서 꾸었고
> 이를 금년 10월 10일에 갚기로 하였다.
> 하지만 임꺽정은 사정상 앞서서 8월 10일에 갚으려고 한다.
> 이와 같이 미리 갚아도 되는가?

(1) 의 의

「기한의 이익(期限의 利益)」이라 함은? 기한이 도래하지 않음으로써 그 때까지 당사자가 받는 이익을 말한다. 조건이 시기부(始期附)인 때에는 법률행위의 효력이 발생하지 않음으로써 받는 이익 또는 채무의 이행기가 도래하지 않음으로써 받는 이익이 기한의 이익이고, 조건이 종기부(終期附)인 때에는 법률행위의 효력이 소멸하지 않음으로써 받는 이익이 기한의 이익이다. 예를 들어 임꺽정이 김선달로부터 1억원의 돈을 빌리면서 2014년 12월 31일까지 갚기로 한 경우에 임꺽정이 2014년 12월 31일이 도래할 때까지 원금을 갚지 않아도 되는 이익이 그것이다.

(2) 기한의 이익을 가지는 자

민법 제153조 제1항은 「기한은 채무자의 이익을 위한 것으로 추정한다」 라고 규정함으로써 기한의 이익은 채무자의 이익을 위한 것으로 추정되나, 기한의 이익을 받는 자가 누구이냐는 경우에 따라 다르게 된다. 그러므로 누가 기한의 이익을 갖는가는 법률행위의 종류 · 당사자의 특약 · 법률행위 당시의 구체적인 사정에 따라 정하여진다. 이러한 기한의 이익이 누구에게 있는가는 기한의 이익이 있다고 주장하는 자가 증명(立證)하여야 한다.

1) 채권자만이 이를 가지는 경우

무상임치(無償任置)에서는 채무자인 무상수치인(無償受置人)은 기한전에 임치물을 반환할 수 없고 채권자인 무상임치인(無償任置人)은 언제든지 반환청구할 수 있으므로 기한의 존재는 채권자인 임치인의 이익으로 된다.

2) 채권자와 채무자쌍방이 가지는 경우

이자있는 소비대차(예: 정기예금)의 경우에는 채권자와 채무자 모두가 기한의 이익을 받는다.

3) 채무자만이 가지는 경우

무이자소비대차(無利子消費貸借)인 경우에는 채무자만이 기한의 이익을 받는다. 원래, 기한은 채무자의 이익을 위하여 붙이는 것이 보통이므로 반대특약이나 법률행위의 성질상 분명하지 않으면 민법은 채무자의 이익을 위한 것으로 추정하고 있다 (제153조 제1항).

(3) 기한이익의 포기

기한의 이익은 포기할 수 있다. 기한의 이익이 포기되면 채권의 변제기가 즉시 도래하여 포기와 함께 변제하지 않으면 채무불이행책임을 지게 된다. 민법 제153조 제2항은 「기한의 이익을 받는 자는 그 이익을 포기할 수 있다. 그러나 상대방의 이익을 해하지 못한다」라고 규정하고 있다.

1) 따라서 기한의 이익이 채권자나 채무자 가운데서 일방에만 존재하는 경우에는 이익을 받는 자는 상대방에 대한 단독의 의사표시로써 이를 포기할 수 있다. 예를 들어 기한부(期限附)로 금전을 차용한 채무자는 기한의 이익을 포기하여 그 기한의 도래 전에 변제하여도 무방하다. 이 때 채무가 이자부(利子附)인 경우에 채무자는 변제기까지의 이자를 지급하면 되고 기한까지의 이자를 지급할 필요가 없다.

2) 다만 기한의 이익을 포기함으로써 상대방의 이익을 해하지 못하기 때문에, 기한의 이익이 상대방에게도 있는 때에는 이를 포기하는데 제한을 받는다. 즉, 상대방의 손해를 배상해야만 이를 포기할 수 있다. 예를 들어 차용금이 이자부(利子附)인 때에는 채무자는 변제한 때까지의 이자가 아니라 그 기한(☞이행기)까지의 이자를 지급하고 이를 포기할 수 있다(통설).

(4) 기한이익의 상실

1) 채무자에게 기한의 이익(期限의 利益)을 주는 것은 그 채무자를 신용하기 때문이다. 그러므로 채무자가 경제적 신용을 잃었다고 볼 수 있는 사유가 발생하게 되면 기한의 이익을 박탈하여 채권자는 기한 전이라도 이행을 청구할 수 있고 이에 관하여 채무자는 기한의 이익을 주장하지 못한다. 그 사유는 다음의 세 가지 경우이다.

① 채무자가 담보를 손상·감소·멸실하게 한 때(제388조 1호)
② 채무자가 담보제공의 의무를 이행하지 않은 때(제388조 2호)
③ 채무자가 파산의 선고를 받았을 때(채무자 회생법 제1425조)

그리고 상기의 세 가지의 경우 외에도 당사자 특약에 의하여서도 기한의 이익을 상실시킬 수 있다.

2) 기한이익이 상실되면 채무자는 기한의 이익을 주장하지 못하는데 이 경우에 기한의 도래를 의제하는 것이 아니므로 기한의 상실로 곧 지체(遲滯)가 되지 않으며 채권자의 청구가 있은 때로부터 채무자가 지체의 책임을 진다.
그리고 채권자는 그의 선택에 따라 곧 이행을 청구할 수 있고 채무자의 이행을 거절하여 기한까지의 이자(利子)를 청구할 수도 있다. 설문의 예에서 임꺽정이 100만원을 김선달에게서 꾸었고 이를 금년 10월 10일에 갚기로 하였지만 사정상 100만원을 8월 10일에 갚은 경우라면, 임꺽정은 김선달의 이익을 해(害)하지 못하기 때문에 김선달이 원할 경우에는 임꺽정은 두달치 이자와 함께 8월 10일에 변제하여야 한다.

잠깐!! 민총, 깊이보기

- 기한의 이익을 상실하는 예로서 헷갈리게 하는 경우가 있다. 예컨대 '채무자가 다른 채권자로부터 강제집행(强制執行)을 받았거나', '채무자가 과중한 채무를 인수하였다거나' 또는 '채무자가 무자력(無資力)이 되는 경우'가 그것이다. 이 경우는 기한의 이익이 상실되는 것이 아님을 명심하라.
- 판례(☞대판 2002.9.4. 2002다28340; 대판 2010.8.26. 2008다42416·42423 참조)

보충정리 소급효의 유무에 따른 분류

소급효가 있는 경우	소급효가 없는 경우	기 타
·제한능력자의 법률행위의 취소 ·실종선고의 취소 ·착오·사기·강박에 의한 의사표시의 취소 ·취소할 수 있는 법률행위의 취소 ·무권대리의 추인 ·시효이익의 포기·소멸시효의 완성 ·상계 ·선택채권에 있어서의 선택 ·상속재산의 분할 ·상속의 포기 ·인지 ·이혼의 취소 ·계약의 해제	·미성년자의 영업허락의 취소 ·성년후견·한정후견 종료의 심판 ·법인설립허가의 취소 ·부재자재산관리명령 취소 ·기한부행위의 효력 ·기한부법률행위의 효력 ·혼인의 취소 ·부부간의 계약의 취소 ·친생자승인의 취소 ·인지 또는 입양의 취소 ·부양관계의 취소 ·조건성취의 효력	·수권행위가 취소되면 대리권은 소급적으로 소멸함. ·조건성취의 효력은 원칙적으로 소급하지 않음(다만 당사자가 소급하게 할 의사를 표시한 때에는 소급효가 있다) ·기한의 효력은 소급효가 절대로 없음(이는 당사자의 특약에 의해서도 인정할 수 없다). ·무효행위의 추인은 소급효가 없다. 그러나 소급적으로 추인되는 예외가 있다(예: 제3자의 권리를 침해하지 않는 범위 내에서 당사자간의 약정으로 인한 경우).

CIVIL LAW

제 6 장
기 간

제 1 절 개 관

I 기간의 의의

「기간(期間)」이라 함은? 어느 시점(時點)으로부터 다른 시점까지, 즉 두 시점사이의 계속의 관념이 있는 시간의 구분을 말한다. 예를 들어 지금부터 3시간 또는 내년 정초부터 5년간과 같이 계속되는 시간의 간격을 말한다.

기간은 여러 가지 법률관계에 있어서 중요한 작용을 한다. 따라서 기간의 경과는 단독으로 법률요건이 되는 경우는 없지만, 이것이 다른 법률사실과 결합하여 중요한 법률효과를 발생시키는 경우가 많다. 예컨대 성년기(成年期)·최고기간(催告期間)·실종기간(失踪期間)·기한(期限)·시효기간(時效期間) 등이 그것이다. 이러한 기간의 법적 성질은 법률사실로서 사건(事件)에 속한다.

잠깐!! 민총, 깊이보기

▶ 「기간(期間)」은 시간의 계속의 관념을 필요로 한다. 따라서 계속적 관념이 없는 일정한 '시점(時點)' 또는 특정의 시기(時期)를 의미하는 '기일(期日)'과 다르며 법률행위의 부관인 '기한(期限)'과도 구별된다.

II 기간의 적용범위

민법 제155조는 「기간의 계산은 법령, 재판상의 처분 또는 법률행위에 다른 정한 바가 없으면 본장의 규정에 의한다」라고 규정함으로써 민법은 기간의 계산방법에 관하여 일반적 규정을 두고 있다.

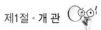

이는 임의규정이므로 법령이나 재판상의 처분 또는 당사자의 의사(예: 임대차기간 등)에 의하여 기간의 계산방법이 정하여져 있으면 그에 따를 것이지만, 이를 정하고 있지 않은 경우에는 공·사법상의 관계를 묻지 않고 본장의 규정이 보충적으로 적용된다. 판례에서 민법 제161조가 적용되지 않아서 원심 파기된 사례가 있다(대판 2009.11.26. 2009두12907 참조).

잠깐!! 민총, 깊이보기

- 상기의 제155조 규정의 내용 중 다른 기간의 계산방법을 정한 '법령'의 예; 상법 제63조, 어음법 제36조·제37조·제72조 내지 74조 등, 수표법 제30조·제60조 내지 62조, 가족관계의 등록 등에 관한 법률 제37조, 민사소송법 제170조 내지 제172조, 형법 제83조 내지 제86조, 특허법 제14조 등이 그것이다.

제2절 기간의 계산방법

I 총 설

기간의 계산방법에는 '자연적 계산방법'과 '역법적 계산방법'이 있다. 자연적 계산방법은 정확하나 번잡하고 역법적 계산방법은 간편하나 다소 부정확하다. 따라서 민법은 단기간의 계산에는 전자에 의하고 장기간의 계산에는 후자에 의한다.

II 자연적 계산방법

임꺽정은 일본으로 가는 배를 타기로 하였는데
그 배는 정확히 '지금부터 12시간 뒤에 떠난다'고 하였다.
이 경우에는 어느 순간부터 기산(起算)이 되는가?

민법 제156조는 「기간(期間)을 시, 분, 초로 정한 때에는 즉시(卽時)로부터 계산한다」라고 규정하고 있는데 이러한 계산법을 「자연적 계산법(自然的 計算法)」이라고 한다. 자연적 계산법은 기간을 아무런 인위적(人爲的)인 가감(加減)없이 자연적 시간에 따라 시·분·초 단위로서 시간의 흐름을 '순간에서 순간'까지 계산하는 것이다. 따라서 그 기산점(起算點)은 즉시이고 그 기간의 만료점(滿了點)은 정하여진 시·분·초의 종료시이다. 상기의 예에서 '지금부터 12시간 뒤에 배가 떠난다'라고 한 경우에는 '지금'의 순간부터 기산(起算)하고 '2014년 1월 1일부터 2년간'이라고 하면 '2014년 1월 1일 0시'부터 기산(起算)한다.

Ⅲ 역법적 계산방법

김선달은 임꺽정에게 6월 5일 오전 11시에 책을 빌려주면서
1개월내로 반환하도록 하였다.
이 경우에 임꺽정은 언제까지 책을 돌려주어야 하는가?

민법 제160조 제1항은 「기간(期間)을 주(週), 월(月) 또는 년(年)으로 정한 때에는 역(曆)에 의하여 계산한다」 라고 규정하고 있는데 이러한 계산법을 「역법적 계산법(曆法的計算法)」 이라고 한다. 이에 대한 기산점과 만료점은 다음과 같다.

1. 기산점

① 민법 제157조 본문은 「기간을 일, 주, 월 또는 년으로 정한 때에는 기간의 초일은 산입하지 아니한다」 라고 규정함으로써 이러한 역법적 계산을 할 때에는 초일은 산입하지 아니한다. 이른바 "초일불산입의 원칙(初日不算入의 原則)"이다. 상기의 예에서 6월 5일 오전 11시에 김선달로부터 임꺽정이 책을 빌리고 1개월내에 돌려주기로 하였다면, 초일인 6월 5일은 산입하지 아니하고 익일(翌日)인 6월 6일부터 기산하여 1개월 후인 7월 5일 24시까지가 기간내로 된다. 만약 당사자가 초일산입 약정을 하면 그 약점이 제157조에 우선하여 적용이 된다. 이 규정이 임의규정이기 때문이다. 판례도 같은 입장이다(대판 2007.8.23. 2006다62942).

② 하지만 동조 단서는 「그러나 그 기간이 오전 영시로부터 시작하는 때에는 그러하지 아니하다」 라고 규정함으로써 그 기간이 오전 영시부터 시작하는 때에는 초일을 산입한다. 예를 들어 단순히 '반드시 돌아오는 11월 5일부터 1주일'이라고 하면 이는 11월 5일 0시부터 기산(起算)함을 의미하므로, 초일인 11월 5일을 산입하여 11월 11일 24시가 기간의 종료가 되며 국회의원선거법상의 '선거일 공고일로부터'의 의미는 당일 오전 0시부터를 의미한다.

③ 이미 앞에서 살펴본 바와 같이 특별한 사정이 없는 한 기간계산에 초일은 산입

제6장

하지 않지만, 연령의 계산에는 출생일을 산입한다(제158조). 예를 들어 2000년 5월 25일 오후 7시에 출생한 자는 2019년 5월 24일 오후 12시에 성년이 된다. 또한 법령에서 특히 초일을 산입하도록 하는 경우가 있다(가족관계의 등록 등에 관한 법률 제37조 · 형법 제85조; 형의 집행과 시효기간의 초일 규정 참조).

잠깐!! 민총, 깊이보기

이후 만료점에서 자세히 설명하겠지만, 기간의 만료점이 공휴일인 경우에는 익일(翌日)이 만료점이 되지만, 기간의 초일이 공휴일[157]인 경우의 기산점은 초일(初日)부터 한다(대판 1982.2.23. 81누204).

2. 만료점

① 민법 제159조는 「기간(期間)을 일, 주, 월, 또는 년으로 정한 때에는 기간말일(期間末日)의 종료로 기간이 만료된다」 라고 규정하고 있다.

② 다만 기간을 주, 월 또는 년으로 정한 때에는 역(曆)에 의하여 계산한다(제160조 제1항). 따라서 '1주간'이라고 하면 일요일부터 토요일까지이고 '1개월'이라고 하면 초일부터 말일까지이므로 큰달(31일) · 적은 달(30일) · 2월(28일)을 묻지 않고 역(曆)에 따라 계산하고 최후의 주, 월, 년에서 기산일(起算日)에 해당하는 날의 전일(前日)로 기간이 만료한다(동조 제2항). 예를 들어 2월 2일부터 1개월을 계산하는 경우에는 3월 1일 24시에 기간이 만료한다.

③ 만일, 월 또는 년으로 기간을 정한 경우인데 최종의 월에 해당일이 없으면 그 월의 말일로서 기간이 만료한다(동조 제3항). 예를 들어 1월 30일부터 1개월의 기간을 정한 때에는 2월은 30일과 31일이 없으므로 평년에는 28일 그리고 윤년이면 29일에 기간이 만료한다.

④ 민법 제161조는 「기간의 말일이 토요일 또는 공휴일이면 그 다음 날로 기간은 만료한다」 라고 규정하고 있다. 예를 들어 6월 6일이 기간의 만료일인 경우에 이 날이 공휴일이면 익일(翌日)인 6월 7일이 기간의 만료일이 된다.

157) 법률용어 살펴보기 ☞ 「공휴일(公休日)」이란? 국경일을 비롯한 휴일을 말하며 여기에는 임시공휴일도 포함한다.

알아두면 편리해요!!!

◎ 간혹 시험에 직접 실제달력을 참조하여 기간을 계산하라는 문제가 출제되는 경우가 있다. 이 경우는 해당일의 말일(末日)이 공휴일(公休日)인가를 확인하여야 한다. 만약 공휴일인 경우에는 익일(翌日)이 만료가 된다.

◎ 기간계산의 구체적인 예는 다음과 같다.

① 4월 1일 오전 9시부터 10시간이라고 하는 경우에는 만료점은 4월 1일 오후 7시가 종료한 때이다(제156조).

② 2014년 4월 15일 오전 10시부터 7일간이라고 하는 경우에는 기산점은 4월 16일이고 만료점은 4월 22일 오후 12시가 된다(제157조·제159조).

③ 1994년 4월 20일 오전 10시에 출생한 자는 2013년 4월 20일 오전 0시에 성년이 된다(제158조·제159조).

④ 2월 28일(말일) 오후 2시부터 1개월이라고 하는 경우에는 기산점은 3월 1일이고 만료점은 4월 1일의 전일(前日)인 3월 31일이다(제160조 제2항).

⑤ 오는 2014년 1월 31일부터 1개월이라고 하는 경우에는 기산점은 1월 31일이고 만료점은 2월 28일 오후 12시가 된다.

Ⅳ 기간역산의 계산방법

민법은 기간(期間)에 대하여 일시점(一時點)으로부터 장래에 향하여 계산하는 경우의 계산방법에 관하여만 규정하고 있고 기간이 기산일(起算日)로부터 과거로 소급하여 계산되는 역산방법에 있어서는 규정하고 있지 않다. 그러나 제157조의 규정은 기산일로부터 과거에 소급하여 계산하는 경우에도 준용된다(통설). 예를 들어 K친목회의 '총회를 개최할 때에는 총회일 일주일전에 통지하여야 한다'는 규정에 의하여 1월 19일에 총회를 열고자 할 경우에 언제까지 그 통지를 해야 하는가에 있어서, 총회일이 1월 19일이면 당일을 뺀 그 전일(前日)인 18일부터 거꾸로 기산하여 7일을 계산하면 12일이 말일이 되고 그 날 오전 0시에 기간이 만료된다. 따라서 늦어도 각 회원에게 11일 오후 12시까지는 총회소집의 통지가 발송되어야 한다(발신주의).

보충정리 민법상의 기간

내 용	기 간
1. 전세권의 존속기간	10년을 넘지 못함(제312조 제1항 · 제3항)
2. 하자담보책임에 의한 권리의 행사	사실을 안 날로부터 6개월(제580조 · 제582조)
3. 취소권의 소멸	① 추인할 수 있는 날부터 3년(제146조) ② 법률행위를 한 날로부터 10년(제146조)
4. 채권자취소권의 소	① 취소원인을 안 날로부터 1년(제406조 제2항) ② 법률행위가 있은 날로부터 5년(제406조 제2항)
5. 환매기간	① 부동산은 5년(제591조) ② 동산은 3년(제591조)
6. 불법행위로 인한 손해배상 청구권	① 손해 및 가해자를 안날로부터 3년(제766조) ② 불법행위를 한 날로부터 10년(제766조)
7. 약혼해제의 사유	약혼 후 1년 이상 생사불명(제804조 6호)
8. 재판상 이혼사유	배우자의 생사가 3년 이상 분명하지 아니한 때 (제840조 5호)
9. 혼인중 포태의 추정	① 혼인성립의 날로부터 200일 후(제844조 제2항) ② 혼인관계종료일로부터 300일 전(제844조 제2항)
10. 재산분할 청구권	이혼한 날로부터 2년(제839조의 2 제3항)
11. 친생부인의 소	사유가 있음을 안 날로부터 2년(제847조)
12. 한정승인의 신고	상속개시 있음을 안 날로부터 3월(제1030조)
13. 상속의 승인 및 포기	상속개시 있음을 안날로부터 3월(제1019조)
14. 상속재산의 분리청구	상속이 개시된 날로부터 3월(제1045조 제1항)
15. 유류분반환청구권	① 사실을 안 때로부터 1년(제1117조) ② 상속이 개시된 때로부터 10년(제1117조)

LAW

CIVIL LAW

제 7 장

소멸시효

제1절 개 관

I 시효의 의의와 특질

1. 시효의 의의

「시효(時效)」라 함은? 어떠한 사실상태가 일정 기간 계속된 경우에 그 사실상태가 진실한 권리관계에 합치하느냐의 여부를 따지지 않고 그 사실상태를 존중하여 권리관계를 그대로 인정하는 제도를 말한다. 이는 어떤 사실상태의 일정 기간의 지속 , 즉 '시간의 경과(時間의 經過)'를 요소로 한다. 시간의 경과를 요소로 하지 않고 점유의 공신력을 인정하는 '선의취득(善意取得)'과 구별된다(제249조 이하).

2. 시효의 성질

① 「시효」는 어떤 사실상태(☞일정한 권리의 행사 또는 불행사)가 일정 기간 계속되면 이에 따라 일정한 법률상의 효과인 권리를 취득케 하거나 소멸케 하는 법률요건이며(통설) 이는 법률사실로서 '사건(事件)'에 속한다. ② 시효는 재산관계에 관한 것이며 가족법상의 신분관계에는 적용되지 않는다. 그 이유는 가족관계는 언제나 진실한 권리관계에 따라 판단하여야 하기 때문이다. ③ 시효에 관한 규정은 "강행규정"이다. ④ 시효는 법률행위에 의하여 이를 배척·연장·가중할 수는 없으나(제184조 제2항) 이를 단축 또는 경감할 수는 있다(제184조 제2항).

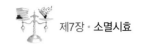

잠깐!! 민총, 깊이보기

- 시효는 재산관계에 관한 것이며 가족관계에는 적용되지 않으므로 재산상속의 승인이나 포기의 취소권에 관한 제1024조 제2항의 「시효로 인하여」라는 문구는 제척기간이 된다.

Ⅱ 시효에 관한 민법의 규정

시효에는 '소멸시효(消滅時效)'와 '취득시효(取得時效)'의 두 가지가 있다. 민법은 총칙편에 소멸시효만을 규정하고 취득시효(제245조 이하)에 관하여는 물권의 취득원인으로서 물권편에서 규정하고 있는데 그 이유는 민법이 분리주의(分離主義)를 취하였기 때문이다. 따라서 여기서는 소멸시효만을 설명한다.

잠깐!! 민총, 깊이보기

- 구민법은 프랑스 민법을 본받아 취득시효와 소멸시효 양자를 하나의 제도로 통일하여 총칙편에 규정하였으나, 현행민법은 양자의 성질이 서로 다르므로 일반적인 소멸시효는 총칙편에 취득시효는 물권편에 규정하고 있다. 양제도는 로마법 이래 연혁적으로 별개의 제도로서 발전하였을 뿐만 아니라 이론적으로도 그 요건과 효과의 면에서 차이점이 많다. 그러므로 이는 별개의 제도이고, 따라서 시효취득의 주장 속에는 상대방의 청구권이 시효소멸하였다는 주장이 포함되지 않는다(대판 1982.2.9. 81다534).
- 시효제도의 입법례에 대하여 독일·한국은 소멸시효는 총칙편에 규정하고 취득시효는 물권편에 규정하는 「분리주의」를 택하고 있다(단, 스위스민법은 소멸시효에 관하여는 채권의 소멸원인으로서 채권법에 규정하고 취득시효에 관하여는 민법의 물권편에 규정하고 있다). 프랑스·일본은 소멸시효와 취득시효는 어느 것이나 일정기간의 경과에 의하여 법률효과가 부여된다는 공통점에 근거하여 두 제도를 통일적으로 규정하는 「통일주의」를 택하고 있다.

Ⅲ 시효제도의 존재이유

시효제도(時效制度)는 어떠한 사실상태가 일정 기간 계속된 경우에 그 사실상태가 진실한 권리관계에 합치하느냐의 여부를 따지지 않고 그 사실상태를 존중하여 그대로 권리관계로 인정한다. 따라서 이것은 진실한 권리관계나 거래의 안전을 보호하려고 하는 법의 이념과는 맞지 않는다. 그런데도 불구하고 시효제도를 인정하는 이유는 무엇인가? 통설은 시효제도의 존재이유로서 다음의 세 가지를 들고 있다. 판례도 같은 견해이다(대판(전원) 1992.3.31. 91다32053).

첫째, 연혁적으로 오랫동안 자기의 권리를 행사하지 않고 있는 자는 「권리위에 잠자는 자」로서 법이 이를 보호할 필요가 없다. 따라서 권리자에게 권리행사를 촉구하자는데 있다.

둘째, 증명(立證)의 곤란이다. 즉, 권리를 가지고 있으면서 장기간 그 권리를 행사하지 않고 방치한 때에는 증거자료가 없어지게 된다. 예를 들어 김선달이 임꺽정으로부터 A토지를 취득하였지만 오랫동안 이에 대한 권리를 행사하지 않고 오히려 임꺽정의 자손들이 해당 토지를 점유하고 있는 경우에 대부분 증서가 분실되거나 또는 증인의 사망 등으로 진실한 권리관계를 인정받기가 어렵다. 따라서 오랫동안 계속된 사실상태인 임꺽정 자손들의 권리가 진실한 권리관계인가를 묻지 않고 그대로 인정하자는 것이다. 증거보전의 곤란이라고도 한다.

셋째, 사회질서의 안정을 유지하고 제3자의 신뢰를 보호하기 위해서이다. 일정한 상태가 오래동안 지속되며 사회는 이를 진실한 권리관계와 합치하는 것으로 신뢰하고 이를 기초로 하여 새로운 사회질서가 형성된다. 그런데 이러한 사회질서를 부정하면 이를 신뢰하고 이루어진 법률관계는 모두 뒤집어지고 그 결과로 거래의 안전은 깨지며 제3자를 보호할 수 없게 된다. 따라서 시효제도를 인정하고 있는 것이다.

살아있는 Legal Mind!!!

- 상기의 통설의 시효제도의 존재이유에 대하여 비판적인 견해가 있다. 이는 원칙적으로 타인(☞권리자)의 권리는 박탈할 수 없고 또한 채무도 변제하여야 하는 것이므로 시효제도를 원칙적으로 진정한 권리자를 보호하고 채무를 변제한 자의 이중변제를 막기 위한 제도로 이해하자는 견해이다. 이 견해는 시효제도는 시효로 인하여 직접의무를 면하게 되거나 권리를 취득하게 되는 시효의 당사자가 중심이 되는 것이고 사회질서의 안정 내지 제3자의 신뢰보호는 2차적 문제에 불과하다고 한다. 따라서 시효를 가능한한 제한하는 것으로 해석하여야 한다고 주장한다(김주수·장경학). 한편 소멸시효의 존재이유에 관한 주안점을, 오랫동안 자기의 권리를 행사하지 않고 있는 자, 즉 「권리위에 잠자는 권리자」로부터 권리를 빼앗는데 있는 것이 아니라, 오랫동안 권리를 행사하지 않은 「권리자의 근거없는 청구」로부터 의무자가 이를 방어할 수 있다는 관점에서 찾아야 한다는 견해가 있다. 이 견해는 이렇게 함으로써 비로소 의무자가 의무를 면하고 그 반사적 효과로서 권리자는 권리를 잃게 되는 것이라고 한다(김준호 324면).

제2절 소멸시효

I 총 설

1. 소멸시효의 의의

> 임꺽정은 2000년 3월 1일에 김선달에게
> 돈 500만원을 빌려주고 각서와 차용증서를 받았다.
> 그러나 임꺽정은 김선달이 형편이 어려워지자
> 채무를 변제하라고 요구하지 못하고 있던 중
> 그후, 10년이 훨씬 지난 오늘에야 돈을 달라고 요구하였다.
> 하지만 김선달은 냉담하다.
> 이 경우에 소송을 하면 임꺽정은 그 돈을 받을 수 있나?

「소멸시효(消滅時效)」라 함은? 권리자가 그의 권리를 행사할 수 있음에도 불구하고 그 권리를 행사하지 않는 상태가 일정기간(☞時效期間)동안 계속된 경우에는 그 자의 권리를 소멸시켜 버리는 제도를 말한다. 이러한 소멸시효는 권리를 행사할 수 있는 때로부터 진행하고 부작위(不作爲)를 목적으로 하는 채권의 소멸시효는 위반행위를 한 때로부터 진행한다(제166조).

2. 소멸시효와 유사한 제도

(1) 제척기간

1) 제척기간의 의의

「제척기간(除斥期間)」이라 함은? 법률에서 획일적으로 미리 정해 놓은 권리의 행사기간을 말한다. 예컨대 취소권(取消權)은 추인할 수 있는 날로부터 3년 내 또는 법률행위를 한 날로부터 10년이내에 행사하여야 하고(제146조), 매도인(賣渡人)의 하자담보책임(瑕疵擔保責任)의 손해배상청구권의 행사는 매수인이 그 사실을 안 날로부터 6월 안에 행사하여야 하며(제582조), 동산의 양도에 있어서 선의취득의 요건을 갖추었으나 그 동산이 도품(盜品)인 경우에는 피해자는 도난당한 날로부터 2년간 그 물건의 반환을 청구할 수 있는데(제250조 본문) 이 기간이 바로 제척기간이다.

민법에는 제척기간에 관해 체계적으로 규정하고 있지 않으나 이론상으로 인정하고 있다. 그 이유는 그 권리를 중심으로 한 소유관계를 조속히 확정하려는데 있다. 따라서 존속기간인 제척기간이 만료하게 되면 그 권리는 당연히 소멸하므로(제204조 제3항), 이를 '예정기간' 또는 '실권기간'이라고도 한다. 이러한 제척기간은 주로 형성권에 있어서 문제가 된다. 법률에서는 제척기간을 분명하게 명시하지 않기 때문에, 조문(條文)에 <시효>라는 말이 없을 때에는 제척기간으로 해석할 수 있다.

살아있는 Legal Mind!!!

형성권(形成權)은 행사하면 바로 법률효과가 생기므로 권리불행사라고 하는 소멸시효의 요건이 성취될 여지가 없다. 따라서 형성권에 있어서 권리행사의 기간이 정하여져 있는 경우는 전술한 바와 같이 이를 제척기간으로 보아야 한다(대판 1992.10.13. 92다4666; 대판 1995.11.10. 94다22682 · 22699; 대결 2003.8.11. 2003스32 참조).

2) 제척기간에 있어서의 권리보존행위

제척기간이 정하여져 있는 권리는 권리자가 어떠한 방법으로 권리를 행사해야만 제척기간의 경과에 따른 권리의 소멸을 저지할 수 있는가에 대하여 세 가지의 견해가 대립되고 있다.

① 제1설

이 견해는 제척기간내에 어떠한 권리행사가 있었느냐 없었느냐를 불문하고 기간의 경과로 언제나 권리는 소멸하는 것으로 보는 견해이다. 하지만 이는 재판상 권리를 행사함에 있어서 소송(訴訟)중이라도 기간이 만료되면 권리가 소멸되므로 권리자에게 너무나 가혹하다는 비판이 있다.

② 제2설(소수설 · 판례)

이 견해는 제척기간내에 반드시 재판상 청구를 하여야만 하는 것이 아니고 권리의 재판외 행사가 있으며 권리가 보전된다는 견해이다(김기선 · 대판 1985.11.12. 84다카 2234). 즉 형성권의 경우에 있어서 '권리자의 의사표시'와 '형성판결'을 모두 필요로 하는 이른바 "형성소권(形成訴權, 예: 채권자취소권 · 혼인취소권 · 친생부인권 등)"은 제척기간내에 소(訴)를 제기하여야 하지만 일반적인 형성권은 제척기간내에 재판외에서 형성권 행사의 의사표시만으로도 권리가 보전된다는 것이다.

하지만 이는 최고(催告) 하나만으로 그 권리가 시효완성시(時效完成時)까지 존속하게 되어 법률이 권리관계를 신속히 확정시키고자 하는 입법취지를 무시하므로 부당하다고 본다.

③ 제3설(통설)

이 견해는 제척기간을 출소기간(出訴期間 ☞이를 提訴期間이라 한다)으로 보는 견해(곽윤직 · 장경학 · 김증한 · 김주수 · 이광신 · 김용한 · 고상용 · 김상용 · 이영준 · 권용우)이다. 이는 그 기간내에 재판상 행사인 「소의 제기(訴의 提起)가 있어야 한다고 하는 견해이다. 이 견해가 가장 타당하다고 본다. 판례도 같은 태도이다(대판 1990.3.9. 88다카31866; 대판 1991.2.22. 90다 13420; 대판 1992.4.24. 92다4673; 대판 1993.7.27. 92다52795; 대판 2000.6.9. 2000다15371; 대판 2002.4.26. 2001다8097 등).

3) 소멸시효와 제척기간의 차이점

권리행사자유의 원칙에 따르면 권리행사여부는 권리를 가진 자의 자유의사에 기할 뿐 이는 강제할 것이 아니다. 하지만 권리를 가진 자라고 하여 언제든지 권리를 행사할 수 있게 한다면 이는 법률적 사실관계를 확정할 수 없는 불편을 주며, 거래의 안전도 역시 불안하게 된다. 따라서 민법은 이에 관하여 일정한 제한을 가하는 제도를 두고 있는데 이것이 바로 소멸시효와 제척기간이다. 하지만 민법은 소멸시효에 관하여는 총칙편에 상세한 규정을 두고 있으나, 제척기간에는 아무런 규정을 두고 있지 않다. 그러므로 양자의 관계와 구별은 학설에 따라 구별할 수밖에 없다.

① 이념상의 차이

소멸시효와 제척기간은 법률관계를 속히 안정시켜 확정하자는데 목적이 있음은 양자가 동일하다. 그러나 제척기간은 소멸시효와는 달리 의무자(義務者)의 증명곤란(立證困難)을 구제하려는 목적은 없다.

② 효력상의 차이

㉮ 권리의 소멸

제척기간이 경과하면 권리는 소멸한다. 그러나 소멸시효는 시효가 완성하면 권리가 자동적으로 소멸하는가에 대해서 학설간의 대립이 있다.

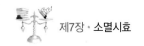

'소멸시효의 완성으로 당연히 권리가 소멸한다'는 절대적 소멸설(絶對的 消滅說)에 따르면 제척기간과 소멸시효는 같은 면이 있다(곽윤직 · 이영섭 · 장경학). 반면 '소멸시효의 완성은 원용권(援用權)[158]이 발생할 뿐 권리는 당연히 소멸하지 않는다'는 상대적 소멸설(相對的 消滅說)에 의하면 제척기간은 원용(援用)이 필요없으므로 양자는 원용여부에 있어 차이가 있게 된다(김증한 · 김용한 · 김상용).

㉯ 소급효

소멸시효는 권리가 기산일에 소급하여 소멸한다(제167조). 하지만 제척기간의 경우에는 기간이 경과한 때로부터 장래를 향해 소멸할 뿐이다. 즉, 소급효가 없다.

㉰ 당사자의 원용

명문의 규정은 없으나, 현행민법상에서도 시효는 당사자의 원용이 있어야 재판의 기초로 삼을 수 있다. 소멸시효의 이익은 당사자의 원용, 즉 그 이익을 받을 자가 공격·방어의 방법으로 주장하지 않으면 이를 법원(法院)이 참작할 수 없지만(辯論主義), 제척기간의 이익은 당사자가 주장하지 않더라도 당연히 발생하기 때문에 법원(法院)은 당연히 직권으로 참작하여 재판의 기초로 삼아야 한다(대판 1996.9.20. 96다25371).

③ 중단의 유무

소멸시효는 일정한 사실상태의 계속을 요건으로 하기 때문에 이러한 상태가 중단되면 시효는 중단된다(제168조 이하, 제247조 제2항). 그러나 제척기간은 속히 권리관계를 확정시키려는 제도이므로 중단이라는 것이 없다. 따라서 제척기간내에 권리자

158) 법률용어 살펴보기 ☞ 「원용(援用)」이라 함은? 자기 이익을 위하여 어떤 사실을 딴 데서 끌어다가 주장하거나 또는 거부하는 것을 말한다.

의 권리의 주장 또는 의무자의 승인이 있어도 기간은 갱신되지 않는다(대판 2003.1.10. 2000다26425).

④ 정지의 유무

소멸시효는 사실상태를 방해하는 사정이 생기면 정지된다(제179조 이하). 그러나 제척기간의 정지에 관하여 제척기간은 본래 권리의 존속 그 자체를 제한하고 권리를 박탈하는 것이 목적이므로 제척기간의 정지가 인정되지 않는다(다수설).

살아있는 Legal Mind!!!

민법 제182조의 「천재(天災) 그 밖의 사변(事變)으로 말미암아 소멸시효를 중단할 수 없는 때에는 그 사유가 종료한 때로부터 1월 안에는 시효가 완성하지 않는다」라고 한 규정을 제척기간에도 적용할 수 있는가에 대하여, 소수설은 천재지변(天災地變) 등 기타 피할 수 없는 사정이 있을 때에는 본조를 유추적용하여야 한다고 주장하나(김증한 · 이근식 · 고상용), 다수설은 제척기간에는 정지가 인정되지 않는다고 한다(곽윤직 · 김기선 · 이광신, 이영섭 · 권용우).

⑤ 이익의 포기

소멸시효에는 그 시효기간완성후의 소멸시효이익의 포기라는 제도가 있지만(제184조), 제척기간에는 이러한 포기의 제도가 없다.

⑥ 기간의 단축여부

기간의 단축여부에 있어서 소멸시효는 법률행위에 의하여 이를 단축 또는 경감할 수 있으나(제184조 제2항), 제척기간은 이를 자유로이 단축할 수 없다. 다만 이 규정의 유추적용을 긍정하는 견해도 있다(이영준).

보충정리 제척기간과 소멸시효의 차이점

제척기간	소멸시효
장래에 향해 소멸함. 중단이라는 것이 없음. 법원이 당연히 고려해야 함. 이익의 포기가 인정되지 않음.	소급적으로 소멸함. 중단 · 정지제도가 인정됨. 공격 · 방어방법으로 제출해야 함. 이익은 완성후엔 포기할 수 있으나 미리 포기할 수 없음.

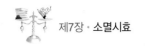

4) 제척기간·소멸시효기간 구별의 표준

① 일반적 구별기준

우리 민법은 그것이 제척기간이냐에 관해서 아무런 명시도 없기 때문에 그 구별의 표준으로는, 대체로 법조문에 「시효로 인하여」 라고 규정되어 있는 경우에는 조문을 충실하게 해석하여 언제나 소멸시효기간이라고 보지만 법조문에 그러한 문언(文言)이 없는 경우에는 제척기간으로 해석한다(통설). 예컨대 제 146조의 「…10년내에 행사하여야 한다」 라고 표현한 경우는 제척기간으로 해석한다. 그 외 제204조 제3항·제205조 제2항 및 제3항·제406조 제2항·제573조 등이 제척기간의 예이다.

잠깐!! 민총, 깊이보기

▣ 소멸시효로 볼 것인가? 아니면 제척기간으로 볼 것인가에 대하여 문제가 되는 경우는 다음과 같다.

① '불법행위에 의한 손해배상청구권'에 대하여 학설은 제척기간으로 보고 있으나(곽윤직·김증한), 판례는 소멸시효기간으로 본다(대판 1974.10.22. 77다647).

② '매도인(賣渡人)·수급인(受給人)이 지는 담보책임에 관련된 해제권(解除權)', '대금감액청구권(代金減額請求權)' 등의 권리에 대하여 이들은 형성권이므로 제척기간으로 본다.

③ '상속과 유증의 승인 내지 포기'에 관한, 민법 제1024조(승인, 포기의 취소금지 규정) 제2항과 제1075조 제2항(유증의 승인, 포기의 취소금지)에는 「시효로 인하여」라는 표현이 있음에도 불구하고 제146조의 특별규정임을 고려하여 제척기간으로 보아야 한다는 것이 다수설이다(곽윤직·고상용·김상용·권용우).

④ 재판상 행사해야 하는 권리, 즉 '혼인취소권'과 '이혼청구권'은 형성권으로 보아야 한다. 따라서 제척기간이다.

⑤ 단, 도품(盜品) 또는 유실물(遺失物)에 관한 회복청구권(제250조)과 사용대차상(使用貸借上)의 손해배상청구권(제617조)에 있어서는 「시효(時效)」라는 문자가 없으므로 제척기간으로 보는 견해가 있으나 이 경우에는 중단의 가능성이 있으므로 소멸시효기간으로 보아야 한다.

② 형성권에 대한 문제

㉮ 존속기간이 정하여져 있는 경우

다수설은 취소권(取消權)·해제권(解除權)과 같은 형성권(形成權)의 존속기간은 제척기간으로 본다(다수설; 곽윤직·고상용·김용한·이영준). 따라서 제146조·제1024조 등의 경우도 이와 같다. 그러나 「시효로 인하여」 라는 문자를 쓰고 있는 때(제1024조 제2항·제175조 제3항)에는 시효기간이지만, 나머지는 제척기간이라고 해석하는 견해도 있다(소수설; 이영섭).

하지만 형성권은 권리자의 일방적 의사표시에 의하여 일정한 법률관계를 발생시키며 그 성질상 불행사라는 사실상태가 있을 수 없으므로 시효문제는 생기지 않는다. 따라서 권리불행사의 사실상태에 대한 중단이라는 시효제도의 가장 큰 특징적 요소가 적용될 여지가 없고 법률행위를 조속히 확정하려고 하는데 제척기간을 정한 취지가 있음을 볼 때, 다수설이 타당하다.

㉯ 존속기간이 정하여져 있지 않은 경우

만일, 형성권이 소멸시효에 이르는 권리라고 한다면 그 기간은 제162조 제2항에 의하여 20년으로 해석하여야 한다. 그러나 이들 형성권을 행사하면 그 결과로서 채권적 권리, 예컨대 해제권의 행사에 의하여 발생하는 원상회복청구권은 10년으로 시효소멸하므로 형성권은 10년 이내에 행사하여야 한다는 견해가 유력한 견해이다(통설·판례 ; 곽윤직·김용한·고상용·김상용·이영섭). 다만 그 기간은 기초적 내부관계에 의하거나 신의칙(信義則) 또는 실효이론(失效理論)으로 정하여 진다고 보기도 한다(이영준).

(2) 권리의 실효

1) 의 의

소멸시효와 유사한 제도 가운데 「권리실효의 원칙(權利失效의 原則)」이 있다. 이 원칙은 권리자가 그 권리의 행사를 상당기간 태만하는 경우에 소멸시효·제척기간에는 걸리지 않더라도 권리의 행사가 허용되지 않는 원칙이다. 이러한 '실효의 원칙'은 독일민법상 판례·학설에 의하여 발전·확립된 법리이다. 즉, 소멸시효와 제척기간이 일정기간의 경과만으로 획일적으로 권리를 소멸시키는 제도임에 반하여, 「권리의 실효」는 권리자가 권리를 상당기간 행사하지 않음으로서 상대방에게 앞으로도 권리자가 권리를 행사하지 않을 것이라는 확신을 주었고 이에 따라 상대방이 행동하였는데 그 후에 권리자가 권리를 행사하면 이는 신의측(信義則)에 반하는 것이므로 상대방이 그 권리는 실효되었다고 주장할 수 있는 제도이다.

2) 인정근거

권리의 실효에 대한 근거는 민법 제2조의 신의성실의 원칙(信義誠實의 原則)이다. 학설은 권리의 실효를 대체로 신의성실의 원칙(제2조 제1항)의 파생원칙의 하나로써 파악하여 이를 긍정하는 경향에 있다(곽윤직 · 고상용 · 김상용 · 이영준). 판례도 종전에는 권리의 실효의 법리를 정식으로 인정하지 않았지만, 최근의 판례에서는 이를 정식으로 인정하고 있다.

3) 요 건

판례는「권리실효의 요건」으로서 두 가지를 요구한다. 이는 다음과 같다. ① 권리자가 권리행사의 기회가 있어서 이를 현실적으로 기대할 수 있었음에도 불구하고 장기간에 걸쳐 그 권리를 행사하지 아니하고 ② 의무자인 상대방으로서도 이제는 권리자가 그 권리를 행사하지 아니할 것으로 믿을 만한 정당한 사유를 갖게 된 경우이다(대판 1992.1.21. 91다30118 등).

4) 효 과

상기의 두 요건을 갖추게 되면 비록 그것이 소멸시효에는 해당하지 않더라도 새삼스러운 그 권리의 행사는 신의칙에 반하므로 허용되지 않는다. 이에 대하여 실효의 요건이 충족되면 권리행사는 권리남용이 되어 허용되지 않으며 그 효과는 권리남용의 일반적인 효과에 따른다는 견해가 있다(이영준).

5) 실효법리의 제한

권리의 실효의 법리는 원칙적으로 청구권 · 형성권 · 항변권뿐만 아니라 물권 · 친권 · 상속권에 적용된다. 그러나 소유권이나 친권과 같이 배타적 · 항구적 권리에는 그 권리의 본질과 배치되지 않는 범위내에서 실효를 인정하여야 할 것이라는 견해가 있다(이영준).

「권리의 실효」에 대한 판례 ☞ 징계해고후 6일만에 다른 회사에 입사하였고 다른 회사에서의 보수도 해고된 회사보다 낮다고 볼 수 없고 또한 복직의사가 없을 뿐만 아니라, 복직이 현실적으로 어려운 상태에서 징계해고 후 9개월 넘어 '해고무효의 소(解雇無效의 訴)'를 제기하는 것은 신의성실의 원칙 내지는 실효의 원칙에 비추어 허용될 수 없다(대판 1993.4.13. 92다49171).

Ⅱ 소멸시효의 요건

1. 개 관

소멸시효(消滅時效)가 완성되기 위한 요건은 ① 소멸시효의 객체(客體)가 되는 권리이어야 하며 ② 권리불행사의 사실상태(事實狀態)가 존재하여야 하며 ③ 권리불행사의 상태가 일정기간(一定期間)동안 계속 되어야 한다. 이 기간을 소멸시효기간이라고 한다. 다만 민법은 일정한 사유있는 경우에 소멸시효의 진행이 멈추고 그 때까지 경과한 시효기간의 효력을 소멸시키는 「소멸시효의 중단」 제도와, 시효의 완성을 일정한 기간동안 유예시키는 「소멸시효의 정지」 제도를 두고 있다.

소멸시효의 증명책임은 소멸시효완성을 주장하는 자가 소멸시효기간이 만료되었다는 것을 증명하고 나머지 요건은 시효소멸을 부정하는 상대방이 증명하여야 한다. 그리고 시효의 중단 또는 정지도 상대방이 그 원인된 사실을 주장. 증명하여야 한다.

2. 소멸시효의 대상

(1) 원 칙

민법 제162조 제1항은 「채권은 10년간 행사하지 아니하면 소멸시효가 완성한다」 라고 규정하고, 동조 제2항은 「채권 및 소유권이외의 재산권은 20년간 행사하지 아니하면 소멸시효가 완성한다」 라고 규정함으로써 채권과 재산권 중에서 소유권을 제외한 모든 재산권은 소멸시효의 목적이 된다.

1) 채 권

채권(債權)은 소멸시효 대상이 되는 대표적인 권리로서 10년간 행사하지 아니하면 소멸시효에 걸린다. 채권이 소멸시효에 걸리는 이상 그 채권에 기한 채권적 청구권(債權的 請求權)도 당연히 소멸시효에 걸린다. 민법은 채권의 종류에 따라 10년·3년·1년의 소멸시효 기간을 구분한다(제162조 제1항·제163조·제164조).

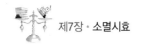

2) 소유권을 제외한 모든 재산권

소유권은 항구성을 가지고 있기 때문에 아무리 오랫동안 행사하지 않아도 소멸시효에 걸리지 않는다. 소유권 이외의 재산권인 지상권·지역권·전세권과 같은 용익물권은 소멸시효에 걸린다.

잠깐!! 민총, 깊이보기

상기의 전세권에 관하여는 소멸시효에 걸린다는 긍정설(곽윤직·김용한)과 존속기간이 10년이므로 제162조 제2항에 해당하지 않는다는 부정설(고상용)로 나누어진다.

(2) 소멸시효에 걸리지 않는 권리

1) 비재산권

인격권·가족법상의 권리 등 비재산권은 제척기간의 적용은 있지만 원칙적으로 소멸시효의 대상이 되지 않는다. 따라서 친권·후견권·배우자권·부양청구권·부부사이의 동거권 등은 소멸시효에 걸리지 않는다. 그러나 가족법상의 권리라도 재산적 색채가 강한 경우에는 소멸시효에 걸린다. 예를 들어 한정승인자(限定承認者)의 부당변제(不當辨濟)에 대한 손해배상청구권(제1038조 제3항·제766조)·상속재산분리시 상속권자의 부당변제에 대한 손해배상 청구권(제1051조 제3항·제1038조 제3항·제766조) 등이 이에 해당된다.

2) 소유권

소유권(所有權)은 처음부터 그 존속기간을 예정하여 성립할 수 없으며(永久無限 함) 소멸시효에도 걸리지 않는다(제162조 제2항).

3) 채권과 소유권 이외의 재산권

① 점유의 계속을 성립요건으로 하는 「占有權」과 「留置權」에 있어서는 그 점유가 상실되면 그 권리도 상실됨으로서 소멸시효가 적용될 여지가 없다(제192조 제1항·제2항)(통설).

② 「담보물권(擔保物權)」인 질권·저당권 등은 피담보채권이 존속하는 한 담보물권만이 소멸시효에 걸리는 일은 없다. 주의할 것은 근저당권 성정등기청구권과 같은 권리는 담보물권이 아니어서 그 피담보채권과는 별도로 소멸시효가 진행된다는 점이다. 판례도 같은 태도이다(대판 2004.2.13. 2002다7213).

③ 「상린권(相隣權)」·「공유물분할청구권(共有物分割請求權)」·「소유권에 기한 물권적 청구권」 등은 그 기초가 되는 권리관계가 존속하는 한 독립하여 소멸시효에 걸리지 않는다(대판 1981.3.24. 80다1888·1889).

④ 물권의 침해가 있을 때에 발생하는 「물권적 청구권(物權的 請求權)」은 소멸시효에 걸리는가에 관하여 학설의 견해가 대립한다.

ㄱ) 그 물권적 청구권이 소유권에 기한 물권적 청구권인 때에는 소멸시효에 걸리지 않는다는 것이다.

ㄴ) 그러나 소유권이 아닌 물권(☞지상권·지역권과 같은 제한물권)에 기한 물권적 청구권인 때에는 그것이 소멸시효에 걸리느냐에 관하여는 학설상 대립이 있다.

i) 긍정설(소수설)을 취하는 견해는 소유권이외의 물권(제한물권)은 소멸시효에 걸리므로(제162조 제2항) 이 제한물권에 기한 물권적청구권도 독립하여 시효로 소멸한다고 하였다(곽윤직·김용한·이영준·김주수·고상용·김준호).

ii) 그리고 부정설(다수설)을 취하는 견해는 소유권에 대한 소멸시효를 인정하지 않는 규정(제162조 제2항)이 있음에도 불구하고 그것으로부터 발생하는 물권적 청구권에 관하여 소멸시효를 인정하는 것은, 소유권은 있어도 그에 대한 방해의 제거나 예방에 필요한 행위를 청구할 수 없을 뿐만 아니라 물건의 반환도 청구할 수 없다는 부당한 결과가 된다. 또한 점유자는 소유권이 없지만 반환할 필요가 없다는 모순이 생기며 물권적 청구권은 그 물권의 침해상태가 계속되는 동안에는 부단히 발생하는 것이므로 시효가 완성될 여지가 없으므로 소멸시효에 걸리지 않는다고 하였다(김기선·방순원·김증한·장경학·김상용).

ㄷ) 소유권에 의한 물권적 청구권 뿐만 아니라 그 외의 물권에 기한 물권적 청구권도 시효로 소멸하지 않는다는 견해이다. 생각건대 소유권 이외의 물권은 소멸시효에 걸리기 때문에, 그로부터 기인한 물권적 청구권도 시효로 소멸한

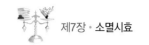

다는 것이 논리적으로 모순이 없을 것 같다. 판례는 ㄱ)설에 따라서 소멸시효의 대상이 아니라고 한다(대판 1982.7.27. 80다2968; 대판 1987.11.10. 87다카62; 대판 1993.12.21. 91다41170 등).

4) 형성권

다수설은 형성권(形成權)은 권리자의 일방적 의사표시에 의하여 일정한 법률관계를 발생시키며 그 성질상 불행사라는 사실상태가 있을 수 없으므로 시효문제는 생기지 않으며 비록 민법상으로 「시효로 인하여」 라는 형태로 규정하고 있더라도 형성권의 존속기간은 언제나 제척기간이라고 해석하고 있다. 따라서 취소권·추인권·동의권·채권자대위권·계약해지권 및 해제권·상계권 등의 형성권은 소멸시효에 걸리지 않는다(곽윤직·장경학·고상용·김상용). 하지만 소수설은 민법상 「시효로 인하여」 라는 문자를 쓰고 있는 때(제1024조 제2항·제175조 제3항)에는 시효기간이지만, 나머지는 제척기간이라고 해석한다(이영섭).

판례는 매매예약의 예약완결권(대판 1992.7.28. 91다44766·44773; 대판 1995.11.10. 94다22682·22699; 대판 1997.7.25. 96다47494·47500; 대판 2000.10.13. 99다18725; 대판 2003.1.10. 2000다26425)과 대물변제예약의 예약완결권(대판 1997.6.27. 97다12488)에 관하여, 그것들을 각각 형성권이라고 한 뒤, 그 권리의 행사기간의 약정이 없는 때에는 예약이 성립한 때 (매매예약 완결권의 경우) 또는 권리가 발생한 때(대물변제예약완결권의 경우)로부터 10년의 제척기간에 걸린다고 한다.

5) 항변권

항변권(抗辯權)은 상대방이 청구권을 행사하지 아니하면 구체적으로 발생하지 않는 권리이므로 상대방의 청구가 없는 동안에는 소멸시효에 걸리지 않는다. 다만 상대방이 청구권을 행사하고 있는 때 예컨대 '보증인의 최고·검색의 항변권(제437조)·동시이행의 항변권(제536조) 등에 관해서는 제162조 제2항의 규정에 따라 20년의 소멸시효에 걸린다(고상용·김용한·장경학).

6) 「등기청구권(登記請求權)」 도 소멸시효에 걸리는가? 일반채권은 10년이란 소멸시효에 걸리므로 채권에 기한 청구권도 당연히 10년의 소멸시효에 걸린다. 그러나

판례는 '부동산소유권이전등기청권'에 관하여 '부동산의 매수인이 매도인에게 가지는 소유권이전등기청구권은 매도인으로부터 목적물을 인도받아 사용·수익하고 있으면 소멸시효에 걸리지 않는다(대판 1976.11.6. 76다148)'고 하면서 그 이유로서 '시효제도의 존재의의에 비추어 볼 때, 이런 경우에는 매수인은 권리 위에 잠자는 자로 볼 수 없으므로 매도인 명의의 등기를 보호하기보다는 매수인의 사용·수익상태를 더욱 보호하여야 할 것'이라고 한다. 이에 관하여 학설의 견해는 다음과 같이 대립하고 있다.

① 판례의 태도를 부정하는 견해로서, 등기청구권을 채권적 청구권으로 이해하면서 매수인이 목적물을 인도 받아 사용·수익하고 있다하더라도 이것은 목적부동산 인도청구권을 행사하고 있는 것일 뿐, 등기청구권을 행사하고 있는 것이 아니므로 부동산매수인의 채권적 등기청구권은 소멸시효에 걸린다는 견해가 있다(곽윤직).

② 판례의 태도를 긍정하는 견해가 다수이다. 다만 이들은 그 근거에 대해 다음과 같이 의견을 달리하고 있다.

i) 등기청구권은 채권적 청구권이나 매수인이 목적물을 사용·수익하고 있는 경우에는 매도인의 채무의 승인으로 보아서 등기청구권의 소멸시효가 중단된다(고상용).

ii) 등기청구권은 채권적 청구권이나 '부동산매수인이 목적물을 인도받아서 사용·수익하고 있는 경우'에는 시효제도의 존재의의에 비추어 볼 때, 매수인의 등기청구권은 소멸시효에 걸리지 않는다(이영준).

iii) 등기청구권은 물권적기대권이나 물권계약(☞물권적 합의)에서 도출하는 물권적 청구권이므로 소멸시효에 걸리지 않는다(김주수 · 김상용 · 김증한 · 김주수).

판례는 더 나아가, 부동산 매수인이 그 부동산을 사용·수익하다가 그 부동산을 처분하고 그 점유를 승계하여 준 경우에도 이전등기청구권의 소멸시효는 진행하지 않는다고 한다(대판(전원) 1999.3.18. 98다32175). 또한 부동산실명법 시행 이전에 부동산의 소유명의를 신탁한 자는 특별한 사정이 없는 한 언제든지 명의신탁을 해지하고 소유권에 기하여 신탁해지를 원인으로 한 소유권이전등기 절차의 이행을 청구할 수 있는 것으로서, 이와 같은 등기청구권은 소멸시효의 대상이 되지 않는다고 한다(대판 2010.2.11. 2008다16899. 부동산실명법 시행 전의 판결로서 대판 1991.11.26. 91다34387도 참조).

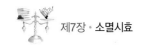

보충정리 소멸시효에 걸리지 않는 지의 여부

<table>
<tr><th>권 리</th><th colspan="2">설 명</th></tr>
<tr><td>소유권</td><td colspan="2">항구성이 있어 시효에 걸리지 않는다(제162조 제2항).</td></tr>
<tr><td>채권적 청구권</td><td colspan="2">소멸시효에 걸린다. 그러나 계약목적물을 인도 받은 후에 계약을 목적으로 한 '소유권이전등기청구권'에 대해서 학설은 시효의 대상으로 보지만 판례는 아니라고 한다.</td></tr>
<tr><td rowspan="2">물권적 청구권</td><td>소유권에 기한 물권적 청구권</td><td>시효에 안 걸린다(통설).</td></tr>
<tr><td>합의해제에 따른 매도인의 원상회복청구권, 제한물권에 기한 물권적 청구권</td><td>견해가 첨예하게 대립하나 최근의 학설은 대체로 시효에 걸린다고 함</td></tr>
<tr><td>형성권</td><td colspan="2">소멸시효가 아니고 제척기간이다(다수설). 하지만 소수설은 「시효로 인하여」라는 문자를 쓰고 있는 때(제1024조 제2항 · 제175조 제3항)에는 시효기간이지만, 나머지는 제척기간이라고 해석한다(이영섭).</td></tr>
<tr><td>점유권</td><td colspan="2" rowspan="2">성질상 소멸시효에 걸리지 않는 재산권이다.</td></tr>
<tr><td>일정한 법률관계에 의존하는 권리(예: 상린권)</td></tr>
<tr><td>담보물권</td><td colspan="2">담보물권의 부종성에 따라 독립해서 소멸시효에 걸리지 않는다.</td></tr>
<tr><td>공유물분할청구권</td><td colspan="2">공유관계에 수반되는 형성권이므로 공유관계가 존속하는 한 그 분할 청구권만이 독립하여 시효소멸하지 않는다.</td></tr>
<tr><td>등기청구권</td><td colspan="2">채권적 권리로서 10년의 소멸시효에 걸리지만, 판례는 매수인이 매매목적물을 인도받아 사용 · 수익하는 경우에는 소멸시효에 걸리지 않는다고 한다(대판 1976.11.6. 76다48).</td></tr>
</table>

3. 권리의 불행사(소멸시효의 기산점)

(1) 권리불행사의 의의

「권리의 불행사」라 함은? 권리를 행사하려는데 있어서 법률상 장애가 없음에도 불구하고 이를 행사하지 않는 것을 말한다. 따라서 권리가 성립하고 있음에도 법률상의 장애로 인하여 권리를 행사할 수 없는 경우는 권리의 불행사라고 할 수 없다. 이러한 권리의 불행사는 법률상의 장애가 없이 권리를 행사할 수 있는 최초의 시점부터 발생하고 이때가 소멸시효기간(消滅時效期間)의 기산점(起算點)이 된다.

(2) 법률상의 장애와 사실상의 장애

1) 「권리를 행사할 수 있을 때」라 함은? 권리행사에 법률상의 장애가 없는 경우를 말한다(대판 1984.12.26. 84누572; 대판 1992.3.31. 91다 32053 등). 따라서 사실상의 장애만 있는 경우는 소멸시효의 진행에 영향을 미치지 않는다. 즉, 권리행사가 의무자나 제3자의 행동으로 방해되고 있는 경우, 권리의 존재나 행사가능성을 과실없이 알지 못하는 경우, 기타 개인적 사정이나 법률지식의 부족한 경우 등은 사실상의 장애에 불과하므로 특별한 규정이 없는 한 이는 권리의 불행사로서 소멸시효가 진행하는 것으로 본다(대판 1981.6.9. 80다316; 대판 2003.4.8. 2002다64957 등 참조).

2) 다만 사실상의 장애라 하더라도 법률의 규정에 의하여 소멸시효의 진행에 영향을 미치게 할 수 있다. 예컨대 법률행위로 인한 손해배상청구권은 피해자나 그 법정대리인이 그 손해 및 가해자를 안 날로부터 3년간 이를 행사하지 않으면 소멸하는 것으로 하고 있다(제766조 제1항).

(2) 기산점의 구체적 확정

1) 소멸시효의 기산점

민법 제166조 제1항은 「소멸시효는 권리를 행사할 수 있는 때로부터 진행한다」라고 규정하고, 동조 제2항은 「부작위를 목적으로 하는 채권의 소멸시효는 위반행위를 한 때로부터 진행한다」라고 하여 소멸시효의 기산점(起算點)에 관하여 규정하고 있다. 다만 언제부터 권리행사가 가능하였는가는 변론주의(辯論主義)의 원칙에 따라 당사자가 주장한 시점에 따른다(대판 1971.4.30. 71다409).

제7장

- 「소멸시효의 기산점」에 관한 판례 ☞ 소멸시효의 항변에 대하여 주장하지 않은 때를 기산점으로 하여 소멸시효의 완성을 인정한 것은 변론주의원칙상 당사자가 주장하지 않은 사실을 인정한 위법이 있다(대판 1971.4.30. 71다409).
- 그 외 판례 ☞ 2001.4.27, 2000다31168; 대판 2008.11.13. 2007다19624; 대판 2002.10.25. 2002다13614; 2005.4.28. 2005다3113; 대판 2007.5.31. 2006다63150; 대판 2010.9.9. 2008다15865 등

2) 각종권리의 기산점

① 기한·조건의 정함이 없는 권리

기한·조건의 정함이 없는 권리는 권리의 성립 즉시 소멸시효가 진행한다.

② 정지조건부권리

정지조건부권리(停止條件附權利)는 조건이 성취된 때부터 소멸시효가 진행한다(대판 2009.12.24. 2007다64556).

③ 시기부권리

시기부권리(始期附權利)는 기한이 도래한 때부터 소멸시효가 진행한다(대판 1992.12.22. 92다40211). 따라서 불확정기한부권리도 채권자의 기한도래에 관한 지(知)·부지(不知) 또는 과실(過失)의 유무(有無)를 묻지 않고 기한이 객관적으로 도래한 때로부터 기산한다. 동시이행의 항변권이 부착되어 있는 채권도 이행기의 도래시부터 소멸시효가 진행된다(대판 1991.3.22. 90다9797; 대판 1993.12.14. 93다27314).

④ 사전에 청구 또는 통고를 요하는 권리

시효의 진행에 관한 한 사전에 청구 또는 통고를 요하는 권리는 전제가 되는 청구 또는 통고를 할 수 있는 때로부터 소정의 유예기간이 경과한 시점부터 소멸시효가 진행된다(예: 제603조 제2항, 635조 등).

⑤ 기한이익상실의 약관이 붙은 할부금채무의 할부금채권

원칙적으로 그 각자의 채권이 발생한 때로부터 개별적으로 소멸시효가 진행한다. 그러나 기한이익상실의 약관이 붙은 할부금채무에 있어서는 1회의 불이행시부터 잔액 채권 전부의 소멸시효가 진행한다고 해석하여야 한다. 판례는, 기한이익 상실의 특약을, 일정한 사유가 발생하면 채권자의 청구 등을 요함이 없이 당연히 이행기가 도래하는 것으로 하는 것(정지조건부 기한 이익 상실의 특약)과 채권자의 통지나 청구 등 채권자의 의사행위를 기다려 비로소 이행기가 도래하는 것으로 하는 것(형성권적 기한이익 상실의 특약)의 두 가지로 나눈 뒤, 뒤의 경우에는 기한이익의 상실사유가 발생하였다고 하더라도 채권자가 나머지 전액을 일시에 청구할 것인가 종래대로 할부변제를 청

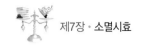

구할 것인가를 자유로이 선택할 수 있으므로, 이와 같은 기한이익 상실의 특약이 있는 할부채무에 있어서는 1회의 불이행이 있더라도 각 할부금에 대해 그 각 변제기의 도래시마다 그 때부터 소멸시효가 진행하고 채권자가 특히 잔존채무 전액의 변제를 구하는 취지의 의사를 표시한 경우에 한하여 그 때부터 소멸시효가 진행한다고 한다(대판 1997.8.29. 97다12990 같은 취지: 대판 2002.9.4. 2002다28340). 판례의 취지가 타당하다고 생각한다.

⑥ 손해배상청구권 채무불이행으로 인한 손해배상청구권은 그 채무가 이행불능이 된 때로부터 소멸시효가 진행한다(이영준 · 고상용 · 김상용). 그리고 불법행위로 인한 손해배상청구권은 객관적·구체적으로 손해가 발생한 때로부터 시효가 진행된다(제766조). 그러나 손해배상청구권은 본래의 채권의 변형물에 지나지 않으므로 본래의 채권을 행사할 수 있는 때로부터 소멸시효가 진행한다는 견해도 있다(곽윤직).

⑦ 부작위채권

민법 제166조 제2항은「부작위를 목적으로 하는 채권의 소멸시효는 위반행위를 한 때부터 진행한다」라고 규정함으로써 부작위채권은 위반행위가 있는 때부터 소멸시효가 진행한다.

4. 소멸시효기간

「소유권(所有權)」은 항구성(恒久性)이 있으므로 소멸시효의 목적이 되지 않는다(제162조 제2항). 따라서 소유권에 기한 물권적 청구권도 소멸시효에 해당하지 않는다. 민법에 규정하고 있는「소멸시효기간」은 다음과 같다.

(1) 채권 및 소유권이외의 재산권

민법 제162조 제2항은「채권 및 소유권이외의 재산권은 20년간 행사하지 아니하면 소멸시효가 완성한다」고 규정함으로써 채권 및 소유권이외의 재산권인 예컨대 지상권(地上權), 지역권(地役權), 전세권(傳貰權) 등은 20년의 소멸시효에 걸린다.

(2) 채권의 소멸시효 기간

1) 보통의 채권

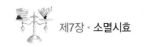

민법 제162조 제1항은 「채권은 10년간 행사하지 아니하면 소멸시효가 완성한다」 라고 규정함으로써 보통의 채권은 10년의 소멸시효에 걸린다. 이렇게 채권의 소멸시효기간을 제162조 제2항의 다른 재산권보다 짧게 규정한 것은 채권이 다른 재산권보다 행사가 용이하고 가장 분쟁이 많은 대상이므로 이 경우에 법률관계를 신속히 하기 위함이다.

2) 3년의 단기소멸시효에 걸리는 채권

다음의 채권은 3년간 행사하지 아니하면 소멸시효가 완성한다(제163조).

① 이자, 부양료, 급료, 사용료 기타 1년 이내의 기간으로 정한 금전 또는 물건의 지급을 목적으로 한 채권(대판 1996.9.20. 96다25302; 대판 2007.2.22. 2005다65821; 대판 1996.9.20. 96다25302; 대판 2001.6.12. 99다1949; 대판 2008.3.14. 2006다2940 참조)

② 의사, 조산사, 간호사 및 약사의 치료, 근로 및 조제에 관한 채권(대판 2001.11.9. 2001다52568)

③ 도급(都給)받은 자, 기사 기타 공사의 설계 또는 감독에 종사하는 자의 공사에 관한 채권(대판 2005.1.14. 2002다57119; 대판 2009.11.12. 2008다41451; 대판 2010.11.25. 2010다56685)

④ 변호사, 변리사, 공증인, 공인회계사 및 법무사에 대한 직무상 보관한 서류의 반환을 청구하는 채권(여기의 서류에는 의뢰인의 등기필증과 같이 소유권이 의뢰인에게 있는 것은 포함되지 않는다)

⑤ 변호사, 변리사, 공증인, 공인회계사 및 법무사의 직무에 관한 채권

⑥ 생산자 및 상인이 판매한 생산물 및 상품의 대가(대판 1966.6.28. 66다790 참조)

⑦ 수공업자 및 제조자의 업무에 관한 채권

잠깐!! 민총, 깊이보기

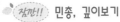

- 상기의 ④⑤는 1997.12.13 개정전에는 "④ 변호사, 변리사, 공증인, 계리사 및 법무사에 대한 직무상 보관한 서류의 반환을 청구하는 채권," "⑤ 변호사, 변리사, 공증인, 계리사 및 법무사의 직무에 관한 채권"이었다.

3) 1년의 단기소멸시효에 걸리는 채권

다음의 채권은 1년간 행사하지 아니하면 소멸시효가 완성한다(제164조).

① 여관·음식점·대석(貸席)·오락장의 숙박료, 음식료, 대석료, 입장료, 소비물의 대가 및 채당금(替當金)의 채권

② 의복, 침구, 장구 기타 동산의 사용료의 채권(대판 1976.9.28. 76다1839)

③ 노역인, 연예인의 임금 및 그에 공급한 물건의 대금채권(여기의 노역인은 사용자와 고용관계가 없는 육체적 노동을 제공하는 자 : 목수·미장이·정원사)

④ 학생 및 수업자의 교육, 의식 및 유숙(留宿)에 관한 교주(校主)·숙주(塾主)·교사(敎師)의 채권

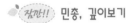

잠깐!! 민총, 깊이보기

▶ 상기와 같이 3년 또는 1년의 단기소멸시효를 둔 이유는 이러한 채권이 빈번히 발생하고 금액도 소액이며 차용증(借用證) 등 기타 채권을 증명할 만한 서류도 교부되지 않으므로 이러한 법률관계를 신속히 확정짓기 위함이다.

4) 판결 등에 의하여 확정된 채권

소멸시효기간이 3년 또는 1년의 단기소멸시효에 해당하는 채권이라도 소(訴)의 제기에 의하여 소멸시효가 중단되며 이것이 판결(判決) 등에 의하여 다시 확정되면 그 소멸시효기간은 10년으로 늘어난다(제165조 제1항)(대판 1981.3.24. 80다1888·1889). 이 밖에도 단기소멸시효의 기간이 10년으로 연장되는 것으로 파산절차(破産節次)에 의하여 확정된 채권 및 재판상 화해, 조정 기타 판결과 동일한 효력이 있는 것에 의하여 확정된 것이 있다(동조 제2항). 이러한 채권은 판결확정시에 변제기가 도래하여 채권자가 그 이행을 청구할 수 있는 것에 한한다(동조 제3항; 대판 2009.9.24. 2009다39530; 대판 1986.11.25. 86다카1569; 대판 2006.8.24. 2004다26287·26294).

잠깐!! 민총, 깊이보기

▶ 다시 한번 확인하자!! 소멸시효에 걸리지 않는 대표적인 권리로는 소유권(所有權)이 있다. 그러나 그 성질상 독립적으로는 소멸시효에 걸리지 않는 권리가 있는데, 이는 법률관계에 의존하는 권리(예: 물권적 청구권·相隣權·공유물분할청구권)·점유권·담보물권(예: 유치권·질권·저당권)·비재산권으로서 가족권(예: 親權·後見權·配偶者權·扶養請求權·戶主權·相續權 등)·인격권(예: 生命權·身體權·名譽權·貞操權·姓名權 등)·형성권(예: 取消權·追認權·同意權·債權者代位權·契約解止權 및 解除權·相計權 등)·부동산소유권이전등기청구권 등이 있다.

Ⅲ 소멸시효의 중단과 정지

김선달은 임꺽정으로부터 쌀 10가마를 빌리고
다음해에 쌀값을 계산하여 현금으로 갚기로 하였다.
그 후, 김선달은 아무런 소식도 없이 10년이 지났다.
임꺽정은 참다못해 김선달에게 돈을 갚으라고 편지를 보냈다.
이 경우에 임꺽정의 편지는 법적으로 어떠한 효력이 있는가?

1. 소멸시효의 중단

(1) 의 의

「소멸시효의 중단(消滅時效의 中斷)」이라 함은? 일정한 사유가 있으면 소멸시효의 진행이 중단되고 이미 경과한 시효기간이 소멸되어 처음의 상태로 돌아가는 경우를 말한다. 즉, 소멸시효는 '권리의 불행사'라고 하는 사실상태가 계속되는 것이므로 이러한 사실상태를 뒤집는 일정한 사실 예를 들어 권리자가 권리를 행사하거나, 의무자가 의무를 승인하는 행위 등의 사실이 발생할 때에는 시효기간의 진행은 중단되는 것이다. 이러한 시효의 중단은 시효기간의 진행을 방해하는 것으로 시효의 정지와 더불어 '시효의 장애'라고 부른다. 이러한 경우는 이미 경과한 시효기간은 전부 효력을 잃게 되고 그 다음부터 다시 새로운 시효기간을 계산해야 한다(제178조).

민법은 제168조 이하에서 소멸시효의 중단에 관하여 규정하고 이것을 취득시효(取得時效)에도 준용(準用)하고 있다(제247조 제2항).

(2) 시효의 중단사유

민법은 제168조에 「소멸시효는 다음 각호의 사유로 인하여 중단된다. 1.청구 2.압류 또는 가압류, 가처분 3.승인」라고 규정함으로써 소멸시효의 중단사유로서는 ① 권리자가 권리를 주장하는 「청구(請求)」 ② 권리의 실행행위인 「압류(押留)」·「가압류(假押留)」·「가처분(假處分)」 ③ 의무자가 권리자의 권리를 인정하는 「승인(承認)」

이 있다. 이러한 사유는 시효기간의 경과를 방지하는 효력을 갖는다.

1) 청 구

「청구(請求)」라 함은? 권리자가 시효의 완성의 이익을 얻는 자에 대하여 그의 권리를 행사하는 것이다(대판 1979.2.13. 78다1500·1501). 그 행사하는 방법은 재판상의 청구(제170조)·파산절차참가(제171조)·지급명령(제172조)·화해를 위한 소환 내지는 임의출석(제173조)·최고(제174조) 등 어느 것이든 상관없다.

① 「재판상의 청구」는 소송(訴訟)을 제기하는 것으로, 소가 제기된 때로부터 소멸시효의 중단의 효력이 생긴다. i) 이러한 소는 민사소송이기만 하면 본소(本訴)이건 반소(反訴)이건 묻지 않으며 이행의 소, 확인의 소를 포함하며 소에 의한 시효중단의 효력은 제소시에 발생한다(제238조). ii) 재판상의 청구가 있더라도 제기한 소가 각하[159], 기각[160] 또는 취하[161]된 경우에는 시효중단의 효력이 없다(제170조 제1항). 그러나 소의 각하·기각·취하의 경우에라도, 당해 소송이 종결된 때로부터 6월내에 재판상의 청구·파산절차참가·압류·가압류 또는 가처분을 한 때에는 시효는 처음의 재판상의 청구를 한 때에 중단된 것으로 간주한다(제170조 제2항). iii) 이 밖에도, 재판상의 청구 같은 시효중단의 효력이 있는 것으로는 지급명령(제172조)이나 화해를 위한 소환 내지 임의출석(제173조), 파산절차의 참가(제171조) 등이 있다(대판 2006.6.16. 2005다25632; 대판 2006.11.9. 2004두7467; 대판 2003.6.13. 2003다17927·17934; 대판 2010.8.26. 2008다42416·42423; 대판 2012.2.9. 2011다20034 등 참조).

② 「재판외의 청구」는 소송(訴訟)에 의하지 않고 채권자가 채무자에 대하여 채무의 이행을 청구하는 '의사의 통지'를 말한다. i) 이것을 최고(催告)라고 하며 그 방식은 구두(口頭)이건 서면(書面)이든 상관없다. ii) 그러나 최고를 하였더라도 6월

159) 법률용어 살펴보기 ☞ 「소의 각하(訴의 却下)」라 함은? 소송요건에 해당하지 않음으로써 내리는 원고의 패소판결을 말한다.

160) 법률용어 살펴보기 ☞ 「소의 기각(訴의 棄却)」이라 함은? 원고의 청구를 받아들일 수 없다는 이유로 내리는 원고의 패소판결을 말한다.

161) 법률용어 살펴보기 ☞ 「소의 취하(訴의 取下)」라 함은? 원고(原告)가 스스로 자기가 제출한 심판청구를 철회하는 소송행위이다.

내에 재판상의 청구·파산절차참가·화해를 위한 소환·임의출석·압류 또는 가압류·가처분을 하지 않으면 시효중단의 효력이 없다(제174조). 이는 최고(催告)가 정당한가 아닌가를 가리기 위함이다. 따라서 최고의 시효중단 효력은 매우 약한 것이다.

살아있는 Legal Mind!!!

- 형사소송은 국가형벌권의 행사라는 점에서, 행정소송은 사권(私權)을 행사하는 것이 아니라는 점에서 사권(私權)에 대한 시효중단사유가 되지 못한다. 다만 비록 행정소송이더라도, 잘못 납부한 조세(租稅)에 대한 부당이득반환청구권을 실현하기 위한 "과세처분의 취소 또는 무효확인을 구하는 소"의 경우는 부당이득반환청구권에 관한 재판상의 청구에 해당하는 것으로 본다(대판 1992.3.31 91다32053).
- 시효완성을 주장하는 자가 원고가 되어 소를 제기한 경우에 권리자가 소극적으로 "응소(應訴)"하여 승소하는 것도 시효가 중단되는 사유인 재판상의 청구가 되는 가에 대하여 종래의 판례는 이를 부정하였으나(대판1971.3.23 71다337), 최근의 판례는 기존의 태도를 변경하여 응소를 하여 승소한 경우도 재판상의 청구에 해당하여 시효의 중단효력이 있다고 한다(대판1993.12.31 92다47861).
- 공유자나 공동상속인 중 1인의 제소로 인한 시효중단의 효력은 타소유자나 공동상속인에게는 미치지 아니한다(대판1979.6.26 79다639).

알아두면 편리해요!!!

「소멸시효의 중단사유인 '최고(催告)'의 의의 등」에 관한 판례 ☞ 소멸시효 중단사유의 하나로서 민법 제174조가 규정하고 있는 '최고'는 채무자에 대하여 채무이행을 구한다는 채권자의 의사통지(준법률행위)로서, 이에는 특별한 형식이 요구되지 아니할 뿐 아니라 행위당시 당사자가 시효중단의 효과를 발생시킨다는 점을 알거나 의욕하지 않았다 하더라도 이로써 권리행사의 주장을 하는 취지임이 명백하다면 '최고'에 해당하는 것으로 보아야 할 것이므로 채권자가 확정판결에 기한 채권의 실현을 위하여 채무자에게 대하여 민사소송법 소정의 재산관계 명시신청을 하고 그 결정이 채무자에게 송달이 되었다면 거기에 소멸시효 중단사유인 '최고'로서의 효력을 인정하여야 한다(대판 1992.2.11. 제2부 판결 91다41118).

2) 압류, 가압류 또는 가처분

① 「압류(押留)」라 함은? 확정판결(確定判決)[162] 그 밖의 채무명의(債務名義)[163]에 기

162) 법률용어 살펴보기 ☞ 「확정판결(確定判決)」이라 함은? 재판시 종국판결(終局判決)에 대하여 통상의 불복신청 방법인 상소(上訴 - 抗訴·上告)의 방법이 없어져서 상급법원에 의하여 취소될 가능성이 없어진 형식적 추정력(形式的 推定力)을 가지고 있는 경우에 판결이 확정되었다고 말하는 경우를 말한다.

인하여 행하는 강제집행을 말한다. 이는 가장 강력한 권리의 실행행위이다. 그리고 「가압류(假押留)」[164], 「가처분(假處分)」[165]이라 함은? 장차 강제집행이 불가능하거나 심히 곤란하게 될 염려가 있는 경우에 이에 대비하여, 집행기관에 의하여 이 강제집행을 보전하는 수단을 말한다.

② 압류, 가압류 및 가처분은 모두 권리의 실행행위로서 시효중단의 사유가 된다. 또한 압류·가압류·가처분으로 인한 시효중단의 효력은 집행신청시에 발생한다. 그리고 압류할 물건이 없어서 집행불능이 된 때에도 시효중단의 효력이 있다

③ 압류·가압류·가처분이 권리자의 청구에 의하여 취소되거나 또는 법률의 규정에 위반함으로서 취소된 때에는 그 효력이 없는 것이므로 시효중단의 효력도 역시 없게 된다(제175조). 또한 압류·가압류 및 가처분을 시효의 이익을 받을 자에 대하여 하지 아니한 때에는 이를 그에게 통지한 후가 아니면 시효중단의 효력이 없는데(제176조), 예를 들어 채권자 임꺽정이 물상보증인 황진이의 소유물을 압류하였을 때에 채무자 김선달에게 이를 통지하면 시효가 중단되나, 임꺽정이 압류한 사실을 김선달에게 통지하지 않으면 시효중단의 효력이 인정되지 않는 것이다(대판 1994.11.25. 94다26097; 대판 1994.1.11. 93다21477; 대판 2010.2.25. 2009다69456).

---

163) 법률용어 살펴보기 ☞ 「채무명의(債務名義)」 또는 「집행명의(執行名義)」라 함은? 일정한 사법상의 급부의무의 존재를 증명하는 것으로서 법률에 의하여 강제집행을 할 수 있는 공증(公證)의 문서를 말한다. 이는 만약 채권이 없는데도 강제집행을 하면 상대방에게 큰 손해를 주기 때문에 공증(公證)의 문서로 채권의 존재를 확정하는 것이다.

164) 법률용어 살펴보기 ☞ 「가압류(假押留)」라 함은? 채무자의 재산이 은폐 또는 매각에 의하여 없어질 우려가 있을 경우에 강제집행을 보전하기 위하여, 그 재산을 임시로 압류하는 법원의 처분을 말한다. 가압류는 금전채권(金錢債權)이나 금전(金錢)으로 환산(換算)할 수 있는 채권에 대하여 동산 또는 부동산에 대한 강제집행을 보전하기 위하여 이를 할 수 있다. 또, 가압류는 기간이 도래하지 아니한 청구에 대해서도 할 수 있다(동조 제2항).

165) 법률용어 살펴보기 ☞ 「가처분(假處分)」이라 함은? 금전채권(金錢債權)이외의 특정물의 급부(給付)·인도(引渡)를 보전하기 의하여 또는 계쟁(係爭)중에 있는 권리관계에 대하여 임시적 지위를 정하기 위하여, 법원의 결정에 따라 그 동산 또는 부동산을 상대방이 처분하지 못하도록 금지하는 처분이다. 이에는 두가지가 있다. 하나는 계쟁물(係爭物)에 대한 가처분으로서 특정물(土地)의 인도를 청구하려는데 상대방이 그 목적물에 건축을 하고 있을 경우에 채권자가 이 청구권에 근거하여 장차 강제집행을 하는 것이 현재이상으로 어렵게 될 후일(後日)에 대비하여 집행보전을 위하여 인정하는 것이고 다른 하나는 임시적 지위(臨時的 地位)를 정하는 가처분으로서 예를 들어 김선달이 교통사고로 임꺽정을 부상입혔지만 김선달이 자신의 과실없음을 이유로 무책임을 주장하므로 임꺽정이 김선달의 손해배상의 책임을 주장하여 다툼이 있을 때, 임꺽정의 임시치료를 위하여 임꺽정에게 손해배상청구권이 있다고 우선 가정하고 김선달에게 일정액의 배상금지급을 명하는 경우이다.

3) 승 인

① 「승인(承認)」이라 함은? 시효(時效)가 진행되는 동안에, 시효의 이익을 받을 자가 시효로 말미암아 권리를 잃는 자에 대하여, 그 권리를 인정한다고 표시하는 관념의 통지를 말한다(대판 1998.11.13. 98다38661; 대판 2000.4.25. 98다63193). 이 때의 승인자는 시효로 인하여 이익을 받을 자와 그 대리인이며 승인은 반드시 권리자(☞시효로 인하여 권리를 잃게 될 자)에게 하여야 한다(통설). 다만 승인은 관념의 통지로서 법률행위의 대리에 관한 규정이 유추적용되므로 권리자의 대리인에게도 이를 할 수 있다(김용한; 대판 1992.4.14. 92다947). 그리고 승인자는 상대방의 권리의 존재를 인식하고 있어야 하지만 승인자가 시효중단의 효력이 발생한다는 효과의사를 가지고 있을 필요는 없다(통설).

② 이러한 승인(承認)에는 특별한 방식은 필요없고 명시적(明示的)이든 묵시적(黙示的)이던 상관없다(대판 1998.11.13. 98다38661; 대판 2000.4.25. 98다63193; 대판 2010.4.29. 2009다99105). 예를 들어 시효(時效)가 진행되는 동안에, 채무의 일부변제를 하거나(대판 1980.5.13. 78다1790; 대판 1996.1.23. 95다39854) 이자를 지급하거나 채무이행의 연기서를 제출하는 것 또는 담보를 제공하는(대판 1997.12.26. 97다22676) 등은 묵시의 승인이라 볼 수 있다. 주의할 것은 승인은 시효의 완성 전에 하는 것이므로 시효의 완성 후에 하는 승인은 시효이익의 포기에 해당된다는 점이다. 이러한 승인이 있으면 권리자가 권리를 행사하지 않고 있는 것으로 볼 수 없다.

③ 시효를 중단하는 것과 중단을 하지 않는 것은 당사자의 이해에 큰 차이가 있으므로 승인함에 있어서 처분의 능력이나 권한이 있음을 요하는가에 대한 의문이 있다. 이에 관하여 민법 제177조는 「시효중단의 효력이 있는 승인에는 상대방의 권리에 관한 처분의 능력이나 권한이 있음을 要하지 아니한다」라고 규정하였다. 시효를 중단한다는 승인은 권리자에게 권리를 인정하는 것일 뿐 권리를 처분하는 것이 아니다. 그러므로 승인을 함에 있어서 승인자에게 권리에 관한 처분의 능력이나 권한이 있음을 要할 필요는 없다. 즉, 권리에 관한 처분의 능력이 없는 승인자에 의한 승인의 경우도 시효중단의 효력이 있는 것이다(대판 1998.11.13. 98다38661). 그러므로 제177조를 반대해석하면, 승인자에게는 처분의 능력이나

권한 있음은 要하지 않지만 권리에 관한 관리의 능력이나 권한은 필요하다고 보아야 한다(통설). 따라서 부재자의 재산관리인은 본인을 대리하여 승인할 수 있으나, 행위제한능력자는 법정대리인의 동의가 없는 한 단독으로 유효하게 승인할 수 없다. 승인과 관련한 최근 판례를 참고해보자(대판 2008.9.25. 2006다18228; 대판 2010.4.29. 2009다 99105; 대판 2010.9.30. 2010다36735; 대판 2010.11.11. 2010다46657 등).

(3) 시효중단의 효과

1) 시효(時效)가 중단되면 그 때까지 경과한 시효기간은 효력을 잃는다(제178조 제1항). 그리고 이러한 중단의 효력은 당사자 및 그 승계인 사이에만 생긴다(제169조). 여기서 승계인(承繼人)이란, 시효중단에 관여한 직접 당사자로부터 중단의 효과를 받는 권리를 그 중단의 효과발생 이후에 승계한 자를 말한다. 판례도 "민법 제169조의 '승계인'은 시효중단에 관여한 당사자로부터 중단의 효과를 받는 권리를 그 중단 효과발생 이후에 승계한 자를 말한다(대판 1973.2.13. 72다1549)고 하였다. 이러한 승계인은 특정승계인(特定承繼人)과 포괄승계인(包括承繼人)을 모두 포함한다.

2) 시효가 중단되면 중단되기까지 이미 경과한 시효기간은 없었던 것이 되어 그 중단사유가 종료한 때로부터 새로이 진행한다(제178조 제1항). i) 재판상(裁判上)의 청구에 의하여 시효가 중단된 때에는 재판이 확정된 때로부터 새로이 진행하고(제178조 제2항) ii) 압류·가압류·가처분에 의하여 시효가 중단된 때에는 이들 절차가 종료한 때로부터 진행하며(대판 2000.4.25. 2000다11102; 대판 2006.7.4. 2006다32781) iii) 승인(承認)에 의하여 시효가 중단된 때에는 승인이 상대방에 도달한 때로부터 새로이 진행한다(대판 1992.12.22. 92다40211).

3) 다음의 경우에는 시효중단의 효력이 미치는 범위가 달라진다.

i) 압류·가압류 및 가처분을 시효의 이익을 받을 자에 대하여 하지 아니한 때에는 이를 그에게 통지한 후가 아니면 시효중단의 효력이 없다(제176조), 즉 채권자가 물상보증인의 소유물을 압류하였을 때에 채무자에게 이를 통지하면 시효는 중

제7장

단되나, 채무자에게 이를 통지하지 않으면 시효중단의 효력이 인정되지 않는 것이다(대판 1990.1.12. 89다카4946).

ii) 지역권이 불가분성인 경우의 시효중단의 효력은 다른 共有者를 爲하여도 인정된다(제296조). 즉 요역지가 수인의 공동인 경우에는 그 1인에 의한 지역권 소멸시효의 중단은 다른 공유자를 위하여도 효력이 있는 것이다. 이에 대하여 판례는 "목적물이 가분물이고 그 일부에 대해서만 청구가 있는 경우에는 청구한 일부에 대해서만 시효중단의 효과가 생기지만, 나머지 부분에 관하여는 소를 제기하거나 그 청구를 확장(청구의 변경)하는 서면을 법원에 제출하면 시효중단의 효력이 생긴다(대판 1975.2.25. 74다1557)고 하였다.

iii) 연대채무에서의 이행청구로 인한 시효중단(제416조)에서 절대적 효력이 인정된다. 즉, 어느 연대채무자에 대한 이행청구는 다른 연대채무자에게도 시효중단의 효력이 미친다.

iv) 보증채무에서의 주채무자에 대한 시효중단(제440조)에서 '절대적 효력'이 인정된다. 즉, 주채무자에 대한 시효의 중단은 보증인에게도 시효중단의 효력이 미친다.

2. 소멸시효의 정지

(1) 「소멸시효의 정지(消滅時效의 停止)」라 함은? 시효기간(時效期間)의 진행이 일정한 사유가 있을 때, 권리자를 보호하기 위하여 시효의 완성을 멈추게 하는 것을 말한다. 이는 시효기간이 완성될 무렵에 권리자가 시효중단행위를 하는 것이 불가능하거나 심히 곤란한 경우에 그러한 사정이 없어질 때까지 일정한 기간동안 시효의 완성을 미루는 것이다. 즉, 이러한 때에 권리불행사의 책임을 권리자에게 지우는 것은 부당하기 때문에 이를 인정하고 있는 것이다. 이러한 소멸시효의 정지는 시효의 진행이 정지할 뿐이고, 일정기간이 지나면 다시 나머지기간의 시효가 계속해서 진행한다는 점에서, 새로이 다시 진행하는 시효의 중단과 다르다.

(2) 민법이 규정하는 소멸시효의 정지사유에는 제한능력자를 위한 정지(제179조 · 제181조 제1항) · 혼인관계의 종료에 따른 정지(제180조 제2항) · 상속재산에 관한 정지(제180조) · 천재(天災) 기타 사변(事變)에 의한 정지(제182조)가 있다.

알아두면 편리해요!!!

◆ 소멸시효의 정지사유에 관한 민법의 규정

① 민법 제179조는 「소멸시효의 기간만료 전 6월 내에 제한능력자에게 법정대리인이 없는 경우에는 그가 능력자가 되거나 법정대리인이 취임한 때로부터 6월 내에는 시효가 완성하지 아니한다」라고 규정하고 있다.

② 민법 제180조 제1항은 「재산을 관리하는 아버지, 어머니 또는 후견인에 대한 제한능력자의 권리는 그가 능력자가 되거나 후임 법정대리인이 취임한 때로부터 6월 내에는 소멸시효가 완성하지 아니한다」라고 규정하고 있고 동조 제2항은 「부부 중 한쪽이 다른 쪽에 대하여 가지는 권리는 혼인관계가 종료한 때로부터 6개월 내에는 소멸시효가 완성하지 아니한다」라고 규정하고 있다.

③ 민법 제181조는 「상속재산에 속한 권리나 상속 재산에 대한 권리는 상속인의 확정, 관리인의 선임 또는 파산선고가 있는 때로부터 6월 내에는 소멸시효가 완성하지 아니한다」라고 규정하고 있다.

④ 민법 제182조는 「천재(天災) 기타 사변(事變)으로 인하여 소멸시효를 중단할 수 없을 때에는 그 사유가 종료한 때로부터 1월 내에는 시효가 완성하지 아니한다」라고 규정하고 있다.

(3) 민법은 소멸시효의 중단에 관한 규정은 이를 취득시효에도 준용한다는 규정을 두고 있지만(제247조 제2항), 소멸시효의 정지에 관한 규정을 취득시효에도 준용한다는 규정은 두고 있지 않다. 그러나 통설은 소멸시효정지에 관한 규정을 취득시효(取得時效)에 대하여 유추적용 된다고 본다.

Ⅵ 소멸시효완성의 효과

임꺽정은 김선달로부터
3개월 후에 갚기로 하고 300만원을 빌렸다.
그러나 임꺽정은 형편이 좋지 않아 이것을 갚지 못하고
11년이 지났다.
김선달도 임꺽정의 사정을 잘 알아 이행을 청구하지도 않았다.
11년이 된 오늘에 와서 임꺽정은
김선달에게 300만원을 갚겠다고 한다.
이 경우에 김선달은 이것을 받을 수 있는가.

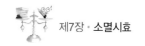

1. 「…소멸시효가 완성한다」의 의미

민법 제162조·제163조·제164조는 「일정한 기간 권리를 행사하지 아니하면 소멸시효가 완성한다」라고 규정하였을 뿐, 소멸시효가 완성하였을 때에 어떠한 효과가 발생하는지에 대하여는 구체적으로 정하고 있지 않다. 따라서 「… 소멸시효가 완성한다」라는 의미가 무엇인가를 밝히는 것은 학설과 판례에 의존하는 수밖에 없다.

(1) 학설의 경우

「…소멸시효가 완성한다」라는 의미에 대한 학자들의 견해는 절대적 소멸설과 상대적 소멸설의 두 가지로 나누어진다.

1) 절대적 소멸설

다수설인 「절대적 소멸설」의 견해는 「…소멸시효가 완성한다」라는 것은 소멸시효가 완성함으로써 권리가 절대적으로 당연히 소멸한다는 견해이다. 이 견해는 그 근거로서 i) 현행민법은 구민법과 달리 시효의 원용(援用)규정을 두고 있지 않고 구민법의 시효의 원용(☞시효로 권리가 소멸했다는 주장)이라는 규정을 삭제하였다는 것, ii) 현행민법부칙 제8조 제1항이 「본법시행 당시에 구법에 의한 시효기간을 경과한 권리는 본법의 규정에 의하여 취득 또는 소멸한 것으로 본다」라고 규정한 것, iii) 그리고 제369조와 제766조 제1항에서 「…시효로 인하여 소멸한다」라고 표현한 점을 들고 있다(곽윤직·김주수·권용우·김기선·장경학).

잠깐!! 민총, 깊이보기

- 소멸시효가 완성된 경우의 변제를, '알고 변제한 경우'와 '모르고 변제한 경우'로 나누어 볼 수 있는데 절대적 소멸설에 의하면 「알고 변제한 경우」는 소멸시효 완성의 사실을 알고 있으면서 변제한 것으로서 소멸시효 이익의 포기라고 하며 민법 제742조의 '비채변제(非債辨濟)'가 되어 반환청구를 할 수 없다. 「모르고 변제한 경우」에도 대부분의 학자는 '도의관념에 적합한 비채변제'라 하여(제744조) 부당이득에 의한 반환청구를 부정하고 있다.

2) 상대적 소멸설

소수설인 「상대적 소멸설」의 견해는 「…소멸시효가 완성한다」는 것은 소멸시효의 완성으로 권리가 당연히 소멸하는 효과가 생기는 것이 아니라, 시효로 인하여 이익을 받을 자에게 권리의 소멸을 주장(☞援用)할 권리가 생길 뿐이라는 견해이다. 즉, 채무자가 시효완성의 사실을 알았거나 몰랐거나를 불문하고 원용(援用)이 없는 동안에는 채권은 소멸하지 않는 것이므로 유효한 채무의 변제가 된다. 이 견해는 그 근거로서 i) 절대적 소멸설을 취하면 당사자의 원용이 없어도 권리는 소멸한 것으로 재판하여야 하는데 이는 당사자가 소멸시효의 이익을 받기를 원하지 않고 권리관계가 그대로 실현되기를 원하는 경우의 의사를 존중하지 않는 것이 되므로 부당하다는 것을 들고 있으며 ii) 후에 시효완성의 사실을 모르고 변제한 경우에 절대적 소멸설에 의하면 이른바 비채변제(非債辨濟, 제744조)가 되므로 그 반환청구를 할 수 있다고 해야 할 것이며 iii) 시효이익의 포기는 권리를 부인할 수 있는 이른바 부인권의 포기인데 절대적 소멸설에 따르면 포기의 객체가 없으므로 이를 합리적으로 설명하기 어렵다는 등의 이유를 들고 있다(김증한 · 김용한 · 김현태 · 김상용).

살아있는 Legal Mind!!!

> ➡ 다시 한번 확인하자. 소멸시효가 완성된 경우에 변제한 경우를 '상대적 소멸설'에 의하여 설명하면 '알고 변제한 경우'와 '모르고 변제한 경우'로 나누어 볼 수 있는데 이 때가 「알고 변제한 경우」이든 「모르고 변제한 경우」이든 역시 유효한 변제가 된다고 본다.

3) 상기 두 학설의 대립은 법표현에 관하여 입법상 불비에서 기인한다. 양설의 근본적인 차이는 소멸시효의 완성으로 권리가 당연히 소멸하는 것이냐 아니면 시효가 완성함으로써 권리의 소멸을 주장할 수 있는 권리인 원용권(援用權)[166]이 생길 뿐이라고 보느냐에 있다. 어느 설을 지지하느냐에 따라서 i) 시효의 완성을 원용이 없더라도 법원(法院)이 직권으로 고려할 수 있는가, ii) 시효완성 후에 변제를 하면 반환청구를 할 수 있는가, iii) 시효이익의 포기를 할 수 있는가의 차이가 있다.

166) 법률용어 살펴보기 ☞ 「원용권(援用權)」이라 함은? 자기 이익을 위하여 어떤 사실을 다른 데서 끌어다가 주장하거나 거부하는 권리를 말한다.

(2) 판례의 경우

판례는 "당사자의 원용(援用)이 없어도 시효완성의 사실로써 채무는 당연히 소멸하고 다만 변론주의의 원칙상 소멸시효의 이익을 받을 자가 실제 소송에서 권리를 주장하는 자에 대하여 소멸시효의 이익을 받겠다는 뜻을 항변하지 않는 이상 그 의사에 반하여 재판(裁判)할 수 없다"고 하였다(대판 1966.1.31. 65다2445; 대판 1991.7.26. 91다5631).

그리고 소멸시효의 주장을 할 수 있는 자는 소멸시효에 의하여 직접 이익을 받는 자에 한정되고, 아무런 채권도 없는 자(대판 1991.3.27. 90다17552; 대판 2007.3.30. 2005다11312(구 토지수용법에 의하여 기업자가 손실보상금을 공탁한 경우의 공탁자는 공탁금출급 청구권의 소멸시효를 원용하지 못함)) 또는 채권자대위권에 기한 청구에서의 제 3 채무자는 이에 해당하지 않으며(대판 1992.12.26. 97다22676; 대판 2012.5.10. 2011다109500). 나아가 판례의 예에 따르면 소멸시효의 주장을 할 수 있는 자인 「소멸시효에 의하여 직접 이익을 받는 자」로는 채무자 외에 가등기담보가 설정된 부동산의 양수인(대판 1995.7.11. 95다12446(피담보채권의 소멸시효를 원용할 수 있다고 함)), 매매계약 후 소유권이전청구권 보전의 가등기가 된 부동산을 취득한 제 3자(대판 1991.3.12. 90다카27570(본등기청구권의 소멸시효를 주장을 수 있다고 함)), 유치권이 성립된 부동산의 매수인(대판 2009.9.24. 2009다39530), 물상보증인(대판 2004.1.16. 2003다30890(피담보채권의 소멸시효를 주장할 수 있다고 함)), 사해행위 취소소송의 상대방이 된 사해행위의 수익자(대판 2007.11.29. 2007다54849), 공탁금출급청구권이 시효로 소멸한 경우에 공탁자에게 공탁금 회수청구권이 인정되지 않는 때에 있어서 국가(대판 2007.3.30. 2005다11312) 등이 있게 된다. 한편 판례는, 유치권이 성립된 부동산의 매수인은 유치권자에게 채무자의 채무와는 별개의 독립된 채무를 부담하는 것이 아니라 단지 채무자의 채무를 변제할 책임을 부담하는 점 등에 비추어 보면, 유치권의 피담보채권의 소멸시효기간에 확정판결 등에 의하여 10년으로 연장된 경우 매수인은 그 채권의 소멸시효기간이 연장된 효과를 부정하고 종전의 단기소멸시효기간을 원용할 수는 없다고 한다(대판 2009.9.24. 2009다39530).

결국 판례는 '절대적 소멸설'의 입장을 따른다고 하겠으나 한편으로는 '상대적 소멸설'을 따르는 것으로 볼 수도 있다. 소멸시효를 원용하여야만 고려할 수 있다는 입장을 취하는 한, 결과에서 차이가 없기 때문이다. 생각건대 현행법상 민법에 부합하는 태도는 절대적 소멸설이 타당하다고 본다.

2. 소멸시효의 소급효

(1) 민법 제167조는 「소멸시효는 그 기산일에 소급하여 효력이 생긴다」 라고 하여 '소멸시효의 소급효(消滅時效의 遡及效)'에 관하여 규정하고 있다. 본조에서의 '기산일(起算日)'이란, 권리를 행사할 수 있는 때를 의미한다.

(2) 권리가 소멸하는 시기는 기간의 만료시이지만, 본조에서는 소멸시효는 그 효력이 기산일에 소급하여 생기는 것으로 하였다. 그 이유는 소멸시효의 효력이 시효기간이 만료한 때로부터 생긴다고 하면, 그 기산일로부터 만료한 때까지 권리의 행사를 게을리 한 채권자를 보호하는 결과가 되고 이는 시효제도의 취지에 반하게 되기 때문이다. 따라서 소멸시효로 채무를 면하는 자는 기산일 이후의 이자를 지급하지 않게 된다. 그러나 소멸시효의 소급효에 관하여 민법은 예외를 인정하고 있다. 즉 소멸시효가 완성된 채권이 그 완성 전에 상계(相計)할 수 있었던 것이면 그 채권자는 상계할 수 있다(제495조).

3. 소멸시효이익의 포기

(1) 의 의

「소멸시효이익의 포기(消滅時效利益의 拋棄)」라 함은? 소멸시효효과의 완성으로 인한 법률상의 이익 귀속을 당사자가 받지 않겠다고 하는 일방적 의사표시를 말한다. 이러한 소멸시효이익의 포기는 소멸시효의 완성으로 불이익을 받는 자에게 의사표시로 하는 상대방 있는 단독행위이며 처분행위이므로 처분능력 또는 처분권한이 있어야 한다. 포기는 명시적으로 하여야 하는 것이 아니다. 예컨대, 소멸시효가 완성된 후의 채무의 일부의 변제(대판 1993.10.26. 93다14936)나 채무의 승인(대판 1965.11.30. 65다1996; 대판 1967.2.7. 66다2173 등) 또는 기한의 유예의 요청(대판 1965.12.28. 65다2133) 등은 모두 시효이익을 포기한 것으로 보아야 한다. 그리고 포기를 하면, 처음부터 시효의 이익은 생기지 않았던 것이 된다. 한편 소멸시효의 이익을 포기한 경우에는 그때부터 새로이 소멸시효가 진행한다(대판 2009.7.9. 2009다14340). 그리고 민법은 같은 취지에서 당사자의 합의에 의하여 소멸시효를 배제·연장 또는 가중할 수 없도록 한다(제 184조 제 2항). 그러나 이를 단축 또는 경감하는 것은 허용한다(제 184조 제 2항). 예컨대 특정한 채무의 이행을 청구할 수 있는 기간을 제한하고 그 기간이 경과할 경우 채무가 소멸하도록 하는 약정은 소멸시효기간을 단축하는 것으로서 유효하다(대판 2006.4.14. 2004다70253; 대판 2007.1.12. 2006다32170).

(2) 시효완성전에 하는 포기와 시효완성후에 하는 포기

소멸시효이익의 포기는 소멸시효의 완성전에 하는 포기와 완성후에 하는 포기의 경우로 나누어 살펴볼 수 있다.

1) 민법 제184조 제1항은「소멸시효의 이익은 미리 포기하지 못한다」라고 규정함으로써 소멸시효이익은 소멸시효가 완성하기 전에 미리 포기하지 못하도록 하였는데 이를 "소멸시효완성전에 하는 포기"라 한다. 만약 시효의 이익을 그 완성 전에 미리 포기할 수 있다고 하면, 권리자가 의무자를 강제하여 포기하도록 할 염려가 있고 영속(永續)한 사실상태를 존중하려는 시효제도의 목적에 반하게 되므로 소멸시효이익을 미리 포기하지 못하도록 한 것이다. 따라서 당사자가 미리 "시효의 이익을 받지 않는다"든가 또는 "그것을 인정하지 않는다"라고 한 계약은 무효가 된다. 그리고 본조항에서 '미리'라고 한 것은 시효기간이 완성하기 전을 의미하므로 시효가 진행되기 전에 특약을 하는 경우뿐만 아니라 시효가 진행중인 경우도 포함된다. 시효가 완성된 후에는 채무자의 궁박을 이용할 염려가 없을 뿐만 아니라, 이를 인정하는 것이 당사자의 의사를 존중하는 결과로 되기 때문이다. 시효이익 포기의 의사표시를 할 수 있는 자는 시효완성의 이익을 받을 당사자 또는 대리인에 한정되며, 제 3자는 아니다(대판 1998.2.28. 97다53366 참조).

2) 제184조 제1항을 반대해석하면, 이는 "소멸시효완성후에 하는 포기"라 할 것이다. 소멸시효가 완성된 후에 소멸시효이익을 자유롭게 포기하는 것은 허용된다(통설).

(3) 소멸시효이익의 포기의 방법

소멸시효이익의 포기는 '상대방있는 단독행위'이므로 상대방에 대한 의사표시로써 한다. 그리고 이러한 의사표시의 방식에는 아무런 제한이 없으므로 재판상·재판외에서도 할 수 있고 명시적·묵시적으로도 할 수 있다. 또한 소멸시효이익의 포기는 시효완성의 사실을 알고 하여야 한다. 따라서 묵시적 포기도 시효완성의 사실을 알고 있는 경우에만 인정한다.

살아있는 Legal Mind!!!

- 소멸시효이익의 포기에 관한 학설은 다음과 같다.

① 절대적 소멸설
절대적 소멸설에 의하면 소멸시효로 발생하는 이익을 받지 않겠다는 의사를 표시하는 소멸시효이익의 포기는 상대방있는 단독행위로 본다. 따라서 처음부터 소멸시효 완성의 이익이 생기지 않았던 것으로 된다(곽윤직·김기선·이영준·김주수 등).

② 상대적 소멸설
상대적 소멸설에 의하면 소멸시효이익의 포기는 시효의 완성으로 발생된 원용권(援用權)을 포기하는 의사표시로 본다. 따라서 권리는 처음부터 소멸된 것으로 보지 않는다(김증한·김용한).

(4) 소멸시효이익의 포기의 효과

소멸시효이익을 포기하면 처음부터 권리가 소멸되지 않은 것으로 본다. 그러나 포기의 효과는 상대적이다(통설). 따라서 포기할 수 있는 사람이 수인인 경우에는 어느 한 사람의 포기는 다른 사람에 대하여는 영향을 미치지 않는다. 예컨대 연대채무자(連帶債務者)의 한사람이 소멸시효이익을 포기하여도 다른 연대채무자에게는 영향을 미치지 않고(제423조 참조), 주채무자(主債務者)가 한 소멸시효이익의 포기는 보증인(保證人)에게는 효력이 없다(제433조 제2항 참조)(대판 1991.1.29. 89다카1114).

살아있는 Legal Mind!!!

- 상기에 있어서 '소멸시효이익의 포기'가 있었다는 것에 대한 증명책임은 시효완성으로 불이익을 받을 자가 부담한다(고상용 767면).

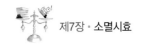

「소멸시효이익의 포기」에 대한 판례 ☞ 수표법상의 청구권이 시효에 의하여 소멸된 후에 수표채무를 승인하였다면 소멸시효의 이익을 포기한 것이다(대판 1965.11.30. 65다1996).

☞ 채권의 소멸시효가 완성된 후에 채무자가 그 기한의 유예를 요청하였다면 그 때에 소멸시효의 이익을 포기한 것으로 보아야 한다(대판 1965.12.28. 65다2133).

☞ 시효이익 포기의 의사표시의 상대방은 진정한 권리자이다(대판 1994.12.23. 94다40734참조).

☞ 소유권이전등기 청구권의 소멸시효기간이 지난 후에 등기의무자가 소유권이전등기를 해주기로 약정(합의)한 경우(대판 1993.5.11. 93다12824).

☞ 부동산경매절차에서 경락대금이 시효완성 채권자에게 배당되어 그 채무의 일부변제에 충당될 때까지 채무자가 아무런 이의도 안한 경우(대판 2000.6.12. 2001다3580; 대판 2002.2.26. 2000다25484; 대판 2012.5.10. 2011다109500).

☞ 시효가 완성된 어음채권을 원인으로 하여 집행력 있는 집행권원을 가진 채권자가 채무자의 유체동산에 대한 강제집행을 신청하고 그 절차에서 채무자의 유체동산 매각대금이 채권자에게 교부되어 그 채무의 일반변제에 충당될 때까지 채무자가 아무런 이의를 진술하지 않은 경우(대판 2010.5.13. 2010다6345).

☞ 채무자가 시효완성 후에 채무를 일부변제한 때에는 그 액수에 관하여 다툼이 없는 한 그 채무 전체를 묵시적으로 승인한 것으로 보아야 한다(대판 2010.5.13. 2010다6345).

☞ 채무자가 소멸시효가 완성된 이후에 여러 차례에 걸쳐 채권자의 제소기간 연장 요청에 동의한 경우(대판 1987.6.23. 86다카2107).

☞ 소멸시효 완성 후에 있는 과세처분에 기하여 세액을 납부한 경우(대판 1988.1.19. 87다카70).

☞ 소멸시효 이익의 포기는 가분채무의 일부에 대하여도 할 수 있다(대판 1987.6.23. 86다카2107; 대판 2012.5.10. 2011다109500).

☞ 그러한 견지에서 대법원은, 경매절차에서 채무자인 갑 주식회사가 소멸시효가 완성된 근저당권부 채권을 가진 을이 배당을 받는 데 대하여 이의를 제기한 부분을 제외한 나머지 채권에 대하여는 갑 회사가 시효이익을 포기한 것으로 보아야 하므로, 그 부분 배당액과 관련하여 을이 부당이득을 취득 한 것이 아니라고 하였다(대판 2012.5.10. 2011다109500).

4. 종된 권리에 대한 소멸시효의 효력

민법 제183조는「주된 권리의 소멸시효가 완성한 때에는 종속된 권리에 그 효력이 미친다」라고 규정함으로써 주된 권리(主된 權利)가 시효기간의 만료로 인하여 소멸하는 때에는 종된 권리(從된 權利)도 함께 소멸하게 된다. 그 이유는 종된 권리는 주된 권리와 독립하여 존재할 수 없으며 일반적으로 주된 권리와 그 법률적 운명을 같이 하기 때문이다. 예를 들어 이자채권(利子債權)은 주된 권리인 원본채권(元本債權)에 대한 종된 권리이므로 원본채권을 10년간 행사하지 않음으로써 소멸된 때에는 이자채권도 함께 소멸한다(대판 2008.3.14. 2006다2940).

5. 소멸시효에 관한 당사자의 법률행위

민법 제184조 제2항은 「소멸시효는 법률행위에 의하여 이를 배제, 연장 또는 가중할 수 없으나 이를 단축 또는 경감할 수 있다」 라고 규정함으로써 소멸시효는 당사자 사이의 법률행위에 의하여 이를 배제·연장 또는 가중할 수 없지만, 이와 반대로 소멸시효기간을 단축하거나 경감할 수는 있다. 그 이유는 소멸시효제도는 사회질서에 관한 공익규정이기 때문이다.

책을 마치며!!!

「법지불행 자상정지(法之不行 自上征之)」란 말이 있다. 이 성구는 진나라 효공때 재상이었던 법가(法家)의 대표적 철학자인 상앙(商鞅)이 한 말이다. 그는 부국강병의 일환으로 여러 가지의 강력한 법령으로 국민을 다스렸고 어느 날 태자가 새로 시행하는 법령을 위반하는 일이 발생하자 '법령을 제대로 시행되지 않는 것은 위에 있는 사람부터 이를 어기기 때문이라며' 그에게 묵형(墨刑: 죄목을 이마에 먹물로 새겨 넣은 형벌)을 부과하였다. 결국 그는 후에 등극한 태자에게 거열형(車裂刑: 팔다리를 말에 묶어 잡아당겨 찢어 죽이는 형벌)을 당해 죽음을 맞이하였다. 국민에게 봉사해야 할 일부 정치인이나 그 측근들이 오히려 이권에나 개입하고 질서를 어지럽히는 일이 흔한 오늘날 이러한 성구를 통하여 진정한 법의 의미를 새겨 볼 일이다. 이 고사는 〈사기〉의 상군열전(商君列傳)에 실려 있다.

찾아보기

INDEX

ㄱ

ㅂ

ㅅ

ㅇ

ㅈ

ㅊ

ㅌ

ㅍ

ㅎ

저자약력

◎ **이재진(李載鎭)**

- 조선대학교 법정대학 법학과
- 조선대학교 대학원 법학과(법학석사 · 박사)
- 일본 와세다대학 법학부 교류학자
- 조선대학교 근무, 청주대학교, 광주대학교, 광주여자대학교, 군산대학교 외래교수
- 현) 전남도립대학교 경찰행정경호학과 교수
- 현) 한국부동산중개학회 부회장
- 현) 한국토지법학회 이사

■ 주요저서

- 생활과 법률(지선사) 1998년
- 한국법의 이해(지선사) 1998년
- 경찰관련법규 실무해설(삼우출판사) 2003년
- 최신 생활법률(한올출판사) 2005년
- 신법학개론(한올출판사) 2013년
- '생활환경 오염의 사법적 구제' 등의 논문 외 다수

◎ **권태웅(權泰雄)**

- 청주대학교 법과대학 법학과
- 청주대학교 대학원 법학과(법학박사)
- 청주대학교 강사 역임
- 현) 충북도립대학교 겸임교수
- 현) 우송정보대학교 강사
- 현) 한국부동산경영학회 이사

■ 주요저서

- 실전법학개론(홍익출판사) 2008년
- '위자료 청구권에 관한 연구' 등의 논문 외 다수

한눈 감고도 이해되는 **민법총칙**

2014년 8월 5일 초판1쇄 인쇄
2014년 8월 11일 초판1쇄 발행

저 자 이재진 · 권태웅
펴낸이 임순재
펴낸곳 **한올출판사**
등록 제11-403호
121-849
주 소 서울시 마포구 성산동 133-3 한올빌딩 3층
전 화 (02)376-4298(대표)
팩 스 (02)302-8073
홈페이지 www.hanol.co.kr
e-메일 hanol@hanol.co.kr
정 가 29,000원(부록 포함)

▫ ISBN 979-11-5685-014-4

한눈 감고도 이해되는

민법총칙

CIVIL LAW

제 1 장 민법통칙

문 01 실질적 의미의 민법에 관한 설명 중 맞는 것은?

① 민법부속법령은 제외한다.
② 특별사법을 포함한다.
③ 민법의 존재형식에 해당한다.
④ 관습민법은 제외한다.
⑤ 민법전과 같다.

해 설 실질적 의미의 민법은 국민의 일반적 사법생활의 실체적 법률관계를 규율하고 있는 민법전·관습민법·조리 등을 포함한 모든 법령을 말한다. 따라서 수많은 사법 가운데서 상법 그 밖의 특별사법을 제외한 일반사법으로서 이는 '민법의 존재형식'에 해당한다.

문 02 형식적 의미의 민법에 관한 설명 중 옳지 않은 것은?

① 민법전을 가리킨다.
② 1958년 2월 22일 공포되어 1960년 1월 1일부터 시행되었다.
③ 총칙·물권·채권·친족·상속 총 5편과 부칙으로 구성되어 있다.
④ 공법적 규정도 포함되어 있다.
⑤ 사법 가운데 상법 그 밖의 특별사법을 제외한 일반사법을 말한다.

해 설 형식적 의미의 민법은 1958년 2월 22일, 법률 제471호로서, 제정·공포되어 1960년 1월 1일부터 현재까지 시행되고 있는 總則·物權·債權·親族·相續 총5편과 부칙으로 구성되어 있는 현행 민법전을 말한다. ⑤는 실질적 의미의 민법에 대한 설명이다.

문 03 다음 중 민법의 강제실현 또는 분쟁해결에 관한 절차법으로 볼 수 없는 것은?

① 중재법
② 법원조직법
③ 상법
④ 민사조정법
⑤ 회사정리법

해 설 ③ 실체법이다. 실체법에는 기본적으로 헌법·민법·상법·형법 등이 있고, 절차법에는 민사소송법·형사소송법·민사조정법·법원조직법·파산법·부동산등기법·소송촉진 등에 관한 특례법·소액사건심판법·회사정리법·공탁법·화의법·비송사건절차법 등이 있다. 그리고 사회법의 대부분도 이러한 절차법에 속한다.

문 04 다음 중 민법에 관한 설명으로 옳은 것은?

① 민법은 사법관계를 규율하는 사법의 일부이다.

② 민법은 재산·신분에 관한 일반사법이다.

③ 민법은 재산·신분에 관한 법의 전부이다.

④ 민법은 사법이므로 공법규정이 있을 수 없다.

⑤ 민법은 공법과 사법의 중간령역의 법이다.

해설 ①③은 아주 틀린 답은 아니다. 하지만 ②에 비하여 상대적으로 정답의 요소가 약하다. ④ 민법은 사법적 규정이 핵심을 이루는 법이기는 하지만, 그 규정 내용 모두가 사법적인 것은 아니다. 예를 들어, 법인의 벌칙(제97조)에 대한 규정은 사법적 규정속에 공법적 규정을 포함하는 것이다. ⑤ 사회법이라 함은? 공법인지 아니면 사법인지를 구별하기 어려운 중간적 영역의 법을 말한다. 학자들은 이러한 현상을 '사법의 공법화'·'공법과 사법의 혼합'·'공법에 의한 사법의 지배' 등으로 표현한다.

문 05 공법과 사법의 구별에 관한 다음 기술 중 옳지 않은 것은?

① 주체설은 국가 또는 공법인에 관한 법은 공법이고, 사인 간에 관한 법은 사법이라고 하는 견해이다.

② 이익설은 권력관계에 관한 법은 공법이고, 평등관계에 관한 법은 사법이라고 하는 견해이다.

③ 로마법 이래로 법을 공법과 사법으로 분류하였다.

④ 공법은 그 대부분이 강행규정이고, 사법은 그 대부분이 임의규정이다.

⑤ 사회법은 공법과 사법의 중간영역의 법이다.

해설 ②는 성질설에 대한 설명이다. 이익설은 공익에 관한 법은 공법이고 사익에 관한 법은 사법이라고 하는 견해이다.

문 06 일제하 우리나라에 시행된 일본 민법의 적용근거는?

① 통감부재판소령　　② 통감부령

③ 내각공시　　④ 일본헌법

⑤ 조선민사령

해설 ⑤ 1910년 8월 29일 일본 정부는 「조선에 시행 할 법령에 관한 건」이라는 긴급명령(이는 1911년 3월 25일에 법률 제30호로 대체되었다.)을 발포하였고, 이후 1912년 3월부터는 민사에 관한 기본법령으로 소위 「朝鮮民事令(制令 第7號)」을 제정, 동년 4월 1일부터 시행하였다. 이렇게 일제치하에서는 우리 민족의 각종 民事에 대하여, 일본 민법이 依用되었다.

문 07 민법의 편별법에 관한 다음 기술 중 옳지 않은 것은?

① 로마법식 편별법인 인스티투치온식(Institutionen System)으로 프랑스 민법이 이 방식을 택한다.

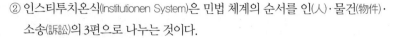

② 인스티투치온식(Institutionen System)은 민법 체계의 순서를 인(人)·물건(物件)·소송(訴訟)의 3편으로 나누는 것이다.

③ 독일식 편별법인 판덱텐식(Pandekten System)으로 독일민법과 우리 민법이 이러한 방식을 택한다.

④ 판덱텐식(Pandekten System)은 민법 체계의 순서를 대체로 총칙(總則)·물권(物權)·채권(債權)·친족(親族)·상속(相續)의 배열을 취하는 것이다.

⑤ 일본과 이탈리아는 민·상법 통일체계의 민법전을 가지고 있다.

해설 民法典은 두 가지의 방식에 의하여 편별한다. 그 중 하나는 로마법식 편별법인 인스티투치온식(Institutionen System)으로서, 이는 체계의 순서를 人·物件·訴訟의 3편으로 나누는 것으로 프랑스 민법이 이 방식을 택한다. 다른 하나는 독일식 편별법인 판덱텐식(Pandekten System)으로서, 이는 체계의 순서를 대체로 總則·物權·債權·親族·相續의 배열을 취하는 것으로 독일민법과 일본민법 그리고 우리 민법이 이러한 방식을 택하고 있다. ⑤ 대부분의 국가와 달리 스위스와 이탈리아는 민·상법 통일체계의 민법전을 가지고 있다.

문 08 민법의 법원에 관한 설명으로 틀린 것은?

① 조리(條理)는 사물의 본성을 말한다.

② 법원(法源)이라 함은 헌법 제103조에서 말하는 재판의 기준이 되는 법을 의미한다.

③ 미분리과실과 수목 집단의 명인방법은 관습법에 의한 공시방법이라 볼 수 없다.

④ 동산의 양도담보는 민법상 관습법으로 인정된 것이다.

⑤ 판례를 법이라고 할 경우 이는 삼권분립의 정신에 위배된다.

해설 ③ 민법상 慣習法으로 인정되는 것으로 물권편에 규정하고 있는 慣習法上 法定地上權·墳墓基地權·動産의 讓渡擔保·未分離果實과 樹木 集團의 明認方法 그리고 친족편에 규정하고 있는 事實婚 등을 들 수 있다.

문 09 법원(法源)에 관한 기술 중 옳지 않은 것은?

① 관습법은 민사에 관하여 법률에 규정이 없는 경우에만 적용될 뿐이다.

② 상관습법은 성문상법에 대하여는 보충적 효력을 가질 뿐이나 民法에 대하여는 변경적 효력을 가진다.

③ 대륙법계 국가에서는 원칙적으로 판례의 법원성은 부정된다.

④ 조리는 일종의 자연법적 존재이다.

⑤ 학설은 일치하여 사물의 도리인 조리의 법원성을 인정한다.

해설 ② 「변경적 효력설」이라 함은? 관습법에 의한 성문법 改廢效力을 인정하자는 견해이다. 예컨대, 상법 제1조에 "商事에 관하여 본법에 규정이 없으면 商慣習法에 의하고 상관습법이 없으면 민법의 규정에 의한다. 고 규정하고 있다. 따라서 그 적용은 성문상법 → 상사관습 → 민법 → 민사관습법 순으로 되는 것이다. 따라서 이는 "특별법은 보통법에 우선한다"는 원칙과 아울러, 상관습법이 성문상법에 대하여 보충적 효력을 가질 뿐이나, 민법에 대하여는 변경적 효력을 가짐을 인정한 것이다. ⑤ 「條理의 法源性」을 인정할 것인가에 관하여 이를 인정하는 긍정설과 인정할 수 없다는 부정설로 나누어진다. 우리나라의 다수설과 판례는 조리도 역시 재판의 근거로서 법원성을 인정함이 당연하다는 긍정설을 주장한다(이영섭, 김기선, 방순원, 김증한, 김현태, 김용한, 권용우 등). 반면 소수설은 조리가 법이 아니어서 법원은 아니지만 단지, 法院에 의해서 적용되는 것일 뿐이라는 부정설을 주장한다(곽윤직, 이영준).

문 10 법원(法源)에 관한 다음 설명 중 맞는 것은?

① 법실증주의는 관습법을 제1차적 법원이라고 한다.

② 조리를 법원으로 인정함은 법치주의에 반한다.

③ 자연법이론은 관습법을 제1차적 법원이라고 한다.

④ 영미법계에서는 판례의 법원성을 부정한다.

⑤ 역사학파는 관습법을 제1차적 법원이라고 한다.

해설 ⑤ 慣習法 理論은 19세기 초에 절정을 이르렀다. 역사학파의 법전편찬 반대자들은 법의 민족적·역사적 성격을 강조하고 자연법이론에 회의를 일으켜 성문법 만능을 거부함으로써 관습법을 1차적 법원으로 격상시켰다.

문 11 다음 중 민법 제1조와 부합되지 않는 것은?

① 성문법주의 ② 법원의 종류

③ 관습법의 보충성 ④ 판례의 구속력

⑤ 법원의 순위

해설 ④ 유럽 대륙식 법전주의를 수용하는 우리나라의 경우는, 민법상 판례법에 대한 규정이 없고 판례의 구속력도 제도적으로 보장되어 있지 않기 때문에 판례의 법원성은 부정된다. 다만, 大法院의 심판에서 판시한 법령의 해석이 오로지 당해 사건에 관해서만 하급심을 구속할 뿐이다.

문 12 민사재판에 있어서 사실적으로나 법적으로 법관을 구속하지 않는 것은?

① 관습법 ② 조리

③ 학설 ④ 판례

⑤ 법률

해설 ③ 「학설의 법원성」은 인정되는가? 이에 대한 해답은 한마디로 '아니다'이다. 학설의 경우는 관습을 형성하거나 혹은 조리로서 이용되는 길이 있을 뿐이다. 따라서, 학설은 다수설·통설 그 어느 것도 법원성을 인정하지 아니한다.

문 13 다음 중 근대초기의 민법의 기본원칙이 아닌 것은?

① 남녀평등의 원칙 ② 과실책임의 원칙

③ 사적자치의 원칙　　④ 소유권절대의 원칙

⑤ 계약자유의 원칙

해 설　① 남녀평등의 원칙은 兩性平等의 原則이라고도 하는데, 이는 가족법상의 원칙이다. 우리나라는 헌법 제36조 1항에 「혼인과 가족생활은 개인의 존엄과 兩性의 평등을 기초로 성립되고 유지되어야 하며, 국가는 이를 보장한다」고 규정하여, 남녀평등과 개인의 존엄을 보장하고 있다.

문 14 우리나라 민법의 특징이 아닌 것은?

① 형식주의　　② 동적 안전의 강조

③ 사회성·협동성의 강조　　④ 공권의 우선

⑤ 공공복리의 원칙

해 설　④ 권리를 공권과 사권으로 나눌 경우에 민법상의 권리는 사권에 속한다.

문 15 다음 중 민법총칙상의 규정이 신분행위에서도 그대로 적용되는 것은?

① 기간계산　　② 미성년자의 행위능력

③ 대리제도　　④ 시효제도

⑤ 의사표시

해 설　① 총칙편은 민법 전반에 관하여 적용되는 원칙적인 규정을 다루고 있기보다는, 대부분의 규정이 財産法만을 위하여 만들어졌다고 보여진다. 특히 법률행위의 일반원칙은 신분행위에 적용되지 않는다는 점을 항상 명심하라. 따라서 가족법은 이러한 이유로 인하여 독자적인 특별규정을 두는 경우가 많다. 예를 들어, 총칙편의 행위능력에 관한 규정은 가족법의 혼인·이혼·양자·유언 등에 관하여는 적용되지 않으므로 가족법은 이에 관하여 별도의 특별규정을 두고 있고(예: 제801조, 802조, 807조, 835조, 866조, 869조, 870조, 871조, 873조, 902조, 1061조, 1062조, 1063조 등), 또한, 진의아닌 의사표시·통정허위표시·사기·강박·착오·대리 등의 법률행위에 관한 여러 규정도 가족법상의 신분행위의 경우에 성질상 적용할 수 없는 경우가 많아 특칙이 있는 경우가 있다(예, 제815조, 816조, 838조, 854조, 861조, 883조, 884조, 904조 등). 더욱이 時效에 관한 규정은 재산권에만 적용이 될 뿐, 가족법상의 권리에는 적용되지 않는다. 하지만 기간의 경우는 신분행위(예: 친족법상의 기간계산)에도 적용된다.

문 16 다음 기술 중 계약자유의 원칙의 내용이 아닌 것은?

① 계약방식의 자유　　② 계약체결의 자유

③ 상대방선택의 자유　　④ 계약내용결정의 자유

⑤ 계약해제의 자유

해 설　「契約自由의 原則」에 대한 내용은 ① 당사자에게 계약을 체결할 것이냐 아니면 않느냐, 더 나아가 어떠한 계약을 체결할 것인가를 결정하는데 자유가 있음을 말하는 '계약체결의 자유' ② 누구를 선택하여 체결할 것이냐를 결정하는 자유가 있음을 말하는 '상대방선택의 자유' ③ 계약체결의 당사자에게 그 계약의 내용을 결정할 수 있는 자유가 있음을 말하는 '내용결정의 자유' ④ 어떠한 방식으로도 계약을 체결할 수 있는 자유가 있음을 말하는 '방식결정의 자유'의 네 가지를 들 수 있다.

문 17 우리나라 민법의 기본이 되는 원리적 구조는?

① 거래의 안전·권리남용금지·사회질서 - 소유권 절대·사적자치·과실책임 - 공공복리·자유인격

② 공공복리·인격절대 - 소유권 절대·사적자치·과실책임 - 거래의 안전·사회질서·신의칙

③ 공공복리·자유인격 - 신의칙·사회질서·거래안전 - 사유재산권 존중·사적자치·자기책임

④ 소유권 절대·사적자치·과실책임 - 공공복리·인격절대 - 거래의 안전·신의성실

⑤ 소유권 절대·사적자치·과실책임 - 거래의 안전·사회질서·신의칙 - 권리남용금지·자기책임

해설 ③ 민법은 자유평등을 그 이념으로 강조하는 한편, 공공복리의 원칙을 최고원리로 하고 이를 조절·조화시키기 위하여 이러한 원리의 실천·행동 원칙으로서, 신의성실의 원칙(제2조 1항)·권리남용금지(제2조 2항)·사회질서(제103조, 105조)·거래안전·사유재산권 존중 ·사적자치·자기책임 등을 앞세우고 있다. 그리고 그 아래에 소유권절대·계약자유·과실책임의 근대민법의 3대원칙이 존재한다.

문 18 다음 법해석에 있어서 주의해야 할 법률용어 가운데 틀린 것은?

① 추정(推定)이란 명확하지 않은 사실을 일단 그런 것으로 하여 법률효과를 발생하게 하는 것을 말한다.

② 간주(看做)란 성질이 다른 어느 일정한 법률관계를 다른 어느 것과 동일한 법률효과를 주는 것을 말한다. 대개「 ......으로 본다」고 표현하고 있다.

③ 준용(準用)이란 법규를 제정할 때에 법률을 간결하게 하기 위하여 비슷한 사항에 관하여는 다른 유사한 법률규정을 유추적용할 것을 규정한 경우 쓰는 말이다.

④ 유추(類推)는 유사한 두 개의 사실중 하나의 사실에 관하여만 규정하고 있는 경우에, 다른 사실에 관하여도 이와 같은 효과를 인정하는 해석방법이다.

⑤ 선의(善意)란 어떤 사실을 알고 있더라도 행위의 의도가 좋은 경우이고, 악의란 어떤 사실을 알고도 행위의도가 나쁜 경우이다.

해설 ⑤ 법률에서 善意 . 惡意의 개념은 윤리적인 의미를 뜻하는 것이 아니라 일정한 사실에 관한 知, 不知라는 심리상태 즉 內心的 事實을 말한다. 즉「善意」란 어떤 사실을 알지 못하는 것이고,「惡意」란 어떤 사실을 알고 있는 것이다. 여기서 어떤 일정한 사실이란 예컨대, 실종선고에서 실종자의 생사의 사실(제29조 1항)이 이에 속한다.

문 19 민법 시행에 관한 설명 중 맞는 것은?

① 불소급원칙의 전적인 배제

② 구민법상 소멸시효경과의 권리는 신민법의 시효에 관한 규정의 적용을 받는다.

③ 기득권의 청구에 의한 보호

④ 기득권의 배제

⑤ 기득권의 포기금지

해 설 ② 부칙 제8조 2항은 「본법시행 당시에 구법에 의하여 시효의 기간을 경과하지 아니한 권리에는 본법의 시효에 관한 규정을 적용한다」고 규정되어 있다. 기타는 부칙 제2조 단서에 반한다.

문 20 민법의 효력이 미치는 범위에 관하여 틀린 것은?

① 법률불소급의 원칙은 법학에 있어서의 일반적 원칙이기는 하지만 민법은 소급효를 인정하고 있다.

② 민법은 모든 한국인에게 적용되는 것이 아니라 한국인이라도 외국에 거주하면 그 효력이 미치지 않는 것이 원칙이다.

③ 우리 민법은 1960년 1월 1일부터 시행되었다.

④ 민법은 우리나라의 領土高權의 효과로서 대한민국의 영토내에 있는 모든 사람에게 적용되는 것이 원칙이다.

⑤ 민법은 성별 · 종교 · 사회적 신분 등의 구별에 의하여 그 적용이 제한되지 아니하는 것이 원칙이다.

해 설 ② 우리 민법은 당사자가 국내에 있든 국외에 있든 묻지 않고 우리나라 국민이라면 누구에게라도 적용되는데, 이는 國民主權의 결과로서 이를 「屬人主義 – 對人高權」이라 한다.

문 21 민법의 효력에 관해 틀린 것은?

① 민법의 소급효를 원칙으로 한다.

② 민법은 기득권을 보호한다.

③ 민법은 외국인에게는 적용되지 아니함을 원칙으로 한다.

④ 민법은 소급효를 인정해도 그 실익은 적다.

⑤ 민법은 우리나라 모든 영토내에 효력이 미친다.

해 설 우리 民法은 외국인이라도 우리의 영토 내에 있는 者라면 적용을 받는데, 이를 「屬地主義 – 領土高權」라 한다.

정답

1. ③	2. ⑤	3. ③	4. ②	5. ②
6. ⑤	7. ⑤	8. ③	9. ⑤	10. ⑤
11. ④	12. ③	13. ①	14. ④	15. ①
16. ⑤	17. ③	18. ⑤	19. ②	20. ②
21. ③				

제2장 민법상의 권리(사권)

문 22 사권(私權)의 본질에 관한 설명 중 틀린 것은?

① 권리의 본질에 대하여 학자들간에 통일된 견해가 없다.

② 「의사설」은 권리를 '법이 인정하는 의사의 힘 또는 지배'라고 보며 주창자는 사비니(Savigny), 빈드샤이트(Windscheid) 등 역사학파이다.

③ 「이익설」은 권리를 '법에 의하여 보호되는 이익'이라고 보며 주창자는 예링(Jhering)이다.

④ 「권리법력설」은 권리를 '일정한 이익을 향수할 수 있도록 법이 인정하는 힘'이라고 보며 주창자는 에넥케루스(Enneccerus), 메르켈(Merkel) 등이다.

⑤ 권리의 본질에 대한 학설 중 의사설이 가장 유력한 학설이다.

해 설 ⑤ 권리의 본질에 대한 학설 가운데 권리법력설이 학설 가운데 가장 유력한 견해이다.

문 23 다음의 설명 중 틀린 것은?

① 법은 "권리와 의무의 관계"라고 규정지을 수 있다.

② 「권리」는 법에 의하여 인정되는 "일정한 법익의 향수를 내용으로 하는 의사 또는 힘"으로 정의된다.

③ 「권한」은 타인을 위하여 일정한 법률효과를 발생하게 할 수 있는 법률상의 자격 또는 지위를 말한다.

④ 「권능」은 권리의 내용을 이루는 개개의 법률상의 힘을 말한다.

⑤ 「사권」은 '사생활관계에 있어서 특정이익을 향수할 수 있도록 누구에게나 주어진 법률상의 힘'을 말한다.

해 설 ⑤ 「사권」이라 함은? '私生活關係에 있어서 特定利益을 享受할 수 있도록 특정인에게 주어진 법률상의 힘'으로 예컨대, 임꺽정이 자신의 TV를 김선달에게 팔았을 경우에, 임꺽정에게 발생한 代金支給請求權과 김선달에게 발생한 財産權移轉請求權이 그것이다.

문 24 다음 중 사권(私權)에 속하지 않는 것은?

① 인격권 ② 근로권
③ 신분권 ④ 재산권
⑤ 사원권

해 설 私權은 내용에 의한 분류로서, 인격권·재산권·가족권·사원권으로 나눌 수 있고, 작용(效力)에 의한 분류로서, 지배권·청구권·형성권·항변권으로 나눌 수 있으며, 기타의 분류로서 절대권과 상대권, 일신전속권과 비전속권, 주된 권리와 종된 권리 그리고 기성의 권리와 기대권으로 나눌 수 있다. 따라서 ①③④⑤는 사권의 내용에 의한 분류에 속하지만 ②의 근로권은 근무할 능력이 있는 자가 근무할 기회를 사회적으로 요구할 수 있는 권리로서 우리 헌법 제32조 1항에 적극적 의미의 생존권적 기본권으로 규정하고 있다.

문 25 권리와 의무는 서로 대응하는 것이 보통이나, 권리만 있고 그에 대응 하는 의무가 없는 경우도 있다. 다음 권리 중 그에 대응하는 의무가 없는 것은?

① 친권 ② 특허권
③ 채권 ④ 물권
⑤ 취소권

해 설 의무와 권리는 '동전의 양면'처럼 서로 동반하며 대응한다. 즉, 채권이 발생하면 채무라는 의무가 발생하는 것이다. 예를 들어, 물권과 무체재산권에는 불가침의 의무가 발생하고, 친권에도 이러한 친권에 복종할 의무가 子에게 발생하는 것이다. 그러나 모든 법적관계가 그러한 것은 아니다. 경우에 따라서는 권리만 있고 의무가 대응하지 않는 경우가 있는데 예를 들어, 취소권·해제권·추인권 등의 형성권은 권리자의 일반적 의사표시만으로써 일정한 효과가 발생하므로 그에 대응하는 의무가 없고 권리만 있다. 반면 의무만 있고 권리가 대응하지 않는 경우도 있는데 제755조의 제한능력자에 대한 감독자의 감독의무, 제51조 법인의 사무소이전등기, 제52조의 법인의 등기의무, 제85조의 청산인의 법인해산등기, 제88조의 청산인의 청산신고와 공고의무 등으로 이 경우는 의무만 있고 권리가 없는 것이다.

문 26 다음 중 인격권이 아닌 것은?

① 명예권 ② 자유권
③ 상속권 ④ 성명권
⑤ 생명권

해 설 인격권이라 함은? 권리의 주체와 분리할 수 없는 인격적 이익의 향수를 내용으로 하는 권리지배권으로 生命·身體·精神的 自由·名譽·貞操·姓名 등의 보호를 목적으로 하는 권리가 이에 속한다. 이러한 권리는 거래의 대상이 되지 않는다.

문 27 다음 권리 중 그 실질이 형성권인 것은?

① 물권적 청구권 ② 부양청구권

③ 유아인도청구권 ④ 부부동거청구권

⑤ 지상물매수청구권

해설 주의할 것은, 형식적으로는 "○○ 請求權" 이라고 되어 있지만 실질적으로는 形成權인 경우가 있다는 점이다. 그 예를 들어 ① 公有物分割請求權(제268조) ② 地上權者의 地上物買受請求權(제283조) ③ 地料增減請求權(제286조) ④ 地上權設定者의 地上權消滅請求權(제287조) ⑤ 傳貰權設定者의 傳貰權消滅請求權(제317조) ⑥ 傳貰權者의 附屬物買受請求權(제316조) ⑦ 買受人의 貸金減額 請求權(제572조) ⑧ 賃借人·轉借人의 買受請求權(제643, 647조) ⑨ 遺留分返還請求權(제1115조 1항) 등은 청구권이 아닌 형성권임을 주의하라.

문 28 다음 중 재산권임과 동시에 지배권인 것은?

① 저작권 ② 상계권

③ 지상권소멸청구권 ④ 법인설비이용권

⑤ 재산상속회복청구권

해설 權利는 그 기준에 따라 여러 종류로 분류할 수 있다. 그러나 이러한 권리는 분류하는 방법에 따라 설명할 경우에 중복되는 경우가 있다. 예를 들어, 著作權·特許權·實用新案權 등과 같은 無體財産權은 내용상 분류로는 財産權에 속하기도 하지만 작용상 분류로는 支配權에 속하기도 한다.

문 29 권리를 객체로 하는 권리는?

① 소유권 ② 인격권

③ 항변권 ④ 준점유권

⑤ 형성권

해설 ④「準占有權」이라 함은? 물건 이외의 재산권, 즉 물건의 소지를 수반하지 않는 物權·債權·無體財産權 등의 재산권을 사실상 행사하는 권리를 말한다.

문 30 다음 권리 중 원칙적으로 양도할 수 없는 것은?

① 금전채권 ② 전세권

③ 소유권 ④ 임차권

⑤ 지상권

해설 ④「傳貰權」은 물권이고「賃借權」은 채권이다. 이러한 임차권은 借賃을 지급하고 타인의 물건을 사용·수익하는 권리로서, 임대인의 동의 없이는 讓渡·轉貸하지 못한다. 그러나 부동산임차권은 비록 채권이지만 등기(부동산등기법 제2조 참조)된 때에는, 그 때부터 물권과 같은 효력을 가지게 되어 제3자에게 그 효력을 주장할 수 있다(제621조). 이것을「부동산임차권의 물권화」라고 한다.

문 31 다음 중 준물권(準物權)은?

① 준공유권(準公有權) ② 준점유권(準占有權)

③ 준합유권(準合有權) ④ 준총유권(準總有權)

⑤ 광업권(鑛業權)

해설 ⑤ 「準物權」은, 광업권이나 어업권과 같이 물건을 직접 지배하지는 않으나, 물건을 전속적으로 취득할 수 있는 권리를 말한다. 이는 물권에 준한다.

문 32 다음 형성권 중 법원(法院)의 판결(判決)에 의하여 비로소 효과를 발생하는 것은?

① 취소권(取消權) ② 상계권(相計權)

③ 계약해지권(契約解止權) ④ 재산상속포기권(財産相續拋棄權)

⑤ 친생부인권(親生否認權)

해설 「形成權」은 권리자의 일방적 의사표시에 의하여 법률관계의 발생·변경·소멸을 일어나게 하는 권리이다. 이에는 i) 권리자의 의사표시만으로써 효과를 발생케 하는 것인 제한능력자의 상대방의 최고·철회·거절권(제15, 16조), 법률행위의 동의(제5, 10조)·취소(제140조)·추인권(제143조), 계약해제권·해지권(제543조), 상계권(제492조), 매매의 일방예약완결권(제564조), 약혼해제권(제805조), 상속포기권(제1041조) ii) 법원의 판결에 의해서 비로소 효과를 발생케 하는 것인 채권자취소권(제406조), 재판상이혼권(제840조), 친생부인권(제846조), 입양취소권(제884조), 재판상파양권(제905조)이 있다.

문 33 사원권(社員權)의 내용으로서 공익권(共益權)에 속하지 않는 것은?

① 사무집행권 ② 의결권

③ 소수집행권 ④ 감독권

⑤ 설비이용권

해설 ⑤ 「社員權」이라 함은? 단체의 구성원이 단체에 대하여 가지는 권리이다. 이에는 사단 자신의 목적을 위하여 인정되는 「共益權」으로서, 議決權·少數社員權·事務執行權·監督權 등과, 사원 자신의 이익을 위하여 인정되는 「自益權」으로서, 利益配當請求權·殘餘財産分配請求權·社團設備利用權 등이 있다.

문 34 다음 중 종(從)된 권리(權利)가 아닌 것은?

① 전세권(傳貰權) ② 저당권(抵當權)

③ 보증인(保證人)에 대한 권리(權利) ④ 이자채권(利子債權)

⑤ 류치권(留置權)

해설 ① 「從된 權利」라 함은? 다른 권리에 종속하여 존재하는 권리이다. 이에는 抵當權과 利子債權이 그 대표적이다. 그러나 傳貰權은 전세금을 지급하고 타인의 부동산을 점유하여 그 부동산의 용도에 좇아 사용·수익할 권리이므로(제303조 1항), 이는 다른 권리에 대한 종된 권리는 아니다.

문 35 권리에 관한 설명으로 틀린 것은?

① 인격권의 침해가 있으면 불법행위로 인한 손해배상청구권이 인정되지만, 이

러한 사후구제만으로는 피해의 완전한 회복이 어려운 점에서, 판례는 사전적 구제수단으로 침해행위의 금지청구권을 인정한다.

② 절대권은 특정의 상대방이라는 것이 없고 모든 사람에게 주장할 수 있는 권리로서, 지배권이 이에 속한다.

③ 항병권은 청구권의 행사에 대하여 그 청구에 응해서 급부를 거절할 수 있는 권리로서, 타인의 청구권 자체를 소멸시킬 수 있다.

④ 형성권은 권리자의 일방적 의사표시에 의해서 법률관계를 변동시키는 권리로서, 법원의 확정판결에 의해 행사하는 경우도 있다.

⑤ 공유물분할청구권은 형성권에 속한다.

해설 ③ 항병권은 상대방의 청구권의 존재를 전제로 하여, 일정한 사유를 들어 그 급부를 거절할 수 있는 권리이다.

문 36 다음 기술 중 옳지 않은 것은?

① 동일목적물 위에 두 개 이상의 저당권이 존재할 수 있다.

② 동일목적물 위에 지상권이 두 개 이상 존재할 수 없다.

③ 채권상호간에 충돌하는 경우에는 먼저 발생한 채권이 우선하는 것이 아니다.

④ 파산의 경우, 동일채무자에 대한 수개의 채권자 사이에는 평등의 원칙이 적용된다.

⑤ 소유권과 제한물권이 충돌한 경우에는 소유권이 우선함은 당연하다.

해설 ① ② 원칙적으로 물권은 배타성이 있기 때문에 성질·범위·순위가 같은 물권의 경우는 동시에 동일물 위에 성립하지 못한다. 이를 「一物一權主義」라고 한다. 하지만, 종류를 달리하는 물권은 동일물위에 동시에 성립할 수 있다. 즉, 동일물 위에는 동일한 종류인 지상권이 동시에 두 개가 성립하지 못하나, 종류를 달리하는 지상권과 저당권은 함께 성립할 수 있다. 다만 물권의 종류 가운데 저당권의 경우는 목적물을 현실적으로 지배·이용하는 것이 아니기 때문에 一物一權主義에 반하여 동일부동산 위에 두 개 이상 설정될 수 있다. ③ ④ 동일채무자에 대한 수개의 채권은 발생원인·발생시기의 선후 또는 채권액의 다소를 묻지 않고 「채권자평등의 원칙」에 의하여 평등하게 적용된다. 하지만, 이러한 원칙이 실제적으로 적용되는 것은 파산의 경우이며, 이러한 파산 이외에는 채권자 상호간에 우선순위가 없기 때문에 先行主義가 지배된다. 그러나 실제적으로 이와 같이 채권 상호간의 충돌에 있어서 선행주의가 지배한다 하더라도, 우리 민법상으로는 「債權者平等의 原則」을 적용한다. ⑤ 所有權과 制限物權(지상권·지역권·전세권·유치권·질권·저당권)이 동시에 존재하는 경우에는 제한물권이 성질상 소유권보다 우선한다. 그 이유는 제한물권의 목적이 타인의 소유권을 일시적으로 제한하고자 하는데 목적이 있기 때문이다.

문 37 다음 중 권리행사를 반드시 재판상 행사하여야 하는 것은?

① 채권자취소권 ② 채권자대위권

③ 매매의 예약완결권 ④ 약혼해제권

⑤ 상속포기권

해설 ① 채무자가 채권자를 해함을 알고 재산권을 목적으로 한 법률행위를 한 때에는 채권자는 그 취소 및 원상회복을 법원에 청구할 수 있다(제406조 제1항 본문). 즉 채권자취소권은 재판상 행사해야 하는 형성권이다.

문 38 신의성실의 원칙의 적용 범위는?

① 채권법에만 적용된다.

② 민법 전반에 걸쳐 적용된다.

③ 재산권에만 적용된다.

④ 계약에만 적용된다.

⑤ 계약체결상의 과실에는 적용되지 않는다.

해설 「신의성실의 원칙」은 채권·채무관계를 중심으로 하는 계약법 분야에서 생긴 것이나, 오늘날은 권리의무 전반에 걸쳐서 타당한 최고원리가 되었다. 따라서 권리행사와 의무이행은 이러한 원칙의 사명에 적합하도록 하여야 한다.

문 39 권리에 대한 설명 중 틀린 것은?

① 청구권은 특정인이 다른 특정인에게 일정한 행위를 요구할 수 있는 권리로서 물권, 가족권 등으로부터도 발생한다.

② 형성권은 권리자의 일방적 의사표시로 법률관계를 변동시킬 수 있는 권리로서 이에 속하는 상계권, 해제권, 채권자취소권은 재판상 행사하여야 한다.

③ 항병권은 상대방의 청구권행사에 대하여 일시적 또는 영구적으로 작용을 저지할 수 있는 권리이다.

④ 제3자가 지배권을 침해한 때에는 원칙적으로 불법행위가 성립하며 지배권자는 침해행위의 배제를 청구할 수 있다.

⑤ 일신전속권에는 특정인에게만 귀속되어야 하는 귀속상의 일신전속권과 권리자 자신이 행사하여야 하는 행사상의 일신전속권이 있다.

해설 ② 형성권은 권리자의 일방적 의사표시로 법률관계를 변동시킬 수 있는 권리이다. 이러한 형성권은 권리자의 일방적 의사표시만으로 행사할 수 있는 경우와 반드시 재판상 행사하여야 하는 경우가 있다. 상계권, 해제권, 해지권, 취소권 등은 권리자의 일방적 의사표시만으로 행사할 수 있으며, 혼인취소권, 채권자취소권 등은 재판상 행사하여야 한다.

문 40 권리남용금지(權利濫用禁止)의 법리(法理)에 관하여 틀린 것은?

① 시카네라는 것은 타인을 해할 의사만으로써 권리를 행사하는 것을 말한다.

② 권리남용으로 인정되는 요건은 장차 주관적 요건으로부터 객관적 요건으로 그 중심을 옮겨 가고 있다.

③ 권리의 행사가 신의성실의 원칙에 위반하는 경우에는 권리남용이 된다.

④ 권리남용금지는 당사자 사이의 법적 특별관계가 있는 경우에 한하여 성립한다.

⑤ 권리남용금지는 점차 그 적용범위를 확대해 나가고 있는 것이 현대법의 경향이다.

해설 ④ 적용에 있어 신의성실의 원칙은 법적으로 특별관계가 있는 경우에만 성립됨과 달리, 권리남용금지의 원칙은 법적으로 특별관계가 없는 경우에도 성립함을 유의하라.

정답

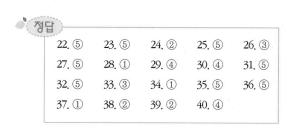

22. ⑤	23. ⑤	24. ②	25. ⑤	26. ③
27. ⑤	28. ①	29. ④	30. ④	31. ⑤
32. ⑤	33. ③	34. ①	35. ⑤	36. ⑤
37. ①	38. ②	39. ②	40. ④	

제 3 장 권리주체

문 41 권리능력(權利能力)에 대한 설명 중 옳은 것은?

① 권리를 실제로 행사할 수 있는 능력
② 타인에게 청구할 수 있는 능력
③ 법률행위를 할 수 있는 능력
④ 권리·의무의 주체가 될 수 있는 지위 또는 자격
⑤ 의무능력과 다른 별개의 것이다.

해 설 ④ 모든 권리와 의무에는 주체가 있다. 그러므로 주체없는 권리와 의무는 생각할 수 없다. 이렇게 권리 또는 의무의 주체가 될 수 있는 법률상의 지위 또는 자격을 「권리능력」 또는 「의무능력」이라고 한다. 다만, 우리 민법은 권리본위의 체계로 되어 있기 때문에 이를 포괄하여 「權利能力」이라고 부르는 것이다.

문 42 민법상 명문의 규정이 없는 것은?

① 동시사망의 추정 ② 의사능력의 기준
③ 권리능력의 존속기간 ④ 항공기실종
⑤ 제한능력의 태양

해 설 ② 우리 민법에는 이러한 의사능력의 기준에 관한 명문 규정은 없다. 이러한 의사능력유무는 기본적·개별적인 판단에 의하는 것으로서, 이는 명문으로 규정할 사항은 아닌 것이다. ④ 특별실종 가운데 가장 최근에 인정된 것으로는 1984년 민법개정으로 추가된 항공기실종을 들 수 있다.

문 43 다음 기술 중 맞는 것은?

① 미성년자는 책임능력을 갖지 않는다.
② 우리 민법상 태아는 일반적으로 출생한 것으로 본다.
③ 권리능력에 관한 규정은 임의규정이다.
④ 민법총칙편의 행위능력에 관한 규정은 원칙적으로 재산법상의 행위에 적용되며 신분법상의 행위에는 적용되지 않는다.
⑤ 민법상 사람이라 하면 자연인을 말한다.

해 설 ① 責任能力은 意思能力을 전제로 한다. 따라서 행위제한능력자라도 의사능력이 있는 한 책임능력이 있다. ② 우리 민법은 胎兒에게 "개별적 사항"에 대해서만 권리능력을 인정하고 있다. ③ 권리능력에 관한 규정은 강해규정이므로 개인의 의사로써 그 적용을 배제할 수 없다(제103조, 제105조). ⑤ 민법상의 권리주체인 人은 육체를 가진 「自然人」과 일정한 단체로서의 「法人」으로 나누어진다.

문 44 민법상의 권리능력에 관한 기술 중 틀린 것은?

① 태아는 일반적으로 출생한 것으로 본다.

② 외국인은 내국인과 평등한 권리능력을 갖는 것이 원칙이다.

③ 청산법인은 제한된 범위 안에서 권리능력을 갖는다.

④ 자연인은 출생함으로써 권리능력을 갖는 것이 원칙이다.

⑤ 법인은 설립등기를 하여야 권리능력을 갖는다.

해 설 우리 民法은 胎兒의 權利能力을 인정함에 있어 i) 不法行爲로 인한 損害賠償請求權 ii) 相續·代襲相續 iii) 遺贈 iv) 死因贈與의 경우에 한해서만 이미 출생한 것으로 보는 「개별적 보호주의」를 취하고 있다.

문 45 사람의 출생시기에 관한 다음 학설 중 우리 민법상의 통설인 것은?

① 진통설　　② 일부노출설

③ 전부노출설　　④ 분만개시설

⑤ 독립호흡설

해 설 언제부터 사람이 출생한 것으로 볼 것인가가 문제가 된다. 이에 대한 학설은 다양하다. ①과 ④는 같은 학설로서 이는 분만에 앞서서 오는 진통이 있을 때가 출생한 것으로 보는 견해이며 형법의 통설이다(형법 제251조 참조). ②는 모체로부터 胎兒의 일부분이라도 노출된 때(출생 도중)를 출생으로 보는 견해이다. ⑤는 모체로부터 분리된 후에 타인 또는 기계의 힘을 빌리지 않고 자기의 호흡기관으로 독립하여 호흡한 때를 출생으로 보는 견해이다. 그리고 ④는 태아가 살아서 모체로부터 전부 노출한 때(출생의 완료)를 출생으로 보는 견해로서 이는 민법의 통설이다.

문 46 권리능력의 시기와 종기에 관한 설명 중 틀린 것은?

① 태아는 개별적인 경우에 한하여 권리능력이 인정된다.

② 자연인은 원칙적으로 출생에 의하여 권리능력을 취득한다.

③ 실종선고의 효력은 종래 주소지를 토대로 한 사법관계에만 미친다.

④ 인정사망으로도 권리능력은 소멸되지 않는다.

⑤ 우리 민법상 출생에 관한 학설은 일부노출설이다.

해 설 失踪宣告나 認定死亡의 경우는 실종자의 주소를 중심으로 한 私法上 관계에서만 사망한 것으로 본다. 따라서 公法上 관계나 다른 장소에서의 법률행위는 유효하다.

문 47 다음은 미성년자가 혼인하면 성년자로 보는 경우이다. 틀린 것은?

① 미성년자는 혼인 후 자기의 子에 대하여 친권을 행사할 수 있다.

② 혼인을 한 미성년자는 미성년자보호법의 적용을 받지 않는다.

③ 성년의제(成年擬制)에 의하여 성년자가 된 자는 다시 이혼하더라도 미성년자가 되지 않는다.

④ 혼인으로 인하여 성년이 된 자는 유언집행자가 될 수 있다.

⑤ 혼인으로 인하여 성년이 된 자는 소송능력을 가지게 된다.

해설 成年擬制制度는 미성년자가 혼인하면 親權 또는 後見을 벗어나서 행위능력을 가지는 것으로 한 제도이다. 특히 유의할 것은, 성년의제가 된 경우에는 혼인이 소멸(離婚)된 시기가 미성년자인 경우라도 계속해서 행위능력자로 남아 있고 다시 제한능력자로 환원되지 않는다는 점이다. 예컨대 만17세에 결혼했다가 만18세에 이혼한 여자도 私法上 능력자이다. 이 제도는 私法上의 행위능력자로 인정할 뿐이고, 公法上의 능력을 인정하는 것은 아니다.

문 48 미성년자가 단독으로 할 수 있는 행위는?

① 편지의 수령 ② 타인의 대리인으로서 한 가옥의 매각 행위

③ 변제(辨濟) ④ 상속인의 한정승인

⑤ 자신소유의 주택을 매도하는 것

해설 ② 민법 제117조는 「대리인은 행위능력자임을 要하지 아니한다」고 규정하고 있다. 따라서, 미성년자의 행위능력 제한은 원칙적으로 제한능력자를 보호하기 위한 규정이므로, 미성년자는 언제나 타인의 대리인으로서 하는 대리행위를 단독으로 유효하게 할 수 있다.

문 49 우리 민법상 권리능력이 전혀 인정될 수 없는 것은?

① 외국인 ② 태아

③ 사자(死者) ④ 실종선고를 받은 자

⑤ 해산한 법인

해설 ③ 자연인의 권리능력은 사망으로 소멸하므로, 사자(死者)는 권리능력이 인정될 수 없다. ④ 실종선고를 받은 자는 종래의 주소를 중심으로 하는 법률관계를 사망으로 의제하는 데 불과하고 실종자의 권리능력을 박탈하는 것은 아니다. ⑤ 해산한 법인도 청산이 종료할 때까지 청산의 목적 범위 내에서 권리능력을 가진다(제81조).

문 50 태아의 권리능력에 관한 설명 중 가장 옳은 것은?

① 태아는 모든 법률관계에서 자연인과 동일한 권리능력을 갖는다.

② 해제조건설은 태아가 살아서 출생한 때에 소급하여 권리능력을 인정한다.

③ 태아로 있는 동안에 법정대리인이 존재한다고 인정하는 것은 해제조건설이다.

④ 다수설은 정지조건설을, 판례는 해제조건설을 따른다.

⑤ 정지조건설에 의하면 태아는 이미 출생한 것으로 보지만 후일에 사산이 된 경우에는 소급하여 권리능력을 상실한 것으로 본다.

해설 ① 우리 민법은 개별적 보호주의를 취하고 있다.
② 해제조건설은 이미 출생한 것으로 간주되는 각 경우에 있어서 태아는 태아인 상태에서 권리능력을 취득하고, 다만 후에 사산인 때에 그 권리능력의 취득의 효과가 과거의 문제의 사건 시까지 소급하여 소멸한다는 견해이다.
④ 다수설은 해제조건설을, 판례는 정지조건설을 따른다.
⑤ 정지조건설은 태아로 있는 동안은 권리능력을 취득하지 못하고 후에 살아서 출생한 때에 권리능력 취득의 효과가 문제의 사건이 발생한 시점으로 소급해서 생긴다는 견해이다.

문 51 甲에게는 모친 乙과 처 丙이 있었고 丙이 丁을 포태하고 있던 상태에서 甲은 戊의 불법행위로 인하여 사망하였다. 이 경우에 관한 설명으로 옳은 것은?

① 丁이 사산된 경우 甲의 재산은 결국 丙이 모두 상속하게 된다.

② 丁이 분만직후 사망한 경우 甲의 재산은 乙과 丙이 공동으로 상속한다.

③ 丁은 살아서 출생하더라도 甲의 재산을 상속하지 못한다.

④ 살아서 출생한 丁은 戊에 대하여 자신의 위자료를 청구할 수 있다.

⑤ 태아인 丁은 정신적 고통을 느낄 수 없으므로 살아서 출생하더라도 위자료를 청구할 수 없다.

해설 ④⑤ 태아도 손해배상청구권에 관하여는 이미 출생한 것으로 보는 바, 부(父)가 교통사고로 상해를 입을 당시 태아가 출생하지 아니하였다고 하더라도 그 뒤에 출생한 이상 부의 부상으로 인하여 입게 될 정신적 고통에 대한 위자료를 청구할 수 있다(대판 93다4663).
① 丁이 사산된 경우에는 직계비속이 없으므로, 乙과 丙이 공동상속한다.
② 이 경우는 일단 丁이 살아서 출생한 것이므로, 丁과 丙이 공동상속한 후 丁이 사망함에 따라 결국 丙이 상속하게 된다.

문 52 甲남과 乙녀는 부부이고 乙녀는 태아 丙을 임신하고 있는 상태이다. 이와 관련하여 다음 설명 중 틀린 것은?

① 丙에게는 원칙적으로 권리능력이 없다.

② 丙은 조부(祖父)로부터 유효하게 유증을 받을 수 있다.

③ 丙은 불법행위로 인한 손해배상의 청구에 있어서 이미 태어난 것으로 본다.

④ 丙과 乙이 교통사고로 동시에 즉사한 경우 甲은 丙의 직계존속으로 丙의 손해배상 청구권을 상속받을 수 있다.

⑤ 丙은 모체인 乙로부터 전부 노출됨으로써 비로소 조부(祖父)로부터 유효하게 생전증여를 받을 수 있다.

해설 ④ 태아가 사산된 경우에는 학설의 대립과 관계없이 권리능력이 인정되지 아니하므로 직계존속 甲은 상속할 청구권이 없다.
② 태아는 상속순위에 있어 이미 노출된 것으로 본다는 제1000조 제3항을 유증으로 준용하고 있으므로(제1064조), 丙은 유효하게 유증을 받을 수 있다.
③ 제762조
⑤ 증여의 경우 태아의 수증능력이 인정되지 않고(대판 81다534), 사람의 권리능력은 출생과 함께 시작되는데 전부노출설이 통설이다. 따라서 丙은 모체에서 전부노출됨으로써 유효하게 생전증여를 받을 수 있다.

문 53 甲과 큰 아들 乙은 계곡에서 물놀이하던 중 게릴라성 폭우로 갑자기 불어난 급류에 휩쓸려 익사하였다. 이튿날 甲과 乙의 사체는 모두 발견되었으나 누가 먼저 사망하였는지 알 수 없다. 甲의 유족으로는 피성년후견인인 부인 丙과 작은 아들 丁이 있다. 이에 관한 설명으로 옳은 것은?

① 甲과 乙은 동시에 사망한 것으로 본다.
② 甲과 乙은 인정사망제도에 의하여 가족관계등록부에 사망으로 기재된다.
③ 甲과 乙은 서로 상속하지 않는다.
④ 가족관계등록부에 사망으로 기재되지 않는 한, 甲과 乙의 권리능력은 상실되지 않는다.
⑤ 丙은 행위제한능력자이므로 丁이 일단 甲과 乙의 재산을 단독으로 상속한다.

해설 ③ 동시사망의 추정(제30조)제도는 동시에 사망한 것으로 추정하여, 동사자 간에 상속 문제가 생기지 않도록 하고 있다.
① 동시에 사망한 것으로 추정한다(제30조).
② 甲과 乙의 사체는 모두 발견되어 사망의 확증이 있으므로 인정사망과는 관계없는 사안이다.
④ 권리능력은 사망에 의해 소멸하는 것이지, 가족관계등록부의 기재로 소멸하는 것은 아니다.
⑤ 권리능력이 있는 자연인은 모두 상속능력이 있다.

문 54 甲은 친권상실선고를 받은 남편 A와 이혼하였다. 그 후 甲은 적법한 유언으로 8세 된 아들 乙의 후견인으로 친구 B를 지정한 후 사망하였다. 乙에게는 출생 후 자신을 실질적으로 양육해 준 72세 된 외할머니 C, 68세 된 친할아버지 D, 그리고 대단한 재력가인 큰아버지 E가 있다. 다음 중 乙의 법정대리인은 누구인가?

① A
② B
③ C
④ D
⑤ E

해설 ② 미성년후견인은 지정후견인, 법정후견인의 순서로 된다.

문 55 미성년자의 법적 지위에 관한 다음 설명 중 틀린 것은? (다툼이 있으면 판례에 의함)

① 미성년자는 법정대리인의 동의가 없는 한 단독으로 유효하게 채무변제를 수령할 수 없다.

② 법정대리인이 사용목적을 정하여 처분을 허락한 재산에 대하여 미성년자는 그 목적과 다른 용도로 유효하게 처분할 수 있다.

③ 미성년자가 상대방에 대해 사술(詐術)로써 능력자로 믿게 한 경우 취소권이 배제되는데 이 경우 미성년자는 단순히 능력자라고 칭한 정도가 아니라 적극적으로 사기수단을 사용하였어야 하며, 이에 대한 입증은 상대방이 부담한다.

④ 미성년임을 이유로 법률행위를 취소한 경우 미성년자는 선의 여부와 관계없이 현존이익의 한도에서만 반환의무를 부담하는데, 그 반환이익이 금전인 경우는 반환의무자가 미성년자이더라도 특별한 사정이 없는 한 그 이익이 현존하는 것으로 추정한다.

⑤ 미성년자임을 이유로 한 취소의 경우 미성년자와의 거래상대방이 그 목적물을 제3자에게 처분하여 제3자가 선의취득의 요건을 구비하더라도, 미성년자는 제3자에 대해 취소의 사실을 이유로 목적물의 반환을 청구할 수 있다.

해설 ⑤ 거래의 목적물이 동산인 경우에는, 제한능력을 이유로 한 취소에도 불구하고, 제3자는 제249조의 선의취득에 의해 소유권을 취득할 수 있다. 이 경우 미성년자는 제3자에 대해 목적물의 반환을 청구할 수 있다.

문 56 미성년자인 甲은 부모의 동의 없이 그 소유임야를 乙에게 1억원에 매도하고 소유권이전등기를 해 주었다. 그런데 이 계약체결과정에서 甲은 乙에게 자기가 사장이라 말하고 주위 사람들도 사장이라 칭하여 乙은 甲이 성년자인 것으로 알았다. 다음 중 틀린 것은?

① 판례에 의하면 위의 사례의 경우 甲 또는 甲의 부모는 취소할 수 있다.

② 乙은 甲에게 확답을 촉구할 수는 없으나, 철회를 할 수는 있다.

③ 乙은 甲의 부모에게 추인 여부의 확답을 촉구할 수 있고 기간 내에 확답이 없는 때에는 추인한 것으로 본다.

④ 만약 甲이 1억원의 매매대금 중 3천만원을 유흥비로 탕진하고, 2천만원을 생활비로 사용하였다면 매매계약이 취소된 경우 甲은 5천만원만 반환하면 된다.

⑤ 甲의 부모가 추인을 한 경우에는 乙은 철회권을 행사할 수 없다.

해설 ④ 민법은 제한능력자의 보호를 위해 제한능력을 이유로 취소하는 경우에는 그 행위로 인하여 받은 이익이 현존하는 한도에서 상환할 책임을 진다(제141조 단서)는 특칙을 두고 있다. 여기서 '받은 이익이 현존하는 한도'라 함은 취소되는 행위에 의하여 사실상 얻은 이익이 그대로 있거나 또는 그것이 변형되어 잔존하고 있는 것을 말한다. 따라서 소비한 경우에는 이익은 현존하지 않으나, 필요한 비용(예 생활비)에 충당한 때에는 다른 재산의 소비를 면한 것이므로 그 한도에서 이익은 현존하는 것이 된다. 따라서, 甲은 생활비를 포함한 7천만원을 반환하여야 한다.

문 57 다음 중 피성년후견인이 유효하게 법률행위를 할 수 있는 경우가 아닌 것은?

① 가정법원이 정한 취소할 수 없는 피성년후견인의 법률행위
② 의사능력이 회복된 후에 하는 혼인
③ 대가가 과도하지 않는 일용품 구입
④ 17세에 도달하고 의사능력이 회복된 경우에 한 유언

문 58 다음 중 제한능력자가 아닌 자는?

① 19세 미만인 자 ② 정신적 제약이 있고 사무처리 능력이 없는 자
③ 심신상실자 ④ 심신허약자
⑤ 정신적 제약이 있고 사무처리 능력이 부족한 자

문 59 제한능력자에 대한 다음 설명 중 틀린 것은?

① 성년후견인은 여러 명 둘 수 있다.
② 피특정후견인의 행위능력은 제한받지 않는다(다수설).
③ 피성년후견인이 단독으로 한 법률행위는 성년후견인이 취소할 수 있다.
④ 법원은 정신적 제약으로 사무처리 능력이 부족한 사람에 대하여 피성년후견의 심판을 한다.
⑤ 피한정후견인에 대해서는 약혼·혼인·협의이혼·입양에 관한 규정을 두고 있지 않다.

해설 ④는 피한정후견인에 대한 설명이다(제12조제1항).

문 60 주소에 관한 다음 기술 중 틀린 것은?

① 주소는 동시에 두 곳 이상 있을 수 있다.
② 법인의 주소는 그 주된 사무소의 소재지이다.
③ 국내에 주소가 없는 자에 대하여는 거소를 주소로 본다.
④ 주소를 알 수 없을 때에는 거소를 주소로 본다.
⑤ 가주소를 정한 때에는 그 후의 모든 법률관계에 있어서 이를 주소로 본다.

해설 ⑤ 가주소는 주소의 유무와 상관이 없으며, 특별한 거래관계에 있어서 주소와 동일한 효과를 가진다(제21조).

문 61 주소에 관한 다음 기술 중 옳은 것은?

① 의사능력자도 단독으로 주소를 가질 수 있다.
② 주소란 가족과 함께 사는 곳을 말한다.
③ 사람의 생활근거지는 한 곳뿐이므로, 주소도 한 곳에 한한다.
④ 우리 민법은 법정주소제를 취하고 있다.
⑤ 미성년자의 주소는 부모가 사는 곳이다.

해설 ① 주소의 설정에는 定住의 의사를 필요로 하지 않으므로(객관주의), 의사무능력자라도 주소를 가질 수 있다.

문 62 사실상 주소로 볼 수 있는 곳은?

① 본적지 ② 가주소
③ 주민등록지 ④ 거 소
⑤ 현재지

해설 주민등록지의 경우는 반증이 없는 한 사실상의 주소로 추정된다.

문 63 실종선고로 인한 사망으로 보는 때는?

① 실종선고 후 5년이 지난 때 ② 실종된 때
③ 실종기간이 만료한 때 ④ 위난이 종료한 때
⑤ 실종신고한 때

해설 ③ 실종선고로 인한 사망으로 보는 시기를 5년의 실종기간이 필요한 보통실종의 경우를 예를 들면, 황진이를 배우자로 두고 있는 임꺽정이 1988년 5월 7일에 최후의 소식이 있은 후에 행방불명되고, 이해관계인인 김선달이 행방불명 된 날로부터 5년이 훨씬 지난 1994년 2월 10일에 실종선고의 청구를 하여 가정법원이 6개월간의 公示催告를 거쳐 1994년 8월 10일 밤 12시에 최고기간이 만료되어 1994년 8월 16일에 실종선고를 하였을 경우에, 실종선고에 의한 사망의 효과가 발생하는 시기는? 행방불명이 시작된 1988년 5월 7일부터 5년이 경과한 실종기간이 만료한 때인 1993년 5월 7일 밤 12시가 효력발생시기가 되는 것이다(제157조). 따라서, 실종선고시와 관계없이 실종기간이 만료한 때인 1993년 5월 7일 밤 12시로 遡及하여 임꺽정의 재산상속이 시작되고, 殘存配偶者인 황진이는 재혼할 수 있다.

문 64 부재자의 재산관리인을 선임청구할 수 없는 자는?

① 보증인 ② 배우자

③ 검사 ④ 판사
⑤ 상속인

해설 부재자 자신이 관리인을 두지 않았고 법정대리인도 없어서 부재자의 재산을 관리할 필요가 있는 때에는, 가정법원은 이해관계인(상속인·배우자·채권자·보증인 등)이나 검사의 청구에 의하여 재산관리인을 선임하는 등의 필요한 처분을 명하여야 한다(제22조 1항 전단).

문 65 다음 중 특별실종 사항이 아닌 것은?

① 항공기 사고로 인한 실종 ② 위난실종
③ 선박실종 ④ 납치로 인한 실종
⑤ 전쟁실종

해설 「特別失踪」의 경우는 戰爭失踪·失踪宣告·航空機失踪·危難失踪이 있다.

문 66 실종선고에 관한 다음 기술 중 틀린 것은?

① 부재자의 생사불명은 모든 사람에게 생사불명이어야 하는 것은 아니고 선고청구권자와 법원에게 불명이면 된다.
② 보통실종의 실종기간은 5년, 특별실종의 그것은 1년이다.
③ 실종선고를 받은 자가 사망으로 간주되는 시기는 실종선고가 아니라 실종기간이 만료되는 때이다.
④ 실종선고는 권리능력을 일반적으로 박탈하는 제도가 아니다.
⑤ 실종선고를 받은 자의 생존이 증명되면 실종선고의 효과는 아무런 절차가 없더라도 그 즉시 소멸한다.

해설 ⑤ 실종선고는 실종자를 사망으로 看做하는 제도이다. 따라서 실종선고를 받은 者가 어딘가에 생존하고 있는 것이 확인되거나, 아니면 선고에 의하여 사망으로 본 시기와 다른 시기에 사망한 경우에는, 가정법원은 본인·이해관계인 또는 검사의 청구에 의하여 실종선고를 취소하여야 한다.

문 67 실종선고의 효과에 관하여 틀린 것은?

① 실종선고가 확정되면 그 선고를 받은 자는 사망한 것으로 본다.
② 실종자는 실종기간이 만료된 때에 사망한 것으로 본다.
③ 특별실종에 있어서는 최후의 소식 또는 위난발생시에 사망한 것으로 본다.
④ 실종선고의 효과는 그 선고절차에 참가한 자뿐만 아니라 제3자에 대하여도 절대적으로 효력이 있다.
⑤ 실종선고는 종래의 주소를 중심으로 사적 법률관계만 종료시킬 뿐이다.

해 설 ⑤ 특별실종에 있어서 실종선고의 起算點은 전쟁실종은 전쟁이 끝난 때(降伏·終戰 등), 선박실종은 선박의 침몰한 때, 항공기실종은 항공기가 추락한 때, 그리고 그 밖의 사망의 원인이 될 위난을 당한 者의 실종인 위난실종은 위난이 종료한 때이다. 이러한 실종기간은 일률적으로 1년(제27조 2항)이며, 보통실종과 마찬가지로 실종기간이 만료된 때에 사망한 것으로 본다.

문 68 실종선고의 취소 요건이 아닌 것은?

① 본인의 청구　　② 법원의 공시최고

③ 검사나 이해관계인의 청구　　④ 실종자의 생존한 사실

⑤ 실종기간이 만료한 때와 다른 시기에 사망한 사실

해 설 ② 실종선고에 있어서 공시최고는 실종선고가 잘못 선고되는 것을 방지하기 위한 실종선고의 절차적 요건이지만, 실종선고의 취소의 경우는 잘못 선고될 염려가 없으므로 이러한 공시최고가 필요없다.

문 69 실종선고 취소의 효과에 대한 다음 기술 중 틀린 것은?

① 이 때의 선의는 통설에 의하면 계약의 양당사자의 행위가 선의이어야 할 것이 요구된다.

② 실종선고를 취소하더라도 선고 후 그 취소전에 선의로 한 행위의 효력에는 영향이 없다.

③ 실종선고를 직접원인으로 하여 재산을 취득한 자가 선의인 경우에는 그 받은이익이 현존하는 한도에서 반환하면 된다.

④ ③의 경우 악의인 경우에는 그 받은 이익에 이자를 붙여서 반환하여야 하나 배상은 요하지 않는다.

⑤ 재산취득자에게는 취득시효 등 다른 권리취득의 용인이 있을 때에는 실종선고가 취소되더라도 영향이 없다.

해 설 ④ 민법 제29조 2항은 「실종선고의 취소가 있을 때에 실종의 선고를 직접 원인으로 하여 재산을 취득한 者가 善意인 경우에는 그 받은 이익이 現存하는 한도에서 재산을 반환할 의무가 있고, 악의인 경우에는 그 받은 이익에 利子를 붙여서 반환하고 손해가 있으면 이를 배상하여야 한다」고 규정하고 있다.

문 70 행방불명으로 실종선고를 받은 A의 부동산을 처 B와 자 C가 상속하여 B,C 는 그 부동산을 D에게 매매하였다. 그 후 처 B와 S는 재혼하였고 C는 그 매매대금을 음주로 낭비한 후 수년이 지나 A가 생환하여 실종선고가 취소된 경우 이 법률관계에 관해 틀린 것은?

① 처 B, 자 C와 매수인 D가 모두 선의인 경우는 통설·소수설 불문하고 A는 부

동산의 반환을 청구할 수 없다.

② B, C와 D중 어느 일방이 악의인 경우에는 소수설의 입장은 계약당사자의 선·악의를 표준으로 개별적·상대적으로 매매의 효력을 정한다.

③ 처 B와 S의 재혼은 쌍방 또는 일방이 악의인 경우에는 혼인의 성질상 당연무효라는 견해로 일치되어 있다.

④ B, C, D가 모두 악의인 경우는 A는 D에게 반환청구할 수 있다.

⑤ ④의 경우에 있어서 D는 악의의 매수인으로서 B, C에게 담보책임은 추구할 수 없지만 매매대금에 대해 부당이득을 이유로 반환청구할 수 있다.

해설 민법 제29조 2항은「실종선고의 취소가 있을 때에 실종의 선고를 직접 원인으로 하여 재산을 취득한 者가 善意인 경우에는 그 받은 利益이 現存하는 한도에서 재산을 반환할 의무가 있고, 악의인 경우에는 그 받은 이익에 利子를 붙여서 반환하고 손해가 있으면 이를 배상하여야 한다고 규정하고 있다. 이 규정에 의한「실종선고를 직접 원인으로 하여 재산을 취득한 者」라 함은? 예를 들어, 相續人·受遺者·생명보험금수령자 등을 말하며, 이들로부터 재산을 취득한 轉得者는 포함되지 않는다. 그리고 이 경우, 반환의무의 성질은 "不當利得의 返還"이다. 하지만 여기서 善意의 경우는 現存利益의 限度內에서 반환하면 되지만, 惡意인 경우에는 그 받은 이익에 이자를 붙여서 반환하여야 하며 또한, 손해가 있으면 이를 배상하여야 한다. 문제는 제29조 1항 단서로 인하여 발생하는 가족법상의 행위이다. 특히, 문제가 되는 것은 殘存配偶者의 재혼에 관한 것인데, 이 경우의 통설의 경우는 잔존배우자가 재혼을 하였더라도 이를 선의로 하였다면 실종선고의 취소에 의하여 영향을 받지 않고 유효하여 前婚이 부활하지 않는다. 그러나 여기서 선의(善意)의 경우는 양 당사자 모두의 선의를 요하므로, 어느 일방만이라도 악의인 경우라면, 前婚은 부활하고, 後婚은 重婚이 됨으로서 이로 인하여 前婚에는 이혼원인이 생기고(제840조 1항), 後婚은 취소할 수 있게 된다(제810조, 816조, 818조 전단)(김주수, 김용한, 장경학, 한봉희). 그러나 後婚은 당연히 무효로 되어 당연히 효력을 잃게 되고, 前婚은 실종선고취소의 遡及效에 의하여 부활된다(곽윤직, 김증한, 이영준, 권용우)고 하는 학설도 있다.

문 71 법인의 본질에 관한 학설과 그 주장학자와의 관계에 있어서 틀린 것은?

① 법인의제설의 대표자는 사비니(Savigny)이다.

② 목적재산설을 주장한 자는 브린츠(Brinz)이다.

③ 관리자주체설을 주장한 자는 미슈(Michoud)이다.

④ 유기체설을 주장한 자는 기르케이다(Gierke)이다.

⑤ 사회적 가치설을 주장한 자는 와가쓰미 사카에(我妻 榮)이다.

해설 「法人否認說」은, 법인제도의 실제적인 존재 이유를 직시하여, 그 이익이 귀속하는 곳 혹은 현실적으로 존재하는 재산이나 관리자를 법인의 주체로 보는 견해이다. 이 설은 독일의 브린츠(Brinz)가 주창한, 법인의 본체는 일정한 목적에 바쳐진 無主體의 財産이라고 하는「目的財産說」과 독일의 예링(Jhering)이 주창한, 법인의 실질상의 주체는 법인재산의 이익을 향수하는 다수의 개인이고 법인으로 생각되는 것은 단지 형식적권리의 귀속자에 불과하다는「受益者主體說」그리고 독일의 횔더(Hölder)·빈더(Binder)가 주창한, 법인 본체는 현실적인 법인 재산의 관리자라는「管理者主體說」로 나누어진다.

문 72 법인격 없는 사단에 속하는 것은?

① 국 가 ② 지방자치단체

③ 문중·종중 ④ 대한상공회의소

⑤ 민사회사

해 설 「權利能力 없는 社團」이라 함은? 社團으로서의 實體를 갖추었으면서도 법률상 권리능력을 가지지 않는 단체를 말한다. 「法人格 없는 社團」이라고도 한다. 이러한 권리능력 없는 사단으로는 門中, 宗中·佛敎宗派·敎會·APT入住者代表會議·자연부락(自然部落) 등을 들 수 있다.

문 73 법인의 설립주의에 관하여 틀린 것은?

① 강제주의 - 변호사회 ② 준칙주의 - 영리법인

③ 허가주의 - 학교법인 ④ 인가주의 - 농업협동조합

⑤ 인가주의 - 대한석탄공사

해 설 ⑤ 대한석탄공사는 특허주의에 의하여 설립된다(대한석탄공사법 5조)

문 74 판례에 의할 때 재단법인의 설립에 있어서 출연재산이 그 법인에게 완전히 귀속되는 시기는?

① 재단법인 성립시 ② 출연의 의사표시를 한 때

③ 주무관청의 허가시 ④ 물권적 합의를 한때

⑤ 재단법인의 명의로 등기를 이전한 때

해 설 ⑤ 판례는 최근에 와서, 出捐者와 法人과의 사이에는 多數說과 같이, 등기 없이도 출연부동산은 법인설립과 동시에 법인에 귀속하지만, 제3자의 관계에 있어서는 제186조의 원칙에 따라 등기(예: 재단법인의 명의로 등기한 때)가 필요하다고 본다(대판 1979. 12. 11. 78다 481,482 ; 대판 1981. 12. 22. 80다 2672. 2673). 이번 문제는 제3자에 대한 관계를 질문하는 것으로 보아야 한다.

문 75 법인에 관한 다음 설명 중 옳은 것은?

① 주식회사는 재단법인이다.

② 우리나라는 법인의 설립에 대해 자유설립주의를 취하고 있다.

③ 법인은 불법행위능력이 없으므로 불법행위로 인한 손해배상책임을 부담하는 일이란 있을 수 없다.

④ 사원총회는 모든 법인의 최고의사결정기관이다.

⑤ 재단법인을 설립하려면 반드시 일정한 재산을 출연해야 한다.

해 설 ① 주식회사는 영리사단법인이다. ② 우리나라는 허가주의를 취한다. ③ 법인의 불법행위능력은 인정된다(제35조) ④ 사원총회는 사단법인에서만 최고 의사결정기관이다.

문 76 법인의 불법행위에 대한 설명 중 옳은 것은?

① 피해자는 가해 이사 또는 법인에 대하여 선택적으로 손해배상청구권을 행사할 수 있다.

② 이사의 행위는 곧 법인의 행위이고, 이사의 책임은 곧 법인의 책임 속에 속한다. 그러므로 가해 이사에게는 책임을 물을 수없다.

③ 피해자는 법인에 대하여서만 손해배상청구권이 있고, 법인은 가해 이사에게만 구상권(求償權)을 가진다.

④ 피해자는 법인의 배상능력의 결여를 조건으로 가해 이사에게 배상청구 할 수 있다.

⑤ 법인은 사용자책임을 지는 데 지나지 않으므로, 그 선임·감독에 과실이 없음을 입증하면 책임을 면한다.

해설 법인의 불법행위에 있어 가해이사의 책임은 개인의 책임이며 법인의 책임이다. 따라서 개인의 불법행위책임도 면할 수 없다(제35조 1항). 그리고 법인의 불법행위책임은 기관의 개인의 사용자로서 지는 책임이 아니라 법인 자신의 책임이다(법인실재설). 따라서 그 선임·감독에 과실 없음을 입증하더라도 면책이 되지 않는다.

문 77 다음 중 법인의 불법행위가 되는 것은?

① 지배인의 불법행위 ② 특별대리인의 불법행위

③ 감사의 불법행위 ④ 사원총회의 불법행위

⑤ 개개행위의 임의대리인의 불법행위

해설 법인의 불법행위가 성립하려면, 법인의 대표기관이 행한 행위이어야 한다. 여기서 법인의 「代表機關」이라 함은? 법인의 理事·特別代理人·清算人을 들 수 있다. 그러나 總會나 監事의 경우는 법인의 대표기관이 아니므로 이들이 한 행위는 법인의 불법행위가 되지 않는다. 따라서 대표기관의 행위가 아닌 경우에는 제756조의 사용자책임의 적용여부가 문제될 뿐이다.

문 78 법인의 기관인 이사가 불법행위를 한 경우 법인이 손해배상을 지급했을 경우 법인이 그 기관 개인에게 구상권을 행사할 수 있는 직접적인 근거는?

① 선관주의의무 ② 사용자책임

③ 법인실제설을 취하기 때문

④ 이사 자신이 불법행위능력이 있기 때문

⑤ 이사와 법인은 부진정연대책임이기 때문

해설 우리나라의 학자들이 주장하는 법인실재설에 의하면 기관의 행위는 곧 법인의 행위로 되기 때문에 기관 개인의 책임을 묻는 것은 모순에 빠진다. 그런데도 불구하고 제35조 1항에 「이사 기타 대표자는 이로 인하여 자기의 손해배상책임을 면하지 못한다」고 규정한 것은, 피해자를 두텁게 보호하려는 것이고, 그 이론적 근거는 기관의 행위는 법인의 행위를 이루는 한편 개인적인 면에서는 이사 등 개인행동의 성질도 부정할 수 없다는 것이다. 그리고 이 경우의 책임의 성질은 不眞正連帶責任으로 본다. 만약 법인이 손해를 배상하였다면, 법인은 이사 등 기관 개인에 대하여 求償權을 행사할 수 있는 것이다. 이렇게 법인이 구상권을 갖는 직접적인 근거는 이사 기타 대표자가 善管注意義務를 다하지 못하였기 때문이다(제61조).

문 79 다음 중 법인의 기관이 아닌 것은?

① 이 사 ② 지배인
③ 특별대리인 ④ 청산인
⑤ 감사

해설 법인의 지배인이 회사운영을 위한 재료를 구입하는 경우는 타인의 점유에 기한 것이다. 따라서 법인의 지배인은 법인의 被傭者이지, 기관이 아니다.

문 80 법인에 관한 설명 중 틀린 것은?

① 감사는 대표기관이 아니다.
② 감사는 2인 이상도 둘 수 있다.
③ 특별대리인은 법원이 선임하는 임시적 기관이다.
④ 임시사원총회의 소집을 청구하는 총사원 '5분의 1'이라는 정수는 정관으로써도 증가시킬 수 없다.
⑤ 통상총회는 년 1회 이상 소집되면 족하다.

해설 사단법인의 사원총회에 있어서 「總會의 種類」에는, 소집권자가 이사이며 매년 1회 이상 개최해야 하는 "通常總會(제69조)"가 있고, 소집권자가 이사, 감사 또는 총사원의 5분의 1이상이며, 필요하다고 인정될 때 수시로 소집할 수 있는 "臨時總會(제70조)"가 있다. 이러한 임시총회의 소집을 청구하는 총사원 5분의 1이라는 定數는 정관으로 증감시킬 수 있다(제70조).

문 81 다음 중 정관 또는 총회의 결의로 제한할 수 없는 것은?

① 각 사원의 결의권의 평등성 ② 총회의 소집절차
③ 소수사원권 ④ 감사권의 제한
⑤ 대표권

해설 총회의 종류 중 임시총회에 있어 "5분의 1"이라는 정수는 정관으로 증감할 수 있으나, 이 권리를 박탈할 수는 없다(제70조 2항). 이는 소수사원이 행사할 수 있는 권리를 「少數社員權」이라 한다. 이는 사원의 고유권으로서 정관 또는 총회의 의결로서도 박탈하지 못한다는데 학설이 일치된다.

문 82 사단법인과 재단법인에 공통된 해산사유가 아닌 것은?

① 총회의 결의 ② 파 산
③ 설립허가의 취소 ④ 법인의 목적달성불능

⑤ 존립기간의 만료 기타 정관에 정한 해산사유의 발생

해 설 재단법인에는 사원총회가 없으므로, 총회의결에 의한 해산이 있을 수 없다.

문 83 법인의 해산사유에 관한 것 중 틀린 것은?

① 정관에 정한 해산사유의 발생 ② 존속기간의 만료
③ 파 산 ④ 사원이 1인만 남았을 경우
⑤ 목적달성이 불능할 경우

해 설 사단법인과 재단법인의 공통의 해산사유로서 i) 존속기간 만료(제40조 7호) ii) 법인의 목적달성 또는 목적달성 불능 iii) 파산(제79조, 채무초과) iv) 설립허가가 취소 v) 정관에 정한 해산사유가 발생한 때(제38조)를 들 수 있고, 사단법인 만의 특유의 사유로서 i) 사원이 없게 될 때(제77조 2항) ii) 사원총회의 결의에 의한 해산(임의해산, 3/4)이 있을 때(제78조)를 들 수 있다. 따라서 ④의 경우는 사단법인의 해산사유가 아니다.

문 84 해산한 법인의 감독은 누가 하는가?

① 주무관청 ② 법 원
③ 이 사 ④ 청산인
⑤ 특별대리인

해 설 법인의 解散과 清算의 감독은 法院이 담당하며, 감독권행사의 내용은 필요한 檢査·清算人의 改任 등이다(제95조, 84조). 법인의 清算·解散은 제3자의 이해에 커다란 영향을 미치기 때문에 업무감독과 달리 法院이 감독기관이 되는 것이다.

문 85 법인의 감독에 관하여 올바른 것은?

① 업무감독은 설립허가를 준 주무관청이, 해산과 청산은 법원이 각각 담당한다.
② 업무감독뿐만 아니라 해산과 청산 모두 주무관청이 담당한다.
③ 업무감독과 해산은 설립허가를 준 주무관청이, 청산은 법원이 각각 담당한다.
④ 업무감독뿐만 아니라 해산과 청산 모두 감사원이 담당한다.
⑤ 업무감독은 설립허가를 준 주무관청이, 해산과 청산은 감사원이 담당한다.

해 설 법인의 업무감독은 설립허가를 준 주무관청이 감독한다. 이 경우 감독의 내용은 사무 및 재산현황의 검사·설립허가의 취소 등이다(제37조, 38조 참조). 그리고 법인의 해산(解散)과 청산(清算)의 감독은 法院이 담당하며, 감독권행사의 내용은 필요한 檢査·清算人의 改任 등이다(제95조, 84조)

문 86 다음 중 틀린 것은?

① 법인의 채권자에게는 임시총회의 소집권이 없다.
② 임시이사는 법원이 선임한다.

③ 이사가 선임한 대리인의 행위는 법인의 행위이다.

④ 법인은 해산만으로는 소멸하지 아니한다.

⑤ 법인은 반드시 이사를 두어야 한다.

해 설 이사가 선임한 대리인은 임의대리인이다. 따라서 법인의 대표가 아니며 그의 행위는 법인의 행위가 되지 않는다.

정답

41. ④	42. ②	43. ④	44. ①	45. ③	46. ⑤	47. ②	48. ②	49. ③	50. ③
51. ④	52. ④	53. ③	54. ②	55. ⑤	56. ④	57. ②	58. ④	59. ④	60. ⑤
61. ①	62. ③	63. ③	64. ④	65. ④	66. ⑤	67. ③	68. ②	69. ④	70. ③
71. ③	72. ③	73. ⑤	74. ⑤	75. ⑤	76. ①	77. ②	78. ①	79. ②	80. ④
81. ③	82. ①	83. ④	84. ②	85. ①	86. ③				

제4장 권리의 객체

문 87 민법상 물건의 정의에 관한 기술 중 옳은 것은?

① 유체물만이 물건이고, 전기는 물건이 아니다.

② 유체물 및 관리 가능한 자연력만 물건이고, 전기는 물건이 아니다.

③ 유체물 및 전기만이 물건이고, 관리할 수 있는 자연력은 물건이 아니다.

④ 유체물 및 전기 기타 관리 가능한 자연력은 물건이다.

⑤ 유체물만이 물건이다.

해설 민법 제98조는 「物件이라 함은 有體物 및 電氣 기타 관리할 수 있는 自然力을 말한다」라고 규정하고 있다.

문 88 물건의 분류 중 실정법상의 분류가 아닌 것은?

① 융통물·불융통물 ② 동산·부동산

③ 원물·과실 ④ 주물·종물

⑤ 유체물·관리할 수 있는 자연력

해설 물건은 講學上의 분류방법에 의하면 「融通物·不融通物」, 「可分物·不可分物」, 「消費物·非消費物」, 「代替物·不代替物」, 「特定物·不特定物」로 구분한다.
그리고 實定法上의 분류방법에 의하면 「動産·不動産」, 「主物·從物」, 「元物·果實」의 세 가지로 나눌수 있다. 그리고 ⑤는 제98조에 의한 분류이므로, 결국 실정법상의 분류라 할 것이다.

문 89 다음 권리 중 권리를 객체로 하는 것은?

① 준점유권 ② 항변권

③ 형성권 ④ 소유권

⑤ 무체재산권

해설 「준점유권(準占有權)」이라 함은? 물건 이외의 재산권, 즉 물건의 소지를 수반하지 않는 물권·채권·무체재산권 등의 재산권을 사실상 행사하는 권리를 말한다. 따라서 이는 권리를 객체로 하는 권리이다.

문 90 다음 중 집합물이 아닌 것은?

① 광업재단 ② 공업재단
③ 장서 ④ 곡물
⑤ 가옥

해설 「集合物」이라 함은? 경제적으로 단일한 가치를 가지는 수개의 물건(예: 單一物 또는 合成物)이 집합되어 거래상 일체로 다루어지는 물건을 말한다. 예를 들어, 도서관의 藏書·鑛業財團·工業財團·공장의 시설·공장의 기계·穀物 등이 이에 속한다. 그리고 「合成物」이라 함은? 각 구성부분이 그 자체만으로도 개성은 있으나 그것이 결합하여 일체를 이루는 물건이다. 예를 들어, 다이아몬드반지·건물·자동차 등은 하나의 물건으로 취급된다.

문 91 다음 기술 중 옳은 것은?

① 건물은 집합물이다. ② 시계는 가분물이다.
③ 위조지폐는 융통물이다. ④ 건물은 부대체물이다.
⑤ 상점의 상품들은 단일물이다.

해설 ① 합성물 ② 불가분물 ③ 불융통물 ⑤ 집합물 ④ 「대체물(代替物)」이라 함은? 일반거래에 있어서 그 개성에 착안하지 않고 단지 종류·품질·수량에 의하여 정하여 지고 바꿀 수 있는 물건으로서, 금전·신간서적·곡물 등이 이에 속하고, 「부대체물(不代替物)」이라 함은? 그 개성이 뚜렷하여 동종의 다른 것으로 대체하지 못하는 물건으로서, 토지·골동품·건물 둥이 이에 속한다.

문 92 다음 중 특정물 불특정물의 구별의 실익이 없는 것은?

① 채무자의 목적물의 보관의무 ② 채무변제의 장소
③ 매도인의 담보책임 ④ 소멸시효의 기간
⑤ 계약의 원시적 불능의 발생

해설 이러한 구별의 실익은 ① 특정물을 인도하여야 하는 특정물채권의 채무자는 특정물을 인도하기까지의 선량한 관리자의 주의로 보존하여야 하나, 불특정물(종류채권)의 채무자는 이러한 주의를 부담하지 않는 다는 「채무자의 목적물의 보관의무(제374조)」, ② 특정물채권의 경우는 당사자의 특별한 의사표시가 없으면 그 변제장소는 채권이 성립할 당시에 그 특정물이 있었던 장소이나, 불특정물채권(종류채권)의 경우는 채권자의 현재지에서 한다는 「채무변제의 장소(제467조)」, ③ 특정물매매의 경우에는 목적물의 하자(瑕疵)로 인하여 매매의 목적을 달성할 수 없는 때에는 매수인은 계약을 해제하고, 아울러 손해배상을 청구할 수 있지만(제580조 1항 본문, 575조 1항), 불특정물매매의 경우에는 특정물매매의 경우와는 달리 매수인은 계약을 해제 또는 손해배상을 청구하지 않고 그에 갈음하여 하자 없는 완전물(完全物)의 급부를 청구할 수 있다(제581조 2항)는 「매도인의 담보책임(제570조 이하)」 ④ 그리고 「계약의 원시적 발생」에서 나타난다. ④ 소멸시효와는 관계가 없다.

문 93 현행법상 부동산에 관하여 인정되지 않는 제도는?

① 유치권 ② 가 공

③ 공시의 원칙 ④ 환 매

⑤ 양도담보

해 설 ②는 동산에만 인정된다.

문 94 부동산에 관한 설명으로 옳은 것은?

① 건물의 일부를 구분하는 경우 소유권의 객체가 될 수 있다.

② 가식(假植) 중의 수목(樹木)은 부동산(不動産)이다.

③ 토지의 일부를 양도할 수 있다.

④ 미분리된 과실은 독립물이다.

⑤ 토지와 건물은 별개의 부동산이 아니다.

해 설 민법 제99조 1항은 「토지 및 그 정착물을 부동산이다」라고 규정하고 있다. 따라서, 토지와 그 정착물은 하나의 부동산이 아니라 각각 독립된 「부동산(不動産)」임을 알 수 있다. ①은 제215조의 구분소유권에 의하여 맞는다. ②는 동산 ③ 일물일권주의에 反한다. ④는 맞지 않다. ⑤ 우리민법은 토지와 건물을 별개의 부동산으로 한다.

문 95 토지로부터 독립한 부동산으로 인정되는 것은?

① 가건물

② 가식(假植)의 나무

③ 명인방법(明認方法)을 한 하나의 수목

④ 입목에 관한 법률에 의하여 등기한 하나의 수목

⑤ 과수원의 과수

해 설 개개의 수목은 명인방법과 같은 특수한 공시방법을 갖추면 토지의 구성부분이 아니라 독립성이 인정되는 부동산으로 취급된다.

문 96 다음 중 동산이 아닌 것은?

① 전 기 ② 가 스

③ 가식(假植)의 수목(樹木) ④ 상품권

⑤ 사 과

해 설 구민법(제86조 3항)에서는 무기명채권 예를 들어, 상품권·승차권·입장권·무기명국채 등을 동산으로 보았으나, 현행 민법에서는 이를 '증권적 채권'의 일종으로 규정하므로서 이는 동산이 아니다(제523조 이하 참조).

문 97 다음 중 주물과 종물의 관계가 없는 것은 어느 것이냐?

① 주택과 딴채로 된 방 ② 배(船)와 노(櫓)

③ 책상과 서랍 ④ 자물쇠와 열쇠
⑤ 농장과 부속농구창고(附屬農具倉庫)

해 설 서랍과 책상의 관계는 주물과 종물의 관계가 아닌 서랍이 책상의구성부분의 관계이다.

문 98 다음 중 천연과실이 아닌 것은?

① 지 료 ② 과 일
③ 곡 물 ④ 동물의 새끼
⑤ 야 채

해 설 민법 제101조 1항은 「물건의 용법(用法)에 의하여 수취(收取)하는 산출물(産出物)을 천연과실이다」라고 규정하고 있다. 따라서 「천연과실(天然果實)」이라 함은? 물건의 용법(用法)에 의하여 수취되는 물건임을 전제로 한다. 예컨대, 열매·우유·계란 등과 같은 자연적 산출물 뿐 만 아니라, 광물·석재 등과 같은 인공적 산출물일지라도 용법(用法)에 의하여 수취하는 것이면 이에 속한다. 따라서, 화분의 열매·승마용 말의 새끼는 용법(用法)에 의한 산출물이 아니므로 천연과실이 아니다. 민법 제101조 2항은 「물건의 사용대가(使用代價)로 받는 금전 기타의 물건은 법정과실이다」라고 규정하고 있다. 따라서 「법정과실(法定果實)」이라 함은? 물건의 사용대가로 받는 금전 기타 물건임을 전제로 한다. 예컨대, 부동산을 임대하고 받는 차임(借賃)·지료(地料) 등이 그것이다. 문제는 금전사용의 대가인 이자(利子)를 법정과실로 볼 것인가에 관한 것인데, 이 경우, 통설은 이를 법정과실로 보고 있다. 그리고 민법은 물건의 과실(果實)을 인정할 뿐, 권리의 과실(果實)은 인정하지 않는다. 따라서 주식(株式)의 배당금·특허권(特許權)의 사용료 등은 법정과실이 아니다. 또한, 원물사용의 대가로 받는 권리나 노동의 대가인 노임(勞賃)도 법정과실이 아니다.

문 99 원물(元物)의 소유자가 아니면서 천연과실을 취득할 수 있는 자 중에서 부당한 것은?

① 질권자 ② 악의의 점유자
③ 임차권자 ④ 지상권자
⑤ 사용차주

해 설 과실을 수취할 권리자가 누구이냐에 대하여, 원물(元物)의 소유자가 권리자임을 보통으로 하고 있으나(제211조 참조), 구체적인 경우에 따라서 예외에 관한 것은 별도의 다른 규정을 따르고 있다. 예를 들어, 원물의 선의점유자(제201조)·지상권자(제279조)·전세권자(제303조)·매도인(제587조)·사용차주(제609조)·임차인(제618조)·친권자(제923조)·수증자(제1079조) 등이 천연과실의 수취권자이다. 그리고, 유치권자(제323조)·질권자(제343조)·저당권자(제359조) 등도 자기 채권의 변제에 충당하는 권리로서 갖는 과실수취권이 있다. ② 선의의 점유자에 한한다.

정답

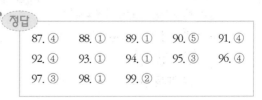

87. ④	88. ①	89. ①	90. ⑤	91. ④
92. ④	93. ①	94. ①	95. ③	96. ④
97. ③	98. ①	99. ②		

제5장 권리의 변동

문 100 권리변동의 모습에 관한 다음 기술 중에서 옳은 것은?

① 취득시효로 인한 권리의 취득은 권리의 상대적 취득이다.
② 상속으로 인한 권리의 취득은 승계취득 중의 특정승계이다.
③ 저당권의 취득은 권리의 이전적 취득이다.
④ 물건의 인도를 목적으로 하는 채권이 손해배상으로 변했다면 권리의 질적 변경이다.
⑤ 권리의 주체가 변경되는 것은 한편으로 권리의 절대적 소멸이다.

해설 ① 권리의 절대적 발생(원시취득)이다.
② 포괄승계이다.
③ 설정적 승계이다.
④ 권리의 내용이 질적으로 변경되었으므로 (성)질적 변경에 해당한다.
⑤ 상대적 소멸이다.

문 101 다음 중 권리의 원시취득인 것은?

① 전세권의 설정 ② 무허가건물의 매수
③ 재산의 상속 ④ 채권의 양도
⑤ 유실물의 소유권 취득

해설 원시취득이란 어떤 권리가 타인의 권리에 기함이 없이 특정인에게 새로 발생하는 것을 말한다. 예컨대 시효취득(제245조), 선의취득(제249조), 무주물선점(제252조), 유실물습득(제253조), 건물의 신축 등이다.

문 102 법률사실과 법률요건에 관한 설명으로 틀린 것은?

① 임대차계약은 청약과 승낙이라는 의사표시의 합치로 성립하는 법률요건이다.
② 어떤 사정을 알지 못한다는 의미에서의 선의도 법률사실이다.
③ 시간의 경과는 사람의 정신작용에 의하지 않는 법률사실이다.
④ 무권대리행위의 추인 여부에 관한 상대방의 최고는 의사의 통지이다.

⑤ 민법 제552조에 따라 상대방이 최고했음에도 해제권자의 통지가 없기 때문에 해제권이 소멸하는 효과는 당사자의 의사에 근거한다.

해설 ⑤ 준법률행위(예 최고, 통지)는 법률행위와는 달리 법률효과가 법률에 규정되어 있다. 즉, 해제권의 소멸이라는 법률효과는 당사자 의사에 의하여 생기는 것이 아니라 제552조 제2항의 규정에 따라 발생한다.

문 103 다음 중 옳은 것은?

① 혼합사실행위-사무관리
② 관념적 용태-소유의 의사
③ 관념의 통지-변제수령의 거절
④ 의사의 통지-채권양도의 통지
⑤ 의사적 용태-선의, 악의

해설 ② 소유의 의사는 의사적 용태
③ 변제수령의 거절은 의사의 통지
④ 채권양도의 통지는 관념의 통지
⑤ 선의, 악의는 관념적 용태

문 104 대리(代理)가 허용되는 것은?

① 유언(遺言)
② 사실행위(事實行爲)
③ 불법행위(不法行爲)
④ 부양청구권(扶養請求權)의 행사(行使)
⑤ 인지(認知)

해설 ④ 모든 의사표시에 대리가 허용되는 것은 아니다. 법률행위 가운데 대리가 허용되지 않는 것이 있다. 이를 「대리에 친하지 않은 법률행위(代理에 親하지 않은 法律行爲)」라고 한다. 예를 들어, 본인의 의사를 절대적으로 필요로 하는 가족법상의 행위인 혼인(婚姻)·인지(認知)·유언(遺言) 등이 이에 속한다. 따라서, 대리는 원칙적으로 "재산상의 법률행위"에 그 적용이 있다. 그러나, 가족법상의 행위라도 재산행위의 성질을 같이 가지는 행위에 관하여는 대리가 가능하다. 예를 들어, 부양청구권의 행사(扶養請求權의 行使)의 경우는 대리가 허용된다.

문 105 대리인(代理人)과 사자(使者)의 차이에 관한 다음 기술(記述) 중 틀린 것은 어느 것인가?

① 대리(代理)할 수 없는 경우에도 사자(使者)에게는 허용될 수 있다.
② 대리인(代理人)에게는 의사능력이 필요 없으나, 사자(使者)에게는 의사능력이 필요하다.
③ 대리인(代理人)은 자기가 결정한 의사를 표시하나, 사자(使者)는 본인이 결정한 의사를 표시한다.
④ 의사표시의 하자(瑕疵)의 유무에 관하여는 대리에서는 대리인에 관하여 결정하고 사자(使者)는 본인에 관하여 결정한다.

⑤ 의사의 흠결(欠缺)에 관하여 대리에서는 대리인의 의사와 그 표시를 비교하지만, 사자(使者)에서는 본인의 의사와 표시를 비교한다.

해설 ②「사자(使者)」라 함은? 자기가 결정한 의사를 표시하는 것이 아니라, 본인이 결정한 효과의사를 전달함으로써 표시행위에 조력하는 자로서, 전달기관으로서의 사자(예: 편지를 전달하는 者)와 표시기관으로서의 사자(예: 말을 전달하는 者) 등이 있다. 이러한 사자(使者)의 경우는 본인이 행위능력을 가져야 하고 사자(使者)는 행위능력을 요하지 않는다.

문 106 위임(委任), 대리(代理), 대표(代表)에 관한 설명(說明) 중 옳은 것은?

① 대리는 위임의 대외관계이다.

② 대표는 사실행위나 불법행위에서도 가능하다.

③ 위임이란 수임인(受任人)의 독립적 의사표시에 따라서 위임인(委任人)이 직접 그 법률효과를 취득하는 제도이다.

④ 위임(委任)은 반드시 대리(代理)를 수반하는 것은 아니나, 대리는 반드시 위임에 의하여 생긴다.

⑤ 위탁판매(委託販賣)는 위임이나 대리를 수반하여야 한다.

해설 「대리(代理)」와 비슷하지만 이와 구별되는 것이 있다. 대표·간접대리·사자 그리고 간접점유가 그것이다. ①「대표(代表)」라 함은? 법인의 기관을 가리키는 말이다. 즉 법인은 기관인 이사 기타 대표자의 행위에 의하여 직접 권리를 취득하고 의무를 부담한다. 예를 들어 사장이 회사용품을 구입하는 경우를 들 수 있다. 이 때 사장은 회사이다. 이때에 이사 기타 대표자는 대리인과 비슷하다. 중요한 것은? 대리는 사실행위나 불법행위에는 인정되지 않고 적법행위에 한하여 인정하는데 반하여 대표의 행위는 법률행위 또는 사실행위는 물론 불법행위에도 인정된다는 것이다. ②「간접대리(間接代理)」라 함은? 타인의 계산하에 자기의 명의로 법률행위를 한다. 즉 대리가 본인을 위하여 한다는 대리적 효과의사에 따라 그 행위의 법률적 효과가 직접 본인에 돌아가는 것임에 반하여, 간접대리는 그 법률효과가 행위자 자신에 관하여 생기며, 후에 그가 취득한 권리를 타인에 이전하는 관계를 말한다. 그 대표적 예로 소매로 생선인 정어리를 위탁판매하는 위임매매인(상법 제101조)과 농산물시장에서 본인을 대신하여 농산물을 사주는 중개인(상법 제93조)을 들 수 있다. ③「사자(使者)」라 함은? 자기가 결정한 의사를 표시하는 것이 아니라, 본인이 결정한 효과의사를 전달함으로써 표시행위에 조력하는 자로서, 전달기관으로서의 사자(예: 편지를 전달하는 者)와 표시기관으로서의 사자(예: 말을 전달하는 者) 등이 있다. ④「간접점유(間接占有)」라 함은? 타인의 물건을 사실상 지배하고 그 효과인 점유권을 본인이 가지는 경우 본인의 점유를 말한다.

문 107 법정대리(法定代理)와 임의대리(任意代理)에 관하여 옳은 것은?

① 법정대리권은 본인의 사망에 의하여 소멸하지만, 임의대리권은 그러하지 아니하다.

② 법정대리가 인정되지 않는 신분행위에는 임의대리가 인정된다.

③ 법정대리는 법률의 규정 기타 본인의 행위 이외의 것으로 성립되나, 임의대리는 본인의 신임(信任)에 의하여 성립된다.

④ 법정대리에 관하여는 표현대리(表見代理)가 적용되지 않으나, 임의대리에는 표현대리가 적용된다.

⑤ 대리인은 행위능력자임을 요한다.

해설 「임의대리(任意代理)」라 함은? 본인과 대리인 사이의 수권행위(授權行爲)[1]에 의하여 대리인이 되는 경우이고, 「법정대리(法定代理)」라 함은? 본인의 신임(信任)에 의하지 않고 법률의 규정에 의하여 발생하는 대리를 말한다. 「법정대리(法定代理)」는 법률에 근거가 없는 경우에는 발생하지 않는다. 따라서, 이러한 법정대리권은 법률의 규정(法律의 規定)·지정권자의 지정행위(指定權者의 指定行爲)·법원의 선임행위(法院의 選任行爲)에 의하여 발생하고 「임의대리(任意代理)」는, 그것을 발생시키는 본인의 의사표시(法律行爲)에 기한 수권행위(授權行爲)에 의하여 발생한다. 민법 제127조는 대리권의 소멸사유로, 제1호에 「본인의 사망」을 제2호에 「대리인의 사망」과 「성년후견의 개시 또는 파산」을 규정하고 있다. 이는 임의대리와 법정대리 공통의 소멸원인이다.

문 108 권한(權限)을 정하지 아니한 대리인(代理人)이 할 수 없는 행위는?

① 건물을 임대하는 것

② 부등기부동산의 보존등기를 하는 것

③ 밭을 개량(改良)하여 논으로 만드는 것

④ 변제기에 채무를 변제하는 것

⑤ 이자부(利子附)로 돈을 빌려주는 것

해설 ② 만약 수권행위의 해석에 의하여서도 대리권의 범위를 명백히 할 수 없을 때에는 민법 제118조에 의하여 「수권행위로 대리권의 범위가 정해져 있지 않은 경우에 할 수 있는 행위」만을 할 수 있다. 민법 제118조의 범위는 보존행위·이용행위·개량행위 등의 이른바 관리행위(管理行爲)이지만, 처분행위는 이를 하지 못한다(제118조 1호). 본조는 법정대리와 임의대리의 양자의 경우 모두 적용되나, 표현대리가 성립하는 경우는 적용이 없다. 여기서 「보존행위(保存行爲)」라 함은? 재산의 현상을 유지하는 행위로서, 예를 들어, 가옥의 수선, 소멸시효의 중단, 미등기부동산의 등기, 기한이 도래한 채무의 변제, 부패하기 쉬운 물건의 처분 등이 그것이다. 「이용행위(利用行爲)」라 함은? 대리의 목적인 물건이나 권리의 성질을 변하지 않는 범위에서 수익을 얻는 행위이다. 예를 들어, 건물을 임대하고 금전을 이자부로 대여하는 것과 같은 수익을 꾀하는 행위이다. 「개량행위(改良行爲)」라 함은? 황무지를 비옥한 땅으로 만들거나 무이자 채권을 이자부채권으로 바꾸는 것과 같이 사용가치나 교환가치를 증가하게 하는 행위이다. 개량행위도 이용행위와 마찬가지로 객체의 성질을 변하지 않는 범위의 행위에 한한다. 권한을 정하지 않는 대리인이 할 수 없는 행위는 소송, 화해, 매매, 증여, 교환, 물권의 설정 등 처분행위이다. ③의 경우는 개량행위이지만 밭을 논으로 하는 것은 사용가치나 교환가치를 증가하게 하는 행위라고 볼 수 없다.

제5장

문 109 수권행위(授權行爲) 및 기본적 내부관계에 관한 다음 기술(記述) 중 틀린 것은?

① 대리는 기초적 내부관계인 고용(雇傭)·도급(都給)·조합계약(組合契約)에서 생긴다.

---

1) 법률용어 길들이기 ☞ 「수권행위(授權行爲)」라 함은? 대리권을 수여하는 법률행위를 말한다.

② 수권행위는 통설에 의하면 단독행위이다.

③ 수권행위와 그 원인이 되는 계약관계와의 관계에 관하여는 무인설(無因說)이 다수설(多數說)이다.

④ 수권행위와 기초적 내부관계를 발생케 하는 행위는 구별된다.

⑤ 수권행위와 기초적 행위와는 합쳐져서 하나의 행위로 행하여질 수는 없다.

해 설 「임의대리권(任意代理權)」은, 그것을 발생시키는 본인의 의사표시(法律行爲)에 기한 수권행위(授權行爲)에 의하여 발생한다(제120, 123조 참조). 이러한 「수권행위(授權行爲)」와 대리권을 발생시키는 기초적 내부관계(예: 위임·고용·조합·도급 등)는 엄격히 구별된다. 그러나 기초적 내부관계를 발생시키는 행위와 수권행위가 합체되어 있음이 보통이다. ⑤ 「授權行爲」와 대리권을 발생시키는 기초적 내부관계(예: 위임·고용·조합·도급 등)는 엄격히 구별된다. 하지만 실제로는 수권행위와 기초적 내부관계를 발생케 하는 행위와는 구별하기 힘들다. 양자가 외형상 하나의 행위로 합체되어 행하여지는 것이 무방하다. 하지만 이 경우에도 양자는 관념상으로는 전혀 별개의 것이다. 그리고 授權行爲와 代理權을 발생시키는 기초적 내부관계와 구별되는지의 여부에 대해서는 학설의 대립이 있다. i) 「區別肯定說」은 대리관계가 기초적 내부관계와 독립되어 있다고 하여 수권행위(授權行爲) 역시 그것과 구별하여야 한다는 학설이다(곽윤직, 고상룡, 김증한, 김주수, 이영준, 장경학, 권용우). 판례도 역시 같은 입장이다(대판 1962. 5. 24, 4294민상251). ii) 「區別否定說」은 대리권은 위임 등 내부적 계약관계로부터 직접 발생하는 것이므로 내부관계를 설정하는 계약과 별개로 授權行爲라는 관념을 인정할 필요가 없다는 설이다(김용한). ③ 민법은 제127조의 대리권의 소멸사유 외에도 제128조 전단에 「법률행위에 의하여 수여된 대리권은 그 원인된 법률관계의 종료에 의하여 소멸된다」고 규정함으로서 명문상 「區別肯定說」이 타당하다.

문 110 다음 중 자기계약(自己契約)·쌍방대리(雙方代理)에 관한 설명으로 옳지 않은 것은?

① 자기계약·쌍방대리는 이해상반행위(利害相反行爲)를 금지하는 취지와 같은 취지이다.

② 자기계약·쌍방대리는 이론상 한 사람이 대리할 수 없기 때문이다.

③ 자기계약·쌍방대리의 금지는 법정대리에도 적용된다.

④ 당사자 사이에 이해충돌이 없는 경우에는 예외적으로 허용된다.

⑤ 자기계약·쌍방대리를 위임한 경우에는 허용된다.

해 설 대리권의 제한에 있어 자기계약·쌍방대리의 금지는 중요하다. 「자기계약(自己契約)」이라 함은? 대리인이 한편으로는 본인을 대리하고 다른 한편으로는 대리인 자신이 계약자가 되어 거래를 하는 것을 말한다. 또한, 「쌍방계약(雙方契約)」이라 함은? 동시에 당사자 쌍방 거래의 대리인이 되는 것을 말한다. 즉, 한사람이 대리인이 되어 매매계약을 맺는 경우를 말한다. 이에 대하여 민법 제124조 본문은 「본인을 위하여 자기와 법률행위를 하거나 동일한 법률행위에 관하여 당사자 쌍방을 대리하지 못한다」고 규정하여, 자기계약·쌍방대리를 금하고 있다. 그러나, 이에 위반하더라도 절대무효는 아니고 법정대리인가 된다. 따라서, 이 경우는 본인에게 효력이 발생하지 않지만, 이것을 본인이 추인(追認)하면 유효한 대리행위가 되어 본인에게 효력이 생긴다. 하지만 이에는 예외가 있다. 자기계약·쌍방대리는 본인의 이익을 보호하기 위하여 금지하고 있는 것이다. 따라서, 본인의 이익을 해하지 않는다면 이것을 허용해도 상관없다. 따라서, 예외적으로 이것을 허용하는 경우가 있다. 즉, 채무의 이행에 관하여는 본인의 승낙을 받지 않아도 이를 할 수 있다(제124조 단서). 또한, 본인이 미리 자기계약·쌍방대리를 허락한 경우(124조 본문), 또는 기타 새로운 이익의 교환이 아닌 행위, 예를 들어, 주식의 명의개서(株式의 名義改書 등의 경우이다. 자기계약·쌍방대리는 임의대리와 법정대리 모두에 적용되지만, 법정대리에는 또 다른 제한이 있음을 주의해야 할 것이다(제921조의 親權者와 子의 利益相反行爲 등).

문 111 대리권소멸에 관한 다음 설명 중 맞지 않는 것은?

① 본인의 사망으로 대리권은 소멸한다.

② 대리인의 파산으로 대리권은 소멸한다.

③ 대리인이 성년후견이 개시되면 대리권은 소멸하지 않는다.

④ 상사대리권은 본인이 사망하더라도 소멸하지 않는다.

⑤ 법률관계의 종료 전에 본인이 수권행위를 철회하게 되면 대리권은 소멸한다.

해설 민법 제127조는 대리권의 소멸사유로, 제1호에 「본인의 사망」을 제2호에 「대리인의 사망」과 「성년후견의 개시 또는 파산」을 규정하고 있다. 이는 임의대리와 법정대리 공통의 소멸원인이다. 하지만 대리인은 행위능력자임을 요하지 않으므로 대리인이 피한정후견인의 경우는 대리권의 소멸원인이 아님을 주의하라. 그리고 민법 제128조는 임의대리의 종료사유로, 「그 원인된 법률관계의 종료」와 「수권행위의 철회(授權行爲의 撤回)」를 규정하고 있다. 이 경우, 철회의 의사표시는 대리인(제129조의 표현대리 문제는 남는다.) 또는 대리행위의 상대방인 제3자에게 할 수 있다. 법정대리의 특유한 소멸원인에 대하여, 민법총칙으로서의 규정은 없고 각 경우에 관하여 민법의 규정이 있다. 예컨대, 부재자 재산관리인의 선임과 소멸(제22조 2항)·관리인의 개임(제23조)·친권자의 친권상실선고(제924조)·친권자의 대리권의 사퇴(제927조)·후견인의 결격사유(제937조)·후견인의 사퇴(제940조)·후견사무의 종료(제957조)·관리인의 임무종료(제1055조) 등이 그것이다. 그리고 「본인의 파산(本人의 破産)」이 대리권의 소멸원인이 되는가? 이에 대하여, 多數說은 민법 제690조 전단의 「위임은 당사자 일방의 사망 또는 파산으로 인하여 종료한다」는 규정을 유추적용, 즉, 수권행위가 위임계약과 비슷하므로, 파산이 임의대리권의 소멸원인이 된다고 한다(김용한, 김증한, 이영섭, 장경학, 이영섭 등). 반면 소수설은 본인의 파산이 임의대리권의 소멸원인이 될 수 없다고 하며, 제128조 전단의 이른바 원인된 법률행위 종료로 대리권은 소멸한다는 규정이 있으므로 파산으로 인하여 원인된 법률관계가 종료하면 보통은 대리권도 소멸하게 될 것이나 특별히 본인의 파산으로 당연히 소멸하는 것이 아니므로 이는 결국 일반원칙에 따라 해결해야 한다고 한다(곽윤직, 김현태, 권용우 등).

문 112 현명주의(顯名主義)에 관하여 틀린 기술(記述)은?

① 상행위에 관하여 현명주의가 적용되지 않는다.

② 본인명의로 법률행위를 할 수 있는 권한까지도 위임된 때에는 대리인은 본인명의로 계약을 체결할 수 있다.

③ 현명하지 않은 대리행위의 효과는 대리인 자신을 위하여 한 것으로 간주되므로, 대리인은 착오를 주장하지 못한다.

④ 수동대리에 있어서는 상대방이 본인에 대한 의사표시임을 표시하여야 한다.

⑤ 현명주의에 있어서 「본인을 위한 것」이라 함은 「본인의 이익을 위하여」라는 뜻이다.

해설 「현명주의(顯名主義)」는 민법이 법률관계의 명확화와 상대방의 이익의 보호를 위하여 대리행위시에 본인을 위한 것(代理意思)임을 표시함으로써 본인에게 법률효과가 귀속한다는 것을 명백히 하려는 주의이다.

문 113 복대리(復代理)에 관한 다음 기술(記述) 중 옳은 것은?

① 대리인이 수임자일 때에는 복대리인도 본인에 대하여 수임자의 관계에 선다.

② 대리인이 파산하였을 때에도 복대리인의 대리권은 소멸하지 않는다.

③ 임의대리인은 불가피한 사유가 있을 때에만 복대리인을 선임한다.

④ 복대리인은 대리인이 자기의 명의로 선임하는 본인의 대리인이므로 대리인의 감독을 받지 않는다.

⑤ 대리인이 복대리인을 선임하였을 때에는 그 대리권은 소멸한다.

문 114 복대리권의 소멸원인이 되지 않는 것은?

① 대리인의 사망

② 본인의 성년 후견의 개시·파산

③ 복대리인의 파산

④ 대리인의 대리권소멸

⑤ 대리인과 복대리인 사이의 수권관계의 소멸

해설 ② 복대리권도 대리권의 일종이므로, 본인의 사망과 복대리인의 사망, 복대리인의 성년 후견의 개시·파산 등 대리권 일반의 소멸원인에 의하여 소멸되며, 특유한 소멸원인으로, 대리인·복대리인 사이의 수권행위의 소멸과 대리인의 대리권의 소멸 등을 들 수 있다. 그러나 본인의 성년 후견의 개시·파산은 대리권일반의 소멸원인에도 포함되지 않는다.

문 115 반사회성을 지니므로 무효인 것은?

① 첩과의 관계를 끊기 위하여 관계단절금의 교부약속

② 광업권자의 명의를 빌린 자가 채굴한 광물을 제3자에게 매각하는 행위

③ 무면허의사의 치료행위

④ 장물매매의 위탁계약

⑤ 부부가 장래 불화가 있어 이혼하는 경우에 부가 처에 대하여 일정한 금액을 교부한다는 약속

해 설 첩계약은 인륜·신분질서에 반하는 행위로서 무효이다. 그러나 ①은 이를 해소하기 위한 계약이므로 유효하다. ③은 강행법규 중 단속규정을 위반한데 불과하므로 유효하다. ④는 정의관념에 반하는 행위로서 무효이다. ② 법률이 엄격한 표준을 정하여 일정한 자격을 갖춘 자에게만 일정한 기업을 허용하는 경우, 예를 들어, 광업권, 어업권, 증권회사, 전당포영업, 자동차운송사업 등의 영업에 있어서 허가나 면허를 받는 자가 그 명의를 대여하는 계약은 무효로 해석된다. 하지만 위의 명의대여계약(명의대여계약)으로 명의를 빌린 자가 다시 제3자와 맺는 계약은 유효하다. 예를 들어, 덕대계약 즉 광업권자의 명의를 빌려서 광물을 채굴한 자가 채굴한 광물을 매각하는 행위는 유효하다고 해석하는 것이 통설이다. 그 이유는 만약 그러한 계약까지도 무효라고 한다면 거래의 안전을 크게 해치기 때문이다.

보충정리 사회질서위반행위로 무효가 되는 행위

실질적 분류	내 용
① 정의의 관념에 반하는 행위	i) 살인도급 계약. ii) 이중매매의 배임행위를 매수인이 돕는 것. iii) 타인으로부터 신탁받은 재산을 매각·횡령한다는 사정을 알면서도 그 수탁자로부터 이를 아주 싸게 매수하는 것. iv) 타인에게 매도한 부동산임을 알면서도 증여 받은 것. v) 명예훼손의 범행을 하지 않겠다는 조건으로 금전을 주는 계약 등
② 인륜·신분질서에 반하는 행위	i) '첩계약'을 한 것. ii) '매춘계약'을 한 것. iii) 夫와 성년인 子 사이에, 不貞을 이유로 이혼당한 母와 子가 동거하면 위약금을 지급한다는 '모자부동거계약'을 맺은 것. iv) 子가 父에 대하여 불법행위에 기인한 손해배상을 청구하는 것
③ 특정의 지위를 이용하는 행위	국회의원신분을 이용하여 관계기관에 청탁하여 얻어낸 이권(利權)을 토대로 맺은 동업계약
④ 개인의 자유를 극도로 제한하는 행위	i) 일생동안 혼인하지 않겠다는 계약을 맺은 것, 또는 절대 이혼 않겠다는 각서를 써 준 것. ii) 혼인하면 퇴직하겠다는 약관에 의하여 각서를 써준 경우. iii) 피용자(被傭者)가 퇴직 후 일정한 영업을 영원히 하지 않겠다는 경업피지의무(競業避止義務)를 내용으로 하는 계약을 맺은 것
⑤ 생존의 기초가 되는 재산의 처분행위	i) 생존을 불가능하게 하는 장차 자기가 취득하게 될 전재산을 증여한다는 계약. ii) 사찰의 존립에 필수 불가결한 임야의 증여행위 등
⑥ 도박 등 지나치게 사행적인 행위	i) 도박으로 인하여 진 빚을 토대로 하여 발생한 노름빚을 갚기로 하는 계약, ii) 도박자금을 대여하는 행위.
⑦ 과다한 체납금을 징수하는 행위	체납금을 고율(高率)의 복리(複利)로 징수하기로 한 계약
⑧ 타인의 무사려·궁박을 이용하여 부당한 이익을 얻는 행위	불공정한 행위

문 116 다음 법률행위 중 유효한 것은?

① 이미 소실된 건물의 매매계약
② 당국의 영업허가를 받지않고 한 영업행위
③ 자동차운송업자의 명의대여
④ 농지의 임대차계약
⑤ 혼인하지 않겠다는 계약

해설 ①은 불능을 목적으로 하므로 무효임 ③ 법률이 일정한 자격을 갖춘 자에게만 일정한 기업을 허용하고 있는 규정을 위반한 경우는 무효임(자동차관리법 제12조) ④ 사회정책적 규정에 반하는 행위는 무효임(농지법 제22조). ⑤ 개인의 정신상 또는 신체상의 자유를 극도로 제한하는 경우로서, 예를 들어, 일생동안 혼인하지 않겠다는 계약을 맺은 것, 또는 절대 이혼 않겠다는 각서를 써 준 것이 있다. ② 강행규정 가운데 단속규정을 위반한 경우는 사법상의 효력에는 영향이 없다.

문 117 다음 법률행위 중 유효한 것은?

① 현재의 처와 이혼하지 않겠다는 계약
② 첩관계 종료의 계약
③ 판사로 하여금 정당한 판단을 내리게 할 목적으로 한 이익제공계약
④ 자기가 장래취득하는 전재산을 양도하겠다는 계약
⑤ 이익을 받고 범죄를 하지 않겠다는 계약

해설 앞 문제 해설 참조할 것

문 118 다음 중 반사회질서의 법률행위로서 무효라고 할 수 없는 것은?

① 사용자가 노동조합의 간부들에게 노동조합원인 근로자들로부터 임금인상 등의 요구가 있을 때에는 이를 적당히 무마해 달라는 청탁을 하고 그에 대한 보수를 지급할 것을 약정하는 계약
② 담합입찰을 내용으로 하는 계약
③ 확정판결의 집행을 하지 않는다는 취지의 계약
④ 상대방의 궁박한 사정을 이용하여 목적물과 대금이 현저하게 불균형한 매매계약
⑤ 살인을 목적으로 무기를 매매하는 행위

해설 ③은 당사자의 이해관계에 해당하므로 이는 반사회질서의 법률행위라고 볼 수 없다.

문 119 다음 중 선량한 풍속 기타 사회질서에 위반하여 무효로 된다고 할 수 없는 것은?

① 모자가 동거하지 않겠다는 계약

② 5년 동안 갑의 조수로 온돌 놓는 기술을 배운 을이 평생토록 독립하여 온돌 놓는 사업을 하지 않겠다는 계약
③ 자기가 앞으로 취득하게 될 전재산을 증여하겠다는 계약
④ 부부가 장래 불화가 생겨 이혼하는 경우에 부가 처에 대하여 일정한 금액을 교부한다는 약속
⑤ 명예훼손의 범행을 하지 않겠다는 것을 조건으로 금전을 주는 계약

해설 이전문제 해설을 참조할 것. ④의 경우는 정당한 관계의 유지를 목적으로 하는 법률행위로서 유효하다는 것이 판례의 태도이다.

문 120 선량한 풍속 기타 사회질서에 반하지 않는 것은?

① 혼인하면 퇴직한다는 약정
② 상속세를 면하려고 매매를 원인으로 하는 소유권이전등기를 하는 행위
③ 양도담보권자의 배임행위에 적극 가담하여 매수하는 행위
④ 자가 부에 대하여 불법행위에 기인하여 손해배상을 청구하는 행위
⑤ 밀수입의 자금으로 사용하기 위한 출자행위

해설 ②의 경우는 선량한 풍속 그 밖의 사회질서에 위반하는 것은 아니다.

문 121 공서양속(公序良俗)에 위반하였기 때문에 무효라고 볼 수 없는 것은?

① 매도인의 배임행위에 매수인이 적극 가담하여 이룩된 부동산의 이중매매
② 어떠한 일이 있더라도 이혼하지 않겠다는 서약의 약정
③ 처가 사망하거나 처와 이혼하게 되는 경우, 첩을 입적시키기로 하는 약정
④ 밀수입을 위한 출자계약
⑤ 불가항력으로 인한 손해를 계약당사자의 일방에게만 부담시키는 특약

해설 ⑤이는 계약자유의 원칙에 따라 유효한 계약이 된다.

문 122 불공정한 법률행위에 관한 기술 중 틀린 것은?

① 불공정한 법률행위는 사회질서에 반하는 법률행위의 일종이다.
② 급부와 반대급부 사이에 현저한 불균형이 있을 때에는 그 법률행위는 궁박·경솔·무경험에 편승하였음이 추정되므로, 무효를 주장하는 자가 이것을 일일이 입증할 필요는 없다.
③ 궁박은 경제적인 곤궁뿐 아니라 신체적·양심적 곤궁도 포함된다.
④ 대리에 의한 법률행위의 경우, 궁박은 본인을 표준으로 하여 결정하고, 경솔·무경험은 대리인을 표준으로 하여 결정한다.

⑤ 불공정한 가옥의 매매는 무효이므로, 그 가옥은 전득한 자도 그 가옥에 대한 소유권을 주장할 수 없다.

해 설 「불공정한 법률행위」라 함은? '상대방의 비정상적인 상태에 편승하여, 자기가 행한 급부보다 현저하게 균형을 잃은 상대방의 반대급부(부당한 재산적 이익)를 얻어내는 행위'로서 「폭리행위」라고도 한다. 그 요건은 급부와 반대급부 사이에 현저한 불균형이 있어야 하며(객관적 요건), 피해자의 궁박과 경솔 또는 무경험을 이용하여야 한다(주관적 요건). ③ 「궁박」이라 함은? 급박한 곤궁을 말하며, 이것은 경제적 궁박뿐만 아니라, 신체적·정신적 궁박도 포함하며, 궁박상태가 일시적인 것이어도 무방하다. 이러한 궁박의 예를 들면 i) 무학무식한 부녀자가 남편을 여의고 아무런 생업도 없이 어린 남매를 부담할 길조차없어 방황하다가 아이들을 고아원에 맡기도 유리걸식하고 있는 경우(대판 64다1188, 1964. 12. 29), ii) 부의 병이 위독하기 때문에 그 치료비를 마련하기 위하여 할 수 없이 부동산을 처분하게 된 경우(대판 68다83, 1968. 7. 30. 선고), iii) 처의 치료비 및 장녀의 학교공납금이 필요한 경우(대판 4287민상70, 1954. 12. 23. 선고) iv) 자기 또는 가족의 생존기반이 되는 생업을 유지하기 위한 자본으로서 고리의 금전을 빌린 경우 v) 긴급을 요하는 환자에게 의사가 부당한 보수를 약속케 하는 경우 등이다. 그러나 투기자의 일시적인 궁박상태라든가 주택사정이 악화된 대도시에서 주택임차인의 궁박상태등은 이에 포함되지 않는다(고상룡). ④ 궁박·경솔·무경험은 객관적으로 판단하여야 하며, 그 중 하나만 갖추면 되고 세 요건을 모두 갖출 필요는 없다. 그리고, 그 판단시기는 법률행위시이며, 대리인에 의한 법률행위에서 경솔·무경험은 대리인을 기준으로 하고, 궁박상태의 유무는 본인의 입장에서 판단되어야 한다. 다만, 특정한 법률행위를 위임한 경우에 대리인이 본인의 지시에 좇아 그 행위를 한 때에는 본인은 대리인의 경솔·무경험을 주장하지 못한다(제116조 2항 유추적용). ② 무효라는 것을 주장하기 위해서는, 주장자가 궁박이나 경솔 또는 무경험의 상태에 있었던 사실과 상대방이 이것을 알고 이용하여 급부와 반대급부와의 사이에 「현저한 불균형」이 있었다는 것을 입증하여야 한다. 따라서, ②는 틀리다.

문 123 다음 중 민법 제104조 「궁박」에 해당되지 않는 것은?

① 무학무식한 부녀자로 남편을 여의고 아무런 생업도 없이 어린 남매를 부담할 길조차 없어 방황하다가 아이들을 고아원에 맡기고 유리걸식하고 있는 경우
② 부의 병이 위독하기 때문에 그 치료비를 마련하기 위하여 할 수 없이 부동산을 처분하게 된 경우
③ 처의 치료비 및 장녀의 학교공납금이 필요한 경우
④ 위급을 요하는 환자가 의사로부터 부당한 보수를 요구받고 있는 경우
⑤ 주택사정이 악화된 대도시에서 주택임차인의 궁박상태가 된 경우

해 설 앞의 문제 해설을 참조할 것

문 124 다음 민법 제103조[반사회질서의 법률행위]와 제104조[불공정한 법률행위]와의 관계에 관한 기술 중 틀린 것은?

① 제104조의 규정이 없을 때에는 판례가 불공정한 법률행위를 반사회질서의 법률행위로서 무효로 하였다.

② 제104조의 불공정한 법률행위는 제103조의 반사회질서의 일유형에 해당한다.

③ 제103조가 일반적·추상적 규정인데 반하여, 제104조는 구체적·개별적 규정이다.

④ 제103조와 제104조는 양자를 선택적으로 인정하여 무방하다.

⑤ 제103조와 제104조는 넓은 의미에서 보면 모두 반사회질서의 법률행위나, 서로 독자적인 규정이므로 제104조의 요건을 구비하지 않을 때 제103조를 적용할 여지는 없다.

해설 제103조(반사회적 법률행위)와의 관계에 있어. 구민법에서는 판례에 의하여 이를 반사회질서로 처리하였지만, 현행민법은 구민법에 없던 제104조를 신설하여 반사회질서의 법률행위와 불공정한 법률행위를, 각각 따로 제103조와 제104조에서 규정하고 있으므로 양자의 관계가 문제된다. 이에 대하여, 통설·판례는 제104조의 폭리행위는 제103조의 사회질서위반의 법률행위의 예시에 지나지 않는 것이라고 한다. 그러므로, 제104조의 요건을 완전히 갖추지 못한 법률행위의 경우도 제103조(반사회적 법률행위)에 위반되는 경우에는 무효로 될 수 있다. 그러나 제104조의 요건을 갖추게 되면 그것이 제103조에도 해당한다고 볼 것이므로, 당사자는 어느쪽이든 선택적으로 주장할 수 있다. 따라서, ⑤는 틀리다.

문 125 법률행위의 해석에 대한 다음 기술 중 틀린 것은?

① 법률행위는 의사표시로 구성되어 있으므로, 법률행위의 해석은 의사표시만의 해석으로 충분하다.

② 법률행위의 해석은 당사자의 내심적] 효과의사를 확정하는 것을 원칙으로 하고 가상적 의사(표시상의 효과의사)를 확정하는 것은 예외로 허용된다.

③ 법률행위의 해석이 특히 문제가 되는 것은 의사와 표시가 일치하지 않아서 표의자의 의사와 상대방의 의사가 일치하지 않는 경우이다.

④ 의사주의이론에 의하면 법률행위의 해석은 표의자의 진의, 즉 내심의 효과의사를 확정하는 것이다.

⑤ 표시주의이론에 의하면 법률행위의 해석은 표시행위의 객관적 의미를 밝히는 것이다.

해설 ① ③ 「법률행위의 해석」이라 함은? 법률행위의 목적 내지 내용을 명확하게 하는 것으로서, 이는 결국 의사표시의 해석이 된다. 이러한 의사표시 해석에 있어 특히 문제가 되는 것은 의사표시의 존부가 불명하거나 다의적인 표시행위가 있거나 의사와 표시가 불일치 하는 경우 및 숨은 불합치가 있는 경우에 요구된다. ④ 당사자의 의사를 해석한다는 것은, 내심의 효과의사를 의사표시의 본체로 보는 것으로서, 효과의사와 표시행위가 일치하지 않는 경우에는 모두 무효 또는 불성립으로 다루어져야 한다는 견해인 「의사주의」와 표시행위를 의사표시의 본체로 보는 것으로 효과의사와 표시된 의사가 일치하지 않더라도 법률행위는 표시된 대로의 효과가 발생하는 것으로 보아야 한다고 인정하는 견해인 「표시주의」가 있다. 현행민법은 「표시주의」를 기본으로 하고, 거래한 상대방의 안전을 해하지 않는 범위에서 「의사주의」를 취하여 본인과 사회적 이익을 조화시킨다. 따라서, 우리 민법은 「절충주의」를 취하고 있다고 할 것이다. 그러므로, ②는 틀리다.

문 126 다음 중 법률행위의 해석에 있어서의 제1의 표준은?

① 사실인 관습 ② 임의법규
③ 신의성실의 원칙 ④ 조 리
⑤ 당사자가 기도하는 목적

해설 우리 민법은 법률행위의 해석의 표준에 관하여 제105조의 「법률행위의 당사자가 법령 중의 선량한 풍속 기타 사회질서에 관계없는 규정과 다른 의사표시를 한 때에는 그 의사에 의한다」는 '임의규정'과 제106조의 「법령 중에 선량한 풍속 기타 사회질서에 관계없는 규정과 다른 관습이 있는 경우에 당사자의 의사가 명확하지 아니한 때에는 그 관습에 의한다」는 '사실인 관습의 규정'외에는 아무런 규정을 두고 있지 않다. 그러나 해석의 본질상 그 중요한 표준으로 법률행위 당시의 i) 당사자의 목적 및 제반사정(제1의 표준) ii) 사실인 관습(제2의 표준) iii) 임의법규(제3의 표준) iv) 신의성실의 원칙(최후의 수단) 등을 들 수 있다. 따라서, ⑤가 정답이다.

문 127 사실인 관습에 관한 기술 중 옳은 것은?

① 사실인 관습도 사회의 법적 확신에 의하여 지지되어야 한다.
② 사실인 관습은 임의규정과 반대되는 경우에도 성립될 수 있다.
③ 당사자의 의사가 명확한 때에는 사실인 관습이 있으면 임의규정에 우선하여 적용된다.
④ 사실인 관습은 관습법보다 우선 적용되기 때문에 형식상으로도 관습법보다 상위의 규범이다.
⑤ 사실인 관습은 특히 당사자가 이것에 따르겠다는 의사를 표명한 경우에 비로소 법률행위해석의 표준이 된다.

해설 관습법과 사실인 관습의 차이는 다음과 같다. i) 관습법은 법적 확신을 갖춘 「법」이지만, 이에 대하여 사실인 관습은 법적 확신이 결여된 관행이므로 「사실」이다. ii) 관습법은 강한 사실상의 구속력을 갖는 것으로서 이에는 임의규정과 강행규정이 있을 수 있지만 사실인 관습은 사실상의 구속력을 갖는 정도에 이르지 못한 것으로서 법규범이 아닌 단순한 관습을 말하는 것이다. iii) 관습법은 법이므로 법적인 평가는 법원이 그 존재여부를 직권으로 조사하여야 하지만, 사실인 관습은 법규범이 아니므로 당사자가 이를 주장한 때에 한하여 법원이 심사할 수 있다. iv) 관습법은 보충적 효력을 가지는 것이 원칙이므로 법률의 규정이 있는 사항에 관하여는 존재할 수 없지만(제1조 참조), 사실인 관습은 법률행위에 있어서 당사자의 의사가 명확하지 않을 때에 한하여 「해석의 기준」이 되어 불분명한 의사를 확정하는 자료가 된다. 즉, 당사자의 의사가 명확할 때에는 사실인 관습은 적용될 여지가 없다(제106조 참조). v) 관습법은 당사자의 의사와 관계없이 당연히 법률로서의 효력을 가지게 되나, 사실인 관습은 당사자의 의사를 해석하는 표준이 됨으로써 의사표시의 내용이 되고 이 때에 비로소 효력을 가지게 된다. 따라서, ①③은 옳지 않다. ④ 관습법과 사실인 관습에 있어서 양자구별설인 다수설에 의하면, 법의 적용에 있어서 제1조에 의하면 강행법규 → 임의법규 → 관습법의 순위에 의하지만, 제106조에 의하면 강행법규 → 사실인 관습 → 임의법규 → 관습법의 순위가 되어 사실인 관습이 임의법규에 우선하게 된다. 하지만 이 경우는 사실인 관습이 관습법보다 상위에 있는 것이 아니고, 관습법의 하위에 서는 것이지만 법률행위해석에 있어서 관습법 이상의 효력을 가지는 것으로 이해하고 있다. ②는 제106조의 내용과 부합하므로 타당하다.

문 128 사실인 관습에 관하여 다음 기술 중 틀린 것은?

① 사실인 관습은 관습법과는 달리 사회의 법적 확신에 의하여 지지될 필요가 없다.

② 사실인 관습은 당사자의 목적·임의법규·신의성실의 원칙 등과 아울러 법률행위해석의 표준이 된다.

③ 재판에 있어서 사실인 관습의 존재는 관습법과는 달리 당사자가 입증하여야 한다.

④ 사실인 관습은 강행법규에 반하는 경우에는 당사자의 의사가 명확하지 않을 때에도 법률행위해석의 표준이 될 수 없다.

⑤ 강행법규도 임의법규도 없는 사항에 관해서는 관습법은 해석의 표준이 될 수 있지만 사실인 관습은 될 수 없다.

해 설 앞문제 해설을 참조할 것

문 129 법률행위의 해석에 관한 다음 설명 중 타당하지 않은 것은?

① 당사자가 거래관행과 다른 내용의 의사표시를 한 경우에는 그 표시한 바가 기준이 된다.

② 통설은 법률행위의 해석은 법률문제로서 원칙적으로 상고심의 심판대상이 된다고 한다.

③ 당사자가 사용한 문자 등에 얽매일 것이 아니라 당사자의 의도를 밝히는 초점을 맞추어야 한다.

④ 표시행위가 가지는 의미는 거래계에서의 객관적 의미가 아니라 표의자가 주관적으로 부여한 바가 표준이 된다.

⑤ 판례는 계약서에 부동문자로 기재된 일정한 예문은 법률행위의 내용이 되지 않는 경우가 있다고 한다.

해 설 ① 민법 제105조는 「법률행위의 당사자가 법령중의 선량한 풍속 기타 사회질서에 관계없는 규정과 다른 의사를 표시한 때에는 그 의사에 의한다」고 규정하고 있다. ② 이 때, 법률행위 해석의 성질이 「사실문제」인가 아니면 「법률문제」인가에 대하여 i) 법률행위 해석이 법률문제라면 입증책임에 대해 법원은 당사자의 주장을 기다리지 않고 이를 직권으로 조사 확정하여야 하고 ii) 법률행위의 해석이 법률문제라면 상고심은 법률심으로서 사실과 다른 해석을 할 수 있고 그 해석의 잘못은 상고이유가 되나, iii) 판례는 법률행위 해석의 잘못은 상고이유가 된다고 한다. 또한 계약서에 기재된 이른 바 예문(예문)은 법률행위의 내용이 되지 않는 경우가 있다고 한다. ③ 법률행위는 당사자가 원하는 사회적·경제적인 일정한 목적을 자치적으로 달성하기 위한 수단이다. 따라서, 법률행위의 해석도 표시된 언어나 문자에 구애받지 않고 당사자가 의도한 목적을 알아내서 그에 알맞게 해석하여야 한다. ④가 틀리다.

제5장

문 130 법률행위의 해석에 관하여 다음 중 틀린 것은?

① 법률행위해석의 제 1의 표준은 당사자의 목적이다.

② 법률행위의 해석은 법률행위의 내용을 확정시키는 일이다.

③ 임의법규와 다른 사실인 관습이 있는 경우에는 임의법규에 우선하여 사실인 관습이 법률행위해석의 표준이 된다.

④ 법률행위의 해석은 사실문제이다.

⑤ 당사자가 속한 지역의 사실의 관습이 있더라도 당사자가 기도한 목적이 있으면 이는 법률행위해석의 표준이 될 수 있다.

해설 이전 문제해설을 참조할 것

문 131 의사표시에 해당하는 것은?

① 가 공 ② 채권양도의 통지

③ 승 낙 ④ 취소 여부의 최고

⑤ 이행의 청구

해설 ③「승낙」은 민법상 여러 가지 뜻으로 사용된다. 즉, i) 책임전질에 있어서의 승낙(제337조) 등은 사실을 승인하는 관념의 통지로서 이들의 처분에 대항력을 주는 경우도 있고, ii) 입양의 승낙(제869조)은 입양이라고 하는 친족법상의 계약을 성립시키는 의사표시이고, iii) 일반적으로 승낙이라 함은? 청약과 결합하여 계약을 성립시키는 의사표시이다.

문 132 다음 설명 중 타당하지 않은 것은 어느 것이냐?

① 의사표시가 성립하는 과정은 효과의사→표시의사→표시행위로 나타난다.

② 의사표시는 명시적으로 뿐만 아니라, 묵시적으로도 할 수 있다.

③ 항거불능의 상태에서 한 행위도 표시행위로서는 유효하다.

④ 친구 사이의 의례적인 약속과 같은 것은 효과의사가 되지 못한다.

⑤ 효과의사가 준법률행위인 의사의 통지와 다른 점은 당사자가 의욕하였기 때문에 법률이 그 목적달성에 조력하는 데 있다.

해설 ③ 표시행위라 함은? 효과의사를 외부에 표현하는 행위를 말한다. 이러한 표시행위는 언어·문자 등에 한하지 않고 거동에 의한 경우도 있으며 묵시적인 것도 이에 해당한다. 그러나 표시행위는 표의자의 의사에 의하여 규제된 행위라야 한다. 따라서 의식불명 또는 수면상태에서 한 행위나 강제상태에서 한 행위는 행위의사(어떤 행위를 하겠다는 의식)가 결여되어 있으므로 표시행위라고 할 수 없다.

문 133 다음 중 틀린 것은?

① 표시상의 의사와 내심의 효과의사가 불일치할 때 표시주의에 의하면 무효이다.

② 비진의표시는 원칙적으로 유효하다.

③ 표시기관의 착오도 착오가 된다.

④ 허위표시은 무효이지만, 그 무효로써 선의의 제3자에게 대항할 수 없다.

⑤ 착오를 이유로 의사표시를 한 자는 배상책임이 없다.

해 설 ① 표시상의 의사와 내심의 효과의사가 불일치할 때, 그 의사표시를 무효로 하는 것은 의사주의이다 따라서 이는 틀리다. ③「표시기관의 착오」는 표의자가 사자(使者) 또는 우체국을 매개로 하여 표시행위를 하고, 이러한 매개자가 표의자의 의사와 다르게 표시행위를 하는 것을 말한다. 이 경우는 우리 민법에는 규정이 없으나 독일 민법(§120)과 같이 '표시상의 착오'로 다룬다.

문 134 의사표시에 관한 입법주의에 관한 설명으로서 틀린 것은?

① 의사주의는 의사와 표시가 불일치하는 경우에 그 의사주의를 무효로 하나, 표시주의는 이를 유효로 한다.

② 의사주의는 내심의 효과의사를 의사표시의 본체로 보는 태도이다.

③ 의사주의는 표의자의 이익보호를 중시하는 입장이지만 표시주의는 거래의 안전을 중시하는 입장이다.

④ 표시주의는 표시행위를 의사표시의 본체로 보는 태도이다.

⑤ 우리 민법은 표시주의를 취하고 있다.

해 설 우리 민법은 의사표시에 있어서 표시주의를 원칙으로 하고 의사주의를 가미한 절충주의를 취하고 있다.

문 135 우리 민법상 의사표시에 있어서 절충주의의 태도를 가장 잘 반영한 것은?

① 착오 ② 통정허위표시

③ 비진의표시의 원칙적 효과 ④ 사기

⑤ 비진의표시의 제3자에 대한 효과

해 설 ⑤ 우리 민법은「절충주의」를 취하고 있다고 할 것이다. 그 예로, 표의자가 비진의의사표시를 한 경우에 표시된 대로 그 효과를 발생시키는 것은(제107조 2항) 표시주의의 태도를 반영한 것이며, 통정한 의사표시는 무효로 보며(제108조), 착오에 의한 의사표시는 일정한 요건하에 취소할 수 있으며(제109조), 사기나 강박에 의한 의사표시는 취소할 수 있다(제110조)는 것은 의사주의의 태도를 반영한 것이다. 그런데 비진의의사표시는 예외적으로 무효가 되는 경우에 그 무효는 선의의 제3자에게 대항하지 못한다(제107조 2항)

문 136 진의 아닌 의사표시에 관한 다음 기술 중 틀린 것은?

① 진의 아닌 의사표시는 재산상의 의사표시에 적용된다.

② 상대방이 없는 단독행위에 있어서는 항상 유효하다.

③ 상대방이 없는 법률행위에는 적용되지 아니한다.

④ 가족법상의 행위에는 진의 아닌 의사표시에 관한 총칙규정은 그 적용이 제한된다.

⑤ 진의 아닌 의사표시가 무효로 되는 경우에 그 무효는 악의의 제3자에게 대항할 수 있다.

해설 ③ 민법 제107조는 '상대방 있는 의사표시'는 물론 '상대방 없는 의사표시'에도 적용되어 유효하다. 그러나, 후자의 경우에는 제107조 1항 단서는 적용이 없다. 그러나 가족법상의 신분행위는, 절대적으로 당사자의 진의를 필요로 하므로 명문의 다른 규정을 두고 있다(제815조 혼인의 무효 규정, 제883조 입양 무효의 원인 규정). 따라서, 가족법상의 행위에는 제107조의 규정이 적용되지 않으며 그 경우는 무효이다. 또한 상법상 주식인수의 청약(제302조 3항 참조)과 소송법상 행위에는, 민법 제107조가 적용되지 않고 언제나 유효하다.

문 137 다음 중에서 진의 아닌 의사표시가 적용되지 않는 것은?

① 입양행위 ② 유증
③ 임대차계약 ④ 재단법인설립행위
⑤ 임대인의 임차인에 대한 연체차임최고

해설 ① 앞문제 해설을 참조할 것

문 138 허위표시를 이유로 무효가 되는 것은?

① 갑이 자신의 재산이 공개되는 것을 피하기 위하여 자기의 부동산을 처 을 명의로 이전한 경우

② 갑이 을에게 부동산을 증여할 의사를 가지고 매매의 형식으로 을에게 이전한 경우

③ 갑의 부동산을 을이 자기의 것이라고 속여 병에게 양도한 경우

④ 갑과 을의 대리인 병이 을 모르게 통모하여 매매계약을 체결한 경우

⑤ 갑이 을에 대한 채무의 이행을 보증하기 위하여 자신의 부동산을 을에게 이전한 경우

해설 ①은 명의신탁의 경우로서 이는 유효하다. ②는 은닉행위의 경우로서 이는 유효하다. 즉, 은닉행위도 일종의 허위표시이지만 진실로 다른 행위를 할 의사가 있기 때문에 보통의 허위표시로 다루어서는 안된다. 따라서, 증여의 의사표시를 감추고 매매를 한 경우의 매매는 허위표시로서 무효이지만(제108조), 증여의 효력은 인정할 것인가가 문제가 되는 것이다. ③은 타인의 권리의 매매 ⑤는 양도담보의 경우로서 유효하다.④는 허위표시로서 무효이다(제108조 1항).

문 139 통정허위표시에 관하여 틀린 것은?

① 의사와 표시가 불일치함을 표의자가 알고 해야 한다.

② 당사자 사이에는 철회할 수 있다고 보는 것이 통설이다.

③ 가장매매의 매수인으로부터 선의로 전득한 자에게는 무효를 주장할 수 없다.

④ 취득한 이득은 반환하여야 하는데, 이는 불법원인급여로 된다.

⑤ 채무자가 집행을 면하고자 친구와 상의하여 자기부동산을 친구명의로 이전 등기함은 무효이다.

해설 ④ 통정허위표시의 경우, 이미 이행된 것은 부당이득반환의 대상이 되지만(제741조). 불법원인급여(제746조)는 적용되지 않는다. 그 이유는 허위표시 그 자체가 불법은 아니기 때문이다.

문 140 허위표시에 관한 설명으로서 부당한 것은 어느 것이냐?

① 허위표시를 한 자의 채권자는 채권자취소권을 행사할 수 있다.

② 허위표시는 무효이지만, 그 무효로써 선의의 제3자에게 대항할 수 없다.

③ 허위표시는 무효이기 때문에 허위표시의 철회라는 것은 무의미하다.

④ 허위표시는 단독행위에 관해서도 적용될 여지가 있다.

⑤ 허위표시에 관한 규정은 원칙적으로 신분행위에는 적용될 수 없다.

해설 ① 채권자취소권(제406조)의 요건을 갖춘 때에는 허위표시를 한 자의 채권자는 채권자취소권을 행사할 수 있다(대판 1963. 11. 28, 63 다 493, 대판집 11. 2, 민 265). ③④⑤는 의문의 여지가 없다. ③에 있어서 허위표시의 철회는 무의미하다고 볼 수 없다. 따라서 이것이 정답이다.

문 141 다음 중 통정허위표시의 효과로 옳은 것은?

① 당사자가 추인하면 소급하면 유효로 된다.

② 선의의 제3자에 대하여 가장양도인은 그 목적물의 반환을 청구할 수 있다.

③ 통정한 허위의 의사표시의 당사자의 채권자도 선의의 제3자에 대해서는 무효를 주장할 수 없다.

④ 선의의 제3자로부터 다시 악의의 제3자에게 이전한 경우에는, 그 자를 상대로 목적물의 반환을 청구할 수 있다.

⑤ 통정한 허위의 의사표시의 무효는 절대적 효력을 발생한다.

해설 ③ 민법 제108조 2항은 「통정허위표시의 무효는 선의의 제3자에게는 대항하지 못한다」고 규정하고 있다. 따라서, 그 결과로 가장매수인을 진정한 소유자로 믿고서 목적물을 매수한 자는 그 소유권을 취득한다. 다만, 가장매수인은 진정한 권리자에게 손해배상의 책임을 진다(제750조). 특히, 선의의 제3자가 다시 악의의 제3자와 거래계약을 한 경우에라도 악의의 제3자에 대하여 허위인 것을 이유로 하여 무효의 주장을 할 수 없다.

문 142 다음 중 허위표시의 무효는 선의의 제3자에 대항할 수 없는데, 이 경우의 제3자에 해당되지 아니한 자는?

① 채권의 가장양도에 있어서 채무자

② 가장표시에 의한 양수인으로부터 다시 목적물을 양수한 자
③ 가장표시의 양수인
④ 허위표시에 의한 취득자가 파산한 경우에 파산관재인
⑤ 허위표시에 의한 양수인으로부터 그 목적물에 관하여 저당권의 설정을 받은 자

해설 ① 통정한 허위표시에서의 「선의의 제3자」는 당사자와 그의 포괄승계인이외의자를 모두 포함하나, 제108조 2항에서는 위의 제3자 중에서 통정허위표시를 기초로 하여 새로운 이해관계를 맺은 자만에 한정한다. 이러한 상기의 제3자에 해당하는 자는 다음과 같다. 가장매수인으로부터 목적물을 다시 매수한 자 · 가장매수인으로부터 저당권을 설정 받은 자 · 가장매매에 의한 대금채권을 양수 받은 자 · 가장저당권을 설정하여 취득한 저당권의 실행으로 인한 경락자 · 가장소비대차의 가장채권 양수인 · 가장매매 매수인에 대한 압류채권자 · 채권의 가장양수인으로부터 양수인 · 가장채권의 질권자이다. 그리고 상기의 제3자에 해당하지 않는 자는 다음과 같다. 가장매매에 기한 손해배상청구권의 양수인 · 채권의 가장양도에 있어서 주식회사 · 주식의 가장양도에 있어서 주식회사 · 예금채권의 가장양도시 은행 · 가장매수인으로부터 지위를 상속한 자 · 가장매매전 이미 설정되어 있는 저당권자 · 가장매매에 기한 부당이득반환 청구권의 양수인

문 143 다음 중 민법에 의하여 보호받는 제3자가 아닌 것은?

① 허위표시의 외관을 신뢰한 제3자
② 비진의표시임을 알지 못한 제3자로부터 목적물을 인수한 악의의 제3자
③ 채권의 가장양도에 있어서의 채무자
④ 착오에 의한 것임을 알지 못하고 물건을 매수한 자
⑤ 갑이 을의 양해를 얻어 을명의로 예금을 개설하고 그 예금채권을 병에게 양도한 경우의 병

해설 ② 앞문제 해설을 참조할 것

문 144 착오에 관한 다음 기술 중 틀린 것은?

① 착오란 사실의 인식을 잘못 알고 있는 의사표시이다.
② 표시주의에 의하면, 착오로 인한 법률행위는 취소할 수 있는 것으로 된다.
③ 법률행위의 중요부분에 착오가 있으면 취소할 수 있다.
④ 표시행위 자체를 잘못하여 진의와 표시상의 의사가 불일치하는 경우도 착오의 문제로 다루어진다.
⑤ 표시기관의 착오는 착오의 문제로 다루어지지 않는다.

해설 ⑤ 앞문제 해설을 참조할 것

문 145 다음 중 동기의 착오에 해당하는 경우는?

① 10만원이라고 적어야 할 것을 100만원이라고 잘못 적은 경우

② 품질이 서로 다른 물건을 같은 것으로 알고 판매한 경우
③ 중개자가 의사의 내용을 잘못 전달할 경우
④ 달러와 파운드를 같다고 생각하여 10파운드를 10달러로 적은 경우
⑤ 공업단지가 조성될 것으로 믿고 토지를 매수한 경우

해설 ①은 표시상의 착오의 예이다. ②는 중요부분의 착오로서 이는 목적물의 동일성에 관한 착오이다. ③은 표시기관의 착오로서 표의자가 결정한 효과의사를 상대방에게 표시하여 그 의사를 완성하는 자가 표의자의 의사와 다르게 상대방에게 표시한 경우(표시기관의 착오)에는 표시상의 착오에 준하여 취급한다(통설). ④ 내용상의 착오의 문제이다. ⑤가 동기의 착오이다. 의사표시를 하게 된 동기(이는 연유라고도 함)에 착오가 있는 경우가 발생하는데, 이를 「동기의 착오」 또는 「연유의 착오」라고 한다.

문 146 이조백자인 줄로 알고 샀는데 사실은 최근에 구워낸 자기인 것이 드러났다. 이러한 경우의 법률관계는?

① 유효이다.
② 무조건 취소할 수 있다.
③ 무효이다.
④ 동기가 표시되지 않았으므로 취소할 수 없다.
⑤ 골동품에 상당하는 고가로 샀으면 취소할 수 있다.

해설 ⑤ 이는 동기의 착오에 관한 문제이다. 이 경우 이러한 동기의 착오는 반드시 명시적일 필요가 없다. 예를 들어 가짜 이조백자를 값비싼 골동품인줄 알고 구입한 경우에라도 이를 진짜 골동품에 상당하는 가격으로 구입한 경우는 이를 묵시적으로 표시된 것으로 볼 수 있다. 따라서 상기의 경우처럼, 상당한 가격으로 골동품을 구입한 경우는 동기의 착오에 해당하여 이를 취소할 수 있다(다수설·판례).

문 147 동기의 착오에 관한 설명 중 옳은 것은?

① 동기가 의사표시의 내용으로 표시되었을 때 착오의 문제로 다룰 수 있다는 것이 판례의 태도이다.
② 동기의 착오는 거래의 안전을 해하기 때문에 착오로서 다룰 수 없다는 것이 일치된 학설이다.
③ 동기가 표시되어야 한다는 것이 반드시 명시적인 것임을 요한다.
④ 동기의 착오도 법률행위내용의 중요부분의 착오로서 취소할 수 있다.
⑤ 동기의 착오도 표의자에게 중대한 과실이 없는 경우에 한하여 취소할 수 있다.

해설 ① 판례는 동기의 착오의 경우에는 표시에 대응하는 내심의 의사가 있기 때문에 처음부터 착오라는 문제는 생기지 않는다는 입장을 취하고 있다. 즉 동기의 착오를 인정하지 않고 대체로 동기가 '의사표시의 내용'으로 표시되었을 때에만 착오의 문제로 다룰 수 있다는 다수설인 표시설을 따르고 있다.

문 148 의사표시의 착오에 관한 다음의 설명 중 틀리는 것은?

① 착오를 이유로 의사표시를 취소하지 못하도록 하는 중대한 과실의 유무에 관한 입증책임은 표의자의 상대방이 부담한다.

② 우체통에 넣은 편지가 다른 사람에게 전달된 경우, 그것은 발달인의 의사표시의 착오이다.

③ 통신으로 의사를 전달하는 경우, 통신기사가 잘못하여 본인의 의사와 다른 내용이 상대방에게 전달되면 의사표시의 착오이다.

④ 대리인이 본인의 의사와 다른 의사표시를 한 경우에는 본인에 의한 의사표시의 착오는 없게 된다.

⑤ 사자가 본인의 의사와 다른 표시를 한 띠에는 본인에 의한 의사표시의 착오이다.

해설 ① 법률행위의 내용의 중요부분에 착오가 있다고 하더라도, 민법 제109조 1항 단서는 「착오가 표의자의 중대한 과실로 인한 때에는 취소하지 못한다」고 규정하여, 표의자 자신에게 중대한 과실이 있어서 착오를 하였을 때에는 이로 인한 손해를 타인에게 돌릴 수 없게 취소할 수 없도록 하였다. 그러나, 이 경우에는 상대방이 취소하는 것은 무방하다고 하겠다. 여기서 「중대한 과실」이란 표의자의 직업, 행위의 종류, 목적 등에 비추어 보통으로 하여야 할 주의를 현저히 결하는 것을 말하며, 이의 입증책임은 표의자의 상대방이 진다(통설). ③⑤이는 「표시기관의 착오」이다. 이를 전달의 착오라고도 하는데, 이는 표의자가 사자 또는 우편국을 매개로 하여 표시행위를 하고 이러한 매개자가 표의자의 의사와 다르게 표시행위를 하는 것을 말한다. 예를 들어 김선달(표의자)이 "나는 황진이를 끔찍이(사랑스럽게) 생각한다"고 표시기관인 전보원에게 전송할 것을 부탁하였는데, 이 표시기관이 잘못 이해하여 "나는 황진이를 끔찍하게(징그럽게) 생각한다"고 그릇된 전보를 보낸 경우, 사자에게 일백만원에 그림을 팔겠다고 하였는데, 이를 사자가 잘못 이해하고 이백만원에 판매한다고 표시한 경우가 그것이다. 이 경우는 표시상의 의사표시의 착오와 같이 취급된다(통설) ④ 대리인은 스스로 의사표시를 결정하는 것이므로 본인의 의사와 다르더라도 착오의 문제가 생기지 않는다. ② 그러나, 표의자가 완성한 의사표시를 단순히 전달하는 전달기관이 의사표시의 상대방이 아닌 다른 사람에게 전달한 경우에는 착오의 문제는 발생하지 않는다. 즉 의사표시부도달의 문제가 될 뿐이다. 그예로서, 우체통에 넣은 편지가 다른 사람에게 전달된 것을 들 수 있다.

문 149 우리 판례상으로 보아 법률행위의 내용상 중요부분의 착오에 해당하는 것은?

① 매매목적물의 시가에 관한 착오

② 토지의 현황·경계에 관한 착오

③ 합의금을 약정함에 있어 강제추행을 강간치상으로 오인한 경우

④ 매매목적물이 타인의 소유임을 알지 못한 경우

⑤ 지적의 부족이 있을 경우

해설 ① 가격에 관한 착오는 그 정도가 거래상 중요한 것으로 되는 경우가 중요부분의 착오가 된다.

③대판 77다1562, 1977. 10. 31. 선고 ⑤ 지적의 부족, 즉 특정한 지번의 토지 전부를 매수하였는데 그 지적이 실제의 면적보다 적은 경우라도 이를 중요부분의 착오가 아닌 것으로 보고 있다(대판 69다196, 1969. 5. 13. 선고). ② 그러나 토지의 현황·경계에 관한 착오는 중요부분의 착오로 보고 있다(대판 67다216, 1968. 3. 26. 선고)

문 150 다음 중 법률행위의 내용의 중요부분의 착오에 해당되지 않는 것은?

① 사람의 동일성에 관한 착오　② 사람의 자격에 관한 착오
③ 목적물의 동일성에 관한 착오　④ 토지의 현황·경계에 관한 착오
⑤ 목적물의 시가를 모르고 한 대금결정

해설 ⑤「중요부분의 착오」 가운데 물건의 수량, 가격에 관한 판례는 "의사표시의 착오가 법률행위의 내용의 중요부분에 착오가 있는 이른바 요소의 착오이냐의 여부는, 그 각 행위에 관하여 주관적·객관적 표준에 쫓아 구체적 사정에 따라 가려져야 할 것이고 추상적·일률적으로 이를 가릴 수 없다고 할 것인 바, 토지매매에 있어서 가격에 관한 착오는 토지를 매수하려는 의사를 결정함에 있어 그 동기의 착오에 불과할 뿐 법률행위의 중요부분에 관한 착오라고 할 수 없다(1985. 4. 23. 제1부 판결 84다카890; 1991. 2. 12. 제2부 판결 90다17927)

문 151 착오에 관하여 틀린 것은?

① 계산착오는 동기의 착오의 일종이다.
② 공법행위에 관하여 착오의 규정이 적용되지 않는다.
③ 착오가 물권행위에만 있는 때에는 물권행위만을 취소할 수 있다.
④ 채권액에 관하여 다툼이 있어 화해하였으나, 그 채권이 이미 소멸하였을 때에는 착오를 이유로 취소할 수 있다.
⑤ 법률행위의 목적물이 누구에게 속하는가를 잘못 안 것은 중요부분의 착오이다.

해설 ① 의사표시를 하게 된 동기(이는 연유라고도 함)에 착오가 있는 경우가 발생하는데, 이를 「동기의 착오」 또는 「연유의 착오」라고 한다. 또한 「계산착오」도 이에 해당한다. ② 공법상의 행위에는 제109조가 적용되지 않는다. 즉, 행정처분에는 민법상의 착오에 관한 규정은 원칙적으로 적용되지 않으며(대판 66 다 1289호, 1966. 9. 20. 선고), 또한 소송법상의 행위에서도 소송절차의 안정과 명확성을 위하여 적용이 없다(대판 1979. 5. 15. 78다1094). ③ 타당하다. ④ 화해계약의 경우는 제109조가 배제되고 제733조에 따른다. 화해 당사자의 자격 또는 화해의 목적인 분쟁 이외의 사항에 착오가 있는 경우를 제외하고는 착오를 이유로 취소하지 못한다.

문 152 착오에 기인한 법률행위의 취소의 요건에 해당하지 않는 것은?

① 중요부분에 관한 착오가 있어야 한다.
② 우리 민법은 상대방의 예견불능성을 취소요건으로 하고 있다.
③ 표시자에게 고의 또는 중대한 과실이 없어야 한다.

④ 고의·중과실의 입증책임은 상대방에게 있다.

⑤ 화해계약은 착오를 이유로 취소할 수 없다.

해설 ① 제109조 1항 본문 ③ 제109조 1항 단서 ⑤ 앞문제 해설을 참조 할 것 ② 어떤 것이 법률행위의 「중요부분」의 착오에 속하는가에 대하여, 주관적 요건은, 표의자가 그러한 착오가 없었더라면 그와 같은 의사표시를 하지 않았을 것이라고 생각할 정도로 중요한 것이고, 객관적 요건은, 보통 일반인이 표의자의 입장에 있었더라면 착오가 없는 이상은 그런 의사표시를 하지 않았으리라고 생각될 정도로 중요한 것이어야 한다. 따라서 상대방의 예견가능성은 취소요건이 아니다.

문 153 의사표시에 관한 다음 기술 중 옳지 않은 것은?

① 사자에게 말을 전하게 하였는데 그 말을 잘못 전하였을 경우에는 표시행위 자체를 잘못한 표시상의 착오로 다루어진다.

② 상대방의 동일성에 관한 착오는 언제나 중요부분의 착오가 된다.

③ 통정허위표시는 가족법상의 행위에 관하여는 언제나 무효이다.

④ 통정허위표시에 있어서 제3자가 보호되기 위해서는 그 선의, 즉 문제된 행위가 통정허위표시임을 알지 못하여야 한다. 선의에 대한 과실의 유무는 이를 묻지 않는다.

⑤ 진의아닌 의사표시에 있어서 상대방이 표의자의 진의아님을 알았거나 알 수 있었을 때에는 무효이나, 상대방의 악의 또는 과실의 유무는 그 의사표시의 무효를 주장하는 자가 입증하여야 한다.

해설 ① 「표시기관의 착오」는 전달의 착오라고도 하는데, 이는 표의자가 사자 또는 우편국을 매개로 하여 표시행위를 하고, 이러한 매개자가 표의자의 의사와 다르게 표시행위를 하는 것을 말한다. 이 경우는 우리 민법에 규정이 없으나 독일 민법(§120)과 같이 '표시상의 착오'로 다룬다(통설) ③ ④는 통설임 ⑤ 제107조 1항 ② 상대방의 동일성에 관한 착오는 개인에 중점을 두는 법률행위, 즉, 증여·신용매매·임대차·위임·고용 등에서는 중요부분의 착오가 된다. 그러나, 현실매매와 같이 상대방이 누구이냐를 중요시하지 않는 경우에는 사람의 동일성의 착오는 이른바, 중요부분의 착오가 아니다.

문 154 「착오에 의한 의사표시의 취소는 선의의 제3자에게 대항하지 못한다」고 할 때 다음 설명 중 틀린 것은?

① 여기서 「제3자」라 함은 당사자 이외의 모든 자를 말한다.

② 「제3자」라 함은 특정승계인도 포함된다.

③ 당사자와 포괄승계인을 제외한 그 외의 모든 자를 보통 「제3자」라 한다.

④ 「선의」라 함은 착오에 의한 의사표시임을 알지 못하는 경우를 말한다.

⑤ 「대항하지 못한다」 함은 제3자에게는 표시된 대로 효력을 발생한다는 뜻이다.

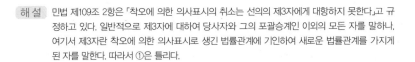

해설 민법 제109조 2항은 「착오에 의한 의사표시의 취소는 선의의 제3자에게 대항하지 못한다」고 규정하고 있다. 일반적으로 제3자에 대하여 당사자와 그의 포괄승계인 이외의 모든 자를 말하나, 여기서 제3자란 착오에 의한 의사표시로 생긴 법률관계에 기인하여 새로운 법률관계를 가지게 된 자를 말한다. 따라서 ①은 틀리다.

문 155 사기에 의한 의사표시의 요건이 아닌 것은?

① 기망자에게 고의가 있어야 한다.

② 기망행위가 위법하여야 한다.

③ 기망행위로 인하여 표의자가 착오에 빠지고, 의사표시를 함에는 그와 인과관계가 있어야 한다.

④ 기망행위가 적극적으로 허위의 사실을 진술함을 말하며, 소극적인 진실의 은폐는 기망행위가 아니다.

⑤ 사기에 의한 법률행위의 중요부분의 착오는 제109조의 적용도 가능하다.

해설 「사기에 의한 의사표시」라 함은? 타인의 기망에 의하여 착오에 빠진 결과로 표의자가 한 의사표시를 말한다. 그 요건으로는 i) 사기자에게 2단의 고의가 있어야 한다. 즉, 제1단으로서 상대방을 기망하여 착오에 빠지게 하려는 고의와, 제2단으로서 이러한 착오에 빠져서 상대방인 표의자가 의사표시를 하게 하려는 고의가 있어야 한다. ii) 기망행위가 있어야 한다. 이러한 기망행위에는 적극적으로 허위사실을 진술하는 것은 물론이고 소극적으로 진실을 숨기는 것도 포함한다. 또한, 의견 또는 평가의 진술(평가의 진술)도 기망행위가 될 수 있다. iii) 기망행위는 사회통념상 「위법성」이 있다고 할 정도의 행위라야 한다. 그러나 이를 판단함에는 경우에 따라 차이를 두어야 한다. iv) 「기망행위」에 의하여 표의자가 「착오」에 빠져야 하고 그 착오에 의하여 「의사표시」를 하는 인과관계가 있어야 한다. 즉, 사기는 착오와 의사표시 사이에 인과관계가 있어야 한다. 이러한 인과관계는 '표의자의 주관적인 것에 지나지 않아도 무방하며(대판 4290 민상 58호, 1957. 5. 16. 선고), 보통 일반인이라도 사기를 당했을 것이라는 객관적 사정은 필요치 않다. 또한, '표의자의 과실'도 불문한다. ④는 틀리다.

문 156 다음 중 사기에 의한 의사표시에 관한 다음 기술 중 옳지 않은 것은?

① 회사가 과장선전을 하여 신주를 인수케 하였다.

② 신문의 날조기사로 인하여 착오를 일으켜서 의사표시를 하였다면 신문사의 사기가 된다.

③ 유아나 정신병자의 언동에 속았다고 하더라도 그것은 사기로 되지 않는다.

④ 특별한 사정이 없는 한 매수인이 시가보다 저렴한 액을 시가라고 고하더라도 사기가 되지 않는다.

⑤ 사기에 의한 의사표시의 요건은 취소를 주장하는 자가 입증하여야 한다.

해설 ①은 사기자에 의한 1단의 고의와 2단의 고의에 해당한다. ② 는 1단의 고의는 있으나 2단의 고의가 없는 경우이므로 이는 사기에 해당하지 않는다. 즉 「사기자에게 2단의 고의」가 있어야 하는데, 예를 들어, 회사가 과장광고를 하여 신주를 인수케 한 경우는 제1단으로서 상대방을 기망하여 착오에 빠지게 하려는 고의와, 제2단으로서 이러한 착오에 빠져서 상대방인 표의자가 의사표시를 하게 하려는 고의가 있는 경우이다. 그러나 신문의 날조·허위기사는 1단의 고의는 있다 하더라도 2단의 고의가 없으므로 만약, 그 기사를 보고 착오를 일으켜 의사표시를 한 자가 있더라도 이는 사기에 의한 의사표시가 되지 않는다. ③ 사기자는 고의가 있어야 하므로 적어도 의사능력을 가지고 있어야 한다. 따라서 유아나 정신병자의 언동에 속았다 하더라도 이는 사기에 해당하지 않는다. ⑤는 옳다. ④ 특별한 사정이 없는 한 매수인이 시가보다 저렴한 액을 시가라고 고하더라도 사기가 되지 않는다(대판 4291민상139, 1959. 1. 29, 선고).

문 157 다음 기술 중 옳지 않은 것은?

① 침묵·부작위는 사기행위가 되는 일이 있으나, 강박행위가 되는 일은 없다.

② 사기·강박때문에 취소할 수 있는 의사표시가 되기 위하여는 그것이 위법일 필요가 있다.

③ 야시장에서 순금이라고 칭하고 도금한 가락지를 팔았다고 하더라도 보통 사기로는 되지 않는다.

④ 사기 또는 강박에 의한 의사표시는 그 사기 또는 강박이 제3자에 의하고, 또한 상대방이 그것을 알 수 있었던 경우에도 취소할 수 있다.

⑤ 단지 추상적인「천벌을 받는다」라고 고하는 것만으로써는 민법에서의 이른바 강박행위라고 할 수 없다.

해설 ① 강박의 정도가 표의자에게 두려운 마음을 가지게 하는 행위라면 어떠한 모습과 종류이던 상관이 없는 것이다. 예를 들어, '천재지변이 있을 것'이라고 말하거나, '엄청난 재앙을 가하겠다'고 하는 등 어느 것이라도 상관없으며, 그 해악은 재산적 해악이나 비재산적 해악이라도 좋다. 그리고, 더 나아가 침묵이나 부작위도 공포심을 생기게 하는 경우이면 강박행위가 되는 수가 있으며, 그 해악의 대상은 반드시 표의자가 아니라 그 친척 등에 하는 경우도 무방하다

문 158 하자있는 의사표시의 효과에 관한 설명 중 틀린 것은?

① 사기나 강박에 의한 혼인 또는 입양은 이를 취소할 수 있다.

② 사기나 강박에 의한 의사표시는 취소할 수 있으나, 선의의 제3자에게는 대항할 수 없다.

③ 채무자가 보증인을 속이거나 강박하여 보증계약을 체결하게 한 때에 보증인은 채권자가 이러한 사기나 강박한 사실을 알았을 때에만 그 보증계약을 취소할 수 있다.

④ 주식인수인은 사기나 강박을 이유로 그 인수를 취소할 수 없다.

⑤ 상대방이 없는 의사표시에 관하여 제3자가 사기나 강박을 한 때에는 언제든지 취소할 수 있다.

해설 ① 민법 제 816조 3호, 884조 3호 ② 민법 제110조 3항 ④ 상법 제320조 1항 ⑤ 제110조 1항, 2항 ③ 민법은 제110조 2항에「상대방 있는 의사표시에 관하여 제3자가 사기나 강박행위를 한 경

우에 상대방이 그 사실을 알았거나 알 수 있었을 경우에 한하여, 그 의사표시를 취소할 수 있다」고 규정하고 있다. 따라서 이는 틀리다.

문 159 강박으로 인한 의사표시의 요건이 아닌 것은?

① 강박자에게 고의가 있을 것
② 위해는 재산적인 것에 한하지 않는다.
③ 공포심에 의하여 의사표시를 할 것
④ 위해는 객관적으로 실현될 수 있는 것이라야 한다.
⑤ 강박이 위법일 것

해 설 강박으로 인한 의사표시에 대한 요건은 다음과 같다. ⅰ) 강박자에게 2단의 고의가 있어야 한다. 즉, 제1단으로서 상대방에게 공포심을 일으키게 하려는 고의와, 제2단으로서 이러한 공포로 인하여 표의자가 의사표시를 하게 하려는 고의가 있어야 한다(대판 73 다 1048호, 1975. 3. 25. 선고). 이 경우, 강박자는 표의자의 상대방일 수도 있고, 제3자일 수도 있다. ⅱ) 표의자가 공포심을 일으키게 하는 「강박행위」가 있어야 한다. 이러한 강박행위의 방법이나 해악의 종류에는 제한이 없다. 즉, 강박의 정도가 표의자에게 두려운 마음을 가지게 하는 행위라면 어떠한 모습과 종류이던 상관이 없는 것이다. 그 해악은 재산적 해악이나 비재산적 해악이라도 좋다. 그 해악의 대상은 반드시 표의자가 아니라 그 친척 등에 하는 경우도 무방하다. ⅲ) 강박에는 위법성이 있어야 한다. 정당한 행위는 상대방에게 공포심을 일으키게 하더라도 강박이 되지 않는다. 즉, 불법행위를 한 자에게 자수하지 않으면 고소·고발하겠다고 위협하는 것은 위법성이 없다. 그러나, 불법행위를 한 자에 대하여 고소·고발한다고 위협하여 부당한 이익을 얻으려고 한 경우는 일반적으로 「위법성」을 띤다. 이 때, 강박이 위법성을 띠느냐의 여부는 강박의 목적과 수단을 보고 결정해야 한다. ⅳ) 공포심에 의한 의사표시가 있어야 한다. 상기의 공포의 정도는 표의자가 자유를 완전히 잃을 정도로 강한 정도를 요구하는 것은 아니다. 만약 표의자의 의사결정의 자유가 완전히 박탈되어, 내심의 효과의사가 없는 경우라면 그 강박에 의한 의사표시는 무효라고 하여야 한다(대판 84 다카 1402호, 1984. 12. 11. 선고). ④ 그러나 상기의 해악은 객관적으로 실현될 수 있는 것이어야 하는 것은 아니다.

문 160 의사와 표시의 불일치에 대한 기술이다. 다음 중 맞는 것은?

① 비진의표시는 표의자를 보호하는 뜻에서 항상 무효이다.
② 허위표시는 당사자가 통정하는 것이므로, 제3자에게도 항상 무효이다.
③ 법률행위내용의 중요부분의 착오는 중대한 의사의 흠결이므로, 법률행위는 무효이다.
④ 상대방을 착오에 빠지게 하는 기망행위는 항상 위법이며, 따라서 그로 인한 의사표시는 언제나 취소할 수 있다.
⑤ 강박의 강도가 심하여 표의자의 의사결정의 자유를 완전히 억압한 경우, 그로 인한 표의자의 의사표시는 무효이다.

해 설 ① 민법 제107조 1항 본문은 「의사표시는 표의자가 진의 아님을 알고 한 것이라도 그 효력이 있다」고 규정하고 있다. 따라서, 「비진의의사표시」라도 원칙적으로는 표시주의에 따라 그 효력이 발생하므로 이는 유효하다. 그러나, 동조 1항 단서가 「상대방이 표의자의 진의가 아님을 알았거나 이를 알 수 있었을 경우에는 무효로 한다」고 규정하고 있다. ② 민법 제108조 1항은 「상대방과 통정한 허위의 의사표시는 언제나 무효이다」라고 규정하고 있다. 그러나 제108조 2항은 「통정허위표시의 무효는 선의의 제3자에게는 대항하지 못한다」고 규정하고 있다. ③ 민법 제109조 1항은 「의사표시는 법률행위의 내용의 중요부분에 착오가 있는 때에는 취소할 수 있다」고 규정하고 있다. ④ 기망에 의하여 표의자가 착오에 바지고 그 착오로 인하여 의사표시를 한 때는 취소할 수 있으나, 언제나 위법한 것은 아니다. ⑤ 공포의 정도는 표의자로 하여금 두려운 마음(공포심)을 일으키게 하는 정도로서 족한 것이지, 표의자가 자유를 완전히 잃을 정도로 강한정도를 요구하는 것은 아니다. 표의자의 의사결정의 자유가 완전히 박탈되어, 내심의 효과의사가 없는 경우라면 그 강박에 의한 의사표시는 내심의 효과의사가 없는 것으로 되어 무효라고 하여야 한다(대판 84 다카 1402호, 1984. 12. 11. 선고).

문 161 다음 중 무효가 아닌 것은?

① 법률행위내용의 중요부분에 착오가 있는 의사표시

② 매매계약체결 전에 목적물이 멸실된 계약

③ 사회질서에 반한 법률행위

④ 통정한 허위의 의사표시

⑤ 불공정한 법률행위

☞ 무효와 취소의 구별

사 항	무 효	취 소
요건	의사무능력자의 법률행위, 불능한 법률행위, 강행법규에 위반한 법률행위, 불공정한 법률행위, 진의 아닌 의사표시의 경우, 통정허위표시 등	제한능력자의 행위, 착오에 의한 의사표시, 사기 강박에 의한 의사표시
본질상의 차이	당연 무효	일단 유효
소송상의 차이	소유권에 기한 목적물 반환청구권	부당이득반환청구
보정상의 차이	① 언제나 무효 ② 추인의 불허용	① ┬ 취소권행사 → 무효 └ 방치해 두면 → 유효 (취소권의 소멸) ② 추인의 허용

문 162 다음은 법률행위의 무효와 취소에 관한 설명이다. 그 중 틀린 것은?

① 흠(欠)이 있는 법률행위를 무효로 할 것인가 또는 취소할 수 있는 것으로 할 것인가는 결국은 입법정책의 문제이다.

② 취소할 수 있는 법률행위는 취소권자의 취소가 있어야 비로소 그 효력이 없게 된다.

③ 무효인 법률행위에 관하여도 부당이득이나 불법행위의 문제가 생길 수 있다.

④ 법률행위의 일부가 무효라 하여 원칙적으로 그 전부가 무효로 되는 것은 아니다.

⑤ 하나의 법률행위에 관하여도 당사자는 각 그 요건을 증명하여 무효를 주장할 수도 있고, 취소를 주장할 수도 있다.

해설 ④ 「일부무효(一部無效)」라 함은? 법률행위의 일부만이 무효로 되는 것을 말한다. 법률행위의 일부무효에 대하여, 민법 제137조 본문은 원칙적으로 「법률행위의 일부분이 무효인 때에는 그 전부를 무효로 한다」고 규정하고, 동조 단서에 예외적으로 「무효부분이 없더라도 법률행위를 하였을 것이라고 인정될 때에는 나머지 부분은 무효로 되지 않는다」고 규정하고 있다. 따라서, 법률행위의 일부무효는 전부무효임을 원칙으로 하고 있다

문 163 다음 법률행위 중 무효원인이 될 수 없는 것은?

① 목적이 불능한 법률행위 ② 불법조건이 붙은 법률행위

③ 제한능력자의 불법행위 ④ 미성년자가 단독으로 한 법률행위

⑤ 행위능력자가 한 협의의 무권대리행위

해설 ④는 취소할 수 있는 법률행위이다.

문 164 원칙으로 무효이나, 선의의 제3자에 대해서는 무효를 주장할 수 없는 경우는?

① 통정허위표시 ② 제한능력자의 법률행위

③ 강박에 의한 의사표시 ④ 심리유보(心裡留保)

⑤ 반사회질서행위

해설 ① 민법 제108조 2항은 '통정허위표시의 무효는 선의의 제3자에게는 대항하지 못한다'.고 규정하고 있다. 즉, 선의의 제3자가 허위표시의 상대방과 거래계약을 한 경우에는 제3자에 대하여 허위인 것을 이유로 하여 무효의 주장을 할 수 없다.

문 165 다음 중 법률행위에 따라 무효원인도 되고 취소원인도 되는 것은?

① 불법조건이 붙은 법률행위 ② 상대방이 알 수 있는 비진의의사표시

③ 의사무능력 ④ 강행법규

⑤ 불능한 법률행위

해설 ③ 無效와 取消의 경합의 문제에 있어서, 취소는 소급효가 있으므로 결과적으로 무효와 취소는 공통한 점을 가지고 있다. 그리고 예를 들어 미성년자가 어떤 법률행위를 할 때에 전혀 의사능력을 갖고 있지 않은 경우와 같이 구체적인 법률행위가 무효와 취소의 쌍방의 원인을 포함하는 경우가 있는데, 이 경우에는 당사자가 각각 그 요건을 증명하여 무효와 취소 가운데 어느 것을 주장하든 자유이다.

문 166 법률행위의 일부무효에 관하여 틀린 것은?

① 제137조의 규정이 일부취소에도 적용된다.

② 일부가 무효일 때 그 전부를 무효로 한다.

③ 무효부분이 없더라도 법률행위를 하였을 것이라고 인정될 때에는 나머지 부분은 무효가 되지 않는다.

④ 법률행위의 무효는 제3자에게 대항할 수 있다.

⑤ 법률행위의 일부무효가 모든 사람에게 무효로 되지 않는다.

해설 ⑤ 법률행위의 무효는 원칙적으로 절대적 무효이므로, 일부무효인 경우에도 모든 사람에게 효력이 미친다.

문 167 다음 무효행위 중 추인(追認)이 가능한 것은?

① 사회질서에 반하는 행위

② 가장매매(假裝賣買)

③ 인륜에 반하는 행위

④ 생존의 기초가 되는 재산의 처분행위

⑤ 불능인 행위

해설 ② 무효행위는 당사자가 추인하여도 모든 사람과의 관계에서 처음부터 유효로 하는 소급적 추인(遡及的 追認)은 있을 수 없다(제139조 본문 참조). 그러나 당사자가 무효임을 알고도 추인을 한 경우에는 새로운 법률행위를 한 것으로 본다(제139조 단서). 이렇게 비소급적 추인(非遡及的 追認)을 인정하는 이유는 불필요한 당사자간의 동일한 내용의 법률행위의 반복을 피하기 위해서이다. 예를 들어, 임꺽정과 김선달이 통정(通情)하여 1993. 5. 1에 한 증여에 의한 소유권이전등기를 한 가장매매(假裝賣買)의 경우는 무효이지만, 이것이 무효인 것을 알고서 1994. 5. 1에 추인한 경우는 이는 처음부터 유효한 것이 아니고, 추인 한 때부터 장래에 대하여 새로운 증여로서 효력이 생긴다.

문 168 다음 중 법정추인사유(法定追認事由)가 아닌 것은?

① 이의(異意)를 유보한 채무의 전부이행　② 이행의 청구

③ 담보의 제공　④ 강제집행

⑤ 취소할 수 있는 행위로써 취득한 권리의 일부의 양도

해설 ① 은 제145조 단서에 반한다.

문 169 법률행위에 대한 취소권은 일정한 기간 안에 행사하지 않으면 소멸하게 된다.

① 추인할 수 있는 때로부터 1년 이내, 법률행위를 한 때로부터 5년 이내에 행사하여야 한다.

② 추인할 수 있는 때로부터 2년 이내, 법률행위를 한 때로부터 10년 이내에 행사하여야 한다.
③ 추인할 수 있는 때로부터 1년 이내, 법률행위를 한 때로부터 10년 이내에 행사하여야 한다.
④ 추인할 수 있는 때로부터 3년 이내, 법률행위를 한 때로부터 10년 이내에 행사하여야 한다.
⑤ 추인할 수 있는 때로부터 5년 이내, 법률행위를 한 때로부터 10년 이내에 행사하여야 한다.

해설 민법 제146조는 「취소권은 추인할 수 있는 날로부터 3년내에, 법률행위를 한 날로부터 10년이내에 행사하여야 한다」고 규정하여, 기간의 경과로 인하여 취소권이 소멸하는 것으로 하고 있다.

문 170 조건에 관한 다음 설명 중 틀린 것은?

① 불능의 정지조건을 붙인 법률행위는 무효이다.
② 해제조건이 법률행위 당시에 이미 성취되어 있는 때에는 그 법률행위는 무효로 한다.
③ 불능의 해제조건을 붙인 법률행위는 조건 없는 법률행위로 한다.
④ 조건이 사회질서에 반하는 때에는 그 법률행위는 무효로 한다.
⑤ 정지조건부 법률행위는 그 조건이 단지 채무자의 의사에만 달려 있을지라도 유효하다.

해설 순수수의조건(純粹隨意條件)은 언제나 무효이다.

문 171 해제조건부 행위라고 볼 수 있는 것은 어느 것인가?

① 시계를 주되 시험에 불합격되면 도로 찾아온다.
② 시험에 합격하면 시計를 준다.
③ 시계를 준다.
④ 시계를 사면 준다.
⑤ 나와 같이 여행하면 시계를 준다.

해설 ① 예를 들어, 임꺽정이 둘째아들에게는 성적이 떨어지면 매달 주던 용돈 30만원을 주지 않기로 약속하였다고 하자. 이는 해제조건(解除條件)이 붙은 법률행위이므로, 이 경우는 성적이 떨어지면(條件成就) 매달 주어 왔던 용돈에 대한 법률행위의 효과가 소멸한다(동조 2항). 따라서 이를 해제조건부 법률행위(解除條件附 法律行爲)라고 한다. 이러한 해제조건은 조건의 성취로 이미 발생한 법률행위의 효력을 소멸시키는 것이다.

문 172 다음 사항 중 조건이 아닌 것은?

① 내일 비가 오면 이 우산을 너에게 주겠다.
② 내가 성공하면 너에게 생활비를 급여하겠다.
③ 내가 행정고시에 합격하면 이 책은 모두 너에게 주겠다.
④ 네가 우등생이 되면 장학금을 주겠다.
⑤ 너에게 이 시계를 주되 내가 죽게 되면 그 때 주겠다.

해 설 ⑤는 불확정기한이다. 즉 장래에 발생할 것이 확실하더라도 '내가 죽으면 00을 준다' 는 것과 같은 경우는 그 발생하는 시기가 반드시 '언제'라고 확정되어 있지 않은데 불과하므로, 이는 불확정기한(不確定期限)이지 조건(條件)이 아니다.

문 173 조건에 관하여 틀린 기술은?

① 기성조건이 해제조건이면 그 법률행위는 무효이다.
② 상속의 포기에는 조건을 붙일 수 없다.
③「내가 죽으면 재산을 너에게 주겠다」는 것은 정지조건부 법률행위이다.
④ 조건의 성취로 불이익을 받을 당사자가 신의칙에 반하여 조건의 성취를 방해한 때에는 상대방은 그 조건이 성취된 것으로 주장할 수 있다.
⑤ 조건부 권리도 처분할 수 있다.

해 설 ① 민법 제151조, ② 조건은 법률행위의 내용의 일부이므로 당사자가 임의로 조건을 붙이는 것은 자유이다(私的自治). 그러나, 공익의 이유(예: 혼인 등의 신분행위) 또는 거래의 안정이나 법적 안정을 해한다는 이유(예: 취소 등의 단독행위)로 조건을 붙이지 못하는 것이 있다. 이것을「조건에 친하지 않은 행위(條件에 親하지 않은 행위)」라고 한다. ③은 불확정기한이다.④ 제150조 1항, ⑤ 제149조

문 174「비가 내리면 우산을 주겠다」라고 하는 경우에는 어떠한 조건에 해당하는가?

① 해제조건 · 적극조건
② 정지조건 · 혼합조건
③ 해제조건 · 비수의조건
④ 정지조건 · 적극조건
⑤ 해제조건 · 혼합조건

해 설「비가 내리면」은 적극조건이고, 또한 법률행위의 효력발생이 장래의 발생이 불확실한 사실에 의존케 하는 정지조건에 해당한다.

문 175 기성조건 · 불능조건에 관한 것 중 틀린 것은?

① 조건이 법률행위 당시에 이미 성취한 때에는 그것이 정지조건이면 조건 없는 행위로 된다.

② 조건이 법률행위 당시에 이미 성취한 때에는 그것이 해제조건이면 그 행위는 무효이다.

③ 법률행위 당시에 조건이 이미 성취하기 불능한 때에는 그것이 해제조건이면 조건 없는 행위로 된다.

④ 법률행위 당시에 조건이 이미 성취되었거나 불성취로 확정된 경우를 불문하고 그것이 해제조건이면 그 행위는 무효이다.

⑤ 법률행위 당시 조건이 이미 성취하기 불능한 때에는 그것이 정지조건이면 그 행위는 무효이다.

해설 ④ 민법 제151조 2항은 「조건이 법률행위의 당시 이미 성취한 것인 경우에는 그 조건이 정지조건이면 조건없는 법률행위로 하고 해제조건이면 그 법률행위는 무효로 한다」고 규정하고 있다.

문 176 조건에 친하지 않는 행위가 아닌 것은?

① 혼인(婚姻) ② 입양(入養)
③ 계약의 해제 ④ 취소(取消)
⑤ 유증(遺贈)

해설 조건을 붙힐 수 없는 법률행위가 있는데, 이를 「條件에 親하지 않은 法律行爲」라 한다. 이는 公益上 不許되는 것으로 조건을 붙히면 강행법규나 사회질서에 반하는 경우 또는 婚姻·認知·離婚·入養·相續의 포기와 승인 등의 가족법상의 행위 그리고 어음·수표행위(조건이 붙어 있어도 조건없는 것으로, 어음 보증에는 가능) 등이 있고, 私益上 不許되는 것으로는, 相計·解除·解止·取消·追認·還買 등의 단독행위에는 원칙적으로 조건을 붙일 수 없다(제493조 등 참조). 단, 채무면제 또는 遺贈과 같이 상대방에게 이익만을 주는 조건이나 상대방이 동의한 경우에는 조건을 붙일 수 있다.

문 177 다음 중 지한이 아닌 것은?

① 가을이 찾아오면이다. ② 순돌이가 죽을 때이다.
③ 다음 해 8월 15일부터이다. ④ 다음 해 가을까지이다.
⑤ 순돌이가 결혼할 때이다.

해설 期限은 법률행위의 당사자가 그 효력의 발생·소멸 또는 채무의 이행을 장래에 도래할 것이 확실한 사실에 의존케 하는 법률행위의 附款이다. 예를 들어, "몇월 몇일까지 반환해야 한다"는 것과 같이 도래할 것이 확실하다는 점에서 조건의 사실과 같으나 그 발생이 확정되어 있다는 점에서 成否 자체가 불확정한 조건의 사실과 다르다.

문 178 다음 사항 중 기한을 둘 수 있으나 조건을 붙일 수 없는 것은?

① 상계(相計) ② 혼인(婚姻)

③ 수표행위　　　　　　　　　　④ 채무의 면제

⑤ 상속의 승인과 포기

해 설 ③ 어음행위나 수표행위는 條件과 親하지 않은 行爲이다. 이는 始期를 붙히는 것이 무방하다. 그 이유는 始期를 붙혀도 법률관계를 불확실하게 하지 않기 때문이다.

문 179 다음 중 기한의 이익을 가지지 아니하는 자는?

① 이자 있는 정기예금의 채권자　　　② 이자 있는 정기예금의 채무자

③ 이자 없는 소비대차의 차주(借主)　　④ 이자 없는 소비대차의 대주(貸主)

⑤ 무상임치(無償任置)에 있어서는 임치인(任置人)

해 설 期限의 利益은 債務者의 利益을 위한 것으로 推定되나(제153조 1항) 기한의 이익을 받는 者가 누구이냐는 경우에 따라 다르다. 이에는 채권자만이 이를 가지는 경우인 無償任置, 채권자와 채무자쌍방이 가지는 경우인 이자있는 소비대차(예: 정기예금), 채무자만이 가지는 경우인 無利子消費貸借가 있다.

문 180 다음 중 기한부 법률행위가 아닌 것은?

① 남산에 첫눈이 오면 외투를 사주겠다.

② 甲이 죽을 때에 이 집을 사주겠다.

③ 연말에 봉급의 배액의 상여금을 주겠다.

④ 내일 비가 오면 우산을 주겠다.

⑤ 다음 월식이 있을 때 망원경을 사주겠다.

해 설 ④ 기한은 법률행위의 효력발생이 장래의 확실한 사실에 의존케 하는 법률행위의 부관이다. 내일 비가 올지 여부는 불확실하므로 조건부 법률행위이다.

문 181 다음 중 기한의 이익에 관한 기술(記述)로서 틀린 것은?

① 기한의 이익이 상대방을 위하여서도 존재하는 경우에는 상대방의 손해를 배상하고 포기할 수 있다.

② 기한의 이익이 채무자를 위하여 정하여져 있다는 것은 채무자 쪽에서 이를 입증하여야 한다.

③ 기한의 이익은 상대방의 이익을 해하지 않는 범위 안에서 미리 포기할 수 있다.

④ 채무자가 파산한 경우에는 기한의 이익을 상실한다는 것은 민법에서 규정하고 있다.

⑤ 채권자와 채무자 쌍방이 기한의 이익을 가지는 경우의 예로서는 이자있는 정기예금을 들 수 있다.

해설 ① 통설 ② 債務者의 利益을 위한 것으로 推定되나(제153조 1항) 이것이 채무자를 위하여 있다는 것은 채권자쪽에서 입증하여야 한다. ③ 민법 제153조 2항은 「기한의 이익을 받는 者는 그 이익을 포기할 수 있다. 그러나, 상대방의 이익을 해하지 못한다」고 규정하고 있다. ④ 채무자가 파산의 선고를 받았을 때(파산법 제16조) ⑤ 채권자와 채무자쌍방이 기한의 이익을 가지는 경우로 이자있는 소비대차(예: 정기예금)가 있다.

정답

100. ④	101. ⑤	102. ⑤	103. ①	104. ④
105. ②	106. ②	107. ③	108. ③	109. ⑤
110. ②	111. ③	112. ⑤	113. ①	114. ②
115. ②	116. ②	117. ②	118. ③	119. ④
120. ②	121. ⑤	122. ②	123. ⑤	124. ⑤
125. ②	126. ⑤	127. ②	128. ⑤	129. ④
130. ④	131. ③	132. ③	133. ①	134. ⑤
135. ⑤	136. ③	137. ①	138. ④	139. ④
140. ③	141. ③	142. ①	143. ②	144. ⑤
145. ⑤	146. ⑤	147. ①	148. ②	149. ②
150. ⑤	151. ⑤	152. ②	153. ②	154. ①
155. ④	156. ②	157. ①	158. ③	159. ④
160. ⑤	161. ①	162. ④	163. ④	164. ①
165. ③	166. ⑤	167. ②	168. ①	169. ④
170. ⑤	171. ①	172. ⑤	173. ③	174. ④
175. ④	176. ⑤	177. ⑤	178. ③	179. ③
180. ④	181. ④			

제6장 기 간

문 182 기간에 관한 설명 중 틀린 것은?

① 기간은 법률행위의 부관이 아니다.

② 自然的 計算法에 의한 計算에는 원칙적으로 初日은 算入하지 않는다.

③ 기간에 관한 민법의 규정은 공·사법에 보충적으로 적용된다.

④ 기간이라 함은 어느 시점에서 어느 시점까지의 계속된 시간을 말한다.

⑤ 時·分·秒를 단위로 하는 期間의 計算은 自然的 計算方法에 의한다.

해설 ② 自然的 計算法에 의한 計算의 경우에는 卽時로부터 계산하므로, 初日算入의 여부가 문제되지 않는다.

문 183 1972년 7월 20일(목요일) 오전 10시에 갑으로부터 1개월 약속으로 금전을 차용하였다. 이 기간의 만료점은 다음 중 어느 것이냐?

① 1972년 8월 19일(토요일) 오전 10시

② 1972년 8월 20일(일요일) 오전 10시

③ 1972년 8월 20일(일요일) 오후 12시

④ 1972년 8월 21일(월요일) 오전 10시

⑤ 1972년 8월 21일(월요일) 오후 12시

해설 ⑤ 初日不算入의 原則에 의하여 7월 20일을 起算日에서 뺀 그 다음날(翌日) 즉 7월 21일이 起算點이 된다. 그러나 이 경우는 滿了點인 8월 20일이 일요일이 되므로 제161조에 의하여 그 다음날인 8월 21일 오후 12시가 滿了點이 된다.

문 184 서기 2000년 7월 25일 오전(午前) 6시에 출생한 자(者)는 어느 때에 성년이 되는가?

① 서기 2019년 7월 25일 오전 12시

② 서기 2019년 7월 24일 오후 12시

③ 서기 2019년 7월 26일 오전 6시

④ 서기 2019년 7월 25일 오전 6시

⑤ 서기 2019년 7월 25일 오후 6시

해 설 ② 특별한 사정이 없는 한 기간계산에 초일(初日)은 산입하지 않는다. 그러나, 연령의 계산에는 출생일을 산입(算入)하며(제158조), 또한 호적의 신고기간(호적법 제42조 1항) 등에 관하여는 초일을 산입한다.

정답

182. ② 183. ⑤ 184. ②

제 7 장 소멸시효

문 185 다음 중 시효제도의 존재이유라고 할 수 없는 것은?

① 정당한 권리관계의 회복　② 법률관계의 안정
③ 거래안전의 보호　④ 신뢰의 보호
⑤ 증거보전의 곤란제거

해설 시효제도의 존재이유는 첫째, 연혁적으로 오랫동안 자기의 권리를 행사하지 않고 있는 者는 「권리위에 잠자는 者」로서 법이 이를 보호할 필요가 없다는 것이다.
둘째, 다음으로 입증(立證)의 곤란이다. 셋째, 사회질서를 유지하고 거래의 안전을 위해서 인정한다. ①은 시효제도와 관계가 없다.

문 186 소멸시효에 관한 다음 기술 중 틀린 것은?

① 소멸시효는 그 기산일에 소급하여 효력이 생긴다.
② 소멸시효는 권리를 행사할 수 있는 때로부터 진행한다.
③ 시효의 이익은 미리 포기하지는 못한다.
④ 소멸시효는 단축 또는 경감할 수 없다.
⑤ 시효이익을 포기함에는 처분능력 또는 처분권한이 있어야 한다.

해설 ① ② 민법 제167조는 「消滅時效는 그 起算日에 소급하여 효력이 생긴다」고 규정하고 있다. 이는 「소멸시효의 소급효」에 관한 규정이다. 이 규정에서 起算日이란 권리를 행사할 수 있는 때이다. ④ 소멸시효제도(消滅時效制度)는 사회질서에 관한 공익규정(公益規定)이다. 그러므로, 당사자 사이의 법률행위에 의하여 이를 배제, 연장 또는 가중할 수 없다. 그러나, 이와 반대로 소멸시효기간을 단축하거나 경감할 수는 있다(제184조 2항). ⑤ 시효이익의 포기는 처분행위(處分行爲)이므로 처분능력(處分能力) 또는 처분권한(處分權限)이 있어야 한다.

문 187 시효의 성질에 관한 설명 중 틀린 것은?

① 시효는 시간의 경과를 요건으로 한다.
② 시효는 재산권과 신분권에 관한 제도이다.
③ 시효에 관한 규정은 강행규정이다.

④ 시효는 법률요건이다.

⑤ 시효는 제척기간과 다르다.

해 설 ② 시효는 재산권에만 적용될 뿐 가족법상의 권리에는 적용되지 않는다.

문 188 소멸시효와 제척기간에 관한 다음 설명 중 틀린 것은?

① 소멸시효나 제척기간에는 다 같이 중단이 인정된다.

② 제척기간에 의한 권리의 소멸은 장래에 향하여 소멸하나, 소멸시효에 의한 권리소멸은 소급적 소멸이다.

③ 소멸시효에 관하여는 시효이익의 포기가 있으나, 제척기간에는 없다.

④ 형성권에 관한 한 그 존속기간은 언제나 제척기간이다.

⑤ 제척기간의 이익은 법원이 당연히 고려한다.

해 설 「제척기간(除斥期間)」이라 함은? 일정한 권리에 관하여 법률이 미리 정해 놓은 존속기간이다. 예를 들어 매도인(賣渡人)의 하자담보책임(瑕疵擔保責任)인 손해배상청구권의 행사는 매수인(買受人)이 그 사실을 안 날로부터 6월 안에 행사하여야 하는(제582조) 경우의 기간이 그것이다. 이러한 권리의 존속기간인 제척기간이 만료하게 되면 그 권리는 당연히 소멸한다(제204조 3항). 제척기간이 소멸시효와 다른 점은 i) 소멸시효는 권리가 소급적으로 소멸하지만(제167조), 제척기간의 경우에는 기간이 경과한 때로부터 장래를 향해 소멸한다. 즉 소급효가 없다. ii) 소멸시효는 일정한 사실상태의 계속을 요건으로 하기 때문에 이러한 상태가 중단되면 시효는 중단되지만(제168조 이하, 247조 2항), 제척기간에는 정지와 중단이 없다. 다만 제척기간의 정지에 관하여 제척기간은 본래 권리의 존속 그 자체를 제한하고 권리를 박탈하는 것이 목적이므로 정지가 인정되지 않는다는 견해(곽윤직, 김기선, 이광신, 이영섭, 권용우)가 있다. iii) 소멸시효의 이익은 그 이익을 받을 者가 주장을 하여야 법원(法院)이 참작하지만(辯論主義), 제척기간의 이익은 당사자가 주장하지 않더라도 당연히 생기고 이를 법원(法院)이 참작하여야 한다. iv) 시효에는 그 기간완성 후의 포기라는 제도가 있지만(제184조), 제척기간에는 이러한 포기의 제도가 없다. v) 소멸시효는 법률행위에 의하여 이를 단축 또는 경감할 수 있으나(제184조 2항), 제척기간은 자유로이 단축할 수 없다. 다만 이 규정의 유추적용을 긍정하기도 한다(이영준).

문 189 소멸시효 정지에 관한 설명 중 틀린 것은?

① 소멸시효 정지는 경과한 기간이 무효로 되지 않는다는 점에서 시효중단과 다르다.

② 소멸시효의 기간만료 전 6개월 내에 제한능력자에게 법정대리인이 없는 경우에는 그가 능력자가 되거나 법정대리인이 취임한 때부터 6개월 내에는 시효가 완성되지 아니한다.

③ 부부 일방의 타방에 대한 권리는 혼인관계가 종료한 때로부터 6개월 내에는 소멸시효가 완성하지 않는다.

④ 재산을 관리하는 부 또는 모에 대한 제한능력자의 권리는 그가 능력자로 된 때로부터 3월 내에는 소멸시효가 완성되지 아니한다.

문 190 다음 중 소멸시효에 걸리느냐의 여부에 관하여 학설상 심한 대립을 보이고 있는 것은?

① 점유권(占有權)
② 물권적 청구권(物權的 請求權)
③ 상린권(相隣權)
④ 담보물권(擔保物權)
⑤ 공유물분할청구권(公有物分割請求權)

해설 소멸시효에 걸리지 않는 대표적인 권리를 보면, 所有權·일정한 법률관계에 의존하는 권리(예: 物權的 請求權·相隣權·共有物分割請求權)·占有權·擔保物權(예: 留置權, 質權, 抵當權)·비재산권으로서의 家族權(예: 親權, 後見權, 配偶者權, 扶養請求權, 戶主權, 相續權 등)과 人格權(예: 生命權, 身體權, 名譽權, 貞操權, 姓名權 등)·形成權(예: 取消權, 追認權, 同意權, 債權者代位權, 契約解止權 및 解除權, 相計權 등)·登記請求權 등을 들 수 있다. 다만, 상기의 권리 가운데 물권적 청구권의 경우는 소멸시효에 걸리느냐에 대하여 학설상 심한 대립이 있다.

문 191 소멸시효의 중단에 관한 기술로서 타당하지 않은 것은?

① 시효중단사유인 승인을 미성년자가 단독으로 한 경우에 제한능력을 이유로 이를 취소할 수 없다.
② 가압류로 중단된 시효가 다시 진행하기 시작하는 그 시기는 그 절차가 끝날 때이다.
③ 가처분의 집행행위가 시효의 이익을 받을 자에 대하여 행하여지지 않은 때에는 이를 그 자에게 통지한 후가 아니면 중단의 효력은 없다.
④ 시효중단의 효력은 원칙적으로 당사자 및 그 승계인 사이에서만 효력이 있다.

문 192 소멸시효에 관한 것 중 틀린 것은?

① 가압류는 시효진행을 중단한다.
② 시효의 이익은 미리 포기하지 못한다.
③ 주된 권리의 시효완성은 종속된 권리에도 효력이 미친다.
④ 시효의 기산점은 법원이 정한다.
⑤ 시효완성의 효력은 소급한다.

해설 ④ 소멸시효에 있어 어느 때부터 행사하지 않은 것으로 볼 것인가에 대한 "時效의 起算點은 권리의 종류에 따라 다음과 같이 다르다. i) 확정기한부 채권(確定期限附 債權)은 기한이 도래한 때. ii) 정지조건부 권리(停止條件附 權利)는 조건이 성취된 때. iii) 동시이행의 항변권이 붙은 채권은 이행기가 돌아온 때. iv) 기한을 정하지 않은 채권은 채권자가 채권성립시부터 언제든지 청구할 수 있으므로 채권성립시. v) 부작위채권(不作爲債權)은 위반행위로 인한 때. vi) 불법행위로 인한 손해배상채권은 불법행위가 있는 때.vii) 할부금채권(割賦金債權)은 1회 불이행으로 잔액 전부가 시효 진행.

문 193 소멸시효에 관한 다음 기술 중 틀린 것은?

① 할부금채권의 경우 1회의 불이행으로 잔액전부에 관한 소멸시효는 당연히 그 때부터 진행한다.

② 판결에 의하여 확정된 채권은 단기의 소멸시효에 해당한 것이라도 그 소멸시효는 10년으로 한다.

③ 생산자 및 상인이 판매한 생산물 및 상품의 대가는 3년간 행사하지 않으면 소멸한다.

④ 부작위를 목적으로 하는 채권의 소멸시효는 위반행위를 한 때로부터 진행한다.

문 194 다음 중 소멸시효기간이 10년인 채권은?

① 가정교사의 보수　　② 극장입장료

③ 의사의 진료비　　④ 하숙생활비

⑤ 판결에 의하여 확정된 단기소멸시효에 해당하는 채권

해설 소멸시효기간이 3년 또는 1년의 단기소멸시효에 해당하는 채권(債權)이라도 소(訴)의 제기에 의하여 소멸시효는 중단되지만, 이것이 판결(判決) 등에 의하여 다시 확정되면 그 소멸시효기간은 10년으로 늘어난다(제165조 1항). 이 밖에도 단기소멸시효의 기간이 10년으로 연장되는 것으로 파산절차(破産節次)에 의하여 확정된 채권 및 재판상 화해, 조정 기타 판결과 동일한 효력이 있는 것에 의하여 확정된 것이 있다(동조 2항).

문 195 다음 중 소멸시효에 걸릴 수 있는 권리는?

① 점유권　　② 소유권

③ 공유물분할청구권　　④ 전세권

문 196 소멸시효기간에 관한 기술로서 틀린 것은?

① 근로기준법의 적용을 받는 임금채권의 소멸시효기간은 2년이다.

② 채당금의 채권의 소멸시효기간은 1년이다.

③ 지상권은 20년간 행사하지 않으면 소멸시효에 걸린다.

④ 상인이 판매한 상품대금채권의 소멸시효기간은 3년이다.

⑤ 파산절차에 의하여 확정된 채권의 소멸시효기간은 10년이다.

해설 ① 근로기준법 제41조의 규정에 의하여 3년이다. ② 제164조. ③ 제162조 2항. ④ 제163조. ⑤ 제165조 2항.

문 197 이른바 실효에 관한 다음 기술 중 틀린 것은?

① 권리자의 상당한 기간 경과시까지 권리불행사가 상대방에 대하여 권리불행사의 예단을 준 경우이다.

② 실효이론은 청구권, 형성권, 항변권의 경우에만 적용된다.

③ 최근 독일판례는 실효이론의 근거를 자기모순금지원칙에서 찾는다.

④ 상대방의 그 예단이 정당한 경우에 권리자는 더 이상 그 권리를 행사할 수 없다는 것이다.

문 198 시효의 중단사유가 아닌 것은?

① 천재지변(天災地變) ② 파산절차참가(破産節次參加)

③ 지급명령(支給命令) ④ 임의출석(任意出席)

⑤ 가처분(假處分)

해설 민법은 소멸시효의 중단사유로서 履行의 訴, 確認의 訴, 支給命令, 和解를 위한 소환(召還) 또는 任意出席, 破産節次의 참가 등, 押留, 假押留, 假處分, 承認 등을 들 수 있다. 그러나 ①의 天災地變은 시효의 정지사유이다.

문 199 시효정지의 사유에 관한 설명 중 틀린 것은?

① 천재 그밖의 사변으로 말미암아 소멸시효를 중단할 수 없는 때에는 그 사유가 종료한 때로부터 6월 안에는 시효가 완성하지 않는다.

② 상속재산에 속한 권리나 상속재산에 대한 권리는 상속인의 확정, 관리인의 선임 또는 파산선고가 있는 때로부터 6월내에는 소멸시효가 완성하지 아니한다.

③ 부부중 한쪽이 다른 쪽에 대하여 가지는 권리는 혼인관계가 종료된 때부터 6개월 내에는 소멸시효가 완성되지 아니한다.

④ 재산을 관리하는 아버지, 어머니 또는 후견인에 대한 제한능력자의 권리는 그가 능력자가 되거나 후임 법정대리인이 취임한 때부터 6개월 내에는 소멸시효가 완성되지 아니한다.

⑤ 소멸시효의 기간만료 전 6개월 내에 제한능력자에게 법정대리인이 없는 경우에는 그가 능력자가 되거나 법정대리인이 취임한 때부터 6개월 내에는 시효가 완성되지 아니한다.

해설 소멸시효가 정지하는 경우, 민법의 조문을 살펴보면 다음과 같다. 제179조 규정은 ⑤이고, 제180

조 제1항은④이며 동조 제2항은③, 그리고 제181조는②의 내용이다. 민법 제182조는 '천재 기타 사변으로 인하여 소멸시효를 중단할 수 없을 때에는 그 사유가 종료한 때로부터 1월내에는 시효가 완성하지 않는다.'고 규정하고 있다.

문 200 소멸시효의 이익의 포기에 관한 설명 중 타당하지 않은 것은?

① 시효기간이 완성하기 전에는 미리 포기하지 못한다.

② 소멸시효의 이익의 포기는 상대방 있는 단독행위이다.

③ 포기의 효과는 상대적이다.

④ 재판상으로만 포기할 수 있다.

⑤ 포기를 하면 처음부터 시효의 이익이 생기지 않았던 것으로 된다.

해 설 ④ 소멸시효의 이익에 대한 포기는 재판상·재판외를 불문한다.

정답

185. ①	186. ④	187. ②	188. ①	189. ④
190. ②	191. ①	192. ④	193. ①	194. ⑤
195. ④	196. ①	197. ②	198. ①	199. ①
200. ④				

民法을 공부하는 方法

I 처음에

민법을 대학에서 오랫동안 가르치다 보니, 학생들이 법률과목 중에서 민법을 가장 공부하기 어려워하는 것을 느낄 수가 있었다. 모든 학생들이 다 그러한 것은 아니겠지만, 상당한 수의 학생들이 그렇게 생각하고 있다고 본다. 그 이유는 여러 가지가 있을 것으로 생각된다. 첫째는 분량이 어느 과목보다 많다는 것이 그 이유가 되리라고 보며, 둘째는 다른 과목에 비하여 이론이 치밀하기 때문에 이해하기 어렵다는 것이 아닐까 생각된다. 그 밖에도 또 있을 수 있겠지만 위의 두 가지가 중요한 이유가 아닐까 생각해본다. 공부하기 어렵다고 해서 포기할 수 없는 것이 민법과목이라고 생각한다. 법률과목 중에서 가장 기본적인 과목의 하나이기 때문이다.

그러면 어떻게 공부하는 것이 좋을까. 공부에는 특별한 왕도가 없다고 흔히 말하여지지만 꼭 그런 것만은 아니라고 생각한다.

민법은 인간의 생활관계를 규율하는 기본법으로서 하나로 연결되어 있다는 것을 잊어서는 안된다. 즉 총칙, 물권, 채권, 친족, 상속은 모두 서로 유기적으로 관련되어 있는 것이다.

민법 전체에 대하여 어느 정도 윤곽을 잡은 다음(윤곽을 잡기 위해서는 개념서가 좋으리라고 생각한다)에는 케이스식으로 공부하는 것이 민법의 이해를 촉진시킨다고 본다.

II 민법은 무엇 때문에 필요하며, 그 임무는?

1. 민법의 필요성

경제생활과 가족생활에서 필요로 하는 여러 가지 권리·의무를 민법이 규정하고 있으며, 그 권리가 침해되었을 때에 그것을 회복하기 위한 방법과 의무가 이행되지 않았을 때에 그것을 이행시키는 방법이 규정되고 있다.

2. 민법의 임무

어떤 권리침해사건이나 의무불이행사건이 발생되었을 때에 그것을 공정하게 해결하기 위해서 민법규정을 적용하게 된다. 이러한 사건을 구체적으로 타당성있게 해결하기 위해서는 적용되는 조문의 해석이 필요하게 된다. 이것을 법해석학이라고 하는데, 민법학의 임무는 바로 이 해석학이다. 그런제 조문을 해석함에 있어서 형식이론적인 해석만으로는 구체적으로 타당한 결론에 도달할 수 없는 경우가 적지 않다.

법학을 배우기 위해서는 암기만으로는 안되고 이해하지 않으면 안된다는 말이 나오게 된다. 이해하기 위해서는 좋은 강의를 하는 교수의 강의를 수강하는 것이 필요하다. 왜냐면 어떤 사건을 해결함에 있어서 한 개의 조문만의 적용으로 안되고 여러조문을 적용해서 구체적 타당성이 있는 해석을 이끌어내야 하기 때문이다.

Ⅲ 민법의 공부 방법은?

1. 교과서의 선택(가급적 두꺼운 책은 참고서나 잘 이해되지 않는 경우 보충용으로)
2. 조문을 읽자(조문에는 입법자·기초자에 의하여 주어진 의미 내용이 있고, 판례에 의하여 의미 내용이 확정됨)
3. 판결을 읽자(판례요지만을 읽지 말고 판결전문을 읽어야 한다. 가능하면 1심·2심 판결읽고 대법원판결 읽자)
4. 케이스를 공부하자(민법은 강학상 5편으로 나뉘어져 있지만 케이스는 여러편에 걸쳐 구성된다)

Ⅳ 민법 케이스는 어떻게 해결할 것인가

1. 케이스의 유형

민법 케이스의 유형을 일률적으로 정형화시키는 것은 케이스의 다양성으로 인하여 쉬운 일은 아니다. 그러나 다음과 같은 몇가지의 형식으로 나누어 볼 수는 있다. …의 지위는, …의 법률관계는, …을 청구(주장, 대항) 할 수 있는가, …보호받을 수 있는가, …청구는 인용되어야 하는가, …의 구제방법은, …할 수 있는 방법은, …의 법적근거는, …은 유효한가 등이다. 이러한 형식가운데 '…의 지위는' 또는 '…의 법률관계는'과 같은 형식은 전형적인 케이스의 경우라고 볼 수 있으나 나머지의 형식은 논술형의 일부분을 케이스의 형식으로 변형한 것이라고 볼 수 있다. 따라서 후자와 같은 형식의 케이스에는 이를 어떻게 해결하여야 할 것인가 하는 것이 방법론상 문제된다. 이하에서는 이러한 전형적인 케이스의 유형을 중심으로 케이스를 해결하기 위한 한 방법론을 제시해보기로 한다.

2. 사실관계의 파악

일반적으로 실무에서는 사실관계가 상당히 복잡하고 애매모호하기 때문에 사실관계의 파악이 중요한 지위를 차지하고 있다. 시험에 출제되는 케이스의 경우에는 주로 요건사실을 중심으로 문제가 주어지기 때문에 실무에서와 같은 복잡한 점은 없으나 사실관계의 파악은 역시 중요하다고 하지 아니할 수 없다. 따라서 주어진 케이스를 수회 숙독하면서 요건사실이 무엇인가를 정확하게 파악하여야 한다. 케이스가 애매모호하다고 여겨지는 경우에는 케이스에서 다루어질 수 있는 모든 경우를 포괄적으로 생각해보는 것이 필요하다. 특별한 논점에 국한시켜 문제를 해결하려는 것은 설문에서 특별히 적시한 경우를 제외하고는 삼가야 한다. 사실관계를 정리함에 있어서는 당사자를 먼저 파악한 후 당사자의 수에 따라 삼각형 또는 사각형등의 도형으로 표시하여 법률관계를 파악하면 논점을 빠뜨리지 않고 해결할 수 있을 것이다.

3. 법적 쟁점의 추출(문제의 제기)

사실관계의 파악을 통하여 요건사실이 정하여지면 당해 요건사실을 중심으로 문제되는 법적 쟁점을 추출하여야 한다. 법적 쟁점을 파악하기 위하여는 민법을 체계적·입체적으로 이해할 필요가 있으며, 총칙부터 물권법, 채권법, 친족, 상속법에 이르기까지 전체적으로 스크린하여 관련되는 논점이 있는지를 검토하여야 한다.

법적 쟁점을 파악함에 있어서는 케이스의 법률행위가 채권행위인가, 물권행위인가, 신분행위인가 하는 점과 단독행위인가, 합동행위인가, 계약인가하는 점을 반드시 생각해보고, 법률행위에 취소사유 또는 무효사유가 있는지의 여부와 법률행위의 효과가 조건 또는 기한과 관계가 있는지의 여부도 염두에 두고 검토해보아야 한다. 특히 쌍무계약인 경우에는 동시이행의 항변권과 위험부담이 문제되므로 이 점에 대하여 짚어 볼 필요가 있으며, 매매와 같은 유상계약의 경우에는 담보책임의 문제가 반드시 거론되므로 살펴보아야 한다.

이러한 과정을 통해 추출된 법적 쟁점을 초안지에 정리한 후 '문제의 제기'라는 제목하에 논점이 명확하게 드러나도록 서술하여야 한다. 이 경우 논술형에서 사용하는 '서설'이나 '총설'과 같은 표현은 삼가는 것이 좋다. '문제의 제기'만 읽어 보면 어느 정도 실력이 평가될 수 있으므로 이 부분의 답안작성에 상당한 신경을 써야 할 것이다.

4. 법조문의 적용과 법률이론의 검토

법률적 쟁점이 정리된 경우 쟁점별로 문제를 풀어나간다. 당사자가 1인 또는 2인인 경우에는 법률관계를 중심으로 문제를 풀어나가고, 당사자가 3인 이상인 경우에는 먼저 당사자별로 정리한 후 각당사자를 중심으로 법률관계를 풀어나가는 것이 편리하다.

각 쟁점마다 적용되어야 할 법조문이 있는지를 반드시 살펴보고, 법조문이 있을 경우에는 관계 법조항을 반드시 읽어 본 후 답안에 법조항을 명시하여야 한다. 이와 같이 함으로써 법률을 암기하지 않고 이해하여 답안을 작성하였다는 인상과 법전을 사용하였다는 인상을 채점자에게 심어줄 수가 있다. 탁월한 법률이론에 의하여 작성된 답안이라도 법조문의 기재가 없다고 하여 과락에 달하는 점수를 준 시험위원이 일본 사법시험에서는 있었다고 하니 타산지석으로 삼을 일이다. 아울러 법조문을 적용함에 있어서는 민법 이외에 민사특별법(부동산등기법, 집합건물의 소유 및 관리에 관한 법률, 가등기담보 등에 관한 법률, 주택임대차보호법, 자동차손해보상보장법 등)과 시행령등과는 관계가 없는지 한번 생각해 보아야 한다. 또한 민사소송법상의 문제점도 관련이 있는 경우 간단하게 언급하면 득점에 유리하다.

그리고 법률이론의 전개과정에 있어서는 학설이 있는 경우에는 학설의 명칭을 정확하게 기술하고 다수설인지, 소수설인지, 통설인지의 여부도 분명히 밝혀야 한다. 학설을 소개하는 경우에는 학설의 내용만을 서술하는 데 그치지 말고 각학설의 이론적 근거를 제시하여야 하며 반드시 자신의 견해를 피력하면서 자신의 견해와 반대되는 학설을 비판하여야 한다. 이 경우 자신의 견해를 나타냄에 있어서 '사견'이라고 하는 것은 삼가는 것이 좋다. 사견이란 학자들이 학문적으로 기존의 견해와는 다른 견해를 주장할 때 사용하는 용어이기 때문이다.

5. 판례의 검토

케이스에서 판례의 이론이 중요한 지위를 차지하고 있는 경우에는 판례의 입장을 설명하여야 한다. 판례를 인용함에 있어서는 사안이 간단한 경우에는 사안을 언급해 주는 것이 좋으며 사안이 복잡한 경우에는 판례의 요지만 인용해 주어도 무방하다. 따라서 판례의 사안을 알기 위하여는 평소에 판례의 전문을 읽어둘 필요가 있으며 특히 전원합의체 판결은 반드시 숙지해 둘 필요가 있다. 케이스로 출제되는 문제들은 주로 판례를 중심으로 하여 만들어진다는 점을 염두해 두고 반드시 관련있는 판례가 있는지를 생각해 볼 필요가 있다.

6. 결 론(설문의 해결)

이상과 같은 과정을 통하여 케이스에서 요구되는 사항을 모두 검토한 경우에는 '설문의 해결'이라는 제목하에 '문제의 제기'에서 논점으로 지적한 부분에 대하여 간단, 명료하게 답하여야 할 것이다. 그러나 경우에 따라서는 결론부분보다는 실제 법률이론을 전개하는 과정에서 문제점에 대하여 검토하고 넘어가야 할 필요성이 있는 경우도 있는 바 이때에는 '설문의 경우'라고 제목을 달고 간단하게 검토하는 것이 좋다.